Sacha Kagan, Volker Kirchberg, Ursula Weisenfeld (Hg.)
Stadt als Möglichkeitsraum

D1663655

Urban Studies

SACHA KAGAN, VOLKER KIRCHBERG, URSULA WEISENFELD (HG.)

Stadt als Möglichkeitsraum

Experimentierfelder einer urbanen Nachhaltigkeit

[transcript]

Diese Studie wurde aus Landesmitteln des Niedersächsischen Vorab gefördert.

**Niedersächsisches Ministerium
für Wissenschaft und Kultur**

Bibliografische Information der Deutschen Nationalbibliothek
Die Deutsche Nationalbibliothek verzeichnet diese Publikation in der Deutschen
Nationalbibliografie; detaillierte bibliografische Daten sind im Internet über
http://dnb.d-nb.de abrufbar.

Übersetzungen, Lektorat (exkl. Kapitel 2 u. Zwischenspiel 3) und Titelgestaltung:
  Ute Finkeldei, Andreas Paul
  das orange rauschen / Büro für Bild, Text und Sprache
  www.orauschen.de

  Das Titelbild in seiner gleichzeitigen Formlosigkeit und Formfülle spiegelt die
  Inhalte dieses Bandes auf diversen Ebenen wieder. Es greift die Uneindeutigkeit
  auf, das Vielgestaltige, den Wandel – und eröffnet der Imagination und Interpretation ob seiner mannigfaltigen Facetten interpretative Frei-, Spiel- und Möglichkeitsräume.

Satz: Michael Rauscher, Bielefeld
Druck: Majuskel Medienproduktion GmbH, Wetzlar
Print-ISBN 978-3-8376-4585-9
PDF-ISBN 978-3-8394-4585-3
https://doi.org/10.14361/9783839445853

Gedruckt auf alterungsbeständigem Papier mit chlorfrei gebleichtem Zellstoff.
Besuchen Sie uns im Internet: *https://www.transcript-verlag.de*
Bitte fordern Sie unser Gesamtverzeichnis und andere Broschüren an unter:
info@transcript-verlag.de

Inhalt

Vorwort

Stadt als Möglichkeitsraum

Experimentierfelder einer urbanen Nachhaltigkeit

Urbane Räume prägen entscheidend, ob und wie sich eine nachhaltige Entwicklung entfaltet. In diesem Band fragen wir nach der Rolle der Zivilgesellschaft für eine nachhaltige Stadtentwicklung am Beispiel der Landeshauptstadt Hannover. Die Ergebnisse sollen dazu beitragen, dass die Akteur*innen der Zivilgesellschaft ihre Potenziale für eine nachhaltige Stadtentwicklung weiter entfalten und noch wirksamer werden können. Dieser Band untersucht empirisch und exemplarisch die Akteur*innen und die Bedingungen, welche für die Entwicklung und Umsetzung einer erfolgreichen nachhaltigen Stadtentwicklung förderlich sind. Angesichts der Dringlichkeit gesellschaftlicher Transformationen in diesem Feld muss nach innovativen und kreativen Lösungen für die Herausforderungen der Gegenwart und Zukunft gesucht werden. Zentral dafür sind die Einbeziehung vieler Bürger*innen der Stadt, die Nutzung verschiedener Handlungsebenen, welche synergetisch zusammenwirken, und die Untersuchung der Mechanismen, die für eine Wirksamwerdung der Aktivitäten einer nachhaltigen Stadtentwicklung in die Textur der Stadt hinein sorgen.

Dieser Band ist das Ergebnis einer dreijährigen Studie von 2015 bis 2018, die im Rahmen des Programms »Wissenschaft für nachhaltige Entwicklung« des Niedersächsischen Ministeriums für Wissenschaft und Kultur und von der Volkswagen-Stiftung gefördert wurde. Seit 2014 werden mit diesem Programm fachübergreifende wissenschaftliche Projekte in Niedersachsen ermöglicht, die sich am Leitziel einer nachhaltigen Entwicklung gesellschaftlich bedeutsamer und aktueller Frage- und Problemstellungen in der Stadt orientieren. Wir hoffen sehr, dass diese Studie für die Akteur*innen im Feld der nachhaltigen Stadtentwicklung hilfreich sein wird.

Das Projekt wurde geleitet von den »Principal Investigators« Dr. Sacha Kagan, Prof. Dr. Volker Kirchberg, Prof. Dr. Ute Stoltenberg und Prof. Dr. Ursula Weisenfeld. Unser Dank als Herausgeber*innenteam dieses Bandes geht insbesondere an Ute Stoltenberg: Als eine der wichtigen Initiator*innen dieses Projektes hatte sie großen Anteil an der erfolgreichen Mitteleinwerbung und war in zahlreichen interdisziplinären Diskussionen eine zentrale Mitstreiterin. Weiter gilt unser besonderer Dank den Wissenschaftlichen Mitarbeiter*innen, die an der Planung, Umsetzung und Verschriftlichung dieses Projektes, sehr häufig vor Ort in Hannover, umfassend mitgewirkt haben. Dies sind Dr. Antoniya Hauerwaas, Dipl. Soz. Annette Grigoleit und Dr. Verena Holz sowie die weiteren wissenschaftlichen Assistentinnen (WHK) Patricia Wedler, M. A., und Julia Barthel, BA. Wir danken ebenso Sünje von Helldorff, M. A. für ihre großartige Unterstützung in der Antragsphase und ihr Engagement im Projektverlauf. Dieses Projekt wäre zudem nicht zu realisieren gewesen ohne die kontinuierliche und umfassende Mithilfe unserer studentischen Hilfskräfte (in alphabetischer Reihenfolge): Tim Bauer BA, Elisabeth Böhnlein, BA, Sophie Drünert, BA, Lena Gressmann, BA, Linnea Lorenzen, Katharina Mludek, Annika Schmidt, BA, Franziska Schuster, BA, Anna Oldiges, Clara Julia Reich, BA, Sebastian Wüst, MA und Leonie Zastrow, BA. An der Netzwerkanalyse und ihren Publikationen haben mitgewirkt: Lutz Dollereder, M. A. (im Rahmen des affiliierten Leuphana-Kleinforschungsprojektes »Diversität in Kreativnetzwerken als Bedingung nachhaltiger Stadtentwicklung«) und Dr. Robert Peper, der zudem mit Volker Kirchberg das Kapitel zu den Ergebnissen der Netzwerkanalyse verfasst hat. Als externe Berater zu dieser Analyse haben wir Till Krenz (statistische Auswertung des Netzwerks mit R) und Michael Kronenwett (Programmierung des Online-Fragebogens) gewinnen können.

Ein ganz besonderer Dank geht an Ute Finkeldei, die nicht nur ein geduldiges und sehr professionelles Lektorat der meisten Texte dieses Bandes durchgeführt und mit ihrem Kollegen Andreas Paul das Titelbild gestaltet hat sowie die Texte von Sacha Kagan ins Deutsche übersetzt hat, sondern auch in mehreren Themenfeldern dieses Projektes eine Ansprechpartnerin war – die transdisziplinäre Kooperation war für uns eine besondere Freude. Ute Finkeldei und Constantin Alexander haben zudem ihre Gedanken zur nachhaltigen Stadtentwicklung in Hannover und zu unserer Beteiligung an diesem Prozess in diesem Band verschriftlicht.

Wir bedanken uns bei den vielen Studierenden der Leuphana Universität Lüneburg als aktiven Mitgestalter*innen dieses facettenreichen Forschungsprojektes. Antoniya Hauerwaas und Ursula Weisenfeld möchten hier insbesondere Leonie Zastrow, Sebastian Wüst und Leonie Eising danken, die an der Erstellung des Kapitels zu den »Schlüsselfiguren, Innovationen und Mechanismen des Wandels« mitgewirkt haben. Ebenfalls sind weitere Studierende aus den Veranstaltungen »Nachhaltigkeitsinnovationen in der Stadt« und »alternative Wirtschaftsformen und Gemeinwohlökonomie in der Praxis« zu nennen, die unsere Erkenntnisgewinnung mithilfe des gemeinsamen forschungsbasierten Lernens durch ihre Seminarergebnisse unterstützten. Sacha Kagan bedankt sich insbesondere bei seinen Studierenden, die viel zur qualitativen empirischen Erforschung der künstlerischen, kulturellen und kreativen Akteur*innen in Hannover beigetragen haben. Eine große Anzahl an Student*innen, die hier nicht alle namentlich aufgeführt werden können, beteiligten sich zudem an der Vorbereitung und Ausführung des Drehens des Dokumentarfilms zum Projekt Hanother. Sacha Kagan führte insgesamt 14 Seminare zu diesem Forschungsprojekt zwischen Sommersemester 2014 und Wintersemester 2017/18 durch. Volker Kirchberg möchte die starke studentische Beteiligung insbesondere im Rahmen der Sommersemester-Seminare 2015 und 2016 des Moduls »Discourses in Creativity and Sustainability of Cultural Organizations« des Master Kulturwissenschaften für das Teilprojekt »Reale Utopien« herausstellen. Weiter haben sich Studierende über mehrere seiner Methodenseminare bei der Erhebung der Interviewdaten für die Online-Befragung im Rahmen der Netzwerkanalyse im Frühjahr und Sommer 2016 beteiligt. Wir danken weiterhin den Teilnehmer*innen der Vorlesung Innovationsmanagement im Sommersemester 2016, die zahlreiche Ideen für soziale Innovationen in Hannover entwickelt und in Hannover vorgestellt haben, sowie den Teilnehmer*innen des Lehrforschungsprojektes »Design Thinking und Nachhaltigkeit: Theorie und Praxis« im Sommersemester 2017, welche den Sustainability Jam untersuchten und Ideen für dessen Weiterentwicklung generiert haben. Alle diese Veranstaltungen beweisen, dass Forschung und Lehre sehr wohl zusammengehören.

Zahlreiche Veranstaltungen an der Leuphana Universität wurden von Akteur*innen der nachhaltigen Stadtentwicklung in Hannover durch Gastvorträge bereichert und auch aktiv mitgestaltet: Wir bedanken uns hierfür bei Constantin Alexander, Catherine Bartholome, Christopher Batke, Anke Biedenkapp, Annika Bogon, Dr. Thomas Köhler, Felix Kostrzewa, Lena Kussmann, Joy Lohmann, Hans Mönninghoff, Manfred Müller, Sigrid Ortmann, Stefanie Ristig-Bresser, Gerd Schmidt, Susanne Wildermann, den alternativ-wirtschaftenden Entrepreneuren von der Agentur für kreative ZwischenRaumNutzung Hannover, der Gemeinwohlökonomie Hannover, den Klugbeissern, den Mitarbeiter*innen des Naturfreundehaus Hannover, des Platzprojekts, von Transition Town Hannover, von El Puente u.v.m. Und last but not least möchten wir uns bei allen Akteur*innen der nachhaltigen Stadtentwicklung in Hannover bedanken: Danke für Eure Offenheit, Großzügigkeit und Geduld, die uns eine transdisziplinäre Arbeit ermöglichten.

Dr. Sacha Kagan
Prof. Dr. Volker Kirchberg
Prof. Dr. Ursula Weisenfeld

Einführung

Kapitel 1

Stadt als Möglichkeitsraum – Möglichkeitsräume in der Stadt

Eine Einführung

Sacha Kagan, Volker Kirchberg und Ursula Weisenfeld

Eine interdisziplinäre Gruppe von Forscher*innen der Leuphana Universität Lüneburg hat sich in den Jahren 2015 bis 2018 zusammengefunden, um zu untersuchen, welche Beiträge kulturell, künstlerisch, sozial oder alternativ wirtschaftend engagierte Akteur*innen zu einer nachhaltigen Stadtentwicklung leisten, welche Hinweise, Ansatzpunkte und Möglichkeiten in einer Stadt als Möglichkeitsraum existieren, die eine nachhaltige Entwicklung befördern, und wie die spezifischen Gegebenheiten einer Stadt, die ›fabric of a city‹ (McFarlane und Rutherford 2008) oder die ›Eigenlogik einer Stadt‹ (Berking und Löw 2008), Möglichkeitsräume befördern. Möglichkeitsräume bezeichnen physische, soziale und mentale Räume, in denen schon jetzt und durch imaginative, kreativ-experimentelle und gestalterische Prozesse mögliche nachhaltige Entwicklungen der Zukunft angelegt sind. In diesem Kapitel stellen wir Fragen, die sich auf das Forschungsprojekt als Ganzes beziehen: Warum ist eine nachhaltige Stadtentwicklung wichtig? Warum sind wir deshalb an *Möglichkeitsräumen* interessiert? Wie lassen sich umfassende *Transformationen* hin zu einer nachhaltigen Stadt veranlassen? Warum haben wir *Hannover* als Fallstudie ausgewählt? Wer sind die *Akteur*innen* einer nachhaltigen Stadtentwicklung in Hannover und was bedeutet *nachhaltige Stadtentwicklung* für sie? Nicht zuletzt gibt die vorliegende Einführung einen Ausblick auf die folgenden Kapitel dieses Buchs.

1. DIE NOTWENDIGKEIT NACHHALTIGER STADTENTWICKLUNG AUF ALLEN EBENEN

Viele Analysen ökologischer, sozialer und ökonomischer Entwicklungen zeigen den dramatisch gestiegenen Einfluss des Menschen und seines globalen Wirtschaftssystems auf. Sie dokumentieren den Eintritt in das anthropozäne (Steffens et al. 2015) bzw. kapitalozäne (Moore 2017) Zeitalter. Schon seit vierzig Jahren wird auf die Grenzen des globalen Wachstums hingewiesen (Meadows et al. 2009), aber die Schlussfolgerungen aus diesen Warnungen sind marginal; stattdessen gibt es aufgrund eines globalen nicht-nachhaltigen Lebenswandels neben deutlichen negativen ökologischen Folgen auch verstärkt soziale und ökonomische Ungleichheiten (Musterd et al. 2017, Piketty 2014) und undemokratische Machtstrukturen, die auf anti-nachhaltigen Handlungsweisen auf politischer Ebene beruhen (Klein 2015). Die Notwendigkeit der Verhinderung weiterer schädigender Entwicklungen und der Förderung von Nachhaltigkeit stehen außer Frage; es handelt sich um eine umfassende gesellschaftliche Herausforderung, deren Bewältigung nur auf verschiedenen Ebenen gemeinsam erfolgreich sein kann. Das Streben nach und die Umsetzung von nachhaltiger Entwicklung sind komplexer und systemischer Natur: Es ist eine multi-dimensionale, viele Akteur*innen involvierende und verschiedene Ebenen betreffende Aufgabe (Rotmans, Kemp und Van Asselt, 2001), die sich ständig neu darstellt (Kemp, Loorbach und Rotmans, 2007), da es sich bei ihr um eine Mission mit offenem Ende handelt (Kuhlmann und Rip, 2014). Ein üblicher Weg, diese Multidimensionalität der Nachhaltigkeit zu erfassen, ist das Drei-Säulen-Modell mit ökologischen, ökonomischen und sozialen Dimensionen oder Säulen, die den ökologischen Zustand der Umwelt, soziale Strukturen und Prozesse, ökonomische Machbarkeiten, institutionelle Regulationen und Mittel und Wege der Umsetzbarkeit durch Governance symbolisieren (Connelly 2007). Hawkes (2001) unter anderen betonte, dass die Zersplitterung der Nachhaltigkeitsforschung in diese drei Säulen eine artifizielle sei und nur durch die säulen-übergreifende Einführung einer weiteren Komponente aufgehoben werden könne, der »kulturellen Nachhaltigkeit«. Kultur komme dabei nicht nur eine Rolle als weitere, vierte Säule zu, sondern sie habe eine umfassendere Funktion. Erstens könne sie zwar als vierte Säule neben den ökologischen, sozialen und ökonomischen Dimensionen stehen (»Kultur in der Nachhaltigkeit«), sie könne aber auch eine vermittelnde Rolle zwischen den oben genannten drei Dimensionen einnehmen (»Kultur für Nachhaltigkeit«) oder – und dies wird sowohl von Dessein et al. (2015) als auch von uns bevorzugt – sie könne das gesellschaftlich-wertende Fundament darstellen, auf dem die Ziele der übrigen Dimensionen der Nachhaltigkeit entwickelt werden (»Kultur als Nachhaltigkeit«). Ohne hier auf die verschiedenen Details des Kulturbegriffes in diesem Diskurs einzugehen (vgl. Kagan 2018 für eine differenziertere Auseinandersetzung) stellen wir heraus, dass diese dritte Rolle der »Kultur als Nachhaltigkeit« deutlich dynamischer, komplexer und weniger kapitalozän ist als die anderen beiden Rollen der Kultur (vgl. Soini und Dessein 2016). »Kultur als Nachhaltigkeit« erkennt an, dass diverse widersprüchliche »Kulturen der Institutionen« (d. h. fixierte Normen, Werte und Rollen) nicht nur die Diskurse und die Politiken der Nachhaltigkeit bestimmen, sondern auch, häufig unausgesprochen, alle Bereiche des menschlichen Lebens und unserer Lebensstile beeinflussen. Diesen Faktor als Katalysator oder Hindernis eines Wandels hin zur Nachhaltigkeit zu erkennen und zu untersuchen, ist Aufgabe der Erforschung städtischer Möglichkeitsräume.

2. WARUM SIND MÖGLICHKEITSRÄUME FÜR EINE NACHHALTIGE STADTENTWICKLUNG WICHTIG?

Wünschenswerte Zukünfte, die möglich gemacht werden sollen, erwachsen aus dem Zusammenspiel engagierter und couragierter Akteur*innen, die sich das Prinzip der Serendipität (d.h. ihrer Fähigkeit, sich Zufällen zu öffnen und von ihnen als Ressource zu lernen) zunutze machen. Normalerweise reproduzieren Akteur*innen im Alltag unbewusst ihre Werte, Normen, und Rollen durch eingespielte Routinen und unhinterfragte Konventionen, also den ›rules of the game‹, welche wiederum diese Akteur*innen in einer Rückkopplungsschleife prägen (Giddens 1988). Aber Akteur*innen, die mit ihrer Imagination unter bewusster Zuhilfenahme der Serendipität neue Ziele setzen, und den konventionellen Routinen entsagen, sind in der Lage, ihre Werte, Normen und Verhaltensmuster zu erneuern und deshalb auch eher fähig, Innovationen als solche zu erkennen, zu akzeptieren und hinsichtlich einer wünschenswerten nachhaltigen Zukunft weiterzuentwickeln. In der Nachhaltigkeitsdiskussion wird eine wünschenswerte Zukunft anhand ökologischer, sozialer und ökonomischer Kriterien beurteilt; die Akteur*innen wenden dabei ihre Erkenntnisse von Problemen und Herausforderungen der Jetztzeit auf die Zukunft an, um daraus Möglichkeiten, Lösungsversuche und Vorstellungen für eine bessere Zukunft abzuleiten. Nachhaltigkeit wird also bestimmt durch »… die hervorstechenden Eigenschaften einer Diskussion über eine erwünschte Zukunft, die durch die unterschiedlichen ökologischen, sozialen und ökonomischen Konsequenzen unterschiedlicher Handlungsalternativen beleuchtet wird« (John Robinson, zit. Miller 2011, S. 31–32, Übersetzung aus dem Englischen durch die Autor*innen).

Städte bieten sich dafür als Möglichkeitsräume für die Gestaltung wünschenswerter Zukünfte an. Über die Hälfte der Weltbevölkerung lebt mittlerweile in urbanen Gebieten; die hohe Dichte des menschlichen Zusammenlebens birgt einerseits große ökologische und soziale Herausforderungen und andererseits großes kulturelles Potenzial, denn die Stadt ist als Ganzes ein Möglichkeitsraum für die Diskussion und Erprobung wünschenswerter nachhaltiger Entwicklungen. Antworten auf die Frage, was wünschenswert ist, fußen dabei zum einen auf Erfahrungen, Gewohnheiten und institutionellen Gegebenheiten und lehnen sich also an das an, was Menschen vertraut ist. Zum anderen, und dies ist hier wichtig, fußen Überlegungen für die Zukunft auf einer Imagination des Neuen, auf dem Spielen mit anderen und ungewöhnlichen Ideen und auf dem kreativen Ausprobieren von Innovationen.

Mit unserer Untersuchung der Stadt als Möglichkeitsraum widmen wir uns möglichst vielen Fragen, die relevant für eine in Zukunft optimalere nachhaltige Stadtentwicklung sein können. Was macht solche Möglichkeitsräume in der Stadt aus? Welche Rollen nehmen die verschiedenen Akteur*innen einer nachhaltigen Stadtentwicklung, mit ihren diversen Imaginationen, in ihren Freiräumen (physisch und im übertragenen mentalen Sinne) und mit ihren ausprobierten Innovationen ein? Welche Mechanismen und Institutionen sind dabei auf welcher Ebene der Stadt förderlich oder hinderlich? Wie weit können Innovationen und Neuerungen aus einzelnen Möglichkeitsräumen auf eine gesamte nachhaltigere Stadt übertragen werden, was hilft, was bremst diese Transition? Bei den Akteur*innen fokussieren wir uns vor allem auf städtische soziale und kulturelle Initiativen, Projekte, Organisationen und Bewegungen, die sich mit ihren Ideen, Aktionen und Prozessen durch innovative, kreative und alternative Ansätze des Zusammenlebens in der Stadt und im nachhaltigen Verhältnis von Natur und Mensch auszeichnen.

Soziologische Raumkonzepte insgesamt, insbesondere aber städtische Möglichkeitsräume als nicht nur physische, sondern auch als mentale und soziale Räume (Löw 2013) können gewinnbringend in den Nachhaltigkeitsdiskurs eingebracht werden, denn städtische Möglichkeitsräume sind Katalysatoren-Orte der Nachhaltigkeit. Hier wird insbesondere zivilgesellschaftlichen Akteur*innen der Weg frei gemacht, sich über innovative Wege in die Stadtentwicklung und Stadtpolitik einzubringen. Das Konzept des Möglichkeitsraums wird auf die Akteur*innen, Projekte und Initiativen übertragen, sodass sie als städtische Orte urban-vielfältig, kulturell-kreativ und sozial-lebhaft stadtgestaltend sind; sie geben innovativ und vorbildhaft konkrete Anreize für eine gesamte Stadtgesellschaft im Sinne einer nachhaltigen Entwicklung. Mittels einer realen Konkretisierung von Nachhaltigkeit in diesen Orten und Räumen durch kreativ-künstlerisches, alternativ wirtschaftendes, partizipatives und lebensbejahendes Suchen, Experimentieren und Neugestalten tragen Möglichkeitsräume dazu bei, bisher unhinterfragte nicht-nachhaltige Konventionen als problematisch zu identifizieren und ins Bewusstsein zu rücken. Dadurch vermitteln sie auch extern kreative und partizipative Ideen, welche die Imagination fördern und Zukunftsvisionen für eine urbane Nachhaltigkeit anstoßen. Möglichkeitsräume zeichnen sich durch heterotopische und heterochronische Qualitäten aus: Sie bieten sowohl Schutzräume, in denen scheiterndes Experimentieren nicht sanktioniert wird, wie auch kurzfristige Erlebnisse, die Anstoss für längerfristige Veränderungen geben können. Ihre Ziele sind nicht von vornherein festgelegt und ihre Planung für die Zukunft (im Sinne eines Managementdeterminismus) ungewiss. Gleichzeitig ermöglichen sie Vernetzungen quer durch die Stadtgesellschaft, zum Beispiel zwischen Sektoren aus Kunst und Wirtschaft, die im konventionellen Alltag nicht üblich sind.

Zusätzliche Möglichkeitsräume in der Stadt fördern städtische Experimentierräume und Visionarität (John et al. 2015;. Schneidewind & Scheck 2013; De Flander et al. 2014), einschließlich der Ermutigung zur Anwendung neuer urbaner Nachhaltigkeitstrends (zum Beispiel strategische Raumplanung, Regulation von Neuland und Managementansätze, partizipative Prozesse und neue Formen der Masterplanung). So hat beispielsweise das Land Baden-Württemberg ein politisches Programm formuliert, welches den Aufbau von »Laboratorien der Realität« als Experimentierräume für die nachhaltige Stadtentwicklung explizit unterstützt (MWK Baden-Württemberg 2016). Einige Autor*innen (König 2013; Pallot et al. 2010) propagieren ähnliche Konzepte von »Reallaboren« oder »Living Labs«, die physischen und sozialen Raum für die Schaffung und Anwendung von Wissen unter lediglich partiell kontrollierten Bedingungen bereitstellen (Groß et al. 2005). Dies sind Möglichkeitsräume, die sowohl physisch verortete Räume mit nachhaltigkeitsbezogenen kreativen kulturellen Entwicklungen, als auch geteilte sozialpsychologische Räume sind, in denen »mentale Infrastrukturen« (Welzer 2011) erneuert werden, indem man alte und potenziell destabilisierte nicht-nachhaltige Infrastrukturen herausfordert. Physisch verortet, und als »Ideenfabrik« ohne festen Standort, experimentieren, vermitteln und kommunizieren Möglichkeitsräume alternative Lebensstile und Werte (Welzer & Rammler 2012) und entwickeln Visionen »hin zum globalen, mentalen (Um)Weltwandel« (Kagan 2012).

Durch die Anwendung von Vernetzungsstrategien bieten Möglichkeitsräume der Zivilgesellschaft die Chance, die Handlungsfähigkeit in Hinsicht auf Wandel zu aktivieren und ehemals politisch schwache Akteur*innen zu ermächtigen, indem eine »präfigurative Politik« (Sitrin 2007) durchgeführt wird. Als Räume für diese präfigurative Politik gehen Möglichkeitsräume über bloße Protestbewegungen, Bewusstseinsbildung oder einzelne projektbasierte Initiativen hinaus und inspirieren stattdessen Experimente der Transformationen im Alltag. Etablierte soziale Konventionen werden reflektiert, aus ihrer Starre gelöst und herausgefordert, sodass sich dank verminderter konventioneller Beschränkungen fantasievolle und experimentelle Praktiken entfalten können (Kagan 2008). Wie durch die Soziologie der Konventionen theoretisiert (Batifoulier 2001; Biggart & Beamish 2003), können mikrosoziale Handlungsfähigkeit und mesosozialer Wandel der sozialen Konventionen interessante Hebelpunkte hin zu einem breiteren institutionellen Wandel auf der makrosozialen Ebene darstellen. Möglichkeitsräume sind also Räume für Emergenz, welche von einer Politik für nachhaltige Stadtentwicklung möglich gemacht werden sollten.

3. Wie finden nachhaltige Transformationen in urbanen Gesellschaften statt?

Transformationen beinhalten vielschichtige Veränderungen in kulturellen und soziotechnischen Systemen, wie die Nutzung neuer Technologien, sozialer und kultureller Neuerungen und institutioneller Wandlungen. Transformationen können nicht vollkommen ex ante geplant und ex post als »fertige« Ergebnisse untersucht werden, da sie einen ›Multi-Ebenen-Prozess‹-Charakter haben und als langfristige Transition komplex und dynamisch sind. Jedoch entstehen Transformationen der Nachhaltigkeit in Bezug auf den Beitrag bestimmter Akteur*innen und der entsprechenden institutionellen Gegebenheiten, zumeist durch die Summe nachhaltigkeitsorientierter (Nischen-)Innovationen. In einer Stadt können somit die identifizierten und von den Akteur*innen hervorgebrachten ökonomischen und institutionellen Nachhaltigkeitsinnovationen als Indikatoren für die potenziellen Transformationen dienen. Durch die Entdeckung konkreter Möglichkeitsräume und Nischen-Innovationen in der Stadt, welche als Summe systemischer Innovationen eine Transformation herbeiführen können, wird auch die Verbindung zu den institutionellen Veränderungen und den entsprechenden Mechanismen zwischen den verschiedenen Systemebenen, erstens der Stadtgesellschaft (Makro-Ebene), zweitens der Organisationen, Projekte, Initiativen und kleinräumigen Möglichkeitsräume (Meso-Ebene) und drittens der Individuen in der Stadt (Mikro-Ebene) deutlich.

Systemisches Denken ermöglicht es, Wechselbeziehungen zwischen und Relationen von Nachhaltigkeit, Innovationen, Institutionen und Akteur*innen für Transformation und Wandel zu verstehen. Systemdenken versteht das Ganze (System) als mehr als die Summe der einzelnen Teile (Systemelemente), welche durch Interrelationen und gegenseitigen Einfluss miteinander verwoben sind und dadurch stärkere unbestimmte und mehrdeutige Effekte auf das Ganze haben als einzeln betrachtet (quantitative bzw. qualitative Komplexität, Reflexivität und Dynamik im System). Die Transformationsforschung basiert auf systemischem Denken, aber die Transformation einer Gesellschaft oder eines soziotechnischen Systems beginnt oft mit

Erneuerungen in kleineren Bereichen, die sich dann auf das »große Ganze« im soziotechnischen Regime ausbreiten. Die »Multi-Level-Perspektive« (Geels 2002) unterscheidet hierbei zwischen Nischen-Ebene, Regime-Ebene und Landschafts-Ebene (landscape). Angewandt auf eine Stadt besagt die Multi-Level-Perspektive, dass die Veränderungen hin zu einer nachhaltigen Stadt in kleinen Nischen und zwischen einzelnen Individuen beginnen. Akteur*innen versuchen als »Change Agents« in diesen Nischen, durch eine zunächst häufig eher provisorische Umsetzung ihrer Visionen bestehende Prozesse, Produkte oder Lebensweisen nicht nur zu verändern, sondern ihnen eine Alternative entgegenzustellen. Die Prozesse auf den verschiedenen Ebenen interagieren miteinander: Die Nischen als Orte des Experimentierens und der Ideen-Kreation bringen erst kleine Innovationen hervor, und können somit als kleine Möglichkeitsräume verstanden werden, welche gezielt bestehende soziale Konventionen hinterfragen, anfechten und somit zu verändern suchen. Die Ebene der soziotechnischen Regime bezeichnet im Sinne der oben genannten »Kultur der Nachhaltigkeit« die kognitiven, regulativen und normativen Regeln und Routinen (Institutionen), welche das Handeln im System beeinflussen; sie werden von den zentralen Regime-Akteur*innen wie Regierung, Stadtverwaltung, Unternehmen, Zivilgesellschaft, Wissenschaft etc. vorgegeben oder reproduziert. »Das Regime bildet die dominanten Strukturen, Kulturen, Routinen und Konventionen eines Gesamtsystems ab und kann damit als dessen Machtzentrum bezeichnet werden.« (Schneidewind und Scheck 2012, S. 48) Die ›Landscape‹-Ebene umfasst solche exogenen Faktoren und von den Akteur*innen im System kaum beeinflussbaren Rahmenbedingungen, wie zum Beispiel gesellschaftliche Trends, technologische Entwicklungen oder internationale Regulierung, welche Einfluss auf die Regime und Nische haben können (siehe auch Zukin 1993). Gleichzeitig können die Dynamiken auf der Landscape-Ebene sowohl Innovationen in den Nischen verhindern und bremsen, oder helfen, sie sichtbarer zu machen, ihren Einfluss zu steigern, und damit auch die soziotechnischen Regime der Stadt zu verändern. Eine Dynamik auf der Landscape-Ebene kann also Regime dazu bringen, Veränderungen aus den Nischen anzunehmen und in größerem Maßstab umzusetzen. Akteur*innen auf Landscape-Ebene, etwa EU-Behörden, Ministerien oder andere politische- oder Förder-Akteur*innen, können somit den Nischen Unterstützung bieten. In den Regimen entsteht durch den kombinierten Veränderungsdruck der Nischen und der Landscape eine Gelegenheit (›Window of Opportunity‹), da sich das städtische Regime aufgrund der Innovationen in den Nischen (bottom up) und des Drucks der Landscape (top down) verändern kann. Davies et al. (2012) weisen darauf hin, dass aufgrund der zahlreichen Innovationen, die gleichzeitig ihren Platz finden müssen, systemische Innovationen unbedingt eine vernetzte Kooperation zwischen Akteur*innen über Organisationen und Sektoren hinweg braucht. Dieser Ansatz kann in diversen Aspekten des »Transition-Managements« (Rotmans et al., 2001, Loorbach 2007) identifiziert werden: Akteur*innen der verschiedenen Ebenen eröffnen durch einen partizipatorischen Prozess aus Visionen, Lernen und Experimentieren (Rothmanns et al. 2001a) die Multi-Level-Perspektive des Wandels. Die Veränderung eines bestehenden Systems kann allerdings ein sehr langfristiger Prozess sein. Ist die Veränderung, die in den Nischen begonnen wurde, in einem bestimmten Maße fortgeschritten, hat die Veränderung im System die Möglichkeit zu skalieren, d. h. auf einer größeren Ebene zu wirken und Einfluss nehmen zu können, quasi ein neues Level der gesellschaftlichen Transformation zu erschließen. Diese systemische Transformation ist dann erfolgreich abgeschlossen, wenn die Veränderung komplett in das System diffundiert ist (Geels et al. 2004). Dies kann heißen, dass eine systemische Transformation nur dann erfolgreich sein wird, wenn sie sich auf der Regime-Ebene abspielt, denn auf dieser Ebene werden die Regeln, Werte und Konventionen festgelegt, welche unsere Lebenswelten bestimmen. Somit ist die Multi-Level-Perspektive auch ein hilfreiches Tool, um die Nachhaltigkeitstransformation einer Stadt umfassend zu analysieren.

4. WARUM HANNOVER?

Unsere Forschungsfragen werden anhand einer einzelnen deutschen Großstadt beantwortet, der Landeshauptstadt Niedersachsens, Hannover. Der methodologische Forschungsansatz der exemplarischen Auswahl einer einzelnen Stadt als Fallstudie ist in der Stadtforschung seit den 1920er Jahren durch die Chicago School der Stadtsoziologie etabliert worden (Park und Burgess 2012). Fallstudien arbeiten dabei unter der Prämisse, dass Wirkungszusammenhänge, Strukturen und Prozesse nicht nur für den untersuchten Fall erhoben werden, sondern dass die Resultate in ihrer Komplexität auch für viele andere Städte Gültigkeit haben. Fallstudien sind mehr als nur explorative Voruntersuchungen; sie können zur Theorienüberprüfung und -bildung insbesondere in der interdisziplinären Stadtforschung und Raumplanung genutzt werden (Lamker 2014).

Warum wurde Hannover ausgewählt, und wieso kann diese Stadt als exemplarisch (zumindest für viele deutsche Großstädte ähnlicher Größe, wie Leipzig und Bremen) gelten? Beispielhaft ist vor allem die Nachhaltigkeitspolitik dieser Stadt. Seit Jahren verfolgt sie über Politik, Regierungs- und Verwaltungsinstanzen wie das Dezernat Wirtschaft & Umwelt und das darin eingebettete Agenda 21- und Nachhaltigkeitsbüro, das Kulturbüro und viele kommunale Kultur- und Bildungseinrichtungen, nachhaltige Ziele. Es existieren verschiedene Initiativen und soziale Bewegungen, die sich aktiv für eine nachhaltige Entwicklung in der Stadt einsetzen und die untereinander sowie mit kommunalen Akteur*innen interagieren. Wir finden also in Hannover auf verschiedenen Ebenen Motivation und Ansätze für eine nachhaltige Stadtentwicklung.

Der historische Weg und die Dynamik der institutionellen Erneuerung in der Stadt Hannover reichen mindestens in die 1990er Jahre zurück, mit der Schaffung der transversalen Abteilung Agenda 21- und Nachhaltigkeitsbüro (1996) und der Klimaschutzleitstelle (1994), wenn nicht sogar schon in frühere Zeit: Seit dem 2. Weltkrieg bestimmte die SPD die Stadtpolitik, und 15 Jahre lang, zu Beginn dieses Jahrhunderts, wurde Hannover von einer rot-grünen Koalition mit starkem Nachhaltigkeitsfokus regiert, der die langfristige politische Orientierung bestimmte. Das Agenda 21- und Nachhaltigkeitsbüro sieht seine Aufgabe darin, transversal mit allen Bereichen der Stadtverwaltung und der hannoverschen Gesellschaft zusammenzuarbeiten, mit dem Ziel, Nachhaltigkeit integrativ und nicht vertikal in der administrativen Hierarchie zu verankern. Die Klimaschutzleitstelle rühmte sich beispielsweise mit ihrem Klima-Masterplan, durch welchen sie als erstes kommunales Klimabüro Deutschlands Kultur und Kunst in ein solches Projekt integrierte. Eine weitere politische Neuerung war, im Jahr 2005, eine neue Organisationsform mit der Abteilung »Wirtschaft und Umwelt«, die zwei wichtige Bereiche der Verwaltung zusammenlegte, welche oft als gegensätzlich betrachtet wurden. In Hannover stießen wir auf eine kultursensible Stadtpolitik, die mit einigen erfolgreichen, auf Nachhaltigkeit ausgerichteten lokalen Change Agents (mit ihren vielfältigen Veranstaltungen und Aktionen) zusammenarbeitete, was uns dazu anregte, diese Stadt weiter zu untersuchen. Es scheint sich eine Verschiebung hin zu einer gemeinsamen Orientierung auf eine nachhaltige Stadtentwicklung zu vollziehen, auf der Ebene transversaler Netzwerke und innovativer Kooperationen mag sich eine neue institutionelle Logik aufgrund begrenzter Mittel entwickeln: Im Kontext von Schulden- und Haushaltskürzungen suchen Stadtverwaltungen Drittmittelförderung und unterstützen Aktivitäten mittels immaterieller »Hilfe« wie Partnerschaften, einheitlicher Unterstützung, Bereitstellung von Büro-/Arbeitsflächen oder Veranstaltungsorten etc. Dennoch bietet die (Kultur- und Nachhaltigkeits-)Politik der Stadt Hannover nur eine sehr geringe finanzielle Unterstützung für Aktivitäten im Bereich Kultur für nachhaltige Stadtentwicklung. So bestehen einerseits verschiedene Formen von Partnerschaften zwischen Initiativen und der Stadtverwaltung, andererseits bewegen sich diese in Bezug auf die Finanzierung jedoch häufig auf einer marginalen Ebene. Wir fragten uns, auf welche Weise die Partnerschaften zwischen der Stadt (Regime), den Stadtteilen und den einzelnen Akteur*innen (Nischen) im Rahmen einer explizit langfristigen Nachhaltigkeitspolitik effektiv und affektiv zu einer nachhaltigen Stadtentwicklung aus der Multi-Level-Perspektive beitragen können.

5. Unsere Fragen an die Möglichkeitsräume in der Stadt

Ausgehend von unserer Charakterisierung urbaner Möglichkeitsräume formulierten wir einen Rahmen zur Abfrage der Eigenschaften urbaner Möglichkeitsräume für nachhaltige Stadtentwicklung, welcher uns bei unseren Untersuchungen begleitete und der, wie wir vermuten, auch für die Untersuchung urbaner Möglichkeitsräume in anderen Städten relevant sein könnte.

Unsere Forschungsfragen lassen sich in vier große Forschungsfelder mit einigen weiteren Unterfragen zusammenfassen. Der erste große Fragenblock beschäftigt sich mit dem *Thema der nachhaltigen Stadtentwicklung*. Was versteht wer darunter, wie hängt nachhaltige Stadtentwicklung mit anderen Diskursen und Prozessen zur Nachhaltigkeit (z. B. Klimawandel) zusammen? Wie werden Ziele der nachhaltigen Stadtentwicklung entwickelt? Gibt es eine Ethik der nachhaltigen Stadtentwicklung und welche Werte würde diese umfassen? Welche Probleme treten bei der Umsetzung auf bzw. werden befürchtet? Und welche Rolle spielt eine nachhaltige Stadtentwicklung im Drei-Säulen-Modell, das um die Komponente »Kultur als Nachhaltigkeit« erweitert wird?

Der zweite große Fragenblock umfasst den umfangreichen Komplex der *städtischen Möglichkeitsräume*. Wie kann dieser Begriff nicht nur physisch, sondern sozial und mental dergestalt formuliert werden, dass er thematisch nutzbringend für die Förderung einer nachhaltigen Stadtentwicklung eingesetzt wird? Welche Formen haben diese Räume, um als Katalysatoren für experimentelles Gestalten wirken zu können? Wie tragen solche Räume zur Förderung der Vorstellung Realer Utopien, zur Imagination einer besseren nachhaltigen Zukunft bei? Wie brechen solche Möglichkeitsräume verkrustete Konventionen des städtischen Zusammenlebens auf und schaffen neue Wege des Soziallebens? Welche Bedeutung haben künstlerische und ästhetische Erfahrungen dabei? Wie können solche Räume des freien kreativen Spiels dahingehend gestaltet werden, dass sie »funktionieren«, trotz oder gerade wegen ihrer ungewissen Serendipität, ihrer vorgegebene Ordnungen vermeidenden, komplexes Chaos präferierenden, neue Ideen fragmentierenden und idiosynkratische Eigenarten fördernden Merkmale? Wie können ihre heterotopischen und heterochronischen Qualitäten gewinnbringend für die ganze Stadtgesellschaft eingesetzt werden, d. h. nicht (nur) in kleinen Nischen kurzfristig ihre Ziele erreichen? Wie tragen Möglichkeitsräume zur Urbanität in ihrer ganzen Diversität und Vielfalt bei? Wie können städtische Räume und Orte über Möglichkeits-Nischen hinaus mit tieferer Bedeutung besetzt werden (»Placemaking«) und in ihren lokalen Eigenarten ein bewusstes Eigenleben für die Bewohner*innen und andere Nutzer*innen gewinnen? Wie sind die einzelnen Möglichkeitsräume über die Gesamtstadt miteinander vernetzt? Wer beteiligt sich in welchen Kooperationen wie, wo und wann an der Schaffung solcher Möglichkeitsräume?

Der dritte große Fragenblock setzt sich mit den *politischen Strategien* der Umsetzung einer nachhaltigen Stadtentwicklung auseinander. Welche Akteur*innen sind warum in der Stadtpolitik und -verwaltung für die Förderung (oder Verhinderung) nachhaltiger Stadtentwicklung von Bedeutung? Welche Akteur*innen der nachhaltigen Stadtentwicklung (außerhalb der Stadtpolitik und -verwaltung) suchen die Verbindung zu diesen kommunal(politisch)en Stellen? Wie verfahren sie dabei? Welche politischen Maßnahmen können mehr Nachhaltigkeit in der Stadt fördern oder hindern? Welche neuen Beteiligungsformate gibt es, um auch bislang nicht aktive Bevölkerungsgruppen an der nachhaltigen Stadtentwicklung mitwirken zu lassen? Wie stehen die drei systemischen Sektoren Staat, Wirtschaft und Zivilgesellschaft zueinander, wenn es um die nachhaltige Stadtentwicklung geht? Wie verhandeln bzw. kommunizieren die Akteur*innen aus den kulturellen, ökologischen, sozialen, ökonomischen und technischen Bereichen miteinander? Wer fördert dabei die Vernetzung der interessierten Akteur*innen (Organisationen, Projekte, Individuen) zwischen den Möglichkeitsräumen und zwischen den Sektoren?

Der vierte große Fragenblock stellt Fragen nach den potenziellen *Wirkungen* nachhaltiger Stadtentwicklung vor. Wie tragen nicht nur die erforschten Akteur*innen zur nachhaltigen Stadtentwicklung bei, sondern wie kann oder wird die Forschungsgruppe im Sinne einer transdisziplinären Aktionsforschung positiv zur nachhaltigen Entwicklung der ausgewählten Stadt beitragen? Lassen sich nach Beendigung des Forschungsprojektes soziale, kulturelle oder politische Innovationen identifizieren? Sind die erfassten innovativen Veränderungen im dreijährigen Forschungszeitraum allgemein als neu, hilfreich und wichtig anerkannt? Ist die positive Bewertung von Neuigkeit und Nützlichkeit allgemein oder auf einzelne Gruppen beschränkt? Sind diese Bewertungen normativ oder »objektiv« (z. B. meßbar bei technischen Neuerungen)? Finden die innovativen Veränderungen dynamisch (z. B. plötzlich und deshalb deutlicher wahrnehmbar) oder langsam (und deshalb weniger deutlich wahrnehmbar) statt? Welche soziale Mechanismen tragen zu einem Wandel bei und sollten in ihrer Wirkung gefördert werden? Inwieweit spielen veränderte historische Rahmenbedingungen dabei eine Rolle? Welche soziale Mechanismen tragen zu einem Wandel bei und sollten gefördert werden? Gibt es ein allgemeines positives Verständnis für die Rezeption dieser Veränderungen oder verbleibt die Wahrnehmung der Innovation einigen Insider*innen überlassen? Welche kulturellen Symbole, kognitiven Systeme und Ideologien helfen dahingehend, Innovationen wahrzunehmen und als positiv zu bewerten? Welche Logiken der Institutionen dominieren dabei die Fähigkeit und Bereitschaft zur Wahrnehmung und Zustimmung von bzw. zu Innovationen einer nachhaltigen Stadtentwicklung? Gibt oder gab es Anzeichen des Wandels dieser Logiken?

Neben diesen vier thematischen Frageblöcken zur nachhaltigen Stadtentwicklung, zu Möglichkeitsräumen, zu Strategien der Förderung einer nachhaltigen Stadtentwicklung und zu möglichen Wirkungen einer Förderung der nachhaltigen Stadtentwicklung kann unsere Forschung auch aus einer weiteren Perspektive betrachtet werden, der Gegenüberstellung von Fragen nach grundlegenden theoretischen und wissenschaftlichen Erkenntnissen und von Fragen nach Anwendungen in einer Praxis, welche die nachhaltige Stadtentwicklung unmittelbar fördern will. Diese zweite Orientierung betont die Suche nach Faktoren, Bedingungen und Strukturen, die Akteur*innen vor Ort als »Change Agents«, also als Initiator*innen, Motivator*innen und treibende Kräfte, der nachhaltigen Stadtentwicklung fördert. Die Schaffung und Erweiterung städtischer Möglichkeitsräume als Ausgangspunkte für eine nachhaltige Stadtentwicklung steht dabei an erster Stelle. Was sind die Ideen und Haltungen (mindsets), aus denen Impulse werden, die weiterwirken? Wie kann daraus ein Verhalten (workset) entstehen bzw. gestärkt werden, das zu einer nachhaltigen Stadtentwicklung beiträgt, indem es zur Praxis wird (vgl. Weisenfeld und Hauerwaas 2018)? Wie kann kreative Praxis neue Formen der Kommunikation zwischen Akteur*innen der Zivilgesellschaft, Politik, Verwaltung und Wirtschaft anstoßen und die Textur einer Stadt beeinflussen? Welche Empfehlungen können wir somit den Akteur*innen für ihre tägliche Arbeit und für ihre längerfristigen Strategien geben?

Daneben, und in keiner Weise gegenläufig zur Anwendungsperspektive, stehen die Fragen einer deduktiv wie induktiv geleiteten, theorieorientierten und inter- und transdisziplinären Wissenschaft. Wissenschaftliche Konstrukte wie Imagination, Utopie, Institution und Regime stehen unter anderem dafür Pate. Inwieweit beeinflussen Wünsche, Visionen und Imaginationen, also die Fähigkeit und Bereitschaft zum utopischen Denken und Experimentieren, das Bewusstsein und die Formulierung der Ziele einer nachhaltigen Stadtentwicklung? Inwieweit begrenzen Institutionen, also alltägliche und unbewusste Routinen, unhinterfragte Konventionen, mächtige Regularien der Politik (*policy* und *polity*) und dominante, hegemoniale Gruppen (aus Wirtschaft, Zivilgesellschaft, Klassen und/oder Milieus) den Willen und die Fähigkeit der Akteur*innen vor Ort zur Formulierung und Umsetzung der Ziele der nachhaltigen Stadtentwicklung? Hinter diesen Fragen und Konstrukten stehen eine Vielzahl theoretischer Überlegungen, z. B. zu Theorien des sozialen Imaginären und der Imagination, zu Institutionentheorien, zu Machttheorien kommunaler Eliten, zu Theorien der Kreativität und Innovation und zu Theorien der Stadtentwicklung und Nachhaltigkeit. Diese im engeren Sinne wissenschaftlichen Fragen behandeln erstens die kulturelle Dimension nachhaltiger Stadtentwicklung, zweitens das Zusammenspiel zwischen Mindsets, Imagination und Utopien und drittens die Aktivitäten und lokalen Praktiken diverser Gruppen, Netzwerke und Interessenverbände in der Stadt. Darüber hinaus suchten wir als transdisziplinäre Forscher*innen eine breitere »transdisziplinäre Hermeneutik«, die nicht nur das Wissen (und die Partner*innen) der Akteur*innen in der Stadt, sondern auch allgemeiner gesehen kognitives, verkörpertes und vollzogenes Wissen integriert (Dieleman 2017), und dadurch die generative Intelligenz von Wünschen und Imagination (Maggs und Robinson 2016) für eine »kunstvollere Nachhaltigkeitsforschung« (Kagan 2017) mobilisiert.

6. Zur Gliederung dieses Bandes

Teil 1 des Bandes wendet sich mit drei Texten (Kapitel 2 bis 4) den Konzepten und Strukturen der nachhaltigen Stadtentwicklung zu, die hier griffig mit dem Konzept »Institution« umschrieben werden. »Institution« ist zum einen ein Begriff, welcher in der Soziologie als Regelwerk aus Normen, Regeln, (Rollen-)Erwartungen und (häufig unausgesprochenen) Konventionen verstanden wird, das unser soziales Handeln formt und lenkt. Ein häufig verwendetes Beispiel dafür wäre die Ehe. Andererseits wird der Begriff auch über diese engere soziologische Definition hinaus alltagssprachlich als Einrichtung verstanden, in der häufig gesetzlich geregelte Aufgaben umgesetzt werden. Diese »Einrichtung« kann dabei als »Regelwerk« mit festgelegten (formalen) organisatorischen Strukturen verstanden werden, wäre also eigentlich eine Unterkategorie des breiteren soziologischen Begriffes. Solche Institutionen könnten zum Beispiel die Schule, eine Lobbyorganisation oder die Armee sein. Trotzdem beruht insbesondere die amerikanische Institutionentheorie auf soziologischen Organisationstheorien. In den 1950er Jahren wurde die Rationalisierungstheorie Max Webers, der Anfang des 20. Jahrhunderts die unerbittlichen, da rational legitimierten Regeln unserer Gesellschaft treffend als »stahlhartes Gehäuse« beschrieb, von Robert Merton, Max Blau, Philip Selznick, Alvin Gouldner und William White wieder aufgegriffen, um Organisationen als Institutionen zu untersuchen. Insbesondere staatliche und unternehmerische Organisationen wurden von diesen Soziologen als formale und bürokratische Regelwerke betrachtet, um mittels ihrer Analyse die gesamte gesellschaftliche Entwicklung der Moderne zu verstehen. Organisationen sind wichtige »Subsysteme der Gesellschaft« mit einer adaptiven Funktion (Ressourcensicherung), einer zieldefinierenden Funktion (Sinngebung), einer integrativen Funktion (Zusammenhalt) und einer kulturellen Funktion (Wertegebung). In diesem Sinne haben Organisationen laut Parsons' Strukturfunktionalismus wichtige gesellschaftsstabilisierende Funktionen. In den 1970er Jahren wurde dieser »Alte Institutionalismus« dann durch den »Neo-Institutionalismus« wenn schon nicht revolutioniert, so doch umfassend ergänzt. In zunehmendem Abstand von Webers rationaler Begründung gesellschaftlich funktionierender Institutionen (im Sinne von Organisationen), wurden insbesondere die ökonomisch-rationalen Faktoren der gesellschaftlichen Strukturen und Prozesse kritischer gesehen. Plötzlich wurden Organisationen in Bezug auf institutionelles Verhalten untersucht, das es nach einem rationalen Verständnis von Organisationen eigentlich nicht geben dürfte. Diese unlogischen oder irrationalen Praktiken oder Strukturen wurden im alten Institutionalismus noch als fehlerhafte und unerwartete Konsequenzen eigentlich rationalen Verhaltens aufgefasst. Im neuen Institutionalismus wurde der Anschein der Rationalität hingegen von Anfang an aufgegeben; alles, auch irrationales Verhalten und Denken, kann in Organisationen als »selbstverständlich« und als unreflektiert richtig hingenommen werden. Anpassung, Kognition, Legitimität, Traditionen und Emotionen sind in vielen Organisationen wichtiger als rational-ökonomische Faktoren wie Effizienzsteigerung, Kostenminimierung, Nutzenmaximierung oder Zweckrationalität, selbst wenn aufgrund dieser Prioritätensetzung die Überlebensfähigkeit einer Organisation gefährdet sein könnte.

Der Teil 1, »Institution«, beginnt mit dem *zweiten* Kapitel *»Schlüsselfiguren, Innovationen und Mechanismen des Wandels«*. Hier wenden sich Ursula Weisenfeld und Antoniya Hauerwaas den jeweiligen Akteur*innen nachhaltiger Entwicklung in Hannover und ihren entsprechenden Nachhaltigkeitsinnovationen zu, den Fragen nach den formellen und informellen institutionellen Rahmenbedingungen für Transformationen in der Stadt, und den Fragen nach den fördernden oder verhindernden Mechanismen des Wandels hin zu einer nachhaltigeren Stadtentwicklung. Die Frage nach der Rolle der Zivilgesellschaft für eine nachhaltige Stadtentwicklung wird maßgeblich davon geprägt, wie Potenziale von Akteur*innen der Zivilgesellschaft für eine nachhaltige Entwicklung weiter entfaltet und wirksam(er) werden können. Dies beinhaltet u. a. die Analyse des ›Nicht-wirksam-Werdens‹, also der Umstände, warum sich bestimmte Potenziale von Akteur*innen nicht entfalten und verwirklichen können. Akteur*innen aus städtischen sozialen Gruppen, Initiativen und Bewegungen, sowie Akteur*innen der Stadtverwaltung oder der Politik, und auch Einzelpersonen könnten »Change Agents« sein, die sich mit ihren Ideen, Maßnahmen, Prozessen und Aktionen durch innovative, kreative und alternative Ansätze für Nachhaltigkeit (z. B. im Verhältnis von Mensch und Natur und hinsichtlich des Zusammenlebens und der Ressourcenverwendung in der Stadt) auszeichnen. Sie untersuchen diese zentralen städtischen Akteur*innen, welche als ›players of the game‹ (North 1990) in Institutionen als ›rules of the game‹ (ebd.) eingebettet sind. In diesen und um diese zentralen städtischen Akteur*innen wirken verschiedene Mechanismen, die Systeminnovationen und gesellschaftliche Transformationen für mehr Nachhaltigkeit befördern oder verhindern können und deshalb den Schwerpunkt der Analyse bilden. Das Aufdecken solcher Mechanismen des Wandels spielt eine wesentliche Rolle für eine gesellschaftliche Transformation in Richtung städtische Nachhaltigkeit: Jene Mechanismen erklären, wie dieser nachhaltige Wandel zustande kommen kann und ihre Aufdeckung kann somit dazu beitragen, nachhaltige Stadtentwicklung zu fördern. Um diese vier Forschungsobjekte (Akteur*innen, Institutionen, Innovationen und Mechanismen) im Detail zu untersuchen, wurden entsprechende Daten in Hannover in einem Mixed-Method-Ansatz aus qualitativer und quantitativer Befragung und Feld- und Aktionsforschung erhoben und mittels verschiedener qualitativer Analysemethoden ausgewertet. Die Vorgehensweise wurde hierbei in zwei Unterkapitel unterteilt: Zuerst werden zentrale Akteur*innen des Wandels zur Nachhaltigkeit in Hannover und ihre entsprechenden Innovationen als »Change Agents« identifiziert. Dann werden die zentralen Mechanismen des Wandels und die Rolle von Innovationen und Institutionen, welche die Entwicklung hin zu einer nachhaltigen Stadt fördern, in einem zweiten Unterkapitel zusammengefasst.

Im *dritten* Kapitel stellen Volker Kirchberg und Robert Peper unter dem Titel *»Macht und Potenzial«* eine explorative Netzwerkanalyse der Akteur*innen nachhaltiger Stadtentwicklung in Hannover vor. Die Zusammenarbeit zwischen unterschiedlichsten staatlichen, wirtschaftlichen und zivilgesellschaftlichen Akteur*innen bedarf eines umfassenden Systems der Kooperation, des Aushandelns und des gemeinsamen Entscheidens. Die soziale Formation, welche dieses System am besten beschreibt, ist das Netzwerk. Die zentrale Hypothese dieser Studie ist, dass eine starke Vernetzung für die Realisierung nachhaltiger Ziele in der Stadt unabding-bar ist, und dass insbesondere Organisationen an Schnittstellen dieses Netzwerks Einfluss auf die Stärke und die Orientierung des gesamten Netzwerkes nehmen. Diese Schnittstellen-Akteur*innen haben zum einen die Macht, aus ihrer Position heraus die Geschicke des Netzwerkes zu bestimmen. Zum anderen können sie ihre Netzwerkposition aber auch verantwortungsvoll als vermittelnde Interessenvertre-ter*innen der schwächeren Netzwerkakteur*innen nutzen. Zur Überprüfung die-ser Hypothesen wurde eine quantitative Netzwerkanalyse mit Daten aus der weiter oben bereits genannten Online-Befragung unter den Akteur*innen der nachhal-tigen Stadtentwicklung Hannovers erhoben. Grundsätzlich lässt sich feststellen, dass kommunale Verwaltungsstellen die wichtigsten Schnittstellen-Positionen im Netzwerk innehaben. Akteur*innen des Netzwerkes sind mächtiger (und stärker vernetzt), wenn es sich bei ihnen um bürokratische Einrichtungen handelt, und ohnmächtiger (und schwächer vernetzt), wenn sie flexibel als temporäre Projekte arbeiten. Es scheint aber nicht so zu sein, dass die mächtigen kommunalen Schnitt-stellen-Akteur*innen ihre Netzwerkposition eigensinnig ausnutzten; vielmehr ver-stehen sie sich häufig als Repräsentant*innen aller Akteur*innen des Netzwerkes der nachhaltigen Stadtentwicklung; eine monopolistische Machtausübung wird durch gemeinschaftlich vereinbarte Regeln und Wertvorstellungen (White 2012) verhindert.

Teil 2 des Bandes wendet sich mit weiteren drei Texten (Kapitel 4 bis 6) den Konzepten und Ideen einer nachhaltigen Stadtentwicklung zu, die hier stichwort-artig als »Imagination« bezeichnet wird. Wie David Hume (1964) zum ersten Mal bemerkte, brauchen Individuen das Wirken ihrer Imagination, um ihre Eindrücke bestimmter Objekte als Wahrnehmung kontinuierlicher Objekte zu erkennen; Sin-neswahrnehmung kann nicht direkt allein aus sensorischen Daten stammen. Im-manuel Kant (1970) entwickelte dann die Einsicht, dass Wahrnehmung das Wirken einer produktiven Imagination benötigt, die eine Synthese und Organisation von sensorischen Daten in eine Form/Gestalt bringen kann, welche dann wahrgenom-men wird. Dies erfordert die Fähigkeit, eine solche Form/Gestalt zu erkennen und/ oder zu erzeugen, d. h., eine Einheit innerhalb der Mannigfaltigkeit solcher Sin-nesdaten wahrzunehmen. Die individuelle Imagination ermöglicht es also, sowohl momentan abwesende Erfahrungen im Kopf zu behalten, als auch gegenwärtige und abwesende Eindrücke zu synthetisieren, und die »Kunst der Imagination ist die Anerkennung der Möglichkeit oder Möglichkeiten der Vereinheitlichung in der sensorischen Mannigfaltigkeit« (Lennon 2015: 24). Für Kant ist die Imagination auch das, was Zeitbewusstsein ermöglicht, nicht nur in Bezug auf das Abwesende und das Gegenwärtige, sondern auch hinsichtlich Vergangenheit, Gegenwart und Zukunft. Die Imagination kann darüber hinaus kreativ nach einer Form suchen (Kant 2007) und der Welt einen (neuen) Sinn geben – Kant konzentrierte sich dabei insbesondere auf ästhetische Urteile, wobei die Imagination eine kreative Freiheit ausübt.

Aus phänomenologischer Sicht ist die Wahrnehmung in sich bereits ein imagi-nativer Prozess. Dazu argumentiert David Abram folgendermaßen:

»Aus der Perspektive des Magiers oder des Phänomenologen ist das, was wir als Vorstel-lungskraft bezeichnen, von Beginn an eine Eigenschaft der Sinne; die Vorstellungskraft ist nicht, wie gemeinhin angenommen, eine eigenständige mentale Fähigkeit, sondern die Art und Weise, wie die Sinne selbst über das unmittelbar Gegebene hinauswachsen, um sich tastend an jene Rückseite der Dinge und jene verdeckten oder unsichtbaren Aspekten des Sinnlichen anzunähern, die wir nicht direkt wahrnehmen.« (Abram 2012: 77)

Maurice Merleau-Ponty (1945) argumentierte, dass die produktive Imagination (die zuvor von Kant theoretisiert wurde) eine verkörperte Erfahrung ist und »nicht so sehr Form auferlegt, als sie vielmehr aufgreift, als Folge ihrer Sensibilität gegenüber der Welt, in der sie platziert wird. Dies ist zunächst eine präreflexive und präkonzeptuelle körperliche Aktivität« (Lennon 2015: 41–42). Merleau-Ponty (1964) sah diese aufgegriffenen Formen jedoch nicht als festgelegt an, sondern als Resultat des schöpferischen Aktes, latente Formen zu einem sichtbaren Ausdruck zu bringen (indem sichtbar gemacht wird, was sonst latent im Bereich des Sichtbaren ist, aber unsichtbar bleibt, bis die Kreativität der produktiven Imagination eingesetzt wird). Die Imagination bringt so die Welt zum Ausdruck. Jean-Paul Sartre (1940) betrachtet die Imagination als eine aktive Negation des Realen und als Konstitution von etwas Abwesendem und »Irrealem«: Die Imagination beinhaltet nicht nur einen konstitutiven, sondern auch einen vernichtenden Akt, der sich gegen ein passives Wahrnehmungsbewusstsein richtet. Sartre sah also eine spezifische Freiheit, die von der Imagination gewährt wird, weil sie es uns ermöglicht, das Reale zu übertreffen und sich eine Zukunft vorzustellen, die nicht durch das Reale bestimmt ist, während man sich der realen Situation bewusst ist, in der man verankert ist, was zur Schaffung von alternativen Imaginären motiviert. Utopische Erzählungen stützen sich auf solche kritisch-imaginativen Qualitäten. Deshalb ist Imagination für Sartre ein Möglichkeitsraum, der bewusste Entscheidungen zulässt – basierend auf einer anderen Definition der Imagination als der in Merleau-Pontys oben beschriebenen Herangehensweise: Sartre postuliert ein transzendentales und willentliches Subjekt, während Merleau-Ponty von einer Reaktionsfähigkeit des verkörperten Subjekts spricht, welches in die Welt vertieft ist. Für Merleau-Ponty (1945) wird der Möglichkeitsraum nicht daraus erzeugt, dass die bewusste Imagination die wahrgenommene Welt negiert, stattdessen geht die Freiheit der Imagination aus einem Feld von Möglichkeiten hervor, das sich durch die verkörperte Erfahrung der Welt darstellt. Für Merleau-Ponty (1964) ist das Imaginäre somit keine Irrealität, sondern etwas bereits latent in der Welt Vorhandenes: »Das Sichtbare ist trächtig mit dem Unsichtbaren. Das Unsichtbare ist nicht das Nicht-Sichtbare« (Lennon 2015: 45), sondern jenes, was latent im Bereich des Sichtbaren ist. Beide Philosophen argumentieren jedoch, dass es eine Trächtigkeit im Realen gibt, in deren Zusammenhang (sei es durch Negation oder durch verkörperte Reaktionsfähigkeit) ein Möglichkeitsraum entsteht, mit Imagination als kreativem Zusammenspiel mit der Welt. Nach Sartres Ansicht sind dies Möglichkeiten, die uns existentiell machen, während es für Merleau-Ponty Möglichkeiten sind, welche sich aus unserer Vertiefung in die sinnliche Welt ergeben.

Während Imagination ein individueller und sozialer, perzeptiver und kreativer Prozess ist, durch welchen wir Realitäten in unseren Begegnungen mit der Welt gestalten, ist ein Imaginäres eine strukturierte Menge geteilter Bilder (die von einem Individuum, einer Gruppe oder einer ganzen Gesellschaft getragen werden) und formt eine Matrix, die sich auf unseren Zugang zur Welt auswirkt: eine »befähigende, aber nicht vollständig erklärbare symbolische Matrix, in der sich die

Menschen als kollektive Agenten imaginieren und als solche agieren« (Gaonkar 2002: 1). Sie führt »eine moralische oder metaphysische Ordnung ein, in deren Kontext die Normen und Ideale Sinn ergeben« (Taylor 2002: 107). Wahrnehmungen und Auffassungen sind »immer schon in diesen früheren, oft axiomatischen, ontologischen Dimensionen zugrundegelegt« (Bendor et al. 2017). Die Welt macht dank des Wirkens von Imagination und Imaginären *überhaupt* erst Sinn. Dabei »zeigen bestimmte Merkmale der Welt, dass bestimmte Reaktionen auf sie angemessen sind oder in einigen Fällen, dass diese benötigt werden« (Lennon 2015: 10). Es ist den imaginativen Qualitäten und dem Zugang zu Imaginären zu verdanken, dass wir Merkmale von Situationen wahrnehmen und darauf reagieren können, welche eine Reihe potenzieller alternativer Reaktionen ermöglichen/suggerieren.

Soziale Imaginäre werden sozial instituiert (»passiv gefunden oder angetroffen als Voraussetzungen für das Erleben der Welt« [Lennon 2015: 74]), unter Verweis auf den etablierenden Einfluss von Kultur) und instituieren selbst (»aktiv und innovativ transformiert, wenn sie wiedererlebt werden« [ebd.]), unter Verweis auf die produktive Rolle der Imagination in der Entstehung veränderter Imaginäre und sozialer Veränderungen):

»Unsere Welt, einschließlich unserer sozialen Welt, hat eine Gestalt, welche die Gegenwart und das Abwesende miteinander verwebt, die Vergangenheit und das Anderswo widerspiegelt, und unsere Möglichkeiten für die Zukunft in sich trägt [...] Imaginäre werden in unseren fortwährenden, sozial verankerten Interaktionen mit der Welt und anderen sowohl angetroffen als auch modifiziert.« (Ebd.: 96)

Soziale Imaginäre (die ebenso affektiv aufgeladen sind wie individuelle Imaginäre) werden nicht von spezifischen Individuen oder Gruppen allein produziert und kontrolliert, sondern von einem »anonymen Kollektiv« produziert, kontinuierlich modifiziert (ob vorsätzlich, bewusst oder nicht) und geteilt (Castoriadis 1994: 149). Ein soziales Imaginäres ist ein komplexes Netz von Bedeutungen, das laut Castoriadis (1975) über Einheit und innere Geschlossenheit verfügt und bestimmte Ansichten, Logiken und Organisationsformen in einer Gesellschaft legitimiert. Die Anerkennung der imaginären Institution von Gesellschaft impliziert, dass sich kein bedeutungsvolles reflexives Verständnis von sozialen Institutionen entwickeln kann, wenn es keine Reflexion über die Imaginären, welche in bestimmten historischen Perioden für bestimmte Gesellschaften von zentraler Bedeutung sind, gibt. Diese Reflexion kann dabei selber keinen neutralen externen Standpunkt einnehmen und muss deshalb ihrerseits Gegenstand einer Untersuchung sein.

Im ersten Kapitel dieses Teils, also im *vierten* Kapitel des Bandes, untersucht Sacha Kagan »*Kreativ-kulturelle und künstlerische Praktiken für städtische Möglichkeitsräume*«. Wie kann eine kreative und künstlerische Praxis zu einer nachhaltigen Stadtentwicklung beitragen? Die Beantwortung dieser Frage beruht auf einem umfassenden und vielfältigen empirischen Methodenmix. Das Material aus Feld-Notizen, Dokumentationen von Gruppentreffen, Transkriptionen von Interviews mit Expert*innen und Auswertungen von Videofilmen (»Walks with Video« und videografische Feldforschungen) resultiert in Analysen zu den beobachteten Gruppen, ihren ausgewählten Themen, ihren Kollaborationen, Innovationen und Formen der Kreativität, ihrer Bewertung von Serendipität im kreativen Prozess und ihrer Wahrnehmung und Aneignung städtischer Räume als Voraussetzung kreativer Prozesse nachhaltiger Stadtentwicklung. Als zentraler Faktor für die Möglichkeit urbaner nachhaltiger Transformationen erweist sich dabei die Imagination, d. h., der Mut und die Fähigkeit Vorstellungswelten zu ersinnen, die sowohl ortsgebunden als auch ortsgestaltend sind. In diesem Kapitel werden deshalb individuelle und kollektive Merkmale künstlerischer Kreativität erforscht, mit denen durch experimentelles Imaginieren etablierte Normen überschritten werden, um eine erfolgreichere nachhaltige Stadt entwickeln zu können. Wie imaginieren und experimentieren die Akteur*innen dabei? Wie werden unterschiedliche Erfahrungen und Erlebnisse für die Gestaltung der künstlerisch-kreativen Akteur*innen eingesetzt? Wie kooperiert man miteinander, dialogisch oder dialektisch (Sennett 2012)? Werden imaginative Gestaltungsprozesse mit dem Imaginären der Disruption oder dem Imaginären der Harmonie verknüpft? Wie können dabei städtische Räume (physisch, sozial und mental) so gestaltet werden, dass sie die Entfaltung von Vorstellungen städtischer Nachhaltigkeit befördern? Die kreativen und künstlerischen Praktiken sind als Katalysatoren der Imagination wichtig für eine nachhaltige Stadtentwicklung.

Im *fünften* Kapitel stellen Annette Grigoleit und Verena Holz das Projekt »*Linden Fiction 2050*« als einen kreativen Möglichkeitsraum zur Imagination eines zukunftsfähigen Zusammenlebens im Stadtteil Linden im Jahr 2050 und als Beteiligungswerkzeug zur Ermächtigung bislang unbeteiligter Stadtteilbewohner*innen vor. Dieses vom Kulturzentrum FAUST initiierte Projekt wird in diesem Beitrag im Hinblick auf die Wirksamkeit des kreativen Beteiligungwerkzeugs untersucht. Das Ziel dieses Projektes war es, bislang an politischen Gestaltungsprozessen unbeteiligte und heterogene Bewohner*innen, z. B. mit Migrationshintergrund, zu einem Nachdenken über positive utopische Visionen und eine nachhaltige Zukunft in ihrem Stadtteil zu motivieren. Aus den Analysen der fokussierten Interviews mit Projektverantwortlichen und Teilnehmer*innen geht hervor, dass die Offenheit des Projektes einen diskursiven Raum für das Entwickeln und Gehört-Werden von Ideen über die und Bedürfnisse bezüglich der Zukunft eröffnet hat.

Die Begleitstudie zu dem Schreibprojekt »Linden Fiction 2050« kann aus zwei Blickwinkeln als wichtig für unsere Forschung erachtet werden. Zum ersten gibt diese Einblick in die verschiedenen Umgangsweisen der Mitwirkenden mit der Aufgabenstellung bzw. hinsichtlich ihrer Zukunftsvorstellungen zum Stadtteil. Die Studie eröffnet Perspektiven darauf, welche alltäglichen Relevanzen utopische und utopiekritische Denkfiguren heute haben und inwiefern mit den Mitteln fiktionalen Schreibens auf welche soziale Imaginäre Bezug genommen wird. Zum zweiten wird in diesem Beitrag die Wirksamkeit des Beteiligungswerkzeugs erörtert, indem aus den Perspektiven der Mitwirkenden rekonstruiert wird, ob und wie weit ein solches kreatives Beteiligungsformat förderlich ist, diverse und bislang unbeteiligte Stadtbewohner*innen zu ermutigen, ihre Zukunftsentwürfe zu artikulieren und öffentlich zur Diskussion zu stellen. Dabei wird auch das transformative Potenzial solcher Projekte und ihrer spezifischen Bedingungen für ein Gelingen einer partizipatorisch orientierten Stadt(teil)entwicklung beleuchtet. Es soll sich zeigen, wie der Einflussbereich des Projekts war, welche Gruppen an Stadtbewohner*innen auf welche Weise eingebunden werden konnten, welches transformative Wissen generiert wurde, wie der Grad der Partizipation war, welche Langzeiteffekte zu beobachten sind und wie die Mitwirkenden für Themen und Wirksamkeiten einer nachhaltigen Stadtentwicklung sensibilisiert werden konnten. Darüber hinaus zeigen die Autor*innen Bedingungen auf, welche für die Aktivierung einer solchen kulturellen und sozialen Beteiligung förderlich und herausfordernd sind.

Im *sechsten* Kapitel behandelt Volker Kirchberg städtische Möglichkeitsräume als *Reale Utopien*. Die Frage nach der Wirksamkeit urbaner (Nischen-)Räume als Möglichkeitsräume für eine nachhaltige Stadtentwicklung wird hier aus einer politik- und stadtsoziologischen Perspektive bearbeitet, indem als zentrale theoretische Grundlage das Konzept der Realen Utopie (Wright 2017) herangezogen wird. Wright hat eine Typologie des Utopie-Verständnisses zwischen Wünschbarkeit, Machbarkeit und Umsetzbarkeit erarbeitet, indem er drei Fragen stellt: Was wollen wir (Wünschbarkeit)? Was ist machbar (Machbarkeit)? Und was ist angesichts der Regeln des Kapitalismus umsetzbar (Umsetzbarkeit)? Zur empirischen Überprüfung dieser Utopie-Triade wurden in Hannover acht soziale und kulturelle Möglichkeitsräume (Initiativen, Projekte, Kampagnen, Einrichtungen) auf ihre utopischen Potenziale zwischen Wünschbarkeit und Umsetzbarkeit untersucht. Die Komplexität der Organisationsform (zwischen kleinem Initiativenprojekt und bürokratischer Verwaltungseinrichtung) bestimmt dabei die Positionierung eines Möglichkeitsraums zwischen visionärer Utopie und pragmatisch-machbarer Konvention. Eine hohe Formalisierung der Institution (d.h. Bürokratisierung) verhindert die Imagination des visionär Wünschbaren und erlaubt allein die Feststellung des hier und heute üblich Umsetzbaren. Was nicht unmittelbar als umsetzbar angesehen wird, gilt als »utopisch« im Sinne von »fantastisch«. Diese institutionalisierte Limitierung wird kritisiert, denn für die Entwicklung einer innovativen nachhaltigen Stadtentwicklung bedarf es der Freiheit der Imagination und Entwicklung utopischer Ideen in einem starken Kreativbereich; dies wird in den Institutionen bürokratisierter Systeme heute nicht nur nicht beachtet, sondern verhindert.

Im abschließenden *siebten* Kapitel von Volker Kirchberg und Sacha Kagan werden die hier vorgestellten Perspektiven der nachhaltigen Stadtentwicklung noch einmal auf Übereinstimmungen und Unterschiede der Perspektiven überprüft und Empfehlungen für eine nachhaltige Stadtentwicklung formuliert. Nachhaltige Stadtentwicklung ist nur im Zusammenspiel von Imagination und Innovation möglich. Die Interdisziplinarität unseres Projektes basierte dabei auf den disziplinären Kompetenzen der Mitwirkenden, die sich auch in den einzelnen Kapiteln wiederfinden; trotzdem zeigt der Vergleich der Resultate, dass gerade die Triangulation der unterschiedlichen disziplinären Perspektiven die gemeinsamen Ergebnisse eher bestätigt.

Zwischen allen Kapiteln sind kurze »Zwischenspiele« platziert. Die Forscher*innen unseres Teams (Julia Barthel, Annette Grigoleit, Sacha Kagan, Volker Kirchberg Ursula Weisenfeld) teilen hier ihre (inter-)subjektiven Eindrücke verschiedener Orte und Räume im Stadtgebiet Hannovers mit der Leser*in. Diese Eindrücke beruhen auf einer Reihe von Stadtspaziergängen quer durch Hannover innerhalb des Forschungszeitraums. Grundlage dieser Spaziergänge sind: (1) sogenannte »Transect Walks« (Kohler 2014), mit denen man gehend große Distanzen quer durch das Stadtgebiet bewältigt, um damit die »Phänomenologie des Stadtraums« empirisch zu erfassen; (2) »Walks with Video« (nach Pink 2007), die es uns erlaubten, an der Wahrnehmung von städtischen Orten mittels einiger ihrer Bewohner*innen teilzuhaben; und (3) kunstbasierte Walking-Experimente, die uns weitere Einblicke gaben. Dokumentiert wurden diese Spaziergänge mit der Videokamera, mit dem Fotoapparat, mit dem Diktiergerät und mit dem Notizbuch. Dies erlaubte es uns, städtische Räume bewusst(er) wahrzunehmen und zu erinnern, zum Teil gemeinsam mit Bewohner*innen dieser Stadträume. Diese Gänge gaben uns weitere Einsichten in Hannover und seine urbane (Nicht-)Nachhaltigkeit. Jede Autor*in zeigt dabei einen etwas anderen Stil des Schreibens, wobei wir in diesen Intermezzos bewusst weniger akademisch, sondern eher assoziativ geschrieben haben.

Zusätzlich zu den hier gedruckten Seiten halten wir für die Leser*in auch einen freien Video Streaming-Link des Dokumentarfilms *Hanother: urbane Möglichkeitsräume für nachhaltige Stadtentwicklung* bereit. Dieser 88 Minuten lange Dokumentarfilm von Sacha Kagan, gibt einen zusätzlichen Überblick über viele der Akteur*innen der nachhaltigen Entwicklung dieser Stadt, seien es Individuen, Initiativen oder Organisationen. Der Film ist über den folgenden Link in HD-Qualität zu sehen: https://youtu.be/16oOlolIChA. Hierbei handelt es sich um einen nicht-gelisteten Film, d. h., er kann nicht durch die Suchanfragen bei Youtube oder Google gefunden werden. Sowohl die Zwischenspiele als auche der Dokumentarfilm *Hanother* geben Blicke auf eine weitere Dimension unserer Forschung frei, auf eine empirische Sozialforschung, die künstlerisch und spaziergangsbasiert ist.[1] Diese Forschung, meistens noch abseits der konventionellen Methoden der empirischen Sozialforschung, eröffnet eine Möglichkeit, Stadt wie Stadträume, großflächige Stadtbezirke wie kleine Möglichkeitsräume, gleichermaßen qualitativ zu erfassen und zu deuten, insbesondere auch gemeinsam mit Bewohner*innen, wenn ein transdisziplinärer Ansatz verfolgt wird.

Der Schwerpunkt auf einer transdisziplinären Forschung in Hannover bedeutet auch, eng mit Akteur*innen des Feldes in dieser Stadt zusammenzuarbeiten. Repräsentativ für die vielen Praxisakteur*innen haben sich zwei Vertreter*innen dazu bereit erklärt, ihre Gedanken zum Nachhaltigkeitsdiskurs in Hannover und ihre Erfahrungen mit unserem Forschungsprojekt in diesem Band zu teilen.Ute Finkeldei, in der Sprach- und Literaturwissenschaft zuhause und beruflich als Texterin und Übersetzerin tätig, widmet sich seit etlichen Jahren und mit zunehmender Begeisterung soziokulturellen Projekten, häufig in Zusammenarbeit mit hannoverschen Kulturinitiativen und Bildungsträgern. In diesem Band geht sie sowohl auf ihre Erfahrungen als Mitinitiatorin des Projekts *Linden Fiction 2050* ein, in dessen Rahmen sie unter anderem für die Autor*innenberatung und das Lektorat zuständig war, als auch auf das in Kooperation mit Wissenschaftler*innen der Leuphana Universität Lüneburg konzipierte Workshopformat *Linden Fiction Revisited*. Ihr Beitrag »Linden Fiction Revisited: *Nothing ever happens unless there is a dream*« (Reflexion 1) versteht sich als Plädoyer für den Mut zur Utopie und als Aufruf zur transformativen, interdisziplinären Zusammenarbeit im (stadt)politischen Kontext.

---

1 | Künstlerische und spaziergangsbasierte empirische Forschung ist Teil des transdisziplinären Ansatzes in Forschung und Lehre der Nachhaltigkeit, den insbesondere Sacha Kagan seit 2010 an der Leuphana Universität Lüneburg entwickelt und vorangetrieben hat. Spaziergangsbasierte Forschung hat in der qualitativ orientierten Sozialforschung insbesondere unter ethnologisch orientierten Stadtforscher*innen in den letzten Jahren einen Aufschwung genommen. Zu »transect walks« siehe Kohler (2014) und Hemmersam & Morrison (2016), zu »walking with video« siehe Pink (2007), zu »walking interviews« siehe Evans & Jones (2011) und Bell & De-Shalit (2013), und zu »walking and talking« siehe Ramsden (2014) und Ramsden (2017).

Constantin Alexander ist Politikwissenschaftler und Nachhaltigkeitsberater und engagiert sich seit Jahren für die Entwicklung des Ihme-Zentrums in Hannover-Linden. Die Vielfalt der Auseinandersetzung mit der Entwicklung dieses städtebaulichen Komplexes und die Einschätzung des Projektes »Stadt als Möglichkeitsraum« in diesem Rahmen bewertet er in seinem Essay »Lösungsproduktion für komplexe Probleme – Transdisziplinäre Informationssammlung als Basis einer nachhaltigen Disruption« (Reflexion 2). Dabei konstatiert er eine weitgehende Übereinstimmung des Projekts »Stadt als Möglichkeitsraum« mit seinen Analysen. Er sieht dies als ein gutes Zeichen dafür, dass das Ihme-Zentrum nachhaltig revitalisiert werden kann, wenn »Menschen aus unterschiedlichen Perspektiven auf ein komplexes Problem blicken und zu den gleichen Schlüssen kommen.«

LITERATUR

Abram, D. (2012). *Im Bann der sinnlichen Natur. Die Kunst der Wahrnehmung und die mehr-als-menschliche Welt.* Klein Jasedow: Drachen Verlag.

Batifoulier, P. (2001). *Théorie des Conventions.* Paris: Economica.

Bell, D. A., & De-Shalit, A. (2013). *The spirit of cities: Why the identity of a city matters in a global age.* Princeton University Press.

Bendor, R. et al. (2017). The imaginary worlds of sustainability: observations from an interactive art installation. *Ecology and Society* 22 (2):17.

Berking, H. & Löw, M. Hg. (2008). *Die Eigenlogik der Städte: Neue Wege für die Stadtforschung.* Vol. 1. Campus Verlag.

Biggart, N. W. & Beamish, T. D. (2003). The economic sociology of conventions: Habit, custom, practice and routine in market order. *Annual Review of Sociology,* 29.

Castoriadis, C. (1994). Radical Imagination and the Social Instituting Imaginary. In: *Rethinking Imagination,* Hg. Gillian Robinson and John F. Rundell. London, New York: Routledge.

Castoriadis, C. (1975). *L'Institution imaginaire de la société.* Paris: Seuil.

Connelly, S. (2007). Mapping sustainable development as a contested concept. *Local Environment,* 12. Jg., Nr. 3, S. 259–278.

Davies, A., Mulgan, G., Norman, W., Pulford, L., Patrick, R., Simon, J. (2012). *Systemic innovations.* Brussels: DG for Enterprise and Industry and European Commission.

De Flander, K., Hahne, U., Kegler, H., Lang, D., Lucas, R., Schneidewind, U., Simon, K., Singer-Brodowski, M., Wanner, M. & Wiek, A. (2014). Resilienz und Reallabore als Schlüsselkonzepte urbaner Transformationsforschung. Zwölf Thesen. *GAIA – Ecological Perspectives for Science and Society,* 23 (3), 284–286.

Dessein, J., Soini, K., Fairclough, G. & d Horlings, L. (Hg.) 2015. *Culture in, for and as Sustainable Development. Conclusions from the COST Action IS1007 Investigating Cultural Sustainability.* University of Jyväskylä.

Dieleman, H. (2017). Transdisciplinary Hermeneutics: A Symbiosis of Science, Art, Philosophy, Reflective Practice, and Subjective Experience. *Issues In Interdisciplinary Studies* 35, 170–199.

Evans, J. & Jones, P. (2011). The walking interview: Methodology, mobility and place. *Applied Geography,* 31 (2), 849–858.

Gaonkar, D. P. (2002). Toward new imaginaries: An introduction. *Public Culture* 14 (1): 1–19.

Geels, F. W. (2002). Technological transitions as evolutionary reconfiguration processes. A multi-level perspective and a case-study. *Research Policy*, 31 (8–9), 1257–1274.

Giddens, A. (1988). *Die Konstitution der Gesellschaft*. Campus Verlag: Frankfurt/ New York.

Groß, M., Hoffmann-Riem, H. & Krohn, H. (2005). *Realexperimente. Ökologische Gestaltungsprozesse in der Wissensgesellschaft*. Bielefeld: transcript.

Hemmersam, P. & Morrison, A. (2016). Place Mapping – transect walks in Arctic urban landscapes. In: *Spool* Vol. 3/1. E-ISSN 2215-0900.

Hume, D. (1964) [1748]. *A treatise of human nature*. London, New York: Everyman.

John, B., Withycombe Keeler, L., Wiek, A. & Lang, D. J. (2015). How Much Sustainability Substance Is in Urban Visions? – An Analysis of Visioning Projects in Urban Planning. *Cities*, 48 (November), 86–98.

Kagan, S. (2008). Art effectuating social change: double entrepreneurship in conventions. In. Kagan, S. & Kirchberg, V. (Hg.), *Sustainability: a new frontier for the arts and cultures* (S. 147–193). Frankfurt a. M.: VAS – Verlag für akademische Schriften.

Kagan, S. (2012). *Toward global (environ)mental change: Transformative art and cultures of sustainability*. Berlin: Heinrich Böll Stiftung.

Kagan, S. (2017). Artful Sustainability: Queer-Convivialist Life-Art and the Artistic Turn in Sustainability Research. *Transdisciplinary Journal of Engineering & Science* 8, 151–168.

Kagan, S. (2018). Culture and the Arts in Sustainable Development: Rethinking Sustainability Research. In Meireis, T & Rippl, G. (Hg.), *Cultural Dimensions of Sustainability*, Routledge, S. 127–139.

Kant, I. (2007) [1790]. *Critique of Judgement*. Oxford: Oxford University Press.

Kant, I. (1970) [1781, 1787]. *Critique of Pure Reason*. London: Macmillan.

Kemp, R., Loorbach, D. & Rotmans, J. (2007). Transition management as a model for managing processes of co-evolution towards sustainable development. *The International Journal of Sustainable Development & World Ecology*, 14 (1): 78–91.

Klein, N. (2015). *Die Entscheidung: Kapitalismus vs. Klima*. S. Fischer Verlag.

Kohler, M. (2014). »Walking through instead of flying over – A way to see the flux of urbanization in Istanbul and other places?« In Shortell, T. & Brown, E. (Hg.), *Walking the European City: Quotidian Mobility and Urban Ethnography*. Farnham: Ashgate Publishing, S. 129–152.

König, A. (2013). *Regenerative Sustainable Development of Universities and Cities. The Role of Living Laboratories*. Cheltenham: Elgar.

Kuhlmann, S. & Rip, A. (2014). *The challenge of addressing Grand Challenges: a think piece on how innovation can be driven towards the ›Grand Challenges‹ as defined under the prospective European Union Framework Programme Horizon 2020*. European Research and Innovation Area Board, 1–11.

Lamker, C. (2014). *Fallstudien. Materialien*. Fakultät Raumplanung, Studien- und Projektzentrum der TU Dortmund. Dortmund.

Lennon, K. (2015). *Imagination and the Imaginary*. London, New York: Routledge.

Loorbach, D. (2007). *Transition Management: New Mode of Governance for Sustainable Development*. PhD Thesis. Erasmus University, Rotterdam, The Netherlands.

Löw, M. (2013). *Raumsoziologie*. Suhrkamp Verlag.

Maggs, D. & Robinson, J. (2016). Recalibrating the Anthropocene – Sustainability in the Imaginary World. Environmental Philosophy 13 (2), 175–194.

McFarlane, C. & Rutherford, J. (2008). »Political infrastructures: Governing and experiencing the fabric of the city.« International journal of urban and regional research 32.2: 363–374.

Meadows, D. H., Randers, J. & Meadows, D. L. (2009). Grenzen des Wachstums: Das 30-Jahre-Update. Stuttgart: Hirzel.

Merleau-Ponty, M. (1964). *Le visible et l'invisible*. Paris: Gallimard.

Merleau-Ponty, M. (1945). *Phénoménologie de la perception*. Paris: Gallimard.

Miller, T. R. (2011). *Constructing Sustainability. A Study of Emerging Scientific Research Trajectories*. Phoenix: Arizona State University. [PhD Thesis]. https://repository.asu.edu/attachments/56608/content/Miller_asu_0010E_10655.pdf Accessed 08.08.2018.

Moore, J. W. (2017). The Capitalocene, Part I: On the nature and origins of our ecological crisis. *The Journal of Peasant Studies* 44.3 (2017): 594–630.

Musterd, S., Marcinczak. S., van Ham, M. & Tammaru, T. (2017). Socioeconomic segregation in European capital cities. Increasing separation between poor and rich. *Urban Geography* 38 (7) 2017, 1062–1083.

MWK Baden-Württemberg (2016). *Baden-Württemberg fördert Reallabore*. https://mwk.baden-wuerttemberg.de/de/forschung/forschungspolitik/wissenschaft-fuer-nachhaltigkeit/reallabore/Accessed 28.10.2016.

North, D. C. (1990). *Institutions, institutional change and economic performance*. Cambridge University Press.

Pallot, M., Trousse, B., Senach, B. & Scapin, D. (2010). *Living Lab Research Landscape: From User Centred Design and User Experience towards User Cocreation*. First European Summer School »Living Labs«, Aug 2010, Paris, France. https://halshs.archives-ouvertes.fr/inria-00612632/document Accessed 14.10.2016.

Park, R. E. & Burgess, E. W. (2012). *The City*. University of Chicago Press.

Piketty, T. (2014). *Capital in the 21st Century*. Cambridge, MA: Bellnap Press.

Pink, S. (2007). »Walking with video«. *Visual Studies*, 22 (3): 240–252.

Ramsden, H. (2014). A walk around the block: Creating spaces for everyday encounters. *Walking in the European city. Quotidian mobility and urban ethnography*, 225–243.

Ramsden, H. (2017). Walking & talking: making strange encounters within the familiar. *Social & Cultural Geography*, 18 (1), 53–77.

Rotmans, J., Kemp, R. & Van Asselt, M. (2001). More evolution than revolution: transition management in public policy. *Foresight*, 3 (1): 15–31.

Sartre, J.-P. (1940). *L'imaginaire: Psychologie phénoménologique de l'imagination*. Paris: Gallimard.

Schneidewind, U. & Scheck, H. (2012). Zur Transformation des Energiesektors – ein Blick aus der Perspektive der Transition-Forschung. In: H.-G. Servatius, U. Schneidewind & D. Rohlfing (Hg.): *Smart Energy* (SpringerLink : Bücher, S. 45–61). Berlin, Heidelberg: Springer-Verlag.

Schneidewind, U. & & Scheck, H. (2013). Die Stadt als »Reallabor« für Systeminnovationen. In J. Rückert-John (Hg.), *Soziale Innovation und Nachhaltigkeit: Perspektiven sozialen Wandels* (S. 229–248). Wiesbaden: Springer Fachmedien.

Sennett, R. (2012). *Together: The Rituals, Pleasures and Politics of Cooperation*. London: Penguin.

Sitrin, M. (2007). Ruptures in imagination: Horizontalism, autogestion and affective politics in Argentina. *Policy & Practice: A Development Education Review*, Vol. 5, Autumn, 43–53.

Soini, K. & Dessein, J. (2016). Culture-sustainability relation: Towards a conceptual framework. *Sustainability*, 8/2: 167.

Taylor, C. (2002). Modern social imaginaries. *Public Culture* 14 (1): 91–124.

Weisenfeld, U., & Hauerwaas, A. (2018). »Adopters build bridges: Changing the institutional logic for more sustainable cities. From action to workset to practice.« *Research Policy* 47.5: 911–923.

Welzer, H. (2011). *Mentale Infrastrukturen: Wie das Wachstum in die Welt und in die Seelen kam*. Berlin: Heinrich Böll-Stiftung.

Welzer, H. & Rammler, S. (2012). *Der Futurzwei Zukunftsalmanach 2013. Geschichten vom guten Umgang mit der Welt*. Frankfurt a. M.: Fischer-Taschenbuch-Verlag.

White, H. C. (2012). *Identity and control: How social formations emerge*. Princeton University Press, Princeton NJ.

Wright, E. O. (2017). *Reale Utopien. Wege aus dem Kapitalismus*. Frankfurt a. M., Suhrkamp.

Zukin, S. (1993). *Landscapes of power: from Detroit to Disney World*. Univ. of California Press.

Zwischenspiel 1

Bothfeld und List

Vom Norden Hannovers ins Stadtzentrum

Julia Barthel

Nach dem Zufallsprinzip hatten wir unseren Ausgangspunkt in einem Grüngebiet um die Straßenbahnstation »Fasanenkrug« in Isernhagen-Süd ausgesucht, um uns auf einer gedachten Linie in Richtung des Stadtzentrums zu bewegen und möglichst viele Eindrücke in uns aufzunehmen. Es war ein sonniger Morgen An-fang Mai, und wir folgten eine Weile den Schienen der Straßenbahn unter einer Brücke hindurch, bis wir auf eine ordentliche Reihe zweistöckiger Häuser stie-ßen, die in ihrer Bauweise recht modern wirkten. Sie waren auffallend gepflegt, mit akkuraten Vorgärten, und von zahlreichen Bäumen umgeben. Sehr bald ging diese moderne Vorstadtsiedlung in eine Nachbarschaft mit Ein- und Mehrfami-lienhäusern über, die etwas lockerer verstreut standen und nicht ganz so exklusiv wirkten. Sie machten vielmehr den Eindruck, zu einer schönen Wohngegend für Familien zu gehören, da viele der Häuser Gärten hatten, in denen wir spielende Kinder sahen. Wir nahmen an, dass dies eine bevorzugte Gegend für Pendler*in-nen sein könnte, die zwar innerhalb der Stadt arbeiten, aber dort nicht mehr mit ihren Kindern leben mochten. Der Eindruck wurde durch den Umstand verstärkt, dass dieses Quartier mit einer nahe gelegenen Straßenbahnstation gut an die Stadt angebunden zu sein schien. Gleichzeitig verströmte es mit den vielen Grünflächen die Atmosphäre einer kleinstädtischen oder ländlichen Umgebung, die vermutlich auch in der Nacht eher ruhig sein musste. Allmählich gewöhnte ich mich daran, dass meine Vorstellung von einer Stadtwanderung und einer urbanen Umgebung so gar nicht zu dem Eindruck passen wollte, sich in einer Kleinstadt oder auf dem Land wiederzufinden, und auf unserem Weg sollten noch weitere Überraschun-gen folgen. Nach kurzer Zeit kamen wir an einem Sportplatz vorbei, auf dem eine Mannschaft junger Männer gerade Fußball spielte. Es handelte sich um ein unge-wöhnlich charmantes Fußballfeld, denn zwischen den beiden Toren war die Wie-se mit hunderten von Gänseblümchen gesprenkelt und umgeben von zahlreichen Bäumen. Im hellen Sonnenschein wirkte die ganze Gegend auf uns wie ein großes Naherholungsgebiet. Spätestens, als sich zu unserer Rechten ein großer Park öff-nete und uns auf verschlungenen Pfaden durch hohe Bäume auf einen Umweg ins Grüne lockte, stellte sich das Gefühl ein, dass wir uns auf einem ausgedehnten Landspaziergang befanden. Unterwegs trafen wir lediglich auf vereinzelte Spaziergänger*innen mit ihren Hunden und begannen uns darüber zu wundern, was dieser große, zusammenhängende Grünraum mitten in der Stadt zu suchen hatte. Wir fühlten uns inmitten der kleinen Pfade und hohen Bäume doch allmählich etwas verloren, unsicher, ob wir tatsächlich noch auf dem richtigen Weg ins Stadtzentrum waren. Zum ersten Mal während unserer Exkursion zogen wir eine Karte zu Rate, um dann festzustellen, dass wir soeben den städtischen Friedhof betreten hatten. Mit mehr Selbstvertrauen dahingehend, uns nicht vollkommen verlaufen zu haben, nahmen wir uns den nächsten kleinen Pfad vor, der uns schließlich aus »dem Wald« hinausführte. Plötzlich standen wir auf einem belebten Spielplatz mit Eltern und Kindern, die ganz im gemeinsamen Spiel versunken waren. Nur kurz hoben sie den Blick, um die beiden seltsamen Gestalten in Augenschein zu nehmen, die soeben mit Rucksäcken und Kameras mitten aus dem Wald aufgetaucht waren. Wir hatten wieder bewohntes Terrain betreten und bewegten uns von nun an über kleine Seitenstraßen durch eine Gegend mit Mehrfamilienhäusern.

Ein leuchtendes Verkehrsschild mitten auf der Straße wies auf »spielende Kinder« hin und zwischen den Gebäuden sahen wir immer wieder kleine Spielplätze. Nachdem wir nun bereits eine Weile durch diesen Flickenteppich aus Grün und suburbanen Wohngegenden gelaufen waren, schien die ganze Wechselbeziehung allmählich einen Sinn zu ergeben. Umso unpassender erschien uns der plötzliche Bruch, den wir jetzt auf unserem Weg erfuhren. Um beim Bild zu bleiben: Es schien, als hätte jemand Schere und Klebstoff zur Hand genommen, um ein vollkommen fremdartiges Objekt an unseren Flickenteppich zu heften. Als wir aus der Wohngegend heraustraten, standen wir direkt an einer großen Straße, die selbst am Sonntagmittag stark befahren war. Sie markierte einen abrupten Bruch in unserem Spaziergang, und das Gefühl, in der Stadt angekommen zu sein, machte sich breit. Dort, wo ein militärischer Sicherheitsbereich an eine Wohngegend grenzte und sich in direkter Nachbarschaft ein Freizeitgebiet an den breiten Fluss schmiegte, wurde das, was wir als Stadt betrachteten, gerade so eben durch eine große Verkehrsader und einige Brücken zusammengehalten. Bald bewegten wir uns dennoch mit Blick auf den VW-Tower in direkter Linie auf den Hauptbahnhof zu. Vom stundenlangen Gehen waren wir ebenso erschöpft wie von der Reizüberflutung und hatten inzwischen alle Gespräche eingestellt, um Energie zu sparen. Während wir Füße und Körper nur noch mühsam vorwärts schleppten, wurde jedoch unsere Sinneswahrnehmung immer schärfer. In diesem Zustand entdeckten wir Plätze, die wir unter anderen Bedingungen wohl übersehen hätten. So stießen wir bei einem spontanen Abstecher in einen kleinen Park entlang unserer Route auf einen großen und reizvoll gestalteten Spielplatz, der mit Bedacht in einer Gruppe üppiger Bäume und Büsche angelegt worden war. Direkt daneben fanden wir einen sehr lebendigen Skatepark, in dem es sogar eine Bowl für ausgedehnte Sessions mit dem Bord gab. Hinter dem Skatespot ragte ein geheimnisvolles Gebäude auf, dessen Nutzen wir uns nicht erklären konnten und das auf den ersten Blick recht heruntergekommen wirkte. Obwohl unsere Neugier nicht weit genug reichte, um das Gebäude zu betreten, konnten wir doch nicht umhin, die kunstvollen und farbenfrohen Graffitis auf den Außenwänden zu bemerken. Auf einer Seite waren selbst die Bäume in passenden Farben angesprüht worden, sodass sie mit Bildern, Schriftzügen und Zeichen auf den Wänden zu verschmelzen schienen. Ein paar Schritte weiter fanden wir sogar kleine Skulpturen, die auf einem Sims über einem Eingang saßen und irgendwie zu den Wänden passten. Diese Ansammlung aus

Spielplatz, Skatepark und einem Gebäude aus sehr unterschiedlichen Elementen wirkte wie ein Kunstwerk auf uns und machte den kleinen Park zu einem besonderen Ort. Kaum hatten wir diesen geheimnisvollen Park verlassen, stolperten wir bereits in die nächste unerwartete Stätte hinein. Beinahe hätten wir den gepflegten Rasen übersehen, der sich zu unserer rechten Seite auftat und aus dem einige sehr alte, verwitterte Grabsteine geradezu herauswuchsen. Inmitten der stark befahrenen Straßen um den Hauptbahnhof erschien dieser kleine Friedhof so wundersam, als wäre er mittels eines Zeitsprungs aus einer weit entfernten Vergangenheit in die Gegenwart transportiert worden. Die Grabsteine hatten eine dunkelgraue, beinahe schwarze Patina und waren mit unleserlichen Inschriften versehen. Knorrige alte Bäume, die jene Grabstätten umringten, bestärkten meine Wahrnehmung von einem Ort, der hier und gleichzeitig woanders lag als alles andere um uns herum. Dieser Friedhof war düster und zur gleichen Zeit wunderschön, denn hinter seinen niedrigen Mauern blühten Frühlingsblumen und charmante Bänke unter den knorrigen Bäumen luden Besucher*innen dazu ein, hier zu verweilen. Eingebettet in die Rastlosigkeit einer modernen und lebendigen Stadt, schuf diese sakrale und friedvolle Szenerie eine ganz eigene Sphäre.

Indem der Transect Walk der Erforschung einer Stadt das Prinzip des Zufalls auferlegt, ermöglicht er uns, aus den Grenzen und Gesetzmäßigkeiten auszubrechen, die normalerweise unsere Bewegung durch vertraute und fremde städtische Umgebungen bestimmen. Im Alltag sind Bewegungen durch die Stadt, ebenso wie ihre Wahrnehmung, stark von wiederkehrenden Funktionen wie dem Weg zum Arbeitsplatz, zu ausgesuchten kulturellen Spielorten oder bestimmten Freizeitaktivitäten beeinflusst. Daraus ergeben sich Routinen, welche häufig sowohl unsere sensorischen Eindrücke überlagern als auch unser geistiges Konzept von der eigenen und von unbekannten Städten prägen. So ist es nicht verwunderlich, dass auch die Erwartungshaltung an fremde Städte zumeist von bekannten Knotenpunkten wie den Arealen um Hauptbahnhof oder Flugplatz, Landmarken wie dem Messegelände in Hannover und Ausflugszielen wie jenen Vierteln geprägt ist, die eine hohe Dichte an gastronomischen Angeboten und Einkaufsmöglichkeiten bieten. Im gleichen Maß, wie diese Erwartungen eine gewisse Orientierung im Alltagsleben oder auf Reisen bieten, verstellen sie auch den Blick auf andere Lebenswelten und Raumnutzungen, die ebenso zum Gefüge einer Stadt gehören, aber oft an den Rand der Wahrnehmung gedrängt werden. Unser Transect Walk vom Norden Hannovers bis zum Zentrum war, abgesehen von einer groben Richtung, frei von jeder alltäglichen oder touristischen Funktion und führte deshalb zu unerwarteten Erkenntnissen über die Textur dieser Stadt. Der Moment, an dem wir auf die Gleichzeitigkeit einer militärischen Sicherheitszone, einer Wohngegend und eines Freizeitareals am Ufer der Leine stießen, die scheinbar willkürlich am Kreuzungspunkt einer stark befahrenen Straße aufeinandertrafen, widersprach beispielsweise der Erwartung, Urbanität würde sich durch konsistente und homogene Architektur und aufeinander aufbauende Nutzungsformen auszeichnen. Die auf diesem Walk erworbene Einsicht in eine urbane Realität, die ebenso häufig von den Bedürfnissen der Grundbesitzer*innen und Notwendigkeiten von Transit oder Versorgung geformt wird, lässt sich im Nachvollzug auf ähnliche Konstellationen in Städten wie Hamburg oder Berlin übertragen. Zur gleichen Zeit öffnete das Verlassen von ausgetretenen Pfaden und Gewohnheiten auch unsere Sinne für die spezifischen Atmosphären und Qualitäten in Lebenswelten, wie den grünen, von Gärten und Spielräumen geprägten Siedlungen am Rande des urbanen Kerns oder aus der Zeit gehobenen Orten wie dem kleinen Friedhof an der Grenze zum Hauptbahnhof. Obwohl sie teilweise nur als kleines Fragment im urbanen Gefüge auftauchen, prägen sie alle gemeinsam die Textur der Stadt Hannover.

LITERATUR

Kagan, S. (2010). A brief art-history of walking across 20th century-Europe, in: Kagan, S. (Hg.): Walking in life, art and science: a few examples. Leuphana Universität Lüneburg.

Sahlkamp

Stadtforschung als künstlerische Praxis

Julia Barthel

Einen Stadtteil zu erforschen oder zu begreifen erfordert manchmal, dass man sich dem Ort einerseits mit allen Sinnen aussetzt und andererseits den Ort oder seine Bewohner*innen dazu anstiftet, etwas über sich preiszugeben. Das kann in Form einer künstlerischen Aktion oder einer Performance geschehen, im Verlauf derer man sich mit dem eigenen Körper oder durch das eigene Handeln den Raum aneignet, statt sich nur darin zu befinden. Kein Stadtteil, keine Straße und kein Platz ist dabei eine weiße Leinwand, sondern steckt voller Geschichte und Erzählungen, die in zahllosen Schichten unter der Oberfläche dessen verborgen sind, was wir auf den ersten Blick wahrnehmen. Wer sich einen Ort mit einer künstlerischen Aktion zu eigen macht, kann damit diese Geschichten und Eigenheiten hervorlocken oder die Gedanken und das Leben seiner Bewohner*innen ganz anders kennenlernen als erwartet. Diese Erfahrung machten wir in ganz verschiedenen Teilen von Hannover, als wir mit einfacher, bunter Straßenkreide loszogen, um die Menschen zu fragen: »Wovor hast du am meisten Angst?« Wir waren als Gruppe von Studierenden in einem Seminar zusammengekommen, in dem unser forschendes Lernen nicht nur praktisch orientiert war, sondern das uns als Teil des Projektes »Stadt als Möglichkeitsraum« auch das Experimentieren mit neuen Methoden ermöglichte. Allerdings zögerten die meisten von uns, selbst mit einer Kunstperformance im öffentlichen Raum aufzutreten. Inspiriert von einem künstlerischen Projekt in England, erschien es uns als gute Möglichkeit, unsere Frage auf den Gehwegen der Stadt zu stellen, ohne selbst in den Mittelpunkt der Aufmerksamkeit zu geraten. Meine Wahl fiel auf den Stadtteil Sahlkamp, in dem sich das Projekt »Internationale Stadtteilgärten« befindet. Dort, so hoffte ich, würde ich auf ein Publikum treffen, das offen für eine kreative Aktion wäre und sich leicht zum Mitmachen anstiften ließe. Es hatte wohl viel mit meinem Mangel an Ortskenntnis und Orientierung zu tun, dass mein anfänglicher Aktionismus schnell in eine stolpernde Suche nach dem Projektstandort überging. An diesem extrem warmen Tag im Frühsommer schienen die Temperaturen mit jeder Minute zu steigen und während ich an Plattenbauten und Hochhäusern vorbeilief, die sämtlich gleich aussahen, wuchs in mir ein Gefühl von Unwohlsein und Fremdheit. Selbst die Grünflächen zwischen diesen Gebäuden erschienen mir irgendwie abweisend und ich wagte nicht, sie zu betreten. Um mich nicht vollends in dieser Gegend zu verlaufen beschloss ich, die nächste Person, der ich begegnete, nach dem richtigen Weg zu fragen. Ein älterer Mann mit dunkler Hautfarbe tauchte vor mir auf und obwohl seine Kleidung etwas verwahrlost wirkte, lag auf seinem Gesicht doch ein unverkennbar freundlicher Ausdruck. Er bot an, mir den Weg selbst zu zeigen und indem ich seinem bedächtigen Schritt folgte, waren wir bald in ein kleines Gespräch verwickelt.

Ich erfuhr, dass er Mitglied einer Selbsthilfegruppe für Menschen war, die auf der Flucht oder der Suche nach Asyl nach Deutschland gelangt waren. Die Gruppe plante gerade einen Ausflug nach Hamburg und wir tauschten einige Gedanken über die Stadt an der Elbe aus. Bevor sich unsere Wege an seinem Wohnhaus trennten, erzählte mir der Mann, dass er erst vor Kurzem von der Elfenbeinküste hierhergekommen sei. Wir kamen darauf zu sprechen, wie sehr sich das Leben und die Gemeinschaft in seiner afrikanischen Heimat von dem Dasein an diesem Ort unterschieden und ich konnte nicht umhin, ihn nach seinen Aussichten für eine Rückkehr nach Afrika zu fragen. Noch während er mir versicherte, dass er eines Tages nach Hause zurückkehre würde, wussten wir beide, dass dies wohl Wunschdenken bleiben würde und er wirkte sehr traurig auf mich. Als ich mich mit einer vagen Richtungsangabe wieder auf den Weg machte, traf mich die Erkenntnis wie ein Schlag: Tatsächlich musste das Lebensgefühl in dieser deutschen Stadt so verschieden zu dem an der Elfenbeinküste sein wie Tag und Nacht. Aller Wahrscheinlichkeit nach würde der Mensch, dem ich eben begegnet war, also gezwungen sein, den Rest seines Lebens an einem Ort zu verbringen, der ihm in allen Belangen fremd sein musste und den er wohl nie »Heimat« nennen könnte. Im nächsten Moment fiel mein Blick auf die Plattenbauten und Hochhäuser vor mir und ich realisierte, dass es den meisten Bewohner*innen dort so gehen musste. Sie waren nicht unbedingt aus freien Stücken hierher gekommen, sondern weil sie aus politischen, klimatischen oder anderen Gründen an diesen Ort verschlagen wurden. Zudem wirkte dieses Stadtquartier mit seinen nüchternen Strukturen und vielen Sozialwohnungen wie ein temporärer Stützpunkt, an dem das Zusammenleben von Notwendigkeit geprägt ist. Diese Begegnung und die darauffolgenden Gedanken veränderten meinen Blickwinkel auf eine künstlerische Intervention. Zuvor war es mir ganz logisch erschienen, die Wege zwischen den Plattenbauten einfach als öffentlichen Raum zu behandeln und mich dort mit meiner bunten Kreide und meiner Frage auszutoben.

Doch der Gedanke, dass dieser Raum auch ein Lebensraum für Menschen war, die zuvor ihre Heimat verloren hatten, änderte für mich alles. Welches Recht hatte ich, in ihren einzigen verbliebenen Raum einzudringen und ohne ihre Erlaubnis den Boden unter ihren Füßen mit irgendetwas zu bemalen? Welche Gefühle von gerade gewonnener Sicherheit könnte ich damit verletzen? Als ich meinen Weg zwischen den Häusern fortsetzte, sah ich auf einmal alles mit anderen Augen. Zwischen den Wohnblocks gab es improvisierte Spielplätze und Kinder kühlten sich in der Hitze mit Duschen aus Schläuchen und Eimern – das Leben spielte sich ebenso draußen wie drinnen ab und ich konnte die Grenze zwischen Wohnzimmer und Hinterhof nicht mehr klar erkennen. Mein Entschluss stand fest: Ich würde mir für meine Kunstaktion einen neutraleren Ort suchen und mich nicht in das Privatleben der Bewohner*innen einmischen, welches so offensichtlich mit dem Raum verwoben war, durch den ich mich gerade bewegte. Es mag paradox klingen, doch auf der Suche nach dem Ort, an dem die Internationalen Stadtteilgärten sein sollten, traf ich stattdessen auf die Bewohner*innen des Stadtteils und auf ihre warmherzige, offene und freundliche Art. Eine weitere Grünfläche entpuppte sich als offener Park, in dem ich mich bald von den Blicken zweier herumhängender Gestalten auf einer Bank verfolgt fühlte. Als eine junge Mutter mit Kinderwagen auftauchte, flüchtete ich mich erneut in die Sicherheit eines Gesprächs und ließ mir den Weg zur nächsten Straßenbahnstation erklären. Das ganze Quartier war für mich ein einziger Widerspruch. Während das Areal zwischen den Hochhäusern mir wie eine fremde Welt erschien, in der ich nichts verloren hatte, waren die Menschen, mit denen ich sprach, überaus freundlich und zuvorkommend. Jeder versuchte, mir zu helfen, jeder nahm sich Zeit und niemand verwies mich darauf, meinen Weg gefälligst selbst mit dem Smartphone zu suchen, wie es sonst so oft geschieht in dieser digitalisierten Welt.

Schließlich fand ich auch einen Ort, der mir für meine künstlerische Aktion geeignet schien. An einer Straßenbahnstation, wo auf der gegenüberliegenden Straßenseite ein Kiosk, ein Supermarkt und eine Bushaltestelle aufeinandertrafen, entfaltete sich ein öffentlicher und belebter Raum. Hier überwand ich meine Scheu, mich unter den Blicken der Passant*innen auf den Boden zu setzen und endlich, endlich meine drängende Frage zu stellen: »Wovor hast du am meisten Angst?« Noch während ich die übergroßen, bunten Buchstaben auf den Asphalt kritzelte, sprang ein junger Mann von der Seite herbei, griff sich ein Stück der bereitliegenden Kreide und malte seltsame Antworten und kryptische Kürzel um meine Frage herum. Dann geschah eine ganze Weile nichts mehr, und ich entschied, den Ort und die Frage eine Zeit lang sich selbst zu überlassen. Als ich wenige Stunden später zurückkehrte, lernte ich meine zweite Lektion über künstlerische Aktionen im urbanen Raum: Obwohl sich um meine Frage eine Wolke aus Worten und Symbolen gebildet hatte, fand ich doch so gut wie keine Antwort darin, dafür jede Menge Müll und Spuren von Aggressionen, die in den Kreideworten einen Fokus gefunden hatten. Hinter einem der Kürzel, das wir als »657'ner Gang« entzifferten, ließ sich aber zumindest der Hinweis auf eine lokale Straßenbande vermuten. Wer dem urbanen Raum und seinen Bewohner*innen ihre Gedanken und Geschichten entlocken will, tut offenbar gut daran, selbst präsent zu sein, sich auszusetzen und ansprechbar zu machen – daran führt kein Weg vorbei.

Literatur

Kagan, S. (2010). Walking in the history and art history of Europeans: a very brief introduction, in: Sacha Kagan (Hg.): Walking in life, art and science: a few examples. Leuphana Universität Lüneburg.

Teil 1: Institution

Kapitel 2

Schlüsselfiguren, Innovationen und Mechanismen des Wandels

Antoniya Hauerwaas und Ursula Weisenfeld

in Zusammenarbeit mit Leonie Zastrow, Sebastian Wüst, Leonie Eising und Studierenden der Leuphana Universität

I. Einführung

Zentrale Schlüsselfiguren und Institutionen für nachhaltige Stadtentwicklung zu identifizieren und zu analysieren bedeutet weit mehr als die Untersuchung konkreter Personen und Fakten, es geht um eine Gesamtschau über die spezifischen sozio-technischen Eigenschaften der Stadt als System, über Nachhaltigkeitsinnovationen, die dort entstehen und die Stadt verändern wollen, sowie über die Frage, wer diese Neuerung hereintragen möchte und was damit in der Stadt verändert und transformiert werden soll. So können auch bestimmte Mechanismen und Potentiale zivilgesellschaftlicher Gruppen, Initiativen und sozialen Bewegungen für eine nachhaltige Stadtentwicklung aus städtischen Möglichkeitsräumen untersucht und Bedingungen für die Entstehung, Stärkung und Wirksamkeit dieser städtischen Möglichkeitsräume formuliert werden. In unserer Forschung betrachteten wir 1) Akteure als ›players of the game‹, eingebettet in 2) Institutionen als ›rules of the game‹, sowie 3) Mechanismen für 4) Systeminnovationen und Transformationen. Uns interessiert das Zusammenspiel von Institutionen und Akteure des Wandels und die von ihnen hervorgebrachten Nachhaltigkeitsinnovationen, welche eine Transformation bezwecken sowie die systemische Kumulation solcher Nachhaltigkeitsinnovationen hin zu einer Systeminnovation und Transition, die mehr Nachhaltigkeit auf der Makroebene der Stadt mit sich bringt. Für die systematische Untersuchung dieser Forschungsthemen wurden verschiedene wissenschaftliche Perspektiven herangezogen.

Abbildung 1: Theorierahmen der Studie

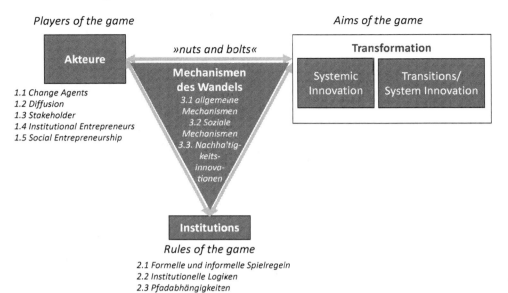

1. Bei der Betrachtung von Akteuren ist wichtig zu identifizieren, welche von ihnen als Change Agents (1.1) agieren und welche anderen Interessengruppen (Stakeholder, 1.3) eine wichtige Rolle spielen, um beispielsweise die Etablierung (Diffusion, 1.2) von Nachhaltigkeitsinnovationen in der Stadt und/oder neue institutionelle Änderungen (institutional entrepreneurs, 1.4) zu veranlassen. Change Agents, die versuchen, alternative Wirtschafts- und Lebensformen in Hannover zu etablieren, fungieren auch als Motoren für sozialorientiertes Wirtschaften (social entrepreneurship, 1.5) und werden daher ebenfalls mit untersucht. All diese Akteure (players of the game) werden in ihren Handlungen von Institutionen (rules of the game) beschränkt oder gefördert.
2. Institutionen sind mentale Modelle oder die formellen wie informellen Spielregeln (2.1) einer Gesellschaft, welche die Anreizstrukturen und den Rahmen für das politische, wirtschaftliche und gesellschaftliche Zusammenspiel festlegen (North, 1990). Individuen, Gruppen und Organisationen werden durch diese Spielregeln beeinflusst, etwa durch Sozialisierungsprozesse, Identitätsbildung und Machtprozesse. Für verschiedene Domänen bilden sich unterschiedliche institutionelle Logiken (2.2) heraus. Diese sind Sets von Überzeugungen, Werten, Praktiken und Prinzipien, die konsistente Argumentations- und Interpretationsketten ermöglichen und eine Richtschnur für Handlung und Interpretation bieten (Greenwood et al. 2011). Akteure unterliegen mitunter multiplen institutionellen Logiken oder auch einer dominanten institutionellen Logik (Thornton und Ocasio, 2008). Institutionen definieren damit die soziale Realität (Scott 1987) und sorgen für Gewohnheit und Vertrautheit in einer Gesellschaft, welche wiederum bestimmte Veränderungsresistenzen und Pfadabhängigkeiten mit sich bringen (2.3). In Hinblick auf solche Starrheitseffekte, welche Wandel erschweren, aber auch in Bezug auf Potentiale und Antriebseffekte

(reinforcing feedback loops, Meadows 1999), ist die Analyse von vorhandenen Mechanismen des Wandels erforderlich.

3. Mechanismen sind die Zahnräder der Erklärung (Elster 1989). Sie greifen ineinander, wirken auf verschiedenen Ebenen und können zur theoretischen Fundierung und Darstellung jener Kräfte genutzt werden, die den Wandel vorantreiben oder verhindern (Bunge 1997). Sie können allgemein als mikro-makro-Relationen im System (3.1) und als soziale Mechanismen (3.2) sowohl geplante Veränderungsprozesse nach dem *top-down*-Prinzip als auch *bottom-up*-Prozesse, die indirekt bei der Schaffung von Möglichkeitsräumen und Nachhaltigkeits-Innovationen entstehen, besser erklären. Davon ausgehend, können entsprechende Ansätze für den Umgang mit solchen Wandelprozessen erarbeitet werden, die Transformation herbeiführen sollen.

4. Transformationen in Richtung mehr Nachhaltigkeit von Städten werden aus einer systemischen und institutionellen Perspektive als Prozesse betrachtet, die als kulturelle, politische, soziale sowie technologische Transitionen die Stadt als System (STS)[1] verändern. Dabei haben sie keinen eindeutigen Start und Endpunkt, sondern machen die Stadt nachhaltiger dank Nachhaltigkeitsinnovationen, die in Nischen und durch vielschichtige, langfristige und multiple Effekte auf verschiedenen Ebenen der Stadt und ihrer Umgebung entstehen und sich ausbreiten. Ihr Erfolg wird eher durch die breite Anwendung und Ausbreitung (Diffusion) als durch den Neuigkeitsgrad und Innovationsdichte bestimmt.

II. Die theoretische Fundierung unserer Forschung

1. Akteure

1.1 Change Agents und soziotechnischer Wandel

Die Bedeutung einzelner Akteure – Personen, Gruppen und Organisationen, die als Change Agents zu Promotoren soziotechnischen Wandels werden – wird zunehmend in der Innovations- und Transformationsforschung der letzten Jahre hervorgehoben (vgl. WBGU 2011, S. 255 ff., Nickolaus, Gönnewein und Petsch 2010). Sie »bezeugen, dass eine Transformation zur Nachhaltigkeit möglich ist und gesellschaftliche Spielräume für die Umsetzung der entsprechenden Werte und Positionen in konkrete Handlungen existieren« (WBGU 2011, S. 84). Pioniere des Wandels zeichnen sich durch besondere Sicht- und Arbeitsweisen aus:

»Change Agents haben eine überzeugende Veränderungsidee und eine erste Idee für deren Umsetzung. Sie vernetzen sich und gewinnen wichtige Mitstreiter. So schaffen sie es, die kritische Masse[2] für die Veränderungen zu gewinnen. Danach entwickeln sie die Idee in

---

1 | Im Allgemeinen kann gesagt werden, dass STS ein komplexes System darstellt, welches die Interaktionen von Mensch und Maschine, von Verhalten und der gesellschaftlichen Infrastruktur, von den sozialen Aspekten von Personen und den technischen Aspekten für Organisationen, Strukturen und Prozessen, von Mensch-Maschine-Sub-Systemen erkennt.

2 | Als kritische Masse wird in der Transformationsforschung »eine Mindestanzahl von Anwendern bezeichnet, die so groß ist, dass sich bei einem Anwenderkreis ein ausreichender Nutzen für eine langfristige Verwendung entwickelt.« (Speth 2000, S. 35)

Schritten gemeinsam weiter. Die Veränderung von Routinen, der Rahmenbedingungen, die Bildung neuer Institutionen, ein Paradigmenwechsel oder Ähnliches schließen den Prozess ab.« (Kristof 2010, S. 38)

Während diese Change Agents also eigeninitiativ handeln, agieren andere Change Agents (im Sinne von Rogers 2003) im Auftrag einer sogenannten Change Agency[3] und stellen so ein Bindeglied zwischen den Interessen und Ideen dieser Agency und der Allgemeinbevölkerung dar. Die Innovation, die durch die Change Agency geschaffen wurde, wird von den Change Agents an die Zielgruppe kommuniziert, sowie das Feedback der Zielgruppe durch eben diese zurück an die Change Agency berichtet. Durch diesen Austausch werden die Interessen und Bedürfnisse der Allgemeinbevölkerung für die Agency deutlich gemacht. Die Schwierigkeit der direkten Kommunikation der Agency mit der Zielgruppe liegt vor allem im sozioökonomischen Unterschied, an Sprachbarrieren (Fachsprache) und an Überzeugungen und Annahmen. Die Agents der Change Agency sind meist gut ausgebildet, weswegen ein Change Agent sowohl das Fachwissen der Agency als auch die Kompetenzen zur Kommunikation der Innovation an die Zielgruppe besitzt. Durch diese Brückenfunktion können allerdings auch Kommunikationsschwierigkeiten entstehen. Der Change Agent ist eine Randfigur mit einer Brückenfunktion – mit einem Fuß in jeweils einer von zwei Welten (Rogers 2003, S. 368).

1.2 Diffusion Theorie (nach Rogers 2003)

Durch die Einbeziehung des wirtschaftswissenschaftlichen Diskurses um *diffusion of innovation* (Rogers 2003) wird der Blick für notwendige Implementierungsvoraussetzungen und Kommunikationsprozesse unterschiedlicher Akteure für eine nachhaltige Stadtentwicklung geschärft. Noch mehr setzt die Diffusionstheorie auch das Augenmerk nicht nur auf die Innovatoren, sondern viel mehr auch auf die verschiedenen Anwender, welche die Innovationen zu verschiedenen Zeiten und unterschiedlich interessiert individuell aufnehmen.

Rogers definiert Innovation als eine Idee, eine Arbeitsweise oder ein Objekt, welche(s) von einem frühzeitigen Anwender (auch early adopter genannt), also einer individuellen Person, als neuartig empfunden wird, egal, ob die Innovation schon vorher existiert hat (Rogers 2003, S. 12). Dadurch, dass es kaum etwas geben kann, was gänzlich von alten Strukturen losgelöst entstanden ist, ist es immer relativ, was als neu bezeichnet werden kann, und somit entscheidet immer die individuelle Wahrnehmung über den Neuigkeitsgrad. Oftmals sind Innovationen erstmalig fusionierte oder neuinterpretierte Aspekte, was dazu führt, dass sie nicht

---

3 | »Agency is the condition of activity rather than passivity« (Hewson 2010, S. 13). Sie ist aktives Handeln. In den Sozialwissenschaften wurde die »Agency« von Martin Hewson, Mitglied des York Centre for International and Security Studies folgendermaßen beschrieben: Es gibt drei Typen der »Agency«: Die individuelle-, die vertretende und die kollektive Agency. Die individuelle Agency besteht dann, wenn eine Person alleine aus ihrer eigenen Kraft handelt, wohingegen eine vertretende Agency dann besteht, wenn eine Person durch den Auftrag eines anderen handelt, etwa durch den Arbeitgeber. Kollektive Agencies treten dann auf, wenn Menschen zusammen handeln, zum Beispiel ihre soziale Bewegung. Nach Hewson gibt es außerdem noch drei Eigenschaften von Menschen, die eine Agency entstehen lassen können: Internationalität, Macht und Rationalität.

als etwas gänzlich Neues, sondern eher als »anders als bisher« beschrieben werden (vgl. Gillwald 2000, S. 11; vgl. Mulgan 2006, S. 151). Die frühzeitige Anwendung einer Innovation durch ein Individuum erfolgt nach einer Entscheidungsphase, in der die Innovation getestet und ausprobiert und dadurch ihre Nützlichkeit geprüft wird. Die frühzeitige Anwendung an sich ist die Entscheidung, das Beste aus der Innovation zu machen und zu nutzen (Rogers 2003, S. 177).

Unter Diffusion versteht Rogers »a process in which an innovation is communicated through certain channels over time among the members of a social system« (Rogers 2003, S. 11). Damit diffundieren Innovationen in einem sozialen System während eines bestimmten Zeitraums über verschiedene Kommunikationskanäle. In einem sozialen System gibt es eine glockenförmige Verteilung der Mitglieder dieses Systems bezüglich der Adoptionszeit: Die Verteilung richtet sich nach der Geschwindigkeit, mit der die Mitglieder die eigenen Innovations-Entscheidungsprozesse durchleben und eine Innovation annehmen. So nehmen die ›early adopters‹/frühe Adoptoren eine Innovation schneller an, gefolgt von der frühen Mehrheit, der ›late majority‹/späte Mehrheit zu der allerdings prozentual gesehen mehr Personen in dem sozialen System gehören und der Nachzügler.

Der individuelle Entscheidungsprozess, eine Innovation anzuwenden oder abzulehnen, auch Adoption genannt, wird u. a. von fünf Innovationseigenschaften beeinflusst, die vom Individuum subjektiv wahrgenommen werden: *Relative advantage* (subjektiv wahrgenommene[r]) Vorteil/Verbesserung gegenüber dem Status quo), *compatibility* (wahrgenommene Kompatibilität einer Innovation mit Erfahrungen, Werten und Bedürfnissen), *complexity* (wahrgenommene subjektive Komplexität einer Innovation), *trialability* (die wahrgenommene Erprobbarkeit, beispielsweise der Zugang zu Testanwendungen), *observability* (die Beobachtbarkeit bzw. die Möglichkeit, vorher die Innovation anzusehen etc). Je besser diese wahrgenommenen Eigenschaften von einer Neuerung bedient werden, je schneller und wahrscheinlicher ist ihre Adoption von einer Person.

1.3 Stakeholder

Change Agents bewegen sich in einem Umfeld aus lokaler Politik und Verwaltung (local government), lokaler Wirtschaft (companies), Medien (media) und verschiedenen Gemeinschaften (communities). Diese verschiedenen Interessengruppen, auch Stakeholder genannt, müssen trotz teilweise konträrer Ziele, Handlungsspielräumen und Interessen, miteinander in der Stadt agieren und berücksichtigt werden. Ursprünglich aus der Managementforschung stammend, besagt der Stakeholder Ansatz, dass die Unternehmensführung nicht nur die Interessen der Anteilseigner (Shareholder) sondern aller Anspruchsgruppen, ohne deren Unterstützung das Unternehmen nicht überlebensfähig wäre, zu berücksichtigen hat. Die Gruppe der Stakeholder ist folglich sehr heterogen und umfasst z. B. im Businesskontext u. a. Wettbewerber, Arbeitnehmer, Kunden, Lieferanten uvm., im Nachhaltigkeitsbereich allgemein eher Interessengruppen wie Konsumenten, Staat, Produzenten, Nichtregierungsorganisationen (NGOs), Medien, die Öffentlichkeit usw. Bezogen auf die Entstehung von soziotechnologischen Wandel und Nachhaltigkeitsinnovationen bedeutet dies, dass eine Gruppe, Initiative oder einzelne Change Agents, die eine Nachhaltigkeitsinnovation in die Stadt einführen oder etablieren wollen, all solche Anspruchsgruppen in verschiedenem Umfang berücksichtigen sollten. Stakeholder bezeichnen damit all diejenigen Individuen/Gruppen, die einen materiellen oder immateriellen Anspruch an der Neuerung (Nachhaltigkeitsinnovation) haben. Sie stellen Ressourcen zur Verfügung, solange das Verhältnis von Leistung und Gegenleistung aus deren Sicht vorteilhaft ist. Ähnlich wie Banerjee (2000) widersprechen wir hierbei Mitchel, Agle und Wood (1997), für die vor allem solche Stakeholder betrachtet und berücksichtigt werden, die sowohl Macht als auch Legitimität und Dringlichkeit besitzen, da diese besonders starke Wirkung entfalten können. Gerade aus der Nachhaltigkeitsperspektive ist jedoch eher solchen Stakeholdern Aufmerksamkeit zu schenken, die berechtigte Interessen an Nachhaltigkeitsinnovationen haben, denen es aber an Macht fehlt (zumindest aus Sicht von Mitchell et al.), um die eigenen Interessen zu verfolgen.

Es reicht also nicht aus, sich auf Stakeholder mit deutlichen und stark ausgeprägten Macht-, Dringlichkeits- und Legitimitätsmöglichkeiten zu konzentrieren, vielmehr ist es wichtig, gerade solche Stakeholder, die dringende Ansprüche für mehr Nachhaltigkeit haben, ohne sie durchsetzen zu können, in den Mittelpunkt zu stellen.

Weitere wichtige Akteure, die im Stakeholderansatz nicht explizit berücksichtigt werden, sind institutional- und social entrepreneurs (institutionelle und soziale Entrepreneure).

1.4 Institutionelle Entrepreneure (Institutional Entrepreneurs)

Wenn bestehende institutionelle Gegebenheiten von lokalen sozialen Akteuren nicht mehr als erwünscht oder angebracht wahrgenommen werden, kann dies dazu führen, dass sie versuchen, die institutionellen Rahmen zu verändern, auch über Mobilisierung anderer (Seo und Creed, 2002). Akteure, die einen divergenten institutionellen Wandel implementieren wollen, werden als Institutionelle Entrepreneure (institutional entrepreneurs) bezeichnet (Battilana, Leca und Boxenbaum 2009). Sie bemühen sich, Institutionen zu verändern, neu einzuführen, verschiedene Werte und Praktiken zu verbessern und kooperierende Allianzen für den institutionellen Wandel zu mobilisieren (Weik 2011). Thornton, Ocasio und Lounsbury (2012) beschreiben Fälle, bei welchen institutionelle Entrepreneure mehrere Elemente institutioneller Logiken von verschiedenen institutionellen Ordnungen kombinieren, um Wandel zu verbreiten. Sie beschreiben, dass jede »institutional order becoming overly dominant or autonomous relative to the other orders suggests instability of the institutional order and the system as a whole« (S. 119). Battilana, Leca und Boxenbaum (2009, S. 78) beschreiben als typische Aktivitäten von institutionellen Entrepreneuren das Teilen von Visionen für Wandel, das Mobilisieren von Unterstützung für neue Routinen und das Motivieren von Personen. Hierbei ist wichtig zu unterscheiden, ob ein institutioneller Entrepreneur lediglich auf der Ebene geteilter Werte und mit gleichartigem Denken (Mindset) zu einer Verbreitung der institutionellen Neuerung beiträgt oder ob er bereits mit seinem Verhalten (workset) zu der Entwicklung solcher Routinen verhilft. Das Zusammenspiel von sog. Mindests und Worksets verdeutlicht beides, die zentrale Rolle neuer mentaler Modelle für Nachhaltigkeit und die Notwendigkeit des regelmäßigen (Er-) Lebens dieses Nachhaltigkeitsverständnisses in der Praxis. Dabei sind Mindsets die kognitiven Filter, durch die Informationen gesammelt und interpretiert werden (Gupta und Govindarajan 2002, S. 116) während das Workset die entsprechende ›Art des Tuns‹, also die dauerhafte Verhaltensweise umfasst. Eine Person mit nachhaltigkeitsorientiertem Mindset bedarf demnach eines entsprechend nachhaltigkeitsbasierten Worksets, um die Stadtpraktiken dauerhaft zu verändern und somit die Einführung einer neuen Stadtlogik zu fördern.

Um das Mindset einer Person zu verändern, bedarf es einer Änderung der Perspektive und des ›Denkens‹ an sich. Die Art des Denkens zu verändern heißt allerdings nicht automatisch auch die Art des Handels dementsprechend zu ändern, ein Workset manifestiert sich nicht unbedingt automatisch als Teil des Verhaltens einer Person. Worksets sind zwischen den individuellen Handlungen und den gesellschaftlichen Praktiken zu finden. Während Handlungen sehr spontan und einmalig passieren können, steht ein Workset für die Integration von bestimmten Handlungsweisen in das routinierte Verhalten des Akteurs (Weisenfeld und Hauerwaas 2018). Praktiken sind bestimmte Aktivitäten, die von mehreren Akteuren vertreten, also auf der gesamtgesellschaftlichen Ebene etabliert sind. Eine Praktik ist eine routiniert ausgeführte Art von Verhalten, bestehend aus verschiedenen Elementen, die alle miteinander verbunden sind (Reckwitz 2002, S. 249). Weik (2011, S. 12) beschreibt folgenden Unterschied zwischen Handlungen und Praktiken: Handlungen können als Geschehnisse, die an bestimmten Orten zu einer bestimmten Zeit beobachtbar sind, verstanden werden, während Praktiken eine gewisse Regelmäßigkeit und unsichtbare Qualität der Regeln oder Bräuche ausweisen.

1.5 Social Entrepreneurship

Für die Charakterisierung führender sozialer Entrepreneure nutzt die Schwab Foundation die Kriterien: Innovation, Nachhaltigkeit, Reichweite und soziale Auswirkungen (vgl. Schwabfoundation.org). Im Unterschied dazu greift Ashoka auf die Zielsetzung zurück, um ›Social Entrepreneurs‹ zu kennzeichnen: diese haben das Ziel, »innovative unternehmerische Lösungen für drängende soziale Probleme zu finden und umzusetzen« (vgl. Ashoka.org). Weiterhin kann der Social Entrepreneur oftmals als derjenige bezeichnet werden, der zwar eine Non-Profit-Organisation führt, aber damit gleichzeitig Einkommen generiert. Andererseits wird auch die Person, die eine Non-Profit-Organisation gründet, als Social Entrepreneur beschrieben und eine weitere Definition besagt, dass bereits ein Unternehmer, der sozial nachhaltig handelt, ein Social Entrepreneur ist (vgl. Faltin 2008). Unter dem Begriff könnte auch, würde der Begriff in seinen Bestandteilen betrachtet werden, eine Person verstanden werden, die sich auf eine bestimmte Art und Weise sozial verhält oder etwas ›Soziales‹ tut oder veranlasst. Relevant hier ist deshalb das grobe Verständnis des Begriffes, um solche ›Entrepreneurs‹ in Hannover zu identifizieren, welche über die Erfolgs- und Gewinnabsicht hinaus sozial-relevanten Ideen und Tätigkeit nachgehen. Hier wird deutlich, wie schwierig es ist, Social Entrepreneurs zu definieren. Allen gemeinsam ist die soziale Ausrichtung ihrer Tätigkeit, weit über eine Gewinnabsicht hinaus, sowie einen gewissen (unterschiedlich stark ausgeprägten) Beitrag zu Gesellschafts- oder Gemeinwohlbelangen.

2.   Institutionen

2.1 Formelle und informelle Institutionen

Institutionen als die allgemeinen Regeln unserer Gesellschaft können in formell und informell unterschieden werden. Unter formeller Institution versteht man ein (auf sozialer oder rechtlicher Ebene) bewusstes, von Menschen geschaffenes und organisiertes Arrangement, welches koordinierte Mechanismen wie Konstitutionen, Gesetze und andere offizielle Regularien beinhaltet. Zumeist übernehmen Regierungsautoritäten oder staatliche Behörden die Garantie und die Unterstützung der formellen Institution. Sie werden außerdem oftmals dafür eingesetzt, die länderübergreifenden Unterschiede in ihrer ökonomischen Performance und in ihrem langfristigen Wachstum zu erklären (Rauf 2009, Knack et al. 1995). Informelle Institutionen können als eine Zusammenstellung aus sozialen Normen, Konventionen und Sichtweisen (z. B. in Bezug auf Umweltverschmutzung, Partizipation, Einbeziehung von Gesundheitsfürsorge etc.) und außerdem als moralische oder religiöse Werte, lokale Traditionen und Kultur (z. B. Präventionskultur, Korruption etc.) verstanden werden, die Akteure in der Erreichung ihrer Ziele beeinflussen (Raiser 1997, 2). Weiterhin sind informelle Institutionen normalerweise das Resultat historischer Entwicklung, Pfadabhängigkeit und sozialer Interaktion in einem Feld und demnach viel schwieriger zu verändern als formelle Institutionen. Es gibt Reziprozitäten und/oder Interaktionen aus formalen und informellen Institutionen. Farrel und Héritier (2002, 3) gehen auf diese Zusammenhänge in formellen und informellen Veränderungen ein: »Formal institutional changes made at the Treaty level lead to processes of informal institution building among legislative actors, which may in turn affect future formal Treaty changes.«

Damit wird deutlich, dass institutionelle Innovationen, also formelle und informelle Erneuerungen, Hand in Hand gehen. Sie sind abhängig von einem Zusammenführen der persönlichen Normen und Werte der Akteure und der in der Stadt vorherrschenden Praktiken, welche die dominante institutionelle Logik (s. u.) ausmachen.

2.2 Institutionelle Logiken (dominante und multiple Logiken)

Institutionelle Logiken sind eine Auswahl von Institutionen, die für eine Domäne wie z. B. Markt, Familie, oder Kommune (Thornton, Ocasio und Lounsbury 2012) Richtlinien zur Interpretation, zum Verhalten und zur Rechtfertigung von Handlungen (Friedland und Alford 1991) bereitstellen. Logiken steuern die Aufmerksamkeit und beeinflussen damit auch Entscheidungen, etwa in Organisationen.

Eine transaktionsbasierte, Shareholder Value-orientierte Marktlogik gibt zum Beispiel gänzlich andere Rechtfertigungen für Handlungen als eine nachhaltigkeitsorientierte Logik, die das Streben nach Verbesserung des Sozialen und der Umwelt fokussiert. Wenn also institutionelle Entrepreneure – seien es Personen oder Organisationen – versuchen, die vorherrschende Logik durch eine nachhaltigkeitsorientierte Logik zu ersetzen, so bemühen sie sich nicht nur um die Voranbringung anderer, nachhaltigkeitsorientierter Werte, Normen und Praktiken. Sie müssen vielmehr entsprechende Allianzen für den institutionellen Wandel mobilisieren (Weik 2011) und die eigenen Ideen und Utopien jenseits der Invention umsetzen, also die Invention in eine Innovation zu überführen versuchen, die großen Teile der Stadt(-bevölkerung) umfasst und von einer breiten Mehrheit verstanden, gewollt und assimiliert wird.

Verschiedene Logiken können in einem Feld gleichzeitig auftreten, dabei produzieren sie Widerspruch, aber ebenso Raum für Wandel. Auch eine Stadt als geografisch zusammengehörige Gemeinschaft kann als ein institutionelles Feld begriffen werden (Marquis, Davis und Glynn, 2013, S. 40).

Generell hat die Marktlogik an Verbreitung zugenommen; sie wird zunehmend als die dominante institutionelle Logik identifiziert, etwa im Gesundheitswesen

(Scott, Ruef, Mendel und Caronna 2000), im Kulturbereich (Glynn und Lounsbury 2005), oder auch im Bildungssektor (Reihlen und Wenzlaff 2014). Wenn Stadtentwicklung betrieben wird, um die Attraktivität für Kreative (Florida 2002) zu steigern und letztendlich Investitionen anzuziehen, ist das ebenfalls ein Beispiel für die Marktlogik als Treiber für Entwicklungen. Allerdings zeigt mangelnde Nachhaltigkeit der Marktlogik bezüglich sozialer und ökologischer Themen, dass eine Veränderung der Logik zentral für eine Transition ist.

2.3 Pfadabhängigkeit

Viele Institutionen sind das Resultat sog. Pfadabhängigkeiten, welche frühere Ereignisse sowie gegenwärtige und zukünftige Entscheidungen auf verschiedene Art und Weise einschränken. Kürzlich getroffene oder spätere Entscheidungen für jeden beliebigen gegebenen Umstand können so durch z. B. Entscheidungen, die in der Vergangenheit getroffen wurden limitiert werden. Diese dynamische Theorie hat ihren Ursprung aus den historischen Studien von Paul David (1985, 1997), der die Phänomene der Adoption von suboptimalen Technologien am Beispiel der Entwicklung der QWERTY Tastatur beschrieben hat: David zeigt, wie ein inferior technologischer Standard etabliert wird. Brian Arthur (1994) stellt die Wichtigkeit und Notwendigkeit von sich selbstverstärkenden Mechanismen auf diese pfadabhängigen Prozesse heraus. Solche sich selbstverstärkenden Effekte wurden besonders wichtig für die Pfadabhängigkeits-Theorie, welche erklärt, warum rationale Handlungsalternativen geringer werden und wie dies in sogenannten Lock-In-Situationen (Sackgassen Situationen) enden kann. Pfadabhängigkeit führt zu Barrieren im Change-Prozess.

3.   Mechanismen des Wandels und Systemdenken

Mangelnde Nachhaltigkeit erfordert meist verschiedene Innovationen auf mehreren Ebenen, um die entsprechenden schwer aufzulösenden (›wicked‹, Ritel und Weber, 1973) Probleme angehen zu können. Über Systemdenken (und der damit verbundenen Multilevel-Perspektive der Transformation, siehe nächsten Abschnitt) können sowohl das Zusammenspiel verschiedener Innovationen und Feedbackschleifen beleuchtet als auch die Komplexität von Nachhaltigkeitstransformationen adressiert werden.

In der Transformationsforschung werden soziotechnische Systeme analysiert. Ein soziotechnisches System ist ein komplexes System aus zwei miteinander verbundenen Komponenten, der menschlichen und der technischen Komponente. Beide profitieren davon, unzertrennbare Teile des Systems zu sein, in dem sie sich gegenseitig unterstützen und aufeinander beziehen. Gleichzeitig unterscheiden sich die Rollen der beiden Komponenten (Braeger 2014 in Bezug auf Pizziol 2013): Die technischen Komponenten implizieren die Funktionen des Systems und sind außerdem eine immanente Risikoquelle, während die menschlichen Komponenten als eine Art Kontrollinstanz fungieren, die die technischen Komponenten kontrollieren und überwachen.

Eine systemische Betrachtung unseres Planeten, der uns als Lebensraum zur Verfügung steht, erfordert eine entsprechend systemisch geprägte Nachhaltigkeit: Eine isolierte Betrachtung von einzelnen (kulturellen, ökologischen, sozialen, wirtschaftlichen) Aspekten und (politischen, zivilgesellschaftlichen, umweltbezogenen) Maßnahmen führt allenfalls zu kurzfristigen und lokalen Effekten und kann – zum Beispiel über Rebound-Effekte – zu negativen Entwicklungen des Systems führen. Eine wichtige Rolle kommt hierbei Mechanismen zu wenn es um den Wandel in Systemen geht, weil jedes System mit mehreren Mechanismen ausgestattet ist, die seine Transformation forcieren oder blockieren. Anders ausgedrückt ist ein Mechanismus entweder für das Vorantreiben des Wandels oder für dessen Prävention und Kontrolle verantwortlich (Bunge 1997, S. 416).

3.1 Mechanismen für die Erklärung von Wandel

Systemdenker und Systemtheoretiker sehen die *mechanismische*[4] Erklärung als konstitutiv für die systemische Betrachtung von Welt und Wissenschaft, auch wenn sie sich aus verschiedenen Blickwinkeln und mit unterschiedlichem Verständnis sowohl der Funktion als auch des Abstraktionsgrads von Mechanismen beschäftigen. Obwohl dadurch die methodische Herangehensweise sowie die ontologische und epistemologische Analyse von Mechanismen divergieren, besteht Einigkeit darin, dass Mechanismen die Erklärung von ›black box‹ Theorien und -Phänomenen sowie von deren multiplen makro-meso-mikro-Interaktionen und verschiedener Kausalitäten ermöglichen (u. a. Bunge, 1997, 427–429). Damit erklären mechanismischen Theorien nicht nur, was passiert, sondern vielmehr auch »what makes it happen, or else what prevents something from happening« (Bunge, 1997, S. 432), d. h., warum und wodurch eine Veränderung passiert oder auch nicht.

Die Mechanismen des Wandels arbeiten etwa durch Feedbackschleifen (Meadows 2008, S. 25), welche oft als Antwortmechanismen für entweder das Vorherrschen oder das Verhindern von Wandel im System bezeichnet werden. Es gibt zwei Typen von Feedbackmechanismen in Systemen: verstärkende und ausbalancierende. Die letzteren sind stabilisierende Mechanismen, die das bisherige Gleichgewicht zu erhalten versuchen. Sie werden auch negative Feedbacks genannt, da sie versuchen, jeglicher Veränderungsrichtung im System entgegenzustehen. Positive oder auch verstärkende Mechanismen unterstützen hingegen jegliche begonnene Veränderung, indem sie selbst-verstärkend, schneeball-artig und intensivierend in die Veränderungsrichtung steuern. Feedbacks in Systemen zu verstehen hilft

---

4 | Das Wort mechanismisch bzw. die mechanismische Erklärung wurde vom Wissenschaftsphilosophen Mario Bunge eingeführt, um wissenschaftstheoretische Erklärungen mithilfe – jedem untersuchenden Phänomen zugrundeliegenden – Mechanismen darzustellen. Hierbei grenzt er sein Verständnis, wie wissenschaftliche Untersuchungen vorzugehen haben und wie die Kausalbeziehungen erklärt werden sollten, von dem in der philosophische Literatur gängigen »Covering Law«-Modell ab, dessen Logik seiner Meinung nach darin besteht, »... Fakten dadurch zu erklären, dass Aussagen über ein Phänomen unter Berücksichtigung der entsprechenden Daten und Randbedingungen von einer Theorie abgeleitet werden. Für die fortgeschrittenen exakten Wissenschaften ist das aber keine Erklärung, denn sie verstehen unter der Erklärung eines Sachverhaltes vielmehr, dass jene Mechanismen freigelegt werden, die die infrage stehende Sache ›am Laufen halten‹. Ein solcher Mechanismus wiederum besteht aus dem charakteristischen Prozess oder aus den charakteristischen Prozessen der zu erklärenden Sache. So ist der Stoffwechsel der entscheidende Mechanismus von Lebewesen, Lernen jener der Schule und Handel der von Märkten. Eine solche Erklärung nenne ich mechanismisch.« Bunge, 2010: 371

außerdem dabei, Hebelpunkte (leverage points) als solche Interventionsstellen in einem komplexen System (eine Kooperation, eine Wirtschaft, ein lebender Körper, eine Stadt, ein Ökosystem) festzulegen, wo eine kleine Verschiebung oder Veränderung in einem Systemelement zu einem großen Wandel im Ganzen führen kann (Meadows 1999). Meadows stellt zwölf Hebelpunkte mit einer zunehmenden Effektivität der Intervention vor. Niedrige Hebelpunkte wie Zahlen (Steuern oder Subventionen) oder Puffer in der Materialstruktur eines Systems ziehen bei Erhöhung oder Verringerung i. d. R. kleine Änderungen im System nach sich, wohingegen ein hoher Hebelpunkt, großes Veränderungspotential hat, wie zum Beispiel neue Systemziele, Mindset oder ein Paradigmenwechsel. Diese Unterscheidung der Effektivität von Hebeln des Wandels ist wichtig, wenn man verstehen möchte, warum Veränderungen nicht einfach funktionieren und warum ein Zusammenspiel von verschiedenen Innovationen und entsprechenden Mechanismen für signifikanten Wandel erforderlich ist.

3.2 Soziale Mechanismen

Die Literatur zu sozialen Mechanismen (u. a. Schelling 1971, Wippler 1978; Boudon 1979, Elster 1989, Coleman 1990, Hedstrøm & Swedberg 1998, Little 1991, Udehn 2002, Bunge 2010, Schmid 2011, Hedoin 2013, Hedstrøm/Ylikoski 2014 und zusätzliche weitere Autoren sind in dem Überblick von Little 2014 enthalten) ist umfangreich und interdisziplinär. Bunge z. B. beschreibt alle Mechanismen in einem sozialen System als soziale Mechanismen. »Since every mechanism is a process in some system, a social mechanism is a process involving at least two agents engaged in forming, maintaining, transforming, or dismantling a social system«. (Bunge 1997: 447) Hedstrøm & Swedberg versuchen, Mechanismen konkreter als Bunge und dennoch generell genug einzustufen und unterscheiden je nach Relationen zwischen Mikro- und Makro-Ebenen

→ *Situational* Mechanismen (von makro zu mikro: das Individuum ist einer gewissen sozialen Situation ausgesetzt und von ihr beeinflusst),
→ *transformational* Mechanismen (von mikro zu makro: die individuellen Handlungen generieren ein gemeinsames Ergebnis und so soziale Effekte auf der Makro-Ebene) und
→ *action-formation* Mechanismen (mikro-mikro: die spezielle Mischung aus individuellen Charakteristika wie Wünschen, Anschauungen und Handlungsmöglichkeiten formieren spezifische menschliche Handlung).

Little (2014) geht noch weiter in seiner Konkretisierung und erfasst ganz greifbare soziale Mechanismen wie solche für soziale Kommunikation (Interpersonal network, Broadcast, Rumor, Transport networks) oder für Staatsrepression (secret police, informers, spectacular use of force, propaganda, deception). Solche Konkretisierungen von Mechanismen sind jedoch explorativ unendlich erweiterbar, weil Mechanismen vermutet werden und als Mutmaßungen keine realen und fassbaren Elemente beinhalten; sie sind dann weder methodisch noch logisch mit einer bestimmten, anerkannten Methode vollständig erfassbar. Daher ist es für eine empirische Identifizierung und Analyse von Mechanismen, wie in dieser Studie gedacht, eher hilfreich, auf bestimmte Typologien von Mechanismen (wie bei Hedstrøm & Swedberg) oder sogar ganz offen als Prozess (wie Bunge) an das empirische Mate-

rial heranzugehen und sowohl deduktive Obertypen von mikro-, meso- und ma-
kro-Mechanismen als auch induktive individuelle oder kollektive Veränderungsprozesse zu untersuchen.

3.3 Nachhaltigkeitsinnovationen als Mechanismen des Wandels

Innovationen und Institutionen für mehr Nachhaltigkeit sind ein zentraler Mechanismus des Wandels und können mit verschiedenen Hebeln in der Stadt unterstützt (oder auch zum Halten gezwungen) werden. Innovationen lassen sich in
verschiedene Innovationsarten unterscheiden oder auch nach Systembereichen
eingliedern. Letztere sind zum Beispiel Finanzinnovationen, Politik- und Bildungs-
innovationen. Andere Typologien sind Unterscheidungen zwischen ›for-profit‹- ›öffentliche‹- und ›not-for-profit‹-Innovationen oder Produkt, Prozess-, Management-
innovation usw. Das Verständnis davon, was eine Innovation ist, hängt deshalb
vom Vorhaben der Innovationsanalyse ab. So ist eine Nachhaltigkeitsinnovation
(NI) per Definition des Borderstep Instituts »die Entwicklung und Durchsetzung
einer neuartigen technischen, organisationalen, institutionellen oder sozialen Pro-
blemlösung, die zur Erreichung von Nachhaltigkeitszielen wie Klimaschutz, Biodiversität, gesunden Umweltbedingungen, Armutsreduzierung etc. beiträgt« (Borderstep Institut, 2012). Fichter (2005) definiert Nachhaltigkeitsinnovationen als »die
Durchsetzung solcher technischer oder sozialer Neuerungen, die zum Erhalt kritischer Naturgüter und zu global und langfristig übertragbaren Wirtschafts- und
Konsumstilen und -niveaus beitragen.«

Beide Begriffsdefinitionen beziehen nicht explizit Systemdenken mit ein. Nachhaltigkeitsinnovationen umfassen mehrere, sich und das ganze System, in dem sie
wirken, beeinflussende Neuerungen, die zu mehr Nachhaltigkeit führen können.
Nicht nur technische und soziale sondern auch politische, organisationale und institutionelle Neuerungen, die zusammen mehr Nachhaltigkeit bringen, können als
Nachhaltigkeitsinnovationen beschrieben werden.

Die Aufteilung in institutionelle und ökonomische Innovationen, die Johannessen (2013) abgibt, eignet sich gut zu einer systemischen Perspektive auf NI.
Insbesondere wichtig dabei sind institutionelle Innovationen. Diese können in politische, kulturelle und soziale Innovationen (Bunge, 1998 zitiert bei Johannessen,
2013) unterteilt werden. Politische Innovationen stehen im Zusammenhang mit
Macht, Ideologie und Gesetzen, kulturelle Innovationen mit Werten und Normen,
und soziale Innovationen mit Beziehungen, Netzwerken und Allianzen. Ökonomische Innovationen sind in organisationale, materielle, technologische, Service- und
Marktinnovationen unterteilt. Organisationale Innovationen beziehen sich auf neue
Formen des Managements in Organisationen aber auch auf z. B. neue Betriebs-
modelle, materielle Innovationen stehen in Zusammenhang mit Produktinnova-
tionen, neuen Technologien, neuen Produktionsprozessen und neuen Materialien.
Marktinnovationen können in neue Märkte und Marketingmethoden, Servicein-
novationen können in greifbare und nichtgreifbare Kategorien untergliedert werden.

Abbildung 2: Das Zusammenwirken institutioneller und ökonomischer
Innovation als systemische Innovation (in Anlehnung an Johannessen 2013)

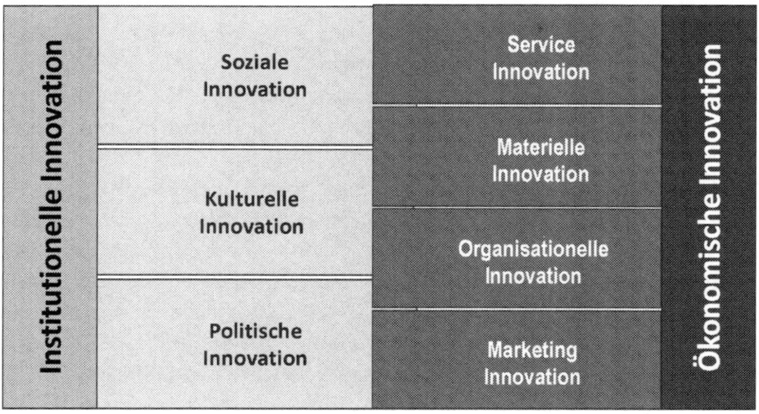

Manche dieser Innovationen fördern dabei einen ökologischen Wandel (bspw. Technologien zur Biodiversitätsregenerierung, -renaturierung etc.) und manche eher einen sozialen Wandel (etwa einen Werte-, Arbeits- oder Institutionenwandel, wie es Fair-Trade-Konventionen oder neue Arbeitsmodelle mit Homeoffice und flexible Arbeitszeiten darstellen). Innovationen können auch mehrere Nachhaltigkeitsdimensionen gleichzeitig fördern, wie z.B. ›Green technologies‹, die sowohl einen ökonomischen als auch einen ökologischen Wandel bezwecken. Da sich aber solche Innovationen gegenseitig (positiv wie negativ) beeinflussen (Hauerwaas & Weisenfeld 2017), kann es sein, dass ein ökologischer Wandel voranschreitet und gleichzeitig eine andere Dimension der Nachhaltigkeit beeinträchtigt wird oder gar den positiven Effekt durch Negativeffekte aufhebt (Rebound-Effekt). Ein Beispiel dafür ist die Bio-Obst und -Gemüse Produktion in China und Afrika für Industrienationen, die zwar eine ökologische Nachhaltigkeit fördert, aber die oft unter sehr zweifelhaften Arbeitsbedingungen stattfindet. Neben dieser mangelnden sozialen Nachhaltigkeit werden positive ökologische unter Umständen wieder durch die langen Transportwege aufgehoben. Es geht also darum, möglichst umfassend solche (Gegen-)Effekte zu verstehen und zu berücksichtigen, damit Innovationen für mehr Nachhaltigkeit summiert einen positiven Wandel erzeugen können. Um einen Wandel hin zu einer ökologischen, sozialen, kulturellen und ökonomischen Nachhaltigkeit zu vollziehen, bedarf es vieler verschiedenen Innovationen, die interagieren.

Das Zusammenwirken der verschiedenen Innovationen wird als systemische Innovation bezeichnet (systemic innovation): »*A set of interconnected innovations, where each is dependent on the other, with innovation both in the parts of the system and in the ways that they interact.*« (Davies et al. 2012, S. 4) Auch Mulgan (2013) versteht systemische Innovationen als eine miteinander verknüpfte Reihe von Innovationen, die sowohl das System als auch die Verbindung der Innovationen untereinander erneuert. Systemische Innovationen haben auf Grund von großen Herausforderungen in ihrer Wichtigkeit zugenommen und können Elemente oder Kombinationen aus allen Innovationstypen beinhalten.

4. Systeminnovationen und Transformationen aus einer Multi-Level-Perspektive

Systemdenken bei Innovationen stellt einen interdisziplinären Ansatz dar. Die Transformationsforschung basiert auf Gedanken der Systeminnovation als *Transition*, welche nur gemeinsam mit Akteuren aus der Praxis und aus verschiedenen Ebenen des Systems (z. B. der Stadt) und nur in der echten Umgebung wirksam implementiert werden kann.

Die Stadt als komplexes soziotechnisches System bedarf ebenfalls komplexer und interdisziplinärer Ansätze, welche Nachhaltigkeitsinnovationen als Mechanismen der urbanen Transformation erforschen. Die Ambivalenz einer Stadt in Bezug auf Nachhaltigkeit wird deutlich, wenn auf der einen Seite der urbane Raum unter anderem als eine zentrale Quelle für Kohlendioxid identifiziert wird und soziale Ungleichheit in scharfen Konflikten mündet und auf der anderen Seite die Stadt Geburtsstätte von sozialen Bewegungen gegen den Klimawandel und für soziale Diversität, für neue Wirtschaftsformen und Kulturwandel ist.

Verschiedene Indikatoren zur Messung der Nachhaltigkeit einer Stadt werden bereits eingesetzt, um die nachhaltige Entwicklung von Städten quantifizierbar und vergleichbar zu machen. Diese gehen aber zum Teil durchaus von sich widersprechenden Nachhaltigkeitszielen aus und vernachlässigen den prozessualen, langfristigen Charakter von Nachhaltigkeitstransformationen. Eine Ist-Zustandsmessung in den multiplen Mehrebenen einer Stadt (bestehend aus u. a. Ebenen wie 1. nachhaltige Kommune-Stadt-Region; 2. Nische-Regime-Landscape, 3. Personen-Organisationen-Gesellschaft etc.) sagt häufig wenig darüber aus, welche innovativen, künstlerischen oder sozialen potentiell wirksamen Innovationen im ›Kleinen‹ der Stadt vorhanden sind und transformative Potentiale haben.

Die Übertragung der in der Einführung dieses Buches bereits kurz dargestellten Multilevel-Perspektive (MLP, Geels 2002) auf eine Stadt wie Hannover ermöglicht solche umfassenden multiplen Systemanalysen der Akteure und ihrer nachhaltigkeitsorientierten Innovationen.

Die MLP besagt, dass Transformationen hin zu einer nachhaltigen Stadt in kleinen Nischen beginnen. Nischenakteure versuchen, ihre Ideen, Visionen und Innovationen aus der Nische in die Regime-Ebene zu befördern und sich dort auszubreiten, um eine Veränderung (Transformation) zu erreichen. Die Landscape-Ebene übt mit all ihren zum Teil globalen Rahmenbedingungen und Ereignissen dann einen direkten oder indirekten Einfluss auf die Regime-Ebene und Nischen aus. Sie kann so Transformationen aus den Nischen verhelfen, indem sie mit einem Veränderungsdruck auf die Regime ›Windows of Opportunity‹ für die Nische eröffnet, um in die Regime-Ebene einzudringen. Netzwerke in den Nischen sind dabei zunächst klein und instabil. Akteure dort sind hauptsächlich institutionelle Entrepreneure, Innovatoren und Visionäre. Diejenigen, die durch ihre Vorstellungen und Visionen etwas verändern möchten und versuchen, diese Veränderungen durch- bzw. umzusetzen, sind die Change Agents. Die ›Rules of the Game‹, also die Regeln und Prinzipien in den Nischen, sind eher diffus und nur wenig strukturiert. Das Vorgehen ist vornehmlich experimentell, die Einzelaktionen oft unregelmäßig und pionierhaft im Versuch, Ideen durchzusetzen.

In den Regimen herrscht im Gegensatz zu den Nischen mehr Stabilität. Die Netzwerke sind größer und es gibt Märkte und (Infra-)Strukturen. Gesetze funktionieren und Normen sind etabliert und werden gelebt. Regime sind dynamisch stabil und strukturierende Effekte sind vorhanden, jedoch sind sie nicht so starr, dass keine Änderungen mehr möglich sind.

In der Landscape-Ebene haben Handlungen eine übergeordnete Bedeutung, teilweise auch auf globaler Ebene. Der Einfluss der Landscape-Ebene ist dabei nicht konkret auf die Veränderung der Regime ausgelegt, sondern beeinflusst sie als Nebeneffekt mit. Beispiele hierfür sind Kriege in anderen Ländern, da sie politische, soziale und ökonomische Auswirkungen auch auf das hiesige Leben (in der Regimeebene) haben. Die Stabilität und die Institutionen in der Landscape sind fester als in den Regimen.

Diese geschachtelte Hierarchie der Einbettung von Regimen in Landscapes und Nischen in Regimen (Geels, 2005, 684) soll nicht mit einem gleichgerichteten Prozess der Transition (also von Landscape zu Regime oder von Nische zu Regime) gleichgesetzt werden. Vielmehr können Transitionen als das Zusammenspiel der drei Ebenen in der geschachtelten Hierarchie verstanden werden, bei der der Hauptfokus auf den Veränderungen von sozio-technischen Systemen auf der Ebene des Regimes und auf seine Interaktionen mit Nischen und Landscapes liegt. Während also Nischeninnovationen als ›Abweichungen‹ von dem vorhandenen Regime verstanden werden können (in jeglicher Form: politisch, sozial, ökonomisch, technologisch etc.), fungieren Landscape-Einflüsse als ›Gestalter‹ des exogenen Umfelds, das sowohl Nischen als auch Regime beeinflusst (Geels, 2011, 26–27).

III. Ergebnisse

Im Mittelpunkt unseres Forschungsinteresses an Akteuren und Institutionen des Wandels in Hannover standen die Fragen:

1. Welche sind Schlüsselfiguren (Change Agents, frühzeitige Anwender, Stakeholder, Entrepreneure) in Hannover und was macht ihre Qualität als Schlüsselfiguren aus? (Identifikation von Schlüsselfiguren)
2. Können diese Akteure zu einer nachhaltigen Stadtentwicklung (in ausgewählten städtischen Teilgebieten und für die Stadt als Ganzes) beitragen (und wie), d. h. welche Nachhaltigkeitsideen und -innovationen bringen sie hervor?
3. Welche institutionellen Logiken herrschen in Hannover vor?
4. Welche sind die Mechanismen in Hannover, die Wandel hindern oder fördern?

Das Verständnis und die Gestaltung von Veränderungsprozessen (angestoßen durch Innovationen) benötigt, neben dem Wissen aus verschiedenen wissenschaftlichen Disziplinen, auch das implizite Wissen von Machern, Teilnehmenden und/ oder Nutzenden solcher Innovationen. Denn nur durch dieses transdisziplinäre Wissen kann eine erfolgsversprechende Innovationgestaltung besser gelingen. Dies bedarf Gespräche, Verstehen, Austausch und reger Beobachtung der Akteure vor Ort. Aus diesen Gründen werden vorwiegend qualitative Methoden im Rahmen eines transdisziplinären Forschungsdesigns eingesetzt, um den Forschungsfragen nachzugehen:

Feldforschung: *teilnehmende* und *nicht teilnehmende Beobachtungen* in Hannover bei diversen Veranstaltungen in verschiedenen Themenfeldern nachhaltiger Entwicklung wurden über drei Jahre durchgeführt, ausführliche *Feldnotizen, Video-, Lesematerial, Foto-* und *Gesprächsdokumentation* gesammelt und später qualitativ mithilfe hermeneutisch-interpretativen Varianten der Qualitativen Inhaltsanalyse (Schreier 2014) ausgewertet. Mehrfach auftauchende und sich immer weiter verdichtende Hinweise und Beobachtungen zentraler Akteure führten dann zur ersten Identifikation von Change Agents und deren entsprechenden Innovationen in der Stadt. Diese wurden daraufhin mit Hilfe von ›action research‹ bei weiteren Veranstaltungen und mithilfe des Ansatzes von *forschungsorientiertem Lernen* in *Seminaren* mit Studierenden weiter vertieft und ausgeweitet sowie weitere Feldbeobachtungen und zahlreiche *Interviews* und schriftliche *Befragungen* der identifizierten Akteure durchgeführt. Qualifizierungsarbeiten wie Bachelor- und Masterarbeiten vertieften Fragestellungen zu Mechanismen in Hannover und zur Diffusion von sozialen Innovationen an konkreten Fällen. Eine *Netzwerkanalyse* (siehe Kapitel 3) ergänzt die Erfassung zentraler Change Agents auf quantitative Weise und schließt die mithilfe der Ermittlung von ›Brokern‹ (d. h. Beziehungs-Maklern) erfolgte Evaluation von Machtkonstellationen von Schlüsselfiguren in Hannover und deren Validierung ab. Durch die Untersuchung der Beziehungen zwischen den Nischen-Akteuren sowie der Beziehungen zwischen ihnen und den etablierten Akteuren und Organisationen aus kommunaler Politik, Verwaltung, Bildung, und weiteren Akteuren der städtischen Zivilgesellschaft konnte herausgearbeitet werden, welche Hebelpunkte für Veränderungen in der Stadt vorhanden sind und welche davon eine dauerhafte nachhaltigkeitsorientierte Zusammenarbeit fördern (und dadurch in der Stadt etabliert werden sollten).

1. Ergebnisse aus inter- und transdisziplinären Zugänge zu Akteuren, Innovationen und Institutionen des Wandels

1.1 Akteure des Wandels: qualitative Inhaltsanalyse und erste Analyse der Feldarbeit

In Hannover konnte eine Vielzahl von Akteuren identifiziert werden, die miteinander vernetzt sind und mit gegenseitiger Hilfe versuchen, den Wandel hin zu mehr Nachhaltigkeit voran zu treiben. Dabei stoßen sie auf verschiedene Barrieren und systemische Restriktionen.

Aufgrund der vorangehenden qualitativen Dokumentenanalyse und erster Feldbesuche in Hannover wurde zunächst eine Karte erstellt, in der vermutete oder sichtbare Beziehungen und relevante Zusammenhänge in einem ersten Netzwerkgefüge abbildbar gemacht werden konnten.

Aus dieser ersten Grafik ging hervor, dass sowohl das städtische Agenda 21- und Nachhaltigkeitsbüro, als auch eigeninitiierte Netzwerke und Organisationen sehr stark vernetzt sind und zu kooperieren scheinen. Insbesondere wurde im Netzwerk *Urban Futures* eine Art Schirmnetzwerk gesehen, welches das Potential aufwies, zahlreiche aktive Akteure der nachhaltigen Entwicklung in der Stadt zusammen zu bringen und zu gemeinsamen Projekten veranlassen zu können. Die Entfaltung dieses Netzwerkes hätte hohe Legitimitäts-, Dringlichkeits- und Machtpotentiale der Change Agents in der Stadt entfalten und zu einem zentralen Stakeholder wachsen lassen können, wenn es den beteiligten Akteuren gelungen wäre, eine

Abbildung 3: Erste Netzwerkdarstellung nach qualitativer Dokumentenanalyse (Juni 2015)

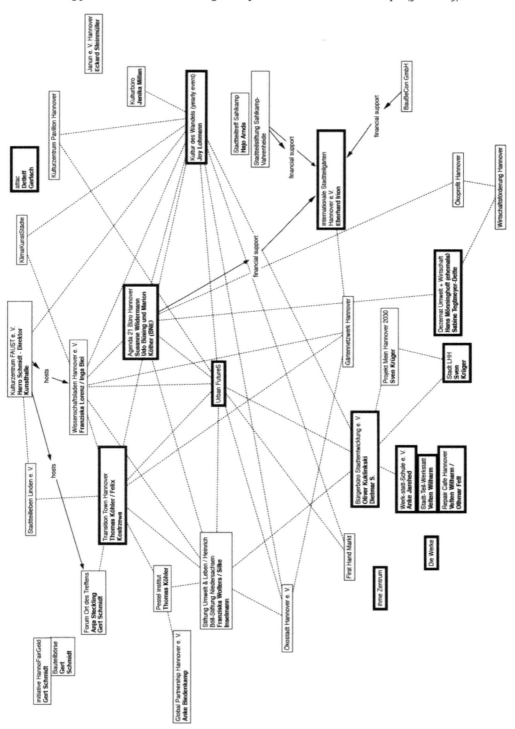

klare Struktur, konkrete Zielrichtung und verbindliche Teilnahmeregeln für alle Netzwerkteilnehmer zu erarbeiten. Durch die Einbeziehung von Organisationen wie Agenda 21 und Stiftung Umwelt und Leben, sowie von Bildungs- und Kunsteinrichtungen in das Urban Futures Netzwerk könnten insbesondere die Legitimität und die Macht dieses Netzwerkes stark steigen und damit mehr Gehör und (materiellen und immateriellen) Einfluss für das Anliegen in Themenfeldern Nachhaltiger Entwicklung schaffen, so unser erstes Ergebnis.

Aus der Dokumentenanalyse (u. a. LHH 2015, LHH 2018) wurde ebenfalls deutlich, dass Hannover eine Stadt mit außerordentlich vielen Initiativen in verschiedensten Themenfeldern nachhaltiger Entwicklung ist. »Nachhaltigkeit wird bei der Stadt Hannover bei nahezu allen Themenfeldern der Stadtentwicklung mit ihrer sozialen, ökonomischen, ökologischen und kulturellen Dimension gleichermaßen berücksichtigt.« (LHH, 2018) Während aber viele bereits durchaus etablierten und in der Regime-Ebene agierenden Akteure wie NGOs, Kultur- und Bildungsorganisationen und Stadtverwaltungseinheiten deutlich bestimmten Themenfeldern der sozialen und ökologischen Nachhaltigkeit zugeordnet werden können, sind viele Nischenakteure auch zusätzlich um einen integrativen Ansatz ökonomischer Nachhaltigkeit bemüht. Dies bedeutet, dass die Idee einer Postwachstumsgesellschaft mit veränderten (nachhaltigeren) Konsum-, Produktions- und Lebensstilen in einem großen Teil der zivil-gesellschaftlich und/oder künstlerisch organisierten Gruppen und Initiativen prägend zu sein scheint. Diese beinhaltet die übergeordnete Rolle der Umwelt und sozialen Belange und sieht die ökonomische Dimension nicht mehr als Zweck sondern als Mittel zum Erreichen sozialer und ökologischer Ziele.

Die Nischen werden dabei durch die dortige Stadtverwaltung und die vielen Akteure des Regimes unterstützt, die ähnliche Mindsets haben: »In Hannover wird nachhaltige Stadtentwicklung gelebt [...] Rat und Verwaltung unterstützen das breite Engagement und setzen Nachhaltigkeit in beeindruckender Weise als Querschnittsaufgabe um« (DNPS 2018). In der Stadtverwaltung erfolgt daher nachhaltige Stadtentwicklung als Aufgabe mit einer partizipativen, integrativen und querschnittsorientierten Herangehensweise, mit der sie zahlreiche Projekte in verschiedenen Bereichen unterstützen und mit der sogar die Vergabe des Deutschen Nachhaltigkeitspreises begründet wird. Im weiteren Verlauf der aktiven Feldforschung wurde beobachtet, dass sich die Relevanz von Akteuren in der Stadt über die bereits erläuterten mehreren Ebenen der Stadt erstreckt – von Einzelpersonen (sog. Pioniere des Wandels), über Gruppen und Organisationen bis hin zu Netzwerken und bestimmten Orten, sodass die Akteure (eine Auswahl hier) nach einem multi-akteuren Charakter gegliedert werden konnten:

Die Veränderungsideen dieser Change Agents und institutionellen Entrepreneure entstehen deutlich aus nachhaltigkeitsbasierten Mindsets, welche sich jedoch teilweise deutlich voneinander unterscheiden:

Transition Town Hannover (TTH)/Thomas Köhler (TK). TTH versteht sich als Umsetzungsagenda von wachstumskritischen und postwachstumsökonomischen Praktiken auf der Ebene der Kommune. Zentral gehe es dabei um die Transformation von Lebensweisen, d. h. sich Gedanken zu machen und daran anschließend dann Praktiken zu entwickeln. Das Ziel sei es, schnell die gesamte Stadt zu wandeln, z. B. durch Urban-Gardening-Gärten als ›Stadttransformationsprodukte‹. Dabei setzt TTH auf Improvisation und Experimente, im Sinne von »Sachen abla-

Abbildung 4: Akteure des Wandels in Hannover, Mehrebenen-Multi-Akteur-Darstellung (Auswahl)

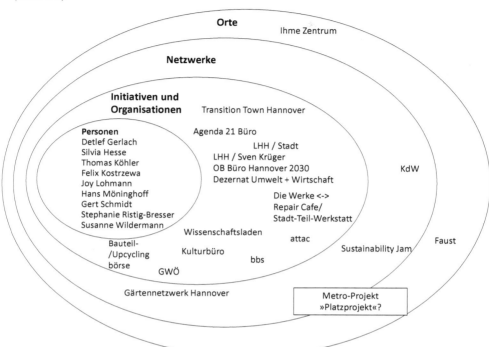

den und schauen, ob die Leute sich drum kümmern« (TK in Interview). Durch die Förderung mit Bürgerarbeitern konnten viele Palletten-Gärten produziert werden, und wer einen Garten wollte, habe einen bekommen können. Weiterhin arbeitet TTH an einer Professionalisierung der urbanen Landwirtschaft bzw. des Urban Gardenings, wobei u. a. die wichtigsten Standorte des Urban Gardening für urbane Landwirtschaft miteinander verknüpft werden sollen. Ein Beispiel hierfür ist das Unternehmen Tafelrunde, das einen Permakultur-Schaugarten in Laatzen (Park der Sinne), einen Naturspielplatz/Aktionsplatz (Kooperation mit Schulen), und geplantes Suffizienzzentrum miteinander verknüpft. Außerdem soll das Urban Gardening auch für andere Zielgruppen geöffnet und Teilnahme ermöglicht werden. Es geht jedoch nicht nur um die Gärten, es soll auch »das große Rad gedreht werden« (ebd.) obwohl die bisherigen Worksets sich deutlich auf Urban Gardening und Post-All-City-Veranstaltungsreihen konzentrieren. Weitere Ideen sind eine Veranstaltungsreihe zu Postwachstum und eine Zukunftskonferenz mit Politikern.

Wissenschaftsladen (WL)/Felix Kostrzewa (FK). Seinen persönlichen Ansatz zur Veränderung beschreibt FK als kognitive Sensibilisierung durch Praktiken und Praxis. Dabei sollen gemeinsame Aktivitäten zur Verhaltensänderung und neuer Gemeinschaftsbildung führen. Bei der Umsetzung und Öffentlichkeitsarbeit ist dafür eine ansprechende Präsentation durch eine kreative Verpackung notwendig, da angestaubt-langweilige Nachhaltigkeits-/Schul-/Lehrergeschichten nicht funktionieren würden. Bei den Aktivitäten und Projekten gäbe es deshalb immer ein Spannungsverhältnis zwischen Information und Unterhaltung. Dieses Verhältnis ist eine ungeklärte Frage bzw. eine Gratwanderung zwischen künstlerischem Anspruch und dem Transport von Inhalten (FK in Interview). Es gibt den grundsätzlichen Unterschied zwischen verschiedenen Vereinen und Initiativen in Hannover: Auf der einen Seite gäbe es eher aktionistisch orientierte Initiativen, die im Sinne von »Was tue ich selber?« durch junge Leute getragen werden, während andere Initiativen eher bildungsorientiert sind (ebd.) Die **Utopianale** ist eine »Bildungsveranstaltung mit Eventcharakter« (ebd.). Dort wird ein Raum geschaffen, um Menschen aus der individualisierten Stadtgesellschaft zusammen zu bringen. Es sollen positive Beispiele und funktionierende Alternativen vorgestellt werden, und nicht nur Probleme analysiert, sondern Mut gemacht werden durch positive, funktionierende Beispiele. Es sollen Unterhaltungen über individuelle Wünsche ermöglicht werden, um eine »verantwortungsbewusste Entwicklung unseres Lebensstils« zu erreichen.

Attac/Detlef Gerlach (DG) Die Veränderungsidee entspring der Tatsache, dass die Kernakteure keine explizite Gesellschafts-, Kapitalismus- und Globalisierungskritik mehr äußern, sondern führen pragmatisch-praktische Projekte durch (DG in Interview). Bei diesen sei eine politische Dimension nur noch implizit vorhanden. Diese kritischen Impulse würden auch von den Orten in Hannover (er nennt das Faust und den Pavillon) nicht mehr ausgehen. DG selber möchte als Künstler neue Arbeitsplätze bauen, eine praktische Plattform (Institut für interdisziplinäre und transformatorische Tätigkeit) schaffen, und eine eigene genossenschaftlich-organisierte Akademie für Forschungslernprojekte gründen. Dort möchte er mit Studierenden, die von Anfang an in voller Verantwortung für die Projekte stehen, aus jedem Projekt ein Social Entrepreneurship machen. Als Ort möchte er dafür eine Industriebrache nutzen.

Gemeinwohlökonomie GWÖ/Stephanie Ristig-Bresser (SRB). SRB war eine der Mitgründer*Innen der GWÖ-Gruppe Hannover, die GWÖ in Hannover aktiv vorangetrieben haben. Um den notwendigen Wandel zu einem Mehr an Nachhaltigkeit zu schaffen, ist es ihrer Meinung nach wichtig, eine Emotionalisierung der verschiedenen Themen zu erreichen, um auch andere und breitere Bevölkerungsschichten anzusprechen. Die Kommunikation der Themen und Ideen solle niedrigschwelliger und mit einfacheren Begriffe erfolgen. Außerdem sollten die Menschen auf einer tieferen Ebene berührt und Sehnsucht geweckt werden. Dabei ist sie für Alternativen zu klassischen Vorträgen und Diskussionsveranstaltungen, wie zum Beispiel Talkshows oder Marktplätze.

Internationalen Stadtteilgärten/Eberhard Irion (EI) beschreibt das Ziel der Initiative als Zusammenbringen von Menschen um das Anbauen von Lebensmitteln herum (siehe auch das Kapitel zu den Realen Utopien). Der Garten dient damit als Instrument zur Integrationsarbeit. Die ISG verfolgen keine politische Agenda, es geht in den Gärten um Integration und den Abbau von Vorurteilen der multikulturellen Vereinsmitglieder untereinander. Dazu wird ein breiter Querschnitt der Nationalitäten und Kulturen in den Gärten mit einbezogen, der repräsentativ für den jeweiligen Stadtteil ist. Umweltbildungsarbeit erfolgt nur am Rande. Bei den ISG handelt es sich nicht um Gemeinschaftsgärten, es gibt jedoch Gemeinschaftsflächen in den Gärten. Jede Familie bewirtschaftet einen eigenen Garten als Ort zum Aufhalten und Entspannen. Die »Gärten sind keine Projekte«, sondern sollen langfristig bestehen. Im Unterschied zu TTH sind die Gärten bei den ISG deshalb geschlossene Gärten, die auf Langfristigkeit und Sicherheit sowie Integration statt Information setzen. Die ISG ist weiterhin in das Projekt Harvest Help involviert. Das Projekt bietet Hilfe bei der Ernte in Kleingärten und anderen Gärten in Hannover.

Das **Agenda21-Büro/Susanne Wildermann** beschäftigt sich mit der Beteiligung, Berichterstattung, Bewusstseinsbildung, Vernetzung für Nachhaltigkeits- und Agenda21-Anliegen. Das Agenda21-Büro wird als »Kristallisationspunkt« beschrieben. Es fungiert als Anstoßer und Initiator, es vernetzt und vermittelt, ist in Kooperationen aktiv und unterstützt andere Initiativen und Projekte. Außerdem führt es Leuchtturmprojekte durch. Das Büro ist in verschiedenen Netzwerken präsent und setzt sich für den inhaltlichen Austausch zwischen verschiedenen Akteuren ein. Dabei sorgt es auch für die Übersetzung zwischen verschiedenen Akteuren (bspw. Stadtgesellschaft und Verwaltung). Weiterhin ist es mit Nachhaltigkeitsberichterstattung, den dazugehörigen Indikatoren, und der Zielmessung beschäftigt.

Die Einrichtung des Büros wurde insbesondere durch Silvia Hesse geprägt, die persönlich im Zusammenhang mit dem Klima- und Umweltschutz das »Bedürfnis nach dem Internationalen« hatte. **Silvia Hesse** war als Mitglied der grün-alternativen Liste frühzeitig involviert in Forderungen nach einem Umweltdezernat für die Stadt. Nach der Einrichtung dieses Dezernats hat sie den Bereich der Umweltkommunikation übernommen. Weiterhin hat sie sich für die Etablierung der kommunalen Entwicklungszusammenarbeit in Hannover (u. a. durch ein Klimabündnis mit indigenen Völkern) eingesetzt. Sie hat wiederholt in der Kommunikation mit anderen Akteuren den Begriff Agenda-Büro benutzt, bis der Begriff bzw. das Konzept auch von anderen Akteuren übernommen wurde. Darauf folgte dann die ›offizielle‹ Einrichtung des Agenda21-Büros. Außerdem hat ihr Einsatz für verschiedene (Umwelt-)Initiativen und deren Arbeit für die Anerkennung dieser geführt.

Hans Mönninghoff ist ebenfalls ein Pionier des Wandels und initiierte die Zusammenlegung der beiden Dezernate für Wirtschaft und Umwelt als eine institutionelle Innovation. Seine Initiative hat nach der Zusammenlegung zu einer engeren Verknüpfung der Bereiche und die Organisation der Zusammenarbeit geprägt. So hat er beispielsweise Mitarbeiter durch Versetzung ins Gebäudemanagement aus verschiedenen Organisationseinheiten zusammengebracht. Dadurch wurden Aspekte des Umwelt- und Naturschutz auch im Wirtschaftsdezernat verankert (Bsp. Liegenschaften für Naturschutz kaufen, und verändertes Denken bei den Mitarbeitern).

Das **Kulturbüro/Janika Millan** und die **Klimaschutzleitstelle/Ute Heda** erfassen Kultur als Teil des Klimaschutzes, weil die Gesellschaft 2050 ganz anders aussähe als heute. Dafür sei eine ›Kultur des Klimaschutzes‹ notwendig. Dazu gehört neben der Anhebung der Modernisierungsrate von Gebäuden in Hannover auch eine kulturelle Aufladung und Begleitung des Klimaschutzes, damit dieser nicht nur rein technisch verstanden wird. Sie verstehen Kunst als eine Möglichkeit, anders zu denken; hierbei wird kein konkretes Ziel verfolgt, außer die Ziele für notwendigen grundlegenden Wandel einfach nur ganz anders sein müssen. Außerdem sehen sie in der Kunst eine andere Möglichkeit zu kommunizieren, die sinnlich, provokativ, ironisch, und auch sarkastisch sein kann. Dazu erfolgt eine Vernetzung von ver-

schiedenen Akteuren. Außerdem soll auch die (Kreativ-)Wirtschaft mit einbezogen
werden, und nicht nur die Politik und Zivilgesellschaft. Neben den kulturellen Aspekten soll aber auch der technische Gedanke für den Klimaschutz bei den eigenen
Veranstaltungen berücksichtigt werden.

bbs – Bürgerbüro für Stadtentwicklung. Das bbs setzt sich für Stadtentwicklung
›von unten‹ ein und möchte das Recht auf Teilhabe in diesem Kontext fördern, die
Rolle der Bürger beleuchten und Verbesserungsmöglichkeiten finden; verschiedene Ideen von Politik, Verwaltung und BürgerInnen aufeinander beziehen. Dabei ist
die Vernetzung zwischen verschiedenen Akteuren im Allgemeinen zentral.

Kultur des Wandels (KdW)/Joy Lohmann (JL). Die Veränderungsidee des KdW-
Stadtforums besteht aus einer themen-orientierten Partizipation am Stadtentwicklungsprozess. Dieser soll mit kulturellen und kreativen Mitteln bereichert werden,
um Sehnsucht nach Hannover in 2030 zu erzeugen. Die Ideen sollen in der »Szene« verbreitet werden. Dazu sollen kreative Präsentationsformate entwickelt und
emotional agiert werden (siehe auch Kapitel 5 zu den künstlerisch-kreativen Praktiken).

Die Idee des **Platzprojekts** ist mit Blick auf die an den Skatepark angrenzende
Brachfläche 2014 entstanden und zählt über 90 Mitglieder. Bei diesem Projekt geht
es darum, einen Ort als Arbeitsstätte für verschiedene Berufe und Menschen zu
schaffen und dabei die Menschen zusammen zu bringen. Die Projekte auf dem
Platz sollen Antworten für das Leben in der Zukunft finden (siehe auch das Kapitel
zu den Realen Utopien). Das Platzprojekt ist ein Ort zum Ideen entwickeln, der
niedrigschwellige Experimente ermöglicht. Dabei ist Upcycling und Recycling von
Produkten und Rohstoffen ein wichtiger Faktor, aber kein Ausschlusskriterium für
die Projekte. Die Projektinhaberin der Kleiderkammer beschreibt das Platzprojekt
als ›Selbstverwirklichungsding‹, das einen Ausgleich zu einem nicht so sinnstiftenden Job bieten kann. Es gehe darum, »erstmal irgendetwas aus dem Boden [zu]
stampfen«. Laut dem Projektinhaber von der Fahrradmanufaktur Pirate Cyclex ist
eine gewisse Fluktuation auf dem Platzprojekt notwendig, damit das Platzprojekt
seinen Sinn behält, es »soll nicht richtig fertig sein«. Zur Umsetzung der Projekte
auf dem Platz gibt es Dokumente, die zur Idee ausgefüllt werden müssen, und ein
Platzprojekt-Paper mit der Philosophie des Platzprojekts und häufig gestellten Fragen. Die Initiatoren möchten auch ältere Personen miteinbeziehen, da bisher eine
diesbezügliche Diversität nicht gegeben ist.

In dem **Glocksee Bauhaus e. V.** hat die dort verortete **Upcycling Börse** zum Ziel,
Abfall zu vermeiden und eine enge Vernetzung zwischen Wirtschaft und Gesellschaft zu schaffen. Die größte Schwierigkeit für die Upcycling Börse besteht darin,
dass sie nur einen sehr geringen Bekanntheitsgrad hat, sie also geringe Adoption
bei einzelnen aufweist. Es wäre eine intensive Kommunikation nötig, was eine zu
hohe (nicht nur finanzielle) Belastung für die kleine Organisation darstellen würde. Eine Chance liegt jedoch in dem immer stärker werdenden Trend des Wieder-
verwertens, der dem Konzept der Upcycling Börse entspricht.

Die verschiedenen Mindsets der Akteure werden oft von den Aktivitäten bestimmter Individuen geprägt, welche durch die Unterstützung von oder in Auftrag der städtischen Verwaltungsakteuren (und Pionieren), Veränderungen der
formellen und informellen institutionellen Rahmenbedingungen herbeigeführt
haben. Diese Gruppen und Initiativen, die für Veränderungen in Richtung mehr
Nachhaltigkeit eintreten, bestehen tendenziell aus eher kleineren Kerngruppen,

die durch eine schwankende Zahl an Unterstützer*Innen und Teilnehmer*Innen begleitet werden, welche ad hoc dazukommen und die Gruppen wieder verlassen. Viele Aktivitäten der Gruppen sind also durch eine hohe Fluktuation gekennzeichnet.

Im Laufe des Projektes und insbesondere seiner letzten Phase (Ende 2017–2018) konnte beobachtet werden, dass Urban Futures nicht mehr fortbesteht und zu keinem zentralen Stakeholder geworden ist. Das Netzwerk zerfiel, da kein gemeinsames Ziel entwickelt werden konnte. Auch gaben die Akteure an, dass sie das Netzwerk ursprünglich als Mittel zum Zweck für mehr finanzielle Macht und einen stärkeren Standpunkt im Bereich der Public Relations nutzen wollten, ohne jedoch zu versuchen, das Netzwerk als zentralen Stakeholder der Stadt zu etablieren: Es habe nicht funktioniert, weil es kein gemeinsames Ziel und keine gemeinsame Idee zur Selbstdefinition gebe, obwohl den Akteuren durchaus bewusst ist, dass über Urban Futures eine bessere Steuerung und Wirksamkeit der Aktivitäten hätte erreicht werden können. Eine Schlüssel-Stakeholder-Rolle des Netzwerkes wäre dabei durchaus imstande, sowohl finanzielle als auch immaterielle Vorteile der Nachhaltigkeitsprojekte innerhalb des Netzwerkes zu verschaffen. Dafür wäre es aber notwendig gewesen, die eigenen Legitimitäts- und Dringlichkeitsansprüche klar zu formulieren, auszubauen und qualitativ hochwertig in entsprechende Netzwerkhandlungen umzusetzen. Deutlich wird, dass sich das Verständnis über das Netzwerk Urban Futures seitens der Forschenden und das der Akteure vor Ort stark unterscheidet, da letztere einen Netzwerkaufbau mit starker Strukturierung und starren Vorgaben einer Art ›Mammutbehörde‹ gleich setzen, und nicht wie erstere ein dynamisches, flexibles Dachgefüge, was zahlreiche Optionen ermöglicht damit verbindet. (Ergebnisse Workshops 2018, siehe auch Kapitel 3 zur Netzwerkanalyse).

1.2 Akteure und ihre Nachhaltigkeitsinnovationen in der Stadt

Die Identifizierung von zentralen durch die o. g. Akteure hervorgebrachten Innovationen für Nachhaltigkeit in Raum Hannover erfolgte aus einer inter- und transdisziplinären Sicht im Rahmen eines forschungsorientierten Projektseminars. Nachhaltigkeitsinnovationen bedürfen gleichzeitig fachübergreifender und transferfähiger Problemlösungen und einem ständigen Perspektivenwechsel zwischen verschiedenen Wissenschaftsrichtungen einerseits und Wirtschaft, Gesellschaft und Politik andererseits. Wir gingen der Frage nach, welche Innovationen es für eine nachhaltigere Stadtentwicklung in der Landeshauptstadt Hannover gibt, wer innoviert, wo sich in der Stadt diese innovativen Ideen befinden und wo sie gebündelt werden. Verschiedene Nachhaltigkeitsinnovationen sowie die wichtigsten Agenten des Wandels in Hannover wurden mit ausgewählten transdisziplinären Methodenzugängen (Inhaltsanalyse, Befragung, Interviews, Action Research) identifiziert und analysiert. Die Studierenden haben so forschend eine Übersicht (*sustainable innovations map*: Abbildung 4) über einzelne Innovationsbereiche für Hannover erarbeitet, in der die für die Stadt(-teile) wichtigsten Nachhaltigkeitsinnovationen dargestellt wurden. Fünf Innovationsbereiche wurden als am stärksten ausgeprägt in der Stadt identifiziert:

- *Green Economy* mit neuen, nachhaltigkeitsorientierten Technologien und Produkten in der Stadt, wie z. B. mit erneuerbaren Energien, Mobilitäts- und Wassertechnologien.
- Solidarisches, *alternatives Wirtschaften* wie z. B. die solidarische Landwirtschaft, Regionalwährung oder Gemeinwohlökonomie in Hannover.
- *Social Entrepreneurship* anhand von Beispielen von grünen Start-ups und Entrepreneurs und der Frage, ob Netzwerke um solche nachhaltigkeitsorientierten Akteure in Hannover vorhanden sind.
- *Neue Arbeits-, Organisations-, und Businessmodell-*Formen, wie z. B. Coworking Spaces und Urban Gardening.
- *Soziale Innovationen für Partizipation* mit vielfältigen innovativen Bürgerbeteiligungsformen in der niedersächsischen Landeshauptstadt.

Auf einer ›Sustainable Innovation Map‹ für Hannover wurden die Studienergebnisse zusammengefasst.

Abbildung 5: Karte der nachhaltigen Innovationen in Hannover

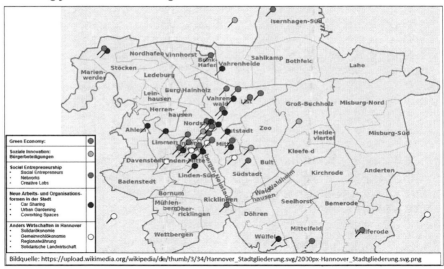

Bildquelle: https://upload.wikimedia.org/wikipedia/de/thumb/3/34/Hannover_Stadtgliederung.svg/2000px-Hannover_Stadtgliederung.svg.png

Anders (solidarisch) Wirtschaften in Hannover

Die zukünftige Gestaltung unseres gesellschaftlichen Zusammenlebens ist, aufgrund der immer größer werdenden Problematik unserer kapitalistischen Art in der globalisierten Welt zu wirtschaften, vor allem für die nachfolgenden Generationen ein wichtiges Thema. Ein Beispiel für diese Problematik liegt etwa im Versagen der Marktmechanismen. Der Ausrichtung auf Wachstum im Kapitalismus kann kaum noch nachgekommen werden und vor allem, wenn es um die Ressourcen der Erde geht, ist ein Umdenken dringend erforderlich. Nicht nur die ökologischen, sondern auch die gesellschaftlichen Auswirkungen sind immens, wie etwa die immer größer werdende Schere zwischen Arm und Reich zeigt. Andere (solidarisch) wirtschaftende Alternativen sind auf Grund dessen von besonderer Bedeutung. Es wurden vier Beispiele für Lösungsansätze mit einer ganz anderen

Philosophie des Wirtschaftens in Hannover betrachtet, denn es gibt eine Vielzahl an solidarischen Wirtschaftsformen, die eine Alternative zur bestehenden Wachstumsökonomie anbieten. Es wurde festgestellt, dass die Projekte in Hannover zwar alle miteinander bekannt und vernetzt sind, es aber kein aktives, gemeinsames Netzwerk gibt und die Verbindung nur durch zentrale Schlüsselakteure besteht. Es liegt demnach Potenzial in der Vernetzung und der Zusammenarbeit auf diesem Gebiet der anderen (solidarischen) Wirtschaftsformen. Projekte, die in diesem Zusammenhang betrachtet wurden, sind etwa die 2010 gegründete Transition Town Hannover Initiative, die aus verschiedenen Arbeitsgruppen besteht und Menschen die Möglichkeit gibt, sich für mehr Nachhaltigkeit zu engagieren. Hinter dem Konzept der Transition Town steckt, dass Menschen sich mit globalen Problemen wie dem Klimawandel auseinandersetzen und die Lösungen lokal anwenden sollen. Jedes Problem wird dabei im Nachhinein als eine Chance zu reagieren gesehen, um Fehler nicht zu wiederholen und den Wandel in der Gesellschaft voran zu bringen.

Alternativ Wirtschaften ist das primäre Ziel vieler der vorgestellten Akteure. Hierbei wurden u. a. die Upcycling- und Bauteilbörse am Glocksee sowie Wandelwerte e. V. betrachtet. Die Bauteilbörse kooperiert mit der Stadtgesellschaft, Privatleuten, Unternehmen und der Stadtverwaltung. Außerdem ist die Börse stark mit der Klimaschutzstelle der Stadt Hannover, der Landeshauptstadt Hannover, dem Verein niedersächsischer Bildungsinitiativen, dem Wandelwerte e. V., der Initiative Kultur des Wandels, Transition Town Hannover, Unternehmen der Nachbarschaft, UJZ Glocksee, dem Karmakiosk, der Agentur für zukünftiges Handeln, Wandelwerte e. V. und Homify vernetzt. (Bericht Projektgruppe Solidarökonomie, 2016, S. 10). Wandelwerte e. V. ist auch im Themenbereich des Upcyclings tätig und unterstützt Einrichtungen beim Umwelt- und Ressourcenschutz, alle Projekte verfolgen das Cradle-to-Cradle Prinzip. Wandelwerte e. V. wird nicht nur vom Agenda 21- Büro unterstützt, es gibt eine Vielzahl von Förderern, etwa für die Beschaffung von Materialien und für den Wissensaustausch. »Der Wandelwerte Verein will die Wertschätzung von Materialien fördern und dadurch die Resilienz der Stadt stärken, wodurch der Nachhaltigkeitsgedanke in der Gesellschaft gefestigt werden soll.« (Projektgruppe Solidarökonomie, 2016, S. 12)

Ein weiteres alternativ wirtschaftendes Projekt ist das bereits vorgestellte PLATZprojekt. Das vom Bund geförderte PLATZprojekt besteht aus einer Containerstadt, die von den Mitgliedern in einer sehr flachen Hierarchie selbst verwaltet wird. Es ist erstrebenswert, dass das PLATZprojekt irgendwann ohne Fördergelder bestehen kann, zum jetzigen Zeitpunkt ist ein Überleben des Projektes ohne Förderung allerdings nicht möglich. Auch die Gefahr, dass die Pacht für das Grundstück nicht verlängert wird, besteht. Wie das Projekt in den nächsten Jahren ohne Fördermittel fortlaufen könnte, ist aufgrund der Ausrichtung des Projektes nach solidarökonomischen Ansätzen und ohne Gewinnmaximierungsabsicht noch nicht ersichtlich. Aufgrund seiner besonderen Form als Zwischenraumnutzungskonzept, das vermehrt als soziale Innovation in Großstädten wissenschaftlichen Analysen unterliegt, wurde das Platzprojekt und seine Diffusion in Hannover separat auch in einer Qualifizierungsarbeit (Bachelorarbeit aus 2016) ausführlich untersucht. Darin wurde deutlich, dass ein solches Zwischennutzungskonzept eine lediglich lokale Diffusion und auf der gesamten Stadtebene wenig Wahrnehmung und wenig breite Diffusion in der Gesellschaft erreicht hat. In weiteren

Forschungsarbeiten gilt es, der Frage nachzugehen, ob das eher dem Mindset der Akteure im Platzprojekt geschuldet ist, das inkompatibel mit der vorherrschenden Logik der Stadt ist, oder ob es gar nicht auf eine breite Diffusion ausgerichtet ist, d. h., ob das Platzprojekt seine Tätigkeiten überhaupt als eine dauerhafte Praktik der Stadt etablieren möchte (in Kontrast zum Verständnis vom Zwischenraumnutzungskonzept).

Auch die Gemeinwohlökonomie in Hannover, die es seit 2012 in der Landeshauptstadt gibt, lag im Fokus der Analyse. Als relativ junges alternatives Wirtschaftsmodell, welches das Gemeinwohl und das solidarische Leben aller zum obersten Wirtschaftsziel erklärt, ist GWÖ dank der sehr intensiven Arbeit der Organisator*Innen-Gruppe (institutional Entrepreneurs: Stephanie Ristig-Bresser, Maren Coldewey, Jochen Witt) schon gut im hannoverschen Netzwerk bekannt und weist bereits eine Reihe von Partnern auf. Alle arbeiten auf ehrenamtlicher Basis für die Gruppe. Mit der GWÖ als institutionellen Innovation befassten wir uns auch im Rahmen einer Falluntersuchung (Weisenfeld und Hauerwaas, 2018) intensiver und fragten, wie solche institutionellen Neuerungen die Textur der Stadt verändern können, indem sie zu lokalen Praktiken werden und dadurch ggf. die vorherrschende institutionelle Logik verändern (siehe Unterkapitel 2).

Ein alternatives Wirtschaften mittels einer Regionalwährung unter solidarökonomischen Gesichtspunkten wurde ebenfalls in Hannover ausprobiert. Auf Grund des immer instabileren kapitalistischen Wirtschaftssystems steht auch das gesamte Finanzsystem unter Druck, die bisherige Dominanz der Banken für das Wirtschaftswachstum zeigt längst die Fehlfunktionen und den dringenden Veränderungsbedarf im System. Regionalwährungen gewinnen deshalb an Bedeutung, weil sie Regionalität, Resilienz, Nachhaltigkeit und Demokratie im System stärken (Felber, 2014, 20). Ausgangspunkt dafür war die Erkenntnis, dass »eine regionale Kreislaufwirtschaft nur dann erfolgreich umgesetzt werden kann, wenn es gelingt, regionale Wirtschaftsstrukturen und ein stabiles Netzwerk von Anbietern und Konsumenten aufzubauen« (Projektgruppe Solidarökonomik, S. 24). Der ›Kulturtaler‹ als eine solche experimentelle Regionalwährung war ein Projekt des Glocksee Bauhaus e. V. und sollte dazu dienen, erste Erfahrungen für eine ›richtige‹ Regionalwährung für die Stadt zu liefern. Der Kulturtaler wurde von einem kleinen Kooperationsnetzwerk von ca. 30–40 Personen getragen. Es gab jedoch nur sehr wenige frühe Adoptoren. Regional kooperierte der Kulturtaler mit weiteren Initiativen, Vereinen und Projekten. Zu ihnen zählen das KdW-Netzwerk, der VEN e. V., der Internetblog Teppichhaus Trithemius und andere Projekte des Glocksee Bauhaus e. V. wie die Upcycling- und Bauteilbörse Hannover. Bei folgenden Unternehmen konnten die partizipierenden Verbraucher mit dem Kulturtaler zu bezahlen: Umbau Hannover, Eis King Linden, Lindenblüte, Café K, Maro Schreibwaren, Karmakiosk, Bauteilbörse Hannover, Kroeco, Theater am Küchengarten, Natures Food, Ruhepol Linden. Auch hier wird die lokale Diffusion einer Nachhaltigkeitsinnovation in Hannover deutlich, Linden ist ›Heimat‹ auch für die Adoption des Kulturtales.

Abbildung 6: Innovationen für anders (solidarisch) Wirtschaften

Bildquelle: https://upload.wikimedia.org/wikipedia/de/thumb/3/34/Hannover_Stadtgliederung.svg/2000px-Hannover_Stadtgliederung.svg.png

Zusammengefasst ist im Bereich anders (solidarisch) Wirtschaften das Innovationslevel in Hannover bereits hoch. Damit geht jedoch eine schwierige Diffusion einher, denn für diese ist es wichtig, dass sie an die Werte und Bedürfnisse der gesamten Gesellschaft anknüpft und über die Adoption durch Gesellschaftsgruppen, die bereits für das Thema sensibilisiert sind, hinausgeht. Die Bemühungen der Initiativen und Projekte, Nachhaltigkeitsinnovationen zu etablieren, sind noch Nischeninnovationen, die bisher relativ wenige Menschen erreichen. Auch sind die Nachhaltigkeitsinnovationen im Bereich der alternativen Ökonomie komplex und geprägt von vielen Bildern, Mindsets und Ansätzen von Nachhaltigkeit. Als Modelle alternatives Wirtschaftens sind sie nicht nur für Unternehmen von Interesse, die vermehrt qualitativ statt quantitativ wirtschaften möchten, was auf jeden Fall von verschiedenen Seiten und etwa durch die Formierung eines aktiven übergreifenden Netzwerkes gefördert werden sollte. Dabei spielen Schlüsselakteure und transdisziplinäre Forschung weiterhin eine große Rolle für die Überlegungen, wie solch nachhaltige Gesellschaftstransformation gestartet und durchgeführt werden kann, bei dem Spannungsverhältnis zwischen Versuch einer globalen Re-Lokalisierung der Wirtschaft und der konkreten lokalen Umsetzung.

Green Technology
Eine der großen Themenbereiche von Nachhaltigkeitsinnovationen sind heutzutage der sparsame Umgang mit Ressourcen, die Reduzierung der weltweiten CO_2-Emissionen und in diesem Zusammenhang die Suche nach alternativen Formen der Energiegewinnung. Mit der Lösung dieser Herausforderungen beschäftigt sich der Bereich ›Green Technology‹. Das Umweltministerium für Umwelt, Naturschutz, Bau und Reaktorsicherheit hat u. a. die Bereiche Energieeffizienz und Nachhaltige Wasserwirtschaft als globale Leitmärkte für Green Technology festgelegt.

Abbildung 7: Innovationen der Green Technology in Hannover

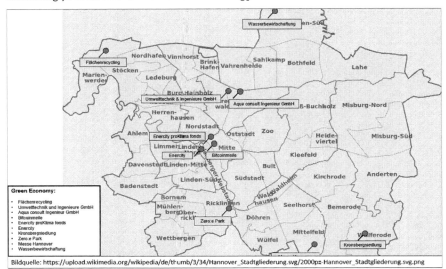

Bildquelle: https://upload.wikimedia.org/wikipedia/de/thumb/3/34/Hannover_Stadtgliederung.svg/2000px-Hannover_Stadtgliederung.svg.png

Im Zuge der Betrachtung der Green Technology in Hannover wurden Flächenrecycling, die Umwelttechnik und Ingenieur GmbH, Aqua Consult Ingenieur GmbH, die Bitcoinmeile, Enercity und der Enercity proKlima Fonds, die Kronsbergsiedlung, der Zero:e Park, die Messe Hannover sowie die Wasserbewirtschaftung auf ihren Status Quo und Herausforderungen und Potenziale analysiert.

Beim Flächenrecycling werden alte Flächen, die größtenteils in der industriellen Fertigung verwendet wurden, einem anderen Zweck zugeführt. Ein prominentes Beispiel ist der Bau des großen Wissenschafts- und Technologieparks Marienwerder mit einem Gelände, auf dem kleine Start-up Unternehmen insgesamt 3.800 Quadratmeter Labore, Büros und andere Räumlichkeiten mieten können. Dies soll Innovationen und die Gründung neuer nachhaltigkeitsorientierter Unternehmen fördern. (Projektgruppe Greentechnology, 2016, S. 12). Die Umwelttechnik und Ingenieur GmbH setzt sich für die verantwortungsvolle Kombination aus Umwelt und Technik ein und auch die aqua consult Ingenieur GmbH begleitet in diesem Sinne Projekte bezüglich Wasserrecycling. Die Tätigkeitsbereiche von aqua consult sind außerdem der Umbau und Neubau von Kläranlagen, Wirtschaftlichkeitsanalysen, Abluftsysteme sowie die effiziente Nutzung von Ressourcen. Auch städtische Betriebe wie Enercity und ÜSTRA nehmen oft die Rolle von Institutional Entrepreneurs ein und gehen mit Nachhaltigkeitsideen vorweg. Die Stadtwerke Enercity in Hannover zum Beispiel, die die ökologische, ökonomische und soziale Verantwortung in ihrer Unternehmensstrategie verankert haben, sind sehr aktiv im Bereich Green Technology, etwa durch die Initiierung des 1988 gegründeten und europaweit einzigartigen Klimaschutzfond ›Enercity ProKlima‹. Die Projekte, die durch den Fonds gefördert werden können, werden vorher streng auf ihre CO_2 Effizienz und auf ihr Ziel, die CO_2 Reduktion, geprüft. Auch ist es wichtig, dass die Projekte eine Multiplikatorenwirkung besitzen und über einen Innovationsgrad innerhalb der Maßnahmen verfügen. Ziel bis 2030 ist es, die Anteile der Stromgewinnung durch Windenergie und Energie aus Biomasse auszubauen. Die

Hannoversche Verkehrsbetriebe AG (Üstra), welche pro Jahr 159 Millionen Fahrgäste befördert, bedient 70 % des öffentlichen Verkehrsaufkommens in Hannover, was öffentliche Verkehrsmittel mit modernen und nachhaltigen Technologien unerlässlich machen lässt. Die Üstra selbst setzt sich als langfristige Ziele eine Verminderung von Lärm- und Schadstoffbelastung sowie die Förderung der Entkopplung von fossilen Energieträgern (ÜSTRA, o. D.) Um dieses Ziel zu erreichen, wird seit 2015 die Stadtbahnflotte erneuert und bis 2018 sollen 100 Fahrzeuge des neuen Stadtbahntyps TW2000 auf dem hannoverschen Stadtbahnnetz im Einsatz sein. Diese Technologie hat nach Herstellerangaben einen ca. 15 % niedrigeren Energiebedarf durch eine Gewichtsreduktion und ein eingebautes Rekuperationssystem. Bei der Energierückgewinnung wird zum Bremsen nötige Energie in die Oberleitung (Stromzuleitung) des Streckennetzes rückgespeist und steht somit wieder als Energie für den anschließenden Beschleunigungsvorgang zur Verfügung. Auch werden probeweise Elektrobusse eingesetzt, wobei dort noch starkes Ausbaupotential beobachtet wird. Auch bei anderen neuen Mobilitätssystemen wie dem CarSharing gibt es zwar Angebote (etwa Volkswagen als größter CarSharing Anbieter der Stadt seit 2011 mit dem Modell des QuiCar über die Stadt verteilt mit ca. 90 An- und Abholstationen), jedoch wird ein flexibles CarSharing explizit für Hannover bislang nicht angeboten.

Green Technology kommt außerdem im Bereich ›Wohnen in der Stadt‹ zum Einsatz. Auf dem Gelände der Kronsbergsiedlung, welches ursprünglich als Wohnanlage gebaut wurde, befindet sich nun eines der größten Nullemission-Siedlungen in Deutschland – der Zero:E Park (LHH, o. D.). Diese Innovation wurde insbesondere durch starke politische Pfadabhängigkeiten (GRÜNE/SPD) und der Pionierarbeit des damaligen Verantwortlichen (damals noch Umweltdezernent) Hans Mönninghoff vorangetrieben und zeigt die große Bedeutung von Einzelpersonen und institutionellen Pfaden für die Diffusion in einem sozio-technischen System. Green Technology ist auch im Themengebiet ›Industrie 4.0‹ beheimatet, welches die Industrie vor eine neue Herausforderung stellt. Die Aktualität von ›Industrie 4.0‹ wird etwa durch die Widmung der Thematik im Rahmen der Hannover Messe 2016 deutlich. Der Schwerpunkt wurde damals auf ›Industrial Automation‹ gelegt. Weiterhin existiert bezüglich des Themenbereiches der Digitalisierung in der Landeshauptstadt Hannover im Stadtteil Linden seit 2014 mit ca. 2,5 km die längste Bitcoin-Meile der Welt. Bei Innovationen in diesem Bereich wurde deutlich, dass die Grundlagen für den Weg zur Green Economy zwar schon bestehen und es auch nicht an der praktischen Umsetzung mangelt, ein Durchbruch, der über den ›Muster-‹ bzw Beispielcharakter hinausgehen würde (von den frühen Adoptoren zur großen Mehrheit, von der Einzelpraktik bis zur Dauerpraktik der Stadt) auf diesem Gebiet findet jedoch noch nicht statt. An Ideen allerdings mangelt es nicht, jedoch schaffen nur wenige Innovationen den Sprung auf den Markt. Trotzdem nimmt Hannover in allen Bereichen der grünen Technologie europaweit eine sehr starke Vorreiterrolle ein. Eine Vielzahl von Unternehmen fördert und entwickelt die grüne Technologie und es werden auch in der Praxis viele dieser grünen Technologien in Hannover umgesetzt. Zwar werden nicht alle umweltbezogenen Ziele der Stadt immer durchgesetzt, etwa die Reduzierung der CO_2-Emissionen, jedoch wird stetig weiter daran gearbeitet. In allen angesprochenen Bereichen, also Siedlungsbau, Mobilität, Digitalisierung und Energieversorgung, ist Hannover bereits sehr fortschrittlich, sodass die Stadt anderen Städten als Vorbild dienen kann. (Projektgruppe Green Technology, 2016)

Social Entrepreneurship

Wie bereits im Theorieteil angemerkt, ist die klare Definition eines Social Entrepreneurs nicht ganz einfach. Viele der in diesem Zusammenhang befragten Akteure scheinen eine ganz eigene Definition des Begriffes zu haben. Nach der Analyse der Nachhaltigkeitsinnovationen und der Netzwerke im Bereich Social Entrepreneurship sowie auf Grundlage der geführten Interviews wurde die folgende Definition festgehalten: »Ein Social Entrepreneur ist ein Unternehmer, welcher sozialen Mehrwert generieren möchte, eine soziale Zielsetzung verfolgt, ein Erreichen des Gewinnmaximums hinten anstellt, und der die Gesellschaft nachhaltig ändern möchte.« (Projektgruppe Social Entrepreneurship, 2016, S. 22) Wichtig ist in diesem Zusammenhang die Differenzierung zwischen Ecopreneur und Social Entrepreneur, denn bei letzterem sollte klar der Mensch im Vordergrund stehen.

Befragte Akteure bzw. Social Entrepreneure in Hannover waren dabei Jogomundo, die Talentenwickler, die Havana Cuba Klugbeißer, das Kleiderkabinett, Lola, der Loseladen und Socialentrepreneurs.io. Auch wurden Netzwerke betrachtet, in denen Social Entrepreneure agieren, etwa das Netzwerk um den Sustainability/Leinehelden Jam, KreHtiv, die Gemeinwohlökonomie, den Bürgerbeteiligungsformat Mein Hannover 2030 und der studentische Arbeitskreis plurale Ökonomik.

Abbildung 8: Innovationen aus dem Bereich Social Entrepreneurship

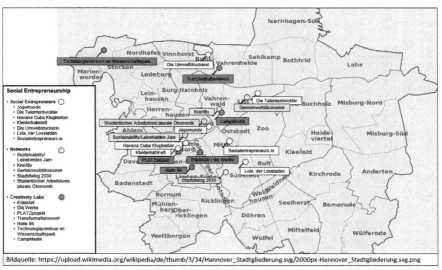

Die Talentenwickler, ein vielversprechendes, jedoch kurzlebiges Social-Entrepreneurship-Konzept, fokussierte sich auf die Betreuung von Schülern, die meist am Ende der Schulzeit oder in der Zeit nach dem Schulabschluss dringend Betreuung und Orientierung in der Berufsfindung brauchen. Die Unternehmer setzen also an einer wichtigen Stelle zur Förderung junger Talente an und tragen so zu einer sozialen Entwicklung bei. Das Thema ›vegane Lebensweise‹ binden die Klugbeißer in einen sozialen Kontext ein. Mit ihrem veganen Catering und einem veganen Brunch jeden Sonntag im Havanna Cuba möchten sie ihren Kunden nachhaltige Produkte näher bringen und ihnen ein positives Gefühl vermitteln. Obwohl vor allem ökologische Nachhaltigkeit hier im Fokus steht, wird durch das gemeinsame Probieren der veganen Lebensmittel der soziale Aspekt bedient. Neben dem offensichtlich nachhaltigen Aspekt hat auch das Kleiderkabinett eine soziale Komponente: In dem eine große Auswahl an Second-Hand Kleidung zum Leihen angeboten wird, haben mehr Menschen Zugriff auf eine große Auswahl an Kleidung, etwa für besondere Anlässe.

Die beiden Mitgründer der Plattform socialentrepreneurs.io können als Vernetzungsglieder für alle innovativen Unternehmungen in Hannover gesehen werden. »Wichtig ist dabei der Gedanke des gegenseitigen Wissens- und Erfahrungsaustausches, aber auch gleichzeitig eine Gleichstellung einer gewinnbringenden Idee und die dadurch implizierte gesellschaftliche Veränderung (Sozial gedacht, wirtschaftlich gemacht)« (Projektgruppe Social Entrepreneurship, 2016, S. 21). Durch die im Zuge des Projektes geführten Interviews stellte sich heraus, dass Akteure sich mit Hilfe der Netzwerkplattform unterstützen und gemeinsame Veranstaltungen durchführen wollen, dies jedoch durch die Tätigkeiten in unterschiedlichen Netzwerken nicht umgesetzt wird.

Es entstand außerdem der Eindruck, dass einige Unternehmen nach außen zu Social Entrepreneurs gemacht werden, sich selbst dessen jedoch nicht bewusst sind oder es nicht nach außen tragen wollen. In Bezug auf die Netzwerke scheint es, als gäbe es in Hannover eine Vielzahl, jedoch liegt hier wieder die Problematik der verschiedenen Definitionen bzw. Ansichten über den Social Entrepreneur vor. Je nach gewählter Definition entscheiden die Netzwerke, welches Unternehmen gefördert werden könnte. Sie sind teilweise geschlossene, teilweise offene Netzwerke und sehen sich selbst weniger als Social Entrepreneure sondern ›lediglich‹ als innovative Startups an. Ein Akteur, der in diesem Zusammenhang befragt wurde und sich auch mit Netzwerken in Hannover auseinandersetzt, sprach von ›Silo- und Konkurrenzdenken‹, was als problematisch bei der gemeinsamen Arbeit innerhalb von Netzwerken zu sehen ist. Es besteht deshalb zwar Nachholbedarf in einigen Punkten, aber gleichzeitig auch starkes Potential, wie bei socialentrepreneur.io ersichtlich ist. Es ist zwar schwierig, auf Grund der vielen Definitionsmöglichkeiten nachhaltiges Unternehmertum auszumachen und als solches zu bezeichnen, »jedoch ist in Hannover eine Gruppe Start-ups und schon etablierter Unternehmen zu erkennen, welche als innovative Entrepreneure agieren« (Projektgruppe Social Entrepreneurship, 2016, S. 23). Diese Unternehmen handeln für die Lösung sozialer aber auch ökologischer Probleme. Auch hier konnte eine mangelnde Vernetzung der Unternehmen festgestellt werden, welche allerdings hinten angestellt werden kann, solange die Unternehmen weiter ihre Ziele verfolgen (Projektgruppe Social Entrepreneurship, 2016).

Neue Arbeits- und Organisationsformen in der Stadt

In Hannover gibt es die verschiedensten neuen Arbeits- und Organisationsformen wie Gruppen des Transition Town Hannover zum gemeinschaftlichen Bearbeiten und Gewinnen von Gemüsen und Pflanzen, Urban Gardening, aber auch Coworking Spaces und Zwischennutzungskonzepte. PaGaLiNo ist eines der größten Projekte des Transition Town in Bezug auf Urbane Gärten. Dabei bauen Menschen gemeinsam Setzkästen zusammen und bepflanzen diese. Im Projekt Wandergärten wird ähnlich gearbeitet, aber die Kästen wechseln den Standort.

Coworking-Spaces, wie Hafven, sind eine neu gedachte Art von Arbeitsgemeinschaften und bringen Menschen aus ganz unterschiedlichen Bereichen an einem Ort zusammen, an dem sie sich austauschen, gemeinsam arbeiten und voneinander lernen können. Der Hafven enstand aus der Fusion von die Werke und Edelstall im Oktober 2015, erstreckt sich auf 2000 m² und beherbergt neben Büroarbeitsplätzen auch einen Besprechungsraum, ein Fab-Lab, diverse Werkstätten und eine Gastronomie. Den Mitgliedern stehen auch weitere Angebote an Workshops und Labs, Meetups und Talks zur Verfügung. Dabei bedient der Hafven eine deutliche Business-Logik, die jedoch von sozialen Gedanken und der Idee des Teilens ›gemildert‹ wird. Eine ›kleinere‹ Form der Maker-Spaces sind die fünf Repair-Cafés der Stadt. Diese existieren als offene Werkstatt ohne Gewinnabsicht für jeden, um dort eigene Ideen in die Tat umsetzen zu können. Hier lautet das Motto »Wegwerfen? Denkste!«, indem Menschen nahe gebracht wird, kaputte Geräte nicht gleich wegzuwerfen, sondern den Weg zur Reparatur zu finden. Eines davon befindet sich in Hannover Nordstadt, dort ist die Logik und die Praxis dieser Reparaturveranstaltungen genauer untersucht worden. Es wurde deutlich, dass das Betreiben eines solchen Maker-Spaces sehr herausfordernd ist, bedenke man die intrinsische Motivation des Betreibers, der Wegwerfgesellschaft entgegenzuwirken und ohne Gewinn (und fast kostenlos bzw. zu Mindestkosten) mit viel Selbstausbeutung eine neue (Selbst-) Reparaturkultur zu schaffen. Die gemeinschafts- und non-profit-orientierte Logik dieser Organisationsform leidet unter dem ›Konkurrenz‹-Gedanken der großen Maker-Spaces und es ist fraglich, ob sie ohne externe Unterstützung und nur aufgrund starker Motivation und Wünsche fortbestehen bleiben kann. Insgesamt gewinnen die neuen Organisations- und Arbeitsformen an Bedeutung in Hannover. Jedoch ist deren Transformationsvermögen bislang eher begrenzt oder unterstützt teilweise die vorhandenen Regimestrukturen, indem er sie entweder ›verbessert‹ (so z. B. die Urban Gardening und Repair-Cafe Projekte, die die Stadt lebenswerter machen, jedoch nicht als Ersatz des derzeitigen Lebensstiles ausreichen) oder sogar vorantreibt (als Co-working Space, wenn es um die Fortentwicklung derzeitiger Business-Logik geht), jedoch nicht transformiert.

Soziale Innovationen

Ebenfalls zahlreich sind in Hannover diejenigen Akteure, die sich mit sozialen Innovationen befassen. Einen wichtigen Bereich nimmt dabei die Bürgerbeteiligung ein, die aus dem Problem der Entfremdung der politischen Akteure und der Verwaltung von der Gesellschaft entstanden ist. Diese sollen Bürgern eine bessere Vernetzung mit verwaltungs- und politischen Akteuren und eine erhöhte Mobilisierung der Bürger ermöglichen. Bürger sollen außerdem mehr Mitsprache haben können und Lösungsansätze für soziale Probleme aus ihren Reihen sollen leichter anerkannt werden. Als zentraler Akteur in diesem Themenfeld der nachhaltigen Entwicklung bringt sich das bbs in unzähligen Veranstaltungen mit regelmäßig gut organisierten und wertvollen Impulsen und Aktionen in die Stadtentwicklung mit ein. Darüber hinaus sorgt das bbs mit seiner teilinstitutionalisierten Struktur für eine Etablierung des Themenfelds ›Bürgerbeteiligung‹ in Hannover (als Praktik).

In der Landeshauptstadt gibt es dabei verschiedene Bürgerbeteiligungsformen, die sich sowohl inhaltlich als auch vom Prozess oder der räumlichen Beschränkung

Abbildung 9: Alternative Arbeits- und Organisationsformen als Nachhaltigkeitsinnovation

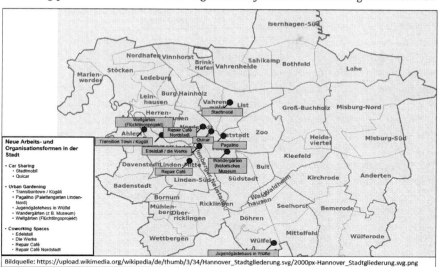

Abbildung 10: Bürgerbeteiligungsformate als soziale Nachhaltigkeitsinnovation in Hannover

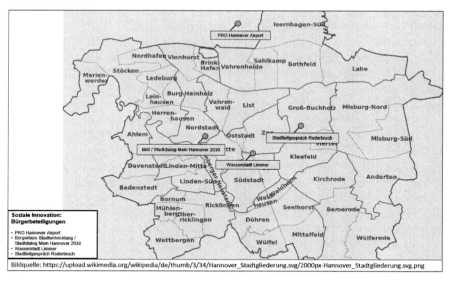

her unterscheiden. Diese Entwicklung ist sehr positiv, da sie Hannover eine Vorreiter- und Vorbildfunktion in Bezug auf die Beteiligungsorientierung und das große Engagement der Verwaltung und der Gesellschaft zukommen lässt. In den letzten Jahren wurde außerdem schon eine Reihe von Maßnahmen umgesetzt, an deren Entwicklung Bürgerinnen und Bürger beteiligt waren. Wichtig dabei ist, dass Bürger*Innenbeteiligungen nur dann Erfolg haben, wenn mündige und gut aufgeklärte Bürgerinnen und Bürger Teil von ihr sind und dadurch Druck auf die öffentlichen

(Landes-)Verwaltungsakteure ausüben können, etwa hinsichtlich der Implementierung der Ergebnisse sowie der Schaffung von partizipatorischen Möglichkeiten. Ein Projekt aus dem Bereich Partizipation und Bürger*Innenbeteiligung ist etwa die ›Wasserstadt Limmer‹, welches in Hannovers Stadtteil Limmer ein Stadtquartier nach modernsten städtebaulichen Erkenntnissen darstellt. Der Partizipationsprozess dort wird kontrovers diskutiert, zeigt jedoch hervorragend die große Bedeutung von rechtzeitiger und ernstzunehmender Partizipation der Bürger*Innen in einem Stadtentwicklungsplan. Ein weiterer Stadtteil, der sich auf innovative Art sozial engagiert, ist Roderbruch mit seinem Stadtteilgespräch. Dieser kümmert sich besonders um die Interessen von Kindern und fördert das »kulturelle, interkulturelle und soziale Zusammenleben der Nationen. Dazu ist eine gute Vernetzung und Zusammenarbeit vieler gemeinnütziger und kommunaler Einrichtungen nötig.« (Projektgruppe Soziale Innovationen, 2016, S. 16)

Eine vermittelnde Rolle zwischen den Interessen der Stadt und den Bürgern nimmt PRO Hannover Airport ein. Das Projekt unterstützt den Flughafen, da er tausende Arbeitsplätze sichert und Hannovers Infrastruktur bereichert, tritt allerdings auch mit Bürger*Innen in Kontakt, die beispielsweise durch den Nachtflugbetrieb beeinträchtigt sind. Hier versucht PRO Hannover eine Lösung zu finden und einen Ausgleich für alle Beteiligten zu schaffen. Schwerpunkt der Untersuchung lag jedoch auf dem Projekt Mein Hannover 2030. Das Projekt kann als eine soziale Innovation in städtischer Bürger*Innenbeteiligung bezeichnet werden. Mein Hannover 2030 führt zu einer langfristig angelegten Stadtplanung, die von den Bürger*Innen maßgeblich mitbeeinflusst sein soll. Es ist gegen Entfremdung und steht für Identifikation der Bürger*Innen mit ihrer Stadt. Die Verwaltung erhält Einblicke in die Präferenzen der Bürger*Innen und profitiert davon mit bedürfnisorientierter Politik, gleichzeitig werden Dialoge zwischen Bürgern und Verwaltung organisiert, womit Bürger auch die institutionelle Seite von öffentlichen Belangen kennenlernen können. Unabhängig von den Problemen hat es sich für die Verwaltung der Landeshauptstadt als sinnvoll erwiesen, der Bürger*Innenbeteiligung einen hohen Stellenwert beizumessen. Dies erklärt auch das breite Angebot im Programm Mein Hannover 2030. Somit nimmt Bürger*Innenbeteiligung in Hannover die Rolle eines Bindeglieds zwischen Verwaltung und Gesellschaft ein, welches vor allem im Vergleich mit anderen Kommunen stark ausgebaut und gut etabliert ist und sowohl für die Bürger*Innen als auch für die Verwaltung einen hohen Wert hat. Trotz der hervorragenden Idee hinter dem Programm und den teilweise guten, stadtentwicklungstechnisch sehr sinnvollen Veranstaltungen dazu, bleibt die positive Beurteilung der Ergebnisumsetzung verhalten. Wie bereits häufig bei solchen Großprojekten beobachtet, werden die Ergebnisse so verdichtet und zusammengefasst, dass viele Bürger*Innen-Gruppen sich kaum darin wiederfinden und ernstgenommen fühlen können (siehe auch Kapitel 7 zu den Realen Utopien).

1.3 Nachhaltiges Wirtschaften und Gemeinwohl-Ökonomie in der Praxis aus einer transdisziplinären Sicht

In einer weiteren Vertiefung der Forschungsanalyse zu Akteuren, ihren Innovationen und Institutionen wurden erneut einige der bereits identifizierten Nischeninnovationen aufgegriffen, um eine ausführliche, detaillierte Untersuchung von Nischen und Mechanismen des Wandels zu ermöglichen. Es wurden die Innovationen in der alternativ wirtschaftenden Nische untersucht, um besser zu verstehen, warum eine Ausbreitung in der Stadt so schwierig zu sein scheint. Die städtische Komplexität und Vielschichtigkeit berücksichtigt alle Teilbereiche des nachhaltigen Wirtschaftens, ohne die bestehende (nicht nachhaltige) Wirtschaft aus den Augen zu verlieren, da Wirtschaften und nachhaltiges Wirtschaften untrennbar miteinander in Verbindung stehen und sich bedingen. Nachhaltiges Wirtschaften muss dabei immer im gesamten System-Kontext betrachtet werden, sodass stets kulturelle, soziale, politische und umweltbezogene Aspekte zu berücksichtigen sind. Nachhaltigkeit an sich als komplex und systemisch bedarf der Betrachtung zahlreicher Teilsysteme wie Kultur, Sozialbereiche und Wirtschaft und benötigt politische und umweltbezogene Maßnahmen.

»Nachhaltig wirtschaften in der Praxis: Lösungsmodelle für nachhaltig wirtschaftende Unternehmen in der Region Hannover« wurde daher als eine transdisziplinäre Lehrveranstaltung konzipiert, mit dem Ziel, zusammen mit und für die Akteure aus Hannover, welche in kleinen Nischen nachhaltige und alternativökonomische Wirtschaftsmodelle in Hannover zu etablieren versuchen, aufzuzeigen, ob und ggf. wie eine Ausbreitung in der Stadt möglich ist. Die Analyse erfolgte nach der Multi-Level-Perspektive (Geels, 2002) aus der Transformationsforschung und ihre Ergebnisse wurden (und werden weiterhin) sowohl in wissenschaftlichen Publikationen erfasst als auch zurück nach Hannover gebracht. Als Team-Teaching mit einer der aktivsten Akteurin in Hannover und in zahlreichen Interviews und Gesprächen mit dortigen zentralen Akteuren alternativer Wirtschaftsformen wurde mit dem Konzept des Project-Based-Learning (PBL) in fünf Seminargruppen gemeinsames Wissen generiert und als Reflexionsarbeit für die eigenen Tätigkeiten in Hannover zurückzugeben: Die Berichte der fünf Projektgruppen wurden an die beteiligten Akteure weitergereicht und die dort erhaltenen Ergebnisse im Rahmen einer Veranstaltung in Hannover vorgestellt. Durch die Interviews und Gespräche mit den Akteuren aus Hannover bekommen diese Personen neue Perspektiven und Möglichkeiten (der Transformationsansätze) für deren eigene Arbeit im Bereich Nachhaltigkeit. Indem das Beispiel der Nischen für eine neue nachhaltigkeitsorientierte Wirtschaft genutzt wurde, konnten wir zeigen, welche institutionellen Besonderheiten und Mechanismen dazu befähigen können, diese neue Praxis in das aktuelle Regime einzubetten und außerdem ihre breite Implementierung zu veranlassen. Eine neue nachhaltige Logik kann dann in den urbanen Regimen dominant werden.

Die Ergebnisse in Details:

Neue Finanzierungsformen am Beispiel von Regionalgeld in Hannover

Die Projektgruppe Regionalgeld untersuchte, wie eine Regionalwährung implementiert werden kann. Es wurde festgestellt, dass der Erfolg von Regionalwährungsinitiativen nicht allgemeingültig messbar gemacht werden kann. Verschiedene Initiativen zur Implementierung von Regionalwährungen können anhand ihrer Ziele unterschieden werden. In der vorliegenden Betrachtung liegen zwei Ziele vor, anhand derer Erfolg messbar gemacht werden kann: das Ziel der lokalen Wirtschaftsförderung und das Ziel der Schaffung von Suffizienz. Die ermittelten Faktoren, die für die Implementierung einer Regionalwährung ausschlaggebend sind, können in endogene und exogene Schlüsselfaktoren (Mechanismen) unterschieden werden.

Zu den endogenen Schlüsselfaktoren zählen Professionalisierung, gutes Marketing, starke und vertrauenswürdige Partner*innen, ständiger Dialog mit Akteur*innen und gemeinschaftsbildende Maßnahmen. Auch die Notwendigkeit, sich ökonomische Ziele zu setzen und die Währung nutzerfreundlich zu gestalten sowie gemeinschaftsbildende Maßnahmen bei der Einführung der Regionalwährung durchzuführen, wurden von der Projektgruppe als wichtigste Möglichkeiten erkannt, eine Regiowährung erfolgreich zu implementieren.

Die exogenen Schlüsselfaktoren stellen das Bewusstsein der Bevölkerung für Nachhaltigkeit generell, aber auch speziell für ein Geldsystem dar. Außerdem ist die Anerkennung einer Regionalwährung von kommunalpolitischer und wirtschaftlicher Seite und damit auch von Institutionalisierungen von großer Bedeutung für den Erfolg einer Initiative. Das Pilotprojekt um die Regionalwährung ›Kulturtaler‹ kann nach diesen Erkenntnissen als einigermaßen erfolgreich bezeichnet werden, weil es ein sehr bescheidenes Ziel hatte und zur Unterstützung eines lokalen Repair Cafes entwickelt wurde. Aus Makroperspektive der gesamten Stadt jedoch ist der Kulturtaler keine erfolgreiche Regionalwährung, da sie in keiner Weise den lokalen Wirtschaftskreis suffizienter gemacht hat, wenig adoptiert wurde (s. o.) und kaum Wahrnehmung auf breiter Gesellschaftsebene (Diffusion) erfuhr. Die Beachtung der o. g. Schlüsselfaktoren kann bei einem weiteren Versuch, Regionalwährung in Hannover zu implementieren, dem Erfolg in einer breiten Diffusion verhelfen.

Gemeinwohlökonomie und Hürden,
Voraussetzungen und Möglichkeiten einer Gemeinwohlbilanz?
Die Projektgruppe Gemeinwohlökonomie als alternative Wirtschaftsform hat sich mit der Frage beschäftigt, wie konkret im Raum Hannover zu einer Transformation des Wirtschaftssystems beigetragen werden kann. Die wirtschaftlichen und politischen Akteure in Hannover wurden dazu mit Hilfe der Multi-Level-Perspektive betrachtet. Die Gemeinwohlökonomie ist eine der Nischeninnovationen, die den Aufstieg in die Regimeebene anstreben. In Hannover befindet sich diese seit 2014 aktive Bewegung heute (2018) noch in der Nische. Ziel der Projektgruppe war es, Handlungsvorschläge zu liefern, die die Etablierung der Idee der GWÖ in Hannover Ebene vorantreiben können.[5] Dabei konzentrierten sich die Studierenden auf die unternehmerische Ebene der Adoptoren und weniger auf die politische Ebene. Es konnte festgestellt werden, dass die Etablierung einer Gemeinwohlbi-

---

5 | Die GWÖ hat einen Multilevel Gedanken, der auf drei Ebenen Veränderungen erreichen soll: »a) auf wirtschaftlicher Ebene soll sie eine lebbare, konkret umsetzbare Alternative für Unternehmen verschiedener Größen und Rechtsformen sein, die mittels einer GWÖ Bilanz Ihr Wertesystem ändern. B) auf politischer Ebene will sie ›ein Motor für rechtliche Veränderung‹ sein. ›Ziel des Engagements ist ein gutes Leben für alle Lebewesen und den Planeten, unterstützt durch ein gemeinwohl-orientiertes Wirtschaftssystem. Menschenwürde, Solidarität, ökologische Nachhaltigkeit, soziale Gerechtigkeit und demokratische Mitbestimmung sind dabei die zentralen Werte.‹ und c) auf gesellschaftlicher Ebene will sie als Bewusstseinsbildungsinitiative fungieren, die ein Systemwandel herbeiführt, der ›auf dem gemeinsamen, wertschätzenden Tun möglichst vieler Menschen beruht. Die Bewegung gibt Hoffnung und Mut und sucht die Vernetzung mit anderen Initiativen.« (https://www.ecogood.org/de/vision/)

lanz mit einigen großen Herausforderungen für die Unternehmen verbunden ist. Durchhaltevermögen und der Einsatz von mehr Ressourcen wie Geld, Zeit, Wissen und Mitarbeiter, die, wenn sie eingesetzt werden, zu einem vorübergehenden wirtschaftlichen Nachteil führen, müssen für den langfristigen Erfolg einer GW-Bilanz eingesetzt werden. Weiterhin wurde aufgezeigt, dass die Schwierigkeit der Verbreitung darin liegt, dass die GW-Bilanzierung sich nicht nach der traditionellen Profitmaximierung richtet und somit die vorherrschende Logik nicht bedient. Damit kann aus Sicht potentieller Adoptoren kein kurzfristiger Nutzen aus der GWÖ gewonnen werden. Eine politische Initiative zur Umsetzung der GWÖ fehlt trotz positiver Wahrnehmung. Es braucht Erfolgsgeschichten von großen Unternehmen, die als frühe Adoptoren fungieren, die GW-Bilanz bekannt machen und so ihre Seriosität stärken. Es bedarf ebenfalls einer größeren Professionalität der Kerngruppe GWÖ (institutional Entrepreneurs), was mit Ehrenamt und Zeitmangel schlecht vereinbar ist. In Hannover ist die GWÖ noch ein ganz offener Prozess, der von den frühen Adoptoren (überzeugten Unternehmen) und institutional entrepreneurs (Aktivisten) zwar getragen und initiiert wird, aber noch einen weiten Weg zur Etablierung in der breiten Anzahl von Unternehmen der Stadt zu gehen hat (siehe hierzu die Erläuterungen im nächsten Unterkapitel).

Alternative Möglichkeitsräume

Entgegen der Profitorientierung in der Wirtschaft haben sich in den letzten Jahren auch solche Initiativen gegründet, die umweltschonende, sozial gerechte und nicht auf Wachstum fokussierte Raum- und Platznutzungskonzepte entwickelt. In einer weiteren Projektgruppe wurde deshalb – jenseits von dem bereits erforschten Platzprojekt – am Beispiel der Agentur für kreative ZwischenRaumNutzung erneut das Potential dieser innovativen Raumnutzungskonzepte untersucht, ihre Grenzen und Praktikabilität analysiert. Dazu wurde die Agentur komplett in den Fokus gestellt, um ihren aktuellen Stand, ihre Probleme, die daraus entstehenden Herausforderungen und Entwicklungsmöglichkeiten zu analysieren und Potentiale der Agentur herausarbeiten zu können. Lokale Begebenheiten und einzelne Akteure sind dazu von entscheidender Bedeutung, so dass sich ein Erfolgsmodell nicht für jede weitere Lokalität eignet. Lokale Erfolgsgeschichten können unter Umständen als Leitfaden genutzt und deren Expertise in Anspruch genommen werden. Nachdem die Analyse abgeschlossen war, konnte die Projektgruppe einen Leitfaden für alternative Möglichkeitsräume erstellen. Dieser besteht aus bestimmten Kernelementen: Es ist hilfreich, wenn das Projekt, um das es gehen soll, einen Träger oder Fürsprecher hat; eine finanzielle Grundlage und ideelle Unterstützung sind wichtig und die nötigen Strukturen zum Arbeiten sollten vorhanden sein, zum Beispiel Büroräume. Es hilft außerdem, wenn von Beginn an eine breite Vernetzung mit anderen Gruppen und Akteuren vorhanden ist. Dabei ist es bedeutsam, Kontakte in alle Altersgruppen der Gesellschaft zu haben, was eine gewisse Vielfalt der Nutzung unterstützt. Für das Anwerben von Eigentümern und der Verankerung in städtische Strukturen ist es wichtig, direkten Kontakt aufzubauen und mit den Interessenten persönlich ins Gespräch zu kommen. Dies schafft eine gute Basis für eine erfolgreiche künftige Zusammenarbeit. Um das Potential von Zwischenraumkonzepten (hier konkret die Agentur für ZwischenRaumNutzung) zu realisieren, sind vor allem die finanzielle Sicherheit, beispielsweise durch einen Sponsor, sowie genügend Zeit für das Konzept sehr wichtig. Außerdem wäre es sinnvoll, eine breite Öffentlichkeitsarbeit zu aktivieren und viele Kooperationen aufzubauen, um Expertise und Erfahrungen austauschen zu können. Es wäre denkbar, Kooperationen durch studentische Projekte mit den Hochschulen in Hannover aufzubauen. Zuletzt ist auch eine gute Darstellung im Internet notwendig, um solche Konzepte auch leicht, schnell und verständlich zu verstehen.

Reconomy Wirtschaften und das Potenzial von Crowdfunding und Crowdsourcing für Reconomy-Unternehmen

Um dem global orientierten Wachstumsparadigma des bestehenden Wirtschaftssystems entgegen zu stehen, schließen sich vermehrt Initiativen zusammen, die versuchen, regional zu wirtschaften und sich gleichzeitig alternativ zu finanzieren, um weniger vom etablierten Banksystem des heutigen Regimes abhängig zu sein. Vor allem Unternehmen mit einem neuen Mindset spielen dabei eine wichtige Rolle: Örtliche Energiegenossenschaften, lokale Gemüseläden, Unternehmensberatungen für Energieeffizienz und Kleinbauern versuchen, das Wirtschaften wieder für die Bevölkerung greifbar zu machen und sie in die Städte und Ortschaften zurückzuholen. Das Konzept REconomy fasst solche Unternehmen zusammen und kollektiviert sie dadurch in einer Bewegung mit den folgenden Prinzipien: Resilienz der Gemeinschaft stärken, faire Ressourcennutzung, lokale Wirtschaftskreisläufe stärken sowie keine (reine) Profitorientierung.

Die vierte Projektgruppe hat hierbei untersucht, welchen Herausforderungen die REconomy in dem Versuch, sich gegen konventionelle Wirtschaftspraktiken zu behaupten und eine Umgestaltung der Wirtschaft voranzutreiben, gegenübersteht. Es konnte festgestellt werden, dass Wirtschaftsförderungen in Hannover nicht auf solche Unternehmen ausgerichtet sind, sondern viel mehr das traditionelle Wirtschaftsregime unterstützt. Druck und Anstöße der städtischen Gesellschaft einerseits und gut durchdachte und professionell ausgeführte Aktionen und Leistungen der REconomy-Pionierunternehmen andererseits könnten die Wirtschaftsförderungen animieren, ihr Konzept zu überdenken und ggf. neu auf solche REconomy Projekte auszurichten. Da professionelles und dauerhaftes Handeln für REconomy Unternehmen nicht automatisch vorhanden ist und finanzieller Ressourcen bedarf, ist es empfehlenswert, dass Reconomy Unternehmen in Hannover sich mit den Finanzierungsmöglichkeiten des Crowdfunding als Handlungsansatz auseinandersetzen. Hierfür hält Hannover sogar schon das passende Angebot mit der neu entwickelten Plattform HannoverMachen bereit. Die Plattform bietet ein neues Medium, sich als Unternehmen des alternativen Wirtschaftens weiter in der Stadt Hannover zu etablieren. Dort können Projekte sowohl Crowdfunding als auch Mitwirkung von Interessierten Bürgern oder anderen Unternehmen erhalten. Es ist jedoch sehr wichtig, dass Akteure des Regimes erkennen, dass REconomy Unternehmen für die eigene Region sehr wertvoll sind und gefördert werden sollten.

Nachhaltiger Tourismus und nachhaltiges Eventmanagement in der Region Hannover

Diese Nische kann am leichtesten in die Regime-Ebene eindringen, weil sie im Vergleich zu den anderen Nischeninnovationen weniger die Prinzipien und Vorgehensweise des vorhandenen Wirtschaftregimes in Frage stellt und zu verändern versucht. Dort geht es vorwiegend um ein neues Mindset, bei dem nicht nur wirtschaftliche Kriterien in der Tourismus- und Eventmanagement Branche eine Rolle spielen sollten, wie es beim konventionellen Sektor der Fall ist, sondern auch soziale und ökologische Kriterien berücksichtigt werden sollten. Nachhaltiger Tourismus ist ein Teilziel der Agenda 2030 für nachhaltige Entwicklung. Konkrete Ziele im Tourismusbereich, wie sie von der Weltorganisation für Tourismus UNWTO definiert wurden, sind faire Arbeitsbedingungen, kulturelle Vielfalt, die Bewahrung der Biodiversität und Wirtschaftlichkeit. Nachhaltiges Eventmanagement ist von großer Bedeutung für die Entwicklung des Wirtschaftszweiges Tourismus und der Region. Mit der Betrachtung der Region Hannover hat die fünfte Projektgruppe recherchiert und analysiert, welche Initiativen, Unternehmen und Vereine sich für einen nachhaltigeren Tourismus und ein nachhaltigeres Eventmanagement einsetzen, welche Methoden sie dazu nutzen und vor welchen Herausforderungen sie stehen. Es war weiterhin von Interesse, welche politischen, wirtschaftlichen und gesellschaftlichen Hürden mit der Umsetzung von nachhaltigen Tourismuskonzepten allgemein und speziell in Hannover einhergegangen sind. Neben Lösungsvorschlägen konnte ermittelt werden, dass die Hürden aus Gesellschaft, Politik und Wirtschaft keine hannoverspezifischen, sondern deutschlandweite Probleme sind. Ein Vergleich bundesweiter Anbieter wäre aufgrund dessen empfehlenswert.

Als Hürden auf verschiedenen Ebenen wurden von der Projektgruppe aufgezeigt: Gesellschaftliche Ebene: Uneingeschränktes Konsum- und Reiseverhalten, die Angst vor Verzicht (auf Reisen, Urlaubsziele etc.) und die Bequemlichkeit (des vorhandenen Angebots) sowie ein fehlendes Bewusstsein für Nachhaltigkeit sind Hauptfaktoren dafür, dass keine breite Diffusion stattfinden kann. Politische Ebene: Kurzfristig orientiertes Handeln und eine fehlende Unterstützung alternativer Wirtschaftskonzepte (siehe oben), sowie fehlende Maßnahmen und Reize zur Einschränkung des Konsums verstetigen bereits entwickelte Pfade der Branche und machen ein Aufkommen der alternativen Unternehmen hier kaum möglich. Auch das Wirtschaftsregime trägt hierzu stark bei: wirtschaftliche Ebene: mit teilweise unangemessener Bezahlung der ›Alternativen‹ und der mangelnden Konkurrenzfähigkeit im Vergleich zu etablierten Unternehmen aufgrund von Mehrkosten nachhaltiger Produkte und Leistungen und des Mangels an notwendigen, nachhaltigen Produkten und Dienstleistungen können solche Unternehmen nicht lange fortbestehen und so weit skalieren, dass die Nische eine breite Masse in der Gesellschaft erreicht.

In Hannover kann zwar sehr positiv bewertet werden, dass einige Unternehmen sich bereits aktiv für Nachhaltigkeit und nachhaltigen Tourismus und Planung nachhaltiger Veranstaltungen einsetzen. Allerdings sind dies noch sehr wenige und oft sehr kleine, so dass sie teilweise keine längerfristigen und tragbaren Praktiken in die Stadt etablieren können oder selbst bald wieder aufgelöst werden.

Zusammenfassend lässt sich Hannover als eine Art Vorreiter auf bundesweiter Ebene in Bezug auf die Nachhaltigkeit beschreiben und auch die Vielzahl an alternativ wirtschaftenden Akteuren bezeugt die großen Potentiale Hannovers als Möglichkeitsraum nachhaltiger Stadtentwicklung. Dennoch fehlen auch hier für einen signifikanten Durchbruch bezüglich der Etablierung nachhaltigen Unternehmertums u. a. effektive Maßnahmen zur Bewusstseinsbildung innerhalb der breiten Bevölkerung, Bildung von Anreizen und Transparenz bezüglich nachhaltiger Produkte und Dienstleistungen sowie finanzielle oder steuerliche Vorteile für lokale nachhaltig orientierte Unternehmen.

Abbildung 11: Transformationen alternativer Wirtschaftsformen aus der MLP (nach Geels 2002)

Akteurenebene von Transformationsprozessen in Hannover

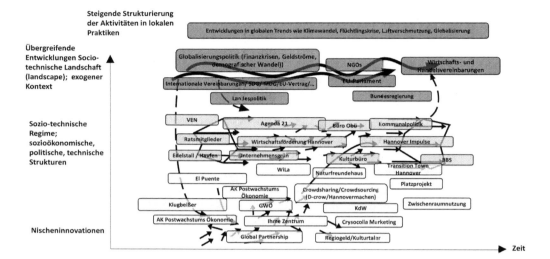

Wichtige Hebel (leverage points), um nachhaltiges Wirtschaften zu fördern, sind etwa eine regelmäßige Aufklärung, die Bildung nachhaltiger Entwicklung und die Förderung von Regionalmarketing und regionalen Wirtschaftskreisläufen sowohl seitens der Politik, als auch der Gesellschaft. Politische Subventionen für nachhaltigen Regionalwirtschaften im Bereich Tourismus, Eventmanagement, Finanzen, Start-ups und Entrepreneurship sind ebenso hilfreiche Hebel wie die wirtschaftlichen und politischen Instrumente zur Erweiterung des Angebots ökologisch nachhaltiger Produkte und Dienstleistungen und zur Förderung von Inlandstourismus, (z. B. Kerosinsteuer, Maßnahmen zur Lärmreduktion) von regionalem Biokonsum und -produktion und resilientere, weniger auf Wachstum orientierte Unternehmenssteuerung. Eine Veränderung des städtischen Mindsets im Bereich nachhaltiges Wirtschaften kann jedoch erst dann erreicht werden, wenn stärkere Hebel eingesetzt werden. Beispiele sind die Veränderung informeller Strukturen und die Verstetigung bestimmter kultureller und traditioneller Werte und Normen, die eine Nachhaltigkeit fördern, etwas ein Ausbau der durchaus schon begonnenen Nachhaltigkeitsorientierung und damit die Pionierrolle der Stadtverwaltung, die Einführung von Stimuli (Preise, Auszeichnungen aber auch harte Strafen und Bußgelder) für bestimmte Verhaltensmuster, die dauerhafte und neutrale mediale Präsenz der Themenfelder Nachhaltiger Entwicklung in Hannovers Medien und die aktive gesellschaftliche Ansprache verschiedener Bevölkerungsgruppen der Stadt zum Abbau nichtnachhaltiger Verhaltensweisen bzw. Schaffung erwünschter Sozialeffekte.

1.4 Schlüsselfiguren des Wandels.
Zusammenfassende Beurteilung einer qualitativen Inhaltsanalyse

Mithilfe der zu Ende des Projekts durchgeführten qualitativen Inhaltsanalyse (nach Schreier, 2014) des in den einzelnen Teilforschungsbereichen bereits gesammelten Datenmaterials konnten weitere Einzelheiten zu den einzelnen Akteuren und deren Arbeit ergänzt und abschließend zusammenfassend beurteilt werden.

Mit gut 500.000 Bürger*innen ist die Stadt Hannover überschaubar. Die Stadt ist gekennzeichnet durch eine ›offene‹ Verwaltung, die in Bezug auf Nachhaltigkeitsengagement verlässlich agieren möchte. Dennoch sieht sich die Stadt nicht nur dem Problem der CO_2-Reduktion und den Herausforderungen zum Klimaschutz gegenüber, sondern es besteht auch Handlungsbedarf für soziale Belange wie Wohnungsraum und kulturelle Diversität.

Es besteht ein breites Engagement in der Stadt durch die zahlreich stattfindenden Aktivitäten verschiedener Initiativen: Es gibt viele, auch sehr unterschiedliche, Aktivitäten und Angebote, die insgesamt wenig koordiniert sind. Damit bietet sich eine große Optionsvielfalt in der Freizeitarbeit und im Engagement für mehr Nachhaltigkeit in der Stadt.

In Hinblick auf die Bewertung der eigenen Tätigkeit überwiegen bei den befragten Personen die unmittelbar wahrgenommenen Ergebnisse. Es wird zumeist keine Nachverfolgung der Wirkung der Aktivitäten unternommen. Das geschieht zum Teil aus Selbstschutz, um Frustration und Zweifel zu vermeiden, und zum Teil, weil der Einfluss der Aktivitäten nur mit großem Aufwand zu messen und damit zu bewerten ist. Unsere Feldbeobachtungen zeigen, dass tendenziell wenige Personen erreicht werden und häufig die gleichen ›externen‹ Personen Interesse zeigen (Phänomen des ›preaching to the converted‹).

Auch wird von einzelnen Akteuren angegeben, dass ein gewisses Konkurrenzdenken herrscht: Da es eine Vielzahl von zum Teil zeitgleich stattfindenden Veranstaltungen und Angeboten gibt, kann ein Wettbewerb um Aufmerksamkeit, Fördermittel/Gelder, und Mitglieder/Interessenten gesehen werden. Andererseits werden aus den Interviews sehr viele Interaktionen zwischen den Akteuren herausgearbeitet, welche zwar kein dauerhaften Netzwerkgebilde darstellen, jedoch einen hohen Kooperationsgrad in Hannover nachweisen.

Als Problembereiche für die Entfaltung der eigenen Tätigkeiten wurden von den Akteuren u. a. angegeben:

- Die Kontinuität in der Politik (stabile Rot-Grün-Koalition) und der Unterschied zwischen Wahl- und Wirkungsperioden (Angst um Wiederwahl)
- Kontinuität in der Politik führt auch zu Trägheit und ›Filz‹
- schwer bestimmbare Wirksamkeit der eigenen Aktivität/Anstrengungen (Mangel an sichtbarem Erfolg und Ergebnissen)
- Betrachtung des Klimaschutzes als rein technisches Problem
- Zuschreibung der Verantwortung an Staat/Kommune/Regierung
- Öffentliches Interesse an Projekten (auch durch die Wissenschaft) bindet Teile der begrenzten Kapazitäten
- Finanzierungsknappheit

Allgemein wird von vielen Akteuren ein Mangel an finanziellen Ressourcen zur Unterstützung ihrer Tätigkeiten beklagt. Hauptamtliche Mitarbeiter der Initiativen und Gruppen verfügen über begrenzte Kapazitäten, werden aber zum Teil von Ehrenamtlichen und TeilnehmerInnen als ›Dienstleister‹ angesehen. Auch kann Unterstützung durch bezahlte Kräfte negative Folgen für Aktionen haben. So beeinträchtigte beispielsweise die Einbindung bezahlter Kräfte bei Transition Town Hannover das freiwillige Engagement. Hinzu kommt, dass der Austausch und Netzwerkarbeit zwischen Initiativen und anderen Akteuren weitere Ressourcen/Kapazitäten bindet.

Hinsichtlich der Förderinfrastruktur in Hannover können folgende Faktoren festgehalten werden: Es gibt viele, wenn auch begrenzte, Möglichkeiten zur Förderung, dabei mangelt es jedoch an Übersichtlichkeit und an einer zentralen Stelle, die diese Übersicht herstellen könnte. Weiterhin erschwert die Ausrichtung gewisser Fördertöpfe die Passung zwischen dem Inhalt der zu fördernden Aktivitäten und den angebotenen Fördermöglichkeiten (bspw. bei Kunst/Kultur und Nachhaltigkeit). Der Mangel an Ressourcen ist außerdem vor dem Hintergrund der finanziellen Rahmenbedingungen der Stadt zu sehen, die durch Haushaltskonsolidierung, Einsparungen, und Personalabbau gekennzeichnet seien.

Ein Mangel an ›effektivem Netzwerken‹ kann an folgenden Faktoren festgemacht werden: Die Kooperationen zwischen den einzelnen Initiativen und Gruppen scheinen auf einzelne Events und Veranstaltungen beschränkt. Dabei bleibt eine Koordination der weiteren Aktivitäten zwischen den verschiedenen Gruppen und Initiativen meist aus. Damit mangelt es an einer Verstetigung des Austauschs und möglicher gemeinsamer Aktivitäten. Selbst auf Netzwerkveranstaltungen (Bsp. KdW-Fest 2015) bleiben die Gruppen unter sich, d.h. das Interesse an Aktivitäten von anderen Initiativen ist gering und eine Interaktion findet auch auf diesen Veranstaltungen nicht wirklich statt. Außerdem kann das Selbstverständnis einzelner Gruppe und einzelnen Akteure ein weiteres Hindernis darstellen und eine Zusammenarbeit mit anderen Akteuren erschweren. Dies lässt sich beispielsweise bei den Kulturakteuren und ihre früheren Bedenken gegenüber einer Instrumentalisierung ihrer Kunst durch das Agenda21-Büro festmachen. Auch in Richtung der Stadtverwaltung kann dieser Aspekt des Selbstverständnisses ausgemacht werden, der dort die Form des Fachbereichsdenkens einnimmt und auch von Akteuren innerhalb der Verwaltung beklagt wird. So wird anderen Fachbereichen bei bestimmten Themen die Kompetenz abgesprochen.

Ein Mangel an Professionalität wird durch zu knappe finanzielle Ressourcen, Kurzlebigkeit von Engagement, Fluktuation der Unterstützer*innen und damit mangelnde Stetigkeit hervorgerufen. Häufig besteht zu Beginn Begeisterung bei den Teilnehmer*innen, aber im Zeitablauf sinken Interesse und Motivation. Ehrenamtliche haben auch einen Anspruch hinsichtlich der Selbstverwirklichung in der freiwilligen Tätigkeit. Dieser Anspruch mündet gegebenenfalls in dem Wunsch, etwas ›Eigenes‹ zu machen, was zu einer geringen Anknüpfung an Bestehendes führt. Durch die Fluktuation der Unterstützer*innen sind die Aktivitäten innerhalb der einzelnen Gruppen und Initiativen damit stark von einzelnen Personen und ihrem Engagement und Einsatz abhängig. Diese Personen sorgen für die Stetigkeit und Koordination in den Initiativen und Gruppen. Gleichzeitig ergibt sich ein potentielles Problem für die Gruppendynamik, wenn auf die Umsetzung eigener Vorstellungen bestanden wird.

Wahrgenommene hohe Erwartungen an die Arbeit als Initiative oder Gruppe, sowohl gruppenintern als auch von externen Akteuren, verbunden mit doch häufig ausbleibendem Erfolg und der mangelnden Verwirklichung eigener Vorstellungen in der freiwilligen, unbezahlten Arbeit wirken sich negativ auf die Motivation aus. Weiterhin wird eine mangelnde Offenheit der Gruppenmitglieder gegenüber neuen potentiellen Gruppenmitgliedern ausgemacht, die verbunden ist mit einer Skepsis gegenüber der Expansion der Aktivitäten, da durch neue Teilnehmer*innen Unruhe und Durcheinander erwartet wird.

Bei den teilnehmenden Individuen in den Gruppen und Initiativen existieren unterschiedliche Vorstellungen und damit eine große Diversität der anzustrebenden Veränderungen und deren Umsetzung. Dies äußert sich beispielsweise in einer Fokussierung auf ein Thema, wie zum Beispiel bei Transition Town mit dem im Vordergrund stehenden Aspekt des Gärtnerns. Dieser Fokus führt zu einer weniger stark ausgeprägten Beschäftigung mit anderen Themen, wie zum Beispiel mit den Themen des Up- und Recyclings sowie des Regionalgeldes, und trägt somit zu einer Ausdifferenzierung der unterschiedlichen Initiativen bei (TTH/Glocksee etc.). Unterschiedliche Erwartungen bestehen außerdem an die Ziele als Initiative. Manche Teilnehmerinnen suchen einfach die Geselligkeit in der Gruppe, während andere ihren Fokus auf die Ergebnisse der Initiativenarbeit legen. In den Gruppen selber besteht ein hoher Kommunikations- und Koordinationsaufwand, insbesondere wenn Entscheidungen basisdemokratisch getroffen werden. Dies ist mit hohen Anstrengungen bei der freiwilligen Arbeit verbunden.

All diese gruppenspezifischen Faktoren (einzeln oder in Kombination) führen zum Teil zu gruppen-internen Konflikten, die ein weiteres Hindernis für die Verbreitung und Durchsetzung von Veränderungsideen und Nachhaltigkeitsinnovationen darstellen.

Ein zentrales Hindernis für die Diffusion der Nachhaltigkeitsinnovation sowie Veränderungs- und Umsetzungsidee besteht jedoch in dem erwähnten Phänomen des ›Preaching to the converted‹. Mit ihren Aktionen, Veranstaltungen und anderen Formen von Ansprache und Interaktion werden durch die Gruppen und Initiativen wiederholt die gleichen bzw. ähnliche Personen erreicht. Dieses Phänomen äußert sich in einem ›Man kennt sich‹ auf Veranstaltungen oder es werden nur bereits aktive Bürger*Innen angezogen, man bleibt unter sich, ›Freunde von Freunden und deren Freunde‹.

Weiterhin können eine Reihe von Problemen in der Kommunikation zwischen den verschiedenen Akteuren in der Stadtgesellschaft ausgemacht werden. Dabei wird zum einen eine mangelnde Bereitstellung von Informationen angemerkt. Auch in Bezug auf die Verwaltung wird dieser Aspekt thematisiert: Dort sei die Suche nach Informationen und Zuständigkeiten zu kompliziert oder nicht zielführend. Die Kommunikation zwischen den Akteuren sowie den Gruppen und der breiteren Öffentlichkeit wird außerdem durch unterschiedliche Mindsets und Utopien der Akteure erschwert. Diese bestehen aus unterschiedlichen Gründen u.a. durch verschiedene Kenntnisse, verschiedene Vorstellungen der notwendigen Veränderungen, und den kulturellen Hintergründen der Individuen. Dies hat damit einen großen Übersetzungs- und Kommunikationsaufwand zur Folge. Die Art der Kommunikation kann sich ebenfalls als hinderlich für die Diffusion der Nachhaltigkeitsinnovationen auswirken. So führe die wissenschaftliche und intellektuelle Auseinandersetzung mit Themen einer nachhaltigen Entwicklung zu einem Mangel an Emotionen und spreche damit nur wenige Menschen, aber nicht die breite Bevölkerung an. Daneben bestünden generell Schwierigkeiten, die abstrakten Themen kommunizierbar zu machen.

Voraussetzungen für Nachhaltigkeitsinnovationen

Als Voraussetzung für Möglichkeitsräume und Nachhaltigkeitsinnovationen konnten folgende Faktoren identifiziert werden:

Konsens: Bei größeren Projekten, wie zum Beispiel der Modellsiedlung Kronsberg und dem Zero-E-Park, sind Konsens über die Vorhaben und Kompromissbereitschaft der beteiligten und betroffenen Akteure zentral für den Projekterfolg.

Offenheit und das Einlassen auf Experimente in Kombination mit der Gewährung von Zeit sowie Flächen bzw. Raum: je nach Eigentümer (privat oder öffentlich) und Interesse (hohes Interesse oder Gleichgültigkeit) sind die Gestaltungsmöglichkeiten für Projekte unterschiedlich. Eine entscheidende Rolle als Voraussetzung kann das Konzept der Zwischennutzung spielen, das es ermöglicht, Flächen für eine nicht langfristig festgelegte Zeit zu nutzen.

Niedrigschwelligkeit für ein potentielles Engagement in den Gruppen und Initiativen: Dies gilt für die Teilnahme im Allgemeinen, sowie weiterhin für das Maß an benötigten Ressourcen und hinsichtlich der bürokratischen Auflagen.

Politischer Wille für Möglichkeitsräume und Nachhaltigkeitsinnovationen: Dieser lässt sich an klaren Vorgaben aus der Politik für die Verwaltung festmachen. Der politische Wille und dessen Umsetzung wird außerdem unterstützt durch Kontinuität und Stetigkeit, die durch eine stabile Mehrheit in der Politik ermöglicht wird und Langfristigkeit im Denken erlaubt.

Regulierungen auf höherer Ebene: Gesetze und Verordnungen der EU und des Bundes können sowohl Handlungsdruck steigern und damit Projekte befördern als auch limitieren.

Individuelle Initiative und **persönliche Kontakte** sowie der Einsatz von bestimmten, wirkmächtigen Individuen: Die Persönlichkeit und das persönliche Engagement der Akteure spielen eine zentrale Rolle für die Initiierung und Weiterführung von Projekten.

Vernetzung: Eine zentrale Stelle zum Zusammenbringen der Akteure könnte Synergieeffekte entfalten.

Nachhaltigkeits-Themen und eine mögliche Nachhaltigkeits-Logik

Bei den Aktivitäten der verschiedenen Initiativen dominierende, aber nicht von allen im gleichen Maße vorgetragene Themen sind einerseits Gemeinschaftsbildung und Selbstbestimmung durch Partizipation und (Bürger-)Beteiligung sowie andererseits Fragen der Ressourcenverantwortung, des nachhaltigen Verbrauchs, Umwelt- und Klimaschutz sowie Ernährungs- und Konsumformen. Diese dominanten Themen schlagen sich in vielen neuen, aber *unterschiedlichen* Mindsets nieder, obwohl diese Themen von außen betrachtet eine Nachhaltigkeitslogik (aus Mindset und angestrebtem Workset) bilden könnten.

Diese Logik könnte aus Praktiken der Ressourcenschonung, d. h. nachhaltigeren Verbrauchsmustern, und einem anderen, gerechteren Miteinander, das sich in neuen Gemeinschaften findet, die durch weniger Konkurrenz und Markteinflüsse gekennzeichnet sind, sowie Selbstversorgung und Resilienzgedanken bestehen.

Eine gewisse Niedrigschwelligkeit als Voraussetzung für Möglichkeitsräume und das Engagement in den untersuchten Gruppen und Initiativen hat eine entscheidende Kehrseite. Die dadurch einfache Möglichkeit zur Teilnahme erlaubt auch ein ebenso einfaches Zurückziehen aus der Initiativenarbeit. Dies führt zu mangelnder Stetigkeit und Kontinuität im Engagement. Die Fluktuation der Teilnehmer*innen wird weiterhin begünstigt durch gruppeninterne Phänomene: Die Gruppenarbeit ist anstrengend, da diese mit Aufwand sowie z. T. Stress und Konflikten verbunden ist. Die ausbleibenden sichtbaren Ergebnisse und Erfolge des Engagements schlagen sich negativ auf die Motivation der Teilnehmer*innen nieder. Die durch Niedrigschwelligkeit bedingte geringe Verbindlichkeit, und damit geringe Stetigkeit mündet in einer geringen Professionalität der Akteure. Die Aktivitäten der Initiativen sind damit von kleinen Kerngruppen innerhalb der Initiativen abhängig, deren persönliche Kapazitäten begrenzt sind. Die Initiativen sind abhängig vom Engagement einzelner.

Die Stadt weist eine relativ hohe, zum großen Teil aber nur gering koordinierte Aktivität auf, die vielfältige Möglichkeiten zum Engagement bietet. Diese große Optionsvielfalt an Aktivitäten kann ein weiterer Faktor sein, der die Fluktuation erhöht, da die Möglichkeit besteht, direkt bei einer anderen Initiative mitzumachen.

Unter anderem aufgrund der hohen Fluktuation nehmen einzelne Personen eine zentrale Rolle in den Initiativen ein. Auf der einen Seite kann in der zentralen Rolle dieser Individuen eine funktionale Notwendigkeit gesehen werden, die die Kontinuität der Aktivitäten der Initiativen zumindest im Ansatz gewährleistet. Auf der anderen Seite erwächst dadurch ein potentielles Problem, weil diese herausgehobene Position zum Teil zu einem problematischen Umgang mit den anderen Freiwilligen führt und damit wiederum mit einen Grund für die Fluktuation darstellen kann und so in einer Art Teufelskreis münden kann.

Ein weiteres Dilemma besteht darin, dass der Wille zu einer weitreichenden Veränderung in Richtung Nachhaltigkeit vorhanden ist, demgegenüber steht allerdings die Skepsis gegenüber dem Wachstum der eigenen Gruppe. Dies wird beim Verein von Transition Town Hannover explizit so gewünscht, bei anderen scheint dies unterschwellig zu wirken. Dieser Mangel an Offenheit für neue Teilnehmer*innen könnte am persönlichen ›Investment‹ in die Gruppe liegen, das eventuell durch neue Unterstützer*innen mit neuen Ideen beeinträchtigt werden könnte.

Ein Hindernis ist die von vielen Akteuren festgestellte und als knapp beschriebene Ressourcensituation für die Aktivitäten der Initiativen. Der Großteil des Engagements zur Veränderung in den Initiativen beruht auf ehrenamtlicher und freiwilliger Arbeit und wird durch eine notwendige Erwerbsarbeit zur Sicherstellung des Lebensunterhalts erschwert. Die beklagte Knappheit an Ressourcen schränkt die Handlungsmöglichkeiten der Initiativen ein und kann als ein Faktor angesehen werden, der für eine Form von Wettbewerb und Konkurrenz zwischen den Initiativen und ihren Mitgliedern beim Werben um Fördergelder, sowie Aufmerksamkeit und Unterstützer*innen sorgen kann.

Bei relativ knappen finanziellen Ressourcen gibt es auch Initiativen, die eine, wenn auch geringe, finanzielle Förderung für ihre Unterstützer*innen erhalten. Diese eigentlich als begünstigender Faktor anzusehende Unterstützung hat allerdings zum Teil negative Konsequenzen für die Gruppendynamik bzw. das Engagement der freiwillig Tätigen. Auf der einen Seite erfolgt durch den Einsatz bezahlter Kräfte zumindest im Ansatz eine ›Professionalisierung‹, die sich hilfreich für die Stetigkeit der Aktivitäten auswirkt. Die Bezahlung einiger Personen führt aber zuweilen auch zu einem crowding-out der Freiwilligen, da diese sehen, dass ›ihre Arbeit‹ dadurch übernommen wird und damit die Motivation zur eigenen Teilnahme sinkt.

Nach außen sorgt diese Vielzahl und Pluralität an Veränderungsideen und Mindsets für Unübersichtlichkeit, erschwert damit eine gebündelte Kommunikation, und damit das konzertierte Einwirken der verschiedenen Initiativen und die Herausbildung stetiger Worksets.

Eine Kooperation zwischen den Initiativen ist von den Akteuren in den Initiativen gewünscht und wird angestrebt. Problematisch dabei ist, dass eine Zusammenarbeit praktisch allerdings nur bei Veranstaltungen der Fall ist, und dort auch nur mit Einschränkungen, ein Mangel an dauerhaften Netzwerken erschwert die Bedingungen der Zusammenarbeit.

Wenn Möglichkeitsräume nicht voll ausgeschöpft werden: kein Übergang von Mindset zu Workset

Viele Aktivitäten der Initiativen in den Möglichkeitsräumen haben lediglich einen Eventcharakter und ziehen keine weiteren Kreise nach sich, weil meist bereits sensibilisierte und in anderen Initiativen aktive Personen erreicht werden. Das Phänomen sorgt dafür, dass Mindsets und ›Proto-worksets‹ nur im beschränkten Raum wirken, und kein bzw. nur ein geringes Übergreifen als Praktik der Stadt stattfindet. Im Ergebnis führt diese eventorientierte Präsentation des eigenen Mindsets nicht zu signifikanten Veränderungen in den Praktiken, Strukturen und Prozessen von Hannover, weil eine Verstetigung ausbleibt. Der Mangel an Professionalität der Initiativen wirkt auf die Kommunikation, die häufig nicht angemessen zu sein scheint. Es erfolgt keine Institutionalisierung und Aktivitäten der Initiativen verpuffen bei den Events. Diese mangelnde strukturelle und dauerhafte Verankerung von Nachhaltigkeit wird auch in der Verwaltung und weiteren Bereichen der Stadtgesellschaft beklagt.

Ein zentrales Problem scheint der Mangel an stetigen und zuverlässigen Strukturen und Prozessen in den Initiativen zu sein, der wiederum den regelmäßigen Austausch und die Zusammenarbeit zwischen verschiedenen Initiativen erschwert.

Im Ergebnis unterstützt das Zusammenwirken dieser unterschiedlichen Faktoren den bereits beschriebenen Teufelskreis: Aus einem Mangel an finanziellen (sowie anderen) Ressourcen, entsteht ein Mangel an Professionalität, der wiederum (u. a. bedingt durch Mangel an Kontinuität sowie die mangelnden finanzielle Ressourcen), einen dauerhaften und zielorientierten Austausch zwischen den Initiativen im Sinne eines richtigen Netzwerken erschwert. Im Resultat werden wiederholt die gleichen bzw. ähnliche Personen angesprochen. Der Kreis schließt sich, wenn aus dem Mangel an Professionalität und richtigem Netzwerken wiederum ein Mangel an finanziellen Ressourcen entsteht, der wiederum durch das mangelnde Wissen um die Fördermöglichkeiten negativ beeinflusst wird.

2. Mechanismen des Wandels und institutionelle Innovationen für Nachhaltigkeit im wissenschaftlichen Diskurs

Die Bedeutung der Institutionen und der institutionellen Gegebenheiten in Hannover, die im Rahmen der Feldforschung und der verschiedenen Veranstaltungsformate identifiziert wurden, wurde aus verschiedenen theoriegeleiteten Perspektiven auch wissenschaftlich beleuchtet und in verschiedenen wissenschaftlichen Artikeln herausgearbeitet. Konkret befassen wir uns dabei mit der Frage, was institutionelle Innovationen in Hannover bewirken können und welche Mechanismen für Veränderungen gegeben sein müssen.

2.1 Kulturpolitische institutionelle Innovationen und Möglichkeitsräume

In einem gemeinsamen interdisziplinären Beitrag (Kagan, S., Hauerwaas, A., Holz, V. & Wedler, P., 2017. Culture in sustainable urban development: Practices and policies for spaces of possibility and institutional innovations) wurden Möglichkeitsräume für nachhaltige Entwicklung definiert und die Frage aufgeworfen, wie institutionelle Innovationen und in dem Regime vorherrschende kulturelle und kulturpolitische Gegebenheiten in der immer einzigartigen ›Textur der Stadt‹ nachhaltigkeitsorientierte Gruppen und Initiativen fördern oder hindern können. Insbesondere analysieren wir, wie institutionelle Innovationen sowohl die Entwicklung von Möglichkeitsräumen unterstützen als auch selbst als Möglichkeitsräume für Nachhaltigkeit fungieren können. Im Vergleich zweier Städte (Hannover und Hamburg) wird nicht nur eine Definition von Möglichkeitsräumen im wissenschaftlichen Kontext gegeben, sondern auch anhand der verschieden institutionellen Pfadabhängigkeiten und institutionellen Innovationen gezeigt, wie ›Cultural Policy‹ auf verschiedenste Weise Möglichkeitsräume für nachhaltige Entwicklung in der Stadt ermöglicht oder hindert.

Unterstützt durch unsere empirischen Ergebnisse konzeptualisierten wir das Wechselspiel von institutionellen Innovationen, städtischen kulturpolitischen Strategien und Möglichkeitsräumen, die den Einfluss einer kultursensiblen Politik auf die Herausbildung von Möglichkeitsräumen für nachhaltige urbane Entwicklung (Sustainable Urban Development, SUD) attestieren. Kultursensible SUD-orientierte Politik beschäftigt sich mit Kultur im weiteren Sinne (UNESCO, 1982) und ermöglicht transversale Partnerschaften horizontal – d.h. die Kombination von sogenannten ›bottom-up‹, ›top-down‹ und ›seitwärts‹ Prozessen, bei denen Künstlern und anderen kulturellen Akteuren (im engeren Sinne) die Möglichkeit gegeben wird, eine zentrale Rolle über ihren eigenen ›Sektor‹ hinaus zu spielen. Zusammen mit verschiedenen anderen städtischen Akteuren aus anderen ›Sektoren‹ verändern sie die städtische Lebensweise in Richtung SUD in einem inter- und *trans*-disziplinären Prozess. Politik für SUD, die die anhaltenden Anstrengungen der städtischen Akteure (wie die bereits diskutierten) ermöglicht, benötigt institutionelle Innovationen, die die transversale Kollaboration zwischen Kulturpolitik und anderen politischen Bereichen erlaubt.

Wie die beiden Städte Hannover und Hamburg zeigen, beeinflussen verschiedene institutionelle Logiken und Pfadabhängigkeiten die Art und Weise, mit der die Politik auf die Neuorientierung (Richtung urbaner Nachhaltigkeit) Kulturschaffender reagiert. Auch wenn diese Untersuchung jeweils auf vier Fälle in zwei Städten begrenzt ist und dabei nur nachhaltigkeitsorientierte Kulturpolitik berücksichtigt (und daher keine Aussagen über traditionelle Kulturpolitik im Allgemeinen ermöglicht), verhilft sie einer tendenziellen Differenzierung politisches Handels und einer generellen Ausrichtung möglichen kulturpolitischen Wandels.

Durch unsere umfassende empirische Einbindung in beiden Städten (und über die vier Fälle dieser Studie hinaus) nehmen wir bei den kulturellen Akteuren, die sich für SUD engagieren, zwei relativ gegensätzliche Wege der Interaktion mit der Stadtverwaltung wahr. Während Pfadabhängigkeiten und vorherrschende Logik in Hannover die Entstehung neuer Partnerschaften erlaubt, verstärkt sie gegensätzliche Beziehungen in Hamburg. Wie bereits anfangs dargestellt, weist Hannover eine transversale und querschnittsgedachte Kulturpolitik in der Zusammenarbeit mit nachhaltigkeitsorientierten Gruppen und Künstlern auf. Dort existieren unterschiedliche Formen der Partnerschaft zwischen Initiativen und Stadtverwaltung, die jedoch in Bezug auf die Finanzierung generell klein bleiben. Im Gegensatz dazu fördert die Stadtverwaltung Hamburgs Flaggschiffprojekte finanziell in größerem Rahmen (eher als kleinere Initiativen), was jedoch eine partizipative Veränderung der Stadt als einen kulturellen Ort nicht wesentlich fördert. Außerdem folgt Hamburg der Logik der Ökonomisierung von Kultur, eingebettet in eine wachstumsorientierte Stadtentwicklung, was sich wahrscheinlich auf eine historische Pfadabhängigkeit (mit Hamburg als hanseatischer Stadt) zurückführen lässt. Dies erlaubt nur begrenzten Einfluss der Kulturabteilung auf die politische Orientierung der Stadt, wie die ehemalige Kultursenatorin Barbara Kisseler äußerte (Kaiser, 2013). In dieser Hinsicht ist es nicht überraschend, dass wir in Hamburg keine politischen Innovationen beobachten, sondern eher soziale Innovationen, die kulturelle Möglichkeitsräume für nachhaltige Stadtentwicklung generieren und umgekehrt. Im Gegensatz zu dieser Entwicklung beobachten wir in Hannover eine langsame und kleinformatige, aber stetige Entwicklung von kulturellen Möglichkeitsräumen, die durch die Partnerschaft zwischen der Stadt und kultureller. Akteuren vorangetrieben wird, zwar mit einer expliziten, langfristigen Politik für Nachhaltigkeit, aber auch mit einer Unterfinanzierung der kulturellen Dimension. Nichts desto trotz kann dies als politische Innovation beschrieben werden.

Reflexion
Beide Fälle veranschaulichen die paradoxe Fähigkeit bestehender institutioneller Pfadabhängigkeiten, institutionelle Innovationen und Möglichkeitsräume zu unterstützen: obwohl Pfadabhängigkeiten Stabilität und Resistenz gegenüber Veränderung anstreben, erlauben sie oftmals (mitunter unbeabsichtigt) schrittweise Transformationen und institutionelle Innovationen. Im Fall von Hannover sind diese beabsichtigt und geplant in Richtung vermehrter Nachhaltigkeit, während die im Fall von Hamburg eher ›Mittel zum Zweck‹ der Lösung von Konfliktsituationen und der Zielerreichung effektiver Investitionen sind. Im Ergebnis dienen die beiden Städte gegensätzlichen institutionellen Logiken, die zu unterschiedlichen Graden der Unterstützung der Entwicklung von Möglichkeitsräumen und institutionellen Innovationen führen: Hannover führt einige von denen ein und verfolgt eine vergleichsweise eher nachhaltigkeitsorientierte, transversale und gemeinschaftliche Kulturpolitik (über etablierte Praktiken und vorab definierte Abteilungsgrenzen hinaus) und ermöglicht einige beschränkte Möglichkeitsräume (neben der Beständigkeit von eher traditioneller sektoraler Kulturpolitik). Währenddessen beschreibt der Fall Hamburg eine Kulturpolitik, die sich eher an der Business-Logik orientiert und ›traditionell‹ ist, die mit bottom-up Bewegungen zu kämpfen hat und Möglichkeitsräume kaum langfristig unterstützt. Allerdings beschreibt dieser Fall außerdem, wie institutionelle Pfade der neoliberalen Politik dennoch die Entwicklung von Möglichkeitsräumen unterstützen könnte, wenn diese zu den etablierten Interessen der Stakeholder beitragen und zu dem gewünschten Bild einer partizipativen, nachhaltigkeitsoffenen Politik. Die Stadtpolitik in Hamburg ermöglicht entsprechend oder toleriert lediglich Möglichkeitsräume und institutionelle Innovationen, solange diese der dominanten institutionellen Logik nicht widersprechen oder diese behindern, beziehungsweise solange die dominante Logik von den Möglichkeitsräumen profitiert, insbesondere das Stadtmarketing betreffend. Somit

könnten Möglichkeitsräume paradoxerweise neoliberalen Entwicklungen dienen anstatt neue Wege des Übergangs (transition paths) zu bereiten für das Experimentieren mit SUD. Außerdem hat selbst im Fall von Hannover die Marktlogik, beispielsweise im Bereich der Immobilienpreise, dann Vorrang gegenüber SUD, wenn die lukrative Sanierung großer Areale erwartet wird. Daher lebt, selbst im Fall von Hannover, die institutionelle Logik der nachhaltigen Stadtentwicklung mit der dominanten neoliberalen Logik zusammen. In einem Worst-Case-Szenario könnte die aufstrebende Praxis einer transversalen Regierung in Hannover, eingeleitet durch institutionelle Innovationen, effektiv einer neoliberalen Agenda dienen, sobald die auf nachhaltige Stadtentwicklung orientierte Politik geschwächt würde.

Als Fazit dieser Studie und Ergebnis der damit verbundenen Publikation (Kagan, Hauerwaas, Holz und Wedler, 2017) kann allgemein festgehalten werden, dass im Fall einer eher neoliberalen Orientierung der Städte (wie in Hamburg), wo die alternativen nachhaltigkeitsorientierten Kulturakteure einen stabilen und unterstützenden Rahmen benötigen, um Möglichkeitsräume zu kreieren und SUD zu fördern, aber der dominanten Logik der Politik widersprechen, die Lösung dieser Konflikte kein einfacher Prozess sein wird. Unsere theoretischen und empirischen Ergebnisse zeigen, dass Kommunalpolitik spezifische Handlungsmaßnahmen evaluieren und festlegen muss, um zu institutionellen Innovationen beizutragen und so die Chancen für eine mögliche Entstehung kultureller Möglichkeitsräume für nachhaltige urbane Entwicklung zu erhöhen.

2.2 Über Mindsets und Praktiken einer Stadt zu Veränderung einer neuen institutionellen Logik

In einer weiteren Einzelfallstudie und einem damit verbundenem weiteren wissenschaftlichen Beitrag (Weisenfeld, U. & Hauerwaas, A., 2018) verbinden wir die Rolle der institutionellen Entrepreneure, welche institutionelle Innovationen in der Stadt implementieren können, mit der Theorie von Diffusion der Innovation, um zu zeigen, dass institutionelle Entrepreneure – oft vorangehend als Pioniere des Wandels in der Stadt – alleine nicht ausreichen, um institutionelle Veränderungen auf der breiten Ebene der Stadt zu verankern.

Die im Rahmen des Projektes durchgeführte transdisziplinäre, explorative Fallstudie erforscht eine ausgewählte institutionelle Innovation – die Gemeinwohlökonomie, die als Konzept die vorherrschende Marktlogik zurückweist und an ihre Stelle das Gemeinwohl stellt, für das Profite als sinnstiftendes Mittel anstatt eines Selbstzwecks verwendet werden. Ausgehend aus einer Reihe transdisziplinär erhobenen Daten untersuchen wir den GWÖ- Innovationspfad von der Idee bis zur Innovation, von ihrer Einführung bis zu ihrer Übernahme durch andere Adoptoren. Dort zeigte sich eine hohe Aktivität der institutionellen Entrepreneure, die jedoch keine Praxis in der Stadt wird, und die Aktivitäten stagnieren auf der Ebene einzelner Aktionen. Eine zentrale Rolle kommt hier den ganz frühen Adoptoren, meist Einzel- oder Kleinstunternehmen, zu, die versuchen, das neue Mindset einer nachhaltigeren gemeinwohl- und nicht mehr profit-orientierten Wirtschaft in die Praxis von Hannovers Wirtschaftssystem zu etablieren. Während der Fall nicht abschließend betrachtet werden kann (eine nachhaltige Entwicklung ist ein immerwährender Prozess) und Gemeinwohlökonomie (GWÖ) nicht ohne Kritik bleibt, so gibt er dennoch Einblicke in die regionalen Institutionalisierungsprozesse neuer Nischenideen nachhaltiger Entwicklung:

Aufstrebende, lokale institutionelle Entrepreneure, die versuchen, den Wandel durch die Förderung der GWÖ voranzutreiben, befinden sich in der paradoxen Situation, sie wollen die GWÖ und eine sozialorientierte Wirtschaftslogik fördern und die Marktlogik verändern, müssen diese Marktlogik jedoch bedienen, um ihr Ziel zu erreichen – wenn sie mit anderen Akteuren der Stadt kooperieren, wird von ihnen Professionalität erwartet, was im Wesentlichen bedeutet, dass sie die Marktlogik beachten und sich auch entsprechend dieser dominanten Logik verhalten müssen. Ein Mangel an Ressourcen führt zu einem Mangel an Professionalität, der wiederum zu einem Mangel an Anerkennung führt. Wir argumentieren mit dem Fall der GWÖ, dass Ideen für mehr Nachhaltigkeit in Städten, die die derzeitigen institutionellen Konventionen und Regeln ändern wollen, lokale institutionelle Entrepreneure und lokale Anwender (frühe und späte Adoptoren) brauchen, um ein Workset (als das Verankern von Verhaltensweisen im individuellen Verhalten einer Person) zu entwickeln, welches auf einem speziellen Mindset (als das Verankern von Visionen, Überzeugungen und Normen, die entweder zu konkreten Handlungen und Interventionen des Akteurs führen oder nicht) basiert, um die Barrieren für die Anwendung der Idee zu überwinden. Die Wirkungsweise früher Adoptoren weist Ähnlichkeiten mit institutionellen Entrepreneuren auf und wir zeigen, dass ein Mindset erst dann einen Effekt in der Breite haben kann, wenn ein entsprechendes Verhalten (Workset) entwickelt wird und dieses gemeinsam verstanden und zu Praktiken wird. Erst wenn die einzelnen Aktionen der Akteure zu einer Praxis in der Stadt geworden sind, kann man von einer erfolgreichen Diffusion sprechen.

Die Verbreitung der jeweiligen institutionellen *Innovation* (die Einführung der GWÖ in Hannover) verlangt also, dass ein neues Mindset auch solche Akteure erreicht, die nicht bereits nach einem nachhaltigeren Weg des Wirtschaftens suchen. Die Aktivitäten der institutionellen Entrepreneure werden jedoch oft nicht als Workset integriert, sie bleiben dann Einzelaktionen und sorgen für Zweifel an den eigenen Fähigkeiten, Wandel herbeizuführen. Deshalb benötigen institutionelle Entrepreneure ihre gegenseitige Ermutigung und sinnstiftende Wahrnehmung der eigenen – teilweise existenzbedrohenden alternativen Denkweise.

Auf der anderen Seite verpflichten sich die Erstanwender – in diesem Fall die ersten Firmen, die eine GWÖ-Bilanz erstellt und damit GWÖ implementiert haben – nicht nur dem Wandel, sie fördern ihn aktiv, indem sie weitere Akteure zur Umsetzung motivieren, ihre Vision teilen und Unterstützung anbieten. Wie beschrieben haben die frühen Anwender bereits ein anderes Mindset, das offen für die Idee einer alternativen Wirtschaftsform ist. Ausgestattet mit den Werkzeugen zur Implementierung überzeugen sie andere Anwender und Umsetzer und leiten sie an. Daher kann eine Überschneidung der Rollen der institutionellen Entrepreneure und Erstanwender identifiziert werden, oder mit anderen Worten: Die frühen Anwender spielen eine aktive Rolle im Diffusionsprozess und übernehmen die Aktivitäten eines *institutionellen Entrepreneurs*.

Als Ergebnis der Fallanalyse konnte der folgende Zusammenhang abgeleitet werden: Ein Mindset als kognitiver Filter für Akteure folgt häufig der institutionellen Logik der jeweiligen Domäne, wobei die Marktlogik zunehmend in verschiedenen Domänen dominant ist. Gleichzeitig ist eine von der dominanten Logik abweichende Logik oder die averse Wahrnehmung der dominanten Logik der Keim für das Neue. Die Idee für neue Regeln (Invention von Institutionen) wird, falls sie befolgt werden, zu einer institutionellen Innovation (Einführung neuer Institutionen). Damit diese Innovation erfolgreich ist, d. h. in einem sozialen System Fuß fasst, bedarf die institutionelle Innovation (ausgeführt als eine neue Handlung) nicht nur einer Sinnstiftung sondern auch die wiederholte Aufnahme in das Verhalten eines Akteurs, d. h., es entsteht ein neues Workset des Akteurs. Das Workset eines erfolgreichen institutionellen Entrepreneurs, der nach Battilana et al. (2009 S. 70) bereits Ressourcen mobilisiert hat, um neue Praktiken vorzustellen, aber daran gescheitert ist, potentielle Übernehmer in ihren Routinen zu verändern (und somit der Wandel nicht adaptiert wurde), benötigt daher nicht nur eine Veränderung des eigenen Mindsets sondern auch des Mindsets der frühen Adoptoren auf das Level der Übernahme sowie ihre Adaption der Innovation, also eine Anpassung an die Besonderheiten in der Textur der Stadt. Wenn dann weitere Adoptoren diese Worksets ebenfalls annehmen, entsteht eine stadtweite neue institutionelle Praktik. Neue Praktiken und rivalisierende Mindsets fordern die dominanten institutionellen Logiken und können diese mit einer neuen Logik ablösen. Damit ein Workset eine sichtbare und geteilte Praktik werden kann, muss es das Verhalten der Zielgruppe vollends erreicht haben (und mehr sein, als etwas, das den bereits Überzeugten gepredigt wird). Dazu muss das Workset kommuniziert, wertgeschätzt und anerkannt werden, um die breite Masse zu erreichen und damit die Praktik in ein soziales System zu integrieren. Dieser Prozess, beginnend bei der Entstehung einer Idee bis hin zu ihrer Auswahl, Entwicklung, Anwendung und Diffusion, ist nicht gradlinig: Vielmehr beinhaltet der Prozess eine Vielzahl von Entscheidungen, Handlungen und Feedbackschleifen. Ob die Innovation individuell adoptiert wird, hängt von den wahrgenommenen Eigenschaften der Innovation (Rogers 1962) und den damit sowie mit dem Kontext verbundenen sinnstiftenden Prozessen (sensemaking: Weick, Sutcliffe & Obstfeld 2005) ab; die Diffusion der Innovation in dem sozialen System wird von Kommunikationsprozessen gesteuert (Rogers 1962). Die Diffusion einer Innovation steht in Verbindung mit weiteren Neuerungen: Meistens benötigt eine Innovation eine (oder mehrere) andere Innovation(en) in verwandten Bereichen, um sich durchzusetzen (Hauerwaas & Weisenfeld, 2017). Die Initiative als Innovation an sich braucht also verschiedene andere Innovationen, um soziotechnische Systeme zu beeinflussen und das Bewusstsein und Engagement der Zivilgesellschaft für Nachhaltigkeitsprobleme zu erhöhen.

Reflexion

Im Ergebnis stellen wir fest, dass der institutionelle Wandel oft ein Paradoxon beinhaltet: Wie ersetzt man eine institutionelle Logik, wenn die betreffenden Institutionen selbst benötigt werden, um diese Logik zu ersetzen?

Auf der Aktivitätsebene fokussieren institutionelle Logiken die Aufmerksamkeit des Akteurs; sie lenken damit die Entscheidungsfindung und beeinflussen dadurch potentiell das Handeln. Ein Missverhältnis zwischen der vorhandenen dominanten Logik (hier: Marktlogik) und einem davon abweichenden Mindset (für Nachhaltigkeit) des Akteurs führt zu dem Wunsch nach neuen Regeln (Erfindung von Institutionen). Ob diese dann tatsächlich umgewandelt werden zu erfolgreichen institutionellen Innovationen, hängt davon ab, ob es über den Versuch hinausgeht (keine Einmal-Aktion mit Abbruch) und es gelingt, das Mindset zu einem verbreiteten neuen Workset zu führen, d. h. tatsächlich eine neue Praxis zu etablieren.

Auf der Akteursebene treten Erfinder neuer Regeln (institutionelle Invention) auf, diese neuen Regeln können (wie hier der Fall) auch außerhalb der Stadt auftreten. Sie werden von lokalen institutionellen Entrepreneuren, die mit der Erfindung experimentieren, befürwortet und unterstützt (Aktionen dienen hierbei der Einführung und Präsentation der Invention). Das Implementieren als ein Teil des institutionellen Entrepreneurships beinhaltet auch das Teilen mit und das Motivieren potentieller weiterer Adoptoren, die die Innovation annehmen. Mit zunehmender Annahme und Verbreitung wird es zu einer Praxis, welche die institutionelle Logik in der Stadt ändert. Zentral dabei sind frühe Adoptoren, welche die institutionelle Innovation nicht automatisch vom Entrepreneur übernehmen, sondern adaptieren, an den eigenen stadtspezifischen Workset anpassen, und weiter verbreiten, indem sie andere spätere Adoptoren beeinflussen und begleiten. Damit überlappen Aufgabenbereiche der Entrepreneure und frühen Adoptoren und adressieren die Besonderheit der Stadttextur als Ort der Diffusion.

2.3 Mechanismen und Wirkungshebel städtischer nachhaltiger Entwicklung in Hannover

Aufbauend auf diesen Erkenntnissen und auf den Ergebnissen des projektbasierten Seminars zu alternativen Wirtschaftsformen (siehe Unterkapitel 1.3) gehen wir in anderen wissenschaftlichen Beiträgen der Frage nach, welche der entdeckten Hindernisse und Potentiale für die gesamte Nische der alternativen Wirtschaftsformen in Hannover als Mechanismen des Wandels fungieren und von dieser Nische genutzt werden können, um das (Nicht-)Auslösen von Transformationen in alternative Wirtschaftssysteme zu erklären und anzustoßen. Ziel ist es, ein besseres umfassendes Verständnis von Veränderungsprozessen sozio-technischer Systeme in Richtung einer nachhaltigen Entwicklung zu schaffen und – als mögliche Orte für städtische Planung und Politik – konkrete Mechanismen aufzuzeigen, die die städtische Veränderung fördern oder verhindern. Es wurde der Frage nachgegangen, warum trotz allgemeinen Bestrebens einer nachhaltigen Entwicklung und des Aufkommens entsprechender Initiativen keine allumfassende Veränderung des Systems stattfindet, bzw. in welchem Stadium sich der Veränderungsprozess in Hannover befindet.

Der theoretische Rahmen wird einerseits (Eising, 2018) durch die Kombination der Multi-Level Perspective (MLP) nach Geels (2005–2011) und Ansätzen Mechanismus basierter Erklärung (Elster, 1989; 1998; Bunge, 1997; 2000; 2004; 2010; Hedström und Swedberg, 1998) gebildet, die auf das sozio-technische System der Stadt Hannover übertragen werden. Wir betrachten das sozio-technische System Hannover mit den drei Ebenen der Nischen-Innovationen, des Regime-Levels (die eigentliche Struktur des gesamten Systems) und des Landscape-Levels (die weitere, externe Umwelt), deren Interaktion zu Veränderung des Systems führen. Wir verbinden die mechanismischen Ansätze mit Leverage Points, welche als Hebel der Veränderungen solche Stellen im System aufzeigen, in denen aktiv interveniert werden kann, um Wandel einzuleiten. Hierbei sind v. a. starke Hebelpunkte des Wandels solche, die auf derzeitige Mindsets und Systemziele ansetzen und die mit wenigen Interventionen/Maßnahmen mit sehr großer Wirkung verändern.

Mit Hilfe der qualitativen Auswertung von Interviews mit Nischen- und Regime-Akteuren in Hannover werden Mechanismen des Wandels in Hannover identifiziert und hinsichtlich der o. g. Theorien reflektiert. So wird eine Basis für konkrete Intervention zur Förderung nachhaltiger Entwicklung nicht nur für Hannover gebildet, sondern für städtische sozio-technische Systeme allgemein.

Nischen-Mechanismen

Beratung, das Schaffen von Bewusstsein und Netzwerke sind verbreitete Mechanismen, die vom Nischen-Level auf die Regime-Ebene wirken. Fördernd sind eine authentische, holistische und pragmatische Art und Weise der Argumentation gegenüber dem Regime und entsprechend ist auch Pragmatismus allgemein ein Beförderer des Wandels. Sinnstiftung für Engagement auf Regime-Level, Beteiligung und Präsentation, Kooperation mit dem Regime und die Bereitstellung von Mitteln zum Engagement sind wichtige Mechanismen. Andere sind Know-How- und Wissenstransfer, Mobilisierung, Auditing und Empowerment. Das Fehlen von professionellem Verhalten und professioneller Argumentation führt zu Demotivation der Regime-Akteure und verhindert somit den Wandel. Dies gilt ebenso für abstrakte, dogmatische, emotionale, idealistische oder verkopfte Argumentation.

Nischen-Akteure sind aktiv im Benchmarking, tauschen Erfahrungen aus und unterstützen sich untereinander. Professionalisierung ist ein wichtiger Nischen-Mechanismus und ein Fehlen führt beispielsweise zu unregelmäßigem Engagement auf der Nischen-Ebene. Entsprechend sind das Engagement der individuellen Nischen-Akteure und auch die Sinnstiftung hierfür auf Nischen-Level von Relevanz. So wie unregelmäßiges Engagement verhindert auch Konkurrenz zwischen den Nischen-Innovationen den Wandel.

Regime-Mechanismen

Die Nachfrage der Produkte und Dienstleistungen der Nischen ist ein Regime-Mechanismus, der von der Regime-Ebene auf die Nischen-Ebene wirkt. Außerdem stellt das Regime für die Nischen-Innovationen Ressourcen und allgemeine Unterstützung bereit. Andere Mechanismen, die auf die Nischen-Ebene einwirken, sind Förderung und Subvention, Kooperation, Beratung, Know-how- und Wissenstransfer. Ziviles Engagement und das Angebot nachhaltiger Produkte und Dienstleistungen zur Verwendung durch die Nischen, faire Bezahlung und Dialog können ebenfalls als fördernde Mechanismen identifiziert werden. Sehr wichtig, aber nur in einem Fall identifiziert, ist die Integration der Nischen-Innovation in das Regime-Level. Wir folgern, dass im Anschluss die Verständigung zwischen Regime-Akteuren und Nischen-Akteuren funktionieren muss. Dem Wandel entgegen wirken wiederum die Konkurrenz mit nicht-nachhaltigen Alternativen auf dem Regime-Level, Regulierung bzw. Bürokratie und wenn die Dienstleistungen der Nische für selbstverständlich genommen werden.

Wie auch auf dem Nischen-Level operieren Know-How- und Wissenstransfer, Beratung und das Schaffen von Bewusstsein auch auf dem Regime-Level. Andere Mechanismen sind Netzwerke und Kooperation (was beispielsweise mit Kostenteilung einhergeht) und der Erfahrungsaustausch zwischen den Regime-Akteuren. Regime Mechanismen, die sich auf die Gesellschaft beziehen, sind die Nachfrage nach nachhaltigen Produkten allgemein (nicht der Produkte und Dienstleistungen der Nischen-Initiativen), Dialog innerhalb der Gesellschaft und Unternehmen und die Verbreitung (z. B. durch Berichterstattung und Mund-zu-Mund Propaganda) der Nischen-Aktivitäten im Regime.

Das Angebot nachhaltiger Produkte ist auch für die lokalen Adoptoren (Regime-Akteure, die die Nischen-Innovation in ihre Praktik aufgenommen haben) auf dem Regime-Level essentiell, um ihren insgesamt nachhaltigen Ansatz zu verfolgen. Sie erhalten so sowohl Förderung und Subvention als auch Engagement, z. B. der Mitarbeiter eines lokalen Adoptoren fördert den Wandel. Regulierung wird ebenfalls als Mechanismus des Wandels auf Regime-Ebene verstanden, ist aber auch in der Lage, diesen zu verhindern. Des Weiteren begrenzt die Aufnahme bzw. Übernahme der Nischen-Innovationen die verfügbaren Ressourcen auf dem Regime-Level.

Regime-Mechanismen des Wandels, die vom Regime zur Landscape wirken, sind die Disruption der aktuell dominierenden Wirtschaftsweise und demnach auch politische Mobilisierung. Den Wandel verhindert die Dominanz der öffentlichen Meinung durch Unternehmens- und Medieninteresse.

Landscape-Mechanismen

In die andere Richtung, von Landscape zum Regime, ist die Förderung und Subvention nachhaltigen Verhaltens auf Regime-Ebene relevant. Regulierung ist nicht nur seitens des Regimes, sondern auch von Landscape-Ebene ein Mechanismus des Wandels, kann aber auch entgegengesetzt wirken. Lobbyismus hingegen, beispielsweise die Agrarlobby, wird als dem Wandel entgegenwirkend verstanden. Förderung und Subvention sowie Regulierung vom Landscape-Level aus können auch einen direkten Einfluss auf die Nischen-Innovationen ausüben.

Soziale Mechanismen

Die Suche nach sozialen Mechanismen gibt Aufschluss über die Einflüsse auf das individuelle Verhalten von Nischen- und Regime-Akteuren. Die Atmosphäre und das Arbeitsumfeld führte die Nischen-Akteure dazu, sich in Richtung nachhaltiger Entwicklung zu orientieren, aktiv zu werden, zu lernen, zu konzeptualisieren, zu priorisieren und zu Resistenz. Gleiche Mechanismen wirken für die lokalen Adoptoren auf Regime Ebene, die sie dazu bringen, die Nischen-Innovationen aufzunehmen.

Die Industrialisierung (in diesem Fall der Ernährung), Informationsüberflutung der Gesellschaft und Krisen wie der Klimawandel sind negative situative Einflüsse, die von der Landscape auf das Regime einwirken. Entsprechend sind ›action-formation‹ Mechanismen des Wandels auf der Regime-Ebene Offenheit und Akzeptanz durch das Regime, Realisierung der Fehlfunktion des Systems, Selbstwirksamkeitswahrnehmung und Freisetzung von Kapazitäten. Vorurteile, die Externalisierung von Kosten und Verantwortung sowie die negative Adaption von Nachhaltigkeitsthemen wirken den Wandel verhindernd.

Die Regime-Mechanismen der Disruption der gegenwärtigen Wirtschaftslogik, Mobilisierung, und die Etablierung der Nischen-Innovation auf dem Regime-Level sowie eine erhöhte Nachfrage nachhaltiger Produkte und Dienstleistungen sind Transformations-Mechanismen und damit das kollektive Ergebnis individueller Aktionen.

Reflexion

Im Beispiel von Hannover haben Change Agents und zentrale Akteure des Wandels in der Stadt zwei hauptsächliche Implikationen: Erstens dienen sie oft als ein Level-Mediator zwischen den Ebenen ihrer nachhaltigen Nischeninnovationen und ihrem Übertreten in das Regimen in der Stadt und zweitens bieten sie die Schlüssel-Möglichkeit oder das Schlüssel-Hindernis, um neue nachhaltige dominante Logiken einzuführen und ihre Implementierung zu unterstützen: Nachhaltigkeit ist ein zentrales Konzept geworden, welches Werte und Praktiken involviert, die

immer mehr in den Städtediskurs eintauchen und die – als eine neue institutionelle Logik – auch als ein Wegweiser für die Wahrnehmung und das Verhalten der
Leute in Städten dienen könnte. Was folgt ist die Identifizierung der Kräfte, die den
Wandel für mehr Nachhaltigkeit in Hannover vorantreiben und zur Implementierung nachhaltigkeitsorientierter Mindsets und Worksets beitragen. Institutionelle
Entrepreneure und Change Agents jedoch zeigen auch, dass ihren Anstrengungen
in dieser Richtung noch nicht ausreichend vom ›Rest‹ der Stadt und ihren Akteuren gefolgt wurden.

Die Gruppen und Initiativen mit neuen Mindsets für ein Mehr an Nachhaltigkeit (immer im Plural?) wollen mit ihren Veränderungsideen auf Praktiken der
Stadt einwirken, um es in Richtung der nachhaltigen Entwicklung zu verändern,
bedürfen jedoch zunächst selbst unterstützenden neue Worksets.

Insgesamt wurden sehr vielfältige Mechanismen identifiziert, die zu einem ›Vorankommen‹ der Akteure in Richtung Nachhaltigkeit verhelfen könnten. Es wurden mehr Nischen- und Regime-Mechanismen klassifiziert als Landscape-Mechanismen und soziale Mechanismen. Einige lassen sich auf Basis des Datenmaterials
nur von einem einzelnen Akteur ableiten (z. B. Demotivation, Benchmarking, Verständigung und Integration), während andere Mechanismen für mehrere Akteure
identifiziert werden konnten und somit subjektiv eine größere Bedeutung haben.

Nischen stellen Raum für Lernprozesse, sowohl individuell als auch in Interaktion mit anderen. Entsprechend entscheiden sich die Nischen-Akteure dazu, aktiv
zu werden, lernen, wirken sinnstiftend auf das Regime ein und argumentieren für
den Mehrwert, der durch die Annahme der Nischen-Innovation entsteht. In Hannover tauschen die Nischen-Akteure Know-How, Wissen und Erfahrungen untereinander aus. Interessierte Regime-Akteure und Nischen-Akteure realisieren jedoch
fehlende Professionalisierung und entsprechende Argumentation. Nischen bieten
weiteren Raum, um soziale Netzwerke zu bilden. Netzwerken auf Nischen-Ebene
und mit dem Regime wird als wichtig angesehen, ist aber nur dann ein wertvoller
Mechanismus des Wandels, wenn er mit Kooperation und Unterstützung einhergeht.

Für Nischen-Akteure und lokale Adoptoren operieren teilweise identische Mechanismen. Akteure auf dem Regime-Level werden zu Adoptoren, wenn sie Nischen-Innovationen in ihre allgemeine Praktik aufnehmen, sie in ihre Infrastruktur integrieren und die Produkte und Dienstleistungen der Nischen-Initiativen
nachfragen. Sie fungieren als Multiplikatoren für die Nischen-Innovationen auf
dem Regime-Level, da sie die gleichen Mechanismen initiieren. Mechanismen des
Know-How- und Wissenstransfers, der Beratung und des Schaffens von Bewusstsein wirken sowohl von der Ebene der Nischen als auch von der Ebene der lokalen
Adoptoren auf das Regime-Level. Um der Rolle der lokalen Adoptoren als Multiplikatoren zu entsprechen, wäre in Hannover das vermehrte Teilen von Erfahrungen mit potentiellen Interessenten auf Regime-Level ein Mechanismus, der den
Wandel fördern kann. Nischen-Akteure müssen die lokalen Adoptoren und diese
sich selbst, verstärkt als potentielle Förderer des Wandels auf dem Regime-Level
verstehen.

Die lokalen Adoptoren und Nischen-Akteure stellen heraus, dass es top-down
Landscape-Mechanismen (wie gesetzliche Regulierung, Förderung und Subvention und Krisen) benötigt, die Druck auf das Regime ausüben. Sie sehen Nachfrage, Offenheit und Akzeptanz und das Realisieren der Fehlfunktionen im System

als potentielle Mechanismen des Wandels auf Regime-Ebene und engagieren sich daher mit bottom-up-Mechanismen wie der Beratung, des Know-How- und Wissenstransfers, des Schaffens von Bewusstsein und Sinnstiftung.

Hannover befindet sich inmitten einer Sequenz aus sog. ›Transition Paths‹ bzw. Pfaden des Wandels. Der Druck aus dem Landscape-Level wird moderat wahrgenommen, aber die Nischen sind noch nicht stabilisiert und weit genug entwickelt, um sich im Regime zu verbreiten. Um den Wandel weiter voranzutreiben, werden stärkere externe Einflüsse bzw. Mechanismen aus der Landscape-Ebene benötigt, um das Regime unter Druck zu setzen, da die internen Treiber (wie Verbesserung der Innovation, erhöhter Nutzen bei Adoption, engagierte Akteure und unterstützende Gruppen) den Durchbruch der Nischen noch nicht genug vorantreiben. Entsprechend geht es für die Nischen in Hannover nun darum, ihre internen Treiber zu fördern und für die lokalen Adoptoren darum, ihre Rolle als Multiplikatoren auf Regime-Ebene wahrzunehmen. Politische Mobilisierung könnte ebenfalls ein Mechanismus sein, der zu stärkerem Druck aus der Landscape-Ebene führt.

LITERATUR

Arthur, W. B. (1994). *Increasing Returns and Path Dependence in the Economy*. Michigan: University of Michigan Press.

Battilana, J., Leca, B. & Boxenbaum, E. (2009). How Actors Change Institutions: Towards a Theory of Institutional Entrepreneurship. *The Academy of Management Annals, 3*(1), 65–107.

Bechtel, W. & Abrahamsen, A. (2005). Explanation: A Mechanist Alternative. *Studies in History and Philosophy of Biological and Biomedical Sciences, 36*, 421–441.

Borderstep Institut. (2012). Diffusionspfade für Nachhaltigkeitsinnovationen. *Schrift der Abschlusskonferenz des Projektes Diffusionspfade für Nachhaltigkeitsinnovationen*. Abgerufen von https://www.borderstep.de/wp-content/uploads/2014/07/Booklet_Diffusionspfade_Projekt.pdf

Boudon, R. (1979). Generating Models as Research Strategy. In R. K. Merton, J. S. Coleman, P. H. Rossi (Hg.), *Qualitative and Quantitative Social Research* (S. 51–64). New York: The Free Press.

Braun, X. & French, X. (Hg.). (2008). *Social entrepreneurship – Unternehmerische Ideen für eine bessere Gesellschaft*. Rostock: HIE-RO Inst.

Bunge, M. (1997). Mechanism and Explanation. *Philosophy of the Social Sciences 27*(4), 410–465. doi: 10.1177/004839319702700402

Bunge, M. (2004). How does it work? The search for explanatory mechanisms. Philosophy of the social sciences, 34 (2), 182–210.

Bunge, M. (2010). Soziale Mechanismen und mechanismische Erklärungen. Berliner Journal für Soziologie, Vol. 20 No. 3, 371–381.

Clark, T. N. (2004). Urban amenities: Lakes, opera and juice bars: Do they drive development? In Clark, T. N. (Ed.), The city as an entertainment machine: 103–140. Amsterdam: Elsevier.

Coleman, J. S. (1990). *Foundations of Social Theory*. Cambridge: Belknap Press.

David, P. A. (1985). Clio and the Economics of QWERTY. *American Economic Review, 75*(2), 332–337.

David, P. A. (1997). Path Dependence and the Quest for Historical Economics: One More chorus of Ballad of QWERTY. *Oxford University Economic and Social History Series, 020*. Economics Group, Nuffield College, University of Oxford.

Davies, A., Mulgan, G., Norman, W., Pulford, L., Patrick, R. & Simon, J. (2012). *Systemic innovations*. Social Innovation Europe, DG Enterprise and Industry, & European Commission.

De Clercq, D., & Voronov, M. 2011. Sustainability in entrepreneurship: A tale of two logics. *International Small Business Journal, 29* (4), 322–344.

Draeger, J. (2014). Soziotechnische Systeme als Herausforderung der Funktionalen Sicherheit. In M. Grandt, & S. Schmerwitz (Hg.), Der Mensch zwischen Automatisierung, Kompetenz und Verantwortung (S. 139–154). Bonn, Germany: Deutsche Gesellschaft für Luft- und Raumfahrt.

Stiftung Deutscher Nachhaltigkeitspreis e. V. (DNPS). (2018). *Begründung der Jury zur Nominierung der Landeshauptstadt Hannover*. Abgerufen von https://www.hannover.de/content/download/688853/16594722/file/DNPS2018_Jurybegruen dung_Hannover-Final.pdf

Elster, J. (1989). *Nuts and bolts for the social sciences*. Cambridge: Cambridge University Press.

Elzen, B., Geels, F. W. & Green, K. (Hg.). (2004). System innovation and the transition to sustainability: Theory, evidence and policy. Northampton, UK: Edward Elgar Publishing Limited.

Faltin, G. (2008). Social Entrepreneurship, Definitionen, Inhalte, Perspektiven. In Braun & French (Hg.), *Social Entrepreneurship – Unternehmerische Ideen für eine bessere Gesellschaft*. Rostock: HIE-RO Inst.

Farrell, H. & Héritier, A. (2002). Formal and informal institutions under codecision: continuous constitution building in Europe. *Governance, 16* (4), 577–600.

Fichter, K. (2005). *Interpreneurship, Nachhaltigkeitsinnovation in interaktiven Perspektiven eines vernetzenden Unternehmertums*. Habilitationsschrift. Marburg: Metropolis.

Felber, C. (2014). *Geld: die neuen Spielregeln*. Wien: Paul Zsolnay Verlag.

Florida, R. (2002). The rise of the creative class: and how it's transforming work, leisure, community and everyday life. New York: Basic Books.

Friedland, R. & Alford, R. (1991). Bringing society back in: Symbols, practices, and institutional contradictions. In P. J. DiMaggio and W. W. Powell (Hg.). The new institutionalism in organizational analysis: 232–263, Chicago, IL: University of Chicago Press.

Geels, F. W. (2005). Processes and patterns in transitions and system innovations. Refining the co-evolutionary multi-level perspective. *Technological Forecasting and Social Change, 72* (6), 681–696.

Geels, F. W. (2002). Technological transitions as evolutionary reconfiguration processes. A multi-level perspective and a case-study. Research Policy, Vol. 31 No. 8–9, S. 1257–1274.

Geels, F. W. (2011). The multi-level perspective on sustainability transitions. Responses to seven criticisms. *Environmental Innovation and Societal Transitions, 1* (1). 24–40.

Gilbert, C. (2005). Unbundling the Structure of Inertia: Resource versus Routine Rigidity. *Academy of Management Journal, 48* (5), 741–763.

Gillwald, K. (2000). *Konzepte sozialer Innovationen*. Hg. v. Querschnittsgruppe Arbeit und Ökologie. Berlin (WZB paper). Abgerufen von https://bibliothek. wzb.eu/pdf/2000/p00-519.pdf

Glynn, M. A. & Lounsbury, M. (2005). From the critics' corner: Logic blending, discursive change and authenticity in a cultural production system. Journal of Management Studies, 42 (5): 1031–1055.

Greenwood, R., Raynard, M., Kodeih, F., Micelotta, E. R., & Lounsbury, M. (2011). Institutional complexity and organizational responses. *Academy of Management annals, 5* (1), 317–371.

Gupta, A. K. & Govindarajan, V. (2002). Cultivating a global mindset. The Academy of Management Executive, 16 (1): 116–126.

Hauerwaas, A. & Weisenfeld, U. (2017). Related innovations management in organisations. A systemic approach illustrated with the example of cancer-treating innovations in healthcare. *International Journal of Business and Globalisation, 19* (3), 350–377.

Hédoin, C. (2013). Modeling social mechanisms: Mechanism-based explanations and agent-based modeling in the social sciences. Unpublished manuscript, University of Reims Champagne-Ardenne, France. Retrieved from https://rational itelimitee.files.wordpress.com/2013/09/modeling-social-mechanisms.pdf

Hedstrøm, P. & Ylikoski, P. (2014). Analytical Sociology and Rational-Choice Theory. In G. Manzo, Analytical Sociology. *Actions and Networks* (S. 57–70). West Sussex: John Wiley & Sons Ltd.

Hedstrøm, P. & Swedberg, R. (1998). *Social Mechanisms. An Analytical Approach to Social Theory*. Cambridge: Cambridge University Press.

Horwich, M. & Mulloth, B. (2010). The interlinking of entrepreneurs, grassroots movements, public policy and hubs of innovation: The rise of Cleantech in New York City. *Journal of High Technology Management Research*, 21: 23–30.

Johannessen J. A. (2013). Innovation: a systemic perspective – developing a systemic innovation theory. *Kybernetes, 42* (8), 1195–1217. doi: 10.1108/K-04-2013-0069.

Kagan, S., Hauerwaas, A., Holz, V &; Wedler, P. (2018) Culture in sustainable urban development: Practices and policies for spaces of possibility and institutional innovations. City, Culture and Society 2018, 13, 32.

Kaiser, L. (2013). Kultursenatorin Kisseler über die freie Kulturszene »Das ist noch optimierbar«. Taz.de, 13.3.2013. www.taz.de/!5071370/Accessed 27.10.2016.

Knack, S. & Keefer, P. (1995). Institutions and economic performance: cross' country tests using alternative institutional measures. *Economics & Politics, 7* (3), 207–227.

Kristof, K. (2010). *Wege zum Wandel: Wie wir gesellschaftliche Veränderungen erfolgreicher gestalten können*. München: Oekom-Verlag.

Kuckartz, U. (2014). Qualitative Inhaltsanalyse: Methoden, Praxis, Computerunterstützung (2., durchgesehene Auflage). Grundlagentexte Methoden. Beltz Juventa, Weinheim, Basel.

Landeshauptstadt Hannover (LHH). (2015). *Who is who? Umwelt und Stadtentwicklung in Hannover. Hannovers Akteurinnen und Akteure im Überblick*.

Landeshauptstadt Hannover (LHH). (2018). *Deutscher Nachhaltigkeitspreis. Wettbewerb und Begründung für die Nominierung*. Abgerufen von https://www.hannover.de/ Leben-in-der-Region-Hannover/Umwelt-Nachhaltigkeit/Nachhaltigkeit/Agenda-21-Nachhaltigkeit/Nachhaltige-Kommune/Hannover-gewinnt-Deutschen-Nachhaltigkeitspreis/Wettbewerb-und-Begründung-für-die-Nominierung

Landeshauptstadt Hannover (LHH). (o. J.). *Klimaschutzsiedlung zero:e park.* Abgerufen von https://www.hannover.de/Leben-in-der-Region-Hannover/Umwelt-Nachhaltigkeit/Klimaschutz-Energie/Akteure-und-Netzwerke/Klima-Allianz-Hannover/Klimaschutzprojekte/Klimaschutzsiedlung-zero-e-park

Lang, D. J., Wiek, A., Bergmann, M., Stauffacher, M., Martens, P., Moll, P. & Thomas, C. J. (2012). Transdisciplinary research in sustainability science: practice, principles, and challenges. Sustainability Science, 7 (1): 25–43.

LHH, o. D., auf ihrem Homepage: https://www.hannover.de/Leben-in-der-Region-Hannover/Umwelt-Nachhaltigkeit/Klimaschutz-Energie/Akteure-und-Netzwerke/Klima-Allianz-Hannover/Klimaschutzprojekte/Klimaschutzsiedlung-zero-e-park

Little, D. (21. Juni 2014a). A catalogue of social mechanisms [Web Log Eintrag]. Abgerufen von https://understandingsociety.blogspot.com/2014/06/a-catalogue-of-social-mechanisms.html

Little, D. (19. Juni 2014). Craver on mechanisms methodology [Web Log Eintrag]. Abgerufen von https://understandingsociety.blogspot.com/2014/06/craver-on-mechanisms-methodology.html

Little, D. (1991). *Varieties of Social Explanation: An Introduction to the Philosophy of Social Science.* Oxford: Westview Press.

Lounsbury, M. & Crumley, E. T. (2007). New practice creation: An institutional perspective on innovation. Organization Studies, 28 (7): 993–1012.

Marquis, C., Davis, G. F. & Glynn, M. A. (2013). Golfing alone? Corporations, elites, and nonprofit growth in 100 American communities. Organization Science, 24 (1): 39–57.

Meadows, D. H. (1999). *Leverage points. Places to Intervene in a System.* Hartland: The Sustainability Institute.

Meadows, D. H. (2008). *Thinking in systems: A primer,* [Nachdr.].

Mitchell, R., Agle, B. & Wood, D. 1997. Toward a Theory of Stakeholder Identification and Salience: Defining the Principle of Who and What Really Counts. In: Academy of Management Review, 22. Jg., H. 4,1997, S. 853–896.

Mulgan, G. (2006). The Process of Social Innovation. *Innovations: Technology, Governance, Globalization, 1* (2), 145–162.

Mulgan, G. & Leadbeater, C. (Hg.). (2013). Systems innovation: Discussion paper, London, England: Nesta.

Nickolaus, R., Gönnenwein, A. & Petsch, C. (2010). Die Transferproblematik im Kontext von Modellversuchen und Modellversuchsprogrammen. *Zeitschrift für Erziehungswissenschaft, 13* (1), 39–58.

North, D. C. (1990). A transaction cost theory of politics. *Journal of Theoretical Politics, 2* (4), 355–367.

Raiser, M. (1997). Informal institutions, social capital and economic transition: Reflections on a neglected dimension (Working Paper No. 25). London, England: European Bank for Reconstruction and Development.

Reihlen, M., Klaas-Wissing, T. & Ringberg, T. (2007). Metatheories in Management Studies: Reflections Upon Individualism, Holism, and Systemism. In M@n@gement, 10: 3, 49–69.

Rauf, M. (2009): Innovations and informal institutions: an institutionalist approach to the role of social capital for innovation, *Journal Of Academic Research in Economics*, Vol. 1 No. 1, S. 25–33.

Reckwitz, A. (2002). Toward a theory of social practices: a development in cultural-ist theorizing. *European Journal of Social Theory*, 5(2): 243–263.

Rittel, H. W. & Webber, M. M. (1973). Dilemmas in a general theory of planning. Policy sciences, 4(2), 155–173.

Rogers, E. M. (2003). *Diffusion of innovations* (5. Aufl.). New York: Free Press.

Schelling, T. C. (1971). Dynamic Models of Segregation. *Journal of Mathematical Sociology, 1*, 143–186.

Schmid, M. (2011). The Logic of Mechanismic Explanations in the Social Sciences. In P. Demeulenaere (Hg.), *Analytical Sociology and Social Mechanisms* (S. 136–153). Cambridge: Cambridge University Press.

Schreier, M. (2014). Varianten qualitativer Inhaltsanalyse: Ein Wegweiser im Dickicht der Begrifflichkeiten. *Forum Qualitative Sozialforschung*, 15(1), Art. 18.

Scott, W. R. (1987). The adolescence of institutional theory. *Administrative science quarterly, 32*(4), 493–511.

Scott, W. R., Ruef, M., Mendel, P. & Caronna, C. (2000). *Institutional Change and Healthcare Organizations: From Professional Dominance to Managed Care*. Chicago, IL: University of Chicago.

Seo, M. G. & Creed, W. D. (2002). Institutional contradictions, praxis, and institutional change: A dialectical perspective. *Academy of management review, 27*(2), S. 222–247.

Thornton, P. H. & Ocasio, W. (2008). Institutional logics. *The Sage handbook of organizational institutionalism, 840*, 99–128.

Thornton, P. H., Ocasio, W. & Lounsbury, M. (2012). *The institutional logics perspective: A new approach to culture, structure, and process*. Oxford: Oxford University Press on Demand.

Udehn, L. (2002). The Changing Face of Methodological Individualism. *Annual Review of Sociology, 28*, 479–507.

UNESCO (1982): *Mexico City Declaration on Cultural Policies. World Conference on Cultural Policies*. Paris: UNESCO. Paper IV: Culture in sustainable urban development 232. Abrufbar von http://webarchive.unesco.org/20151216000346/ http://portal.unesco.org/culture/en/files/12762/11295421661mexico_en.pdf/ mexico_en.pdf. Abgerufen 01.06.2017.

ÜSTRA. (o. D.). *Einsatz von Elektrobussen im Linieneinsatz der üstra*. Abgerufen von https://www.uestra.de/fileadmin/Material/Unternehmen/Fahrzeuge/Stadt bus/Elektrobusse/Zukunft_der_Elektromobilitaet_in_Hannover.pdf

WBGU (Wissenschaftlicher Beirat für Globale Umweltveränderungen) (2011a). *Globale Megatrends, Factsheet Nr. 3/2011*. Berlin: WBGU.

Weik, E. (2011). Institutional entrepreneurship and agency. *Journal for the Theory of Social Behaviour, 41*(4), 466–481.

Weick, K. E., Sutcliffe, K. M. & Obstfeld, D. (2005). Organizing and the process of sensemaking. *Organization Science, 16*(4): 409–421.

Weisenfeld, U. & Hauerwaas, A. (2018). Adopters build bridges: Changing the institutional logic for more sustainable cities. From action to workset to practice. In: Research Policy, Volume 47, Issue 5, June 2018, Pages 911–923, https://doi.org/10.1016/j.respol.2018.02.015

Wippler, R. (1978). The Structural-Individualistic Approach in Dutch Sociology. *The Netherlands Journal of Sociology, 14*, 135–155.

Unveröffentlichte Studien- und Qualifizierungsarbeiten der Leuphana Universität Lüneburg

Dangers, F., Gloede, C., Piehl, F. & Plaggemeyer, N. »Projektgruppe Neue Arbeitsformen« (2016). Neue Arbeits- und Organisationsformen der Stadt Hannover. Unveröffentlichte Projektarbeit im Komplementär Nachhaltigkeitsinnovationen in der Stadt. Eine transdisziplinäre Betrachtung am Beispiel der Stadt Hannover. Leuphana Universität Lüneburg.

Dippold, R., Ewald, S., Kläver, A. & Schöfthaler, M. »Projektgruppe Regionalwährung« (2017). Was zeichnet eine erfolgreiche Regionalwährung aus? Möglichkeiten für ein Regionalgeld in Hannover. Unveröffentlichter Projektbericht im Rahmen des Komplementärs Nachhaltiges Wirtschaften und Gemeinwohl-Ökonomie in der Praxis: Lösungsmodelle für nachhaltig wirtschaftende Unternehmen in der Region Hannover. Leuphana Universität Lüneburg.

Eising, L. A. (2018). Underlying Mechanisms of Sustainable Development – a Multi-level Perspective on the City of Hanover. Masterarbeit am Institute für Management und Organisation. Leuphana Universität Lüneburg.

Fehr, F. L., Nguyen, H. A., Klaas, A. & Schramm, K. »Projektgruppe Soziale Innovationen« (2016). Soziale Innovationen für Partizipation und Bürgerbeteiligung. Unveröffentlichte Projektarbeit im Komplementär Nachhaltigkeitsinnovationen in der Stadt. Eine transdisziplinäre Betrachtung am Beispiel der Stadt Hannover. Leuphana Universität Lüneburg.

Goertz, J., Gebauer, S., Wegner, M. & Kirschig, A. »Projektgruppe Solidarökonomie« (2016). Neue Arbeits- und Organisationsformen der Stadt Hannover. Unveröffentlichte Projektarbeit im Komplementär Nachhaltigkeitsinnovationen in der Stadt. Eine transdisziplinäre Betrachtung am Beispiel der Stadt Hannover. Leuphana Universität Lüneburg.

Hofmann, N. L., Floerfeld, A. L, Schmidt, S. & Krüger, J. O. »Projektgruppe Gemeinwohlökonomie« (2017). Was sind Hürden, Voraussetzungen und Möglichkeiten einer Gemeinwohlbilanz? Unveröffentlichter Projektbericht im Rahmen des Komplementärs Nachhaltiges Wirtschaften und Gemeinwohl-Ökonomie in der Praxis: Lösungsmodelle für nachhaltig wirtschaftende Unternehmen in der Region Hannover. Leuphana Universität Lüneburg.

Horstmann, I., Majeed, S., Postler, L. & Schuster, F. »Projektgruppe Social Entrepreneurship« (2016). Welche Nachhaltigkeitsinnovationen im Bereich Social Entrepreneurship sind in Hannover zu verzeichnen und existieren erkennbare Netzwerke? Unveröffentlichte Projektarbeit im Komplementär Nachhaltigkeitsinnovationen in der Stadt. Eine transdisziplinäre Betrachtung am Beispiel der Stadt Hannover. Leuphana Universität Lüneburg.

Kaden, C., Storre, V., Ayhan, S., Owen, M., Wunderling, F. & Nöh, J. »Projektgruppe Reconomy« (2017). Das Potenzial von Crowdfunding und Crowdsourcing für Reconomy-Unternehmen. Unveröffentlichter Projektbericht im Rahmen des Komplementärs Nachhaltiges Wirtschaften und Gemeinwohl-Ökonomie in der Praxis: Lösungsmodelle für nachhaltig wirtschaftende Unternehmen in der Region Hannover. Leuphana Universität Lüneburg.

Mosel, L. Sasse, F. & Zander, R. »Projektgruppe Nachhaltiger Tourismus« (2017). Nachhaltiger Tourismus und nachhaltiges Eventmanagement in der Region Hannover. Unveröffentlichter Projektbericht im Rahmen des Komplementärs

Nachhaltiges Wirtschaften und Gemeinwohl-Ökonomie in der Praxis: Lösungsmodelle für nachhaltig wirtschaftende Unternehmen in der Region Hannover. Leuphana Universität Lüneburg.

Neubert, F., Phieler, S. M., Feldmann, O., Schmidt, A. & Jabben, K. »Projektgruppe Alternative Möglichkeitsräume« (2017). Nachhaltiges Wirtschaften und Gemeinwohl-Ökonomie in der Praxis: Lösungsmodelle für nachhaltig wirtschaftende Unternehmen in der Region Hannover. Unveröffentlichter Projektbericht im Rahmen des Komplementärs Nachhaltiges Wirtschaften und Gemeinwohl-Ökonomie in der Praxis: Lösungsmodelle für nachhaltig wirtschaftende Unternehmen in der Region Hannover. Leuphana Universität Lüneburg.

Schmidt, A. R. (2016). Analyse der Diffusion eines Zwischennutzungskonzeptes als soziale Innovation auf städtischer Ebene. Bachelorarbeit am am Institute für Management und Organisation. Leuphana Universität Lüneburg.

Stampa, V., Baczyk, R., Kareem, K., Waltje, S. & Berwanger, F. »Projektgruppe Green Technology« (2016). Green Technology. Neue Technologien und Produkte für Nachhaltigkeit. Unveröffentlichte Projektarbeit im Komplementär Nachhaltigkeitsinnovationen in der Stadt. Eine transdisziplinäre Betrachtung am Beispiel der Stadt Hannover. Leuphana Universität Lüneburg.

Tierfriedhof Lahe

Die Toten am Rande der Stadt

Ursula Weisenfeld

Dieses Zwischenspiel beschreibt Eindrücke des Anfangs unseres Transect Walks vom 7. Oktober 2015 – mit einem Start im Nordosten von Hannover im Ort Lahe.

Hinter einer Mauer befindet sich ein Friedhof – es ist der jüngste Friedhof in Hannover, im Jahr 1968 angelegt und 37 Hektar groß (Hannover.de). Mit der Auslagerung von Friedhöfen und der Bestattung von Toten auf Zentralfriedhöfen und der Nutzung dortiger Leichenhäuser ging eine Veränderung der Trauerkultur einher: »Friedhof und Bestattung entfernten sich nicht nur räumlich von den Menschen, sondern auch aus der Alltäglichkeit der Begegnung mit ihnen« (Sörris 2007: 8). Man fährt mit dem Auto oder mit der Straßenbahn zur Auseinandersetzung mit dem Tod an den Rand der Stadt. Werden Rituale und Zeichen der Trauer ausgelagert, wird der Tod sozial verdrängt (Elias 1982). Es herrscht Stille hier, die aber von Baulärm immer wieder unterbrochen wird. Wir fühlen uns für eine kurze Weile ›auf dem Lande‹ und laufen durch grünes Gelände – Bäume, Hecken, Grünflächen – aber die hohen stattlichen Gebäude im Internationalen Stil von Versicherungsunternehmen im Hintergrund erinnern uns, dass wir in einer Stadt sind. Wir passieren Gärtnereien und Steinmetzbetriebe, die ihre Dienste für die Gestaltung eines Abschieds aus der Welt anbieten: Der Friedhof als ›letzte Ruhestätte‹ ist auch ein Ort der Verzierung und ein Ort des Umsatzes.

Ein Schild begrüßt uns: ›Herzlich Willkommen am Laher Café‹ direkt am Tierfriedhof.

Dieser Tierfriedhof (Tiere außer Menschen werden hier begraben) wird von der Friedhofsgärtnerei Recher GmbH betrieben. Die Benutzungsordnung vom 1. April 1999 weist aus, dass die Pachtzeit für eine Grabstelle drei Jahre beträgt (ab 25 kg Gewicht des Tieres fünf Jahre) und verlängert werden kann, und der Gebührenaushang informiert über Preise der Pacht und verschiedener Dienstleistungen: Bei Tieren bis zu 25 kg Gewicht beträgt die Pachtgebühr für den Zeitraum von drei Jahren 138 Euro, je Verlängerungsjahr fallen 46 Euro an. Man kann auch eine Grabstelle reservieren: Dies kostet pro Jahr 17 Euro. Beisetzungskosten (90 Euro), Grabgestaltung (ab 90 Euro) und Grabpflege für ein Jahr (57 Euro) oder auch nur als Urlaubsvertretung (pro Monat 15 Euro) sind Beispiele für weitere Serviceleistungen.

Wir schauen uns einige Gräber genauer an: Anders als auf typischen (deutschen) Menschenfriedhöfen finden wir eine Bandbreite von Gestaltungen; sie reicht von fröhlichen wie ein Vorgarten, mit Gartenzwerg und Sonnenrad, bis erinnerungsschwer, mit Fotos von Tieren, herzförmigen Verzierungen, Abschiedsworten auf Karten, Grablichtern und Engelsfiguren. Nicht wenige Gräber beherbergen mehrere Tierkörper; mit Geburts- und Todesdatum versehen verweisen sie auf gemeinsame Zeiten mit den ›Frauchen und Herrchen‹. Die Vielfalt an Grabgestaltung, die wechselnde Mischung von knallbuntem Heidekraut, Laternen, Steinen beschriftet mit Tiernamen, Solarlichtern, Umrandung mit Metallgitter, bare Erde mit ›Un‹kraut versehen oder dichte Bepflanzung mit Bodendeckern, lässt vermuten, dass der von der Gärtnerei angebotene Grabgestaltungsdienst nicht immer in Anspruch genommen wird.

Wie geht man nach dem Tod eines Haustieres mit dem Tierkörper um? In Deutschland ist das Begraben in ›freier Natur‹ nicht gestattet; das Begraben auf dem eigenen Grundstück ist, sofern es nicht in einem Trinkwasserschutzgebiet liegt und die Gemeinde es nicht ausschließt, unter Einhaltung bestimmter Abstände zu Nachbargrundstücken erlaubt. Was aber ist zu tun, wenn man kein Grundstückseigentum hat? Hierzu gibt der Bundesverband der Tierbestatter Auskunft: die vier Möglichkeiten sind Kremierung, Bestattung auf einem Tierfriedhof, Bestattung auf dem eigenen Grundstück und Verbleib beim Tierarzt, was die Entsorgung des Tierkörpers in einer Tierkörperbeseitigungsanstalt beinhaltet (Tierbestatter-bundesverband.de). Die Hannoversche Allgemeine Zeitung (HAZ 2015) stellt fest:»Immer mehr niedersächsische Haustier-Besitzer wollen ihren geliebten Hunden, Katzen und anderen Tieren auch über ihren Tod hinaus nahe sein. ›Die Anzahl der Bestattungen und Kremierungen wächst seit Jahren‹, sagte die Pressesprecherin Gabriele Metz vom Bundesverband der Tierbestatter. In Niedersachsen lässt sich noch ein Trend erkennen: Einäscherungen werden immer beliebter und stellen Tierfriedhöfe zunehmend in den Schatten.« Wer also kein Grundstück besitzt und den Tierkörper nicht der Tierkörperbeseitigungsanstalt überlassen möchte, ist auf den Tiertod spezialisierte Unternehmen angewiesen. Dieser wirtschaftliche Aspekt »ist nicht unbeachtlich: Nach Angaben des Bundesverbands wird der Umsatz rund um die Tierbestattung auf 16 bis 20 Millionen Euro jährlich geschätzt.« (HAZ 2015)

LITERATUR

Elias, N. (1982). Über die Einsamkeit der Sterbenden in unseren Tagen. Suhrkamp.

Hannover.de (o.J.). https://www.hannover.de/Kultur-Freizeit/Naherholung/Gärten-genießen/Friedhöfe-in-Hannover/Die-Friedhöfe-der-Landeshauptstadt-Hannover/Stadtfriedhof-Lahe

HAZ (Hannoversche Allgemeine Zeitung) (2015). www.haz.de/Nachrichten/Der-Norden/Uebersicht/Nach-dem-Tod-des-Haustiers, 1.8.2015.

Sörries, R. (2007). Der weite Weg zum Friedhof – Entwicklung der Friedhofskultur seit 1800. ICOMOS – Hefte des Deutschen Nationalkomitees 44: 8–10

Eilenriede und Zooviertel

Schnittstellen von Natur und Kultur an und

in wohlhabenden Stadtvierteln

Volker Kirchberg

Die Eindrücke und Deutungen des hier beschriebenen Weges von der Podbielski-straße durch die Eilenriede zum Zoo-Viertel beruht auf einem am 7. Oktober 2015 von den Projektmitwirkenden Ursula Weisenfeld, Sacha Kagan und Volker Kirch-berg durchgeführten Transect Walk, welcher vom Nordwesten Hannovers (Lahe) durch das Zentrum bis zum Schützenplatz nahe dem Maschsee führte.

Mittelteil dieses Walks war der Gang durch die Eilenriede, einem parkähnli-chen Wald nahe dem Stadtzentrum, wie er in deutschen Großstädten recht häufig zu finden ist. Ähnliche Stadtwälder sind der Bürgerpark in Bremen, der Tiergarten in Berlin, der Auwald in Leipzig, der Prater in Wien oder der Englische Garten in München. Der 640 Hektar große Park liegt westlich des Zentrums; er wurde um 1900 vom hannoverschen Stadtgartendirektorium in einen Waldpark umgewan-delt, also in ein Waldgebiet, das natürlich erscheint, dessen Baumbestände, Was-serläufe und Lichtungen aber vom städtischen Gartenamt kultiviert und gestaltet wurden. Auf 80 Kilometer Wanderwegen kann man sich anhand der vielen Denk-mäler und Plastiken längs der Wegkreuzungen und Lichtungen gut orientieren[1].

Auf unserem Walk stellen wir fest, dass in der Nähe dieser zentrumsnahen Grün-fläche einige der statusträchtigsten und reichsten Wohngebiete Hannovers liegen. Zunächst beginnt dieser Abschnitt unseres Transect Walks aber weiter nördlich an der Podbielskistraße, in der südlichen Ecke des Stadtteils List. Die Podbielskistraße ist eine vielbefahrene vierspurige Hauptstraße und eine der wichtigsten Ein- und Ausfallstraßen Hannovers überhaupt, mit einer Straßenbahnlinie, deren Züge seit der EXPO 2000 an auffälligen Hochbahnsteigen Halt machen. Diese Straße und ihre nördliche Bebauung ist noch nicht von ausgeprägtem Reichtum, sondern eher von Mietwohnungen des Mittelstandes gekennzeichnet.Dort finden wir eine mehr-geschossige Blockrandbebauung vor; deutlich wird dies an langgezogenen Fassa-den im Stil des in den 1920er Jahren modernen sozialen Wohnungsbaus, mit schön facettierten Fassaden und begrünten Hinterhöfen. Die Häuserblocks sind trotz ihrer Größe dem menschlichen Maßstab angepasst und heute von historischem

Wert. Ob es sich heute noch um Sozialwohnungen handelt, wissen wir nicht, nehmen aber an, dass dem nicht so ist.

An der südlichen Seite der Podbielskistraße, Ecke Raffaelstraße, sehen wir ein großes altes Gebäude, das zum »Grammophon Büropark« umgebaut wurde[2]. Auf Anhieb nehmen wir diesen Umbau als Beispiel für die Transformation eines nicht mehr industriell genutzten Fabrikgebäudes zu einem »Kreativcluster im postindustriellen Chic« wahr. Die Erneuerung scheint derart tiefgreifend gewesen zu sein, dass teilweise nur noch die historischen Backsteinfassaden zur Straße hin erhalten blieben. Schilder weisen darauf hin, dass sich dort heute Anwalts- und Arztpraxen sowie der Sozialpsychiatrische Dienst befinden. Ganz zentral, an der Ecke von Podbielski- und Raffaelstraße, befindet sich zudem ein großes Weingeschäft (»Weinkeller Mövenpick«), welches zur Degustation einlädt. Ich erkenne darin ein deutliches Symbol der postindustriellen »Erfolgsstory der Gentrifizierung«, wie man sie häufig an zentrumsnahen und häufig über 100 Jahre alten Industriegebäuden ablesen kann (Hamnett & Whitelegg 2007).

Gleich südlich der Podbielskistraße gehen wir nun in ein schönes, begrüntes Wohngebiet mit Einzelhäusern. Für die Straßennamen standen hier Komponisten wie Wagner, Brahms, Händel und Lortzing und Maler wie Cranach, Holbein, Rubens und Raffael Pate. Die Benennung dieser Straßen nach Klassikern der Hochkultur ist keinesfalls zufällig, erhöht sie doch auch den sozialen Status des hier wohnenden (Bildungs- und Besitz-)Bürgertums. Die Villen und die Vielzahl großer und teurer Automarken weisen auf den Wohlstand der hier zentral und doch im Grünen wohnenden Menschen hin, und stellen Codes einer Inklusion sehr weniger und einer Exklusion der meisten dar. Diese Straßen wirken auf uns wie eine distinguierte Gegend, in der schon lange »altes Geld« wohnt. Einer der ersten Stadtforscher, der schon 1929 Wohnorte der privilegierten Oberschicht untersuchte, war Zorbaugh (1984), welcher als Mitglied der stadtsoziologischen Chicago School die »Gold Coast« im Norden Chicagos zum prädestinierten Wohngebiet für Reiche erklärte, weil dort die natürlichen Vorzüge des Lebens (am Lake Michigan, mit viel Licht, frischer Luft, Strand und Grünflächen) am höchsten waren. Die lebenswerte Natur in Gestalt der Eilenriede spielt in diesem Viertel Hannovers eine entsprechende Rolle. Wir gehen durch zur Walderseestraße, welche hier gleichzeitig die nördliche Begrenzung der Eilenriede darstellt. Sie ist eine zweispurige, aber stark befahrene Straße mit kleinen Hotels, Immobilienfirmen und Versicherungsagenturen. Entlang dieser Straße sind kaum Spaziergänger*innen zu sehen; und wenn doch, gehen sie mit ihren Hunden Gassi. Wir hören vor allem die lauten Geräusche des ständigen Autoverkehrs auf dieser Straße, welche so gut wie alles übertönen. Als wir wieder in die kleinen begrünten Nebenstraßen zwischen Walderseestraße und Podbielskistraße einbiegen, wird es allerdings schlagartig ruhiger.

Wir treten nahe der Lortzingstraße in das Waldgebiet der Eilenriede ein und müssen im Park sofort auf vorbeieilende Fahrradfahrer*innen achten, welche die Wander- auch als Fahrwege nutzen. Die »Wildnis« des Waldes verlangt also genauso viel Verkehrsaufmerksamkeit wie die zuvor besuchten Straßen. Im Stadtwald treffen wir auf die Plastik einer jungen Frau, welche auf einem Tier reitet; wir interpretieren die Skulptur als Jagdgöttin Diana auf einem Steinbock.[3] Der Lärm der Autos nimmt ein wenig ab, obwohl er auch im Wald nach wie vor hör-, wenn auch nicht mehr sichtbar ist. Man weiß deshalb, dass man immer noch mitten in der Stadt ist – Kultur dominiert im Stadtwald die Natur. Er ist das Pendant zu den umliegenden Stadtvierteln: Während im Park die Straßen zwischen dem Grün verlaufen, ist es in den angrenzenden Stadtvierteln das Grün, welches sich zwischen den Straßen befindet, bzw. sich jenen anpassen muss.

Dieses spannungsgeladene Verhältnis von Natur (»Wildnis«) und Kultur (»Zivilisation«) nehme ich unmittelbar in der Umgebung wahr. Zwar gibt es hier einen großen und alten Baumbestand an Eichen, Rotbuchen, Erlen und Birken, die mit ihren ausladenden Kronen den Himmel verdunkeln, obwohl der Herbst schon die Blätter fallen lässt und das Grün sich lichtet. Das Gefühl, in der »freien Natur« zu sein, kommt aber nie auf, denn das dichte und geordnete Netz von Wanderwegen und Plastiken lässt immer wieder wahrnehmen, dass dieser Wald bis in die kleinsten Elemente durchgeplant, also »kultiviert« ist. Ich erlebe den Stadtwald als Symbol der Macht der geordneten menschlichen »Kultur« über das Treiben der ungeordneten mehr-als-menschlichen »Natur«. Diese Konfrontation wird bei Haarmann und Lemke (2009) als seltsames Verhältnis von städtischer Kultur und bedrohter Natur analysiert; fälschlicherweise könne im Bewusstsein vieler Städter*innen (und Stadt- und Landschaftsplaner*innen) »Natur« heute nur durch das ordnende menschliche Gestalten (»Kultur«) gerettet werden. Haarmann und Lemke meinen hingegen, dass die wirkliche Wahrnehmung von Natur/Kultur Stadtbewohner*innen stärker für eine nachhaltige Stadtentwicklung einnähme, wenn sie ihre modernistische und nicht-nachhaltige Einstellung zur Natur mittels kooperativer Planungsprozesse, künstlerischer Interventionen und philosophischer Reflexionen ablegte. In ihrer jetzigen Gestaltung trägt die Eilenriede allerdings nicht das geringste zu dieser Forderung bei.

Das Gespräch unserer Gruppe wendet sich dem Sicherheitsgefühl im Wald zu. In anderen Städten würde man sich eventuell in einem solchen Waldgebiet unsicher fühlen, hier jedoch kommt bei niemand dieses Gefühl der Unsicherheit auf, vielleicht, weil der Park von Wohngebieten der Reichen umgeben ist? Zudem wird er stark von Radfahrer*innen und Hundebesitzer*innen frequentiert. Der Weg führt uns die Bernadotte-Allee entlang südlich wieder aus diesem Waldstück heraus, zur Straßenbahnendhaltestelle »Hannover Zoo«. Hier befindet sich der Haupteingang des Zoos Hannover, ebenfalls ein Beispiel für die Unterwerfung bzw. Arretierung der Natur durch die Kultur. Wir lassen diesen Bereich aber »links liegen« und folgen der Bernadotte-Allee weiter Richtung Süden in die Adenauerallee hinein, bis zur Bristoler Straße, die nach der hannoverschen Patenstadt Bristol benannt wurde. Unser unmittelbarer Eindruck der Gegend: Hier sieht es noch teurer aus!

Das Zooviertel (offiziell: Stadtteil Zoo) liegt sehr zentral in der Mitte Hannovers, wird allerdings gleich nordöstlich durch die Gleisanlagen vom Hauptbahnhof getrennt. In Form eines Dreiecks wird das Zooviertel im Norden von der Eilenriede, im Osten vom Zoo und im Süden von den Gleisanlagen begrenzt. Als architektonische Kontrapunkte findet man im Osten die Stadthalle Hannover mit dem markanten Kuppelsaal und im Westen die Hochschule für Musik, Theater und Medien. »Das Zooviertel gilt als bevorzugte Wohnlage mit einer gehobenen Altbausubstanz mit deutlich überdurchschnittlichen Mieten und Immobilienpreisen«, so Wikipedia.[4] Nur 1,9 % der Bevölkerung im Zooviertel sind arbeitslos (Durchschnitt Hannover 6,8 %) und nur 2,4 % erhalten Transferleistungen zur Sicherung des Lebensunterhaltes (Durchschnitt Hannover 16,1 %).[5] Auch Paul Hindenburg, Gerhard Schröder und Carsten Maschmeyer wohnten einst dort.

Wir betreten das Viertel vom Osten her direkt gegenüber dem Zoo durch die Bristoler Straße. Selbst in dieser kleinen Nebenstraße fallen die repräsentative Gestaltung nicht nur der Villen rechts und links, sondern auch die gepflegten und wie mit dem Lineal gezogenen Baumreihen zwischen Bürgersteig und Straße auf. Die umfangreiche Buschbepflanzung direkt an der Straße verwehrt diskret aber effizient Einsichten in die Grundstücke und die dahinterliegenden Häuser. Hier lebt das gesellschaftliche Establishment in etablierten Strukturen. Offensichtlich mussten in den letzten Jahren aber einige traditionelle Villen aus der Wende des 19. Jahrhunderts mehrgeschossigen und verdichteten Neubauten weichen, denn die Immobilienwirtschaft findet hier ein profitables Pflaster: Aufgrund der Tiefe der meisten Grundstücke können dergestalt nicht nur mehrstöckige, sondern mehrfach aneinandergereihte Häuser mit vielen teuren Eigentumswohnungen gebaut werden. Sukzessive ändert sich so neben dem Aussehen und dem Alter der Villen in einer Art »Hyper-Gentrifizierung« die Zusammensetzung der Bevölkerung. Älteren Häusern wird der Garaus gemacht, weil verdichtete Neubauten aufgrund der hohen Nachfrage deutlich profitabler für die Immobilienwirtschaft sind. Viele Schilder an den Grundstückseingängen, für genau diese Branche, aber auch für Steuerberater*innen, für Rechtsanwält*innen, für Architekt*innen und für Finanzgesellschaften (der Wirtschaftsdienst AWD hatte seine Zentrale vor Ort), fallen uns sofort ins Auge. An einer Grünanlage Ecke Seelhorst- und Zeppelinstraße mit einem großen Rasen, einem kleinen runden Blumenbeet und einer Sitzbank fällt auf, dass sie nachmittags völlig verlassen ist. Auch sonst ist keine Menschenseele zu sehen.

Insbesondere die Konzentration von Schildern für Human-Management und Auftrittscoaching, Eheberatung und Familientherapie sowie für Anwälte des Familien- und Scheidungsrechts an den Häuser- und Grundstückseingängen bleibt uns in Erinnerung. Eine Reihe weiterer Hinweisschilder an den Hauseingängen weisen dann auf eine andere Art von Beratung hin: Mehrere Kinderpsycholog*innen und Psychotherapeut*innen für Kinder bieten ihre Dienste an. Gleich gegenüber der Kinderpsychologie-Praxis befindet sich seit 1348 das staatliche Kaiser-Wilhelm- und Ratsgymnasium (KWR), eines der alteingesessensten altsprachlichen Gymnasien Hannovers.[6] Die alte Ordnung der Gesellschaft wird durch die soziale Reproduktion der Klassen mittels solcher traditioneller Bildungsstätten an einem solchen Ort erhalten (Bourdieu 1973).

Ganz in der Nähe des Gymnasiums befinden sich zwei Restaurants, die bei dem schönen Wetter jetzt, zur Mittagszeit, auch draußen Tische aufgestellt haben; sie sind voll besetzt; es gibt hier also doch Menschen im öffentlichen Raum, zumindest im eingeschränkten Sinne, nämlich im gastronomischen Raum, in dem man konsumieren muss. In einer ruhigen Nebenstraße (Ellernstraße) hören wir plötzlich keinen Verkehrslärm mehr, sondern nur noch Vogelgezwitscher. Wir sind im Zentrum der neoklassischen Noblesse angekommen, wovon Gebäude aus der Gründerzeit durch ihre geschmackvoll farbige Fassadengestaltung mit hervorgehobenen Stuckelementen künden.

Jetzt, zum Südwesten hin, werden die Gebäude – immer noch im neoklassischen Stil der Gründerzeit – immer größer und höher; auch das eine oder andere eher schmucklose Hotel lässt die Nähe des Verkehrsknotenpunktes Hauptbahnhof erahnen. Dann verlassen wir das Quartier der Therapeut*innen, Rechtsanwält*innen und Immobilienanleger*innen über die Gellertstraße in der äußersten westlichen Spitze des Quartierdreiecks. Sofort umgibt uns wieder der Verkehrslärm, nicht nur der Lärm der Autos in der breiten und tiefen Unterführung der Gleisanlagen an der Berliner Allee, sondern auch jener der vielen Züge, die weiter oben im Hauptbahnhof ein- und ausfahren. Der eben noch körperlich erlebbare Luxus der Ästhetik der Reichen (Ruhe, Eleganz, Geordnetheit) wird ersetzt durch nach dem 2. Weltkrieg eilig aus dem Boden gestampfte mehrgeschossige Wohngebäude in der Leisewitzstraße. Hier gab es sicherlich »Kollateralschäden« durch Bomben, welche eigentlich dem Bahnhof galten, ihr Ziel jedoch verfehlten. Die gesellschaftliche Realität hat uns wieder, die Abgeschottetheit der Reichen scheint weit entfernt, obwohl die Quellen dieses Reichtums doch so nah sind: Die neoklassizistische Ästhetik des Zooviertels sollte nicht darüber hinwegtäuschen, dass dort ebenso knallhart Profit erwirtschaftet wird, wie in den Hochhäusern aus Beton, Stahl und Glas, die uns gleich um den Hauptbahnhof herum und im anliegenden Shopping-Zentrum empfangen; auch bei der Promenade durch die ruhigen Straßen des Zooviertels waren diese Symbole der kapitalistischen Moderne immer wieder am Horizont sichtbar.

ANMERKUNGEN

1 | https://de.wikipedia.org/wiki/Eilenriede
2 | In diesem Fabrikgebäude von 1889 war die Deutsche Grammophon angesiedelt, das älteste Schallplattenlabel der Welt (gehört heute zur Universal Music Group). Die Deutsche Grammophon Gesellschaft wurde 1898 vom Deutsch-Amerikaner Emil Berliner und seinem Bruder Josef in ihrer Geburtsstadt Hannover gegründet. Von hier aus erschloss das Unternehmen den europäischen Markt (https://de.wikipedia.org/wiki/Deutsche_Grammophon).
3 | Wikipedia (https://de.wikipedia.org/wiki/Ludwig_Vierthaler) erklärt dies als ein »Fabeltier« von Ludwig Vierthaler (1931).
4 | https://de.wikipedia.org/wiki/Mitte_(Stadtbezirk_in_Hannover)#Zoo
5 | Im Internet findet man diese Statistiken unter https://www.hannover.de/Leben-in-der-Region-Hannover/Politik/Wahlen-Statistik/Statistikstellen-von-Stadt-und-Region/Statistikstelle-der-Landeshauptstadt-Hannover/Strukturdaten-der-Stadtteile-und-Stadtbezirke, hier die Seiten VII–7 und VIII–7.
6 | https://www.kwr-hannover.de/index.php/kwr/schulentwicklung/geschichte-des-kwr-doclink/file

LITERATUR

Bourdieu, P. (1973). Kulturelle Reproduktion und soziale Reproduktion. In P. Bourdieu, Grundlagen einer Theorie der symbolischen Gewalt. Suhrkamp, S. 88–137.

Haarmann, A. & Lemke, H. (Hg.) (2009). Kultur| Natur: Kunst und Philosophie im Kontext der Stadtentwicklung. Jovis-Verlag.

Hamnett, C. & Whitelegg, D. (2007). Loft conversion and gentrification in London: from industrial to postindustrial land use. Environment and planning A, 39 (1): 106–124.

Landeshauptstadt Hannover (2018). Statistische Berichte der Landeshauptstadt Hannover. Strukturdaten der Stadtteile und Stadtbezirke 2018.

Zorbaugh, H. W. (1983). The gold coast and the slum: A sociological study of Chicago's near north side. University of Chicago Press.

Kapitel 3

Macht und Potenzial

Eine explorative Netzwerkanalyse der Akteur*innen

nachhaltiger Stadtentwicklung

Volker Kirchberg und Robert Peper

1. ZIELE DER NETZWERKSTUDIE

Eine basisdemokratische Regulierung des Zusammenlebens in einer Stadtgesellschaft zwischen unterschiedlichen staatlichen, wirtschaftlichen und zivilgesellschaftlichen Akteur*innen bedarf eines umfassenden Systems des systematischen Aushandelns, des gemeinsamen Entscheidens und der Kooperation. Diese
Zusammenarbeit zwischen unterschiedlichen städtischen Akteur*innen wird als
vernetzte Governance bezeichnet. Die Vernetzung diverser Regierungsebenen auf
Regional-, Stadt- und Stadtteil-Ebene, zwischen den Verbänden aus Kultur und
Wirtschaft, zwischen den Bürgerinitiativen und den neuen sozialen Bewegungen,
zwischen den Umwelt-, Kultur- und Sozialeinrichtungen usw., spiegelt die Komplexität, die Wirksamkeit und die Schwierigkeit des Zusammenspiels dieses Regel-
systems wider (Benz/Dose 2010).

Dieses Regelsystem eines Netzwerkes der nachhaltigen Stadtentwicklung zu erkennen und zu untersuchen war Zweck einer standardisierten Online-Befragung
möglichst vieler Akteur*innen dieses Feldes in Hannover. Jene Akteur*innen einer
nachhaltigen Stadtentwicklung sind mehr oder weniger stark mit anderen Akteur*innen vor Ort verknüpft, mehr oder weniger zentral in diesem Netzwerk positioniert und mehr oder weniger Teil des gesamten Netzwerkes oder eines Teilnetz-
werkes. Sie stehen an der Peripherie des Netzwerkes oder im inneren Kreis einiger
eng miteinander verknüpfter Akteur*innen, welche als Anker die Ausrichtung des
Netzwerkes bestimmen.

Insbesondere Schnittstellenakteur*innen beeinflussen die quantitative Stärke
und die qualitative Orientierung eines Netzwerkes. Können sie diese quantitativen und qualitativen Merkmale des Netzwerkes aus einer Machtposition heraus
bestimmen oder verstehen sie sich in ihrer Schnittstellenposition als Repräsentant*innen und Vermittler*innen der anderen Netzwerkakteur*innen und vertreten deren Interessen? Die erste Position betont die positive Wirkung zentral posi-
tionierter starker Schnittstellenakteur*innen, mit der das ganze Netzwerk gestärkt

wird. Die zweite Position befürchtet dagegen eine Monopolstellung solcher Schnittstellenakteur*innen, die in ihrer Machtfülle das gesamte Netzwerk beherrschen können. Die erste, handlungstheoretische Position betont die Fähigkeit dieser Akteur*innen, den Austausch zwischen den Netzwerkakteur*innen zu stimulieren, um insgesamt das Netzwerk als gesellschaftsformende Formation zu stärken. Die zweite, strukturalistische Position betont hingegen die ungünstige Konzentration von Macht an wenigen Stellen. Diese Dichotomie von Handlungsfähigkeit *(agency)* und Struktur *(structure)* bestimmt den neueren Diskurs zur Netzwerktheorie. So verknüpft die relationale Soziologie (Fuhse/Mützel 2010) Elemente eines utilitaristisch geprägten Strukturalismus (Netzwerke als Machtstrukturen) mit Elementen einer interaktionistisch oder kulturell geprägten Handlungstheorie (Netzwerke als gemeinsame Formationen). Giuffre (2013) geht ebenfalls auf die Dichotomie von Agency und Struktur im Netzwerk ein; sie betont, dass die machtvolle Ausbeutung eines Netzwerkes durch einen oder wenige Schnittstellenakteur*innen unterbunden werden kann, wenn alle Teilnehmer*innen eines Netzwerks gemeinsame, klare und moralische Wertvorstellungen haben, die den Machtmissbrauch verhindern können. Der Ausschlag des Pendels zwischen einem strukturalistischen Macht-Netzwerk und einem solidarischen Gemeinschafts-Netzwerk kann durch die Mitglieder des Netzwerks nur dann beeinflusst werden, wenn es noch nicht zu institutionalisiert ist und die Regeln des Umganges miteinander noch nicht zu festgelegt und traditionell sind. Giuffre betont, dass Netzwerke sich gegen einen zu hohen Institutionalisierungsgrad stellen müssen, damit die Mitglieder noch fähig sind, einen hohen Grad an Agency im Netzwerk zu gewährleisten. Diese Aussage wird auch durch eine explorative Studie bestätigt, die im Rahmen des Forschungsprojektes Stadt als Möglichkeitsraum 2015 zum Fest der 900 Jahr-Feier Lindens durchgeführt wurde: Der Erfolg dieses Festes und die starke Identität und Resilienz dieses Stadtteils liegt in der Fähigkeit zur transversalen Kooperation von Schnittstellenakteur*innen, die nicht durch eine hohe Institutionalisierung eingeschränkt wird (vgl. Dollereder/Kirchberg 2016).

Grundlegend für diese Gedanken zu einem transversal-interaktionistischen und kulturalistisch orientierten qualitativen Netzwerk ist das Werk von Harrison White (2012). White versteht Netzwerke als Gemeinschaften, die den Mitgliedern Identität und Sicherheit geben. Ein Bewerten der sozialen Umwelt wird durch die Netzwerkgemeinschaft einfacher, weil man die Kultur (Werte, Normen, Rollen) des Netzwerks, an dem man teilnimmt, unwidersprochen übernimmt. Diese Selbstverständlichkeit der gemeinsamen Kultur führt aber auch zur Kontrolle der Netzwerkmitglieder. Identitätsformation und Kontrolle gehen Hand in Hand, die Mitgliedschaft im Netzwerk gibt der Akteur*in (Person oder Organisation) Beständigkeit und Sicherheit in ihrem Handeln, kann aber auch zur Kontrolle dieser Akteur*in durch das Netzwerk führen (Fuhse 2015, McLean 2017). Im neueren Diskurs zu den beiden Begriffen »Netzwerk« und »Stadtgemeinschaft« wird hierbei die Agency-Komponente betont; das Gefühl der Zugehörigkeit und der Unterstützung im gemeinsamen Handeln steht im Zentrum der Mitwirkung am Netzwerk. Der Grad der Zugehörigkeit hängt wiederum von der im Netzwerk anerkannten Kultur von Werten und Verhaltensweisen ab. Wenn dieser Code des Public Conduct (Blokland 2017) mit der Kultur der einzelnen Akteur*in übereinstimmt, und dies für viele Akteur*innen im Netzwerk gilt, dann handelt es sich um ein machtvolles solidarisches Beziehungsgefüge einer nicht nur utilitaristisch geprägten urbanen Gemeinschaft.

Die Theorie und Methode der quantitativen Netzwerkanalyse[1] ist in der Untersuchung dieser oben genannten Thesen in mehrfacher Weise hilfreich. Unsere Prämisse aus dem eben Gesagten ist, dass Netzwerkbildung ein wichtiger Faktor einer mächtigen nachhaltigen Stadtentwicklung ist. Erstens untersuchen wir deshalb, ob diese nachhaltige Stadtentwicklung ein Resultat relationaler Strukturen ist. Zweitens können wir einzelne Handelnde oder Organisationen als Schlüsselakteur*innen eines solchen Netzwerkes ausmachen. Drittens können wir herausfinden, wie bedeutend Netzwerke für die Akteur*innen sind, indem wir den Nutzen einer Netzwerkbeteiligung zwischen Kontrolle (Macht) und Identität (Gemeinschaft) analysieren. Gerade hier lassen sich die Potenziale der quantitativen mit der qualitativen Netzwerkanalyse verbinden, um den Nutzen von Vernetzungen besser zu verstehen.

Das grundsätzliche Ziel der quantitativen Erhebung sind Erkenntnisse über die Struktur und Stärke des Netzwerks mit seinen maßgeblichen Akteur*innen. Detaillierter wollen wir durch die quantitative Netzwerkanalyse folgende Ziele erreichen:

- Die Erfassung wichtiger Akteur*innen in einem Netzwerk der nachhaltigen Stadtentwicklung. Diese Akteur*innen sind zahlreich verknüpfte und an Schnittstellen des Netzwerkes positionierte Organisationen, die das Netzwerk als langfristige Anker strategisch festigen können.
- Die Visualisierung der Wechselwirkungen zwischen relevanten Organisationen verschiedener gesellschaftlicher Teilbereiche, wie z. B. Bildung, Kunst und Kultur, Politik und Wirtschaft.
- Die Identifikation wichtiger Projekte und Organisationen, deren Einfluss vielleicht unterschätzt wurde, und die Sichtbarmachung von Einzelpersonen als Pionier*innen nachhaltiger Stadtentwicklung.
- Die Identifikation der *Broker*innen* des Netzwerks, d. h. der Akteur*innen, über welche die kürzesten Pfaddistanzen im Netzwerk verlaufen, sodass sie verschiedene Teilnetzwerke miteinander verbinden.
- Die strukturalistische Deutung der Position dieser Schnittstellen-Organisationen als Ursache ihrer Macht im Netzwerk.
- Solche *pole positions* können auch als strategische Schwachstellen des Netzwerkes gedeutet werden, weil sie im Falle ihres Wegfalls zu einer Auflösung des gesamten Netzwerks oder wichtiger Teile dessen führen könnten (strukturelle Löcher laut Burt 2004).
- Die handlungstheoretische Interpretation, die solche Schnittstellen nicht als Machtpositionen gegen, sondern für das Netzwerk versteht. Ihre Machtfülle ist im Netzwerk gewollt, da sie die Interessen eines kooperativen und auf Gemeinsamkeiten aufbauenden Netzwerkes repräsentiert.
- Das Aufzeigen von nur unzureichend vernetzten Akteur*innen oder Teilnetzwerken in der Peripherie des gesamten Netzwerkes.

---

1 | Hilfreiche Einführungen in die quantitative Netzwerkanalyse sind Jansen (2006), Stegbauer (2010) und Rürup/Röbken/Emmerich/Dunkake (2015). Zur qualitativen Netzwerkanalyse sei auf den Sammelband von Hollstein und Straus (2006) verwiesen.

- Die Darstellung der Richtung bestimmter *Flows* im Netzwerk. Diese dient der Unterscheidung symmetrischer (wechselseitiger) Beziehungen und asymmetrischer (machtvoller) Beziehungen.
- Die Definition der Intensität von Beziehungen und die Visualisierung der Relationen im Netzwerk. Diese ist insbesondere wichtig, um Teilnetzwerke in ihrer Zusammensetzung zu erkennen; das Filtern der Intensität von Beziehungen dient dazu, aus der Unübersichtlichkeit von Netzwerken mit großer Relationsfülle nur die wirklich intensiven Beziehungen herauszufiltern.
- Die Zugehörigkeiten von Teilnetzwerken (Communities) und die Bestimmung der Interaktionen zwischen unterschiedlichen Sektoren. Die inhaltliche Ausrichtung der Arbeit der Akteur*innen mag Einfluss auf die Vernetzung in Teilnetzwerken und auf die Intensität der Vernetzung haben.

2. METHODIK: DATENERHEBUNG UND STICHPROBE

Ein personalisierter Befragungslink mit der Einladung zur Teilnahme an der Studie wurde Ende August 2017 an insgesamt 164 Repräsentant*innen von Organisationen und Projekten mit Bezug zur nachhaltigen Stadtentwicklung in Hannover versandt. Der Befragungszeitraum umfasste zwei Monate bis Ende Oktober 2017; zwischenzeitlich wurde noch eine Erinnerungsmail verschickt. Bei diesen 164 Repräsentant*innen handelt es sich um eine Liste aller Akteur*innen der nachhaltigen Stadtentwicklung in Hannover (Stand Sommer 2017), die in den zwei Jahren vor der Online-Befragung durch die diversen Teilprojekte des Forschungsprojektes »Stadt als Möglichkeitsraum« erkannt wurden. 61 Personen haben den Fragebogen ausgefüllt, davon 56 vollständig mit detaillierten Angaben zu ihren Kontakten. Dies entspricht einem Rücklauf von 37 Prozent. Dieser Rücklauf ist vergleichbar mit den Teilnahmequoten ähnlicher Netzwerkanalysen, die in den letzten Jahren andernorts mit einem solchen Online-Tool in Deutschland durchgeführt wurden[2]. Die Ergebnisse der Studie können demnach keinen Anspruch auf Vollständigkeit haben und sind im streng statistischen Sinne nicht repräsentativ. Andererseits kann bei quantitativen Netzwerkanalysen in der Regel davon ausgegangen werden, dass ein Rücklauf von etwa 40 Prozent ausreicht, um latente Kernmuster einer Netzwerkstruktur identifizieren zu können. Die Stichprobe erscheint zudem qualitativ hochwertig, da die Vertreter*innen vieler namhafter Organisationen und Projekte an der Erhebung teilgenommen haben.

Den Befragten wurde im Online-Fragebogen eine Auswahlliste vorgelegt, welche alle im Verteiler befindlichen 164 Organisationen und Projekte beinhaltete. Hierzu wurde dann die folgende Frage – der sogenannte *Namensgenerator* – formuliert: »In Ihrem Alltag tauschen Sie sich mit anderen Akteur*innen aus, um die Ziele und Aufgaben Ihres Projektes/Ihrer Organisation erreichen zu können. Wenn Sie von Anfang 2016 bis heute zurückdenken: Mit wem haben Sie dabei zu tun gehabt?« Die Befragten konnten im Folgenden am Computer durch die Liste

---

2 | Siehe vergleichend eine Studie, die im Jahr 2016 vom Berliner Netzwerk Kulturberatung in der Stadt Ulm durchgeführt (Föhl/Pröbstle/Peper 2016) wurde, sowie eine Netzwerkanalyse der Kulturellen Bildung Nordthüringens (Föhl/Peper 2017). Hier lagen die Ausschöpfungsquoten bei 46 bzw. 41 Prozent.

scrollen und all diejenigen Akteur*innen anklicken, mit denen sie in diesem Zeitraum im Austausch standen. Insgesamt 56 der 61 Teilnehmer*innen reagierten auf diesen Stimulus und nannten 1.217 Kontakte. Es handelt sich bei diesen mehr als tausend Kontakten allerdings oftmals nicht um unterschiedliche Akteur*innen, denn es konnten ja nur Beziehungen zu den 164 in der Auswahlliste befindlichen Organisationen und Projekten angegeben werden. Vielmehr wurden einige Akteur*innen mehrfach, einige besonders häufig, als Kooperationspartner*innen genannt. Da vom Forschungsteam im Vorwege nicht vollständig ausgeschlossen werden konnte, dass weitere für die nachhaltige Stadtentwicklung relevanten Akteur*innen existieren, die in den Vorstudien nicht erfasst werden konnten, wurde im Nachgang an den ersten Namensgenerator zusätzlich gefragt, ob in der Auswahlliste wichtige Akteur*innen vergessen worden seien. Für diesen Fall hatten die Befragten die Möglichkeit, bis zu drei Organisationen und Projekte manuell nachzutragen. Die von Hand eingefügten Kontakte wurden im Rahmen der Auswertung vom Forschungsteam harmonisiert und sind ebenfalls in die Ergebnisse eingeflossen. Insgesamt 27 Befragte nutzten die Möglichkeit der nachträglichen Nennung von Kontakten. Sie gaben weitere 62 Beziehungen zu Akteur*innen an, die für ihre Kommunikation maßgeblich waren.

Tabelle 1: Befragte mit Netzwerkbeziehungen nach Namensgeneratoren (N = 61)

Namensgenerator	N	Kommunikations-partner*innen	Netzwerkgröße (Mittelwert)
Vorhandene Kontakte	56	1217	19,95
Gewünschte Kontakte	18	111	0,72
Zusätzliche Kontakte	27	44	1,02
Pionier*innen des Netzwerks	34	62	1,82

Neben diesen beiden Dimensionen gelisteter und ungelisteter Kontakte wurden noch zwei weitere abgefragt: Zum einen sollte herausgefunden werden, welche Personen von den Befragten als Pionier*innen eines Wandels für mehr Nachhaltigkeit in Hannover betrachtet werden. 34 Befragte machten Angaben zu spezifischen Personen, die sie in dieser Rolle sehen. Sie gaben insgesamt 111 Namen an[3]. Zum anderen wurden die Befragten danach gefragt, zu welchen Organisationen und Projekten sie in Zukunft gerne Kontakt aufnehmen würden, es im Moment aber noch nicht täten[4]. Hierzu machten 18 Befragte Angaben, also knapp ein Drittel der Stichprobe. Sie trugen 44 Akteur*innen ein, mit denen sie sich in Zukunft einen Austausch wünschen (siehe Spalte 3 der Tabelle 1). Die durchschnittliche Netzwerkgröße der Kontakte beträgt für die Teilnehmer*innen knapp 20 Kontakte (siehe Spalte 4 in Tabelle 1). Außerdem nannte jede Befragte im Durchschnitt einen weiteren Kontakt, der zuvor nicht in der Auswahlliste berücksichtigt worden war. Durchschnittlich zwei Personen wurden von den Befragten als Pionier*innen

---

3 | Die Nennung solcher Namen von Personen wurde auf die Anzahl eins bis fünf limitiert.
4 | Auch hier konnten die Namen von maximal fünf Organisationen und Projekten genannt werden.

eines nachhaltigen Wandels für Hannover genannt[5]. Vergleichsweise selten wurden Wunschpartner*innen angegeben.

3. MERKMALE DER AKTEUR*INNEN IM NETZWERKE

Bevor wir nun die Netzwerkstruktur der nachhaltigen Stadtentwicklung darlegen und untersuchen, sollen zunächst charakteristische Merkmale der beteiligten Organisationen als Akteur*innen (d.h. Alter der Organisation, Anzahl der Mitarbeiter*innen, inhaltliche Ausrichtung, Werteorientierung, Art der Förderung u.v.m.) vorgestellt werden. Der Begriff »Organisation« schließt alle Formen der organisierten Arbeit, also Individuen, Projekte, Initiativen und bürokratisch organisierte Verwaltungseinrichtungen mit ein.

Bei einer Reihe von Merkmalen lässt sich eine dichotome Verteilung erkennen. So sind 28% der Organisationen lediglich bis zu 5 Jahren jung, während 27% über 30 Jahre alt sind. Ähnliches gilt für die Art der Mitarbeit: bei 32% handelt es sich um Organisationen, in denen hauptsächlich ehrenamtlich gearbeitet wird, während 46% der Organisationen hauptsächlich fest angestellte Mitarbeiter*innen haben. Dies spiegelt sich auch in der Entlohnung wider: 35% der Organisationen entlohnen ihre Aktiven (Freiwilligen) nicht, während 32% ihren Aktiven (Mitarbeitern) ein Gehalt zahlen.

Mehr als ein Viertel der Organisationen (28%) kann als klein bezeichnet werden (bis zu 10 Aktive). Im mittleren Größenbereich (11 bis 50 Aktive) befinden sich 42% der Organisationen, und 30% sind große Organisation mit über 50 Mitwirkenden. Unter den befragten Organisationen haben sich zwar 24% inhaltlich nicht nur einem Thema verschrieben, sondern sich stattdessen allgemein als »Non-Governmental Organisation« in der Zivilgesellschaft beschrieben, sie sind aber vor allem im Umwelt- und/oder Sozialbereich tätig. 18% der Organisationen bezeichnen sich als »alternativ wirtschaftende Organisation«, 11% bezeichnen sich als »Kunst- oder Kulturinitiative« und ebenso viele als »Bildungseinrichtung«. Mehr als zwei Drittel (69%) erhalten eine staatliche Förderung, die zudem für fast drei Viertel (74%) länger als ein Jahr ausgezahlt wird. 42% der Organisationen erhalten Zuwendungen nicht-staatlicher Art von Stiftungen (61%), aus der Wirtschaft (23%), von Mäzenen (6%) und durch eigene Einnahmen (10%). Wenn es eine staatliche

---

5 | Am häufigsten, zwischen fünf- und neunmal, wurden als Pionier*innen des nachhaltigen Wandels für Hannover benannt: Thomas Köhler (Transition Town, Post Oil City, Pestel Institut), Silvia Hesse (Aware Fair, Freundeskreis Malawi, LeineHeldenJam), Hans Mönninghoff (ehemals Erster Stadtrat, Umwelt- und Wirtschaftsdezernent der Landeshauptstadt Hannover, Politiker der Grünen), Felix Kostrzewa (Projektleiter Utopianale Filmfestival, Wissenschaftsladen), Stephanie Ristig-Bresser (Gemeinwohl-Ökonomie, LeineHeldenJam, Degrowth) sowie Joy Lohmann (KdW-Kultur des Wandels, artlab4-Kollektiv für Kultur und Nachhaltigkeit, Positive Nett-Works). Auffällig ist, dass diese häufig genannten Pionier*innen des nachhaltigen Wandels alle in mehr als einer Organisation oder einem Projekt in Hannover aktiv sind. Diese Multifunktionalität mit einer entsprechenden medialen Aufmerksamkeit im Feld der nachhaltigen Stadtentwicklung macht sie zu zentralen Akteur*innen. In der folgenden Netzwerkanalyse werden später nur Organisationen und Projekte genannt, von den Personen hinter den Initiativen und Organisationen wird abstrahiert.

Förderung gibt, dann kommt diese zum weitaus überwiegenden Teil (61%) von der Landeshauptstadt Hannover (einschließlich Gremien der Stadtteile und der Stadtbezirke). 29% der Förderung kommt vom Bundesland Niedersachsen und 10% vom Bund. Die Aktivitäten der Akteur*innen richten sich nicht an die gesamte Stadtbevölkerung, vielmehr werden recht dezidiert Zielgruppen festgelegt. Auch hier waren Mehrfachantworten möglich. Bei 57% der Akteur*innen ist die Bewohnerschaft des Stadtteils, in dem man vor allem tätig ist, die Zielgruppe; gefolgt von Kindern und Jugendlichen (36%), Aktivist*innen aus den Bereichen Kultur und Umwelt (33%) und Unternehmen (knapp 30%). Zu knapp 20% versucht man Politiker*innen, und zu knapp 18% Mitarbeiter*innen kommunaler Verwaltungseinrichtungen zu erreichen, wahrscheinlich um diese als Multiplikator*innen gewinnen zu können.

*Tabelle 2: Zielgruppen der Akteur*innen der nachhaltigen Stadtentwicklung*

Zielgruppen der Organisation	N*	Prozent der Fälle
Bewohner*innen des Stadtteils	41	56,9%
Kinder und Jugendliche	26	36,1%
Aktivist*innen (Kultur, Umwelt)	24	33,3%
Unternehmer*innen	21	29,2%
Politiker*innen	14	19,4%
Städtische Mitarbeiter*Innen	13	18,1%
Kulturpublikum (in Museen, Theatern, Soziokulturzentren)	12	16,7%
Senior*innen	11	15,3%
Medienvertreter*innen	8	11,1%
Ethnisch-kulturelle Minderheiten/Menschen mit Migrationshintergrund	7	9,7%
Geflüchtete	7	9,7%
Mieter*innen	6	8,3%
Fahrradfahrer*innen	6	8,3%

*N = Anzahl der Zustimmungen zu diesem Item im Fragebogen (gilt auch für die folgenden drei Tabellen)

Diese Zielgruppen lassen sich auch räumlich festmachen: Interessant ist dabei, dass – obwohl vor allem Bewohner*innen eines Stadtteils angesprochen werden – die räumliche Wirkung vieler Organisationen über diesen Stadtteil hinausgehen. 20% betonen zwar einen fokussierten Stadtteilbezug, aber 26% sehen mehrere Stadtteile, Bezirke oder die gesamte Stadt Hannover als ihr Wirkungsgebiet an; knapp 30% wollen darüber hinaus auf die Region Hannover wirken. Die lokale Orientierung geht also sehr häufig mit dem Wunsch einer nachhaltigen Transformation über den Stadtteil hinaus einher.

Eine wichtige Aufgabe dieser Bestandsaufnahme ist die Erhebung des Verständnisses einer »nachhaltigen Stadtentwicklung«. Auf die Frage, welche Themen- und Handlungsfelder nachhaltiger Stadtentwicklung für die Organisation besonders wichtig seien (Mehrfachantworten waren möglich!), antworteten knapp

60% der Repräsentant*innen der Organisationen mit der Bildung zu und der Vermittlung von Themen nachhaltiger Entwicklung, 51% mit der Stärkung von Partizipation und Bürger*innenbeteiligung, 46% mit der Förderung von Kreativität und Innovation und 45% mit der Förderung des Klimaschutzes. Die folgende Tabelle 3 stellt die 20 wichtigsten Themen der nachhaltigen Stadtentwicklung unter den befragten Akteur*innen dar.

*Tabelle 3: Themen der nachhaltigen Stadtentwicklung bei den Akteur*innen*

Themen der nachhaltigen Stadtentwicklung	N	Prozent der Fälle
Bildung/Vermittlung nachhaltiger Entwicklung	44	59,5%
Partizipation und Bürger*innen-Beteiligung	38	51,4%
Kreativität und Innovation	34	45,9%
Klimaschutz	33	44,6%
Beförderung globalen Lernens und einer verantwortungsvollen Gestaltung der Umwelt	32	43,2%
nachhaltige Produktions- und Handelsformen	31	41,9%
Ressourcenverantwortung/Ressourcenschutz (nachhaltiger Verbrauch)	31	41,9%
nachhaltige Mobilität	30	40,5%
gute Nachbarschaft	29	39,2%
nachhaltige Ernährungs- und Konsumformen	29	39,2%
Interkulturalität, kulturelle Diversität und Vielfalt der Lebensweisen	28	37,8%
Aneignung und Gestaltung von Freiräumen	27	36,5%
alternative Wirtschafts- und Finanzierungsformen	25	33,8%
soziale Gerechtigkeit (z.B. soziale Infrastruktur, Umgang mit Gentrifizierung)	25	33,8%
alternative Gestaltung, Nutzung von Flächen, Gebäuden und Räumen (urban gardening, coworking space)	24	32,4%
Beförderung (trans)kultureller, generationsübergreifender, inter- und transdisziplinärer Lernformen	24	32,4%
Ortsidentität, Zugehörigkeit und Stärkung ortsgebundener Interaktionen	23	31,1%
Resilienz	20	27,0%

Diese Themenfokussierung geht mit bestimmten Werten einher. In der Befragung baten wir die Akteur*innen, ihre drei wichtigsten Werteorientierungen (aus einer Auswahl von 23) anzukreuzen. Deutlich stehen die Werte der »Verantwortung für die Natur«, die »Abkehr von Materialismus und Konsum«, sowie »Demokratie« und »Partizipation« im Vordergrund. Tabelle 4 listet die zehn wichtigsten Wertorientierungen auf.

Tabelle 4: Werteorientierung der Akteur*innen der nachhaltigen Stadtentwicklung

Werteorientierung	N	Prozent der Fälle
Verantwortung für die Natur und ihre Ökosysteme	24	33,3%
Abkehr von Materialismus und Konsum (Postwachstum)	23	31,9%
Demokratie	21	29,2%
Partizipation	19	26,4%
Diversität (Förderung unterschiedlicher Lebensweisen, Erhalt kultureller Vielfalt)	17	23,6%
soziale Gerechtigkeit	17	23,6%
gesellschaftliche Verantwortung und hochwertige Bildung für alle	15	20,8%
Orientierung am Gemeinwohl	14	19,4%
Anerkennung von Menschenwürde und Menschenrechten	11	15,3%
Ressourcenverantwortung in Solidarität	10	13,9%

Eine weitere Frage spricht das Verständnis von »Stadt« in der nachhaltigen Stadtentwicklung an. Acht idealtypische Vorstellungen einer »nachhaltigen Stadt« wurden aufgelistet und die Akteur*innen gefragt, ob und wie weit sie an dem jeweiligen Stadtbild mitwirken. Vorgegeben war eine Skala von 1 (sehr schwache Mitwirkung) bis 5 (sehr starke Mitwirkung) (Tabelle 5).

Tabelle 5: Mitwirkung an acht »Stadtbildern der nachhaltigen Stadtentwicklung«
(Mittelwert und Standardabweichung auf einer Likertskala von 1 bis 5)

Einschätzung der eigenen Wirkung auf Stadtbilder der nachhaltigen Stadtentwicklung	N	Mittelwert	Standardabweichung
Bildende Stadt, z. B. zur Bildung und zum Kompetenzerwerb in der Stadt	65	3,14	1,52
Soziale Stadt, z. B. zur Gestaltung von Orten der Begegnung und des Austausches	61	2,95	1,27
Sozioökonomische Stadt, z. B. zu Innovationen der Nachhaltigkeit und zu ökonomischen Alternativen	64	2,81	1,43
Ökologische Stadt, z. B. zur umweltgerechten Stadt	59	2,66	1,35
Politische Stadt, z. B. Wohnpolitik, Verkehrspolitik, Umweltpolitik	63	2,57	1,46
Globale Stadt, z. B. zur Globalisierung und zu Weltproblemen	62	2,56	1,40
Gebaute Stadt, z. B. zum Masterplan der Entwicklung der ganzen Stadt	58	2,28	1,28
Gerechte Stadt, z. B. Mieter*innenrechte, Migrant*innenrechte, Rechte der sozial Schwachen	60	2,10	1,22

Wir stellen fest, dass die Akteur*innen ihre Mitwirkung an der Gestaltung nachhaltiger Stadtbilder insgesamt als eher schwach einschätzen. Mit einer Ausnahme orten sie sich zwischen den Werte 2 »schwache« und 3 »mittlere Mitwirkung« ein. Am stärksten (zwischen »mittlerer« und »starker Mitwirkung«) wird noch der Einfluss auf Bildung und Kompetenzerwerb eingeschätzt. Eine etwas höhere Einschätzung findet man noch beim Typus »Soziale Stadt«. Hingegen werden die Wirkungseinflüsse auf die »Gebaute Stadt« und die »Gerechte Stadt« als schwach eingeschätzt.

Ohne auf umfassende Repräsentativität bestehen zu können (hierfür müsste eine repräsentative Umfrage über ganz Deutschland durchgeführt werden), lassen sich doch einige deutliche Aussagen aus diesen explorativen Analysen formulieren: Zunächst einmal unterscheidet sich die Organisationslandschaft der nachhaltigen Stadtentwicklung in eher junge und mit wenigen und unbezahlten, also ehrenamtlichen Kräften, arbeitende Organisationen (»Projekte«) und in eher alte, auf vielen und Gehalt beziehenden Kräften basierende Organisationen (»Einrichtungen«). Eine kursorische Analyse (Kreuztabellierungen) der Organisationsmerkmale mit den von den Organisationen verfolgten Themen der nachhaltigen Stadtentwicklung zeigt, dass in der ersten Kategorie der jungen, ehrenamtlichen und kleinen Organisationen (»Projekte«) eher zu den Themen Klimaschutz, Kreativität und Innovation, alternative Wirtschaftsformen und Resilienz und in den älteren, größeren und Gehalt auszahlenden Organisationen (»Einrichtungen«) eher zu den Themen Bildung und Vermittlung, Partizipation und Bürgerbeteiligung und soziale Gerechtigkeit gearbeitet wird. Ein ähnliches Bild ergibt sich, wenn man sich die Wertorientierungen ansieht. Junge, kleinere und mit ehrenamtlichen Kräften arbeitende Organisationen (»Projekte«) nennen eher die Abkehr von Materialismus und Konsum (Postwachstum) und die Verantwortung für die Natur und ihre Ökosysteme als ihre wichtigsten Werte. Alte, größere und Gehalt auszahlende Organisationen (»Einrichtungen«) führen eher Demokratie, Orientierung am Gemeinwohl und hochwertige Bildung für alle als ihre zentralen Werte auf. Obwohl es sich bei dieser explorativen Analyse eher um tendenzielle Ergebnisse handelt, weist sie doch auf eine Friktion zwischen gering und hoch institutionalisierten Akteur*innen der nachhaltigen Stadtentwicklung hin. Diese potenzielle Friktion im Auge zu behalten, wird auch Aufgabe der folgenden Abschnitte sein.

4. Strukturanalyse der Netzwerke

Um die Ausführungen der nachfolgenden Analysekapitel besser verstehen zu können, sind in Tabelle 6 die wichtigsten Begriffe der Netzwerkanalyse aufgelistet und jeweils mit einer Erläuterung versehen. Die vier letzten Maßzahlen der Tabelle 6 werden genutzt, um strukturelle Begebenheiten des Feldes der nachhaltigen Stadtentwicklung Hannovers netzwerkanalytisch einzuordnen und zu interpretieren.

Tabelle 6: Zentrale Begriffe der Netzwerkanalyse (Eigene Darstellung nach Freeman 1979; Mutschke 2010)

Maßzahl/Konzept	Erläuterung/Interpretation
Knoten	Einzelne Akteur*innen (hier: Organisationen) werden als Netzwerkknoten dargestellt, die in der Regel mit anderen Knoten verbunden sind.
Kanten	Verbindungslinien, die zwischen Akteur*innen gezogen werden und eine Relation, in diesem Fall eine Interaktion, symbolisieren
gerichtete Beziehung	Eine Beziehung, die per Pfeilrichtung einen *Flow* darstellt (von A nach B oder umgekehrt)
ungerichtete Beziehung	Eine Beziehung ohne Pfeilrichtung, wenn keine Gewichtung vorgenommen werden kann
Reziprozität	Eine Sozialbeziehung ist reziprok, wenn sie in beide Richtungen (von A zu B und umgekehrt) läuft, also wechselseitig erwidert wird.
Pfad; Pfaddistanz	Wege, die (gegebenenfalls indirekt über andere Akteur*innen) überbrückt werden müssen, um andere Knoten zu erreichen
Sinks	*Sinks* sind Akteur*innen, die nur eingehende, aber keine ausgehenden Beziehungen haben. Die Anzahl von *Sinks* in einem Netzwerk kann recht hoch senn, wenn ein größerer Teil der Akteur*innen zwar als Kommunikationspartner*innen genannt wird, jedoch selbst nicht an der Befragung teilnimmt. Damit liegen für diese Akteur*innen nur unvollständige, weil einseitige Informationen vor, welche die Maßzahlen verzerren. Für die Analyse eines Kernnetzwerks werden sie deshalb ausgeschlossen.
Isolates	Isolates sind hier diejenigen Akteur*innen, die zwar an der Befragung teilgenommen haben, jedoch beim Namensgenerator selbst keine Kommunikationspartner*innen genannt haben und auch nicht genannt wurden.
Broker*innen, Brokerage	Das Konzept beschreibt das Überbrücken *struktureller Löcher*, also ansonsten unverbundener Teilnetzwerke. Eine Broker*innen-Position hat Vorteile, wenn dadurch Zugang zu mehreren nicht-redundanten Teilnetzwerken gewährleistet wird.
Degree	Anzahl aller Beziehungen, über die eine Akteur*in mit anderen Netzwerkknoten verbunden ist
Indegree	Anzahl aller *eingehenden* Beziehungen, die eine Akteur*in unterhält (und damit Indikator für eine Machtposition)
Outdegree	Anzahl aller *ausgehenden* Beziehungen, die eine Akteur*in aufweist (und damit ein Indikator für hohe Aktivität)
Betweenness-Zentralität	Kalkulation des Anteils aller kürzesten Pfaddistanzen zwischen Akteurspärchen, die über den untersuchten Netzwerkknoten verlaufen. Aus diesem Grund gilt das Maß als am aussagekräftigsten für die Identifikation von Brokern.

Dabei wird in den folgenden Abschnitten der Netzwerkanalyse immer auf drei verschiedene Datensätze rekurriert. Erstens wird als Grundlage das Große Netzwerk mit einem Datensatz von 156 Akteur*innen (Organisationen und Projekte) verwendet, d. h. alle Akteur*innen, die an unserer Befragung teilgenommen haben, plus die Akteur*innen, die von den teilnehmenden Akteur*innen genannt wurden, aber nicht an der Befragung teilgenommen haben. Mit diesem Datensatz werden also auch passive Kontakte verarbeitet. In diesem Datensatz ist somit ein größerer Anteil an Knoten (d. h. Akteur*innen) enthalten, für die nur unvollständige Informationen vorliegen (sogenannte *sinks*). Viele Akteur*innen wurden von den Befragten als Kontakt genannt, haben aber selbst nicht an der Online-Studie teilgenommen und konnten deshalb keine eigenen Angaben über ihre Vernetzung machen. Sie verfügen in diesen Darstellungen deshalb nur über eingehende, nicht aber über ausgehende Beziehungen. Diese fehlenden Daten schlagen sich auch in der Berechnung der Strukturmaßzahlen nieder.

Zweitens wird als Grundlage ein Kernnetzwerk von 56 Akteur*innen (Organisationen und Projekte) genutzt, die vollständig an der Befragung teilgenommen haben. Hier sind demnach nur die Knoten enthalten, für die vollständige Informationen über Beziehungen und Attribute vorliegen, und die aktiv am Netzwerk partizipieren. In diesem Datensatz blieben alle Akteur*innen unberücksichtigt, die selbst nicht an der Befragung teilgenommen und somit lediglich eingehende Beziehungen haben. Auf diese Weise wurde das große Netzwerk, welches 156 Akteur*innen umfasst, auf das Kernnetzwerk von 56 befragten Organisationen und Projekte reduziert. Dies hat den Vorteil, dass die Netzwerkmaße hier aussagekräftiger sind als in den vorangegangenen Analysen, weil jede befragte Akteur*in die Möglichkeit zur vollständigen Nennung von Netzwerkkontakten hatte. Nachteil der Beschränkung ist die Exklusion anderer Akteur*innen, die eventuell wichtig für die nachhaltige Stadtentwicklung sind. Da für diese aber keine vollständigen Informationen vorliegen, können sie in den Ausführungen zum Kernnetzwerk nicht berücksichtigt werden.

Drittens werden nur die Akteur*innen in eine weitere Analyse aufgenommen, die intensive Kontakte im Intensivnetzwerk zueinander haben. Der Intensitätsgrad der Kontakte in diesem Netzwerk liegt in dieser Analyse bei »5«[6]. Mit der Reduzierung auf die intensivsten Relationen legen wir aus analytischer Perspektive in gewissem Maße ein »Skelett« offen, auf dessen Beziehungen (»Knochen«) das Netzwerk (»Fleisch, Gewebe, Adern«) basiert. Die Übergänge vom Netzwerk zu einer auch als Clique zu bezeichnenden sozialen Formation sind hier schleichend. In

---

6 | Der Intensitätsgrad der Kontakte wurde in der Befragung über eine Likert-Skala von 1 bis 5 gemessen, wobei 1 für »kaum vorhanden« und 5 für »sehr hoch« (bezüglich der Intensität des Kontaktes) steht. Die Frage lautete: »Wie intensiv interagieren Sie mit den eben genannten Akteur*innen z. B. in regelmäßigen Treffen, im Austausch, in Kooperationen oder in der Abstimmung? Die Intensität wurde gemessen auf einer Skala von 1 = kaum vorhanden bis 5 = sehr hoch. Bei einem Filtergrad ›3‹ wurden die schwächeren Beziehungen der Stärken 1 und 2 in der Analyse nicht mehr berücksichtigt und aus dem Datensample entfernt; es blieben nur die stärkeren Kontakte der Intensivgrade 3 bis 5 übrig. Bei einem Filtergrad ›5‹ wurden alle schwächeren Beziehungen der Stärken 1 bis 4 nicht mehr berücksichtigt und aus dem Datensample entfernt. Demnach sind hier auch keine Akteur*innen mehr sichtbar, die keine wirklich intensiven Beziehungen zu den übrigen Netzwerkkomponenten haben.

der Netzwerktheorie unterscheidet man generell zwischen starken und schwachen Beziehungen (gängig sind die englischen Bezeichnungen der strong ties and weak ties, Granovetter 1973). Es wird davon ausgegangen, dass schwache Beziehungen häufig strukturelle Löcher überbrücken und deshalb wichtig für den Zugang zu weit entfernten kritischen Ressourcen sind. Starke Beziehungen hingegen gehen in der Regel mit einer höheren Frequenz der Kontakte einher. Sie sind oft auch emotional intensiver als die schwachen Beziehungen. In Zeiten hoher Unsicherheit besinnen sich Akteur*innen häufig auf ihr dichtes Netz an strong ties, die oftmals Solidarität und Sicherheit geben. Weak ties hingegen sind wichtig für die Stimulation von Innovation, denn sie befördern die Fluktuation von Wissen und Informationen ansonsten unverbundener Teilnetzwerke. Häufig werden aus schwachen Beziehungen langfristig starke Beziehungen, wenn sie über einen längeren Zeitraum bestehen und die Intensität des Austauschs erhalten bleibt. Dies setzt in der Regel voraus, dass die Beziehung auf Wechselseitigkeit beruht und beide Partner*innen langfristig von der Beziehung profitieren. Auf der anderen Seite können auch schwache Beziehungen über einen langen Zeitraum im Hintergrund existieren und bei einem konkreten Anlass wieder intensiver aktiviert werden. Die nachstehenden Analysen des Intensivnetzwerkes zeigen, dass es im Kontext der nachhaltigen Stadtentwicklung offenbar eine Vielzahl an Beziehungen gibt, die als sehr stark eingeordnet werden. Dies bedeutet, dass es einen Kern an Akteur*innen gibt, die über einen sehr intensiven Austausch miteinander in Verbindung stehen.

4.1 Allgemeine Zentralitäten

In den folgenden Abschnitten ziehen wir die unterschiedlichen Datensätze und Analysemöglichkeiten heran, um ein möglichst konsistentes Bild der Vernetzung nachhaltiger Stadtentwicklung in Hannover zu zeichnen. Dafür ziehen wir vier Maßzahlen der Tabelle 6 heran, zunächst für die 156 Akteur*innen des großen Netzwerks (Gliederungspunkt a), dann für die 56 Akteur*innen des Kernnetzwerks (Gliederungspunkt b) und dann abschließend für die Akteur*innen des Intensivnetzwerks (Gliederungspunkt c).[7]

a. Großes Netzwerk mit 156 Akteur*innen

Die Zentralisierungsmaße des großen Netzwerks weisen insgesamt eher geringe Werte auf, was aufzeigt, dass die Kommunikation im Netzwerk nicht von einzelnen Akteur*innen kontrolliert wird und dass Akteur*innen, die nicht direkt miteinander in Kontakt stehen, auf unterschiedlichen Pfaden und nicht nur über wenige Wege und Broker*innen im Netzwerk zueinander gelangen können. Geringe Werte weisen weiter darauf hin, dass es im gesamten Netzwerk nur eine kleine Gruppe von Akteur*innen gibt, die besonders kurze Netzwerkpfade zu allen anderen Akteur*innen haben. Dies wird auch durch die Visualisierung der Degree-Zentralisierung für das Gesamtnetzwerk in Abbildung 1 Illustriert. Die folgende Abbildung gibt einen ersten Überblick über die zentralen und wichtigsten Akteur*innen nach der Degree-Zentralität.

---

7 | Durch die Berechnung von Maßzahlen auf allen drei Datenebenen kann man Unterschiede zwischen dem großen Netzwerk, dem Kernnetzwerk und dem Intensivnetzwerk erkennen.

Abbildung 1: Großes Netzwerk mit Hervorhebung Degree (eigene Darstellung)

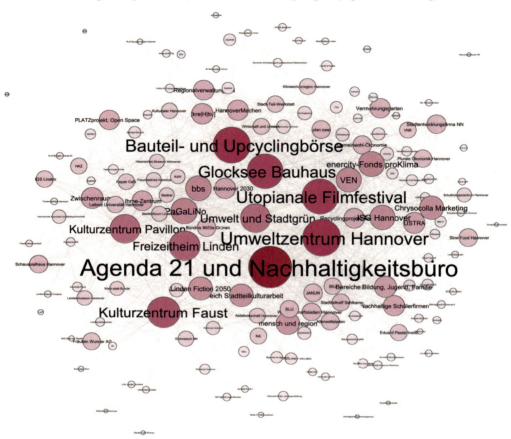

Hier zeigt sich deutlich die Zentralität des städtischen *Agenda 21- und Nachhaltigkeitsbüros* (der Degree-Wert für diesen Akteur ist 115, d. h. dieses Büro hat 115 Kontakte zu anderen Akteur*innen). An zweiter Stelle folgt, schon mit einigem Abstand, das *Umweltzentrum Hannover (88 Kontakte)*. Kurz dahinter rangieren mit ähnlich hohen Degree-Werten die *Bauteil- und Upcyclingbörse (85)*, das *Utopianale Filmfestival* (80), das *Glocksee Bauhaus (78 Kontakte)* und das *Kulturzentrum Faust (66)*. Auch noch viele Netzwerkbeziehungen haben außerdem das *Freizeitheim Linden (58 Kontakte)*, das *Kulturzentrum Pavillon* (54 Kontakte) und der städtische Fachbereich *Umwelt und Stadtgrün (54 Kontakte)*. Im oberen Viertel der Anzahl der Kontakte befinden sich noch das Urban Gardening-Projekt *PaGaLinNo* (Palettengärten Linden-Nord), das *bbs* Bürgerbüro Stadtentwicklung, der *VEN* (Verband Entwicklungspolitik Niedersachsen) und die *Internationalen StadtteilGärten*. Fast 20 Prozent aller Beziehungen beruhen auf Gegenseitigkeit (Reziprozitätsmaß = 0.19). Die Pfaddistanz zwischen zwei Akteur*innen beträgt im Durchschnitt zwei Kontakte[8]. Dies

---

8 | Veranschaulichen kann man dies folgendermaßen: »Der Freund meines Freundes kennt i. d. R. denjenigen, den ich suche.«

Abbildung 2: Kernnetzwerk nach Degrees: Verwaltungseinrichtungen=gelb, NGOs/ Grassroots=hellblau, Kunst und Kultur=pink, Bildungseinrichtungen=türkis, alternativ wirtschaftende Unternehmen=dunkelblau, sonstige=grau (eigene Darstellung)

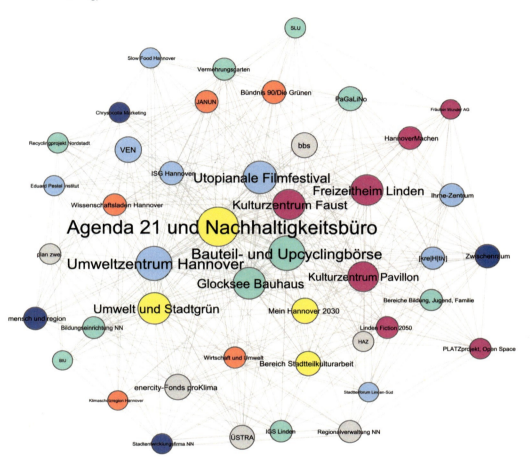

bedeutet, dass sich die Akteur*innen dieses großen Netzwerkes relativ nahestehen und einander gut erreichen können.

b. Kernnetzwerk mit 56 Akteur*Innen

Insgesamt zeigt sich, dass das Kernnetzwerk wie beim Großen Netzwerk nicht von einem einzigen Organisationstyp dominiert wird, sondern dass viele unterschiedliche Organisationstypen partizipieren. Zentral sind vor allem Bildungseinrichtungen, NGOs/Grassroots-Initiativen und Verwaltungseinrichtungen im Netzwerk positioniert. Akteur*innen aus den Bereichen Kunst und Kultur, alternativ wirtschaftende Unternehmen und sonstige Akteur*innen sind hingegen etwas weiter außerhalb des Netzwerkkerns positioniert. Über die meisten Kontakte verfügt weiterhin das *Agenda 21- und Nachhaltigkeitsbüro*. Mit relativem Abstand folgen die *Bauteil- und Upcyclingbörse*, das *Umweltzentrum Hannover* und das *Utopianale Filmfestival*, welche aber ebenfalls über relativ viele Kontakte verfügen.[9]

Abbildung 2 des Kernnetzwerks zeigt nicht wie noch das Große Netzwerk die extremen Unterschiede einiger wichtiger und vieler übriger Akteur*innen. Vielmehr gibt es, mit Ausnahme des *Agenda 21- und Nachhaltigkeitsbüros*, eine Gleichberechtigung vieler Einrichtungen im Netzwerk, was die Anzahl der Kontakte angeht. Das *Agenda 21- und Nachhaltigkeitsbüro* hat einen Degree-Wert von 1,0, sechs weitere Akteur*innen folgen mit Zentralitätswerten zwischen 0,8 und 0,6 *(Bauteil- und Upcyclingbörse, Umweltzentrum Hannover, Utopianale Festival, Glocksee Bauhaus, Kulturzentrum FAUST und Freizeitheim Linden)*. Aber auch viele weitere Akteur*innen haben noch hohe Zentralitätswerte um 0,4.

*Tabelle 7: Akteur*innen mit den höchsten Betweenness-Zentralitätswerten im Kernnetzwerk*

Akteur	Betweenness[10]
LHH[11], Agenda 21- und Nachhaltigkeitsbüro	0.219
Bauteil- und Upcyclingbörse	0.093
Umweltzentrum Hannover	0.066
Utopianale Filmfestival	0.050
Freizeitheim Linden	0.046
Kulturzentrum Faust	0.039
LHH, Umwelt und Stadtgrün	0.037
Kulturzentrum Pavillon	0.031
LHH, Bereich Stadtteilkulturarbeit	0.028

Mit der zusätzlichen Berechnung des Betweenness-Maßes im Kernnetzwerk (Tabelle 7) lassen sich mögliche Intermediäre (sprich: Mittlerorganisationen und

---

9 | Allerdings muss an dieser Stelle darauf hingewiesen werden dass sich der sogenannte Degree als Zentralitätsmaß der Netzwerkanalyse sowohl aus den eingehenden als auch den ausgehenden Beziehungen der Befragten zusammensetzt. Befragte, die also viele Kontakte als Partner*innen im Online-Fragebogen angegeben haben, aber selbst gar nicht so häufig von anderen Befragten als Partner*innen genannt wurden, können auch in diesem Ranking weit oben erscheinen. Dies mag auch auf eine relativ hohe Aktivität und Vernetzung hinweisen.

10 | Hier und in den folgenden Tabellen werden Zentralitätsmaße verwendet, die zwischen 0 und 1 standardisiert sind. In diesem Fall ist es das Maß der Betweenness-Zentralität, welches sich folgendermaßen berechnet: $CB\ (ni) = Cb\ (ni)/[(g-1)\ (g-2)/2]$; Anmerkung: g ist die Zahl der Akteur*innen des Netzwerkes. Diese Art der Berechnung ist in der Netzwerkforschung üblich und findet ab hier Anwendung, weil die Berechnungen für das Kernnetzwerk und das Intensivnetzwerk der strong ties – anders als beim großen Netzwerk, wo das Statistikprogramm R zum Einsatz kam – mit der Software VISONE durchgeführt wurden, welche ausschließlich diese Art der Berechnung zulässt.

11 | Die Abkürzung LHH steht für Landeshauptstadt Hannover und zeigt auf, dass diese Organisation eine städtisch-kommunale Einrichtung ist.

-projekte) identifizieren, die strukturelle Löcher im Netzwerk überbrücken. Diese Broker*innen könnten in Zukunft eine wichtige Rolle bei Überlegungen zur Verantwortungsübernahme, also der Ermächtigung zu sogenannten Kümmerern innerhalb der nachhaltigen Stadtentwicklung, spielen. Angeführt wird die Liste erneut mit großem Abstand vom *Agenda 21- und Nachhaltigkeitsbüro*, was dessen zentrale Rolle innerhalb des Netzwerks der befragten Akteur*innen noch einmal verdeutlicht. Dies besagt, dass insbesondere jene Einrichtung als Schnittstelle zu den unterschiedlichsten Teilnetzwerken fungiert, die verschiedene Ressourcen bereitstellt. Als weitere potenzielle Vermittlungsinstanz »zwischen den Welten« fungieren mit dem zweithöchsten Betweenness-Wert die *Bauteil- und Upcyclingbörse* und dann das *Umweltzentrum Hannover*. Mit schon etwas Abstand folgen dann die Kultur- und Stadtteilorganisationen *Utopianale*, das *Freizeitheim Linden*, das Kulturzentrum *FAUST* und der *Kulturpavillon*. Ebenfalls als zukünftige Broker*innen qualifizieren könnten sich die städtischen *Fachbereiche Umwelt und Stadtgrün* sowie *Stadtteilkulturarbeit*. Alle diese Einrichtungen schlagen viele Brücken zwischen ansonsten unverbundenen Akteur*innen und bekleiden insofern prominente Positionen im Kernnetzwerk.

c. Intensivnetzwerk mit 56 Akteur*innen und intensiven Beziehungen

Zugunsten einer besseren Übersichtlichkeit und des Herausdestillierens einer Kernstruktur der intensiven Kooperation wurde der Datensatz einem weiteren Filter unterzogen. Nachfolgend werden nur noch Beziehungen zwischen Akteur*innen berücksichtigt, die sehr intensiv sind, also von den Befragten mit der Stärke 5 angegeben wurden. Dieses Netzwerk der strong ties weist vor allem die städtischen Einrichtungen, dann aber auch einige wenige NGOs und Grassroots-Initiativen als Knoten aus, die das Netzwerk zusammenhalten. Neben städtischen Verwaltungsakteur*innen wie dem *Agenda 21- und Nachhaltigkeitsbüro, Mein Hannover 2030, Umwelt und Stadtgrün* sowie dem Bereich *Stadtteilkulturarbeit* stechen das *Utopianale Filmfestival*, das *Umweltzentrum Hannover* und der *VEN (Verband Entwicklungspolitik Niedersachsen)* aus dem Netzwerk hervor. Sie verfügen über besonders viele Beziehungen innerhalb des Intensivnetzwerkes.

*Tabelle 8: Akteur*innen mit den höchsten Zentralitätswerten im Intensivnetzwerk*

Akteur	degree
LHH, Agenda 21- und Nachhaltigkeitsbüro	0.367
LHH, Umwelt und Stadtgrün	0.286
Utopianale Filmfestival	0.265
Umweltzentrum Hannover	0.224
VEN (Verband Entwicklungspolitik Niedersachsen)	0.204
LHH, Bereich Stadtteilkulturarbeit	0.184
Kulturtaler Hannover	0.143
LHH, Mein Hannover 2030	0.122
Freizeitheim Linden	0.122

4.2 Indegree-Werte (eingehende Beziehungen)

Ein Indikator für Macht- oder Abhängigkeitspositionen in einem Netzwerk ist »Indegree«, also das Maß über die *eingehenden* Beziehungen, denn dieses Netzwerkmaß berücksichtigt ausschließlich, wie häufig eine Akteur*in von anderen Befragten als Netzwerkkontakt genannt wurde. Auf diese Weise wird sichtbar, wie stark eine Organisation oder ein Projekt von anderen angefragt wird. Viele eingehende Beziehungen lassen darauf schließen, dass andere Akteur*innen auf die entsprechende Organisation angewiesen sind, denn sonst würden sie nicht den Kontakt aufnehmen. Dies kann häufig im Zusammenhang mit dem Besitz kritischer Ressourcen stehen. Andere Studien haben gezeigt, dass vermehrt Verwaltungseinrichtungen über hohe Indegrees verfügen, weil sie kritische Ressourcen wie Wissen, finanzielle Mittel und Entscheidungsbefugnisse innehaben. Dies trat insbesondere in Studien[12] zutage, die sich ausschließlich mit Kunst und Kultur beschäftigten. Hier zeigte sich, dass Akteur*innen, vor allem aus der freien Szene, sich in erster Linie an Verwaltungseinrichtungen wenden, um an kritische Ressourcen zu gelangen. Politik und Verwaltung hingegen nutzen das kreative Potenzial freier Akteur*innen für Innovationen. Auf diese Weise kann ein reziprokes Verhältnis entstehen. Die nachfolgenden Ausführungen zu den unterschiedlichen Zentralitätsmaßen mögen einen ersten Eindruck davon geben, ob es in der Landeshauptstadt und spezifisch im Kontext der nachhaltigen Stadtentwicklung, die sich ja in ihrer Zusammensetzung und ihren Gegebenheiten noch einmal von klassischen kulturellen Infrastrukturen unterscheidet, Tendenzen der Über- und Unterordnung gibt.

a. Großes Netzwerk mit 156 Akteur*innen

Kontakte zwischen den Akteur*innen sind nicht immer symmetrisch, also ausgeglichen und wechselseitig. Manche Akteur*innen erfragen beziehungsweise erbitten mehr von anderen Akteur*innen, manche Akteur*innen werden mehr nachgefragt, beziehungsweise geben sie mehr als andere. Um eine fehlende Ausgeglichenheit der Beziehungen zu erfassen, wird die Richtung der Beziehung in den Relationsmaßen Indegree (Anzahl der Beziehungen in Richtung auf einen Akteur) und Outdegree (Anzahl der Beziehungen von einem Akteur weg) unterschieden. Insbesondere der Indegree-Wert und das Verhältnis von Indegree- und Outdegree-Werten sind ein guter Indikator für die Mächtigkeit einer Akteur*in in einem Netzwerk. Die höchsten Indegree-Werte im großen Netzwerk der nachhaltigen Stadtentwicklung (N =156) weisen die städtischen Agenturen und Fachbereiche *Agenda 21- und Nachhaltigkeitsbüro* (39 genannte eingehende Beziehungen), *Mein Hannover 2030* (27 eingehende Beziehungen) und *Umwelt und Stadtgrün* (25 eingehende Beziehungen) auf. Es folgen die *Bauteil- und Upcyclingbörse* (24 eingehende Kontakte) und der *Wissenschaftsladen Hannover (22 eingehende Kontakte)*.

---

12 | Zu diesem Ergebnis kamen bspw. Studien zu städtischen Governance-Netzwerken, wie z. B. Peper (2016) oder Pfenning (2016). Auch in der beratungsbezogenen Auftragsforschung konnten solche Konstellationen festgestellt werden, z. B. im Kunst- und Kulturnetzwerk der Stadt Ulm (Föhl/Pröbstle/Peper 2016). Auch im Rahmen eines Lehrforschungsprojekts konnte Volker Kirchberg gemeinsam mit Studierenden im Jahr 2010 diese Kommunikationsstruktur im Kontext der Kunst und Kultur für die Stadt Lüneburg feststellen.

b. Kernnetzwerk mit 56 Akteur*innen

Betrachtet man nur das Indegree-Ranking des Kernnetzwerkes, so zeigt sich, dass es tatsächlich vor allem die städtischen Einrichtungen sind, die über besonders viele eingehende Beziehungen verfügen. Gleich drei der vier Akteur*innen mit den höchsten Indegree-Werten gehören zur Landeshauptstadt Hannover. Aber auch Kultur- und Stadtteilzentren werden relativ häufig als nachgefragte Netzwerkpartner*innen genannt. Unter den Top 10 der solchermaßen meistgenannten Akteur*innen befinden sich das *Kulturzentrum Pavillon* und das *Freizeitheim Linden*. Interessant ist, dass mit der *Hannoverschen Allgemeinen Zeitung (HAZ)* auch eine Medienakteur*in in der Liste der meistgenannten Netzwerkpartner*innen rangiert.

*Tabelle 9: Akteur*innen mit den meisten eingehenden Beziehungen im Kernnetzwerk*

Akteur	Indegree
LHH, Agenda 21- und Nachhaltigkeitsbüro	0.543
LHH, Mein Hannover 2030	0.371
Bauteil- und Upcyclingbörse	0.343
LHH, Umwelt und Stadtgrün	0.343
Kulturzentrum Pavillon	0.271
Umweltzentrum Hannover	0.257
HAZ (Hannoversche Allgemeine Zeitung)	0.243
Freizeitheim Linden	0.229
VEN (Verband Entwicklungspolitik Niedersachsen)	0.229
LHH, Bereich Stadtteilkulturarbeit	0.229
Eduard Pestel Institut	0.229

c. Intensivnetzwerk mit 56 Akteur*innen

Im Intensivnetzwerk unter ausschließlicher Berücksichtigung der intensivsten Beziehungen (Grad 5) werden wiederum die städtischen Einrichtungen am häufigsten nachgefragt; jetzt werden aber auch (außer diesen städtischen Einrichtungen) der *VEN (Verband Entwicklungspolitik Niedersachsen)* und das *Utopianale Filmfestival* stärker nachgefragt.

*Tabelle 10: Akteur*innen mit den meisten eingehenden Beziehungen im Intensivnetzwerk*

Akteur	Indegree
LHH, Agenda 21- und Nachhaltigkeitsbüro	0.163
LHH, Umwelt und Stadtgrün	0.143
LHH, Bereich Stadtteilkulturarbeit	0.143
VEN (Verband Entwicklungspolitik Niedersachsen)	0.122
LHH, Mein Hannover 2030	0.122
Umweltzentrum Hannover	0.102
Utopianale Filmfestival	0.082
Bauteil- und Upcyclingbörse	0.082

Akteur	Indegree
Metropolregion	0.061
enercity	0.061
HAZ (Hannoversche Allgemeine Zeitung)	0.061
IGS Linden	0.061

Abbildung 3: Intensivnetzwerk der strong ties der befragten Akteur*innen (Beziehungsintensität 5) mit Hervorhebung des Indegrees (eigene Darstellung)

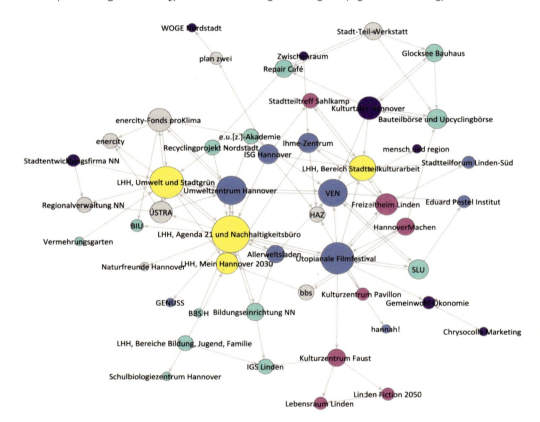

4.3 Outdegree-Werte (ausgehende Beziehungen)

a. Großes Netzwerk mit 156 Akteur*innen

Das Große Netzwerk hat einen vergleichsweise hohen Wert bei der Outdegree-Zentralisierung; dieser entsteht allein durch eine kleine Gruppe von Akteur*innen, die besonders große Netzwerke als ihre eigenen angegeben haben. Der Outdegree-Wert zeigt an, mit wie vielen Akteur*innen eine einzelne Akteur*in aktiv in Kontakt steht, also zum Beispiel deren Ressourcen nachfragt. Dies sind (um nur das obere Viertel zu nennen) wieder das *Agenda 21- und Nachhaltigkeitsbüro* (76 aktiv gesuchte und entstandene Kontakte), der *Bildungs- und Jugendhilfe-Ver-*

ein Glocksee Bauhaus (72 aktive Kontakte), das *Utopianale Filmfestival* (70 aktive Kontakte), der Verein *Umweltzentrum Hannover* (69 aktive Kontakte), die *Bauteil- und Upcycling-Börse* (61 aktive Kontakte), das *Kulturzentrum FAUST* (53 aktive Kontakte), *das Freizeitheim Linden* (41 aktive Kontakte), das *Urban Gardening-Projekt PaGaLiNo* (37 aktive Kontakte) und die *Internationalen StadtteilGärten Hannover* (37 aktive Kontakte).

b. Kernnetzwerk mit 56 Akteur*innen

Bei der Berechnung des Outdegrees für das Kernnetzwerk lassen sich im Vergleich zu den Ergebnissen der Analyse des großen Netzwerkausschnitts nur wenige Unterschiede im Ranking der befragten Akteur*innen feststellen. Lediglich das *Agenda 21- und Nachhaltigkeitsbüro* steht hier nicht mehr auf dem ersten, sondern auf dem dritten Platz. Dies lässt sich folgendermaßen interpretieren: Das Büro unterhält viele Beziehungen zu Akteur*innen, die nicht an der Befragung teilgenommen haben. Da die Akteur*innen des gesamten Verteilers in dieser Auswertung nicht berücksichtigt werden konnten, können auch die Kontakte zu diesen nicht-teilnehmenden Akteur*innen nicht in die Berechnung des Zentralitätsmaßes einfließen. Auf diese Weise rückt das *Utopianale Filmfestival* in dieser Auswertung um zwei Plätze nach oben. Dies indiziert, dass das Filmfestival insbesondere mit den Akteur*innen des Kernnetzwerks sehr stark verbunden ist.

*Tabelle 11: Akteur*innen mit den meisten ausgehenden Beziehungen im Kernnetzwerk*

Akteur	Outdegree
Utopianale Filmfestival	0.557
Glocksee Bauhaus	0.543
LHH, Agenda 21- und Nachhaltigkeitsbüro	0.500
Umweltzentrum Hannover	0.486
Bauteil- und Upcyclingbörse	0.429
Kulturzentrum Faust	0.414
Freizeitheim Linden	0.343
PaGaLiNo (Palettengärten Linden-Nord)	0.314
bbs (Bürgerbüro Stadtentwicklung Hannover)	0.286
Internationale StadtteilGärten Hannover	0.271
Linden Fiction 2050	0.243

c. Intensivnetzwerk mit 56 Akteur*innen

Die meisten ausgehenden Beziehungen des Intensivnetzwerks weist das *Agenda 21- und Nachhaltigkeitsbüro* auf, gefolgt vom *Utopianale Filmfestival*. Deutlich prominenter als zuvor erscheint nun der Fachbereich *Umwelt und Stadtgrün* in der Wertung. Dies bedeutet, dass dieser Akteur zielgerichtet vor allem Beziehungen zu Akteur*innen des Intensivnetzwerks unterhält, was unter anderem auch auf den *Kulturtaler Hannover* zutrifft. Andere Organisationen wie das *Kulturzentrum Faust* oder die *Bauteil- und Upcyclingbörse* sind hier nicht mehr so stark vertreten wie noch in den Auswertungen des Großen Netzwerkes und des Kernnetzwerkes. Unter Umständen sind diese Akteur*innen zwar Bestandteil, aber nicht Zentrum der hier maßgeblichen Kernstruktur der strong ties.

Tabelle 12: Akteur*innen mit den meisten ausgehenden Beziehungen im Intensivnetzwerk

Akteur	Outdegree
LHH, Agenda 21- und Nachhaltigkeitsbüro	0.204
Utopianale Filmfestival	0.184
LHH, Umwelt und Stadtgrün	0.143
Umweltzentrum Hannover	0.122
Kulturtaler Hannover	0.102
enercity-Fonds proKlima	0.102
Internationale StadtteilGärten Hannover	0.102
VEN (Verband Entwicklungspolitik Niedersachsen)	0.082
Freizeitheim Linden	0.082

4.4 Verhältnis In- und Outdegree-Werte

Wichtig für die Interpretation von Machtbeziehungen ist das Verhältnis von In- und Outdegree. Diese Zahl weist das Verhältnis von Nachfragen zu Nachgefragt-Werden einer Akteur*in aus. Ein höheres Verhältnis von Indegree zu Outdegree verweist auf eine hohe Machtstellung beziehungsweise auf eine wichtige Positionierung im Netzwerk. Ein höheres Verhältnis von Outdegree zu Indegree verweist umgekehrt auf eine hohe Aktivität, aber auf eine niedrigere Machtstellung.

Ein solches unausgeglichene Verhältnis mit weitaus mehr ausgehenden als eingehenden Beziehungen im Kernnetzwerk haben der Verein *Glocksee Bauhaus* und das *Utopianale Filmfestival*. Dies könnte darauf hinweisen, dass die beiden Akteur*innen zwar sehr aktiv und gut vernetzt sind, allerdings nur bedingt von anderen Akteur*innen der nachhaltigen Stadtentwicklung als für sie wichtige Kontaktpartner*innen eingestuft werden. Das gilt für viele Akteur*innen dieses Rankings, bei denen die Anzahl der ausgehenden Beziehungen deutlich höher ist als die Anzahl der eingehenden Beziehungen. Dagegen ist das Verhältnis von Indegree- und Outdegree-Werten beim *Kulturzentrum Pavillon*, beim städtischen *Fachbereich Umwelt und Stadtgrün* und beim *VEN (Verband Entwicklungspolitik Niedersachsen)* ausgeglichen, was auf eine stärkere Mächtigkeit dieser Akteur*innen im Netzwerk hinweist.

Im Folgenden wird das Kernnetzwerk wieder auf ein Intensivnetzwerk konzentriert, diesmal aber mit einem Filter des Intensitätsgrades 3. In der Abbildung 4 wurde – unabhängig von der Reduktion auf die stärksten Verbindungslinien – eine spezielle Darstellungsweise gewählt, um den Anteil eingehender und ausgehender Beziehungen der jeweiligen Akteur*innen maßstabsgetreu darzustellen. Allgemein gilt für Abbildung 4: Je größer die Kastenform, über desto mehr Beziehungen verfügt die entsprechende im Netzwerk abgebildete Akteur*in. Im Besonderen gilt: Je vertikaler das Rechteck ausgerichtet ist, desto mehr überwiegen die eingehenden Beziehungen, also der Indegree, der entsprechenden Akteur*in. Eine solche Akteur*in wird häufig angefragt und verfügt vermutlich über eine Machtposition,

Abbildung 4: Intensivnetzwerk mit Darstellung des Verhältnisses von In- und Outdegree (eigene Darstellung)

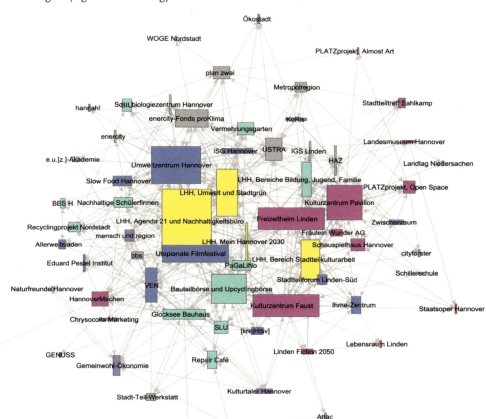

weil andere Organisationen und Projekte auf sie angewiesen sind. Je horizontaler die rechteckige Kastenform ausgerichtet ist, desto höher ist der Anteil ausgehender Beziehungen der jeweiligen Akteur*in, also ihr Outdegree. Ein hoher Outdegree kann als Indiz für einen hohen Grad an Vernetzung und eine hohe Aktivität im Rahmen der Netzwerkarbeit verstanden werden. Ist der Indegree im Vergleich dazu jedoch klein, kann weniger von einer Machtposition gesprochen werden als vielmehr von einer Mittlerposition des städtischen Möglichkeitsraums.

In Abbildung 4 zeigt sich nun tatsächlich, was bereits aufgrund der Erfahrung anderer Studien vermutet wurde: Die städtischen Verwaltungseinrichtungen verfügen nahezu alle über einen im Verhältnis höheren In- als Outdegree. Dies bedeutet, dass städtische Einrichtungen am häufigsten von anderen Akteur*innen der nachhaltigen Stadtentwicklung als wichtige Netzwerkpartner*innen nachgefragt werden. Anders sieht es bei Bildungs- und Kultureinrichtungen sowie NGOs und Grassroots-Initiativen aus: Bei ihnen überwiegt in vielen Fällen der Outdegree. Deshalb sind die rechteckigen Formen dieser Akteur*innen auch deutlich horizontaler ausgerichtet. Dies gilt in der Abbildung insbesondere für das *Freizeitheim Linden*, das *Kulturzentrum Faust* und das *Utopianale Filmfestival*. Ausgewogen ist das Verhältnis eingehender und ausgehender Beziehungen bei der *Bauteil- und Upcyclingbörse* und beim *Kulturzentrum Pavillon*; hier nimmt die Kastenform, welche die jeweilige Einrichtung symbolisiert, beinahe eine quadratische Form an. Über die meisten Beziehungen verfügt weiterhin das *Agenda 21- und Nachhaltigkeitsbüro*, gefolgt vom *Umweltzentrum Hannover*, dem *Freizeitheim Linden* und dem *Kulturzentrum Faust*.

Tabelle 13: Akteur*innen mit den höchsten Zentralitätswerten im Intensivnetzwerk

Akteur	degree
LHH, Agenda 21- und Nachhaltigkeitsbüro	0.758
Umweltzentrum Hannover	0.545
Freizeitheim Linden	0.470
Kulturzentrum Faust	0.470
Utopianale Filmfestival	0.455
Kulturzentrum Pavillon	0.439
LHH, Umwelt und Stadtgrün	0.424
Bauteil- und Upcyclingbörse	0.409
LHH, Bereich Stadtteilkulturarbeit	0.364
Glocksee Bauhaus	0.333

Auch in der Auswertung der Akteur*innen mit den höchsten Betweenness-Werten lassen sich Unterschiede zu den vorangegangenen Auswertungen feststellen. So tritt das *Utopianale Filmfestival* im Netzwerk der strong ties mit Intensitäten von ausschließlich 5 wieder an vorderster Stelle als potenzieller Intermediär auf. Das Filmfestival überbrückt innerhalb des Kernnetzwerks eine Vielzahl unterschiedlicher struktureller Löcher. Das *Umweltzentrum Hannover* hingegen weist hier einen etwas niedrigeren Wert auf als noch zuvor. Neu im Ranking erscheinen *Kulturtaler Hannover* und das *Recyclingprojekt Nordstadt*. Einige Plätze nach oben gerückt ist auch der *VEN (Verband Entwicklungspolitik Niedersachsen)*.

Tabelle 14: Akteur*innen mit den höchsten Betweenness-Zentralitätswerten im Intensivnetzwerk

Akteur	Betweenness
Utopianale Filmfestival	0.186
LHH, Agenda 21- und Nachhaltigkeitsbüro	0.175
Freizeitheim Linden	0.085
LHH, Bereich Stadtteilkulturarbeit	0.072
VEN (Verband Entwicklungspolitik Niedersachsen)	0.062
LHH, Umwelt und Stadtgrün	0.057
Umweltzentrum Hannover	0.053
Kulturtaler Hannover	0.039
Kulturzentrum Faust	0.030
Recyclingprojekt Nordstadt	0.028

4.5 Communities und Teilnetzwerke

Ein Blick auf die vorangehenden Analysen deutet schon an, dass es im gesamten Netzwerk einen harten Kern eng miteinander verbundener Akteur*innen gibt. Eventuell gibt es aber nicht nur einen Kern, sondern mehrere Communities oder Teilnetzwerke, die sich durch eine zueinander stärkere Verbindung ausweisen. Um diese Gebiete intensiven Miteinanders zu erkennen, werden für jede Akteur*in so-genannte *membership*-Werte berechnet und die Akteur*in anschließend der Community zugeschlagen, für welche sie die höchsten *membership*-Werte hat. Daraus können nun Communities, d. h. Teilnetzwerke, innerhalb des großen Netzwerkes berechnet und visualisiert werden[13]. Die Netzwerkstrukturen der befragten Organisationen lassen die Erkennung gebündelter Relationen zu, die stärker untereinander verbunden sind als mit dem übrigen Netzwerk. Diese Communities überlagern sich allerdings manchmal deutlich, sofern alle Beziehungsarten berücksichtigt werden. Dies spricht dafür, dass die Kommunikation der Organisationen, die an einer nachhaltigen Stadtentwicklung in Hannover arbeiten, nicht nur über einzelne Einrichtungen gesteuert wird, sondern, dass es eine weit gestreute Vernetzung zwischen den Akteur*innen gibt.

Werden nun wieder nur die starken Beziehungen (Intensitätsgrad 5) berücksichtigt, treten allerdings Community-Strukturen zutage, die sich weniger stark überlagern. Es zeigt sich, dass sich die einzelnen Communities aus unterschiedlichen Kategorien zusammensetzen, also durchaus heterogen und divers sind. Dabei ist erneut eine besondere Funktion der Verwaltungseinrichtungen erkennbar: Diese haben innerhalb der Communities einen zentralen Charakter und scheinen jene zusammenzuhalten, also als Broker*innen zu agieren. In der Abbildung 6 sind diese Communities dargestellt. Schwarze Linien stehen in der Abbildung stellvertretend für Beziehungen *innerhalb* abgegrenzter Communities, während rote Linien den grenzüberschreitenden Austausch *zwischen* unterschiedlichen Communities symbolisieren. In der Abbildung wird zunächst einmal deutlich, dass es zahlreiche periphere Akteur*innen gibt, die nicht mit maßgeblichen Communities verbunden sind. Hierbei handelt es sich um die freischwebenden Knoten rechts von den beiden Hauptkomponenten. Dies sind *Isolates*, die keinen Kontakt zum Kern haben. Zwar ist es gut möglich, dass diese Akteur*innen über Verbindungen zu den anderen Akteur*innen des Kerns verfügen, nicht aber über starke Beziehungen. Vor allem auf einige Befragte der Kunst und Kultur sowie auf Repräsentant*innen von NGOs und Grassroots-Initiativen scheint dies zuzutreffen (gelbe und orange-farbene Knoten).

In der Darstellung der Communities der Abbildung 6 lassen sich vor allem zwei größere Cluster identifizieren, zwischen denen einige Querverbindungen existieren. Das hellbraune Cluster, welches in der Abbildung links unten positioniert ist, beinhaltet vor allem alternativ wirtschaftende Unternehmen, Kunst- und Kulturinitiativen, NGOs, Vereine und Grassroots. Es fällt auf, dass es sich hierbei um Einrichtungen und Initiativen handelt, die im Kontext der Stadtteilkultur und des Stadtteillebens agieren. Das große Cluster in der Mitte wird von Bildungseinrichtungen

---

13 | Diese Berechnung und Visualisierung der Communities fand mittels »R igraph«, einem Zusatzpaket für Netzwerkanalyse mit »R«, statt, siehe zur Erstellung von memberships http://igraph.org/r/doc/communities.html.

Abbildung 5: Communities im Intensivnetzwerk (Darstellung: Till Krenz)

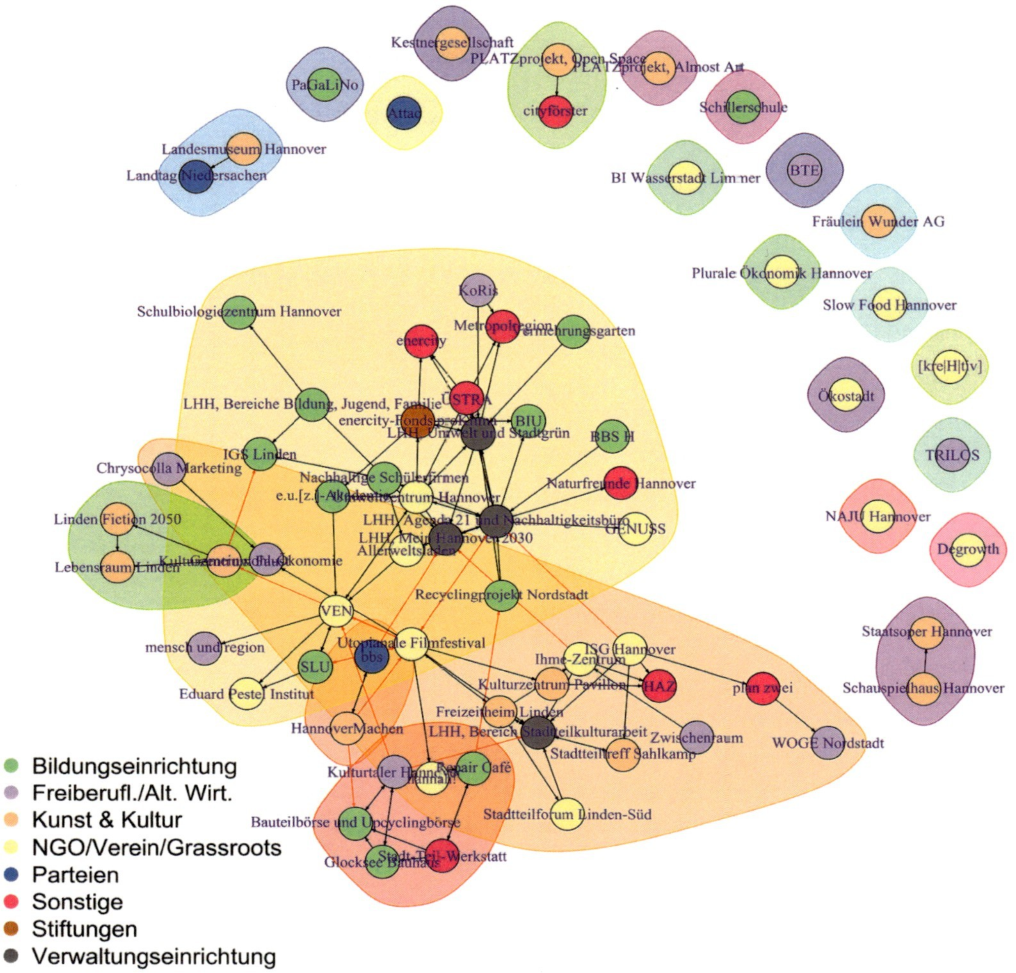

- Bildungseinrichtung
- Freiberufl./Alt. Wirt.
- Kunst & Kultur
- NGO/Verein/Grassroots
- Parteien
- Sonstige
- Stiftungen
- Verwaltungseinrichtung

und Fachabteilungen der städtischen Verwaltung dominiert, genauer gesagt vom *Agenda 21- und Nachhaltigkeitsbüro*, von *Mein Hannover 2030* sowie vom Fachbereich *Umwelt und Stadtgrün* und dem Fachbereich *Bildung, Jugend und Familie*. Oberhalb der beiden großen Communities, zwischen ihnen eingeklemmt, ist eine weitere Konstellation erkennbar, bestehend aus drei orangefarbenen Knoten, die in einem grünen Bereich verortet sind. Bei dieser Dreiecksbeziehung, netzwerksprachlich auch *Triade* genannt, handelt es sich ausschließlich um Kunst- und Kultur- beziehungsweise Stadtteilakteur*innen aus Linden (*Lebensraum Linden, Linden Fiction 2050* und *Kulturzentrum Faust*). Unterhalb der beiden großen Communities ist eine Community sichtbar, in der fünf weitere Organisationen und Projekte eng miteinander verzahnt sind (*Kulturtaler Hannover, Bauteil- und Upcyclingbörse, Glocksee Bauhaus, Repair Café* und *Stadt-Teil-Werkstatt*, die sämtlich in räumlicher Nähe zum Glocksee-Komplex in der Calenberger Neustadt angesiedelt sind und

mit der Thematik des alternativen Wirtschaftens zu tun haben). Innerhalb der großen Community der Verwaltungsstellen schält sich noch eine weitere kleine Community heraus, die Akteur*innen *VEN (Verband Entwicklungspolitik Niedersachsen),
bbs (Bürgerbüro Stadtentwicklung Hannover)* und *HannoverMachen.*

Wirft man nun einen Blick auf die roten Verbindungslinien, über welche die einzelnen Communities in Beziehung stehen, so fällt auf, dass einigen Akteur*innen
eine zentrale Rolle als Vermittler*innen zwischen den Communities zukommt, da
sie an Schnittstellen positioniert sind. Auf diese Weise überbrücken sie strukturelle Löcher, die zwischen den ansonsten unverbundenen Teilnetzwerken klaffen würden. Dies trifft zum Beispiel auf das *Utopianale Filmfestival* zu, das genau zwischen
den beiden großen Communities angesiedelt ist. Dieses Festival ist ein zentraler
Bestandteil der großen Community auf der linken Seite der Abbildung 5, welche
maßgeblich von Akteur*innen der Kunst und Kultur sowie des Stadtteillebens geprägt ist.

Verbindungen zu Bildungseinrichtungen und Einrichtungen der Landeshauptstadt Hannover sorgen für die Überbrückung von Lücken im Netzwerk. Durch
diesen Brückenschlag zu Akteur*innen anderer Communities können Ressourcen
wie Wissen und Kapital besser zirkulieren. Aber das Filmfestival ist nicht der einzige, wenn auch der wichtigste Akteur dieser Community, welcher als Broker agiert.
Dasselbe trifft auch auf die Zukunftswerkstatt Ihme-Zentrum, die Internationalen
StadtteilGärten Hannover und den Fachbereich Stadtteilkulturarbeit zu. Auch sie
stehen über starke Beziehungen mit Organisationen und Projekten in Verbindung,
die sich außerhalb der eigenen Community befinden. Insofern können sie ebenfalls als Grenzgänger*innen bezeichnet werden.

Die große zentrale Community der kommunalen Einrichtungen hat zwei Akteur*innen, die community-überschreitende Verbindungen eingehen: das *Agenda 21-
und Nachhaltigkeitsbüro* und *Mein Hannover 2030.* Über sie kann sich die stärker von
Bildungs- und ökologischen Projekten geprägte Community mit der eher von Kultur
und Stadtteilarbeit geprägten Community vernetzen. In den beiden kleineren Communities ober- und unterhalb der beiden großen Cluster weisen sich das *bbs (Bürgerbüro Stadtentwicklung Hannover)*, die *Bauteil- und Upcyclingbörse, HannoverMachen,
Internationale StadtteilGärten Hannover, Kulturtaler Hannover,* das *Kulturzentrum
Faust,* das *Repair Café,* das *Recyclingprojekt Nordstadt* und der *VEN (Verband Entwicklungspolitik Niedersachsen)* als Community-Broker*innen aus.

4.6 Vernetzung nach Organisationstyp

Aus den Analysen insbesondere der Communities wird deutlich, dass die Vernetzung auch vom Organisationstyp beeinflusst wird. So wurde eben begründet, warum die beiden größten Communities von NGOs/Grassroots-Initiativen oder von
städtischen Verwaltungseinrichtungen dominiert werden. Wie stehen diese Organisationen nach Organisationstyp nun in ihrer Vernetzung zueinander? Die Tiefe der
Farben der Verbindungslinien in der Abbildung 5 stellt dar, wie häufig Beziehungen
zwischen den Organisationstypen genannt werden. Je tiefblauer eine Verbindungs-
linie ist, desto mehr Beziehungen lassen sich zwischen den Organisationstypen
feststellen. Stärkere Beziehungen lassen sich insbesondere zwischen den drei Gruppen Bildung, Verwaltung und NGOs/Grassroots-Initiativen identifizieren. Freibe-
rufliche und alternativ wirtschaftende Unternehmen sowie die Gruppe Sonstige

sind ebenfalls noch erkennbar mit der Triade Bildung-Verwaltung-NGO verbunden. Insbesondere die Verbindung zwischen NGOs/Grassroots-Initiativen und Verwaltung fällt auf. Parteien und Stiftungen befinden sich dagegen an den Rändern des Netzwerkes, aber auch Freiberufler*innen und alternativ wirtschaftende Unternehmen sowie Akteur*innen der Kunst und Kultur befinden sich etwas weiter entfernt vom Zentrum der intensiven Interaktionen (Abbildung 6).

Abbildung 6: Beziehungsstärke des Intensivnetzwerkes nach Organisationstypen (Darstellung: Till Krenz)

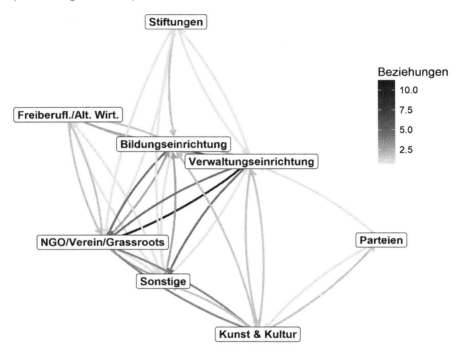

Eine mögliche Deutung für diese enge Beziehung zwischen städtischer Verwaltung und NGOs/Grassroots-Initiativen kann das Subsidiaritätsprinzip sein. Aufgaben und Funktionen, welche die städtischen Verwaltungseinrichtungen aufgrund von Einsparungen und neu hinzugekommenen gesellschaftlichen Herausforderungen nicht (mehr) erfüllen können, werden an die Zivilgesellschaft abgegeben, die jene Funktionen im Rahmen ihrer Möglichkeiten teilweise oder auch vollständig übernimmt. Gerade Fragen der nachhaltigen Entwicklung, die in den letzten Jahren an Aufmerksamkeit und Brisanz gewonnen haben, können in flexiblen und von Austerität geprägten Strukturen und Prozessen der Stadtverwaltung nicht kurzfristig und im notwendigen Ausmaße angegangen werden. Hier springen die NGOs, Vereine und Grassroots-Initiativen ein, die in dieser Hinsicht von den Verwaltungsstellen, soweit es geht, auch Unterstützung erhalten. Die Relation ist dabei von wechselseitiger Abhängigkeit und Achtung gekennzeichnet.

5. Der Einfluss von Organisationsmerkmalen auf die Vernetzung

Wir haben in der Online-Befragung neben der Erfassung von Relationsmerkmalen auch weitere Merkmale der Netzwerkakteure erhoben, die Einfluss auf die Vernetzungstiefe und -breite haben könnten. Zu diesen akteur*innen- oder organisationsspezifischen Merkmalen gehören

- Alter der Organisation oder des Projektes
- Anzahl der Mitarbeiter*innen
- Unterscheidung der Mitarbeiter*innen nach ehrenamtlichen, Teil- oder Vollzeitmitarbeiter*innen
- Entlohnung von keine finanziellen Entlohnung (Ehrenamt) bis zu Gehalt
- Inhaltlich-organisationale Ausrichtung von Verein bis hin zu Behörde, und von Grassroots-Initiativen bis hin zu Wirtschaftsunternehmen
- Dauer und Quelle der staatlichen Förderung
- 32 Themen der nachhaltigen Stadtentwicklung von Achtsamkeit bis hin zu Müllentsorgung
- 21 Wertorientierungen von Abkehr über Materialismus bis hin zu Solidarität
- 18 verschiedene Zielgruppen von Stadtteilbewohner*innen bis hin zum Kunstpublikum
- Räumlicher Wirkungsbereich der Organisation
- Neun große Themen der nachhaltigen Stadt
- Eigeneinschätzung der Wirkung der Organisation auf die nachhaltige Stadtentwicklung

Weitere fünf Variablen stehen für die Qualität der Kooperation; dieser Themenkomplex wird im nächsten Unterkapitel (5.) behandelt.

Im Folgenden werden nur die Resultate der statistischen Analysen[14] aufgezeigt, die signifikante (sig. < .05) oder tendenziell signifikante (sig. < .10) Einflüsse auf Variablen der Vernetzung haben. Die inhaltlich-organisationale Ausrichtung ist ein erstes Merkmal, das auf die Stärke der Vernetzung wirkt, in diesem Fall tendenziell auf die Maßzahl des Indegrees, also der Bedeutung der eingehenden Beziehungen (sig. = .08).

---

14 | Die statistischen Analysen wurden mit dem Statistikprogramm SPSS 24 durchgeführt. Aufgrund des zumeist ordinalen oder nominalen Datenniveaus der unabhängigen Variablen (dies sind die o. g. Merkmale der Organisationen) und des metrischen Datenniveaus der abhängigen Netzwerkvariablen (Degree, Indegree, Outdegree, Betweenness) wurden Varianzanalysen mit der SPSS-Prozedur ANOVA durchgeführt. Diese Prozedur erlaubt das schnelle Erkennen relevanter Signifikanzniveaus (<.10 oder <.05). In solchen Fällen wurden dann die Mittelwerte der beeinflussenden Akteur*innenmerkmale genauer betrachtet; bei aussagekräftigen Unterschieden der Ausprägungen der entsprechenden Tabelle werden diese hier vorgestellt und interpretiert.

Tabelle 15: Einfluss der inhaltlich-organisationalen Ausrichtung auf den Indegree

		Indegree
Kunst- oder Kulturinitiative	Mittelwert	,0506
	Standardabweichung	,0350
Grassroots-Initiative	Mittelwert	,0313
	Standardabweichung	,0198
NGO (Non-Governmental-Organisation)	Mittelwert	,0530
	Standardabweichung	,0335
alternativ wirtschaftende Organisation	Mittelwert	,0575
	Standardabweichung	,0359
Kunst- oder Kultureinrichtung	Mittelwert	,0526
	Standardabweichung	,0396
Wirtschaftsunternehmen	Mittelwert	,0541
	Standardabweichung	,0343
Bildungseinrichtung	Mittelwert	,0589
	Standardabweichung	,0305
Verwaltungseinrichtung	Mittelwert	,1017
	Standardabweichung	,0786
Insgesamt	Mittelwert	,0582
	Standardabweichung	,0437

Deutlich zeigt sich, dass vor allem Verwaltungseinrichtungen weitaus häufiger als der Durchschnitt eingehende Beziehungen haben (die Standardabweichung und die Anzahl der Fälle wird bei dieser Berechnung berücksichtigt). Alle anderen Einrichtungen fallen dagegen ab, auch wenn unter ihnen die Bildungseinrichtungen und die alternativ wirtschaftenden Unternehmen noch relativ häufig eingehende Beziehungen haben. Am wenigsten werden die Grassroots-Initiativen nachgefragt.

Die Themenorientierung hat selten Einfluss auf die Vernetzung. Organisationen der nachhaltigen Stadtentwicklung, die sich allerdings mit der alternativen Gestaltung und Nutzung von Flächen, Gebäuden und Räumen beschäftigen, haben einen signifikant (sig.=.026) niedrigeren Indegree (Indegree=.0410) als andere Einrichtungen (Indegree=.0659). Organisationen, die sich der Bildung und Vermittlung einer nachhaltigen Entwicklung widmen, sind hingegen weitaus besser vernetzt (ungerichtete betweenness=.0211) als andere Organisationen (betweenness=.0077). Organisationen, die sich dem Thema Commons (Allmendeorientierung) zuwenden, haben tendenziell (sig.=.07) mehr Kontakte (29) als die Akteur*innen, die nicht zu diesem Thema arbeiten (18). Akteur*innen von Themen im Bereich der Kreativität und Innovation haben signifikant (sig.=.04) mehr Kontakte (25) als andere Organisationen (15). Akteur*innen, die eine Kultur der Achtsamkeit vermitteln, haben tendenziell (sig.=.08) mehr ausgehende Beziehungen (Outdegree=.1884) als andere Akteur*innen (Outdegree=.1240).

Der Grad der Mitwirkung an einer nachhaltigen Stadtentwicklung wurde anhand von neun »Stadttypen« erhoben. Die Befragten nannten ihren Mitwirkungsgrad hinsichtlich der Themen »gebaute Stadtteile«, »gebaute Stadt«, »gerechte Stadt«, »soziale Stadt«, »bildende Stadt«, »politische Stadt«, »sozioökonomische Stadt«, »ökologische Stadt« und »globale Stadt«. Nur bei zwei Stadtthemen hat dieser Mitwirkungsgrad Einfluss auf die Vernetzung, bei den Themen der »gebauten« und der »gerechten Stadt«.

Tabelle 16: Einfluss des Themas »Gebaute Stadt« auf Degree und Outdegree

		Degree	Outdegree
sehr schwache Mitwirkung	Mittelwert	,1390	,0996
	Standardabweichung	,0877	,0751
sehr starke Mitwirkung	Mittelwert	,3322	,3075
	Standardabweichung	,2261	,2134
Insgesamt	Mittelwert	,1882	,1529
	Standardabweichung	,1572	,1290

Organisationen und Projekte, die ihre Mitwirkung am Thema »Gebaute Stadt« z. B. beim Masterplan »Mein Hannover 2030« im Rahmen der nachhaltigen Stadtentwicklung als sehr stark einschätzen, haben deutlich mehr (sig. =.04) Kontakte (Degree = ,188) als Organisationen und Projekte, die dies nicht tun (Degree = ,139). Ähnlich (sig. =.05) zeigt sich dies bei den ausgehenden Beziehungen, wo die Mitwirkenden an diesem Thema einen Outdegree von 0,307, die Nichtmitwirkenden nur einen Outdegree von 0,099 haben.

Tabelle 17: Einfluss des Themas »Gerechte Stadt« auf Degree und Betweenness

		Degree	Betweenness
sehr schwache Mitwirkung	Mittelwert	,1410	,0086
	Standardabweichung	,1207	,0178
sehr starke Mitwirkung	Mittelwert	,2490	,0330
	Standardabweichung	,1050	,0358
Insgesamt	Mittelwert	,1876	,0191
	Standardabweichung	,1554	,0358

Bei den Organisationen, die beim Nachhaltigkeitsthema »Gerechte Stadt« mitwirken, z. B. zu Mieter*innenrechten und Migrant*innenrechten und sich allgemein für die Rechte der sozial Schwachen einsetzen, zeigt sich ein ähnliches Bild. Auch hier ist eine starke Mitwirkung mit häufigeren Kontakten verknüpft (Degree =.249), während eine schwache Mitwirkung bei diesem Thema in weitaus weniger Kontakten resultiert (Degree =.141) (sig. =.014). Ähnliches zeigt sich für die Betweenness (sig. =.011).

Die Art und Weise der Entlohnung und der institutionellen Förderung haben Einfluss auf die Vernetzung der Akteur*innen der nachhaltigen Stadtentwicklung.

Tabelle 18: Einfluss der Entlohnung auf Degree und Alteri

Entlohnung		Degree
Ehrenamt	Mittelwert	,1121
	Standardabweichung	,1112
geringfügig beschäftigt	Mittelwert	,2010
	Standardabweichung	,1299
auf Honorarbasis	Mittelwert	,2464
	Standardabweichung	,1625
Gehalt	Mittelwert	,2014
	Standardabweichung	,1633
Insgesamt	Mittelwert	,1672
	Standardabweichung	,1470

Die Entlohnung beeinflusst die Vernetzung tendenziell (sig. = .08): Nicht überraschend ist, dass Organisationen und Projekte, die auf ehrenamtliche Mitarbeit angewiesen sind, einen deutlich niedrigeren Degree, also weniger Kontakte haben.
Überraschend mag sein, dass nicht Organisationen mit Mitarbeiter*innen auf Ge-
haltsbasis, sondern Organisationen mit Mitarbeiter*innen auf Honorarbasis am
stärksten vernetzt sind (mit einem höheren Degree-Wert, also mehr Kontakten).

Tabelle 19: Einfluss der Herkunft der Förderung auf Degree

Raum der Förderung		Degree
Stadtteil	Mittelwert	,1225
	Standardabweichung	,0091
Stadtbezirk	Mittelwert	,1580
	Standardabweichung	,1516
Stadt	Mittelwert	,2330
	Standardabweichung	,1637
Bundesland	Mittelwert	,1096
	Standardabweichung	,0886
Bund	Mittelwert	,1161
	Standardabweichung	,0877
Insgesamt	Mittelwert	,1763
	Standardabweichung	,1438

Die Herkunft der Förderung (Mittel des Stadtteils oder Stadtbezirks, der Stadt, des
Bundeslandes oder des Bundes) beeinflusst tendenziell (sig. = .08 für Degree) die
Vernetzung. Wenn die Mittel von der Landeshauptstadt kommen, dann ist eine
deutlich höhere Vernetzung nach Degree-Werten möglich, als wenn diese Mittel
aus dem Stadtteil oder dem Bund kommen. Dies mag damit zusammenhängen,
dass die Stadt größere Finanzierungsbudgets zur Verfügung stellt, als Stadtteile es
können oder der Bund es will.

6. Die zentrale Bedeutung der Kooperation im Netzwerk

Im Rahmen der Netzwerkstudie interessierte nicht nur der Status Quo der Vernetzung. Vernetzung wird im Sinne von Sennett (2012), Ziemer (2013) und Terkessidis (2015) auch – wie bereits in der Einführung zu diesem Kapitel skizziert – als eine hohe Qualität der Kooperation verstanden. Nachhaltige Stadtentwicklung ist ein sozialer Prozess und somit geprägt durch Kooperation und Kommunikation: Wenn neue Beiträge zur nachhaltigen Stadtentwicklung gestaltet, kommuniziert, adaptiert oder abgelehnt werden, interagieren Akteur*innen in verschiedenen Situationen auf verschiedenen persönlichen, kollektiven und institutionellen Ebenen miteinander. Kooperation kann dabei, wie Sennett (2012) aufzeigt, als handwerkliche Kunst begriffen werden. Sie zeichnet sich aus durch eine intrinsische Bereitschaft zur Kooperation mit anderen – im Gegensatz zur heute oft propagierten Konkurrenz – und durch Fähigkeiten wie Zuhören, Empathie und Dialogfähigkeit, ritualisiertes Handeln und Interessenbündelung. Eine von Sennett beschriebene aktuelle Schwächung der konstruktiven Kooperation geht einher mit einer Stärkung einer destruktiven Kooperation, die von ihm auch als Tribalismus, Insiderhandel und exkludierende Solidarität bezeichnet wird. Ziemer (2013) spricht ähnlich von ›Komplizenschaften‹, die sich negativ in ›mafiösen Allianzen‹, aber positiv in ›komplizitärer Kollektivität‹ ausdrücken können. Eine Vernetzung in künstlerischen Milieus und kreativen Szenen, wie sie Lange (2007) für den Aufstieg des ›Culturepreneurs‹ im ›posturbanen Berlin‹ beschreibt, ist dabei eher eine destruktive Kooperation konkurrierender kreativer Klassen, die mit der nachhaltigen Stadt kooperierender Gemeinschaften im Widerspruch steht (Ratiu 2013). Ausgehend von dieser Dichotomie konstruktiver und destruktiver Kooperation wurden fünf Fragen zu den Ursachen, Arten und Problemen ›guter‹ Kooperation in die Befragung aufgenommen. Die Auswahl der Merkmale, die dabei abgefragt wurden, basierte auf der Prämisse, dass es im Netzwerk »polity conventions« (Sennett 1998) oder einen »public conduct« (Blokland 2017) gibt, also Regelhaftigkeiten des Umgangs miteinander, und allgemein akzeptierte Bewertungen von Kategorien von entweder Hierarchie und Abhängigkeiten oder Gleichberechtigung und Machtausgleich.

Grundlage dieses Abschnitts ist das Kernnetzwerk. Ein erster Schritt zur Exploration der Kooperationen war es, die Akteur*innen zu fragen, ob sie Interesse an weiteren, bisher noch nicht ausgebauten Kooperationen haben, und wenn ja, mit wem. Bis zu maximal fünf solcher Organisationen konnten in den Fragebogen eingegeben werden. 18 Befragte machten von dieser Option Gebrauch und nannten 44 Organisationen und Projekte, mit denen sie sich eine Kooperation wünschen. Interessant ist dabei, dass die Wunschpartner*innen sehr divers sind und nur wenige Akteur*innen mehrfach genannt wurden. Es gibt also nicht die eine Wunschpartner*in, die für alle relevant ist, sondern eher eine Vielzahl an Akteur*innen, die man gerne in sein Netzwerk aufnehmen würde. Die einzigen Akteur*innen, die mehrfach als Wunschpartner*innen genannt wurden, sind das *Kulturbüro*, das *PlatzProjekt*, die *Volkshochschule Hannover* und die *Zukunftswerkstatt Ihmezentrum*. Mit Blick auf weitere Wunschpartner*innen fällt auf, dass häufig ein intensiverer Kontakt zu politischen beziehungsweise staatlichen Einrichtungen gewünscht wird, so zum Beispiel zum Landtag Hannover, zum Landwirtschaftsministerium Niedersachsen, zur Landeshauptstadt Hannover, zum Niedersächsischen Umweltministerium, zur CDU und zur Wirtschaftsförderung. Auffällig ist, dass an dieser

Stelle – außer dem städtischen *Kulturbüro* – keine Akteur*innen aus dem Bereich der Kunst und Kultur genannt werden, weil solche Einrichtungen zumeist keine Geldgeber sind.

Um weitere Informationen zur Qualität der vorhandenen Kooperationen zu erhalten, wurde auch nach den Gründen für das Zustandekommen von Kooperationsbeziehungen gefragt. Die erste Frage dazu lautete: »Wenn Sie an Ihre wichtigsten Kooperationspartner*innen denken: Was waren Impulse für das Zustandekommen Ihrer Kooperationen?« Da Mehrfachantworten möglich waren, ergibt die Prozentspalte der folgenden Tabelle 20 mehr als 100 %.

Tabelle 20: Impulse der Kooperation

| | | Antworten | | Prozent der Fälle |
		N	Prozent	
Impulse für Kooperation	persönliche Bekanntschaft	39	17,1 %	62,9 %
	ein thematischer Impuls	36	15,8 %	58,1 %
	politischer Kontakt	23	10,1 %	37,1 %
	eine neue Initiative	21	9,2 %	33,9 %
	Besuch gemeinsamer Plätze/ Orte/Events	18	7,9 %	29,0 %
	Verbandsnetzwerk	16	7,0 %	25,8 %
	Begegnung mit bedeutenden Personen nachhaltiger Stadtentwicklung	13	5,7 %	21,0 %
	Künstler*innennetzwerk	12	5,3 %	19,4 %
	Unternehmensnetzwerk	12	5,3 %	19,4 %
	Messe/Tagung/Konferenz	11	4,8 %	17,7 %
	Sonstiges	11	4,8 %	17,7 %
	Weiterempfehlung	6	2,6 %	9,7 %
	Internet (LinkedIn, Facebook usw.)	5	2,2 %	8,1 %
	Ausschreibung	5	2,2 %	8,1 %
Gesamt		228	100,0 %	367,7 %

Mehr als 60 Prozent der Teilnehmer*innen gaben an, dass eine persönliche Bekanntschaft ausschlaggebend war. Ähnlich viele Befragte nannten einen thematischen Impuls als Anlass für die Kontaktaufnahme. Ein persönlicher Austausch aufgrund inhaltlicher Gemeinsamkeiten scheint demnach entscheidend für die Vernetzung zu sein. Weniger wichtig, aber noch von einem Drittel der Befragten genannt, ist auch ein politischer Kontakt als Impuls für das Zustandekommen von Kooperationsbeziehungen. Immerhin 33 Prozent der Befragten nennen auch eine neue Initiative als Ursache für die Vernetzung. Dies spricht dafür, dass es innerhalb des Netzwerks nachhaltiger Stadtentwicklung häufiger zur Formierung neuer Initiativen kommt, die wiederum ihrerseits für neue Netzwerkverbindungen sorgen. Interessant ist, dass institutionalisierte Netzwerke (Verbands-, Künstler*innen-, Unternehmer*innennetzwerke) unwichtiger sind. Netzwerke sind wichtig, aber nicht in ihrer institutionalisierten Form. Noch weniger wichtig sind Weiterempfehlungen, Ausschreibungen oder das Internet; diese Impulse werden fast gar nicht genannt. Der persönliche Kontakt im analogen Raum scheint ausschlaggebender zu sein als die digitale Vernetzung über formale Ausschreibungen. Dies geht mit der netzwerktheoretischen Annahme einher, dass strukturelle Löcher, die zwischen Teilnetzwerken klaffen, am ehesten über das Finden soziokultureller Gemeinsamkeiten überbrückt werden können. Sympathie und Vertrauen lassen sich am besten im persönlichen Kontakt aufbauen und sind schwieriger aus der Distanz – sei sie geografischer oder digitaler Art – herzustellen.

Tabelle 21: Beweggründe der Kooperation

		Antworten		Prozent der Fälle
		N	Prozent	
Beweggründe für Kooperation	gemeinsames Thema/Ziel	55	13,9 %	88,7 %
	Wissenstransfer/Erfahrungsaustausch	33	8,4 %	53,2 %
	langfristige Zusammenarbeit	32	8,1 %	51,6 %
	Weiterentwicklung Projekt	32	8,1 %	51,6 %
	Stärkung der Zusammenarbeit zwischen Stadtgesellschaft, Politik und Verwaltung	31	7,8 %	50,0 %
	inhaltliche und materielle Synergieeffekte	30	7,6 %	48,4 %
	Kommunikation gemeinsamer Ziele und Ergebnisse	30	7,6 %	48,4 %
	finanzielle Unterstützung	29	7,3 %	46,8 %
	kreative Vermittlung von Zielen	25	6,3 %	40,3 %
	Bewältigung einer Herausforderung	20	5,1 %	32,3 %
	Stärkung der Stabilität meines Projekts/meiner Organisation	18	4,6 %	29,0 %
	Mitwirkung an Entscheidungsprozessen	17	4,3 %	27,4 %
	neue Finanzierungsmöglichkeiten	15	3,8 %	24,2 %
	Auftrags- und Geschäftsarbeit	15	3,8 %	24,2 %
	Entwicklung neu erlernter Formen solidarischen Handelns	9	2,3 %	14,5 %
	Kostenreduktion	4	1,0 %	6,5 %
Gesamt		395	100,0 %	637,1 %

Die Frage nach den Impulsen für das Zustandekommen von Kooperationen bringt auch die Frage nach den konkreten Beweggründen für das Eingehen mit sich: »Wenn Sie an Ihre wichtigsten Kooperationsbeziehungen denken: Was sind Beweg-

Tabelle 22: Herausforderungen für die Kooperation

		Antworten		Prozent der Fälle
		N	Prozent	
Herausforderungen für die Kooperation	eigener Zeitmangel	38	15,6%	61,3%
	Zeitmangel der Kooperations-partner*innen	27	11,1%	43,5%
	eigene Finanzierungsknapp-heit/Geldmangel	24	9,8%	38,7%
	Aufeinandertreffen verschie-dener Flexibilitätsgrade in der Organisationsstruktur	23	9,4%	37,1%
	divergierende Wertigkeit/Stel-lenwert des Projekts bei den Kooperationspartner*innen	21	8,6%	33,9%
	knappe eigene materielle Ressourcen (z. B. Räume, Materialien)	20	8,2%	32,3%
	Finanzierungsknappheit/Geld-mangel der Kooperationspart-ner*innen	16	6,6%	25,8%
	Kollision verschiedener Insti-tutionalisierungsstufen (z. B. gesichertes Budget trifft auf Ad-hoc-Projektfinanzierung)	15	6,1%	24,2%
	divergierendes Interesse an der Kooperation	15	6,1%	24,2%
	knappe materielle Ressourcen (z. B. Räume, Materialien)	12	4,9%	19,4%
	Machtkämpfe zwischen Akteur*innen	10	4,1%	16,1%
	Treffen auf starke/dominante Persönlichkeit der Koopera-tionspartner*innen	9	3,7%	14,5%
	unterschiedliches Bildungs- und/oder Fachwissen	9	3,7%	14,5%
	Sonstiges	5	2,0%	8,1%
Gesamt		244	100,0%	393,5%

gründe für die Kooperationen?« (Tabelle 21) Fast alle Akteur*innen (89 Prozent) nennen das Arbeiten an einem gemeinsamen Thema und Ziel als ausschlaggeben-den Beweggrund für das Eingehen einer Beziehung. Dies ist die mit Abstand am häufigsten genannte Motivation. Etwas mehr als die Hälfte der Befragten nennt außerdem langfristige Zusammenarbeit, Weiterentwicklung der eigenen Organi-sation sowie Wissenstransfer und Erfahrungsaustausch als wichtige Beweggrün-de. Die Netzwerkbeziehungen werden nicht mit der Intention eines kurzfristigen Arbeitskontakts eingegangen, sondern eher in der Hoffnung auf eine langfristige

Tabelle 23: Austausch von Ressourcen in Kooperation

		Antworten		Prozent der Fälle
		N	Prozent	
Austausch von Ressourcen in Kooperationen	Wissen, theoretische oder praktische Beratung	53	32,9%	85,5%
	Solidarität und Unterstützung	30	18,6%	48,4%
	Geld, finanzielle Ressourcen	25	15,5%	40,3%
	Nutzung von (Frei)Räumen	15	9,3%	24,2%
	Stärkung des Bewusstseins für die eigene Werteorientierung	13	8,1%	21,0%
	Ermöglichung von Arbeit (für mich oder meine Mitarbeiter*innen)	7	4,3%	11,3%
	Identitätsstärkung	7	4,3%	11,3%
	Zuversicht, Empathie und Zuneigung	5	3,1%	8,1%
	Sonstige	4	2,5%	6,5%
	unterschiedliche Positionen	2	1,2%	3,2%
Gesamt		161	100,0%	259,7%

Beziehung. Neben der Kommunikation gemeinsamer Ergebnisse und Ziele und der Stärkung der Zusammenarbeit zwischen Stadtgesellschaft, Politik und Verwaltung spielen auch finanzielle Erwägungen bei der Netzwerkarbeit eine Rolle. Immerhin 48 Prozent – und somit fast die Hälfte der Befragten – hoffen infolge der Kooperation auf finanzielle Unterstützung. Ein Viertel der Befragten strebt neue Finanzierungsmöglichkeiten an.

Herausforderungen der Kooperation können auch als Probleme bezeichnet werden. In der Befragung wurde dieses Thema folgendermaßen formuliert: »Was sind die größten Herausforderungen für die gemeinsame Erreichung von Kooperationszielen/gemeinsamen Projekten/geteilten Aufgaben?« (Tabelle 22). Als größtes Problem des Aufbaus oder der Intensivierung der Kooperation werden knappe Zeitressourcen genannt – sowohl der eigene Zeitmangel (62 Prozent) als auch der Zeitmangel der Kooperationspartner*innen (44 Prozent). Allerdings gehen deutlich mehr Befragte auf den eigenen Mangel an Zeit als Herausforderung oder Hinderungsgrund ihrer kooperativen Zielerreichung ein. Erst an dritter Stelle folgt die Finanzknappheit (39 Prozent). Aber auch das Aufeinandertreffen verschiedener Flexibilitätsgrade in der Organisationsstruktur (38 Prozent) und weitere knappe materielle Ressourcen (33 Prozent, z.B. Räume, Materialien) werden relativ häufig als Barrieren genannt. Neben diesen strukturellen Herausforderungen werden jedoch auch zwischenmenschliche Aspekte genannt, so die divergierende Beurteilung der Bedeutung eines Projekts (31 Prozent) und allgemein divergierendes Interesse an der Kooperation (23 Prozent). Nur selten wird konkret auf persönliche Divergenzen, zum Beispiel Machtkämpfe (15 Prozent), die Dominanz einer mög-

Tabelle 24: Voraussetzungen für Kooperation

		Antworten		Prozent der Fälle
		N	Prozent	
Voraussetzungen für Kooperation	Fähigkeit, im ergebnisoffenen Austausch Unterschiede anzuerkennen und Mehrdeutigkeit zu verhandeln	41	12,8%	66,1%
	Kontinuität der Kooperationsbeziehung	37	11,5%	59,7%
	Fähigkeit des aufmerksamen Zuhörens	30	9,3%	48,4%
	Streit- und Dialogfähigkeit	29	9,0%	46,8%
	Fähigkeit, zu experimentieren	24	7,5%	38,7%
	persönlicher Austausch auch auf informeller Ebene	23	7,2%	37,1%
	Vorhandensein einer finanziellen Basis	23	7,2%	37,1%
	Fähigkeit, mit Fremden zu kommunizieren	22	6,9%	35,5%
	Fähigkeit, sich zu einigen und sich an die Kooperationspartner*innen anzupassen	18	5,6%	29,0%
	ähnliche Wertigkeiten	15	4,7%	24,2%
	Möglichkeit langfristiger gemeinsamer Planung	14	4,4%	22,6%
	gesicherte institutionelle Unterstützung	14	4,4%	22,6%
	verschiedene Fähigkeiten	14	4,4%	22,6%
	beide Partner*innen haben den gleichen Nutzen	11	3,4%	17,7%
	Sonstiges	6	1,9%	9,7%
Gesamt		321	100,0%	517,7%

lichen Kooperationspartner*in (13 Prozent) oder unterschiedliche Bildungsniveaus (13 Prozent) eingegangen.

Die Antworten auf die folgenden zwei Fragen sind interessant, weil sie den Unterschied zwischen konstruktiver und destruktiver Kooperation (Sennett 2012) deutlich machen. Zunächst wurde folgendes gefragt:»In den existierenden Kooperationen mit Ihren Projekten/Organisationen können unterschiedliche Ressourcen ausgetauscht werden. Um welche der folgenden Ressourcen handelt es sich vor allem?« (Tabelle 23)

Es ist bezeichnend für eine konstruktive Kooperation, dass zunächst gegenseitige Beratung (85 Prozent) und Solidarität (48 Prozent) als auszutauschendes »Material« genannt wurden. Finanzielle Ressourcen folgen erst an dritter Stelle und werden nur von knapp 41 Prozent der Akteur*innen genannt. Von jeweils mehr als

20 Prozent der Befragten werden außerdem die Nutzung von (Frei)Räumen und eine Stärkung des Bewusstseins für die eigene Werteorientierung als Ressourcen genannt, die über die eigenen Kooperationsbeziehungen erreicht werden können.

In eine ähnliche Richtung geht die folgende Frage:»Was sind Ihrer Meinung nach die wichtigsten Voraussetzungen für eine gelingende Kooperationsbeziehung?« (Tabelle 24)

Die Verteilung der Antworten verweist eindeutig auf Sennetts Dimension der konstruktiven Kooperation. Als wichtigste Bedingungen zum Gelingen einer Kooperation nennt eine große Mehrheit der Befragten (66 Prozent) die Fähigkeit, im ergebnisoffenen Austausch Unterschiede anzuerkennen und Mehrdeutigkeit zu verhandeln. Mehr als die Hälfte der Befragten betrachtet die Kontinuität der Kooperationsbeziehung als maßgeblich (59 Prozent). Die nächsten beiden Antwortvorgaben stimmen wieder mit dem Konzept der konstruktiven Kooperation überein. Die Fähigkeit des aufmerksamen Zuhörens ist 48 Prozent und die Streit- und Dialogfähigkeit 47 Prozent der Befragten wichtig. Erst mit Abstand folgen dann andere Voraussetzungen. Interessant ist, dass vergleichsweise wenige Akteur*innen eine gesicherte finanzielle Unterstützung (23 Prozent) und den gleichen Nutzen für beide Partner*innen (18 Prozent) als Bedingung für Kooperationsbeziehungen betrachten, beides Voraussetzungen, die im Sinne Sennetts eher für die Form der destruktiven Kooperation wichtig zu sein scheinen. Dass lediglich weniger als ein Viertel der Befragten eine gesicherte finanzielle Basis als wichtig einschätzen, ist bemerkenswert, weil in den beiden vorherigen Auswertungen jeweils 40 Prozent der Befragten zu geringe finanzielle Möglichkeiten und Geldmangel als Herausforderung des Eingehens von Netzwerkbeziehungen nannten.

7. Fazit: Ein struktur- oder agency-bestimmtes Netzwerk?

Die quantitative Netzwerkanalyse von 156 (Großes Netzwerk) beziehungsweise 56 (Kern- und Intensivnetzwerk) Akteur*innen der nachhaltigen Stadtentwicklung in Hannover hat eine Reihe von Ergebnissen erbracht, die im Rahmen eines Workshops am 13. Februar 2018 in Hannover vorgestellt wurden. 14 Akteur*innen aus dem Feld, viele davon aus Broker*innen-Organisationen, haben an diesem ganztägigen Workshop teilgenommen. Das Widerspiegeln unserer Ergebnisse hinein in das Praxisfeld ist Teil der Aufgabe der Gesamtstudie »Stadt als Möglichkeitsraum«, transdisziplinäre Forschung zu betreiben. Schon während der Durchführung der Netzwerkanalyse wurde kontinuierlich mit Praxispartner*innen vor Ort gesprochen, auch unter der Prämisse, dass diese Analyse einen Beitrag zur nachhaltigen Stadtentwicklung in Hannover leisten könnte. Die gemeinsame Diskussion von Zwischenergebnissen und Ergebnissen mit den Akteur*innen der Initiativen, der Kommunalverwaltung, den Bildungseinrichtungen und mit Akteur*innen aus der (alternativen) Wirtschaft zeichnet diesen transdisziplinären Ansatz aus. In solchem transdisziplinären Sinne wurde auch der Workshop zur Vorstellung der Ergebnisse der Netzwerkanalyse durchgeführt.

Insbesondere zwei Ergebnisse der Netzwerkanalyse gaben beim Workshop Anlass zur Diskussion: Erstens ist dies die Herausstellung der kommunalen Verwaltungsstellen *(Agenda 21- und Nachhaltigkeitsbüro, Mein Hannover 2030, Fachbereich Umwelt und Stadtgrün)* als wichtigste Netzwerkakteur*innen des gesamten Netz-

werkes der nachhaltigen Stadtentwicklung (mit den höchsten Indegrees). Es wurde
zudem aber auch honoriert, dass zivilgesellschaftliche Kultur- und Grassroots-Initiativen wie das *Utopianale Filmfestival*, das *Kulturzentrum Faust*, die *Zukunftswerkstatt Ihme-Zentrum*, die *Internationalen StadtteilGärten Hannover* und die *SLU (Stiftung Leben und Umwelt)* bedeutende Broker*innen zwischen Teilnetzwerken sind
(vgl. Abbildung 6, Teilnetzwerke und ihre Vernetzungen). Besonders forderte allerdings die Tatsache zur Diskussion heraus, dass das *Agenda 21- und Nachhaltigkeitsbüro* die zentralste Broker*innenfunktion des gesamten Netzwerkes übernimmt
(vgl. Abbildung 4, Verhältnis von In- und Outdegree). In einem freundlichen Dis-
put unter den Teilnehmer*innen wurde dieses Resultat unterschiedlich bewertet,
wobei jene Unterschiede exakt die aktuelle Diskussion des Einflusses von Netzwerken entweder auf eine bessere Handlungsfähigkeit der Akteur*innen (agency) oder
auf eine von Mächten und Abhängigkeiten dominierten Stadtgesellschaft (structure) widerspiegeln. Die agency-orientierte Fraktion befürwortet die hohe Bedeutung
des *Agenda 21- und Nachhaltigkeitsbüros* nicht als herrschende Macht, welche die übrigen Akteur*innen im Netzwerk von sich abhängig macht, sondern als dialogische
und die Ziele und Werte der anderen Akteur*innen unterstützende Agentur. Für
diese Gruppe gilt, dass das *Agenda 21- und Nachhaltigkeitsbüro* von vielen anderen
Organisationen und Projekten der nachhaltigen Stadtentwicklung nicht nur hingenommen, sondern in seiner institutionellen Form und Machtfülle gewollt wird.
Die strukturalistische Fraktion meint hingegen, dass man die Macht des *Agenda 21- und Nachhaltigkeitsbüro* nicht überbetonen darf. Wenn es diese kommunale
Stelle nicht mehr gäbe oder sie sich gegen die Mehrheit der anderen Akteur*innen
im Netzwerk richtete, dann wäre es ein Einfaches für die anderen Akteur*innen,
mit ihrer solidarischen Handlungsfähigkeit eine neue zentrale Broker*in zu schaffen und zu institutionalisieren. Insgesamt würden städtische Einrichtungen ihre
potenzielle Macht im Netzwerk nie gegen die anderen Akteur*innen im Netzwerk
einsetzen, denn sie seien in ihrer Existenz von deren Nachfrage (den eingehenden
Beziehungen) abhängig.

Der zweite wichtige Diskussionspunkt des Workshops war die Bedeutung der
Institutionalisierung von Organisationen und Projekten der nachhaltigen Stadtentwicklung. Eine Fraktion verlangt von den Akteur*innen deutlich mehr Institutionalisierung und eine Anpassung an die Konventionen der städtischen Bürokratie,
weil die nicht-institutionalisierten Organisationen der nachhaltigen Stadtentwicklung sich nur dadurch in der Stadt Gehör verschafft können. Das Argument dieser
Fraktion ist die relativ ohnmächtige Position der meisten Initiativen und Organisationen ohne umfassende institutionelle Strukturen im dargestellten Netzwerk. Sie
haben viele ausgehende Beziehungen (hohe Outdegree-Werte), fragen also vor allem
Ressourcen bei anderen nach. Die hoch oder höher institutionalisierten Organisationen haben hingegen viele eingehende Beziehungen (hohe Indegree-Werte), werden
also von anderen nach Ressourcen gebeten. Dieses Ungleichgewicht lässt sich nach
Meinung der einen Gruppe nur durch eine stärkere Institutionalisierung der zivilgesellschaftlichen Akteur*innen verringern. Gegen dieses Argument lässt sich
aber einwenden, dass eine Institutionalisierung von Ressourcen abhängt. Wie die
Daten der Netzwerkanalyse zeigen, ist eine ehrenamtliche und unbezahlte Beschäftigung weniger hilfreich für die Vernetzung von Akteur*innen als eine Bezahlung,
und alle institutionalisierten Einrichtungen, nicht nur die Behörden, sondern auch
Bildungseinrichtungen, Unternehmen und (Hoch-)Kulturstätten haben einen si-

gnifikant höheren Indegree als die Initiativen, seien dies NGOs, Grassroots-Initiativen oder Kunst- und Kulturinitiativen.

Die andere Fraktion verwahrt sich gegen diese Forderung nach dauerhaft institutionalisierten Strukturen innerhalb des Netzwerkes, wiederum mit einer Reihe gewichtiger Argumente. Zum einen wird grundsätzlich, ohne auf Giuffre (2013), Sennett (2012) oder Blokland (2017) Bezug zu nehmen, die reale Möglichkeit des konstruktiven Dialoges (Sennett 2012) ohne machtvolle Mechanismen wie die Betonung der Ressourcenabhängigkeit oder der Dominanz einzelner Akteur*innen als gegeben angesehen. Machtvolle Ausbeutung, zum Beispiel durch einige Broker*innen, kann verhindert werden, wenn alle Teilnehmer*innen des Netzwerkes eine feste und doch informelle Kultur mit klaren Regeln und moralischen Wertvorstellungen haben (Giuffre 2013). Dieser Code des »public conducts« (Blokland 2017), der »polity conventions« (Sennett 1998) oder auch der »Identität« (White 2012) verhindert den Missbrauch eines Netzwerks. Zudem können wenig institutionalisierte Akteur*innen zu einer stärkeren Flexibilität der Vernetzung beitragen, welche die Vorteile der Kreativität mit denen der Autonomie zusammenbringen kann[15]. Ein Code des »public conducts«, der vor allem aus dem Austausch von Wissen, Solidarität, Unterstützung und der Fähigkeit zum offenen Verhandeln, zum aufmerksamen Zuhören, zum Dialog und zur Kontinuität von Kooperationen besteht (siehe den Abschnitt zur Bedeutung der Kooperation in diesem Kapitel) setzt Energien frei, die dann nicht für den Erhalt der Macht, sondern für die Entwicklung von Kreativität und Innovationen mit dem Ziel einer multidimensionalen nachhaltigen Stadtentwicklung eingesetzt werden können. Alle Akteur*innen müssen sich natürlich, dies ist eine Vorbedingung, diesem »public conduct« unterordnen; eine Abweichung davon würde in Sanktionen, bis hin zu einer Entfernung aus dem Netzwerk, resultieren.

Diese Kontroverse zur Notwendigkeit oder zur Vermeidung der Institutionalisierung lässt sich wieder in die dichotomen Kategorien von struktur- oder agency-orientierten Deutungen des Netzwerkes einordnen. Vielleicht kann diese Frage auch mit einem Blick auf die globalen Ziele der nachhaltigen Entwicklung entschieden werden. Die Diskussion um die Mittel hin zu einer nachhaltigen Welt darf nicht losgelöst von diesen Zielen stattfinden. Zum Beispiel lautet das 10. Ziel der *Sustainable Development Goals* »Ungleichheit verringern«, mit Unterzielen wie der Befähigung zur Selbstbestimmung und der sozialen, wirtschaftlichen und politischen Inklusion. Das 16. Ziel sind »Friedliche und inklusive Gesellschaften«, mit dem Unterziel einer bedarfsorientierten, inklusiven, partizipatorischen und repräsentativen Entscheidungsfindung (Martens und Obenland 2017). Eine strukturalistische Perspektive auf die Stärkung eines Netzwerkes der nachhaltigen Stadt-

---

15 | In der Literatur zu den kreativ-kulturellen Industrien und Entrepreneurships wird die Verbindung von Kreativität, Autonomie und dynamisch-flexiblen Netzwerkstrukturen positiv bewertet (vgl. Lange 2007, Fliaster 2007). Allerdings gibt es dazu auch eine wichtige kritische Gegenposition, die statt von de-institutionalisierter Flexibilität und Dynamik (als Bedingung für Innovation und Kreativität) von einem dadurch entstehenden künstlerisch-kreativen Prekariat (Gill/Pratt 2008) und einer für die Kreativen unsicheren Zukunft in einer netzwerkbasierten Polis (Boltanski/Chiapello 2006) und einer amalgamen Stadt (Frey 2009) spricht. Das Argument der sozialen Stabilität würde also wieder für eine stärkere Institutionalisierung sprechen.

entwicklung mag zwar der jetzigen gesellschaftlichen Realität angepasst sein, die meisten Akteur*innen im Netzwerk selber bevorzugen aber, im Einklang mit den Zielen der nachhaltigen Entwicklung, eine gemeinschaftlich-interaktionistische Perspektive.

Danksagung

Diese Studie hätte nie ohne die Mithilfe folgender Personen durchgeführt werden können. Für die intensive und kritische Mitarbeit an der Gestaltung des Fragebogens möchten wir uns herzlich bei Annette Grigoleit und Antoniya Hauerwaas bedanken. Als externe Berater haben wir Till Krenz (statistische Aufbereitung des Netzwerks mit R) und Michael Kronenwett (Programmierung des Online-Fragebogens) gewinnen können. Unersetzbare Hilfen bei der organisatorischen Durchführung der Umfrage waren die Studierenden der Kulturwissenschaften an der Leuphana Universität Lüneburg, Anna Oldiges, Katharina Mludek und Linnea Lorenzen. Und last but not least möchten wir uns bei den Akteur*innen der nachhaltigen Stadtentwicklung in Hannover bedanken, die nicht nur an der sehr umfangreichen Befragung teilgenommen haben, sondern während und nach der Befragung, insbesondere im Rahmen der Vorstellung der ersten Ergebnisse, intensiv und sehr kooperativ mitgewirkt haben. Wir hoffen sehr, dass diese Studie für die Akteur*innen im Feld der nachhaltigen Stadtentwicklung hilfreich sein wird.

Volker Kirchberg und Robert Peper

Literatur

Benz, A. & Dose, N. (Hg.) (2010). Governance – Regieren in komplexen Regelsystemen. Springer VS Verlag für Sozialwissenschaften.

Blokland, T. (2017). Relational Settings of Belonging, in: Blokland, T. (Hg.), Community as Urban Practice. Polity Press, S. 88–136.

Boltanski, L. & Chiapello, È. (2006). Der neue Geist des Kapitalismus. UVK Verlagsgesellschaft.

Burt, R. S. (2004). Structural holes and good ideas. American journal of sociology, 110 (2), 349–399.

Dollereder, L. & Kirchberg, V. (2016): Kooperation und Diversität von Netzwerken. Forum Wohnen und Stadtentwicklung, Ausgabe 3/2016. Bundesverband für Wohnen und Stadtentwicklung.

Fliaster, A. (2007). Innovationen in Netzwerken: Wie Humankapital und Sozialkapital zu kreativen Ideen führen. Rainer Hampp Verlag.

Föhl, P. S., Wolfram, G. & Peper, R. (2016). Cultural Managers as ›Masters of Interspaces‹ in Transformation Processes – a Network Theory Perspective. Zeitschrift für Kulturmanagement, 2 (1), 17–50.

Föhl, P. S., Pröbstle, Y. & Peper, R. (2016). Kulturentwicklungsplanung Ulm. Quantitative Netzwerkanalyse und Geo-Mapping der kulturellen Infrastruktur der Stadt Ulm – Ergebnisse einer Studie per Online-Fragebogen. Im Auftrag der Stadt Ulm. Netzwerk Kulturberatung Berlin. https://www.ulm.de/sixcms/me

dia.php/29/Quantitative_Netzwerkanalyse%20und%20Geo-Mapping_finale%20Fassung.pdf

Föhl, P. S. & Peper, R. (2017). Umsetzungsphase Kulturentwicklungskonzeption der Modellregion Kyffhäuserkreis/Landkreis Nordhausen. Netzwerkanalyse und Mapping von Akteur*innen und Angeboten der Kulturellen Bildung. Im Auftrag der Modellregion Kyffhäuserkreis/Landkreis Nordhausen. Netzwerk Kulturberatung Berlin. http://neu.netzwerk-kulturberatung.de/content/1-ueber/1-dr-patrick-s-foehl/1-publikationen/netzwerkanalyse-und-mapping-von-akteuren-und-angeboten-der-kulturellen-bildung-umsetzungsphase-kulturentwicklungs konzeption-der-modellregion-kyffhaeuserkreis-landkreis-nordhausen/netzwerk analyse_nordthueringen_2017_final.pdf

Frey, O. (2009). Die amalgame Stadt. VS Verlag für Sozialwissenschaften.

Fuhse, J. A. (2015). Theorizing social networks: The relational sociology of and around Harrison White. International Review of Sociology, 25 (1), 15–44.

Fuhse, J. A. & Mützel, S. (Hg.) 2010. Relationale Soziologie. Springer VS Verlag für Sozialwissenschaften.

Freeman, L. C. (1978). Centrality in social networks conceptual clarification. Social networks, 1 (3), 215–239.

Gill, R. & Pratt, A. (2008). In the social factory? Immaterial labour, precariousness and cultural work. Theory, culture & society, 25(7–8), 1–30.

Giuffre, K. (2013). Communities and networks: using social network analysis to rethink urban and community studies. John Wiley & Sons.

Granovetter, M. S. (1973). The strength of weak ties. The American Journal of Sociology 78 (6), 1360–1380.

Hollstein, B. & Straus, F. (2006). Qualitative Netzwerkanalyse. Konzepte, Methoden, Anwendungen. Springer VS Verlag für Sozialwissenschaften.

Jansen, D. (2006). Einführung in die Netzwerkanalyse: Grundlagen, Methoden, Forschungsbeispiele. Springer VS Verlag für Sozialwissenschaften.

Lange, B. (2007). Die Räume der Kreativszenen. transcript.

Martens, J. &, Obenland, W. (2017). Die Agenda 2030. Globale Zukunftsziele für nachhaltige Entwicklung. Global Policy Forum Bonn, terre des hommes Osnabrück. https://www.globalpolicy.org/images/pdfs/GPFEurope/Agenda_2030_on line.pdf

McLean, P. (2016). Culture in networks. John Wiley & Sons.

Mutschke, P. (2010). Zentralitäts- und Prestigemaße, in Stegbauer, Christian (Hg.): Netzwerkanalyse und Netzwerktheorie: Ein neues Paradigma in den Sozialwissenschaften. VS Verlag für Sozialwissenschaften. S. 365–378.

Peper, R. (2016). Netzwerke in kulturpolitischen Veränderungsprozessen: Eine Analyse am Beispiel der Stiftung Historische Museen Hamburg. Springer VS Verlag für Sozialwissenschaften.

Pfenning, D. (2016). Netzwerkanalyse von Umweltgovernance-Strukturen – Eine empirische Fallstudie. Universität Trier, Magisterarbeit im Fach Soziologie (Prof. Dr. Michael Schönhuth).

Ratiu, D. E. (2013). Creative cities and/or sustainable cities: Discourses and practices. City, culture and society, 4 (3), 125–135.

Rürup, M., Röbken. H., Emmerich, M. & Dunkake, I. (2015). Grundlagen der sozialen Netzwerkanalyse. Netzwerke im Bildungswesen. Springer VS Verlag für Sozialwissenschaften.

Sennett, R. (1998). Der flexible Mensch. Die Kultur des neuen Kapitalismus. Berlin Verlag.

Sennett, R. (2012). Zusammenarbeit: was unsere Gesellschaft zusammenhält. Hanser.

Stegbauer, C. (Hg.) (2008). Netzwerkanalyse und Netzwerktheorie: Ein neues Paradigma in den Sozialwissenschaften. VS Verlag für Sozialwissenschaften.

Terkessidis, M. (2015). Kollaboration. Suhrkamp.

White, H. C. (2012). Identity and control: How social formations emerge. Princeton University Press.

Ziemer, G. (2013). Komplizenschaft: Neue Perspektiven auf Kollektivität. transcript.

Zwischenspiel 5

Expo-Plaza (Messe Ost)

Ein Changieren zwischen einer »Toten Zone«[1] und den Erinnerungen an einen visionären, lebendigen Ort

Annette Grigoleit

Das folgende Zwischenspiel schildert insbesondere Erfahrungen, die ich zusammen mit Lena Greßmann, Sacha Kagan und Patricia Wedler während eines ganztägigen Transect Walks[2] auf der Expo-Plaza gemacht habe, wobei wir den Platz als eine »Tote Zone« erlebten.

Auf der Treppe, die mit mehreren Zwischenpodesten auf die Plaza führt, fällt uns die Bepflanzung des Platzes auf, welche matt in einem zarten, frühsommerlichen Grün leuchtet. Vor den beiden sehr großen, rechteckigen Gebäuden, die sich an den Längsseiten der Plaza gegenüber liegen, sind unterschiedlich große Bäume in Gruppen oder einzeln gesondert stufenförmig eingefasst. Bei beiden Gebäuden dominiert eine funktionale, gläserne, stahltragende Gestalt und glatte, kühle, industriell standardisierte Materialität, die keinen Raum für eine differenzierte Oberflächentextur lässt. Die kantige Formsprache der TUI-Arena trifft auf eine rundlichere, konkave Formsprache des deutschen EXPO-Pavillons, die in eine vergleichsweise luftige und architektonisch anspruchsvollere gläserne Hülle umgesetzt ist. Auf der gläsernen Vorderfassade, die Einblicke in das Treppenhaus ermöglicht, befindet sich ein großer Schriftzug *TUI-Arena* in Verbindung mit dem sattsam bekannten TUI-Logo. Der große Eingangsbereich ist umrahmt von Bäumen, die in eckig unregelmäßiger oder rundlicher Form eingefasst sind und über mehrere Stufen hinab zu dem Boden führen, in welchem die Bäume wurzeln. Auf der gegenüberliegenden Seite vor dem Pavillon wird das Prinzip in umgekehrter Form fortgeführt. Die Podeste sind teilweise in die entlang des Pavillongebäudes und zu dessen ebenfalls geschlossenen Eingangsbereichen führende Treppe eingewoben.

Hinter einer niedrigeren, jungen Baumreihe bildet der Bertelsmann-Pavillon *Planet M* in seiner kubusartigen Form einen architektonischen Aufmerksamkeitspunkt. Das semitransparente, filigran und textil anmutende Gewebe der Außenhülle wird erst mit der Annäherung an das Gebäude wahrnehmbar. Die graue Wolkendecke bricht auf. Auf der Gebäudehülle bewegen sich Licht- und Schattenspiele. Weitere rechteckige Gebäude in gläserner und stahltragender Gestalt reihen sich neben dem *Planet M* aneinander[3].

Die Arrangements der Bäume sind fest integrierte Bestandteile der Plaza. Die Podeste erinnern uns an Sockel zur Exposition von Ausstellungsstücken in einem Museum. In diesem öffentlichen Ausstellungsraum des Expo-Geländes wird die Leere der Podeste in fast surreal anmutender Weise mit Bäumen gefüllt und damit die Funktion des Geländes aufgerufen und zugleich in seiner Vergänglichkeit spürbar.

Der Bodenbelag der Expo-Plaza ist durch standardisierte Beton-Steine in verschiedenen Größen, Formaten und Farben charakterisiert, wobei ein hellgrauer Farbton überwiegt. Die Steine sind zu verschiedenen Mustern arrangiert und heben damit vielleicht auch verschiedene Bereiche des Platzes und Momente der Abwechslung in einer gewissen Monotonie hervor. Abflussgitter in verschiedenen Längendimensionen sorgen für zusätzliche Unterbrechungen. In der Mitte des Platzes befinden sich auf den Flächen, die Fußgänger*innen vorbehalten sind, schwarze Bremsspuren von den Reifen eines Autos und eines Motorrads. Diese Spuren verlaufen parallel und im engen Radius kreisförmig und zeigen uns, dass dieser Platz eine Nutzung außerhalb der alltäglichen Ordnung erfährt – zum Beispiel als perfekter Ort zum Driften. Zugleich wird die Unmöglichkeit spürbar, auf diesem Untergrund Spuren unserer Fußabdrücke zu hinterlassen. Zwischen den Steinen wachsen im strikten räumlichen Gefüge kleine, verschiedenartige Pflanzen jenseits von Kontrolle und Unkrautvernichtung.

Vereinzelt tauchen Menschen am Horizont auf, die den Platz möglicherweise alltäglich als Passage nutzen, um zielgerichtet von A nach B zu gelangen. Wir bemerken, dass zwei Personen gemeinsam und weitere für sich den Platz in seiner Mitte von West nach Ost oder in umgekehrter Richtung durchqueren. Dabei folgen sie einer Bewegungsachse, die von den beiden größeren und einander schräg gegenüberliegenden Zugängen des Platzes gebildet wird. Der ›östliche‹ Zugang wird über eine Treppe mit anschließender Brücke zur U-Bahn-Station und der ›westliche‹ Zugang wird über eine Brücke gebildet, die zum Messegelände führt und den Messeschnellweg überquert. Über ihre ähnliche materiale, formale Gestalt, über die Anordnung der Lichtquellen und die Konstruktion der Geländer wird eine Verbindung zwischen den Zugängen hergestellt. Die Gestalt der Lichtquellen erinnert an eine Abstraktion einer herkömmlichen Straßenlaterne, sie führen die Form ihres Trägerstücks fort und heben sich nicht davon ab. Ihre technisch nüchterne farbliche und materiale Gestalt fügt sich nahtlos ein in die dominierenden baulichen Gestaltungsweisen der Plaza. Die Laternen wirken auf uns wie oberirdische Pfähle, die in gleich dichtem Abstand und in drei parallelen Linien arrangiert wurden. Diese strikte, geometrische Ordnung eröffnet bewegungslenkende Effekte auf der Plaza, die eher eine Passage von A nach B als ein Verweilen nahelegen. Die mittlere Linie der Lichtquellen, welche die Brücken in zwei Elemente teilt, lesen wir ebenso wie die Orientierungsschilder als einen Verweis auf die Notwendigkeit städtischer Raumplanung, für größere Menschenmengen zu bestimmten Anlässen einen geordneten Rahmen für den Zugang zur, das Verweilen auf und den Austritt aus der Plaza schaffen zu müssen. Zwei Skateboarder*innen und zwei Fußgänger*innen passieren den Platz in der Nähe des Pavillons oberhalb oder unterhalb der Treppe und folgen damit nicht der nahegelegten Bewegungsachse in der Mitte. Damit geraten auch Pfade eines alltäglichen Gebrauchs des Platzes in den Blick, die den Weg abkürzen. Anhaltspunkte für eine Nutzung der Plaza und der stufenförmigen Konstruktionen zum Skateboarden finden wir nicht. Unsere Erfahrungen kontrastieren mit Erinnerungen an eine lebendige, internationale, spannende Atmosphäre während der Expo 2000, von der uns mehrere Hannoveraner*innen berichtet haben. Die Expo war zu der Zeit ein populärer und vielfach besuchter Anziehungspunkt und Begegnungsort.

Bei unserer Passage der Expo-Plaza ist es relativ windstill. Doch die beschriebenen Zu- und Abgänge bilden Kanäle für den Wind und lassen diesen zugleich deutlich spürbar und in möglichen Effekten für die Bewegungsachse vorstellbar werden. Auf der Plaza nehmen wir insbesondere eine Stille der Verlassenheit wahr. Mit Blick auf die Videoaufnahmen wird uns deutlich, dass wir während des Gehens umgebende Geräusche und Geräuschquellen auch in ihrem Zusammenspiel mit dem nahezu menschenleeren Raum und seiner materiellen Gestalt mehr oder weniger ausgeblendet haben. Die Geräusche des Windes, das rhythmische Geräusch der rollenden Skateboards, welches eine Weile nachhallt, Geräusche von Vogelstimmen, unseres Gehens, einzelner Autos oder die anschwellende Lautstärke eines kontinuierlichen Autostroms auf dem Westschnellweg waren vor Ort weniger präsent, was möglicherweise auch über die gewählten Dokumentationsweisen und ihren Fokus auf den Sehsinn verstehbar ist. In dieser Sphäre nehmen wir auch die vorhandenen Verweilmöglichkeiten erst auf den zweiten Blick wahr. Tische und Stühle, die zu einem Café gehören, oder die Treppenstufen und nahe gelegene Holzbänke wirken auf uns verloren.

Das menschenseelenleere Gesamtensemble auf der Expo Plaza, ausgelegt für große Menschenmengen, wirkt beklemmend, trostlos und lähmend auf uns. Diese atmosphärischen Eindrücke entstehen in einem Zusammenspiel betonierter Flächen, monotoner Farben, glatter, kalter Materialien vorgefertigter, perfekter Oberflächen, linearer, kantiger Formen mit rundlichen und pflanzlichen, scheinbar ›unkontrolliert‹ wachsenden, Einsprengseln. Diese lesen wir auch als Hinweis auf eine Logik der Vernachlässigung, die eine situative Kontrolle des Wildwuchses, z. B. zur Präsentation des Platzes im Kontext spezifischer Veranstaltungen, vermuten lässt. Die Bäume wirken zunächst als ein belebender Kontrapunkt. Zugleich akzentuieren sie über ihre Exposition mit Gestaltungsprinzipien, welche die der Umgebung aufgreifen, ihre Instrumentalisierung in einer leblosen Umgebung. Diese gleichförmigen Oberflächentexturen suggerieren für uns nichts Bewegtes, Imperfektes, Fließendes und Lebendiges, keinen Raum für Patina geschichteten Lebens und differenten Gebrauchs. Sie laden nicht zu einem vielschichtigen Wahrnehmen ein, sondern machen ein anästhetisches Ausblenden notwendig. Gebäude und Platzstruktur verweisen auf einen gleichen Entstehungskontext, für den es jedoch nur noch wenige Anzeichen und Spuren gibt. Alles ist geplant, geregelt, wirkt starr, statisch, unter Kontrolle und ist Teil eines Geflechts, das aus ökonomischen Firmensymbolen, eindimensionalen Funktionalitäten, einer linearen Anordnung und effizienten Bewegungsachsen, die an Fließbänder in Flughäfen erinnern, sowie nicht zuletzt aus der Vorhersehbarkeit und Austauschbarkeit der architektonischen Formsprache und Nutzungsweise gebildet wird. Es gibt trotz zahlreicher Verweilmöglichkeiten wenig Raum und Anhaltspunkte für freie Aneignungen, für Unvorhersehbares, für spontanes Verweilen, Begegnen und Zusammenkommen verschiedener Akteur*innen und einander Fremder außerhalb konsumorientierter Berufs- und Freizeitwelten und nicht zuletzt für die Präsenz einer mehr-als-menschlichen Welt (Abram 2012).

ANMERKUNGEN

1 | Damit beziehen wir uns auf die »Phänomenologie toter Zonen« von Shelley Sacks und Hildegard Kurt (2013: 39), mit der sie an Joseph Beuys' Wahrnehmung der Zeitsituation als einer Todeszone anknüpfen. Dafür habe er den Materialismus, »der in westlich geprägten Moderne zu einer einseitigen Dominanz gelangt ist« als Ursache angesehen (Zumdick, 2006, zitiert nach Sacks & Kurt, 2013, S. 40). Mit »toten Zonen« meinen Sacks und Kurt Orte und Situationen, in denen der »komplexe Horror unserer Zeit zutage tritt« und in denen »wirkliches Erfahren, wirkliches Wahrnehmen verlorengehen« (Sacks & Kurt, 2013, S. 39). Sacks und Kurt nähern sich der Situation einer »toten Zone« mit sorgfältiger Aufmerksamkeit, worin sich »der Schmerz, das Leid und die immensen Schwierigkeiten zegen, die den derzeitigen Verhältnissen innewohnen« (ebd. S. 40). Sie versuchen »möglichst tief in das Phänomen hineinzufinden« (ebd. S. 39), dieses »aus unmittelbarer Nähe« (ebd. S. 56) und durch ein »anderes Sehen, Hören, eine andere Bewusstheit« wahrzunehmen (ebd. S. 39), die Wahrnehmung zu »ent-automatisieren« (ebd. S. 40). Die Orte und Situationen nehmen wir mit in »jenen Raum in uns«, wo wir das Beobachtete »neuerlich« mit dem »geistigen Auge« sehen (ebd. S. 56) und auch erkennen können, aus welcher Denkweise, welchen Werten, Haltungen und Gewohnheiten die »tote Zone« entstanden ist (ebd. S. 40). »Bei diesem imaginativen Wahrnehmen« (ebd. S. 56) komme es im Sinne einer »zarten Empirie« darauf an, den Gegenstand des Wahrnehmens nicht vorschnell unter Begriffe und Kategorien, d. h. in Richtung abstrakter und distanzierender Verallgemeinerung, zu subsumieren und über ihn zu urteilen (ebd. 39 f. und S. 56). Diese phänomenologische Annäherung ermögliche es, den Horror zu erleben, innerlich »berührt« und »mobilisiert« zu werden, sowie zu erkennen, was fehle und was für einen Wandel getan werden müsse (ebd. S. 56). Durch diese Art der Betrachtung versuchen sie, den Gegenstand wieder lebendig werden zu lassen (ebd. S. 39).

2 | Bei diesem Transect Walk haben wir am 18. Mai 2015 die Stadt Hannover entlang einer Linie durchquert, die vom südöstlichen Stadtrand, von den Stadtteilen Mittelfeld, Wülfel und Döhren, über die Südstadt-Bult und Hannover Mitte bis zu den Stadtteilen Nordstadt und Herrenhausen im Nordwesten Hannovers reicht. Anfangspunkt war »Messe Ost/Expo Plaza«, die Endhaltestelle der U-Bahn-Linie 6 im Süden Hannovers. Endpunkt unseres Walks war die Haltestelle »Leinhausen Bahnhof« an der Stöckener Straße im Stadtteil Herrenhausen-Stöcken. Unsere sinnlichen Eindrücke haben wir vor Ort per Videokamera, Fotoapparat und Audio-Aufnahmegerät sowie unseren Weg mit einem GPS-Tracking ›dokumentiert‹. Diese Dokumentationsweisen haben wir mit verschiedenen Fokussetzungen verbunden. Beispielsweise haben wir alle fünf Minuten das Umgebende mit jeweils einem Foto in alle Himmelsrichtungen aufgenommen. Darüber hinaus haben wir uns fotografisch auf folgende Fragen konzentriert: Was fällt auf, was ist ungewöhnlich, wie ändern sich Atmosphären, wodurch werden Übergänge markiert? Welche Orte des Zusammenkommens, des öffentlichen Lebens, gibt es? Was weckt unsere Aufmerksamkeit, was zieht uns an, was bewegt uns, und was nicht? Was bleibt gleich? Per Videokamera wurden (un)gewöhnliche Interaktionen im und mit dem Raum aufgezeichnet sowie Stimmungen auf Plätzen, Straßen und von Gebäuden und auch im Hinblick auf Übergänge und Veränderungen eingefangen. An dieser Stelle möchte ich Sacha Kagan, Ute Finkeldei und Volker Kirchberg vielmals für ein vielschichtiges Feedback zu diesem Zwischenspiel sowie Lena Greßmann für ihre Mitarbeit an dem Bericht zu dem Transect Walk danken.

3 | Gegenwärtig sind in diesen Gebäuden die »Multi Media Berufsbildenden Schulen« sowie die Fakultät III, Abteilung Design und Medien der Hochschule Hannover, untergebracht. (Vgl. https://goo.gl/maps/5Jq8WkehbeM2, Zugriff am 17.05.2018)

LITERATUR

Abram, D. (2012). *Im Bann der sinnlichen Natur. Die Kunst der Wahrnehmung und die mehr-als-menschliche Welt*. Klein Jasedow: thinkOya.

Sacks, S. & Kurt, H. (2013). *Die rote Blume. Ästhetische Praxis in Zeiten des Wandels*. Klein Jasedow: thinkOya.

Wülfel und Döhren

Ineinanderfließen des Urbanen und Surburbanen

Annette Grigoleit

Während des Transect Walks, der einer Linie vom südöstlichen Stadtrand (Stadt-teile Mittelfeld, Wülfel und Döhren) über die Südstadt-Bult und Hannover-Mitte bis zu den Stadtteilen Nordstadt und Herrenhausen im Nordwesten Hannovers folgte, haben wir zu Beginn die Expo-Plaza als eine Tote Zone erfahren. Dieses Zwischen-spiel berichtet von Erfahrungen, die ich gemeinsam mit Lena Greßmann, Sacha Kagan und Patricia Wedler in den Stadtteilen Wülfel und Döhren gemacht habe. Hierbei geht es insbesondere um das Zusammenspiel suburbaner und urbaner Sphären[1].

Die Hildesheimer Straße ist jeweils zweispurig befahren. In der Straßenmitte verlaufen Bahngleise in beide Richtungen. Unmittelbar vor uns liegt die U-Bahn-Haltestelle Wiehbergstraße im Stadtteil Wülfel. Unsere Aufmerksamkeit fällt auf einen Bücherschrank auf der gegenüberliegenden Straßenseite, der als einer von 39 Bücherschränken auf die lokale Kultur des Büchertauschs in Hannover verweist[2]. Und wir fragen uns, ob es sich vielleicht auch um ein Anzeichen für urbanes Leben handelt? Hinter dem Bücherschrank wird ein großer blühender Kastanienbaum sichtbar, der sich hinter den Zäunen des ausgedehnten Areals des Hotels »Wien-ecke XL« befindet. Wir passieren die überwiegend leeren Parkflächen des Hotel-gebäudes und stehen nach Verlassen des Geländes überraschenderweise auf einer Wiese. Vor uns eröffnet sich eine Naturlandschaft, die in ihrer frühsommerlichen Fülle bis zum Horizont keinerlei Begrenzung erfährt. Die Weite des Himmels, die Geräusche und die kühlende, belebende Kraft des Windes, die Düfte und Vogel-stimmen werden wahrnehmbar. Ein Schild weist uns darauf hin, dass wir uns in dem Schongebiet der Wülfeler Leineauen befinden. Wir kommen zu einem umge-fallenen Baum, der langsam zerfällt und viele Lebewesen beherbergt. Angezogen von der Naturlandschaft bewegen wir uns kurz in der Spannung, ob wir hier wei-tergehen oder uns auf den Weg machen, die urbanen Gegenden des Stadtteils Wül-fel zu entdecken. Begleitet von Rasenmähergeräuschen gelangen wir in ein Wohn-gebiet, das in den letzten zehn Jahren entstanden sein könnte. Die Siedlung wirkt aufgelockert. Mehrfamilienhäuser, Doppelhaushälften, einige kurzkettige Reihen-häuser sind durchbrochen von Grünflächen, geschwungenen Wegen und Freiräu-men für Pflanzen. Architektonisch gibt es keine Überraschungen. Die Trennung

von Vor- und Hinterhausgarten vom öffentlichen Gehweg und zu Nachbargrundstücken wird von einigen Bewohner*innen nicht praktiziert. Sitzmöglichkeiten befinden sich auch vor den Eingangsbereichen der Häuser und in Nähe zum Eingang
des Nachbarhauses. An einigen Hausfassaden sind kleine Alarmanlagen befestigt.

Bei Verlassen der Siedlung stoßen wir auf die Wiehbergstraße, eine langgezogene,
überwiegend geradlinige Straße. Hier treten typische Elemente einer Dorfstruktur,
Altbauten aus verschiedenen Phasen (der Industrialisierung, der Suburbanisierung),
mit der Nähe zur Naturlandschaft und urbanen Anzeichen in ein Wechselspiel.
Wir begegnen alten, freistehenden und ein- bis zweigeschossigen Backsteinbauten,
die renoviert wurden. Die Eingänge befinden sich in der Nähe zum Gehweg und es
gibt Sitzmöglichkeiten im Eingangsbereich. Holzzäune trennen (Vor-)Gärten mit
altem Holzmobiliar vom Gehweg ab. Pflanzen können sich eigene Wege an Haus-
wänden suchen. Wir finden Zeichen der gegenwärtigen und vormaligen Nutzung
als Handwerksbetriebe, so beleben beispielsweise eine Buchbinderwerkstatt und
ein Tischlermeister die überwiegende funktionale Reduktion aufs Wohnen. Auch
Eckhäuser, die zu gewerblichen Zwecken genutzt werden, und eine Blechwaren-
fabrik tragen dazu bei.

Was das Wohnen anbelangt, wechseln sich Reihen- und kleinere Einfamilienhäuser aus verschiedenen Phasen und in verschiedenen Renovierungs- und Er-
weiterungszuständen mit villenartigen Einfamilienhäusern ab. Dabei fiel uns insbesondere die renovierte frühere Direktorenvilla der Döhrener Wolle[3] im Hinblick
auf die klassizistischen Dekorelemente, die braungestrichenen Fassaden, den bo-
denlangen Sichtschutz an den Fenstern und den hohen schmiedeeisernen Zaun
in den Blick. Darüber hinaus sind auch Mehrfamilienhäuser für die Wohnbebauung typisch: Mehrfamilienhäuser für den sozialen Wohnungsbau, in Privatbesitz
auch mit Gewerbeflächen im Erdgeschoss, sowie (teilweise renovierte) Altbauten
ohne aufwendige Dekore, aus verschiedenen Phasen der Industrialisierung und
in zunehmender Bebauungsdichte und Geschosshöhe, grenzen unmittelbar an
die Gehwege. Wir beobachten unterschiedliche Grenzziehungen zwischen privaten und öffentlichen Sphären mit Zäunen, Überwachungskameras, Sichtschutz
in Fenstern und Verboten in (semi-)öffentlichen Gemeinschaftsflächen, wie z. B.
auf einem Sport- und Spielplatz. Trotz der gewissen Geradlinigkeit der Straße fällt
uns immer wieder auf, dass die Bebauung auch Verwinkelungen, Lücken und
verschiedene Abstände zwischen Haus und Gehweg zulässt. Übergangsbereiche
zwischen Privatheit und Öffentlichkeit werden auch mit Figuren und Dekorele-
menten hergestellt. Diese finden sich in den Fenstern im Zwischenraum zwischen
Scheibe und Gardine oder einem anderweitigen Sichtschutz, im Eingangsbereich
eines Einfamilienhauses, an der Hauswand oder im Vorgarten in der Nähe zur
umzäunten Abgrenzung des Grundstücks vom Gehweg. Dekorelemente in verschiedenen Kunststilen, Skulpturen mit Verweis auf die griechische Mythologie,
mit Teufelsmotiven oder mit religiösen Motiven, Tierfiguren, wie z. B. die eines
Elefanten, eines lachenden, bekleideten Bären oder einer Porzellankatze und nicht
zuletzt ein geometrischer Körper, der in Verbindung mit einer Aufschrift (USBC)
einen identitätsstiftenden Symbolzusammenhang zu einem Verein o. ä. aufruft,
eröffnen, teilweise im Zusammenspiel mit Blumen ein Fenster in die (private) Welt
der Bewohner*innen. Mit der jeweiligen Exponatauswahl werden Nachbar*innen
und anonyme Fußgänger*innen adressiert und in besagte Welt miteinbezogen und
es entsteht eine Doppelung von Einladung und Präsentation.

Unmittelbar neben dem Restaurant »Titus« (mit gehobener Küche) befindet sich ein großer Bunker mit nackten Betonwänden, in die auch nachträglich keine Fenster eingebaut worden sind. Vor dem Bunker stehen große blühende Kastanienbäume, das Gelände ist umzäunt. Der Eingangsbereich ist durch eine blaue, zweiflügelige Stahltür markiert und lässt sich über zwei große Neonröhren beleuchten. Ein Wachhäuschen neben der Tür erinnert an Eingangsbereiche von Kasernen. Blaue und weiße gezackte Streifen auf den Wänden wechseln sich ab und können auch auf karnevalistische Farbkonstellationen und Muster hindeuten. An der Bunkerwand hängt ein Schild, das durch die Zweige eines Busches verdeckt ist und Hunden verbietet, hier ihr Geschäft zu verrichten. Ein Schaukasten am Zaun enthält Hinweise zum Vorstand, den Aktivitäten der Damen-, Jugend- und Herrenabteilung der »Schützen-Vereinigung Döhren von 1861 e. V.«. Bemerkenswert sind zwei kleine Löcher auf dem Metallrahmen des Schaukastens, die an Einschusslöcher erinnern. Ein Briefkasten in der Nähe trägt ein großes Schild mit dem Hinweis auf die »Schützen-Vereinigung Döhren V. 1861 e. V.« sowie auf die »Funkenartillerie Blau-Weiss«[4]. Auf der gegenüberliegenden Straßenseite befindet sich ein größeres Gelände, das mit einem Holzzaun vom Gehweg abgetrennt und dicht mit Bäumen und Pflanzen bewachsen ist. Spielgeräte aus Holz lugen hervor. Am Zaun hängt ein handgemaltes Tuch, das zu einem Basar in das buntbemalte Gebäude der KITA Brückstraße einlädt.

Die Wiehbergstraße mündet in eine kleine Geschäftsgegend mit Sportclub und Supermarkt, die beide zu Ladenketten gehören. Wir biegen in die Landwehrstraße ein, einer ähnlich langgezogenen Straße wie der Wiehbergstraße, und befinden uns im Stadtteil Döhren. Die Altbau-Mehrfamilienhäuser sind durch aufwändigere Dachkonstruktionen, Erker, Mansarden, Balkone und Dekorelemente charakterisiert. Einzelne Häuser sind unter Energiesparaspekten renoviert. Der dörfliche Charakter ist vollkommen verschwunden. Wohnen, Arbeiten, kleine Einzelhandelsgeschäfte und Dienstleistungsangebote sowie Orte des Begegnens und Verweilens verdichten sich in dieser Straße. Wir passieren alteingesessene und neuere Gewerbe und Geschäfte, wie kleinere Druckereibetriebe, eine Ateliergemeinschaft, den Friseurladen »Conny«, ein Nagelstudio mit dem Namen »e-Nails«, eine Energieberatung und -planung mit dem Namen »Ökotektur« sowie einen nicht identifizierbaren Arbeitsort mit einem langen Holztisch und Stühlen, die vor ein Fenster in Schaufenstergröße gerückt sind. Orte für Begegnungen bieten ein Kiosk, ein Café/Bistro »Ambiente«, eine Bio-Bäckerei »Doppelkorn« sowie eine Eckhaus-Kneipe mit dem Namen »Gilde 2000«.

Beide Straßen sind mit altem Baumbestand und mit auf angelegten Parkstreifen oder am Straßenrand parkenden Autos gesäumt. In den Nebenstraßen finden sich Geschwindigkeitsbegrenzungen oder sie sind als Spielstraßen deklariert. Die Gehwege werden breiter. Um die Mittagszeit sind mehr Fußgänger*innen unterwegs, wie ältere Menschen oder Schul/Kitakinder, teilweise in Begleitung. Wir stoßen immer wieder auf rote Schilder, die auf das Schongebiet hinweisen, welches wir bereits hinter dem Hotelgelände betreten haben. Die Übergänge deuten sich auch durch nicht asphaltierte Spazierwege, Holzbänke und üppigen Pflanzenwuchs längs der Wegseiten an.

In Wülfel und Döhren finden wir mehrere Anhaltspunkte für die Suburbanisierung dieser Stadtteile, die auf dörfliche Strukturen zurückgehen und auch Traditionen industrieller Produktion aus der Gründerzeit beinhalten[5]. Damit meinen mir beispielsweise die »Zonierung« und funktionsspezifische Optimierung« von Räumen mit Wohnmustern (Ipsen, 1987, zitiert nach Menzel 2011, S. 301.), wie die Wohnung oder das Eigenheim am Stadtrand für Kleinfamilien, die weitgehende Trennung von Wohnen und Arbeiten, die Bedeutung abgrenzbarer privater Räume, die Nähe zum Grün und zu schulischen Einrichtungen (Menzel, 2011, S. 301f.). Zugleich finden sich urbane Anzeichen, die als Spuren für einen möglichen Wandel suburbaner Lebensformen verstehbar sein können. In der soziologischen Stadtforschung wird dieser Wandel dahingehend beschrieben, dass sich die Bedarfe der neu Zuziehenden an urbanen Lebensstilen und gesellschaftlichen Entwicklungen orientieren. welche in Inkongruenz zu den vorhandenen Strukturen und Lebensmodellen von Familien treten können (Frank 2011; Menzel 2011), die in der Nachkriegszeit oder in folgenden Dekaden ins Umland des städtischen Zentrums Hannovers gezogen sind und möglicherweise Stadtteile wie Döhren und Wülfel (wieder)entdeckt haben. Die urbanen Anzeichen lassen sich ganz allgemein mit einem Verständnis von Urbanität nach Louis Wirth (1974) in Beziehung setzen, das damit eine charakteristische »Lebensform«, die Verneinung der Grenze und das spezifische, proportionale Zusammenspiel zwischen den räumlichen Organisationsprinzipien von Dichte und Größe und Heterogenität assoziiert (Berking, 2008, S. 18f.). In den Straßen haben wir urbane Anzeichen in der zunehmenden Dichte und Höhe der Bebauung, in verschiedenen Begegnungsorten, in der Nähe zwischen privatem und öffentlichem Raum und in einem dichten Nebeneinander aus Verschiedenem entdeckt. Dieses besteht aus Relikten dörflicher Strukturen, der nahe gelegenen Naturlandschaft, verschiedener Wohnbebauung für verschiedene Gesellschaftsgruppen, aus neuen oder wiederbelebten Häusern, aus der Verbindung von Wohnen und Arbeiten, aus alten und neuen Handwerksbetrieben, Läden, Dienstleistungseinrichtungen. Darin mögen sich auch Entwicklungen gleichberechtigter Erwerbsmodelle, alternativer Bedarfe der Kinderbetreuung, entstandardisierter Erwerbsarbeitsformen, der sogenannten Individualisierung und komplexer Lebensentwürfe andeuten, die möglicherweise ein bisheriges gewisses Maß an sozialer Homogenität in suburbanen Welten aufbrechen. (Menzel, 2011, S. 302). Es ist fraglich, inwiefern die materielle Diversität auch eine gelebte Urbanität mit sich bringt, die im Sinne Lefèbvres möglichst viele Differenzen, die »zwischen Personen, Kollektiven, Dingen, Symboliken, Wissen« in der Praxis entstehen, sowie unterschiedliche individuelle und kollektive Bedürfnisse in konkreten Begegnungs- und Gestaltungssituationen von Stadt zulässt (Vogelpohl, 2012, S. 49f.), oder ob es sich um urbane Einsprengsel in suburbanen Sphären handelt.

ANMERKUNGEN

1 | An dieser Stelle möchte ich Sacha Kagan, Ute Finkeldei und Volker Kirchberg vielmals für ein vielschichtiges Feedback zu diesem Zwischenspiel sowie Lena Greßmann für ihre Mitarbeit an dem Bericht zu dem Transect Walk danken.

2 | Siehe https://www.hannover.de/content/download/515963/11364935/file/%C3%9Cber sicht+B%C3%BCcherschr%C3%A4nke+Stand2017.pdf, Zugriff am 13.07.2018.

3 | Siehe https://de.wikipedia.org/wiki/Wiehbergstra%C3%9Fe_22, Zugriff am 9.4.2016 und siehe https://de.wikipedia.org/wiki/D%C3%B6hrener_Wollw%C3%A4scherei_und_-k%C3%A 4mmerei#/media/File:D%C3%B6hrener_Wolle_Direktorenvilla.jpg, Zugriff am 9.4.2016.

4 | Beide Vereine verweisen auf besondere Traditionen in der Stadt Hannover bzw. im Stadtteil Döhren, die Tradition des Schützenwesens und karnevalistischer Aktivitäten (siehe https://www.hannover.de/Kultur-Freizeit/Freizeit-Sport/Feste-Saisonales/Sch%C3%BCtzenfest-Hannover/Geschichte-und-Traditionen/Festgeschichte, Zugriff am 18.05.2018 und https://www.hannover.de/Kultur-Freizeit/Freizeit-Sport/Feste-Saisonales/Winter-in-der-Region-Hannover/Karneval-in-Hannover/Geschichte-des-hannoverschen-Karnevals, Zugriff am 18.05.2018) Der genannte Verein »Schützen-Vereinigung Döhren von 1861 e. V.« ist einer von ca. 100 aktiven Vereinen in Hannover (siehe http://www.vhs-hannover.info/fileadmin/Service/Anschriften%20VHS%20Stand%202018_03_15.pdf, Zugriff am 18.05.2018). Die Funkenartillerie ist eine karnevalistische Vereinigung, die auf die Tradition des Döhrener Karnevals seit der Industrialisierung und Gründung der Döhrener Wolle verweist (siehe http://www.blau-weiss-online.de/, Zugriff am 18.05.2018). Der älteste Karnevalsverein Hannovers ist Bestandteil einer 700jährigen Karnevalsgeschichte Hannovers, das heute zu den norddeutschen Karnevalshochburgen gezählt wird (siehe https://www.hannover.de/Kultur-Freizeit/Freizeit-Sport/Feste-Saisonales/Winter-in-der-Region-Hannover/Karneval-in-Hannover/Geschichte-des-hannoverschen-Karnevals, Zugriff am 18.05.2018).

5 | Siehe https://de.wikipedia.org/wiki/D%C3%B6hren-W%C3%BClfel, Zugriff am 12.06.2018.

LITERATUR

Berking, H. (2008). »Städte lassen sich an ihrem Gang erkennen wie Menschen« – Skizzen zur Erforschung der Stadt und der Städte. In H. Berking & M. Löw (Hg.), *Die Eigenlogik der Städte. Neue Wege für die Stadtforschung*. Frankfurt/New York: Campus, S. 15–32.

Frank, S. (2011). Je näher man hinschaut, desto fremder schaut es zurück. Aktuelle Diskussionen um Suburbanisierung und Gentrifizierung. In H. Herrmann et al. (Hg.), *Die Besonderheit des Städtischen. Entwicklungslinien der Stadt(soziologie)*. Wiesbaden: VS Verlag für Sozialwissenschaften/Springer Fachmedien Wiesbaden GmbH, S. 285–300.

Menzel, M. (2011). Die Vielfalt von Lebensentwürfen in »trägen Raumstrukturen« – sind suburbane Räume erneuerungsfähig? In H. Herrmann et al. (Hg.), *Die Besonderheit des Städtischen. Entwicklungslinien der Stadt(soziologie)*. Wiesbaden: Springer VS Verlag für Sozialwissenschaften, S. 301–319.

Vogelpohl, A. (2012). *Urbanes Alltagsleben. Zum Paradox von Differenzierung und Homogenisierung in Stadtquartieren*. Wiesbaden: Springer VS Verlag für Sozialwissenschaften.

Wirth, L. (1974). Urbanität als Lebensform. In Herlyn, U. (1974). Stadt-und Sozialstruktur, S. 42–66.

Teil 2: Imagination

Kapitel 4

Kreativ-kulturelle und künstlerische Praktiken für städtische Möglichkeitsräume

Sacha Kagan

EINLEITUNG

Dieses Kapitel thematisiert grundlegend die Erforschung kreativ-kultureller und künstlerischer Praktiken für die Gestaltung städtischer Möglichkeitsräume. Diese werden sowohl als materialisierte, physisch feststellbare Orte der sozialen und kulturellen Erneuerung, als auch im mentalen Sinne verstanden, d. h. als Räume für Experimente, Vermittlung und Kommunikation nachhaltiger Lebensweisen und ebensolcher Werte.

Möglichkeitsräume für nachhaltige Stadtentwicklung durch Kulturorganisationen

Unsere Forschung in Hannover, die sich auf die Funktionen kultureller Organisationen konzentrierte, erlaubte es uns, drei Hypothesen darüber zu entwickeln, wie der Kultursektor »Möglichkeitsräume« (wie wir sie im einleitenden Kapitel definiert haben) spezifisch initiieren kann. Er kann dies tun durch: (1) die Gründung von Möglichkeitsräumen in der künstlerischen Untersuchung; (2) die Einbeziehung von (neuen) Zielgruppen, um diese zu Teilnehmer*innen kreativer Prozesse werden zu lassen; (3) die Forderung transversaler Vernetzung über kulturelle Netzwerke hinaus.

1. Dank der spezifischen Bildung und Arbeitsprozesse von Künstler*innen, die häufig mehr Offenheit für neues und kontinuierliches Lernen zulassen als einige andere Berufe, haben kulturelle Organisationen das Potenzial, nicht nur lernende Organisationen zu werden, sondern auch offene Lernräume. Nachhaltige Entwicklung erfordert transversale Ideen und Ansätze für neue Probleme, vor welche sich die Gesellschaft gestellt sieht. Eine wachsende Zahl von Künstler*innen (unter einer erweiterten Definition von Kunst) beschäftigt sich mit sozialen, wirtschaftlichen, politischen, interkulturellen und/oder ökologischen Themen und wirft neues Licht auf Fragen der (Nicht-)Nachhaltigkeit (Kagan 2011, 2014; Kester 2011; Miles 2014; Weintraub 2012). Kulturelle Organisationen sind gefordert, diese Untersuchung zu erleichtern und zu fördern, indem sie Bedingungen schaffen, die blü-

hende Räume des freien Spiels ermöglichen, welche Künstler*innen brauchen, um Untersuchungen mit anderen teilen zu können. Solche Künstler*innen können tatsächlich Perspektiven schaffen, die den Teilnehmer*innen helfen, den Alltag und die gesellschaftlichen Entwicklungspfade kritisch zu reflektieren, mit ihnen zu experimentieren und sie miteinander zu verbinden, indem Künstler*innen Bewusstsein für soziale Konventionen schaffen, die Wahrnehmung von Komplexität verbessern, symbolische Werte neu gestalten und sich experimentell und metaphorisch an neuen Situationen beteiligen (Kagan 2011).

Reflexive Perspektiven und kunstbasierte Erfahrungen zu teilen, kann eine Ablösung vom fest verankerten Denken hervorrufen, den Zauber, sich alternative Realitäten vorzustellen, und die Ermächtigung, mit Veränderungen zu experimentieren (Dieleman 2008, S. 128). In Möglichkeitsräumen sind diese Qualitäten der künstlerischen Forschung eher in urbane Initiativen eingebettet als in künstlerische Einzelprojekte, und werden strategisch für die Realisierung von Räumen mit heterotopischen Qualitäten eingesetzt, wie im einführenden Kapitel beschrieben. Um diese Veränderungspotenziale zu entfalten, benötigen kulturelle Akteur*innen offene Rahmen, die ungeplante Experimente ermöglichen und kritisches Lernen anregen.

2. Um das Potenzial von Möglichkeitsräumen als offenen Lernräumen zu realisieren, müssen kulturelle Organisationen es den Besucher*innen ermöglichen, sich an kreativen Prozessen zu beteiligen und herausfordernde (eher nicht komfortable) Erfahrungsräume (denn Nachhaltigkeit ist ein radikaler Suchprozess) und Räume der Vorstellungskraft und des Experimentierens zu eröffnen (die sich gemeinsam im Denken durch das Tun entfalten). Die Erfahrung sollte für verschiedene Teilnehmer*innen zugänglich bleiben (wobei die unterschiedlichen Qualitäten der Erfahrung von Bedeutung sind), die sichere Orte benötigen, um ausreichend Vertrauen zu haben, sich in neue und ungewisse Lernsituationen hineinzubegeben.

Kulturelle Akteur*innen bieten hier Raum für Hands-on-Aktivitäten und laden dazu ein, zu experimentieren, indem sie mit konkreten Dingen anders umgehen. Dabei kann es sich um eine Werkstatt, ein FabLab, einen Markt oder ein Spielzimmer handeln, das mitten auf der Straße aufgestellt ist. Ziel ist es, Menschen dazu einzuladen, Köpfe, Herzen und Hände zusammenzuführen (Hopkins 2008).

Die Imagination erlaubt es, verschiedene alternative Zukünfte zu erforschen und die Vorstellungskraft der Menschen nicht dahingehend zu beschneiden, dass sie »begreifen« und das eine richtige Bild oder die eine richtige Interpretation, die zur Nachhaltigkeit führt, in sich aufnehmen. Kulturbasierte Möglichkeitsräume sind keine Vorbeter einer beschleunigten Lösungskonstruktion, und vorgefertigte präskriptive Ansätze cleverer »Expert*innen« haben hier keinen Platz. Ziel ist es, Menschen dazu einzuladen, sich mit Situationen und Imaginationen zu beschäftigen, ohne sich dabei zu früh zu festzulegen.

Möglichkeitsräume fördern soziale Kreativität – fließen zwischen den Teilnehmer*innen wie ein gutes Gespräch zwischen Freund*innen oder wie eine Jam-Session unter Jazzmusiker*innen (Sawyer 2003).

Um Menschen zu erreichen, die nicht Teil kultureller Eliten oder aktivistischer Netzwerke sind, müssen diese Räume darüber hinaus »in institutionell noch unbestimmten Räumen angesiedelt sein, in denen kreative Experimente und der Alltag der Bewohner*innen zusammenkommen und als im Werden begriffene, offene

Gemeingüter funktionieren können« (Kagan 2015). Dies erfordert künstlerische und kulturelle Interventionen im gesamten Stadtgefüge, zum Beispiel mittels der Zwischennutzung von Räumen (Ziehl et al. 2012) jenseits der räumlich-zeitlichen und konventionellen Rahmen, die gewohnheitsmäßig mit bestehenden kulturellen Organisationen verbunden sind.

    3. Die Ermöglichung von Netzwerken würde auch Verbindungen unterschiedlicher herausfordernder Perspektiven erleichtern, die von verschiedenen kulturellen Akteur*innen in der ganzen Stadt angeboten werden, und wichtige Stakeholder*innen zusammenbringen. Transversale Vernetzung impliziert das Weben von Netzen zwischen urbanen Akteur*innen, und das Veränderungspotenzial der Gestaltung von Möglichkeitsräumen wird nicht dadurch entstehen, dass isoliert gearbeitet wird. Netzwerke wie »Kultur des Wandels« (KdW) und »Transition Town Hannover« (TTH), die in diesem Buch diskutiert werden, zielen darauf ab, solche transversalen Netze zu weben und alle vier Dimensionen der (Nicht)Nachhaltigkeit in das Alltagsleben vor Ort einzubeziehen (und ebenso Medienräume für Networking, Partizipation und Kommunikation). Sie erkennen, dass Nachhaltigkeit eine Abkehr vom ausschließlichen Denken und Handeln in spezifischen Berufsfeldern (Ahern, Cilliers, & Niemelä 2014; Steiner 2014) oder etablierten politischen Positionen erfordert. Kulturelle Organisationen vernetzen sich dann nicht nur innerhalb des Kultursektors, sondern auch mit einer multiplen »Zivilgesellschaft«, Organisationen im privaten und öffentlichen Sektor, und sollten weiter dahingehend ermutigt werden, sich anderen bestehenden und entstehenden Netzwerken anzuschließen und beim Aufbau neuer Netzwerke zu helfen.

Material und Methoden

Die in diesem Kapitel diskutierten kulturell-kreativen Organisationen und Individuen waren Schwerpunkte und Partner*innen einer gemischt-methodischen, qualitativen und zum Teil kunstbasierten Forschung des Autors unter Beteiligung von Studierenden der Leuphana Universität Lüneburg (durch verschiedene Seminare, die ich zwischen 2015 und 2018 angeboten habe), sowie mit der transdisziplinären Beteiligung der jeweiligen hannoverschen Künstler*innen und Kulturschaffenden (in unterschiedlichen Stufen und in unterschiedlichen Graden), und auch durch punktuelle Unterstützung durch meine Kolleg*innen des »Stadt als Möglichkeitsraum«-Teams (u. a. Volker Kirchberg, Antoniya Hauerwaas, Ute Stoltenberg, Ursula Weisenfeld, Annette Grigoleit, Patricia Wedler, Verena Holz, Julia Barthel und einige studentische Hilfskräfte, die ein paar Veranstaltungen und Treffen besucht und mir ihre Eindrücke und Notizen zur Verfügung gestellt haben). Während der Dauer der empirischen Forschung wurde ich regelmäßig von studentischen Teilzeithilfskräften unterstützt (namentlich von Tim Bauer im ersten Projektjahr und von Elisabeth Böhnlein in den folgenden zwei Jahren), die zu Feldarbeit, Dreharbeiten, Transkriptionen, Kodierung des Materials und Interpretation des kodierten Materials beitrugen. (Eine weitere studentische Hilfskraft, Anna Oldiges, steuerte in den letzten Monaten ebenfalls zur Kodierung bei.)

    Die Feldarbeit umfasste nicht alle ausgewählten Organisationen und Einzelpersonen gleichermaßen. KdW war die hannoversche Organisation, in die ich am stärksten eingebunden war, sowohl durch empirische qualitative Forschung (Teilnehmer*innenbeobachtung, Interviews, Videografie, Videowalks) als auch durch transdisziplinäre Forschung (z. B. Organisation eines Workshops und eines internationalen Video-Webcasts beim KdW-Fest 2015), von 2014 bis 2017 (und am intensivsten in den Jahren 2015 und 2016). Die am zweitstärksten abgedeckte Organisation war »Das Wundersame Aktionsbündnis der Tante Trottoir«, in das ich und meine Student*innen uns 2016 und 2017 mit dem gleichen Methodenmix wie für KdW involvierten (wobei ich 2017 einen Workshop anbot, der in einen von Tante Trottoirs ganztägigen Workshops integriert war, und in den folgenden Wochen an der Vorbereitung und Durchführung der städtischen Intervention »Tante Trust« teilnahm). Die anderen in diesem Kapitel diskutierten Organisationen und Initiativen wurden hinsichtlich der Feldforschung weniger ausführlich behandelt, und nur mit einigen der gemischten Methoden (Interviews, Teilnehmer*innenbeobachtung, Videografie und Videowalks bei TTH und bei der Utopianale des Wissenschaftsladens; beim PlatzProjekt nur Interviews und Videografie, hauptsächlich Einzel- und Gruppeninterviews beim Forum Ort des Treffens, überwiegend Videowalks im Ihme-Zentrum).

Der Großteil des Materials wurde dann mit der Software ATLAS.ti codiert, welche deduktive und induktive Codierung kombiniert. Insgesamt haben Bauer, Böhnlein, Oldiges und ich 65 Dokumente[1], codiert und interpretiert, wobei 623 Einzelcodes geschaffen wurden, die sich auf eine Gesamtzahl von 6262 Zitaten beziehen, welche ein Dutzend Organisationen und unabhängige Einzelkünstler*innen abdecken. Nur ein Teil des empirischen Materials wurde für dieses Kapitel ausgewählt, indem jene Organisationen ausgesucht wurden, für die wir Codes identifiziert haben, welche den in diesem Kapitel diskutierten thematischen Schwerpunkten entsprechen.

Das Videomaterial (mehrere hundert Stunden Videos, darunter ein Dutzend »Videowalks«) wurde dann separat kodiert und zur Ergänzung des Textmaterials verwendet: Videos wurden entweder von Hand (Stift und Papier) codiert oder mithilfe von Schlüsselwörtern in Final Cut Pro X (neben dem Dreh meines Dokumentarfilms *Hanother*).

Genauer gesagt besteht das empirische Material, das dem Abschnitt über Imagination und Imaginäre zugrunde liegt, aus 27 Feldnotizen aus Teilnehmer*innenbeobachtungen, sechs Transkripten von Meetings, neun halbstrukturierten Interviews und sieben »Videowalks« (nach Pink 2007), die zwischen 2014 und

---

1 | Die Aufschlüsselung des mit ATLAS.ti codierten Materials für die in diesem Kapitel besprochenen Fälle (mit Ausnahme des separat codierten Videomaterials) lautet wie folgt: 22 Dateien für KdW, einschließlich 6 Transkripte von Versammlungen, 14 Feldnotizen und 2 weitere Notizen, für insgesamt 1644 Zitate; 14 Dateien für Tante Trottoir, einschließlich 4 Feldnotizen, 2 Feldnotizen von Videowalks, 2 Rückmeldungen auf Fragebögen, 5 schriftliche Überlegungen und 1 Text von den Organisator*innen für insgesamt 2067 Zitate; 7 Dateien für WiLa, einschließlich 4 Interviews und 3 Feldnotizen, für insgesamt 515 Zitate; 6 Dateien für das FOT, darunter 4 Interviews, 1 Feldnotiz und 1 weitere Notiz, für insgesamt 232 Zitate; 2 Interviews mit PlatzProjekt für insgesamt 233 Zitate; 4 Interviews mit TTH für insgesamt 487 Zitate und 5 Interviews und Abschriften von Diskussionen mit Einzelpersonen in Bezug auf mehrere der oben genannten Organisationen, für insgesamt 638 Zitate. (3 weitere Organisationen – die internationalen StadtteilGärten, Cameo Kollektiv und Kampagne Ahoi, für die wir 5 Dateien aus unserer Feldarbeit analysiert und weitere 573 Zitate generiert haben, werden in diesem Kapitel nicht behandelt.)

2017 gesammelt wurden, sowie einige Teilnehmer*innenreflexionen eines Workshops und einer künstlerischen Intervention, die 2017 in Zusammenarbeit mit »Das wundersame Aktionsbündnis der Tante Trottoir« durchgeführt wurden. Wir haben insgesamt 381 Zitate für diesen Abschnitt analysiert. Im Vergleich dazu erzeugte das empirische Material, das die Grundlage für den Abschnitt über Kreativität bildete, 366 Zitate zur Analyse, 20 Zitate zu herausfordernder Erfahrung und Unbestimmtheit und 52 Zitate zu Experimentierräumen[2].

Übersicht Kapitelabschnitte

Nach einer Einführung in die in diesem Kapitel behandelten Fälle werde ich mich zunächst auf ihre Nutzung der Imagination und Imaginären von Nachhaltigkeit konzentrieren, auf die sie sich beziehen. Ich werde mich dann näher auf einen der Fälle konzentrieren, um seine potenziellen affektiven und effektiven Auswirkungen auf den sozialen Wandel für Nachhaltigkeit im Sinne von »Entrepreneurship in Conventions« zu diskutieren. Im Weiteren werde ich bei den Fällen, die im Mittelpunkt stehen, auf die zentrale Frage der Kreativität eingehen. Abschließend werde ich diskutieren, wie die untersuchten Organisationen und Projekte ihren Mitgliedern, Teilnehmer*innen und Besucher*innen Räume für herausfordernde Erfahrungen, Räume für Unbestimmtheit und Räume für Experimente zur Verfügung stellen – Eigenschaften, die für die Qualität von Möglichkeitsräumen für nachhaltige Stadtentwicklung ausschlaggebend sind.

1. EINFÜHRUNG IN DIE UNTERSUCHTEN FÄLLE

Transition Town Hannover (im Folgenden TTH) ist eine sehr aktive Projektorganisation und Netzwerk für »eine postfossile Stadt«, seit 2010 koordiniert von Thomas Köhler und ein stabiler Partner des »KdW«-Netzwerkes, das in diesem Kapitel ausführlich diskutiert wird. TTH steht nicht im Fokus dieses Kapitels und wird nur kurz in den Abschnitt »Experimentierräume« aufgenommen.

Um mehr über Transition Town Hannover sowie über alle in diesem Kapitel besprochenen Organisationen zu erfahren, aber auch über andere kreative Organisationen und Personen, die aus Platzmangel nicht in dieses Kapitel aufgenommen werden konnten (wie der verpackungsfreie Laden LoLa, die jungen Parkour-Athleten, das interkulturelle Cameo Kollektiv etc.), siehe meinen Dokumentarfilm *Hanother: urbane Möglichkeitsräume für nachhaltige Entwicklung* (Streaminglink: https://youtu.be/16oOlolIChA). Das vorliegende Kapitel und der Dokumentarfilm *Hanother* werden als Ergänzung zueinander angeboten. Ein anderes konkretes Projekt und Format, der »Leinehelden Jam« (dabei handelt es sich um Hannovers Nachhaltigkeits-Jam, basierend auf der sogenannten Design-Thinking-Methode), wird separat in einem später erscheinenden Artikel zusammen mit meinen Kolleginnen Antoniya Hauerwaas, Sünje von Helldorff und Ursula Weisenfeld

---

2 | Wir generierten insgesamt 85 Zitate für »Entrepreneurship in Conventions«, doch musste ich meine Diskussion über Entrepreneurship in Conventions in diesem Kapitel auf den Einzelfall KdW (18 Zitate) beschränken, um die Länge des Kapitels innerhalb angemessener Parameter zu halten.

diskutiert[3]. Trotzdem wird nur eine kleine Auswahl relevanter Akteur*innen aus Hannover vorgestellt und diskutiert, wobei einige andere ebenso relevante und interessante Organisationen aus Hannover fehlen (wie das Theater- und Performancekollektiv »Fräulein Wunder AG«, das »Orchester im Treppenhaus«, »Mit Essen spielt Man«, dem Fablab & Coworking Space »Hafven« etc.), die innerhalb der begrenzten Zeit und mit den begrenzten Ressourcen unseres Forschungsteams nicht alle abgedeckt werden konnten.

KdW

Das *Kultur des Wandels-Netzwerk* (im Folgenden kurz KdW) ist ein loses Netzwerk von einzelnen Künstler*innen, Kulturschaffenden, Aktivist*innen und sozial-ökologischen Organisationen und Initiativen, welche sich mit kreativ-kulturellen Ansätzen für Nachhaltigkeit beschäftigen, in Linden ansässig und übergreifend in den zentralen Stadtteilen Hannovers tätig sind.

KdW wurde 2012 auf einem »visionären Kongress« des TTH gegründet und wird von einer kleinen Gruppe um Joy Lohmann koordiniert, einem Künstler und Kulturveranstalter, der Street Art, Upcycling, DIY/Maker-Kultur und soziale Praxis miteinander verbindet. Joy Lohmanns Kunst ist geprägt von DIY-Ästhetik und seinem Engagement im globalen »Maker-Movement«, einem aufstrebenden Zusammenschluss von Erfinder*innen, Designer*innen und Tüftler*innen, die Eigenständigkeit, Crowdsourcing und Open-Source-Prinzipien verbinden.

KdW setzt sich gegen nicht-nachhaltige Konsumkultur ein und verfolgt das Ziel, hannoversche kultursensible und nachhaltigkeitsorientierte Initiativen zu vernetzen und zu fördern. Das Netzwerk hat eine flexible und offene (relativ vage), aber explizite Ausrichtung auf Nachhaltigkeit, partizipative Kultur, Gemeingüter, Innovation, Kreativität und Zukunftsorientierung. Es will kreative Events und innovative Kommunikationsformen entwickeln, die der Vernetzung von Gleichgesinnten und Organisationen in der Stadt dienen und hofft, auf diese Weise zum Übergang zu einer »l(i)ebenswerten, zukunftsfähigen Gesellschaft« beizutragen (wie auf den Flyern dargelegt).

KdW hat seinen Sitz in Linden, erst ein paar Jahre lang im Unabhängigen Kulturzentrum Glocksee, dann im Ihme-Zentrum, gleich auf der anderen Seite des Flusses. Ziel ist es, Akteur*innen auch jenseits von Linden zu vernetzen, in ganz Hannover, indem sie Events in der Innenstadt organisieren, um über Lindens Grenzen hinaus zu wirken.

Die erste bemerkenswerte Veranstaltung des KdW war eine Teilnahme am Schützenausmarsch in Hannover (bekannt als das größte Schützenfest der Welt) im Jahr 2012, wo KdW eine »blühende Landschaft« verkörperte und durch sein unkonventionelles Erscheinungsbild auf sich aufmerksam machte. Diese performative Intervention markiert den ersten (und bis heute mutigsten) Versuch von KdW, das Mainstream-Publikum zu erreichen und diesem seine alternative Ästhetik und seine Botschaften zu vermitteln.

KdWs größtes wiederkehrendes Veranstaltungsformat, das »KdW-Fest«, ist ein Open-Air-Festival und eine Messe, wo sich viele Gruppen und Initiativen präsentieren und miteinander (und auch mit Besucher*innen) diskutieren. Es fördert das Bewusstsein für Klimawandel, nachhaltige Lebensstile und Konsumgewohnhei-

---

3 | Dieser Artikel von Kagan et al. wird derzeit in einer Fachzeitschrift rezensiert.

ten (vegane Bio-Lebensmittel, Food-Sharing), nachhaltige Mobilität (z. B. Fahrrad-systeme), DIY-Kultur (Upcycling, Urban Gardening, DIY-Energieerzeugung), re-gionalisierte Wirtschaft (solidarische urbane Landwirtschaft, lokale Währungen, ›Gemeinwohlökonomie‹), selbstbestimmte Open-Source-Technologien (›Freifunk‹-Netzwerke, Crowdsourcing), partizipative Stadtentwicklung und Interaktion mit Geflüchteten, und führt diese Ansätze in einem gemeinsamen Raum zusammen, in welchem sie sich aufeinander beziehen können. Als Open-Air-Festival und Mes-se im öffentlichen Raum präsentiert das KdW-Fest die Initiativen und vernetzt sie durch visuelle und performative Aktivitäten (Street Art, Poesie, Theater- und an-dere Workshops, grafische Aufnahmen, physische Prototypen), durchmischt mit traditionellen, messeähnlichen Ständen.

Das KdW-Fest fand jährlich von 2013 bis 2016 und im Jahr 2018 statt. Seit 2016 ist es in den »Autofreien Sonntag« des Agenda 21- und Nachhaltigkeitsbüros inte-griert und ist dazu eingeladen, einen eigenen Bereich zu belegen.

Im Sommer 2015 experimentierte das KdW auch mit einem anderen Format, dem »KdW-StadtForum«, einem Mix aus Performances und Vorträgen verschiede-ner lokaler Initiativen (in Hannover in den Bereichen nachhaltige [vegane] Ernäh-rung, persönliche Entwicklung und Achtsamkeit, nachhaltiger Tourismus, lokale Währung, digitale Gemeingüter [kostenlose Wifi-Netzwerke] und interkultureller Austausch aktiv), die gegen Ende des Programms »Mein Hannover 2030« gegrün-det wurden, um einen Hauch von kreativ-kulturellen/künstlerischen Formaten in dieses partizipative Stadtentwicklungsprogramm zu bringen. Die extrem begrenz-ten personellen und finanziellen Ressourcen, der langsame, partizipative, offene Prozess und der Mangel an Zeit, das konkrete Format bis zum Ende des Prozesses angemessen zu entwickeln, sowie die fehlende Unterstützung für Nicht-Künst-ler*innen bei der Nutzung kunstbasierter Formate, führten jedoch zu einer un-ausgegorenen Umsetzung im Rathaus, die einem sehr kleinen externen Publikum vorgeführt wurde. KdW hat dieses Format nicht weiter verfolgt.

Seit 2016 kooperiert die KdW mit anderen Initiativen und Organisationen, die am Ihme-Zentrum aktiv sind, und kreiert den jährlichen WunderWandelWeih-nachtsmarkt, wodurch eine vegane, upcycling-, DIY- und nachhaltigkeitsorientier-te Alternative zu den Mainstream-Weihnachtsmärkten angeboten werden kann.

KdW betreibt (seit 2013) auch eine interaktive Online-Crowdmap von »Glokale Change Agents und Aktivitäten« in der Region Hannover, die zunächst nur wenige Registrant*innen anzog und ab 2016 einem Redesign unterzogen wurde. Aus die-sem Prozess entstanden weitere Projekte und Produkte wie DCROW, PAM (Public-Art-Machine) und HannoverMachen (siehe unten).

Neben diesen eigenen Veranstaltungen und Aktivitäten nimmt KdW auch re-gelmäßig an Veranstaltungen von Netzwerkpartner*innen teil, wie beispielsweise dem Dokumentarfilmfestival Utopiale des Wissenschaftsladens Hannover. Das Netzwerk (und insbesondere sein Koordinator Joy Lohmann) ist ebenfalls gut mit der Stadtverwaltung vernetzt, insbesondere mit dem Agenda 21-und Nachhaltig-keitsbüro der Stadt, das regelmäßig (sehr kleine) Sachleistungen anbietet und mit KdW zusammenarbeitet.

Im Jahr 2018 startete das KdW ein neues Projekt, das »NachbarschaftsLabor für KlimaKultur in Linden«, welches erstmals Bundesmittel vom Bundesumweltmi-nisterium erhielt. Dieses neueste Kapitel in der Entwicklung des KdW liegt außerhalb des Rahmens unserer empirischen Forschung und wurde daher hier nicht berücksichtigt.

FOT

Forum Ort des Treffens (im Folgenden kurz FOT) war eine »soziale Plastik«/ein kunstbasierter Basisprozess, der 2009 von einer eingeladenen internationalen Künstlerin initiiert und anschließend von einer Gruppe lokaler Akteur*innen in Hannover einige Jahre weiter praktiziert wurde.

Ursprünglich »Ort des Treffens« – ein »soziale Plastik«-Projekt von Shelley Sacks (Künstlerin und Leiterin der Social Sculpture Research Unit der Oxford Brookes University) für die Stadt Hannover im Jahr 2009, wurde das »Forum Ort des Treffens« bald zu einer Basisinitiative auf Grundlage der von Sacks erstellten Formate und koordiniert von der Künstlerin Anja Steckling und einer Handvoll enthusiastischer Kernmitglieder. Das FOT war bis 2015 aktiv (für 2016 und 2017 wurden keine Aktivitäten gemeldet).

FOT umfasst drei Formate: zwei Prozesse der persönlichen Interaktionen und ein Klangstation-System. In den zwei interaktiven Prozessen teilen und reflektieren die Teilnehmer*innen ihre persönlichen Ansichten und denken laut nach. Im ersten Prozess, dem »Ort des Selbsttreffens«, wählt die Teilnehmer*in einen öffentlichen Raum für die Selbstreflexion und bestimmt die Position der Person, die aktiv zuhört, ohne etwas zu kommentieren. Die sprechende Teilnehmer*in sitzt auf einem Stuhl in einem kleinen gelben Filzkreis und wird von der Zuhörenden gebeten, über zwei Fragen nachzudenken: »Was tue ich auf der Erde?« und »Was bedeutet es für mich, auf der Welt zu sein?« Klangstationen wurden in den frühen Jahren des Projekts eingesetzt, um aufgezeichnete »Begegnungen mit sich selbst« abzuspielen (ohne den Namen der sprechenden Person zu verwenden). Sie wurden ursprünglich in öffentlichen Räumen in Hannover installiert (später nur auf einer Website verfügbar). Der zweite Prozess heißt »Ort des Einandertreffens«. Mehrere Teilnehmer*innen reflektieren sich im öffentlichen Raum – oft im Hodlersaal im hannoverschen Rathaus – zu den beiden Fragen, die sie bereits im Rahmen des Selbsttreffens zu reflektieren begonnen haben. Der Prozess konzentriert sich auf die Methode des aktiven Zuhörens, rings um einen ausgedehnten gelben Filzkreis. Die Reflexionen, Gedanken und Ideen werden nicht bewertet oder kommentiert.

Tante Trottoir

Das Wundersame Aktionsbündnis der Tante Trottoir (im Folgenden kurz Tante Trottoir) ist eine künstlerische Initiative, die 2015 von den Performerinnen Lisa Grosche, Astrid Köhler und Lena Kussmann gegründet wurde und am Theater an der Glocksee, einem eigenständigen Theater an der Ihme, ansässig ist, mit Blick über den Fluss auf das Ihme-Zentrum und den Stadtteil Linden. Tante Trottoir inszeniert partizipative künstlerische Interventionen in öffentlichen Räumen in Hannover (an verschiedenen zentralen Orten der Stadt), meist performativ, aber auch als Installationen. Ihnen gehen in der Regel Workshops voraus (für die sich alle ohne vorherigen künstlerischen Hintergrund anmelden können), und die Teilnehmer*innen der Workshops werden dazu ermutigt, bei der Vorbereitung der nachfolgenden städtischen Interventionen zu helfen und an ihnen mitzuwirken. Tante Trottoir will einen subtilen und suggestiven Ansatz entwickeln, der viel weniger

»aggressiv« konfrontativ ist als viele andere Kunstinterventionen im öffentlichen Raum, mit dem Ziel, die Wahrnehmung von Passant*innen in Richtung gesellschaftlicher Empathie, Fürsorge und Solidarität zu verschieben. Tante Trottoirs Mitglieder nennen diesen Ansatz »Positiven Aktionismus« und beziehen sich auf Dostojewskis Maxime »Schönheit wird die Welt retten« (aus seinem Roman »Der Idiot«).

WiLa

Der Wissenschaftsladen Hannover (im Folgenden WiLa genannt) ist ein Verein innerhalb des Faust, eines großen selbstverwalteten Kulturzentrums im hannoverschen Stadtteil Linden. Der WiLa wurde gegründet, um Bildung und Beratung in den Bereichen Gesundheit und nachhaltige Entwicklung anzubieten. Seine Aufgabe ist es, Erkenntnisse aus der Forschung in das alltägliche Wissen zu transferieren und bildende und partizipative Programme und Formate zu entwickeln. WiLa startete 1986 als Anlaufstelle, wo Bürger*innen Fragen an Wissenschaftler*innen und Expert*innen stellen konnten. Er ist projektorientiert, entwickelt kreative Formate, besetzt urbane Freiräume und lädt Einheimische zu partizipativen Prozessen ein. Bis heute versteht sich WiLa als gemeinnützige Organisation, die sich hauptsächlich auf Umweltfragen und Bildung konzentriert, in einigen ihrer Projekte aber auch explizit auf Nachhaltigkeit abzielt und nachhaltige Lebensstile und Partizipation fördert und verbreitet. Diese beinhalten z. B. Förderung von Klimaschutz, nachhaltige Ernährungs-und Konsumgewohnheiten (gesunde Ernährung, fairer Handel, vegan und bio, Food-Sharing, Urban Gardening); nachhaltige Wirtschaft und Mobilität; ökologische Landwirtschaft; Stadtteiltransformationen und Öffentlichkeitsbeteiligung sowie Bereitstellung von Umweltberatung (Abfall, Recycling, Energieeinsparung). WiLa konzeptualisiert sich selbst als vermittelnder Akteur in der urbanen Gesellschaft, transferiert Wissen und stärkt Menschen, indem er anerkennt, dass Spannungen zwischen verschiedenen Dimensionen der nachhaltigen urbanen Entwicklung ein Bewusstsein für hegemoniale Strukturen erfordern. WiLa hält sich an die Idee der nachhaltigen Entwicklung als ein Konzept, das ökologische, ökonomische und soziale Aspekte auf Brundtlandsche Art und Weise integriert und sich auf die Gesellschaft als zentralen Akteur konzentriert. Bestimmte Projekte berücksichtigen spezifische Konzepte/Ideologien, die in Nachhaltigkeitsdiskursen gefunden werden, z. B. Degrowth, Gemeinwohlökonomie und/oder spirituelle Ansätze. WiLa arbeitet meistens aktions- und projektorientiert und definiert jedes Mal seine Zielgruppen. Seine Aktivitäten werden in Zusammenarbeit mit anderen öffentlichen Akteur*innen und/oder privaten/sozialen Gruppen wie insbesondere dem Agenda 21- und Nachhaltigkeitsbüro der Stadt (innerhalb des Wirtschafts- und Umweltdezernats) durchgeführt; dem Fachbereich Bildung und Qualifikation; der Bezirksverwaltung, Transition Town Hannover; dem Musikzentrum Hannover und vielfältigen Nachbarschaftsinitiativen (insbesondere in Linden).

WiLa realisierte partizipative Projekte zur gemeinsamen Entwicklung von Stadtteilutopien. Eine davon war »Wunschproduktion« (2012–2014), ein Gemeinschaftsprojekt von WiLa und Ökostadt Hannover, bei dem in verschiedenen Stadtteilen ein offener Überseecontainer in mehreren öffentlichen Bereichen platziert wurde. Die Erkenntnisse von Wunschproduktion wurden in den von der Klimaschutzleitstelle der Stadt koordinierten Masterplan »100 % für den Klimaschutz« der Stadt integriert. Im Jahr 2015 realisierte WiLa den ganzen Monat über das »Stadtlabor« unter dem Motto »Die Stadt ist, was Du daraus machst«, um zu einer kreativen Beteiligung anzuregen: In einem öffentlichen Park des Stadtteils Nordstadt wurde eine DIY-Palettenbühne errichtet. Beide Projekte dienten als Plattform für das Experimentieren mit verschiedenen partizipatorischen, an nachhaltiger urbaner Entwicklung orientierten Aktivitäten wie partizipatorischem Kochen und Essen, temporärem Urban Gardening- und Seedbombs-Workshop, Fahrradreparatur, diversen Sportaktivitäten, Schreibworkshops, Meditation, Objekterstellungs-Workshops, Workshops zum Thema »Wirtschaft für das Gemeinwohl«, »gewaltfreie Kommunikation« und der zukünftigen Entwicklung der Nachbarschaft. Darüber hinaus sollte das Stadtlabor als Netzwerk-»Plattform« für von Nachhaltigkeit angetriebene Akteur*innen der Nordstadt dienen und ihnen sowohl eine Bühne als auch die Möglichkeit bieten, sich aktiv an einem Entwicklungsprozess zu beteiligen. Allerdings nutzten nur wenige die Gelegenheit (und einige Akteur*innen empfanden hier eine Spannung zwischen den Linden-basierten Organisationen WiLa und in der Nordstadt ansässigen Organisationen). Das Stadtlabor wurde in »Mein Hannover 2030« – das städtische partizipative Dialogprogramm zur Stadtentwicklung – integriert.

Ein weiteres kreatives Kooperationsprojekt des WiLa (mit dem Musikzentrum Hannover und dem Fachbereich Bildung und Qualifikation) war »Quattro Stationi. Interventionen im öffentlichen Raum« (2014–2016). Unter dem Motto »Hauptsache in Bewegung« brachte das künstlerisch-pädagogische Projekt 100 Jugendliche aus verschiedenen Schulen mit kreativen Performer*innen und Künstler*innen zusammen und bot Workshops in verschiedenen Bereichen an (z. B. Theater, Skulptur, Urban Gardening, Fotografie, Rap, Klettern), mit dem Ziel einer expliziten Auseinandersetzung mit öffentlichen Räumen durch künstlerische Interventionen. Die Jugendlichen eroberten Freiräume, indem sie diese durch künstlerische Ansätze inszenierten, gestalteten und umgestalteten: »Der öffentliche Raum wird zur Bühne und zum Arbeitsraum«.

In früheren Jahren hatte WiLa weitere kreative Formate entwickelt, welche freie öffentliche Räume einnahmen und zu ungewöhnlichen partizipativen Prozessen einluden, z. B. kleine performative Straßeninterventionen wie der »Rolling Garden Party«, einer Mischung aus Musik, Straßenkunst und Guerilla-Gartenarbeit auf Rädern, die beispielsweise Autoparkplätze besetzte. Einige dieser kleineren Aktionen wurden im Rahmen von globalen Veranstaltungen wie dem jährlichen »PARK(ing) Day« durchgeführt. Eine weitere Experimentierstätte (mit vegetarischen Essgewohnheiten und gesunder Küche) war die »Mitmachküche«, einem wöchentlichen mobilen (häufig bei Faust angesiedelten) Food-Sharing, einem »nachhaltigen Kochevent für alle«, das ab 2014 einige Jahre lang aktiv war und wo die Teilnehmer*innen Essensreste (hauptsächlich Gemüse) teilen, gemeinsam kochen und sich in einer Gruppe zu den Mahlzeiten treffen konnten.

Von den vielen verschiedenen Projekten, die WiLa im Laufe der Jahre entwickelt hat (die meisten davon fanden vor Beginn unseres empirischen Forschungsprojekts statt), werde ich mich im Folgenden hauptsächlich auf die bedeutendste aktuelle jährliche Veranstaltung des WiLa konzentrieren: das von Felix Kostrzewa – der den WiLa seit 2015 koordiniert – im Jahr 2013 gegründete Filmfestival Utopianale, welches eine Auswahl von Dokumentarfilmen über Lösungen für nachhaltige Entwicklung und eine Reihe von Workshops und anderen Aktivitäten kombiniert, die es lokalen nachhaltigen und kreativ-kulturellen Organisationen ermöglichen, mit der Öffentlichkeit zu kommunizieren und ihr einen »Vorgeschmack« auf ihre Aktivitäten (z. B. Parkour, spielerische Workshops, Fahrradtouren mit »Critical Mass«, Gesang, Meditation, Upcycling usw.) zu geben. Jedes Jahr konzentriert sich das Festival auf ein bestimmtes Thema. Mitglieder unseres Forschungsteams besuchten die Veranstaltungen 2015 (Wie wollen wir arbeiten?), 2016 (Wie wollen wir uns fortbewegen?) und 2017 (Wie wollen wir lernen?).

ZWI

Die Zukunftswerkstatt Ihme-Zentrum (im Folgenden kurz ZWI) ist eine Koalition hannoverscher Akteur*innen (auf Initiative des Journalisten, MBA und Nachhaltigkeitsforschers Constantin Alexander hin), die sich für eine nachhaltige Entwicklung des Ihme-Zentrums einsetzt, Europas größtem »brutalistischen« Betonarchitekturkomplex, und das umstrittenste (teilweise baufällige) Gebäudeensemble der Stadt, welches an die Ihme angrenzt.

Ich beziehe die ZWI in das vorliegende Kapitel mit ein, um sie als Kontrast zu den anderen Fällen im Hinblick auf die Diskussion von Imagination und Imaginären, zu verwenden. Allerdings wurde ZWI nicht direkt in meine empirische Forschung über kreative und experimentelle Prozesse inkludiert; daher taucht jene nicht in den Diskussionen in den späteren Abschnitten dieses Kapitels auf.

2. Imagination und Imaginäre der Nachhaltigkeit

Imagination wird auf den folgenden Seiten als kreativer Prozess der individuellen und sozialen (De-/Re-)Konstruktion der Realität verstanden. Imagination ist nicht mit Fantasie zu verwechseln, obwohl Fantasien und Visionen alternativer/utopischer Zukünfte Teil der Imagination sind. Imagination ist sowohl eine Fähigkeit, das Abwesende wahrzunehmen, als auch eine Fähigkeit, die eng mit der alltäglichen Wahrnehmung verbunden ist: Die Rolle der Imagination in der Wahrnehmung besteht darin, den sensorischen Intuitionen Form zu geben (Kant 1970). »Das Wirken der Imagination in der Welt verleiht jener Welt eine affektive Struktur« (Lennon 2015: 3). Imagination ist nicht nur Fantasie, sondern Sensibilität für die möglichen Formen der eigenen Umwelt – es gibt eine »imaginäre Textur des Realen« (Merleau-Ponty 1964: 24).

Das Imaginäre wird als (individuell oder sozial) strukturierter Satz gemeinsamer Bilder und Formen verstanden (nicht nur visuell, sondern multisensorisch). Soziale Imaginäre sind das Fundament sozialer Institutionen, weil sie Bedeutungsnetze aufbauen, die über Einheit und inneren Zusammenhalt verfügen und bestimmte Ansichten, Logiken und Organisationsformen in einer Gesellschaft legitimieren (Castoriadis 1975). Um die Stabilität und den Wandel in sozialen Institutionen zu verstehen, müssen wir uns daher Gedanken über die Imaginäre machen, die in bestimmten historischen Perioden für bestimmte Gesellschaften von zentraler Bedeutung sind. Darüber hinaus wird eine Reflexion über die Beziehungen von dominanten und entstehenden sozialen Imaginären zu dem, was Castoriadis eine »radikale Imagination« nannte, für das normative akademische Feld der Nachhaltigkeitswissenschaft entscheidend sein, welches den transformativen Wandel weg von nicht-nachhaltigen Entwicklungspfaden steuern soll. Dies erfordert das Vorstellen alternativer Zukunftswelten, das wiederum von der Fähigkeit abhängt, »auf Dinge zu verweisen, die im Hier und Jetzt nicht wahrnehmbar sind« (Herbrik 2011: 11). Eine radikale Imagination ist entscheidend, argumentierte Castoriadis, um sich von einem gegebenen dominanten sozialen Imaginären und den Gewissheiten, die es liefert, zu lösen und neue Modelle zu entwickeln. Herbert Marcuse betonte seinerseits »subversive Imagination« und argumentierte, dass »die Notwendigkeit eines radikalen Wandels in der Subjektivität der Individuen selbst begründet sein muss« (Marcuse 1978: 3–4).

Imaginäre sind verortet und das Placemaking involviert Imagination und mobilisiert Imaginäre (Pink 2012, 2015). Lefèbvre (1968, 1991) beschreibt seinerseits die vielfältigen Verschiebungen von Nutzungen und Aufgaben urbaner Räume als Wechselspiel konkreter (alltäglicher), abstrakter (kommodifizierter) und imaginativer (befreiender) Merkmale. Er stellte den abstrakten Raum als hegemonial determinierte »Raumrepräsentation« dem imaginativen Raum, dem idealistischen und sozial befreiten (und befreienden) »Repräsentationsraum« gegenüber. In seinen Worten:

»Raumrepräsentationen, die an die Produktionsverhältnisse und an die ›Ordnung‹, welche solche Verhältnisse auferlegen, und damit an das Wissen, an Zeichen, an Codes und an ›frontale‹ Beziehungen gebunden sind. Repräsentationsräume, die komplexe Symbolismen verkörpern, manchmal kodiert, manchmal nicht, verbunden mit der heimlichen, subkulturellen Seite des gesellschaftlichen Lebens, ebenso wie mit der Kunst.« (Lefèbvre 1991: 33)

Während Lefèbvre auf eine potenziell radikale und subversive Imagination hinwies, bei der es darum ging, Möglichkeiten für ein praktiziertes »Recht auf die Stadt« zu realisieren, wurde das Konzept des urbanen Imaginären von Stadtforscher*innen weiterentwickelt, um »allgemeiner auf symbolische, kognitive und diskursive Konstruktionen von Stadtraum und urbanem Leben zu verweisen« (Lindner und Meissner 2016: 6).

Die urbanen Imaginären und die »radikalen« (und andere) Imaginationen urbaner Akteur*innen sind auch mit unterschiedlichen Ansätzen der sozialen und politischen Partizipation und Kooperation verbunden. Diese befinden sich in einem Spannungsfeld zwischen dialektischen und dialogischen Tendenzen (Sennett 2012). In einem dialektischen Prozess werden Spannungen zwischen gegensätzlichen Ansichten durch Kompromisse oder argumentative Auflösung oder Synthese behoben. In einem dialogischen Prozess koexistieren unterschiedliche Ansichten und respektieren die Unterschiede des Gegenübers, wobei die Oppositionen offen und ungelöst bleiben. Diese beiden Pole sind mit Imaginären des Wandels durch Planung versus Imaginäre der Emergenz und durch problem-/lösungsorientiertes versus fragenorientiertes Lernen verbunden.

Diese Fragen machen auf die Möglichkeit aufmerksam, dass sich Stadtentwicklung von nicht-nachhaltigen Prozessen (wie Neoliberalisierung) hin zu komplexen Verhandlungsprozessen nachhaltiger Stadtentwicklung verlagert (Kagan et al. 2018). Unter diesem Blickwinkel untersuche ich, welche Merkmale die urbanen Imaginären und (mehr oder weniger radikalen) Imaginationen der folgenden urbanen Akteur*innen ausmachen.

FOT

In allen dreien seiner Formate eröffnet das FOT Freiräume für die Imagination, insbesondere aber für den Placemaking-Prozess mit dem umrissenen symbolischen Raum des »gelben Kreises«, wobei die Teilnehmer*innen die dialogischen Interaktionsregeln des FOT in den beiden Begegnungsformaten befolgen. In den Worten der FOT-Kernmitglieder: »Wir sind der Vorschlag für einen mobilen Raum der Reflexion für den Wandel.« (Fokusgruppeninterview mit FOT-Mitgliedern 2014)

Beim FOT ist der gesamte Prozess der Initiierung eines Flusses von Ideen und mentalen Bildern der am wenigsten geregelte der fünf Ansätze. Er basiert auf einem zutiefst reflexiven Prozess, der in einer Kombination von Achtsamkeit und gewaltfreier Kommunikation in Verbindung mit einer kunstvollen, ästhetischen Sensibilität begründet ist. Die interaktiven und partizipativen Räume, welche das FOT anbietet, werden deutlich von den dialogischen Prinzipien der gewaltfreien Kommunikation bestimmt. Ziel ist es, dass sich die Teilnehmenden auf den diskursiven und affektiven Raum der einen Sprecher*in konzentrieren, jegliches Urteil aussetzen und jedwede Unterbrechung oder Kommentierung vermeiden, sondern stattdessen dem sprechenden Menschen empathisch folgen, während sich seine Kommunikation und sein Imaginäres entfalten, und ihn in seiner Andersartigkeit wertschätzen, ohne ihn mit ihrer eigenen Erfahrungswelt zu verbinden. Es gibt keine Diskussion, sondern einen »Dialog« (welcher in der Praxis besser als eine Reihe von Monologen beschrieben werden kann), wobei es jeder Teilnehmer*in möglich ist, rechtzeitig ihren eigenen Monolog beizusteuern. Interaktionen sind nicht dazu gedacht, im Hinblick auf die andere Person zu überzeugen, zu streiten oder zu gewinnen. Sie sollen vielmehr ein tieferes, respektvolleres und achtsameres gegenseitiges Verständnis ermöglichen, bei dem es nicht darum geht, direkte Lösungen für spezifische Probleme zu finden.

Die im Rahmen von FOT-Aktivitäten entwickelten Imaginäre beziehen sich in erster Linie auf ontologische Fragen des persönlichen Seins und der Bedeutung in der Welt, und sekundär auf erkenntnistheoretische Fragen zu den Bedingungen von Wissen, Kommunikation und Handlungsfähigkeit. Diese Orientierung wird auch durch die beiden Eröffnungsfragen gegeben, welche den Prozess der »Begegnung mit sich selbst« einleiten. Anschließend orientieren sich die Imaginationen der Teilnehmer*innen an sehr persönlichen und abstrakten, philosophischen und existentiellen Ebenen. Der vom FOT erschlossene Raum ist für diejenigen, die es wagen, sich in diesem Raum zu engagieren, ein geschützter Zeit-Raum, in welchem ein Individuum im besten Fall eine tiefere Reflexion über den Sinn seines eigenen Lebens macht, weil dieser Raum achtsam befreit ist von Werturteilen. Für einige Teilnehmer*innen hatte diese Öffnung lebensverändernde Konsequenzen (wie zwei der von uns Befragten bestätigten, die einige Jahre nach ihrer Erfahrung der Begegnungsprozesse interviewt wurden), während sie für andere lediglich einige neue Gedanken oder Einsichten zum Vorschein brachte.

Das Konzept hinter den Klangstationen sollte die Möglichkeit bieten, dass die anonymen Stimmen, die in einigen der »Begegnungen mit sich selbst« aufgezeichnet wurden, an verschiedenen öffentlichen Orten in der Stadt zu hören waren und die zufälligen Zuhörer*innen zu weitergehenden imaginativen Prozessen inspirieren sollten. (Die Klangstationen wurden einige Jahre vor Beginn unseres Forschungsprojekts eingestellt. Wir haben niemanden interviewt, der Teil dieses Formats war, und daher keinen Einblick in die effektive Wirkung der Klangstationen auf imaginative Prozesse.)

Für die Kernmitglieder und andere enthusiastische Teilnehmer*innen ist die zentrale gemeinsame Imaginäre einer nachhaltigen Zukunft, die vom FOT erzeugt wird, stark mit der dialogischen Praxis der Achtsamkeit verbunden. Ihre ideale Zukunft zeichnet sich durch eine Kommunikationskultur aus, in der aggressive Kritik durch gegenseitigen Respekt und Verständnis ersetzt wird. Dies würde »versteinerte/verkrustete [soziale] Strukturen auflösen« und, laut einem Kernmitglied des FOT, einen besseren demokratischen partizipativen Raum für die Stadtentwicklung bieten.

Neben seiner beispielhaften kommunikativen Praxis dialogischer Achtsamkeit verbindet sich der Reflexionsraum des FOT mit dem eigenen »kreativ-gestalterischen Potenzial« (FOT-Fokusgruppe) des Teilnehmenden. In unseren Interviews sind die Bilder nachhaltiger Zukünfte jedoch meist vage und abstrahiert, oft mit Blick auf die bereits erwähnte achtsame kommunikative Kultur, aber auch das Thema der Natur marginal dahingehend streifend, dass diese ihre eigenen Rechte in einer ökologisch reformierten Weise des menschlichen Lebens fände. Gleichwohl sind auch einige Kernmitglieder und Teilnehmer*innen am FOT aktiv in oder interessiert an Projekten, die »neue Wege« in den Bereichen Landwirtschaft und Wirtschaft suchen, und sich dabei auf kommunale/solidarische und lokal verwurzelte Arbeitskonzepte (solidarische Landwirtschaft, lokale Währungen, Wirtschaft für das Gemeinwohl) konzentrieren.

Tante Trottoir

Die von Tante Trottoir eröffneten Räume der Imagination zeichnen sich einerseits durch eine eher abstrahierte/generalisierte und persönliche/subjektive Auseinandersetzung mit Themen aus, welche die Teilnehmer*innen betreffen, mittels Workshops, die auf eine Mischung aus Achtsamkeit und spielerischer Leichtigkeit abzielen (und dabei direkte und konkrete Fragestellungen, bei denen spezifische Protagonist*innen und Antagonist*innen identifiziert würden, vermeiden), und andererseits mittels einer konkreten Fokussierung auf einen bestimmten Ort mit seinen multisensorischen (phänomenologischen) und sozialen (und interkulturellen) Qualitäten und Potenzialen, durch urbane Interventionen. Die Stimulierung von Imaginationen der Teilnehmer*innen (in den Workshops und bei Interventionen) zielt nicht direkt auf die Schaffung von Visionen und Ideen für potenzielle Zukünfte ab, sondern orientiert diese an unmittelbaren Realitäten (beide unmittelbar von den Teilnehmenden empfunden und mit aktuellen Nachrichten in den Medien verbunden) und suggeriert neue Perspektiven und Interpretationen, die mögliche positive/nachhaltige Antworten auf aktuelle Probleme aufzeigen. Workshopteilnehmer*innen sind dazu eingeladen, über das Realistische und Konventionelle hinaus herumzuspinnen oder zu fantasieren/zu brainstormen. Die Bilder, welche bei einer Intervention materialisiert und/oder dargestellt werden, sind nur ein Bruchteil der vielen Ideen, die von den Teilnehmer*innen in den letzten Phasen des Workshops erzeugt wurden, welche einige Wochen vor einer Intervention durchgeführt werden. Anschließend initiieren die urbanen Interventionen Prozesse, um die Vorstellungen der Passant*innen von einem konkreten Raum und/oder einer Situation in einem kreativen Prozess zu verändern (die Passant*innen können frei wählen, in welchem Umfang sie im Rahmen der Intervention interagieren möchten).

Die Interventionen beinhalten spezifische imaginäre Elemente mit unerwarteten und irritierenden, aber auch poetischen, traumhaften und ländlich-stilvollen Merkmalen, und erzeugen unterschiedliche, unerwartete und neue Bilder. Diese Bilder legen in ihrer Vielfalt (jede künstlerische Intervention spricht ein anderes Thema an und bedient sich einer anderen Form) oft nahe, dass gegenseitige Hilfe und Fürsorge für Fremde im öffentlichen Raum möglich und wünschenswert sind.

Betrachtet man alle Interventionen, die von 2015 bis 2017 realisiert wurden, so erscheinen einige gemeinsame imaginäre Merkmale: Die generierten Bilder rufen häufig alternative Interpretationen und mögliche Nutzungen des Ortes der Intervention hervor und indirekt/subtil auch einige potenzielle Ideen und Hinweise für alternative Zukünfte. Tante Trottoir beschwört oft die Imagination (und die künstlerisch-partizipatorische Leistung/Praxis) einer alternativen Erfahrung der Zeit, die achtsamer, langsamer, entspannter und friedlicher ist und fürsorgliche Beziehungen zulässt (im Hinblick auf Stress, Hektik und Gefühllosigkeit gegenüber anderen, mit denen wir den öffentlichen Raum in städtischen Umgebungen teilen).

In einigen Fällen ist das künstlerisch verortete Imaginäre hoch symbolisch, verwurzelt in einem weitverbreiteten kulturellen Erbe, und poetisch, ohne dabei direkt auf ein bestimmtes Thema zu verweisen: Bei »Wake Up Rosie« (2016) wurde eine Intervention auf der Dornröschenbrücke installiert, einer Fußgänger*innenbrücke (auch von Radfahrer*innen genutzt) über die Leine, neben einem Park, am Ufer einer innerstädtischen Autobahn, welche die Bezirke Linden und Nordstadt verbindet (letztere ist traditionell die Heimat der Punk-DIY-Kultur und linken Alternativen in Hannover). Die Brücke ist sehr beliebt, um an wärmeren Tagen abzuhängen, und um die alljährliche ritualisierte Gemüseschlacht zwischen den beiden Stadtteilen auszufechten. Tante Trottoir hatte die Brücke mit einem Himmelbett, Topfrosen, einem riesigen Banner mit den englischen Worten »Wake Up Rosie«, Textpassagen aus dem Märchen Dornröschen und verschiedenen Requisiten versehen. Die Passant*innen konnten auf dem Bett sitzen oder liegen, ein kleines Tagebuch an einem Bettpfosten lesen oder ergänzen und eine winzige mechanische Spieluhr aufziehen. Die Performer*innen saßen zumeist auf der Brücke, einige Meter von den Installationselementen entfernt, und benutzten nur manchmal das Bett, machten Seifenblasen oder interagierten mit den Passant*innen. Tante Trottoirs Fragen (auf ihrer Website veröffentlicht) waren: »Wer ist Rosie? Sollte jemand sie aufwecken? Sollten wir sie schlafen lassen? Was bedeutet das? Soll ich mich auch hinlegen? Hat das etwas mit Flüchtlingen zu tun? Mit mir? Mit der Welt? Oder ist es einfach nur hübsch?« Die Konnotationen des Textes und der Installation zielen darauf ab, die Aneignung einer reflexiv-kritischen Imagination zu den nebeneinander gestellten Imaginären zu stimulieren. Wir sind eingeladen, über uns selbst als Bürger*innen und über den Ort und/oder die Stadtgesellschaft von Hannover als Dornröschen nachzudenken, die vielleicht aufwachen und noch viel mehr tun sollten. All dies wird nur poetisch vorgeschlagen und der Betrachtenden nicht aufgezwungen.

In anderen Fällen verweist das künstlerisch eingebrachte Imaginäre direkter und expliziter auf aktuelle Fragestellungen, wie in Zaungast (2016), einer Intervention am Steintorplatz (im hyperzentralen Stadtteil Mitte, inmitten der kommerziellen Fußgängerzonen und des Rotlichtbezirks), wo die Fluchtwege für Flüchtlinge offen gehalten wurden (mit realen Zäunen und Musik aus einer mechanischen Spieldose). Der (für Tante Trottoir) ungewöhnlich explizite politische Charakter der

Aufführung und deren Lokalisierung an einem hyperzentralen, von Menschen mit unterschiedlichen politischen Hintergründen stark frequentierten Ort (im Gegensatz zu Linden, wo viele Bewohner*innen Sozialdemokraten, Grüne oder Linke sind, die Geflüchteten positiv gegenüberstehen), führte zu viel größerer Konfrontation mit und negativen Reaktionen von Passant*innen, was die Performer*innen ihren eigenen Aussagen nach stresste. Nach dieser Erfahrung beschloss Tante Trottoir, zu ihrem subtilen, suggestiven Ansatz zurückzukehren und konfrontative Politik zu vermeiden.

Es folgte ein Workshop im Sommer 2017 und die Intervention von Tante Trust in Zusammenarbeit mit mir und unter Teilnahme von Student*innen meines Seminars »Die Praxis künstlerischer städtischer Intervention« an der Leuphana Universität Lüneburg. Das Thema, welches sich aus unserem Workshop ergab, war äußerst sensibel: das wechselseitige Vertrauen in den öffentlichen Raum in Zeiten terroristischer Bedrohungen und paranoider »Sicherheitsmaßnahmen« wiederherzustellen. Die gewählten Symbole waren um eine ausgewogene Balance zwischen Irritation und Subtilität bemüht: Gratis-Muffins, die »giftig oder köstlich sein könnten«; ein Selfie-Foto-Shooting mit einer Person, die »ein Terrorist sein könnte oder die Liebe Deines Lebens«; und ein Koffer, der unbeaufsichtigt zurückgelassen, aber als wundersame Bilderbox eingerichtet wurde, welche die Passant*innen dazu einlud, ihre Neugier zu befriedigen, indem sie in deren Löcher hineinschauten (dieses Element wurde noch nicht implementiert).

Diesmal deuten die Beobachtungen der Teilnehmenden durch meine Student*innen und mich darauf hin, dass ihnen die Handlungen oft zu subtil und »soft« waren, um ausreichend Irritation zu verursachen und so einen reflexiven Prozess auszulösen, es sei denn, es wurden Gespräche mit Passant*innen initiiert, um ihnen genug Hinweise und Signale zu geben, sodass sie begannen, über das, was sie gerade erlebt hatten, nachzudenken.

WiLa

WiLa hat in seinen verschiedenen Projekten auf unterschiedliche Weise Räume für Imagination erschlossen. Mein Fokus liegt hier auf der Utopianale, wo eben solche Räume auf zwei Ebenen eröffnet werden: In einem mehrmonatigen Vorbereitungsprozess mit einem Team von Freiwilligen um Felix Kostrzewa werden spezifische Prozesse, Werkzeuge und Rituale eingeführt, um die Kreativität der Gruppe zu stimulieren. Zum Beispiel nutzt das Team »Drachenträumen« eine spielerische und achtsame Methode zur partizipativen Planung, um insbesondere den Ideenfindungsprozess anzuregen und es Arbeitsgruppen zu ermöglichen, mehr zu träumen und utopische Ideen zu entwickeln, die nicht exzessiv von Realismus eingeschränkt werden. Neben eher formellen Besprechungsformaten versammelt Kostrzewa das Team regelmäßig bei partizipativen Frühstücken, die informelle Gespräche und Interaktionen ermöglichen. Auf dem Filmfestival selbst, über zwei volle Tage vom Morgen bis zum späten Abend, beinhaltet ein typischer Tag für Festivalbesucher*innen: ein partizipatorisches Frühstück und Mittagessen, zubereitet von lokalen veganen und sozial-ökologischen Aktivist*innen. Zwei Tage, die erfüllt sind von Imaginären einer ökologisch nachhaltigen und solidarischen Ökonomie und geselligen sozialen Kontakten und die tatsächlich einen ungezwungenen Austausch mit anderen Teilnehmer*innen ermöglichen; mehrere Filme, die nach ihrem Potenzial, nachhaltigkeitsbezogene und lösungsorientierte Gedanken und Motivation anzuregen, ausgewählt wurden und häufig ein soziales Imaginäres teilen, das in sozialökologischem Bewusstsein und alternativen Lebensstilen, Achtsamkeit und lösungs- und projektorientierten Formen von zivilgesellschaftlichem Aktivismus verwurzelt ist; Workshops und Ausstellungs-/Kommunikationsräume, die über ihre Spezifika hinaus ein Imaginäres des sozio-ökologischen Fortschritts und der persönlichen und kulturellen Entwicklung durch Basisarbeit und Zusammenarbeit mit der Kommunalverwaltung teilen – wie sich im Motto des Festivals widerspiegelt: »Weil es ein Morgen gibt« (im Gegensatz zu dem Ausdruck »Es gibt kein Morgen«); Die Aktivitäten stärken auch die Interaktion und Vernetzung, darauf abzielend, nachhaltigkeitsorientierte soziale Netzwerke in Linden und Hannover zu stärken und auszubauen; genau wie andere Aktivitäten wie abendliches Singen in der Gruppe, um ein Gefühl der Gemeinschaft zu stärken und eine imaginäre Gemeinschaft und Identität unter den Festivalbesucher*innen zu stimulieren.

Die Eröffnung von Räumen für Imagination (und von Räumen für kleinräumiges Experimentieren/ersten Praxisgeschmack) im Rahmen des Festivals, rund um eine bewusst gestaltete Imaginäre von Nachhaltigkeit, soll zur Bildung für nachhaltige Entwicklung im Stadtteil Linden und in der Stadt Hannover beitragen. Das Festival zielt klar darauf ab, dialogische statt dialektische Kommunikationsräume anzubieten und gibt seinen Teilnehmer*innen und Besucher*innen die Möglichkeit, sich stärker zu engagieren, ohne sie zu drängen. Die verführerische Kraft der herausgestellten Imaginären und der eröffneten Räume für Imagination spielen daher eine zentrale Rolle in der Agenda von WiLas Utopianale-Filmfestival.

Genauer gesagt beinhalten die auf Nachhaltigkeit ausgerichteten Imaginäre, die sich aus den Aktivitäten von WiLa ergeben (Utopianale und andere), die Idee, weniger Ressourcen sorgfältiger zu nutzen und gleichzeitig mehr gemeinschaftliche Lebensstile zu schaffen. Die Idee der Gemeinschaft ist sowohl mit der Fähigkeit, effektiv Ressourcen zu sparen, als auch mit der Möglichkeit verbunden, Glück zu fördern (weg von hyperindividuellem Konsumismus, der als illusorische Form des Glücks zurückgewiesen wird). Die imaginäre Gemeinschaft ist die verschiedener Menschen, welche Dinge gemeinsam tun, während sie ihre Unterschiede und Diversität respektieren und wertschätzen. Ein nachhaltiges Leben wird als die Möglichkeit imaginiert, mit mehr kollektiver Freiheit, als lokale Gemeinschaft, und mit mehr Achtsamkeit und Aufmerksamkeit für andere und die eigene Umwelt, zu leben (und zu arbeiten, sich zu bewegen, zu lernen und zu essen). Imaginäre einer nachhaltigen Wirtschaft sind häufig auch aktiv präsent und konzentrieren sich auf regionale, teilweise in sich geschlossene, übergangs-/permakulturelle/wohlfahrtsökonomische Modelle, die alle eine Alternative zum Neoliberalismus und zum globalisierten Finanzkapitalismus suchen. Einer der aktivsten Ansätze in Hannover, der auf dem Utopianale-Festival am meisten diskutiert wurde, ist das Konzept der »Wirtschaft für das Gemeinwohl«, das zum Beispiel die Bilanz des Gemeinwohls entwickelt hat. Dies ist ein Instrument zur Neuausrichtung der Ziele von Organisationen auf das »Gemeinwohl« statt auf finanzielle Vorteile, welches Lebensqualität, Menschenwürde, Kooperation, soziale Gerechtigkeit, Umweltgerechtigkeit, Transparenz und Respekt für zukünftige Generationen für das neue Idealbild erfolgreicher Geschäftsmodelle unentbehrlich macht. Die meisten Lösungen für die gegenwärtigen Krisen der globalen, nicht-nachhaltigen Entwicklung werden als kleinräumig oder über kleine (und somit ökologisch maßstabsgetreue), partizi-

patorische, und zumeist Bottom-Up- und Selfmade-Initiativen imaginiert (in einer
großen Vielfalt lokal umsetzbarer Bereiche wie Nahrung, Gartenbau, Kleidung,
Upcycling und körperlich-geistiges Wohlbefinden). Eine Schwäche dieses Ansatzes liegt in seiner politischen Imaginäre: Größere politische Engagements (und
die damit verbundenen dialektischen, manchmal notwendigerweise konflikthaften
Prozesse) fehlen häufig bei der Utopianale (und bei einigen anderen Aktivitäten
des WiLa).

KdW

Joy Lohmann wählte den Namen des Netzwerks als Subversion des »Kaufhaus des
Westens« in Westberlin, das während des Kalten Krieges ein berühmtes Symbol
eines für Ostdeutsche unerreichbaren Lebensstils des Luxuskonsums war. Der
Name des KdW-Netzwerks bedeutet somit, dass das gegenwärtige Zeitalter neue
Träume vom guten Leben jenseits der oberflächlichen und kurzlebigen Befriedigungen des Hyperkonsumismus hervorbringt. In seinen öffentlichen Veranstaltungen sowie in seiner sehr informellen Organisation, die auf Freiwilligenarbeit
und minimalsten Mitteln beruht, zielt KdW darauf ab, eine Gesellschaft vorwegzunehmen, die nicht auf Währungsaustausch basiert, sondern eine alternative mögliche Wirtschaft evoziert.

Die Einrichtung und Entwicklung von Räumen für gemeinsame imaginative Prozesse und das Teilen von Imaginären der Nachhaltigkeit ist ein zentrales
Merkmal der selbst auferlegten Philosophie des KdW-Netzwerks. In Joy Lohmanns
eigenen Worten: »Um [die Gesellschaft] zu transformieren, muss man neue Bilder
in der Vorstellung der Menschen schaffen. Das ist es, was wir tun, [...] neue Bilder
für Orte schaffen« (unstrukturiertes Interview, 2014). Im Vergleich zu den zuvor
beschriebenen Fällen entwickelt KdW die konkretesten und kollektivsten Visionen
für alternative Zukünfte, auf mehreren Ebenen und über verschiedene Formate von
Einzel- oder Jahresveranstaltungen: KdW veranstaltet monatliche Organisationstreffen mit einer sehr informellen Atmosphäre, bei der die Kernnetzmitglieder und
eine ständig wechselnde Zahl von peripheren Netzwerkteilnehmer*innen (jeweils
mit eigenen Projekten/Organisationen) Ideen, Gedanken und Imaginationen teilen und konkrete Pläne für KdW-Veranstaltungen schmieden. KdW koordinierte
außerdem zwischen 2013 und 2016 (unter der Leitung von Joy Lohmann) eine jährliche Veranstaltung, das sogenannte KdW-Fest, ein Festival, eine Messe und ein
Fest, das räumlich wie Zimmer eines Privathauses (Schlafzimmer, Wohnzimmer,
Küche, Spielzimmer, Werkstatt, Garten usw.) angeordnet ist, in einem öffentlichen
Freiraum, wie z. B. einem öffentlichen Platz im Hyperzentrum der Stadt. Die »Räume« werden durch eine Mischung aus Schrifttafeln im Streetart-Stil und Upcycled-
Möbeln signalisiert und symbolisiert. Innerhalb dieser Struktur installieren eine
Vielzahl kultureller und sozial-ökologischer Projekte und Gruppen eigene Stände,
Ausstellungen, Shows/Performances und andere selbstgemachte kreative Formate.
Und schließlich gibt es noch weitere Einzelveranstaltungen (z. B. KdW-StadtForum
2015 im Rahmen von Mein Hannover 2030 – ein breiterer partizipativer Visionsprozess der Stadtverwaltung) und wiederkehrende Veranstaltungen (z. B. der WunderWandelWeihnachtsmarkt) im Dezember 2016 und 2017 im Ihme-Zentrum), die
vom KdW ins Leben gerufen werden, um weitere Gelegenheiten zu suchen, Themen aus dem kulturellen Leben und der Nachhaltigkeit kreativ anzugehen und die
vielen bestehenden Projekte und Initiativen zu vernetzen.

KdW wählte als Maskottchen die berühmte Pippi Langstrumpf (die Figur aus den Kinderbüchern der schwedischen Autorin Astrid Lindgren), und sein Motto in Anlehnung an Pippis Maxime »Ich mache mir die Welt, wie sie mir gefällt«. KdW befürwortet, exemplifiziert und verbreitet eine freudige Version des präfigurativen Aktivismus, wobei das Experimentieren auf einer Basis-Ebene im Vordergrund steht. Eine »präfigurative Politik« konstituiert sich aus Praktiken, die schon hier und jetzt die gewünschte Form der zukünftigen Gesellschaft vorwegnehmen und verkörpern, ohne auf ideale Rahmenbedingungen im institutionellen Kontext zu warten (Sitrin 2007). Dies ermöglicht eine gegenseitig eingebundene Entwicklung von sozialen Imaginären und sozialer Praxis, welche die persönliche und kollektive Beteiligung und Verantwortung fördern. Präfigurative Aktivist*innen achten sehr auf ihre kreativen und partizipativen Prozesse, da für sie »der Weg« und »das Ziel« nicht streng getrennt werden können: Die eingesetzten Mittel kündigen bereits die in Sicht befindlichen Ziele an.

KdW grenzt sich von dumpfen, grauen und/oder toten Stadträumen ab, indem es ein Imaginäres der bunten, hellen und einladenden Freiräume entwickelt, die sich für kreatives Arbeiten und kollektive kulturelle Aktivitäten sowie ein nachhaltigkeitsorientiertes Gemeinschaftsleben eröffnen. KdWs Gesamtästhetik und Imaginäre sind DIY (do it yourself)- und DIWO (do it with others)-Kulturen, insbesondere in Form einer Maker Culture (einschließlich Open Source, Crowdsourcing, Open-end/Serendipität, Experimental- und Partizipationsansätzen), die Joy Lohmann in seiner Arbeit generell fördert. Der Imagination der teilnehmenden Initiativen und Passant*innen bei KdW-Veranstaltungen steht es frei, sich in jeder praktischen DIY-Form auszudrücken, wie skizzenhaft oder »unfertig« sie auch aussehen mag. Um diesen Prozess anzuregen, werden »Ideenräume«, »Traum-Manifeste«, Postkarten, »Wunschbäume« und ein »Gedichtbaum« als niedrigschwellige Einladung zur Teilnahme genutzt. Mit seinen wohnlichen Räumen im öffentlichen Raum bietet das KdW-Fest einen »lockeren« und verhältnismäßig geschützten Raum zum Basteln und Experimentieren.

Die Themen, die beim KdW fantasievoll angegangen werden, sind zu jedem Zeitpunkt so vielfältig wie die Teilnehmer*innen (und ihre Projekte). Ein allgegenwärtiges Thema, das von Kernmitglied Cora Gutzeit (deren vegane Catering-Initiative Klugbeisser das Licht der Welt im KdW-Netzwerk erblickte) verfochten und mit den Transition Town-Aktivist*innen und anderen geteilt wird, ist die Zukunft einer nachhaltigen Esskultur. Das geteilte Imaginäre ist eines der lokal produzierten, oft selbstgemachten und sorgfältig konsumierten Lebensmittel – idealerweise verschwendungsfrei. Die ideale Zukunft des Essens wird zumeist als vegane Esskultur dargestellt (seltener als Invokation des Vegetarismus, Insektenessens und eines monatlichen »Fleischtags«). Diese Imaginäre beinhaltet auch das bereits praktizierte Food-Sharing, Urban Gardening und solidarische Landwirtschaft der Teilnehmer*innen, sowie das öffentliche und partizipatorische Kochen – imaginiert als eine »neue normale« Zukunft. Ein weiteres vorherrschendes Thema beim KdW ist eine weitgehend partizipative demokratische Kultur, einschließlich Migrant*innen und Flüchtlingen, die in eine interkulturelle Stadtgemeinschaft einsteigt, welche auf den Prinzipien von Open Source und Open Access basiert. Diese Imaginäre bezieht sich auf eine zukünftige Gesellschaft, in der Eigenproduktion und Maker Culture alltäglich sind und die Konsumkultur ersetzen. Weitere wiederkehrende Themen sind Upcycling und Wiederverwendung, kunststofffreie Produktion, selbsterzeugte erneuerbare Energien, eine regionalisierte Kreislaufwirtschaft, Achtsamkeit und Bewusstsein, ein nachhaltigerer, da lokaler und auf kurze Entfernungen beschränkter Tourismus, und der Wunsch, einen Weg zurückzufinden zu einem harmonischen Gleichgewicht mit der Natur.

In der Vorbereitungsphase des KdW-StadtForums ermutigten die Kernmitglieder die Mitgliedsinitiativen, eigene Entwürfe zur kreativen Darstellung ihrer (thematisch vielfältigen) Visionen für 2030 zu basteln und miteinander zu teilen. Jede Themengruppe gestaltete ihr eigenes Format (von Fotomontagen und gebastelten Objekten bis hin zu Mini-Performances), das in einer Präsentation in einem Konferenzraum im Rathaus von Hannover gemeinsam inszeniert wurde. Aufgrund mangelnder Vorbereitungszeit und fehlender professioneller Unterstützung konnten die unerfahrenen Teilnehmer*innen nur halbfertige Entwürfe entwickeln und umsetzen, die sie sich gegenseitig und einer eingeschränkten Öffentlichkeit präsentierten. Sie konnten ihre Imaginationen weder voll entwickeln und kreativ ausdrücken, noch reichte die Zeit aus, um über die Imaginären der anderen nachzudenken. Trotz der Zwänge, Mängel und Frustrationen des KdW-StadtForums war diese Veranstaltung der praktische Versuch einer allumfassenden partizipativen Kreativität, die mehrere Initiativen in verschiedenen Bereichen der nachhaltigen Entwicklung miteinbezog. Diese Veranstaltung des KdWs ist der einzige Fall, in dem ein versuchsweise integrativer Versuch unternommen wurde, die fragmentierten Imaginationen und Imaginären verschiedener städtischer Akteur*innen Hannovers durch kunstbasierte Ausdrucksformen sowohl kreativ als auch partizipativ zu sammeln und zu verbinden, und damit gemeinsam ein neues, breiteres soziales Imaginäres der Nachhaltigkeit zu generieren. Für diese Veranstaltung hatten die KdW-Kernmitglieder ihre Rolle deutlich von jener der politisch-partizipatorischen Prozesse in der Stadt getrennt, die immer noch stark mit (einem »realistischen« Fetisch für) Fakten verbunden sind. Stattdessen hat KdW das Ziel, ein breiteres Spektrum an Optionen zu eröffnen:

»Wir müssen eine völlig neue Perspektive auf diesen Prozess eröffnen [von Mein Hannover 2030], weil Kultur mit Eventualitäten viel besser arbeiten kann [...] es gibt ein breites Spektrum von Handlungsoptionen oder auch Risiken, Perspektiven, Utopien oder Dystopien, die spannend sind, und den Prozess [von Mein Hannover 2030] für die Partizipation interessanter machen können« (Abschrift eines Vorbereitungstreffens für das KdW-StadtForum 2015).

Mit sehr begrenzten Mitteln und seiner DIY-/behelfsmäßigen Ästhetik strebt das KdW danach, nicht nur neue Bilder zu generieren und zu kommunizieren, sondern auch präfigurative Erfahrungen neuer Welten und imaginärer Zukünfte zu inszenieren.

ZWI

Das Ihme-Zentrum, ein gigantischer architektonischer Komplex (285.000 Quadratmeter) aus den 1970er Jahren, entlang der Ihme gelegen, gegenüber der hannoverschen Innenstadt auf der anderen Seite des Flusses, hat in den letzten drei Jahrzehnten einen extremen Niedergang erlebt. Seine Geschäftsräume (untere Ebenen) wurden zu einer Ruine, während die Wohneinheiten (obere Ebenen) immer noch 2.500 Einwohner*innen beherbergen, die ihren Wohnungen sehr verbunden sind. Die mit diesem Ort zusammenhängenden Imaginären sind vielfältig

und bilden starke Kontraste. Eine große Anzahl von Hannoveraner*innen möchte
die Gebäude abreißen, während sich ihre Bewohner*innen eine Renovierung wünschen. In diesem Kontext verstummte die Äußerung von Ideen und Imaginationen
für neue Entwicklungen des Ihme-Zentrums im Verlauf vieler Jahre enttäusch-
ter Hoffnungen und Kontroversen allmählich, bis eine Reihe von Kulturschaffenden begann, sich den Ort neu zu denken. Tante Trottoir (deren Hauptquartier im
Kulturzentrum Glocksee direkt gegenüber der Ihme liegt) veranstaltete vor Ort
»Tante Titanik« (Mai 2015), eine Art Impro-/Guerilla-Theater rings um die Träume
und Albträume des Ihme-Zentrums. Und im Jahr 2014 zog der Journalist (und
spätere MBA-Student im Nachhaltigkeitsmanagement) Constantin Alexander ins
Ihme-Zentrum und startete eine Kampagne, nicht nur um die Entwicklung und
Kommunikation von Ideen neu zu beleben, sondern auch, um einen lösungsorien-
tierten transdisziplinären Prozess zur Umsetzung dieser Ideen voranzutreiben.
Was als Blog und mit Public Walks begann, umfasste bald die Produktion eines
Dokumentarfilms, die Gründung des ZWI-Vereins und die Durchführung mehrerer künstlerischer, kultureller, architektonischer und anderer Veranstaltungen
im Ihme-Zentrum in den Jahren 2016 und 2017, die immer mehr Aufmerksamkeit
erregten und bei einigen Hannoveraner*innen (einschließlich der Gemeinde und
der Einwohner*innen Lindens) die Neugierde auf und die Hoffnungen für diesen
Ort allmählich neu entfachen.

In diesem Fall waren Imaginationen einer möglichen nachhaltigen Zukunft
für den Standort (jenseits der reinen Tabula Rasa-Imaginäre des Abrisses) zum
Teil bereits vorhanden, blieben jedoch weitgehend unsichtbar und unhörbar, bis
das Bild von Constantin Alexander und bald auch von einer wachsenden Zahl von
Verbündeten neu gerahmt wurde (einschließlich Künstler*innen, Architekt*innen, lokalen Einwohner*innen, Lokalpolitiker*innen usw.). Laut Alexander waren
zwei wesentliche Wendepunkte in diesem Prozess von medialer Aufmerksamkeit
geprägt: Zum einen, als die größte hannoversche Tageszeitung im Sommer 2015
über seine regelmäßigen geführten Touren im Ihme-Zentrum berichtete; und zum
zweiten, als ein Entwurf seines Dokumentarfilms im Februar 2016 auf dem Utopianale-Filmfestival des WiLa gezeigt wurde. Insbesondere an diesem Punkt kam
eine neue Geschichte für den Standort ins Rollen und nahm an Fahrt auf.

Der neue Möglichkeitsraum, den die ZWI im Jahr 2017 eröffnete, ist geprägt
von der Verbindung, Vernetzung und Artikulation vieler (komplementärer und/
oder konkurrierender) Ideen und Visionen für das Ihme-Zentrum, rund um einen
von Constantin Alexander geprägten gemeinsamen Slogan: »Das Ihme-Zentrum —
ein neues Wahrzeichen für Hannover«.

Die Vielfalt der gesammelten Ideen und Visionen für zukünftige Entwicklungen der unteren Ebenen des Ihme-Zentrums spiegelt die Komplexität der Interessen, sowie die qualitative Komplexität, also die interagierenden Komplementari-
täten, Konkurrenzen, Gegensätze und Symbiosen, zwischen den verschiedenen
Dimensionen der nachhaltigen Entwicklung wider. Diese Visionen und Ideen umfassen kommerzielle Räume, Räume für soziale Aktivitäten, Kunst und Kultur, Gesundheit und Pflege, Urban Gardening und Imkerei, Sport, Senioren*innenwoh-
nungen, offene/Coworking- Büros, Handwerk und strukturelle Veränderungen,
die eine bessere Verknüpfung des Gebäudes mit dem benachbarten städtischen
Leben erlauben, nachhaltige Mobilität vereinfachen und/oder die Nachbarschaft
wieder mit dem Fluss und den Ökosystemen verbinden (durch Renaturierung der

Erdgeschossebene, indem die Tiefgarage durch Uferpflanzen und Bäume ersetzt wird).

Im Gegensatz zu den anderen vier hier genannten Fällen konzentriert sich die ZWI nicht primär auf dialogische Prozesse. Sie gleicht kreative Impulse mit lösungs- und planungsorientierten Ansätzen aus. ZWI ist auch in vielerlei Hinsicht nicht so utopisch und nicht so umfassend in ihren Visionen von nachhaltiger Zukunft wie die meisten anderen Akteur*innen. Das in die Aktivitäten der ZWI eingebettete Imaginäre der Nachhaltigkeit ist weitgehend kompatibel mit einer kapitalistischen Wirtschaftsorientierung, allerdings einer reformierten, die sich der spekulativen Finanzlogik des Immobilienmarktes entgegenstellt, welche den Niedergang der unteren Ebenen des Ihme-Zentrums herbeigeführt hat.

Was hier zudem eindrucksvoll demonstriert wird, ist die Art und Weise, in der kontrastreiche Orte die imaginative Arbeit von Künstler*innen anregen: im vorliegenden Fall ein urbaner, ruinenhafter Ort, der nur wenige Schritte unterhalb einer funktionierenden Wohngegend liegt, und wo mehrere zeitliche Dimensionen und kontrastierende und ambivalente Erinnerungen an einem spezifischen Ort sedimentiert und teleskopiert werden. Dieser Fall zeigt auch, wie solche Orte eine Neubewertung ihres Scheiterns ermöglichen (sobald Künstler*innen imaginative Prozesse wieder geöffnet haben). Das Scheitern von Teilen des Ihme-Zentrums, welches nicht mehr den unvermeidlichen Untergang des gesamten Komplexes bedeutet, wird umgedeutet als der Boden, auf dem neue urbane Möglichkeiten entstehen können – das Substrat, auf dem Neuvorstellungen wachsen und schließlich gedeihen können. Darüber hinaus eröffnet das eklatante Versagen früherer Neuentwicklungen den gescheiterten Ort als Spielplatz für utopische Imagination und Experimente. Unsicherheiten werden als Offenheit gegenüber multiplen potenziellen Zukünften interpretiert. Der Niedergang und der Verfall materieller Objekte weisen auf Wandelbarkeit hin.

Durch diesen zweistufigen Prozess kommen die dynamischen Modalitäten zum Vorschein, unter denen Imaginäre inszeniert werden (siehe auch Pink, 2008, 2012, 2015), und Orte werden neu vorstellbar im Wechselspiel der phänomenologischen Qualitäten dieser Orte, der künstlerischen Vorstellung dieser Qualitäten und der vermittelten Kommunikation rings um erneuerte Bilder (Reich, 2017). Mit diesen Perspektiven und Ansätzen kann ein Ort wie das Ihme-Zentrum »ein fantastischer Abenteuerspielplatz« werden (Alexander, 2015).

Reflexion der fünf Fälle

Diese fünf Fälle zeigen, wie nachhaltigkeitsbezogene urbane Imaginäre auf mehreren Ebenen angesiedelt sind: im verkörperten und mentalen Raum des Selbst (FOT), im Selbst in Bezug auf wechselnde Orte im öffentlichen Raum (Tante Trottoir), in ambivalenten und kontrastierten Beziehungen zu einem bestimmten architektonischen Komplex (ZWI), in einem fiktionalen und verschwommenen gemeinsamen/privat-heimeligen Festivalraum, der den öffentlichen Raum besetzt (KdW), oder in einem festivalisierten sozialen Raum des geselligen Lernens (WiLa-Utopianale).

Die fünf Fälle verdeutlichen auch, wie Imaginationsräume in einem konstitutiven Verhältnis zu sozialen Praktiken und Experimentierräumen existieren. Diese enge Beziehung zeigte sich auch in unserer Analyse mit ATLAS.ti durch die Kookkurenz von Codes für »Imaginationsräume« und »Experimentierräume«.

Akteur*innen, die sich für Nachhaltigkeit einsetzen, müssen, wenn sie neue, vom vorherrschenden sozialen Imaginären losgelöste Modelle entwickeln wollen, radikale, kreative und komplexe Imaginationen fördern. Tiefgreifende und rasante systemische Veränderungen sind in der Tat erforderlich, wenn die Menschheit rechtzeitig die komplexen Bedrohungen, vor denen sie steht, vom Klimawandel bis hin zu globalen sozialen und wirtschaftlichen Ungerechtigkeiten, angehen soll. Diese Herausforderungen werden nicht durch minimale Verschiebungen in sozialen Imaginären und sozialer Praxis bewältigt werden können; daher wird radikale Imagination unabdingbar. Nachhaltigkeit erfordert sowohl den Aufbau von Resilienz als auch die Öffnung für einen transformativen Wandel (ein oft radikaler Wandel, der den Ursprung der Probleme an der Wurzel packt und eine tiefgreifendere Hebelwirkung zu erreichen sucht). Die Entwicklung von Qualitäten der Resilienz in menschlichen Gesellschaften erfordert die Kultivierung multipler kreativer Antworten und Fähigkeiten – ein radikales Umfangen der Provokation Joseph Beuys': »Jeder Mensch ein Künstler.« So muss auch Nachhaltigkeit eine ausgesprochen kreative Imagination kultivieren. Letztendlich erfordert Nachhaltigkeit eine komplexe Imagination, da multiple Dimensionen und widersprüchliche Prioritäten angesprochen werden müssen; übervereinfachende und populistische Imaginäre sind kontraproduktiv.

Dies bezieht sich auf die Frage der Dialogik und Dialektik. Unsere empirischen Erkenntnisse weisen auf Basisinitiativen/Projekte/Netzwerke hin, die in den meisten Fällen eine Dialogik-orientierte Tendenz aufgreifen. Es gibt einige Variationen: Das FOT zeigt den dialogischsten Ansatz. Auch Tante Trottoir folgt einem stark dialogischen Ansatz, gefolgt von KdW und WiLa. Im Gegensatz dazu priorisiert ZWI ein lösungsorientiertes Imaginäres, das jedoch durch künstlerische Vorstellungskraft ergänzt wird. Die dialektischen und planerischen Tendenzen sind also sehr präsent, scheinen sich aber relativ in Waage mit den dialogischen und emergenten Tendenzen zu befinden.

Die Stärke der Dialogik liegt in einer Offenheit, welche die Kooperation von verschiedenen Imaginären und Diskursen erleichtert. Aber aus meinem Verständnis von Nachhaltigkeit heraus, das auf qualitativer Komplexität fußt (in Anlehnung an Edgar Morin, 2008), zeigt das radikale dialogische Imaginäre, welches speziell bei FOT und Tante Trottoir entwickelt wurde (und in geringerem Maße auch beim WiLa und beim KdW), ein problematisches Potenzial: Es kann in die simplifizierende Illusion einer befriedeten Gesellschaft abdriften, welche dort über Unterschiede hinweg nach kommunikativem Konsens sucht, wo politische Konfrontationen vollständig aufgelöst werden könnten. Darüber hinaus kann eine rein dialogische Form der sozialen Praxis die Entstehung und den Austausch radikaler Imagination behindern, wenn solche Imaginationen besonders herausfordernd oder unangenehm sind oder Konfliktpotenziale in sich tragen. Das entgegengesetzte Ende des Spektrums wäre jedoch gleichermaßen problematisch: ein radikal dialektisches Imaginäres mit einer demokratischen Gesellschaft, welche von politischen Konflikten beherrscht wird, und wo die konfrontierenden und gegensätzlichen Ansichten verschiedener Gruppen nur pragmatische Kompromisse zulassen – wie in Mouffes (2013) Forderung nach einer »agonistischen« Politik. Eine rein dialektische Form der sozialen Praxis würde die Verbreitung einer radikalen Imagination der Nachhaltigkeit über politische Grenzen hinweg behindern und stattdessen soziale Spaltungen verschärfen und soziale Nachhaltigkeit schwächen.

Die fünf hier diskutierten Fälle stellen nur eine kleine Auswahl aus dem größeren Forschungsprojekt »Stadt als Möglichkeitsraum« dar. Eine weitere besonders aufschlussreiche Fallstudie wurde von Annette Grigoleit und Kolleg*innen durchgeführt, mit dem Schwerpunkt auf dem Kreativ-Schreibprojekt Linden Fiction 2050 (realisiert im Faust-Kulturzentrum 2015, als die Teilnehmer*innen kurze fiktionale, in Hannover-Linden im Jahr 2050 angesiedelte Geschichten verfassten) als einem Werkzeug der Partizipation und des Empowerments für die Produktion von Wünschen und als kreativer Raum, um sich potenziell nachhaltige urbane Zukunftsperspektiven vorzustellen: siehe Kapitel Fünf in diesem Buch.

Imagination ist grundlegend für Placemaking. Reichhaltige, vielfältige und vorzugsweise komplexe Imaginäre der Nachhaltigkeit sind essentiell für die Entwicklung nachhaltigkeitsbezogener sozialer Praktiken und institutioneller Veränderungen (im soziologischen Sinn von Institutionen, d. h. Systemen sozialer, kultureller und politischer Regeln für das gesellschaftliche Leben), durch deren Mobilisierung solcher Imaginäre und (vorzugsweise radikaler) Imaginationen in urbanen Möglichkeitsräumen.

3. ENTREPRENEURSHIP IN CONVENTIONS BEIM KDW

Da ich während des Forschungsprojektes eine längere Zeit mit dem KdW verbrachte, gibt mir dies die Möglichkeit, einen genaueren Blick auf die Beziehung zwischen KdWs kulturellen und ästhetischen Praktiken und deren potenziellen affektiven und effektiven Auswirkungen hinsichtlich sozialer Transformation für Nachhaltigkeit zu werfen.

Diese Frage erfordert eine Betrachtung der mikrosozialen Ebene (oder in der Sprache der »Mehr-Ebenen-Perspektive«: der »Nischen-Ebene«) in ihrer gegenseitigen Beziehung zu den meso- und makrosozialen Ebenen. Gesellschaftliche Konventionen sind kollektive Deutungsreferenzrahmen, welche es ermöglichen, die Zweckmäßigkeit und den Wert von Aktionen, Zuständen, Objekten und Personen (Batifoulier 2001; Biggart & Beamish 2003) zu bewerten. Sie bieten den Kontext, der es sozialen Akteur*innen auf der mikrosozialen Ebene erlaubt, soziale Situationen zu verstehen und diese Situationen mit ihren Überzeugungen und ihren Handlungen in Verbindung zu bringen. Konventionen sind emergente Phänomene im gesamten kognitiven und sozialen Bereich (die weder primär sozial noch primär kognitiv sind). Bei größeren sozialen Institutionen (auf der makrosozialen Ebene) ist wahrzunehmen, dass sie geordnete Bündel von Konventionen beinhalten, die nachhaltiger festgelegt wurden als andere Konventionen, geleitet vom »Regime der Rechtfertigung« (Boltanski und Thévenot 1991) und in allgemeinerer Form von sozialen Imaginären (nach Castoriadis 1975). Gemeinsame soziale Konventionen ersparen Individuen die Notwendigkeit, sich gegenseitig zu rechtfertigen. In kritischen Situationen kann jedoch Unsicherheit entstehen und so Konventionen möglicherweise kritisiert und sogar in Frage gestellt werden.

An dieser Stelle kommt der Begriff »Entrepreneurship in Conventions« ins Spiel (Gomez 1996; Kagan 2008, 2011): Es handelt sich um eine Aktivität, die (zumindest teilweise bewusst und vorsätzlich) Inkohärenz in einer bestehenden sozialen Konvention herbeiführt, indem sie eine Dissonanz und Abnormalität einbringt, der es gelingt, die Aufmerksamkeit der Individuen zu gewinnen, welche sie erreicht, und es zudem zustande bringt, eine potenzielle alternative gesellschaftliche Konvention hervorzuheben. Einem erfolgreichen Entrepreneurship in Conventions ist es möglich, gleichermaßen Misstrauen in Bezug auf die bestehende gesellschaftliche Konvention zu erwecken und ein gewisses Maß an Überzeugung für die potenzielle alternative Konvention herzustellen. In diesem Sinne ist ein »entrepreneur in conventions« ein Individuum, das (zumindest teilweise bewusst und vorsätzlich) Ressourcen und Fähigkeiten mobilisiert und sich mit anderen Individuen auf der mikrosozialen Ebene einlässt, um gemeinschaftlich ein Entrepreneurship in Conventions auszuführen. Kurz gesagt geht es beim Entrepreneurship in Conventions um soziale Handlungsfähigkeit, die eine Verzweigung in der Entwicklung einer gesellschaftlichen Konvention auf der mikrosozialen Ebene initiiert, welche möglicherweise (oder möglicherweise auch nicht) im Schneeballprinzip zu größeren Veränderungen mit Auswirkungen auf soziale Konventionen und Institutionen auf mesosozialer Ebene beitragen könnte (für eine deutlich detailliertere Darstellung siehe Kagan 2011, S. 400–429).

Entrepreneurship in Conventions beim KdW

Die Wiederverwendung und Wiederbelebung des Namens »KdW«, die Intervention beim Schützenfest im Jahr 2012, die Verwendung upgecycelter Möbel und Requisiten und der alternative Weihnachtsmarkt seit 2016 deuten alle in Richtung von Lohmanns Ziel, »Traditionen neu zu erfinden« und »zu transformieren, was es schon gibt« (Interview des Autors mit Lohmann im Jahr 2014). Fest etablierte Bilder und Konventionen werden verschoben, und ihr ursprünglicher Sinn mit neuen Inhalten und neuer Bedeutung gefüllt. So wurde zum Beispiel beim eher konservativen Schützenausmarsch ein »rollender Garten« präsentiert, der eine alternative ökologische Ästhetik einbringt, als eine flüchtige Intervention zwischen den traditionellen Blaskapellen. Dieser Ansatz macht sehr viel Sinn in Bezug auf »Entrepreneurship in Conventions« (Kagan 2008, 2011), wenn er sich wirkungsvoll mit weitverbreiteten sozialen Konventionen verbinden kann und dann versucht, diese neu in nachhaltigkeitsorientierte Richtungen auszurichten. Zwei wichtige Fragen sind hier erstens, inwieweit dieser Ansatz eine affektive Wirkung auf unmittelbar betroffene Teilnehmer*innen hat, sodass sie verschiedene soziale Konventionen imaginieren und diese wirksam ausprobieren können, und zweitens, inwieweit dies die Entstehung effektiver Veränderungen der sozialen Konventionen anregt, nach denen die Menschen leben und die sich in ihren sozialen Praktiken widerspiegelt.

Das KdW-Netzwerk versucht, auf mehrere Arten integrativ zu sein: Neben der expliziten Offenheit auf formaler Ebene für jegliche Newcomer*innen, und dem Bemühen, auf dem monatlichen KdW-Organisationstreffen ein Gefühl des Willkommens und der Zwanglosigkeit zu vermitteln, suchen die Kernmitglieder des KdW aktiv Kontakt zu anderen Initiativen und ermutigen sie dazu, sich auszutauschen und zu kooperieren. Durch seine Veranstaltungen möchte KdW ein breiteres und vielfältigeres Publikum jenseits des eigenen soziokulturellen Milieus zu erreichen, vor allem beim KdW-Fest durch das Bespielen von öffentlichen Räumen, häufig auf den Straßen der Innenstadt (wo Hannoveraner*innen aus verschiedenen Stadtteilen zusammenkommen). Alle kunstbasierten Aktivitäten auf dem KdW-Fest haben einen partizipativen Charakter und werden sehr einfach und informell angeboten, mit praktischen Aktivitäten und niedrigschwellig (allerdings wurden den Besucher*innen im Normalfall keine sonderlich herausfordernden Erfahrungen angeboten, soweit wir das feststellen konnten).

In der Praxis reichte die Vernetzung mit anderen Organisationen nicht merkbar über einen Kreis von Gleichgesinnten hinaus (d. h. Einzelpersonen und Organisationen, die sich bereits in irgendeiner Weise für sozial-ökologische Ziele engagieren und das breite Wertespektrum von KdW schon teilen). Dennoch gelang es KdW, die Vernetzung ansonsten fragmentierter Akteur*innen zu initiieren, welche ansonsten auf ganz bestimmte Bereiche spezialisiert waren, wie Internetaktivist*innen, Achtsamkeitspraktiker*innen, vegane Aktivist*innen, Urban Gardeners, Upcycling-Praktiker*innen, DIYler*innen, Fürsprecher*innen der Gemeinwohlökonomie, kunstbasierte Nachhaltigkeitspädagog*innen und andere lokale kulturelle Akteur*innen.

Beim KdW-Fest 2015 am Weißekreuzplatz wurde der erste der beiden Tage vornehmlich für die Vernetzung der beteiligten Gruppen und Projekte mittels eines offenen »Barcamp«-Formats konzipiert, durch das potenzielle neue Kooperationen entstehen können. Die Idee wurde von den Teilnehmer*innen als gut bewertet, aber einige von ihnen empfanden die tatsächlichen Ergebnisse einiger Teile des Barcamps als enttäuschend (der Tag war zudem sehr schlecht mit anderen Organisationen koordiniert, da viele von ihnen am selben Tag Parallelveranstaltungen abhielten). Wir beobachteten auch, dass die wenigen tatsächlichen Teilnehmer*innen sich in sehr kleine Gruppen aufteilten, was die Frage aufwarf, ob einige von ihnen überhaupt motiviert waren, ihre Zeit dahingehend zu investieren, andere Themenbereiche tiefergreifend kennenzulernen (über den Wunsch hinaus, andere für das eigene Thema und Projekt zu gewinnen). Am zweiten Tag des KdW-Fests 2015 stellten unser Forschungsteam und die Student*innen zudem fest, dass nicht wenige Aussteller*innen dazu neigten, bei ihren eigenen Ständen zu bleiben. Dies wurde beim KdW-Fest 2016 in geringerem Umfang beobachtet, wo wir bei einigen der Aussteller*innen einen verhältnismäßig intensiveren Austausch feststellen konnten.

In Hinblick auf das Erreichen eines breiteren Publikums konnten wir auf den KdW-Festen 2014 und 2015 lediglich ein relativ kleines Netzwerk von Kernteilnehmer*innen und Besucher*innen beobachten, von denen nur wenige echte Newcomer*innen aus anderen soziokulturellen Milieus zu sein schienen. Die Auswirkungen auf die breitere Bevölkerung Hannovers waren daher zumindest im Hinblick auf die Tragweite fraglich. Die Situation im Jahr 2016, als das KdW-Fest in den autofreien Sonntag integriert wurde, war eine völlig andere: Dort kamen riesige Massen an Besucher*innen vorbei, und sogar wenn viele von ihnen keine sonderliche Aufmerksamkeit zeigten, war die Anzahl sowohl der Schaulustigen als auch der Teilnehmer*innen, die sich bis zu einem gewissen Grad mit den angebotenen Ausstellungen und Aktivitäten beschäftigten, viel größer als bei den beiden vorherigen KdW-Festen, und die meisten Passant*innen waren Newcomer*innen, die beim Rundgang durch den autofreien Sonntag zufällig auf das KdW-Fest gerieten (wir beobachteten viele junge Paare und Familien mit Kindern). Auf der anderen Seite nahmen sich die meisten von ihnen viel weniger Zeit für die Interaktion mit dem KdW-Fest als die Besucher*innen der Vorjahre, da sie gerne auch noch

die vielen anderen Straßen und Bereiche des autofreien Sonntags besichtigen wollten. Einige Beobachtungen und Rückmeldungen der Forscher*innen deuten auch
darauf hin, dass die Ästhetik und das Angebot des KdW-Fests mit seinem provi-
sorischen DIY-Erscheinungsbild für etliche Besucher*innen unsympathisch und
unattraktiv waren (möglicherweise vor allem für diejenigen mit konservativerem
Geschmack und einer Präferenz für »Professionalität«).

Ein echtes Ziel des KdW ist es, etablierte Konventionen mit kreativen Mitteln
infrage zu stellen, um nachhaltigkeitsrelevante Fragen aufzuwerfen. Die Schwierigkeit besteht jedoch darin, ein »Entrepreneurship in Conventions« tatsächlich
zu verwirklichen. KdW-Veranstaltungen schaffen es beispielsweise, Irritationen bei
Passant*innen zu erzeugen, doch nur bei viel weniger teilnehmenden Besucher*innen gelingt es, durch solche Veranstaltungen Misstrauen gegenüber bestehenden
gesellschaftlichen Konventionen zu erwecken und das Interesse und die potenzielle
Überzeugung für alternative Konventionen, also »für einen anderen Weg«, zu wecken. Oder in den Worten meiner Kolleginnen Weisenfeld und Hauerwaas (2018):
Nicht nur »Mindsets« müssen etabliert, sondern durch sinnvolle und wiederholte
Aktionen auch neue »Worksets« eröffnet werden, welche dann, wenn sie verbreitet
werden, zu einer veränderten sozialen Praxis führen können. Wiederholte KdW-
Veranstaltungen weisen hier auf die Stärke sozialökologischer Denkweisen und
die Entstehung verwandter Worksets für einen Kern von KdW-Mitgliedern hin,
während das Teilen von Worksets jenseits dieses Kerns bisher nur in sehr kleinen
Schritten vonstattengeht (Stand 2017).

Das Problem wird zusätzlich dadurch erschwert, dass Individuen bereits mehrere, möglicherweise widersprüchliche Konventionen haben können, nach denen
sie denken und handeln. Diese multiplen Konventionen beziehen sich auf ein
komplexes »Repertoire an Dispositionen« (Lahire 2003, 2004; statt auf einen all-
zu kohärenten »Habitus« nach Bourdieu), die ein Individuum aufgrund seiner So-
zialisation besitzt. In einem solchen Repertoire passen »Dispositionen zum Glauben« nicht notwendigerweise zu den »Dispositionen zum Handeln« (d.h. es gibt
keine notwendige Kausalität von Glaube zu Handlung, von Mindset zu Workset):
Das bedeutet ganz konkret, dass obwohl zum Beispiel die Klugbeisser bei einem
KdW-Fest dazu beitragen können, eine Besucher*in davon zu überzeugen, dass
Veganismus »ein besserer Weg« für sie wäre, es eine weitere Herausforderung darstellt, die wiederholten Handlungen und Gewohnheiten dieses Individuums zu
beeinflussen, d.h. mit seinen Dispositionen zum Handeln in Kontakt zu treten
und schließlich dazu beizutragen, dass es sein Workset verändert. Ein erfolgrei-
ches »Entrepreneurship in Conventions« für Nachhaltigkeit muss sich sowohl mit
den Überzeugungen als auch mit den organisierten Handlungen verbinden und
dies nicht ausschließlich dadurch, indem es die Handlungen der Individuen beeinflusst, sondern auch durch die Förderung praxisbezogener Gemeinschaften, in
denen die Handlungen der Individuen sich gegenseitig affirmieren und zu sozialen
Praktiken werden.

Die Bemühungen des KdW haben einiges Potenzial, zu solchen Veränderungsprozessen auf der mikrosozialen Ebene beizutragen und schließlich die mesosozia-
le Ebene zu beeinflussen. Soweit wir dem Prozess folgen konnten, erreichte KdW
dieses Potenzial jedoch (mindestens auf der mesosozialen Ebene) noch nicht und
müsste seine Fähigkeit in puncto »Entrepreneurship in Conventions« weiter verbessern. In Hinblick auf seinen Einflussbereich scheint das KdW trotz seiner no-

blen Bemühungen (wie einige andere vergleichbare Initiativen auch) hauptsächlich auf seinen ursprünglichen Bezirk Linden auszustrahlen, und sehr wenig darüber hinaus.

Praktiken der Verortung und des Placemaking

Typisch für KdW-Veranstaltungen wie das KdW-Fest ist auch der Einsatz wiederverwendeter Wohnmöbel und grafischer Schilder von Joy Lohmann, die den öffentlichen Raum im Freien (beispielsweise einen zentralen öffentlichen Platz oder eine Straße) so konfigurieren, als handle es sich um ein Privathaus (mit einer Einrichtung, die typisch ist für Küche, Wohnzimmer, Schlafzimmer, Spielzimmer etc.). Das KdW-Fest bietet damit eine Erfahrung, die einige etablierte Konventionen über die Trennung von privaten, gemeinschaftlichen und öffentlichen Bereichen für ihre Besucher*innen verwischen und in Frage stellen könnte (unsere empirischen Erkenntnisse zeigen jedoch, dass einige Besucher*innen diesen Effekt nicht oder zumindest nicht bewusst wahrgenommen haben). Dieses Setting erzeuge auch, so Lohmann, eine »familiäre Atmosphäre«, welche Vertrauen und emotionale Einbindung ermögliche und so »persönlichen Kontakt zu Fremden fördere« (Interview mit Lohmann, 2014). Diese Vertrautheit mit dem Raum ist eine Qualität, die auch die »Realexperimente« und »Reallabore« vertreten, welche von einigen Nachhaltigkeitswissenschaftler*innen befürwortet werden: »Experimenteller Plattformen, auf denen Bekanntes zu Neuem neu arrangiert werden kann« (WGBU 2011, S. 256; siehe auch: Schneidewind und Scheck 2013, S. 241). Ebenso wird emotionale Einbeziehung als entscheidend gesehen in Bezug auf »Räume der Imagination und des Experimentierens« für die Nachhaltigkeit (Dieleman 2012), die »Gefühle und Empfindungen berühren und buchstäblich zum Nachdenken im Sinne von Denken und Umdenken und Framing und Reframing einladen« müssen (Dieleman 2012, S. 51). Darüber hinaus ermöglicht dieses Setting eine thematische Organisation und Raumaufteilung, bei der die themenbezogenen Netzwerkmitglieder nebeneinander platziert werden, was ihre Vernetzung und Kooperation erleichtert und Synergieeffekte schafft. Die räumliche Struktur soll auch die Verbindungen zwischen den Themen als ein vernetztes System visualisieren und die vielen Rückkoppelungsschleifen im städtischen Metabolismus veranschaulichen. Zum Beispiel soll der Bereich »Küche« einen vereinfachten Lebenszyklus darstellen, der beim KdW-Fest 2016 aus Transition Towns Urban Gardening-Projekten (Anbau), dem veganen Catering-Service (Lebensmittelverarbeitung) von Die Klugbeißer und der Food-Sharing-Initiative (Vermeidung von Lebensmittelverschwendung) bestand. Als das KdW-Fest 2014 und 2015 am Weißekreuzplatz stattfand, hatte es eine konzentrische räumliche Anordnung, welche einen Gemeinschaftsbereich und einen Zirkus suggerierte. Als zweitägiges Festival bietet das KdW-Fest als autonome Veranstaltung bestenfalls eine festival-typische, vorübergehende Erfahrung: ein »intensives temporäres Happening [...] ein Moment der Echtzeit [...] und ein emphatisches Jetzt« (Harbord, 2016) – obwohl seine räumliche Offenheit dieses Merkmal der »Heterochronie«, wie man sie normalerweise an heterotopischen Orten vorfindet, prinzipiell auflöst.

Beim autofreien Sonntag im Jahr 2016 musste sich das KdW-Fest (als Teil der »LebensstilMeile« des autofreien Sonntags) aufgrund der von der Gemeinde auferlegten externen Beschränkungen dem Verlauf der Osterstraße anpassen, die 150

Meter lang und fünf Meter breit ist (und nur die eine Hälfte der Straße durfte belegt werden, um Durchgang für Rettungsdienste zu gewährleisten), was die kreisförmige Beschaffenheit des Raumes zerstörte und die positive Eigenschaft des »Privathauses« in diesem alternativen Raum trivialisierte, da die Qualität der Vertrautheit und so das Potenzial der Stimulierung vertrauensvoller Interaktion und sozialer Kreativität gemindert wurde. Stattdessen wirkte der lineare Aufbau wie eine Art Flohmarkt: Alle Stände und »Zimmer« standen Seite an Seite, auf der gleichen Straßenseite. Dadurch, dass die Meile so langgezogen gestaltet war (wie viele andere Meilen an Hannovers autofreiem Sonntag), waren die Besucher eher dazu geneigt, sie relativ schnell zu passieren, und nahmen das Bild einer Wohnung höchstwahrscheinlich gar nicht wahr. KdW hatte die beiden Enden des KdW-Festareals mit Toren und großen Schildern markiert, und für die aufmerksame Betrachter*in war ein klarer ästhetischer Kontrast zum übrigen autofreien Sonntag deutlich erkennbar (dunkler und kleiner, mit einer Kombination aus Schatten und der DIY-Ästhetik des KdW im Gegensatz zu den faden Standard-Narkotika und den breiteren Straßen der meisten anderen Räume des autofreien Sonntags, und weniger grell und lautstark, wenn auch von der extrem lauten und scheußlichen Popmusik einer benachbarten Bühne heimgesucht). Für eine solche Beobachter*in könnten einige Elemente einer in sich geschlossenen, privaten und sicheren Atmosphäre fühlbar gewesen sein; dies schien jedoch bei den meisten Besucher*innen, die wir beobachteten, nicht der Fall zu sein. In den Jahren 2014 und 2015 bildete das KdW-Fest somit einen Raum, der dem Ideal eines »Möglichkeitsraums« im physischen Sinne, wie wir ihn in unserem Forschungsprojekt (vgl. einleitendes Kapitel) nachvollzogen haben, näher kam als beim KdW-Fest von 2016, ein Raum, der Eigenschaften von Heterotopie und Heterochronie aufweist (d.h. ein geschützter separater Raum für experimentelle und erfahrbare Prozesse, der ein anderes Erfahren von Zeit bietet, wie es ein Festival typischerweise tut, indem er die Besucher*innen aus dem gewohnten Zeitfluss herausnimmt), während er gleichzeitig offen für das Umfeld ist und und Interaktionen mit der Umgebung und transversale Vernetzung zulässt. 2016 gingen die heterotopischen und heterochronen Qualitäten jedoch weitestgehend verloren: Wir beobachteten, dass viele Passant*innen einfach durch die Straße gingen und sogar genervt auf andere Besucher*innen reagierten, die stehengeblieben waren, um sich den Stand des KdW-Fests anzusehen: Diese Passant*innen erkannten offenbar nicht, dass jener Raum sich von der normalen Straße abhob (halt eine Durchgangsstraße). Demzufolge fühlten sich viele Besucher*innen auf dem KdW-Fest 2016 nicht miteinbezogen.

4. Möglichkeitsräume der Kreativität

Kreativität ist ein zentrales Merkmal solcher Bildungsprozesse, die sich die künstlerische Vermittlung von Nachhaltigkeitsherausforderungen in der Stadt zur Aufgabe machen. Dabei werden zum einen individuelle Merkmale von Kreativität erforscht. Zum anderen sind Formen kollektiver Kreativität von Interesse, wobei durch Experimentieren und Imaginieren etablierte Normen überschritten werden.

Kreative Prozesse beinhalten eine Kombination aus divergentem und konvergentem Denken (Guilford 1967; Runco und Jaeger, 2012): Divergentes Denken beinhaltet das Sichöffnen, das Sondieren in divergierende Richtungen, das Teilen,

Fragen und Ergänzen von Ansichten, das Imaginieren neuer Möglichkeiten und das Mit-Schaffen alternativer Geschichten. Konvergentes Denken beinhaltet das Verstehen von Kompromissen und Konsequenzen, das Synthetisieren transversaler Einsichten, das Evaluieren und Vermitteln zwischen Optionen und das Entwickeln kohärenter Praktiken des Gestaltens und Handelns.

Die Integration individueller und kollektiver Kreativität wurde als »soziale Kreativität« theoretisiert (Purser und Montuori 1999, Paulus und Nijstad 2003). Gruppenkohärenz und Gruppendiversität sowie Konvergenz und Differenz zwischen individuellen Ansätzen müssen dabei ausgewogen sein, um sowohl das Risiko der Konformität durch Gruppenzwang (Nemeth und Nemeth-Brown 2003) als auch das Risiko destruktiver emotionaler Konflikte zu vermeiden (Milliken et al. 2003), wobei affektive Beziehungen Vertrauen, gegenseitige Stimulation, Kooperation, Respekt für Unterschiede und Toleranz gegenüber Paradoxen ausgleichen müssen. Idealerweise sollten intra- und interpersonale divergente und konvergente Prozesse parallel mittels simultaner Exploration, Entwicklung und Evaluation – und nicht nur sukzessive durch präzise iterative Zyklen – durchgeführt werden (Sawyer 2003).

Kreativität ist notwendig für den Suchprozess der Nachhaltigkeit (Dieleman 2008, Stables 2009, Kagan 2011, Sandri 2013) – nicht nur individuelle, sondern auch Gruppenkreativität, vorausgesetzt, dass Nachhaltigkeit ein kollektiver emergenter Prozess ist, der nicht von einzelnen Expert*innen verordnet werden kann. Kollektive divergente Prozesse sind beteiligt an der Vorstellung »plausibler und wünschenswerter Zukünfte« (Bai et al. 2016), während auch konvergentes Denken erforderlich ist, um eine Entwicklung in Richtung solcher Zukünfte zu ermöglichen.

Selbstverständnis von Kreativität

Die Formen der Kreativität, die ich anhand der Fälle diskutiere, welche wir in Hannover erforscht haben, stehen manchmal in gesundem Gegensatz zum Mainstream-Verständnis und der Mainstream-Praxis der Kreativität, die sie in den Dienst kapitalistischer (und allgemeiner industrieller und postindustrieller) Produktivität stellt. »Tatsächlich ist die ökologische Krise, die wir heute erleben, zum Teil die Folge der Art und Weise, wie wir Kreativität und Wandel in der Moderne konzeptualisiert haben« (Purser und Montuori, 1999, S. 349), wo Kreativität auf eine Fertigkeit oder Fähigkeit reduziert wird, die instrumentalisiert und betriebswirtschaftlich angewendet werden kann, was den Menschen somit zu einem Mittel der »kreativen« Produktion macht (vgl. Purser und Montuori, 1999, S. 333; siehe auch Reckwitz 1995). Entgegen diesem dominierenden Trend beinhalteten einige der kreativen Praktiken, die wir beobachteten, ob nun individuelle oder kollektive, eine Bewegung hin zu nicht-belehrenden Formen der Kreativität, mit einem Fokus auf die Qualitäten der Prozesse und die soziale, alltägliche Kreativität eines neu erfundenen »guten Lebens« anstelle von Produktivitätszielen und Handhabbarkeit der Ergebnisse.

Bei KdW wird Kreativität vor allem im Sinne von »kulturkreativen Methoden« verstanden, die einerseits zum Wohl der Netzwerkmitglieder und deren Vernetzung und Kooperationen, und zum anderen für spezifische Veranstaltungen und deren Besucher*innen (die auch dazu herangezogen werden dürfen, sich an kulturellen Aktivitäten zu beteiligen) angewendet werden. Diese Methoden werden verbunden mit einer Vielzahl ästhetischer und kunstbasierter Formate, wie Elementen von Visuals, Grafik und Zeichnung, Elementen des (Impro)Theaters, poetisch-fiktionaler Textproduktion (wie Poesie, Lieder oder beispielsweise Postkarten aus der Zukunft), interaktiven und haptischen (Ausstellungs)Elementen wie zum Beispiel symbolische Objekte oder Kochshow-Prozesse und Elementen der Inszenierung und Dramaturgie (z. B. ein »2030«-Setting und dessen entsprechende Atmosphäre, eine Geschichte etc.). KdW-Mitglieder verstehen Kreativität auch generell als etwas, das notwendig ist, um mit aktuellen Problemen umzugehen, und als Einladung zum Verspieltsein. Kreativität ist verbunden mit ungewöhnlichen, untypischen Erfahrungen und Verhaltensweisen.

Im FOT wird Kreativität als ein Effekt des dialogischen Prozesses verstanden, den man anstrebt und der in einer teilnehmenden Organisation und für teilnehmende Individuen Raum schafft für mögliche Neuentwicklungen, da der dialogischen Kommunikation (von den FOT-Mitgliedern und mehreren interviewten früheren Teilnehmer*innen) zugeschrieben wird, dass sie starre Gesellschaftsstrukturen aufbricht. Das »ästhetische Element« des FOT mit seinem spezifischen Setting aus »gelben Filzkreisen und Stühlen« wurde oft sehr positiv angesprochen und wahrgenommen und korrelierte mit den positiven Wirkungen der Erfahrung selbst. Jede Teilnehmer*in nahm eine aktive Rolle im ästhetischen Prozess ein, nicht nur, indem sie z. B. einzeln im gelben Kreis im »Selbsttreffen« sprach und aktive Zuhörer*in außerhalb des Kreises war, sondern auch, indem sie den Ort und einige Details des ästhetischen Settings (z. B. die Positionen der Stühle) wählte und so neue Stätten als »Orte des Treffens« eröffnete. Diese wurden von den Teilnehmer*innen (nach der von Shelley Sacks entwickelten Logik) als Elemente einer umfassenderen »sozialen Plastik« nach Joseph Beuys verstanden.

Bei Tante Trottoir hat das eigene Kreativitätsverständnis der Veranstalter*innen und Teilnehmer*innen, so weit wir es beobachten konnten, damit zu tun, ungewöhnliche Lösungen zu finden und innovative Ideen zu haben, und wird als etwas Lustiges, Aufregendes und auch Kindliches gesehen, das Menschen in sich tragen und zu dem sie (wieder) Zugang erlangen können. In den Worten einer der Organisator*innen im Gespräch mit den Teilnehmer*innen eines Workshops: »Ihr müsst keine kreativen Schauspieler*innen sein! Ihr habt das alle in euch und wir kitzeln das heute aus euch heraus. [...] Wir machen das, was wir uns als 6jährige bis jetzt verboten haben.« In wenigen Fällen wird Kreativität von Teilnehmer*innen und Organisator*innen gleichermaßen in einem negativen Sinne als »Kreativstress« bezeichnet.

Bei WiLa reflektiert der Koordinator Felix Kostrzewa sein eigenes Verständnis von Kreativität als eine weitgefasste Definition von Kreativität im Sinne von »gestaltend«, und er glaubt auch, dass Kreativität in jeder zu finden ist: »Kreativ sind wir alle, bin ich fest von überzeugt«. Auf die Frage nach den Bedingungen für kreative Prozesse beschreibt er darüber hinaus einige Dilemmas der Projektorganisation, weil er Offenheit und neue Erfahrungen und Eindrücke als entscheidend für Kreativität hält, während er für kontinuierliche, effektive Arbeit an Projekten einen festen Kern von Menschen und strukturierte Formen als notwendig erachtet.

Voraussetzungen für das Gedeihen kollektiver Kreativität schaffen

Kollektive Kreativität entsteht häufig nicht rein zufällig: Die von uns recherchierten Initiativen sehen kreative Prozesse als wichtig oder gar als Ziele ihrer Aktivitäten an, und initiieren damit gezielt Räume und Prozesse, um soziale Kreativität (einschließlich kollektiver und individueller Kreativität) zu erreichen.

Für das FOT ist der Prozess der dialogischen Kommunikation eindeutig Ziel und Voraussetzung für seine übergeordneten Ziele und Aktivitäten. Die Struktur ist gegeben und wird nur marginal verfeinert.

Bei Tante Trottoir berichteten sowohl die Organisator*innen als auch die Teilnehmer*innen von Workshops und urbanen Interventionen über die Schwierigkeit, ein gutes Gleichgewicht zwischen Freiheit und Kontrolle über den kreativen Prozess zu finden. Dementsprechend ist jede Iteration des Prozesses anders, basierend auf den Erfahrungen aus früheren Veranstaltungen, wie eine der Organisator*innen im Jahr 2016 erklärte:

»Im ersten haben wir viel mehr Freiraum gelassen und weniger angeleitet und versucht, einen Boden und eine schöne Atmo zu schaffen, um gemeinsam Ideen zu entwickeln und rumzuspinnen. [...] Im zweiten Workshop haben wir alles mehr strukturiert [...] um letztlich wieder mehr Sicherheit und Freiheit zu vermitteln – zu viel Freiheit hatte im ersten Workshop auch zu Verwirrung und Ratlosigkeit geführt.«

Einige der Techniken, die oft von Tante Trottoir genutzt werden um einen Raum für kollektive Kreativität zu eröffnen, besteht darin, Teilnehmer*innen mit Brainstorming, mit Papierschnitten und Collagen, z. B. aus aktuellen Zeitungen, und mit »Übungen«, welche sämtlich die Generierung von Bildern und die Imagination der Teilnehmer*innen anregen sollen: Hier wird von den Organisator*innen explizit die Schaffung von Räumen für individuelle Imaginationen angestrebt, als Vorstufe zu einem kollektiven kreativen Prozess. Tante Trottoir eröffnet damit effektiv einen Raum speziell für divergierende Prozesse. Die »Übungen« von Tante Trottoir befreien die Teilnehmer*innen vom Druck des Sinn-Machens (alle werden ohne Einschränkungen zum »Quatschmachen« ermutigt) und eröffnen mögliche Wahrnehmungen und Perspektiven, die sowohl die Fantasie stimulieren als auch die Teilnehmer*innen dahingehend trainieren, ihren eigenen inneren Gefühlen und Gedanken mehr Aufmerksamkeit zu schenken (als Achtsamkeitsübungen). Wie in einer Feldnotiz unseres Forschungsteams erwähnt: Es ist »ein assoziatives Vorgehen. Wilde Kombinationen sind erlaubt. Erst Requisiten, dann Ort – ermöglicht gewissen Freiraum, was für Aktionen entstehen. Genau zu überlegen, welche Requisiten hierher passen oder nicht, ist nicht möglich.«

Wie bereits erwähnt, zeigten unsere empirischen Untersuchungen jedoch, dass Tante Trottoir weniger erfolgreich dabei war, genügend Raum für kollektive konvergente Prozesse zu schaffen. Gerade im Zusammenhang mit ihrer Einschätzung von Brainstorming als Methode, wird die Anleitung gelegentlich von den Teilnehmer*innen dahingehend kritisiert, dass sie zu stark und zu früh auf Ergebnisse abzielt (in den konvergenten Phasen des Prozesses), oder dass sie zu flach mit den Arbeiten/Ideen der Teilnehmer*innen umgeht (indem sie Ideen lediglich auf einer oberflächlichen Ebene sammelt, ohne einen kollektiven konvergenten Prozess anzuleiten und zu fördern). Aus Sicht einer Student*in, die 2017 an der Veranstaltung teilnahm: »Während des Brainstormings mit den Zeitungsschnipseln sind Ideen verloren gegangen, wurden die Themen zu oberflächlich abgearbeitet. Es wurde zu schnell auf ein Thema fokussiert.« Folglich empfanden einige Teilnehmer*innen die Abschlussaktivitäten/-ergebnisse (der städtischen Interventionen) nicht als Erfolge der Gruppe, sondern als Resultate von Entscheidungen der organisierenden Künstler*innen. Andere Teilnehmer*innen betrachteten diese Anleitung jedoch als eine »gute« Mischung aus Kontrolle und Freiheit und nahmen wahr, dass ihr eigener Input die Entscheidung der Künstler*innen beeinflusste. Beispielsweise schrieb eine andere Student*in, die auch an der Tante Trottoir-Veranstaltung 2017 teilnahm: »Ich habe das Gefühl, dass Lena das Brainstorming gut in Richtung bestimmter Ideen lenkt, wir aber trotzdem genug Einfluss auf den Ideenfindungsprozess haben.«

Sowohl bei Tante Trottoir als auch beim WiLa sehen die Organisator*innen Sharing-Prozesse als essentiell für kollektive Kreativität und bezeichnen zu viel Druck, aber auch zu viel Freiheit, als Behinderung für den Prozess des Teilens. Der Koordinator des WiLa reflektiert insbesondere, wie solche Prozesse und Räume des Teilens zu initiieren sind: Felix Kostrzewa benennt folgendes als relevant: Zeit (»klarer Umgang mit verfügbarer Zeit«) und »Freiheit des Geistes«. Für ihn bedarf die Freiheit zu imaginieren, und Gedanken zu teilen, Offenheit, Neugier, Vertrauen zwischen den Teilnehmer*innen und eine Form/Struktur, die zum Teil durch Anleitung (»Regie«/»Leitung«) und unter anderem mit spezifischen Methoden wie Brainstorming und Dragondreaming erreicht werden muss. Kostrzewa will eine ungezwungene Atmosphäre (z. B. Mitbring-Frühstück) und einen offenen kommunikativen Prozess ohne Druck ermöglichen, um kollektive Kreativität zu fördern: »Also es braucht Zeit, es braucht das Gefühl, dass wir gerade keinen Druck haben, weil ich finde dämpfend auf kreative Prozesse und auf kreative neue Ideen wirkt vor allen Dingen, wenn ich vermittle: ›Sag jetzt mal, wie's sein soll!‹ Dann greifen wir immer auf Dinge zurück, die wir schon mal irgendwie gemacht haben. Neue Sachen entstehen im Regelfall dadurch, dass Leute sich erst mal ganz frei fühlen, gut, ich könnte, also wir müssen es nicht so machen, wie wir es bisher immer gemacht haben, sondern es könnte auch ganz anders sein und dann entstehen manchmal so Momente, wo man dann merkt, ah wir könnten 'nen Workshop ja auch machen, der sieht mal so aus« (Interview Felix Kostrzewa, 2016). Einerseits gibt es im Hintergrund der Organisationstreffen des WiLa und für dessen Aktivitäten – wie die Planung und Durchführung der Utopianale – immer ganz klar ein Ziel, aber andererseits betont Kostrzewa, dass ein offener, divergierender Prozess notwendig sei, um neue, kreative Ideen durch Brainstorming-Sitzungen zu entwickeln.

In früheren Jahren (die nicht von unserer empirischen Forschung abgedeckt wurde) hatte WiLa auch spezifische partizipative Formate und Plattformen organisiert, die eine partizipative und möglicherweise kreative Beteiligung der Bewohner*innen zu Fragen der Stadtentwicklung anregen sollen, zum Beispiel mit den physikalischen Plattformen eines Überseecontainers, der als »Wunschcontainer« entworfen und bezeichnet und 2013 und 2014 an verschiedenen Standorten in Hannover installiert wurde, sowie mit einer selbstgestalteten Palettenbühne im Jahr 2015, »StadtLabor« genannt. WiLa führte außerdem von 2014 bis 2016 »Quattro Stationi – Hauptsache in Bewegung« durch: Das kreative kunstbasierte Bildungsprojekt beteiligte 100 Jugendliche an Kunstinterventionen im öffentlichen Raum.

Im Fall des KdW besteht das Konzept von Joy Lohmann darin, den kollektiven kreativen Prozess durch die Moderation einer oder mehrerer Künstler*innen (d.h. Lohmann selbst, manchmal mit Unterstützung von beispielsweise Franziska Riedmiller) zu gestalten, unter Verwendung künstlerischer Mittel zur Vermittlung zwischen den Teilnehmer*innen und zur Stärkung ihrer Kreativität. Darüber hinaus ist Lohmann bestrebt, crowdsourced Social Media (internetbasierte)- Technologien und -Infrastrukturen zu entwickeln, um kreative Ideen, Initiativen, Kunstwerke und Prototypen in einer Bottom-up-, kollektiven und partizipativen Weise strukturell zu unterstützen. Ein Beispiel für diesen Ansatz ist PAM (»Public Art Machine«), bei der die »Crowd« dazu eingeladen wird, die Auswahl der Künstler*innen und Kunstwerke, welche in der Kröpcke-Uhr ausgestellt werden, kollektiv und offen zu kuratieren. Die Uhr befindet sich inmitten von Hannovers kommerzieller Fußgängerzone und wird als Mini-Ausstellungsgalerie seit über 20 Jahren von Joy Lohmann kuratiert.

Diese Technologien wurden von einem engagierten Kernteam (Alexander Stellmach, Anika Bogon und Joy Lohmann) unter dem Namen DCROW, das zur KdW gehört, entwickelt. Mitglieder von DCROW haben auch mit der Stadtverwaltung und dem Bürgerbüro Stadtentwicklung bei der Entwicklung einer Online-Crowdfunding-Plattform für Hannover mit dem Namen »HannoverMachen« zusammengearbeitet. Eine weitere Support-Plattform, der Lohmann anbot, zur KdW zu stoßen, ist »betatestr«, eine Online- und Offline-Plattform für crowd-basiertes Beta-Testing der Prototypen von Erfinder*innen, Designer*innen und anderen Kreativen. Betatestr nimmt regelmäßig am KdW-Fest teil und zeigt einige der von ihr unterstützten Prototypen.

Formen kollektiver Kreativität

In den meisten der von Kagans Team erforschten empirischen Fälle (z.B. KdW, FOT, WiLa, Tante Trottoir) tritt »kollektive Kreativität« als ein Prozess und eine Situation in Erscheinung, wo *Ideen aus/innerhalb einer Gruppe entstehen oder entstehen sollten*, basierend auf dem Austausch von Ideen in Dialogen und durch Praxis. Der Prozess des Teilens wird hier sowohl als ein Sammelsurium individueller Ideen verstanden, die jeweils von Ideen anderer inspiriert werden, als auch als Ideen, die zwischen individuellen Inputs aus dem kollektiven Teilens-/Schaffensprozess entstehen. Diese sind nicht nur die bloße Hinzufügung einzelner Ideen, z.B. zu einer gemeinsamen Patchwork-Präsentation, und sie sollen auch nicht kollektive Teilens-/Schaffensprozesse sein, die von einzelnen Personen dominiert werden.

Im FOT, einem Format, das sich ausschließlich auf Prozesse der dialogischen Kommunikation und die Äußerung persönlicher Gedanken konzentriert, erscheint kollektive Kreativität so nur in diesem Kontext, d.h. als die Entstehung von Ideen durch Dialoge. Im FOT entstehen Ideen wirklich nur aus dem Prozess, ohne ein spezifisches Ziel um konkrete Ideen zu erzeugen, es wird auch kein bestimmtes Thema vorgeschlagen (abgesehen von den sehr allgemeinen und philosophischen Fragen, welche die Prozesse einleiten). Aber es war kein typischer Kreativitätsprozess, auf den die von uns befragten FOT-Mitglieder verwiesen: Sie erzählten uns vielmehr von der Entstehung »neuer« Gedanken innerhalb der spezifischen dialogischen Form des Zusammenkommens, besonders im »Einandertreffen«-Format des FOT. In den eigenen Worten eines Mitglieds des FOT: »Also es passiert so, dass die Gedanken sich miteinander verbinden, wenn man jetzt mit mehreren Leuten in einem Raum sitzt und das dann völlig neue Gedanken entstehen« (Interview mit Gert Schmidt, 2016).

Auch beim WiLa wird im Rahmen der Organisation der Utopianale die kollektive Kreativität vom Koordinator Felix Kostrzewa mit dem Fokus auf Entstehung und Artikulation von Ideen durch Gruppenprozesse erwähnt. Die Versuche, Situationen zu initiieren und zu leiten, und deren Vorkommen, werden beschrieben, wo Ideen in der Gruppe in einem Austauschprozess (als »Kreativprozesse in Gruppen«) innerhalb des weiteren zielorientierten Prozesses der Vorbereitung der nächsten Utopianale entstehen.

Ähnlich wird bei organisatorischen Treffen des KdW-Netzwerkes das Auftauchen neuer Ideen durch Gruppendiskussionen angestrebt und manchmal auch in den zweimonatlichen Organisationstreffen des KdW im Rahmen des weiteren zielorientierten Prozesses der Vorbereitung der nächsten KdW-Veranstaltungen erreicht, aber auch mit etwas Raum für nicht-zielorientierte Diskussionen über spontane Ideen von Mitgliedern. (Je näher man jedoch einem tatsächlichen KdW-Ereignis kommt, desto weniger Raum bleibt für solche zielfreien Prozesse übrig, da der organisatorische Druck wenig überraschend ansteigt; divergente Prozesse verkümmern dann und konvergente Prozesse dominieren die Treffen).

Eine andere Art und Weise, in der kollektive Kreativität auftritt und von den Akteur*innen erkannt wird, ist die Form eines (mehr oder weniger zielorientierten) Prozesses von *gemeinsam etwas gestalten, bzw. etwas Kreatives machen/erstellen*.

Bei KdW geschah dies auf mehrere Arten, entweder bei der Vorbereitung von Veranstaltungen innerhalb kleiner Gruppen von Mitgliedern, oder häufiger bei bestimmten Ereignissen, bei denen eine größere Anzahl von KdW-Mitgliedern zusammenkam, um gemeinsam etwas Konkretes zu gestalten, bzw. etwas Kreatives zu machen/zu erstellen (wie beim ›KdW-StadtForum‹), oder wo auch Besucher*innen eingeladen wurden, am kreativen Prozess teilzunehmen (wie beim ›KdW-Fest‹), wie unten ausführlicher besprochen. Während im letzteren Fall (KdW-Fest) die kreativen Prozesse der beobachteten Besucher*innen zumeist individueller Art waren, wurden im zuvor genannten Fall (KdW-StadtForum) einige wirklich kollektive kreative Prozesse von Gruppen aus KdW-Mitgliedern initiiert und durchgeführt.

Eine dritte Art, bei der kollektive Kreativität auftritt und von den Akteur*innen erkannt wird, ist die Form von *gemeinsam kreativ sein, bzw. gemeinsam etwas Kreatives machen und im Prozess einige Dinge auf nicht-zielorientierte Weise erschaffen*.

Diese Form der nicht-zielorientierten Kreativität fand ihre exemplarischste Materialisierung als »Glückskiosk« (wird weiter unten besprochen) bei einigen KdW-Festspielen und kam auch bei ein paar der regelmäßigen KdW-Organisationstreffen in nichtmateriellen, imaginären Formen vor, wobei nicht nur kreative Ideenbildung stattfand, sondern ein bildreicherer, imaginativer Prozess der gemeinsamen mündlichen Vorstellung einer möglichen Aktivität oder eines möglichen Produkts.

Die dritte Form war auch bei Tante Trottoir sehr präsent und verschmolz kollektive kreative Ideen, weitere imaginative Artikulation und kreatives Experimentieren/kreative Performance, wobei der Schwerpunkt darauf lag, gemeinsam kreativ zu sein. Für Tante Trottoir spielt es eine wichtige Rolle, Ideen in der Gruppe hervorzurufen, aber das reicht in sich nicht aus: Die Ideen werden systematisch an einen produktiven Prozess gekoppelt, sodass kreative Ideen unmittelbar vor Ort auf performative Weise getestet werden (in dem Raum, in dem ein Workshop stattfindet –

eine imaginäre Situation in einer Art Improv-Theater-Format simulierend) und/
oder bald danach in einem nahegelegenen öffentlichen Raum, der für ein kurzes
Experiment angeeignet werden kann.

Das Format »Kreative Workshops & Kunstinterventionen« von Tante Trottoir ver-
schmilzt alle drei Formen kollektiver Kreativität und integriert sie in einen Prozess,
der von den drei Gründungs-»Tanten« kuratiert wird. Die Workshops umfassen
zunächst Formate, wo in kreativen Prozessen Ideen entstehen (»Ideenfindungsprozess«, individuell und in der Gruppe) – Ideen entstehen durch kreatives Miteinander (z. B. durch Assoziations- und Imaginationsspiele). An den ersten schließt sich
unmittelbar ein zweiter Schritt mit kreativ-produktiven Prozessen an (etwa das Ausprobieren einer Idee in einer impro-theaterartigen Situationssimulation). Der dritte
Schritt, welcher unmittelbar oder kurz danach folgt (d. h. normalerweise innerhalb
von ein paar Wochen nach der Ideengenerierung), ist die Umsetzung der entwickelten Ideen, hauptsächlich als spontane öffentliche Performances und städtische
Interventionen. Hier werden diese Prozesse von den Organisator*innen sehr zielgerichtet angeregt, ihre Durchführung wird geplant und geleitet – allerdings ohne
weitere übergreifende Ziele im Hintergrund (im Gegensatz zu anderen Fällen). In
dem von uns kodierten Material (wie Interviewprotokollen, Feldnotizen und Er-
fahrungsberichten unserer Student*innen, die an Workshops und Interventionen
teilgenommen haben) fanden wir viele Beispiele divergenter Prozesse (quantitativ
gesehen die größte Anzahl divergenter Prozesse aller Fälle) und viel weniger Beispiele für konvergente Prozesse (wobei eine Kritik des Ansatzes sein könnte, dass
die spätere Auswahl und tiefere Umsetzung eines spezifischen Themas oder einer
Idee für eine urbane Intervention stärker von den verantwortlichen Künstler*innen
koordiniert und kuratiert werden, wobei die konvergenten Prozesse verhältnismäßig weniger kollektiv sind als die divergenten Prozesse bei Tante Trottoir).

Individuelle Kreativität

Wenn individuelle Kreativität für sich allein existieren kann, kann kollektive Kreativität im Gegenteil nicht ohne kreative Prozesse zwischen den beteiligten Individuen existieren. Soziale Kreativität entsteht immer aus einem Zusammenspiel von
individuellen und kollektiven kreativen Prozessen. Individuelle Kreativität entfaltet
sich in den von uns untersuchten Fällen auf vielfältige Weise.

Die meisten Bedingungen, die die Organisator*innen für kollektive Kreativität stellen, fördern auch die individuelle Kreativität. Zum Beispiel fördern der geschützte Raum und die Anleitung, die auf WiLa-Treffen sowie in Workshops von
Tante Trottoir angeboten werden, die Entstehung individueller kreativer Ideen und
fördern gleichfalls kollektive kreative Prozesse. In solchen Fällen sind individuelle
und kollektive kreative Prozesse sehr eng miteinander verflochten und vernetzt.

Die kollektiven, partizipativen Prozesse stimulieren die Kreativität manchmal
vielleicht nicht für jede einzelne Teilnehmer*in, sondern eindeutig für einzelne
Personen in ihren speziellen Rollen. In der »Mitmachküche« des WiLa beispielsweise förderten die regelmäßigen gemeinsamen Kochaktivitäten mit den Teilnehmer*innen vor allem die individuelle Kreativität der leitenden Köchin (und
Hauptkoordinator*in der Küche) in der Gruppe, die mehrere neue Rezepte erfinden konnte (aus gespendeten Lebensmitteln – wodurch die führende Köchin nicht
vorausplanen konnte und die Möglichkeit hatte, zu improvisieren). Bei Tante Trot-

toir zeigen einige Feedbacks der Teilnehmer*innen und einige Feldnotizen unserer teilnehmenden Student*innen in den Jahren 2016 und 2017, dass nicht alle Teilnehmer*innen (gemäß ihrer eigenen Selbsteinschätzung) einen individuellen kreativen Ausdruck erreicht haben. Einige von ihnen (2016) fühlten »einen Druck, kreativ zu sein«, was für manche von ihnen kontraproduktiv war.

Beim FOT zielt das Format »Selbsttreffen« direkt darauf ab, individuelle kreative Gedanken zu fördern. Es induziert einen persönlichen freien »Ideen-/Gedankenfluss« (einem hauptsächlich divergenten Prozess) während der Übung. Es wird auch als Ziel der Initiative beschrieben, für jede einzelne Teilnehmer*in einen Raum zu schaffen, um »Gedanken und kreatives Potential zu entfalten« (Gruppeninterview mit dem FOT-Kernteam). Auch hier ist wieder die dialogische Kommunikation als spezifische »wertschätzende« Art, zuzuhören und Gedanken zu teilen, die Voraussetzung für die Entwicklung von oder Verbindung mit Kreativität. In den Worten eines ehemaligen Teilnehmers, der im Jahr 2015 interviewt wurde und einige Jahre später über die Erfahrung reflektiert:

»Also. in dem Selbsttreffen gab es dann ja jemanden, der sozusagen mir zugehört hat, während ich versucht habe, mir diese Fragen zu beantworten. Und ich habe gemerkt, dass mir, dadurch dass dieser Rahmen so anders war, einfach noch mal andere Gedanken dazu kamen, als wenn ich sie mir jetzt bei mir zuhause oder [*lacht*], ja, eben im stillen Kämmerlein gestellt hätte. Das fand ich besonders an dieser Situation. Dass die Perspektive sich irgendwie so geöffnet hat.«

Bei KdW-Veranstaltungen wie dem KdW-Fest oder dem WunderWandelWeihnachtsmarkt wurden beim KdW viele individuelle kreative Prozesse als eigenständig (d.h. in Abwesenheit kollektiver kreativer Prozesse) identifiziert. Die am weitesten verbreitete Form der individuellen Kreativität, die damals gefördert wurde, war, dass man an manchen Ständen einiger KdW-Mitgliedsorganisationen eine Vielzahl von Dingen kreativ gestalten und zeichnen konnte. An einigen Ständen wurde der individuelle kreative Fluss durch einen relativ zielfreien Rahmen gefördert (siehe die Diskussion des Glückskiosks unten), während jedoch an einigen anderen Ständen die vorgeschlagenen Aktivitäten durch sehr spezifische Anweisungen gesteuert wurden, welche meistens konvergente Prozesse und Prozesse induzierten und von manchen Teilnehmer*innen und einigen unserer Teammitglieder oder Student*innen sogar als »unkreative« Prozesse erfahren wurden (z.B. eine Upcycling-Strickaktion, die von der Künstlerin und Pädagogin Ombeni angeboten wurde).

In einigen Fällen zeigt unser kodiertes empirisches Material (z.B. für KdW, Tante Trottoir, WiLa) die spezifische individuelle Kreativität der anleitenden oder beitragenden Künstler*innen und anderer »Kreativer« (in einer traditionelleren, vorhersehbaren Weise, unter Berücksichtigung sowohl der gesellschaftlich weitverbreiteten Mythen von Kreativität als einem privilegierten Merkmal einzelner talentierter Genies, als auch der professionell geschulten kreativen Fähigkeiten von Künstler*innen). Eine Manifestation solch hoch kreativer Individuen ist Verspieltheit im Rahmen von Aktionen und in improvisatorischen serendipitären Interaktionen, wie sie sowohl in den Praktiken, als auch in den Diskursen von z.B. Lena Kussmann von Tante Trottoir und Joy Lohmann von KdW beobachtet wurde.

Eine genauere Betrachtung der sozialen Kreativität beim KdW

Da ich die meiste Zeit mit KdW verbrachte (gefolgt von Tante Trottoir), werde ich mich nunmehr ausführlicher den Fragen der sozialen Kreativität beim KdW widmen.

Lohmann ermutigt alle KdW-Mitglieder, mit kreativen Formaten, manchmal mit künstlerischen (visuellen oder performativen) Formen der Kommunikation und Präsentation, zu experimentieren, um den öffentlichen Außenraum zu besetzen. Viele Ideen werden generiert, oft von Künstler*innen vorgeschlagen, aber das tatsächliche kreative Experimentieren der meisten KdW-Mitglieder bleibt mäßig.

Einige Forscher*innen der sozialen Kreativität betonen, dass sich in einer gut funktionierenden kreativen Teamarbeit »die Führung verlagert, weil der eine oder andere die Führung übernimmt« (Ogilvy 1999: 229), ohne eine zentrale Leitungsposition und ohne formelle Hierarchie. Andere betonen die Notwendigkeit, Vision und Anteilnahme zu teilen, sodass Hierarchie und Führung kreatives Teamwork unterstützen können (Ray 1999: 300). Beim KdW besteht die Herausforderung für das Organisationsteam vor allem darin, dass nur ausgesprochen wenige Kernmitglieder sehr regelmäßig involviert sind, in erster Linie Joy Lohmann, unterstützt von einigen anderen, wie der veganen Aktivistin und Catererin Cora Gutzeit. Viele Mitwirkende schließen sich nur unregelmäßig den organisatorischen Meetings an und kommunizieren öfter lediglich per E-Mail (und Telefon) mit dem Team oder nur direkt mit Joy Lohmann. Lohmann fungiert klar als Leiter und spielt eine wichtige koordinierende, moderierende und stimulierende Rolle, sowohl bei den Sitzungen als auch bei der täglichen Organisation. Er ist oft derjenige, der andere ermutigt und motiviert, sich an spezifischen (kreativen) Aktivitäten, Experimenten und Beiträgen für das KdW-Fest zu beteiligen; und derjenige, der die meisten neuen Einzelpersonen und Organisationen dazu einlädt, sich dem Netzwerk anzuschließen. Als seine anderen Projekte ihn aus Hannover wegführten, kam es oft vor, dass andere nicht die Führung übernommen haben (außer in einigen Zeiträumen, in denen zum Beispiel Cora Gutzeit diese Rolle übernahm). Die anderen beteiligten Mitglieder scheinen bis zu einem gewissen Maße eine gemeinsame Vision zu teilen oder zumindest ein gemeinsames Interesse daran zu haben, nachhaltige Zukünfte zu ermöglichen, aber nicht daran, so viel Anstrengung in das KdW-Netzwerk zu investieren.

Forscher*innen der sozialen Kreativität warnen in der Regel vor der Existenz einer einzigen zentralen Figur (Purser und Montuori 1999, Ogilvy 1999), weil diese Organisationsform dazu neigt, die Erwartung von Kreativität auf die Leiter*in (als kreatives Individuum) zu richten, insbesondere dann, wenn sie als Künstler*in anerkannt ist. Joy Lohmann steuert dieses Risiko bewusst als Moderator und Vermittler, um andere zu stärken und »heimlich als Künstler zu arbeiten«, mit dem Ziel, viele KdW-Mitglieder in gemeinsame kreative Prozesse einzubeziehen (mit der deutlichen Absicht, soziale Kreativität zu fördern). Der kreative Dialog in einer Gruppe erfordert in der Tat »einen Vermittler, der den Kontext des Dialogs aufrechterhält« (David Bohm zitiert in Senge 1990, S. 226), und Joy Lohmann spielt diese Rolle beim KdW, indem er einen demokratischen und offenen Kommunikationsprozess aufrechterhält, wodurch neue Ideen und Kritik angestrebt werden. Lohmann will dergestalt das Netzwerk als »künstlerischer Leiter« des KdW nicht dominieren, scheint dieses Ziel gleichwohl teilweise zu verfehlen. Zwar bemüht sich Lohmann regelmäßig, die Kreativität anderer zu fördern und »hinter den Prozess zurückzutreten« (anstatt all seine eigenen künstlerischen Ideen voranzutreiben). Doch seine eigene zentrale Stellung, seine informelle und freundliche, aber immer noch relativ charismatische Autorität (wie sie bei den Interaktionen innerhalb des Netzwerkes wahrzunehmen ist) und seine starke Koordinationsaktivität, zusammen mit den Erwartungen, die von mehreren anderen KdW-Mitgliedern an ihn gestellt werden, welche ihn als Künstler identifizieren und erwarten, dass er die organisatorische Verantwortung für KdW übernimmt, scheinen zu einem gewissen Maße die kollektive Kreativität der Gruppe zu behindern – zusammen mit fast nicht vorhandenen finanziellen Ressourcen und den fehlenden professionellen Mitarbeiter*innen, um eine kreative kunstbasierte Ausbildung oder ein kunstbasiertes Mentoring für die Netzwerkmitglieder zu unterstützen und anzubieten (wobei die Mitglieder nur auf begrenzte und ungleich vorhandene kreative Fähigkeiten und Kompetenzen zurückgreifen können). Das Problem wird durch den großen und variablen Umfang des erweiterten KdW-Netzwerks noch verstärkt (Mitglieder nehmen nur zeitgenau an den Vorbereitungsarbeiten teil): Dies erhöht die »Koordinationskosten« (Ogilvy 1999, S. 227) – welche größtenteils auf Lohmann zurückfallen und auf ein paar Kernmitglieder, die ihm helfen (z. B. Franziska Riedmiller, Cora Gutzeit), und die Zeit und Ressourcen, die benötigt werden, um soziale Kreativität zu erreichen – beide sind beim KdW begrenzt. Trotz dieses Mangels ist das, was ich gerade als Teilversagen beschrieben habe, auch ein Teilerfolg: Bei den KdW-Veranstaltungen stehen vor allem die verschiedenen Organisationen, Initiativen und einzelnen Mitglieder des KdW-Netzwerks im Mittelpunkt und performen und teilen ihre (limitierten) kreativen Prozesse mit den Besucher*innen, und es ist nicht Joy Lohmann, der als Künstler im Vordergrund steht. Stattdessen sieht man, wie Lohmann herumläuft, Gespräche führt und unterstützend dazu beiträgt, dass die Veranstaltung eine Präsentation der Arbeit anderer (und nur marginal seiner eigenen künstlerischen Arbeit, wie beispielsweise seinem internationalen Floating Islands-Projekt) ermöglicht. Lohmann übernimmt nicht die Führung über die Kunstproduktion anderer Mitglieder und beschränkt sich auf die organisatorische Rolle und die Bereitstellung eines Bühnenbildes, mit Ausstattung, einigen Requisiten und Objekten, die seine Streetart- und DIY-Ästhetik tragen: Der kreative, kunstbasierte Output von Mitgliedern, wie amateurhaft und unprofessionell er auch erscheinen mag, ist vollkommen eigenständig und wird von Lohmann weder kuratiert noch zensiert. Ein symbolhaftes Beispiel für diese offene Herangehensweise ist die »KdW-Pop-up-Galerie« beim KdW-Fest und beim WunderWandelWeihnachtsfest: Ein Bereich mit einem Metall-Gitter wird angeboten, wo jede vorbeikommen und ihre visuellen Kunstwerke ausstellen kann, solange es Platz gibt, und sogar spontan in letzter Minute. Der KdW-Flyer sagt es geradeheraus: »Einfach kommen und ausstellen«.

Eine spezifische experimentelle Veranstaltung von KdW verdient Aufmerksamkeit in Bezug auf soziale Kreativität: das KdW-StadtForum. Auch wenn die Endergebnisse dieser Veranstaltung (durchgeführt im Hodlersaal des Stadtrates von Hannover) sowohl für unser gesamtes Forschungsteam, das an der Veranstaltung teilnahm, als auch für Joy Lohmann und manche Teilnehmer*innen selbst unbefriedigend waren, wurden einige Schritte in der Vorbereitungsphase erreicht, um echte kollektive kreative Prozesse anzuregen. Vor allem wenige Tage vor der Abschlusspräsentation trafen sich mehrere Dutzend Mitglieder des KdW und verbrachten einen ganzen Tag damit, gemeinsam den Inhalt ihrer Visionen nachhaltiger Zukünfte zu entwickeln und zu präsentieren (am Morgen) und einige kreative Formate zu entwerfen (am Nachmittag), um diese beim Stadtrat einige Tagen später zu präsentieren. Besonders der Nachmittagsprozess beinhaltete kollektive Kreativität im Sinne von *gemeinsam etwas gestalten, bzw. etwas Kreatives machen/ erstellen*. Spezifische kreative Formate wurden bestimmten Themen zugewiesen, die von Mitgliedsorganisationen verfochten werden; zum Beispiel: Wer sich für eine alternative Gemeinwohlökonomie einsetzte, bereitete sowohl eine riesige Collage aus Fotos und Schlagzeilen aus Zeitungen und Zeitschriften vor, die auf eine Landkarte von Hannover gelegt wurde (auf welche die Besucher*innen der Veranstaltung Holzklötze mit eigenen Schlagworten für nachhaltige Zukünfte stellen konnten), als auch die Performance eines Traum-Manifests über eine zukünftige nachhaltige Wirtschaft für die Stadt und Region Hannover (welche von zwei Mitgliedern bei der Abschlusspräsentation durchgeführt wurde). Diejenigen, die sich für persönliche Entwicklung und Achtsamkeit engagierten, bereiteten kleine Meditations-Workshop-ähnliche Formate vor, die den Besucher*innen am letzten Tag als kleiner Einblick in eine Erfahrung von Achtsamkeit angeboten wurden. Die lokalen Akteur*innen, die sich für eine lokale Währung engagierten und bereits einen neuen Geldschein für ihre neue Währung in Zusammenarbeit mit einem Künstler und einem Grafiker entworfen hatten, führten bei der Abschlusspräsentation eine Versteigerung durch, um die ersten Einheiten der zukünftigen Währung zu verkaufen. Wer sich für nachhaltiges und vor allem veganes Essen einsetzte, bereiteten für den letzten Tag eine Art Quizshow vor (inklusive Verkostung). Und diejenigen, die sich für nachhaltigen Tourismus engagierten, erstellten eine audiovisuelle Aufführung von Briefen lokaler Touristen*innen (d. h. Hannoveraner*innen, die ihre eigene Region zwei Jahrzehnte voraus besuchen). Insgesamt liefen eine große Zahl kollektiver kreativer Prozesse in den Teams ab, die eine Vielzahl von Formen der bildenden Kunst, der darstellenden Künste, der Spiele und des fiktionalen Schreibens umfassten. Der Abschwung in der letzten Phase des Prozesses und der Mangel an Hilfsmitteln, Vorbereitungszeit und Ausdauer führten zu einem suboptimalen Output, aber die kollektiven kreativen Energien, die am »vorbereitenden« Tag des kreativen Schaffens entfesselt und gesammelt wurden, waren sehr wertvoll. In der Tat war dieser Vorbereitungstag (ungeachtet des Stresses, der Zweifel und der kleinen Dramen der Teilnehmer*innen, die unter einem unmöglichen Zeitdruck standen) das bedeutendste Ereignis, das wir in den drei Jahren unseres Forschungsprojekts in Hannover beobachtet haben, im Sinne einer echten Einbindung von mehreren Dutzend Personen aus verschiedenen Nachhaltigkeitsinitiativen in einen kollektiven kreativen Prozess kunstbasierter Gestaltung. Leider hat die KdW-Kerngruppe dieses Format nach der »unausgegorenen« Abschlusspräsentation des KdW-StadtForums, angesichts der Unmöglichkeit, qualitativ hochwertige Ergebnisse ohne ausreichende Ressourcen und engagierte Unterstützung zu erzielen, eingestellt.

Eine besonders interessante Frage ist, wie sich die Kreativität beim KdW darauf bezieht, wie das Netzwerk mit den Themen und Themen der (Un-)Nachhaltigkeit umgeht:

Die Offenheit des KdW gegenüber autonomen Kreativprozessen und -ergebnissen durch ihre Mitglieder und die Einbeziehung von Neuankömmlingen ohne klare Barrieren oder Selektionskriterien bedeutet auch, dass keine klaren Nachhaltigkeitskriterien auferlegt oder gar genau überwacht werden, abgesehen von der Annahme, dass neue Mitglieder die Nachhaltigkeitsvision des Netzwerks teilen. Diese Situation ermöglicht die Präsentation von Projekten, zum Beispiel auf dem KdW-Fest, die teilweise fragwürdige Elemente aufweisen, zum Beispiel in Bezug auf ökologische Nachhaltigkeit (wie die intensive Nutzung von Plastik und neu produzierter Stoffe, beispielsweise im Rahmen einiger Projekte bei betatestr).

Auf der anderen Seite werden bei den regelmäßigen Organisationstreffen des KdW mehrere Fragen der Nachhaltigkeit angesprochen, und es sind kritische Diskussionen zwischen verschiedenen Mitgliedsorganisationen möglich. So argumentieren die Klugbeisser Guerilla-Caterer immer aus einer aktivistischen veganen Perspektive, der Aktivist Gerd Schmidt (für die Bauteilbörse und Upcyclingbörse) befürwortet das Upcycling und die Wiederverwendung gebrauchter Materialien, und die Transition Town-Mitglieder artikulieren ihre auf Resilienz, Suffizienz und Subsistenz ausgerichteten Perspektiven, wenn sie an den Organisations- und Vorbereitungstreffen des KdW teilnehmen. Wir haben jedoch festgestellt, dass einige Mitglieder, wie betatestr, selten zu diesen regelmäßigen Treffen kommen, und dass sie von der Möglichkeit einer kritischen Auseinandersetzung mit anderen Organisationen über die (Un-)Nachhaltigkeit einiger der Projekte und Praktiken, welche sie ausrichten, wenig betroffen sind. Dennoch sind solche kritischen Auseinandersetzungen dann noch bei den Veranstaltungen möglich, an denen sie teilnehmen, wie im Fall von betatestr dem KdW-Fest.

Es ist jedoch anzumerken, dass eine solche Flexibilität einen offenen, inklusiven Dialogprozess um Nachhaltigkeit und kreative Prozesse eher ermöglicht, als eine strikte Einhaltung von Nachhaltigkeitskriterien. In der Tat sollte ein prozedurales Verständnis von Nachhaltigkeit einen Verhandlungsprozess ermöglichen, der kritische konstruktive Kritik ohne übermäßig strenge Ausschlusskriterien erlaubt und den Prozess der Nachhaltigkeitssuche gegenüber der perfekten Erfüllung spezifischer Kriterien bevorzugt. Diese Offenheit ist auch für die Kreativität notwendig, während zu strenge Nachhaltigkeitskriterien und -regelungen zu wenig Raum für kreative Prozesse lassen würden:

»Führungseinflüsse und Organisationskultur können dahingehend bewertet werden, ob sie sich primär auf die Aufrechterhaltung der bestehenden Ordnung konzentrieren, oder ob sie die Möglichkeit der Abweichung von der Ordnung und die Einführung von Unordnung fördern. [...] Ein offenes System ist veränderungsfähiger und kreativer und wird zuweilen einen gewissen Grad von Normänderungen aktiv fördern. [...] Zu viel Ordnung in Bezug auf stark geteilte Normen und hohen Gruppenzusammenhalt kann zu Homogenitätsdruck und Gruppenkonformität führen, was Kreativität und Innovation mindert. Mit anderen Worten, die Kreativität ist in Gruppen wahrscheinlich nicht hoch, wenn deren Mitglieder dieselben unbewussten mentalen Modelle und kulturellen Normen teilen.« (Purser und Montuori 1999, S. 338, 348)

Aus dieser Perspektive, die in dem Zitat von Purser und Montuori hervorgehoben wird, ist KdWs Offenheit für einen breiteren Kreis von Teilnehmer*innen und Mitwirkenden ein notwendiges Merkmal, um einen sozialen kreativen Prozess innerhalb des Netzwerks zu fördern, insbesondere angesichts der Existenz von stark geteilten sozial-ökologischen Normen und Werten der wichtigsten Akteur*innen des Netzwerks (wie Klugbeisser und Transition Town Hannover), mit relativ gleichen mentalen Modellen und kulturellen Normen.

Eine weitere Frage ist, ob die Besucher*innen von KdW-Veranstaltungen (wie dem KdW-Fest) auch die Möglichkeit haben, an einem (individuellen oder kollektiven partizipativen) kreativen Prozess teilzunehmen. Damit Besucher*innen einer Veranstaltung das Risiko eingehen, in einen kreativen Modus zu wechseln, muss zunächst ihre Neugierde geweckt werden. »Wenn zu wenige Möglichkeiten für Neugier vorhanden sind, wenn zu viele Hindernisse dem Risiko und der Erforschung in den Weg gelegt werden, wird die Motivation für kreatives Verhalten leicht ausgelöscht« (Csikszentmihalyi 1996, S. 11). Inwieweit gelingt es KdW-Mitgliedern bei KdW-Veranstaltungen, mögliche Hindernisse zu beseitigen und Neugierde und Motivation zur Teilnahme zu wecken? Hier machten unsere Teams von Forscher*innen und Student*innen widersprüchliche Erfahrungen bei den KdW-Festen, die wir 2014, 2015 und 2016 besuchten, und beim WunderWandelWeihnachtsmarkt in den Jahren 2016 und 2017. Zum Beispiel beim KdW-Fest 2016 in der Osterstraße (im Rahmen des städtischen autofreien Sonntags) bemerkten wir in einigen Fällen, dass die Freiwilligen einer Mitgliedsorganisation mehrfach in lautstarke Privatgespräche vertieft waren und Besucher*innen selbst dann ignorierten, wenn diese Blickkontakt aufnahmen, um zu interagieren. Solche Situationen stellen offensichtlich eine zu große Hemmschwelle für die Besucher*in dar, die sich lautstark an die Aussteller*innen wenden müsste, um mit ihnen in Interaktion zu treten. Außerdem wurden die Besucher*innen auf dem KdW-Fest 2016 gelegentlich von frustrierten Aussteller*innen (welche offensichtlich mit der geringen Beteiligung von Besucher*innen im Verhältnis zur hohen Anzahl von Passant*innen unzufrieden waren) mit negativ formulierten Kommentaren wie »Sie haben bestimmt auch keine Zeit oder Lust, hier etwas zu nähen, oder?« Dies lädt die meisten Besucher*innen dazu ein, den geringstmöglichen Aufwand zu betreiben und sich umgehend aus dem Gespräch auszuklinken.

Einige der Angebote des KdW-Fests waren nicht auf die aktive Teilnahme und Kreativität der Besucher*innen ausgerichtet, wie etwa beim Klugbeißer. Obwohl beim KdW-Fest 2016 eine Küche zur Vor- und Zubereitung von Speisen eingerichtet war (und ursprünglich partizipatorisches Kochen anbieten sollte), konnten wir vor Ort keine Einladung zur Teilnahme beobachten. Einige Stände wurden von unseren Forscher*innen und Student*innen dahingehend interpretiert, dass sie einen eindeutig »nicht-kreativen« Eindruck vermitteln, wie zum Beispiel der Stand der foodsharing-Initiative auf dem KdW-Fest 2016.

Einige andere Aussteller*innen brachten sich jedoch aktiver und positiver in freundliche Gespräche ein und ermutigten und unterstützten Passant*innen, sich aktiv mit den an ihren Ständen angebotenen Aktivitäten zu beschäftigen, ebenso reagierten sie konstruktiv auf negative Kommentare von Besucher*innen und luden sie dazu ein, ihre Kritik und ihr Wissen zu teilen. Auf dem KdW-Fest 2016 sahen wir am Stand des Bürgerbüros Stadtentwicklung (BBS) die meisten teilnehmenden Besucher*innen. Dort wurden die Menschen dazu ermutigt, sowohl ihre Lieblingsplätze als auch die Orte, die sie am wenigsten mochten, auf einer großen Karte von Hannover zu kennzeichnen und ihre Beanstandungen, Wünsche und Ideen auf kleinen Zetteln niederzuschreiben. Jede erledigte diese Aufgabe für sich, aber die Sammlung der einzelnen Beiträge bildete einen größeren kollektiven Überblick. Der Grad an Kreativität, der durch diese spezifische Aktivität bei den Besucher*innen hervorgerufen wird, ist fraglich, aber sie stellte eine niedrigschwellige partizipatorische Aktivität dar, die somit die höchste Anzahl von Teilnehmer*innen erzielte.

Ein Stand auf dem KdW-Fest 2016, der besonderes Interesse daran hatte, die individuelle Kreativität der Besucher*innen zu wecken, war der »Glückskiosk«: Mit einer begrenzten Auswahl an kleinen Objekten und Materialien, die auf einem Tisch lagen, konnten die Besucher*innen gestalten, was sie wollten, ohne umfassende vorherige Erklärungen und ohne dabei irgendwelche strengen Anweisungen befolgen zu müssen. Stattdessen wurde ein Thema vorgeschlagen: *Visualisiere, was »Glück« für Dich bedeutet*. Es wurden keine Urteile oder Bewertungen abgegeben. Dieses sehr offene Setting, welches einen Prozess mit offenem Ende ermöglichte, passt gut zu Pursers und Montuoris Auffassung von Kreativität, die »das genaue Gegenteil der zielgerichteten Schulung von Fertigkeiten« ist (Purser und Montuori 1999, S. 325). Der kreative Prozess ist hier wichtiger als das daraus resultierende Ergebnis, und der nicht-zielorientierten Kreativität wird ein Lebensraum gegeben; ein spielerischer Raum des »Glückskiosks«, in dem durch das Spielen mit Objekten und Materialien jede glückliche Erfindung entstehen kann. Ein solches permissives, spielerisches Setting fördert eher abweichendes Denken und originelle Ideen als ein zielorientiertes Setting (Wallach und Kogan 1965, S. 351). Es sollte jedoch darauf hingewiesen werden, dass selbst das Glückskiosk-Setting von einigen Teilnehmer*innen als zielorientiert (fehl)interpretiert werden könnte, indem sie den Glückskiosk als Ort begreifen, wo aufwändige »Prototypen« gefertigt werden und die spielerische Aufforderung mit einer ernsten Mission verwechseln.

Ein weiteres Merkmal des Glückskiosks war es, die Besucher*innen dazu zu bewegen, ihre inneren Wünsche und Vorstellungen, ihr Verständnis des guten Lebens auszudrücken, zu visualisieren und schließlich über diese zu sprechen, und sie somit dazu anzuregen, im öffentlichen Raum zu denken und sich in Richtung wünschenswerter Zukünfte auszutauschen. Eine solche Möglichkeit bot eine potenzielle Alternative zu den allgegenwärtigen Geschäften in der Innenstadt von Hannover, die diktieren, dass es Glück bedeutet, immer mehr materielle Produkte und ressourcenintensive Dienstleistungen zu konsumieren. Die kreativen Leistungen der Besucher*innen griffen dieses Stichwort auf und brachten nicht-konsumistische, nicht-materialistische Glückselemente zum Ausdruck: Die von ihnen entworfenen Prototypen standen für immaterielle Ideen wie Zeit, Liebe, Musik und Erinnerungen. Dies erforderte etwas Zeit und Engagement von ihnen, eine Teilnehmer*in bestätigte uns, dass sie sich zuerst von der Aufgabe überwältigt fühlte, dann aber losließ und sich die Zeit nahm, sich von den Objekten und Materialien inspirieren zu lassen und in einen serendipitären Prozess spielerischen Suchens einzutreten. Eine Schwäche dieses Standes war, dass sein Umfang und seine visuelle Präsenz gering und unscheinbar waren, sodass viele Passant*innen ihn nicht wirklich bemerkten.

Wir haben jedoch nur wenige beispielhafte nicht-zielorientierte und spielerische, interaktive und praxisnahe Aktivitäten und Erfahrungen wie den Glückskiosk beim KdW-Fest gesehen und sind der Meinung, dass den Besucher*innen mehr in dieser Art geboten werden sollte. Eine weitere Schwierigkeit für solche kulturellen Angebote liegt in der Herausforderung, Passant*innen für unkonventionelle und (besonders in den Köpfen konservativer Besucher*innen)«unprofessionell« aussehende Experimente und Erfindungen zu interessieren, wie beispielsweise eine »Energiebox« beim KdW-Fest 2016, die ein elektronisch versierter Besucher sowohl als funktionsuntüchtig, als auch in Gänze ablehnte, und sich dann weigerte, sein eigene Expertise zu artikulieren und sich einem kreativen Prozess anzuschließen.

Dennoch waren an mehreren Ständen andere interaktive und praxisnahe Aktivitäten möglich, welche die Besucher*innen zu kreativer Tätigkeit einluden, auch wenn diese im Verhältnis zielorientierter waren als der Glückskiosk und vergleichsweise weniger herausfordernd: beispielsweise einer der Upcycling-Stände beim KdW-Fest 2016, sowie ein von Ombeni angebotener Fashion-Upcycling-Stand auf dem WunderWandelWeihnachtsmarkt 2016. Zum Beispiel bot eine Schneiderin auf dem KdW-Fest 2016 eine interaktive Mitmachaktion an. Sie brachte alte Comics, Stoffreste und Nähzubehör mit. Unter ihrer Anleitung konnten die Teilnehmer*innen eine Federmappe, ein Brillenetui oder Aufbewahrungsboxen innen mit Stoff und außen mit ihren Lieblingshelden benähen. Auf dem WunderWandelWeihnachtsmarkt bot die Künstlerin Ombeni einen vergleichbaren Fashion-Upcycling-Workshop an. Auch wenn das Level der induzierten Kreativität begrenzter war, veranschaulichten siese Upcycling-Aktivitäten den Besucher*innen die Integration von Nachhaltigkeitswerten durch Upcycling und eine »ästhetische Reflexivität« (Dieleman 2008) durch die Gestaltung eigener Upcycled-Objekte oder Kleider.

Insgesamt riefen die meisten Aktivitäten der KdW-Veranstaltungen, die wir zwischen 2014 und 2017 beobachtet haben, bei einigen Besucher*innen ein gewisses Maß an individueller Kreativität hervor, aber keine Gruppenkreativität (mit wenigen Ausnahmen wie dem offenen Musik-Jam beim KdW-Fest 2015). Somit haben sie wahrscheinlich die soziale Kreativität der Besucher*innen nicht gefördert. Einige der vorgeschlagenen Aktivitäten waren zu vorstrukturiert, um den Teilnehmer*innen (ob individuell oder kollektiv) ein gewisses Maß an Kreativität zu bieten.

Wenn ich hier ein neues Ziel für das KdW-Netzwerk in der Zukunft vorschlagen würde, wäre es, seine Mitglieder zu ermutigen, Formate zu entwickeln, die mehr soziale Kreativität bei den Besucher*innen ihrer Veranstaltungen fördern, und nicht nur bei ihren Mitgliedern (und gleichzeitig dazu ermutigen, das Ziel zu verfolgen und die soziale Kreativität der KdW-Mitglieder zu fördern, indem aus den Erfahrungen des KdW-StadtForums gelernt wird).

5. Räume für herausfordernde Erfahrungen und Räume für Unbestimmtheit

Räume für herausfordernde Erfahrungen

In den von uns untersuchten Fällen haben wir besonders die Gestaltung von Räumen für herausfordernde Erfahrungen untersucht. Dies sind Räume, die Erfahrungen (von Mitgliedern, Teilnehmer*innen und/oder Besucher*innen) ermöglichen, welche Gewohnheiten und Erwartungen stören; Erfahrungen, die als »wirklich anders« empfunden werden, als »wirklich neu« und/oder als besonders beeindruckend. Herausfordernde Erfahrungen sind für den Suchprozess der Nachhaltigkeit auf mindestens zwei Arten von Bedeutung: weil sie dazu beitragen können, eine kritische Reflexion über die Nicht-Nachhaltigkeit von als selbstverständlich betrachteten, komfortablen sozialen Konventionen, Gewohnheiten und Annahmen auszulösen; und weil sie ein notwendiger Bestandteil des Entrepreneurship in Conventions für sozialen Wandel und soziale Transformation sind, in dem Sinne, dass es ein wesentlicher Teil des Prozesses des Entrepreneurship in Conventions ist, Misstrauen gegenüber bestehenden sozialen Konventionen zu wecken (zusätzlich dazu, dass es Überzeugung in Bezug auf alternative soziale Konventionen aufbauen soll) und bestimmte Gewohnheiten aufzudecken und sie zunächst bewusst wahrnehmbar zu machen, damit ein reflektierender Prozess entstehen kann (vgl. Kagan 2008, 2011). Solche Prozesse können nicht sonderlich vorankommen, solange die beteiligten Personen und Gruppen in komfortablen Erfahrungen verharren und ihre Überzeugungen und Verhaltensweisen durch die kulturellen Aktivitäten, mit denen sie sich beschäftigen, unangefochten bleiben. In den folgenden Zeilen hebe ich einige der beispielhaftesten Räume für herausfordernde Erlebnisse hervor, die von den jeweiligen Gruppen eröffnet wurden:

Im FOT war der Kern des Projekts – die dialogische Kommunikation – eine herausfordernde Erfahrung für seine Teilnehmer*innen, vor allem für neue Teilnehmer*innen ohne weitere Hintergrundinformationen beispielsweise in Bezug auf gewaltfreie Kommunikation. Ehemalige Teilnehmer*innen eines Selbsttreffens beschrieben die Situation des in gewisser Weise zu sich selber Sprechens (in den leeren, und dennoch nicht leeren Raum), aber laut und in Gegenwart einer Zuhörer*in, und mit sehr wenigen konkreten Richtlinien dahingehend, was sie sagen und wie sie sich verhalten sollten, als »erstaunlich« und »ein bisschen komisch«. Unsere Teammitglieder und Student*innen, die den Prozess durchlaufen haben, machten dieselbe Erfahrung (vor allem diejenigen unter uns, die noch kein relativ vergleichbares, von Shelley Sacks in späteren Jahren entwickeltes Format erlebt hatten, dem »Earth Forum«, welches im Rahmen einer Masterarbeit, die ich betreute, ausführlich analysiert wurde und online als E-Book verfügbar ist: siehe Gödecken 2017). In Bezug auf ihre weiteren Bemerkungen darüber wie sich die Teilnehmer*innen während der Erfahrung fühlten und benahmen kann man schlussfolgern, dass die Erfahrung eine Herausforderung für sie war – aber in einer handhabbaren Art und Weise: Sie haben es »geschafft« und die meisten von ihnen beziehen sich im Nachhinein sehr positiv auf die Erfahrung. (Im Gegensatz dazu hat eine Minderheit der Teilnehmer*innen nur durch das »Selbsttreffen« nur ein paar neue Ideen bekommen, wobei die Erfahrung scheinbar nicht als Herausforderung empfunden wurde, soweit wir es von unseren Interviewpartner*innen erfahren konnten.) Auch die Aufgabe, beim »Einandertreffen« ein Gespräch in Gang zu bringen, ohne dass dies zu einer Diskussion wird, wird von den Teilnehmer*innen als »Herausforderung« bezeichnet.

Bei Tante Trottoir scheinen einige der Erfahrungen für die Performer*innen und die Teilnehmer*innen an Workshops/Interventionen (durch spezifische Übungen und Experimente) und/oder für die Passant*innen (durch die allgemein unkonventionellen performativen Veranstaltungen und Interventionen von Tante Trottoir im öffentlichen Raum) einen herausfordernden Charakter gehabt zu haben.

Einige Erfahrungen waren für die Performer*innen selbst eine Herausforderung: Zum Beispiel, als sie versuchten, sich viel langsamer als normalerweise üblich im öffentlichen Raum zu bewegen: »Wir selber hatten das Gefühl, dass wir rückwärts durch die Zeit fallen, so langsam haben wir uns bewegt; und die Leute haben uns gar nicht mehr wahrgenommen [...] es war sehr merkwürdig« (Lena Kussmann, bei einem Videowalk). Die Art, wie das Merkwürdige betont wird, könnte darauf hindeuten, dass es eine Herausforderung war, diese Erfahrung zu durchleben. Es war für die Performer*innen, (die vor diesem Experiment unterschiedliche Erwartungen hatten) ebenfalls eine überraschende und aufschlussreiche Erfahrung.

Andere Erfahrungen waren für einige der Zuhörer*innen herausfordernd: Ein Beispiel ist die »Aktion Zeitwohlstand« (2015), in der die Performer*innen Menschen im öffentlichen Raum mit einem Verhalten und einer Situation konfrontierten, die nicht normkonform und nicht direkt verständlich ist; bei den meisten Passant*innen hat das vielleicht nur eine kleine Irritation ausgelöst, wenn es überhaupt eine Reaktion zur Folge hatte. Aber für die die es »wagten« zu interagieren – sie wurden von Lena Kussmann als »kühn« beschrieben – und in die Situation hineinzugehen, könnte es wahrscheinlich eine herausfordernde Erfahrung gewesen sein, wenn wir den Aussagen von Kussmann und anderen Teilnehmer*innen Glauben schenken wollen: Nur ein paar »Mutige« hätten nachgefragt:

»Entschuldigung, was machen Sie denn da?« – »Ich warte ab und trinke Tee. Möchten Sie auch einen?« – »Äh, kostet das was?« – »Ne, Sie können sich einfach hinsetzten und Tee trinken.« »Und dann haben die Leute sich hingesetzt und Tee getrunken, und sich umgeguckt, weil sie's natürlich auch ein bisschen peinlich fanden, so mitten in der Stadt zu sitzen, aber irgendwie fanden sie's auch toll so, auch dass sich jemand, glaube ich, traut, und dass sie sich auch trauen in dem Moment, und dann haben sie angefangen, von ihrem Leben zu erzählen. Also ohne, dass wir das forciert hätten und ich hab gar nichts gefragt oder so, die haben einfach dagesessen und dann haben sie angefangen, über die Zeit zu sinnieren.« (Lena Kussmann, Vortrag bei einem Workshop von Tante Trottoir, 2016)

Ein weiteres ähnliches Beispiel ist die »Demo der Verwirrten« (2015): eine Demonstration am Steintor (ein zentraler öffentlicher Platz, wo regelmäßig viele politische Demonstrationen stattfinden) mit absurden Parolen ohne politische Inhalte, auf die einige Vorübergehende stark reagierten (für weitere Details siehe Dokumentarfilm *Hanother*: https://youtu.be/16oOlolIChA).

Bei dem KdW wurde bei einigen Aktivitäten, die »verfremdend« und mit einem großen Kontrast zu ihrem unmittelbaren Kontext arbeiteten, ein herausforderndes Potenzial beobachtet: Besonders das Beispiel der Teilnahme vom KdW am Schützenausmarsch (welche das Geburts-»Event« des KdW als kulturelle Gruppe kennzeichnete und sich 2012 ereignete, einige Jahre bevor wir unser Forschungsprojekt starteten) birgt herausforderndes Potenzial für Teilnehmer*innen und Zuschauer*innen aufgrund des irritativen Potenzials in der Wahrnehmung eines Ereignisses, das durch das »unpassende« und »andersartige« Auftreten und Verhalten der Performer*innen einen starken Kontrast zum ursprünglichen Ereignis bildete, indem es abweichende kulturelle Werte suggerierte und dabei oberflächlich den gleichen Regeln und Konventionen des Marschierens und Musizierens auf einem Schützenfest folgte. »Wir hatten großen, großen Spaß. Und es war alles mobil, als wir herummarschierten, wir hatten einen rollenden Garten und [...] viele Dinge. Und es war sehr witzig, weil alle anderen, die Schützen, mit ihren Uniformen und den Waffen und allem« ... Diese Performance wurde laut Lohmanns und anderen Berichten vom Publikum tatsächlich sehr stark wahrgenommen. In späteren Veranstaltungen des KdW könnte ein anderes, relativ herausforderndes Potenzial in der leicht erkennbaren DIY-Ästhetik gelegen haben, indem es viele Upcycled-, Second-Hand- und Street-Art-Elemente verwendete, die jene mit konservativerem

Sinn für Ästhetik irritieren kann. Es blieb jedoch zweifelhaft, ob eine solche Irritation derart konservativ gesinnte Passant*innen veranlasste, sich mit den KdW-Veranstaltungen zu beschäftigen und mit ihnen zu interagieren; stattdessen scheinen unsere Beobachtungen darauf hinzuweisen, dass sie die herausfordernde Erfahrung zurückwiesen.

Was die Mitglieder des KdW-Netzwerks anbelangt, so schienen die meisten Erfahrungen nicht besonders herausfordernd zu sein, abgesehen von einzelnen Fällen, in denen sehr unterschiedliche Organisationen und unterschiedliche Arten von Aktivismus aufeinandertrafen (wie zum Beispiel Menschen, die sich für Bewusstseinsbildung einsetzten und sich an ›interner‹ persönlicher Transformation orientierten und einige der eher ›extern‹ orientierten Aktivist*innen), und dem einen Fall des StadtForums, wo mehrere Aktivist*innen es als sehr herausfordernd empfanden und sich sichtlich unbehaglich mit der Aufgabe fühlten, ein kunstbasiertes, performatives oder visuelles Format für die Präsentation ihrer Visionen und Themen für die zukünftige Stadtentwicklung von Hannover zu entwickeln. Aber im Rahmen des KdW-Festes und des WunderWandelWeihnachtsmarktes haben wir nicht viel Platz für herausfordernde Erlebnisse unter den beteiligten Personen und Organisationen wahrgenommen. Darüber hinaus hat Lohmanns Strategie, auf bestehende kulturelle Traditionen aufzubauen, den Nebeneffekt, die herausfordernden Potenziale der KdW-Kulturproduktion zu mindern.

Räume für Unbestimmtheit

Wir suchten auch nach Räumen für Unbestimmtheit: Dies sind Räume, die absichtlich geschaffen werden, um Raum für Unbestimmtheit zu schaffen, d.h. eine Situation gezielt offen zu lassen, wobei die Organisator*innen und Teilnehmer*innen nicht einseitig kontrollieren, was passieren wird. (Diese zweckmäßige Unbestimmtheit hängt mit der Eigenschaft der Serendipität, also der Fähigkeit, das Unerwartete wahrzunehmen, sich ihm zu öffnen und von ihm zu lernen, wenn es geschieht, selbst wenn man es nicht herausgefordert hat, zusammen, unterscheidet sich aber von ihr). Wie oben besprochen, wird Kreativität durch nicht-zielorientierte Settings gefördert. Darüber hinaus kann Unbestimmtheit auch die Entstehung von herausfordernden Erfahrungen fördern. Die Fähigkeit, mit Unbestimmtheit zu arbeiten, erhöht die Resilienz, d.h. die adaptiven Lernprozesse, mit denen Individuen und Gemeinschaften auf komplexe Probleme reagieren können (wie zum Beispiel die Herausforderungen der Anpassung an den Klimawandel).

Auch der singapurische Architekt William Lim (2012) betonte eine entscheidende Qualität dessen, was er als »unvollständigen Urbanismus« prägte, der auch urbane Möglichkeitsräume, wie wir sie in Hannover erforschten, charakterisiert: Sie sind »Räume der Unbestimmtheit«. Im Zentrum von Lims unvollständigem Urbanismus stehen Räume, im physikalisch-räumlichen Sinne, mit den »Hauptmerkmalen von Unbestimmtheit, Inkonsequenz und Veränderlichkeit [welche] wesentliche Bestandteile sind, um die meisten Optionen für zukünftige Handlungen zu öffnen« (Lim 2012, S. 61). Oft sind es »verlassene Räume«, »Waisen« der Stadtentwicklung, welche, relativ unbeaufsichtigt von Stadtentwickler*innen, diese Qualitäten der Unbestimmtheit entwickeln, als »unbestimmte Räume, die eine aufregende informelle Vermischung, neue Unternehmen und soziale Aktivitäten auf entzückendste unerwartete Art und Weise angeregt haben« (ebd., S. 62).[4] Unbestimmtheit ist sehr wichtig, weil in einem »unvollständigen Urbanismus«, welcher der Stadt als einem komplexen lebendigen System erlaubt, sich auf gesunde und nachhaltige Weise zu entwickeln, »der Zustand der Unvollständigkeit immer im Entstehen begriffen sein muss und er ein wesentliches, sich entwickelndes Element ist, das kontinuierliche unvorhergesehene Veränderungen ermöglicht« (Lim 2012, S. 61).

Räume für Unbestimmtheit können also auf der mentalen, sozialen und physisch-räumlichen Ebene existieren.

Solche Räume für Unbestimmtheit wurden in allen von uns untersuchten Fällen gefunden. Die oben beschriebene »Aktion Zeitwohlstand« von Tante Trottoir, und das Setting des »Selbsttreffens« im FOT teilen die Eigenschaft, dass sie ein klares Setting haben, aber es dennoch nicht klar ist, was genau in diesem Setting passieren soll und was geschehen wird, wenn sich die Teilnehmer*innen in die Situation hineinbegeben, und was daraus entstehen wird. Dies wird absichtlich offengelassen – was wahrscheinlich ein Grund für genau diese Prozesse ist, die zu einer herausfordernden Erfahrung führen, wie oben diskutiert. Beim FOT hat das »Selbsttreffen«-Format keine übermäßigen Richtlinien, sondern einen offenen Zeitrahmen (die Dauer des Selbsttreffens ist nicht festgelegt) und den Grundsatz der Nicht-Interaktion (d. h. keine verbale Reaktion auf das jeweilige Verhalten seitens der Zuhörer*in). Das macht den Monolog des »Selbsttreffers« offener, im Vergleich zu einer Situation, in der man erwarten muss, dass die Zuhörer*in eine Diskussion anfängt. Obwohl es zwei präzise – allerdings sehr weit gefasste – Fragen und eine festgelegte Situation gibt – eine Teilnehmer*in, die im Kreis sitzt und sprechen kann, eine Zuhörer*in, die außerhalb des Kreises sitzt und und zuhört – ist die Art und Weise, wie Teilnehmer*innen die Situation für sich selber nutzen, dergestalt unbegrenzt und unbestimmt. Das »Einandertreffen« trägt ebenfalls ähnliche Merkmale der Unbestimmtheit.

Interventionen von Tante Trottoir bieten ein gewisses performatives Setting, wie, in einem öffentlichen Raum an einem Pop-up-Tisch zu sitzen, Tee zu trinken und Passant*innen welchen anzubieten; oder sie lassen ein Bett (im Rahmen der Aktion »Wake Up Rosie«) ohne Aufsicht über Nacht auf der Dornröschenbrücke stehen. Wie Menschen reagieren, interagieren oder sich auf diese Settings beziehen, bleibt absichtlich offen. »Was löst es bei Passanten aus? Wir wissen es ja auch vorher nicht« (Lena Kussmann, Vortrag bei einem Workshop 2016).

Im FOT führt die offene Situation zu positiven Erfahrungen (zumindest bei den Fällen, zu denen wir Zugang hatten); bei Trottoir-Projekten teilweise zu positiven Erfahrungen – Zeitwohlstand mit den sich entwickelnden Gesprächen – und teilweise zu negativen Ergebnissen: bei Wake up Rosie, wo das Bett und der Rest

---

4 | Solche Räume wurden auch als »ungeplante hybride Leerräume«, als »nicht-institutionelle, transversale/hybride, halb-öffentliche Räume« oder insbesondere als »nicht-bestimmte Räume« von einer Gruppe asiatischer und europäischer Künstler*innen, professioneller Kulturschaffender und Stadtforscher*innen bezeichnet und gelobt, die ich 2010 zu einem Workshop versammelt hatte, um das dominante und nicht-nachhaltige Modell der »Creative City« à la Richard Florida auf einen nachhaltigeren, kreativen Stadtansatz auszurichten (Kagan und Verstraete 2011).

der Kulisse (z. B. die Topfrosen) mutwillig verwüstet, über Nacht gestohlen und zerstört wurden.

Einige Elemente der KdW-Treffen und -Veranstaltungen öffnen auch kleine Räume der Unbestimmtheit, sei es bei der Erörterung neuer Formate für KdW-Veranstaltungen unter Mitgliedern oder bei einigen Aktivitäten, die den Teilnehmer*innen von KdW-Veranstaltungen angeboten werden (wie der Pop-up-Galerie, dem Glückskiosk bis zu einem gewissen Grad, und das BarCamp, welches 2015 organisiert wurde). Zwei der mit dem KdW verbundenen Unbestimmtheitsräume haben ebenfalls zu teilweise negativen Ergebnissen geführt: Beim KdW-Fest 2015 wurde die Methode ›BarCamp‹ umgesetzt, um einem Treffen verschiedener Akteur*innen eine Struktur ohne vorherige Planung zu geben (und damit ein Raum der Unbestimmtheit eröffnet). In einem BarCamp organisieren sich die Themen und Gruppen während der Veranstaltung spontan aus dem Kreis der Menschen, die zusammenkommen. In den Feldnotizen wurde von unserem Team vor Ort berichtet, dass das Format aufgrund von unerfüllten Erwartungen und »fehlender« Struktur und Organisation bei mehreren Teilnehmer*innen zu Verwirrung und Enttäuschung führte. Diese Antwort weist darauf hin, dass Unbestimmtheitsräume versagen, wenn die Teilnehmenden keinen Weg finden, in ihnen zu agieren. Der zweite Raum für Unbestimmtheit, der negative Ergebnisse zur Folge hatte, hing mit einem Beitrag von KdW-Mitgliedern (vor allem Joy Lohmann) zum Stadtgartengelände »Pagalino« (Abkürzung für den *Palettengarten Linden-Nord* hinter dem Freizeitheim Linden-Nord) der Transition Town Hannover zusammen. Das Gebiet befindet sich im öffentlichen Raum, der vollständig offen zugänglich ist (keine Barrieren oder Zäune), und Freiwillige hatten zusammen mit Joy eine Art Hütte für gartenbezogene Aktivitäten gebaut. Eines Nachts wurde sie von einigen Menschen verwüstet und niedergebrannt. Die »geplante« Unbestimmtheit bedeutete, dass eine solche Zerstörung eine der Möglichkeiten war, welche die Beteiligten verarbeiten mussten, nachdem sie sich ereignet hatte, indem sie ein solch negatives Ereignis betrauerten und sich damit auseinandersetzen. »Man weiß nie, was passiert.« Diese Erfahrung führte nicht zu einem Abschluss: Im Rahmen eines Interviews und eines Videowalks (beide mit Joy Lohmann) lässt sich die Reaktion der Pagalino-Mitglieder als »Aufbau von Stärke [und] Resilienz« beschreiben: Sie bauten danach in einem kreativen Gruppenprozess (bei dem Lohmann geduldig den kollektiven kreativen Prozess unterstützte) etwas Neues auf – mit (relativ) feuerfesterem Material. Diese Antwort weist auf die Lernmöglichkeit hin, welche Räume der Unbestimmtheit selbst im Falle eines (vorübergehenden) Scheiterns darstellen, sobald die Teilnehmer*innen einen Weg finden, die unerwarteten Schwierigkeiten zu prozessieren und mit ihnen zu arbeiten.

Räumlich gesehen ist eine interessante Eigenschaft dieser hannoverschen Praktiken, dass sie manchmal, aber nicht immer, in offensichtlich unbestimmten physischen Räumen stattfinden (unbeaufsichtigt von Stadtentwickler*innen, wie Lim es beschrieben hat). In vielen Fällen rücken sie das Potenzial eines physikalisch-räumlichen Raums für Unbestimmtheit in den Vordergrund, was wahrscheinlich (bei einem öffentlichen Platz wie dem Küchengartenplatz und dem Steintor bei Tante Trottoir oder dem Weißekreuzplatz und einigen Außenbereichen des Ihme-Zentrums beim KdW) oder viel weniger wahrscheinlich sein kann (wie beim Hodlersaal des Rathauses mit dem »Einandertreffen« des FOT). Ein anderer Fall in Hannover, der in diesem Kapitel bisher nicht behandelt wurde (aber im Kapitel

Sieben über Reale Utopien diskutiert wird), das PlatzProjekt, passt am unmittelbarsten zu den physikalisch-räumlichen Eigenschaften und den erfinderischen Qualitäten von Räumen der Unbestimmtheit, wie sie von William Lim diskutiert wurden: PlatzProjekt ist in der Tat eine Art Spielwiese für ungewöhnliche Start-ups (oft mit sozialen, kulturellen und/oder ökologischen Qualitäten, die für den Suchprozess der Nachhaltigkeit relevant sind), welche auf dem Platz experimentieren dürfen und jeweils als grundlegendes räumliches Modul einen Überseecontainer als Basis zum Bespielen nutzen. PlatzProjekt erlässt so wenig Regeln wie möglich und profitiert von der Toleranz der verantwortlichen städtischen Baubehörden im Hinblick auf seine ungewöhnlichen Konstruktionen, sowie von der Zustimmung des Privatbesitzers der Fläche, einer globalen Einzelhandelsgruppe (siehe auch den Film *Hanother* für weitere Details). Bei PlatzProjekt ist die räumliche Unbestimmtheit, genau wie von Lim beschrieben, mit der Offenheit des Ortes für kreative und experimentelle Praktiken verbunden – als ein echter Experimentierraum.

6. EXPERIMENTIERRÄUME

Wie wir im einleitenden Kapitel geschrieben haben, gehen die Möglichkeitsräume als Räume für präfigurative Politik über bloße Protestbewegungen, Bewusstseinsbildung oder einzelne projektbasierte Initiativen hinaus, wenn sie Experimente von Transformationen im Alltag inspirieren. Wie ich weiter oben mit dem Konzept des »Entrepreneurship in Conventions« diskutierte, werden etablierte soziale Konventionen dadurch reflektiert, aus ihrer Starre gelöst und herausgefordert, sodass sich die imaginativen und experimentellen Praktiken dank verringerter konventioneller Zwänge entfalten können (vgl. Kagan 2008). Solche Experimentierräume sind essentiell für den Suchprozess nach potenziell nachhaltigen Zukünften. Wir haben also in unseren Fällen nach spezifischen Experimentierräumen gesucht, in welchen getestet, prototypisiert, experimentiert und neue Ideen, Konzepte, Dinge und Praktiken ausprobiert werden. Typische Zeichen für solche Experimentierräume sind eine höhere Fehlertoleranz, geringere Erwartungen oder Erfolgsforderungen und Ansätze, mit denen etwas gestartet und »einfach gemacht« wird.

In diesem Abschnitt muss ich neben KdW und Tante Trottoir ebenfalls das PlatzProjekt und auch kurz Transition Town Hannover (TTH) aufgrund ihrer hohen Relevanz als Experimentierräume diskutieren (d. h. trotz deutlich weniger kodiertem Material für PlatzProjekt und TTH als für die anderen Fälle bezieht sich ein viel höherer relativer Anteil der Zitate auf »Experimentierräume«). Ich muss diese beiden zudem gemeinsam diskutieren, vor allem, weil sich einer der Gärten der Transition Town einige Jahre lang auf dem Gelände des PlatzProjekts befand, bevor er als Platzgarten in das PlatzProjekt integriert wurde und nicht mehr offiziell von Transition Town Hannover verwaltet wurde.

Die eigenen Begründungen und Rechtfertigungen der verschiedenen Organisationen, um Experimentierräume zu erschließen, unterscheiden sich: Der intrinsische Wert des Experimentierens wird von den meisten betont, sei es vom KdW, dessen Experimentierfreudigkeit von einigen externen Kritikern dahingehend angezweifelt wurde, ob sie zu »echter Veränderung« in der Gesellschaft führen würde, FOT, das im Experimentieren die Stimulation des unbekannten menschlichen Potenzials sieht, Tante Trottoir, die nach ungewöhnlichen, seltsamen Erfahrungen und einer Irritation gesellschaftlicher Bedingungen sucht, oder PlatzProjekt, das eine »do-ocracy« proklamiert, wo das Erschaffen neuer Dinge durch das Machen (statt des Kommentierens vom Spielfeldrand aus) Gebot des Tages ist. Im Gegensatz zu den anderen rechtfertigt TTH Experimente viel instrumenteller und klarer mit dem direkten Ziel, das System des zeitgenössischen Kapitalismus zu verändern und eine radikale Transformation in Richtung Nachhaltigkeit herbeizuführen.

Was bedeutet und impliziert »experimentieren« in den verschiedenen Fällen? Was machen die Beteiligten, wenn sie experimentieren? Was wird eigentlich in Experimentierräumen getan? Die untersuchten Organisationen und Netzwerke und ihre Projekte in Hannover zeigen mindestens vier Arten des Experimentierens (anhand unserer Analyse des kodierten Materials): (1) etwas ausprobieren; (2) (sich erlauben), Impulsen zu folgen; (3) etwas testen; und (4) das, was auch immer man tut, in einer prozessorientierten, ergebnisoffenen, relativ ziellosen Weise zu tun.[5] Es gibt Überschneidungen zwischen diesen vier Formen des Experimentierens, aber nicht alle vier Formen sind in allen Aktivitäten vorhanden, und manche Formen spielen im Rahmen bestimmter Aktivitäten und Situationen eine weitaus wichtigere Rolle als andere. Tatsächlich eröffnen einige Projekte Räume für die Erprobung neu entwickelter, aber bereits ausgearbeiteter Ideen, die sich von denen unterscheiden, die den Teilnehmer*innen die Möglichkeit eröffnen, »etwas auszuprobieren«, was wiederum etwas ganz anderes ist, als Menschen einen Ort zu geben, wo sie die Chance und den Raum haben, impulsiv und spontan zu handeln. Unsere erste Erkenntnis ist also, dass Experimentieren in ganz unterschiedlichen Arten existiert:

Im Sinne von »etwas ausprobieren« beinhaltet das Experimentieren eines oder mehrere der folgenden Dinge: etwas Neues oder etwas zum ersten Mal tun; etwas ohne oder zumindest ohne einen vollständig ausgearbeiteten oder klaren Plan und Kompetenzen tun; und/oder Risiken eingehen. Diese Art von Experimentieren fand am häufigsten in den verschiedenen Organisationen und Projekten statt, die wir untersuchten. Für einige von ihnen stellten wir auch fest, dass diese Form des Experimentierens in den konstituierenden Momenten vorhanden war, welche die Organisationen oder Projekte in Bewegung setzten. Bei Tante Trottoir besteht die generelle Herangehensweise darin, spielerisch ungewöhnliche und unterschiedliche Bewegungen und Verhaltensweisen im öffentlichen Raum auszuprobieren. Besonders mit dem »Wildwechsel Projekt«, einem Format des Theaters an der Glocksee, aus dem Tante Trottoir hervorging, arbeiteten die darstellenden Künstler*innen sehr experimentell im Sinne von »eigentlich keine Ahnung, was wir machen« (Jonas Vietzke, Co-Direktor des Theaters an der Glocksee, bei einem Videowalk). Auch KdW versuchte, bei seiner ersten, gruppenfundierenden öffentlichen Veranstaltung im Rahmen des Schützenausmarsches etwas Neues und Kreatives,

---

5 | Wie diese vier Formen des Experimentierens der Leser*in verdeutlichen, wird »experimentieren« hier in seinem kunstvollen Sinne (also im künstlerischen, kunstbasierten, kunstinteressierten oder kunstsinnigen, kreativen Sinne) verstanden, und nicht im Sinne eines wissenschaftlichen Experiments (mit Ausnahme vielleicht nur tangential, im Falle der Testprototypen, die als eine Form der Bürger*innenwissenschaft interpretiert werden könnten). Ich meine hier natürlich »wissenschaftlich« in seinem alten positivistischen Sinne, während mein eigenes Selbstverständnis als kunstvoller Nachhaltigkeitsforscher (vgl. Kagan 2017) ohnehin nicht mit einer solch konservativen Definition von Wissenschaft übereinstimmt.

noch nie Dagewesenes zu tun, teilweise um der Erfahrung selbst willen. Danach bot das KdW seinen Mitgliedern und Besucher*innen weiterhin die Möglichkeit, bei KdW-Veranstaltungen wie dem KdW-Fest ganz neue Dinge auszuprobieren. Joy Lohmann argumentierte einmal bei einem Organisationstreffen des KdW im Jahr 2015, dass die Stärke des KdW in der Fähigkeit liege, »mit Eventualitäten zu arbeiten«, d. h. in einer unübersichtlichen Situation zu arbeiten und die aus einer solchen Situation resultierenden experimentellen Möglichkeiten einzuordnen. Die Utopianale des WiLa umfasst neben den zu präsentierenden Dokumentarfilmen und den Räumen für Vernetzung und Kommunikation auch einige workshopähnliche Formate, darunter die »Probierworkshops«, die den Festivalbesucher*innen einen Raum eröffnen sollen, um neue Aktivitäten auszuprobieren (z. B. Parkour, Critical mass-Fahrradtouren, Upcycling, Tai Chi etc.), mit der Option, dass sie schließlich »süchtig werden« und neue Praktiken jenseits des Zeit-Raums des Festivals erlernen. Dem ganzen PlatzProjekt geht es ebenfalls in erster Linie darum, Dinge und sich selbst auszuprobieren, denn die Hauptaktivität der Mitglieder von PlatzProjekt (und der Grund, warum sie sich dem PlatzProjekt anschließen) besteht darin, die Möglichkeit zu nutzen, einen Raum zu mieten (und ein Start-up zu gründen) oder zu offenen Workshops zu kommen, um eigene Ideen auszuprobieren und umzusetzen.

»Günstig was zu starten, was in der Stadt nicht möglich ist, ein Start-Up zu gründen ohne hohes Risiko, so einen belebten Platz zu erschaffen, wo ganz viele kreative bunte Menschen zusammen kommen. [...] Wobei, also in Hannover [...] gibt es theoretisch auch Räume für junge Kreative, aber die sind dann doch sehr...sehr strukturiert. [...] Mit Teppichboden und Neonlicht, und teuer, von der Atmosphäre anders. [...] Deswegen geht es halt darum, die Hemmschwelle einfach zu nehmen, so ein Container ist relativ günstig zu kriegen und wenn ich ihn nicht mehr brauche, kann ich ihn auch gut weitergeben und dann kann ich halt einfach mal probieren.« (Gruppeninterview mit dem Organisationsteam von PlatzProjekt, 2016)

Das Experimentieren kann hier, beim PlatzProjekt, einen doppelten Sinn haben, der auch Experimentieren im Sinne von etwas testen einschließt (daher überlappen sich hier beide Experimentierformen und fließen ineinander). Manche Start-up-Gründer*innen beim PlatzProjekt probieren etwas ohne großen Plan aus, während andere eher im Sinne von etwas Neues und Anderes tun experimentieren – aber mit einem (konkreteren, ausgearbeiteten) Plan und/oder einer Absicht (die dennoch durchaus vorläufige und/oder improvisatorische Elemente enthalten kann). Einige der Teilnehme*innen haben etwas, das einem »Businessplan« näher kommt als andere, wenn sie beim PlatzProjekt beginnen und/oder haben die Absicht, aus dem, womit sie beim PlatzProjekt herumexperimentieren, ein Unternehmen zu machen.

Bei TTH nehmen die meisten Experimentierräume, welche durch die verschiedenen Projekte von TTH (z. B. die verschiedenen Urban Gardening-Plätze in ganz Hannover und andere Stadtentwicklungsprojekte, die auf Resilienz, Suffizienz und/oder Subsistenz abzielen) eröffnet wurden, eine Form von geplanten, konkreten, fokussierten und (zumindest nach Absicht der Organisator*innen) professionell geführten Projekten an. Hier besteht das Experimentieren vor allem darin, einen bereits von anderswo her bekannten Ansatz zu testen, etwa einen Terra Preta-Patch in mehreren urbanen Gärten der TTH oder Strategien zur Verbesserung von Biodiversität im »Vermehrungsgarten« der TTH in der Südstadt. Bei TTH sind experimentelle Projekte ernsthafte Versuche, neue Möglichkeiten und Verhaltensweisen für eine »postfossile Stadt« zu entwickeln, die aber oft in experimentell-improvisatorischer, provisorischer Weise als Zwischennutzer urbaner Räume umgesetzt werden.

Dann, im Rahmen der täglichen Praxis von Projektteilnehmer*innen in einigen urbanen Gärten der TTH, konnten wir auch kleine Experimentierversuche in den beiden anderen Bedeutungen des prozessorientierten Tuns und des Sich-Erlaubens, Impulsen zu folgen, finden: Einige Teilnehmer*innen, z. B. Gärtner*innen, spielen experimentierfreudig damit herum, Dinge zu machen und zu bauen, und erlauben sich, etwas »herumzuspinnen«, impulsiv etwas auszuprobieren und/oder Intuitionen zu folgen; »und wenn es nicht läuft, egal. Neu anfangen« (Martin Michalsky, Interview 2016). Einige neue experimentelle Aktivitäten entstanden auch aus den spontanen informellen Interaktionen zwischen den Gärtner*innen/Erfinder*innen/Kreativen von TTH (wie zum Beispiel Martin Michalsky) und Platz-Projekt-Teilnehmer*innen (wie z. B. bei der Mikrobrauerei), als sie einen Standort teilten. Die physisch-räumlichen Qualitäten des PlatzProjekts als Raum der Unbestimmtheit (nach Lim 2012), wie sie oben diskutiert wurden, förderten vermutlich die eher spontanen Formen des Experimentierens zwischen TTH und Platzprojekt.

Die Experimentierräume bei Tante Trottoir sind die Umkehrung von denen der TTH. Hier spielt das Testen lediglich eine untergeordnete Rolle und findet nur dann statt, wenn eine bereits bestehende Übung erneut getestet wird und/oder wenn eine bestimmte Performance manchmal kurz vor der Ausführung an einem spezifischen öffentlichen Raum geprobt wird. Stattdessen ist das (Sich-Erlauben von) Folgen von Impulsen ein zentrales Merkmal der von Tante Trottoir eröffneten Experimentierräume: Die Teilnehmer*innen werden ermutigt und sogar (mit dem wiederholten Aufruf zum Kampf gegen den »inneren Schweinehund«) dazu angetrieben, Dinge spontan zu tun, ihren Gefühlen und spontanen Ideen zu folgen, in direkter Reaktion auf sich entwickelnde Situationen zu handeln, ohne zu planen. Eine exemplarische Situation dafür war ein Moment in einem Workshop von Tante Trottoir, wo das durch ein Händeklatschen erzeugte Echo Lena Kussmann dazu veranlasste, alle Teilnehmer*innen spontan zu bitten, in die Hände zu klatschen und sofort eine »Klatsch-Performance« zu experimentieren. »Wir haben das ja auch so beabsichtigt, dass man einfach in einer kurzen Zeit irgendwas macht. Man malt, schreibt irgendwas auf, man legt sich auf einen Elektrokasten und bläst Seifenblasen...« (Lena Kussmann, während eines Workshops 2016). Im Gegensatz zur TTH kennzeichnet diese Herangehensweise des Experimentierens die spezifische Qualität kunstvoller (kunstbasierter oder künstlerischer) Experimente, die in der sich selbst gegebenen Ermächtigung liegt, frei zu experimentieren und dadurch Kreativität sich entfalten zu lassen, während die planvollere Herangehensweise der TTH ans Experimentieren relativ wenig Raum für kunstvolles Experimentieren lässt.

Die experimentellen Aktivitäten von Tante Trottoir sind zusätzlich durch das Verfolgen eines prozessorientierten Ansatzes gekennzeichnet: In der Tat stehen bestimmte Ergebnisse und bestimmte Effekte nicht im Mittelpunkt einer Handlung; vielmehr geht es darum, offen zu sein für das, zu was auch immer die Handlung führt, auch wenn dieses »was auch immer« letztendlich in »nichts« enden sollte. Die Prozessorientierung selbst ist beabsichtigt und geplant, und nicht zufällig.

Im Gegensatz zu Tante Trottoir scheinen die meisten Projekte beim PlatzProjekt weniger prozessorientiert zu sein. Teilnehmer*innen des PlatzProjekts legen ihren Fokus auf »Machen«: Ihre Aktivitäten setzen möglicherweise nicht immer bestimmte Ergebnisse als wichtigstes Ziel, vielmehr stehen die konkrete Umsetzung von Ideen und einiger Produkte deutlich im Vordergrund. Die Verantwortlichkeiten, welche mit dem Interesse an praktischen Umsetzungen einhergehen, können somit auch den Spielraum für Experimentieren im prozessorientierten Sinne einschränken und gleichzeitig den Experimentierraum in Bezug auf Materialherstellung und -prüfung erweitern.

Wir haben beim KdW kein impulsives Experimentieren festgestellt, was damit zu erklären sein könnte, dass KdW als Netzwerk mehrerer Mitgliederorganisationen mit deliberativen Vorbereitungsprozessen arbeitet und die wechselseitige Koordination zwischen Partner*innen wenig Raum für spontane, impulsive Formen des Experimentierens lässt. Prozessorientierung ist in manchen Fällen wichtig für die KdW-Experimentierräume, insbesondere bei einigen Veranstaltungen wie dem KdW-StadtForum (beim letzten Vorbereitungstreffen experimentierten die Teilnehmer*innen mit verschiedenen kunstbasierten Präsentationsformaten). Wie oben erwähnt, greifen die KdW-Experimentierräume vor allem auf die erste Form (etwas ausprobieren) zurück, bieten aber auch Platz zum Testen: Dies geschieht beispielsweise am deutlichsten am Stand von betatestr bei den KdW-Festen.

Im Hinblick auf das FOT ist das Format nicht dazu gedacht, an jeglicher Form des konkreten Experimentierens teilzunehmen, abgesehen vom Format der dialogischen Kommunikation selbst, welches eine experimentelle Praxis für neue Teilnehmer*innen darstellt. Indirekter war jedoch der mentale Möglichkeitsraum, den das FOT für die Teilnehmenden geschaffen hat, eine persönliche Motivation für weiteres Experimentieren in den folgenden Monaten und Jahren (wie von einigen ehemaligen Teilnehmer*innen berichtet, für welche die Erfahrung des FOT sogar lebensverändernd war).

Eine weitere, verwandte Frage ist, wie Experimentierräume von den für die verschiedenen Projekte zuständigen Organisationen geschaffen oder vereinfacht werden. Dabei teilen die verschiedenen Fälle mehrere Merkmale: KdW, FOT, Tante Trottoir und PlatzProjekt streben sämtlich eine Niedrigschwelligkeit an: Hürden, Anstrengungen, finanzielle und administrative Risiken, Normen und Wertungen sollten minimiert werden, wobei Spontaneität erlaubt oder gar gefördert werden sollte. KdW, PlatzProjekt und TTH bemühen sich, eine hilfreiche, unterstützende Atmosphäre für das Experimentieren ihrer jeweiligen Mitglieder zu schaffen, indem sie beispielsweise ein heimeliges und behagliches Gefühl fördern. KdW, Tante Trottoir und TTH bieten Möglichkeiten, Schwierigkeiten zu trotzen. Tante Trottoir und PlatzProjekt fördern Abenteuergeist, während KdW den Geist des Dilettantismus/der Unprofessionalität kultiviert, der DIY-Ansätze zum Experimentieren ermöglicht. Die meisten Initiativen sind auch bestrebt, offen für Scheitern zu sein. Beim FOT werden potenzielle Experimentierräume indirekt eröffnet, indem das Individuum mit seinem inneren schöpferischen Potenzial verbunden wird.

Die spezifischen Rahmen, die sie dann für das Experimentieren gestalten, nehmen unterschiedliche Formen an: KdW bietet eine breite Palette an unterschiedlichen Möglichkeiten, WiLa, PlatzProjekt und TTH fokussieren darauf, spezielle Angebote wie Experimentierworkshops anzubieten, bei Tante Trottoir gibt es Übungen mit spezifischen experimentellen Qualitäten, und beim PlatzProjekt die Bereitstellung einer spezifischen räumlichen und organisatorischen Infrastruktur, die für das Experimentieren förderlich ist.

FAZIT

Die Ergebnisse der empirischen Forschung machen deutlich, wie das Imaginäre zugleich verortet und »place-making« ist und wie sich soziale Kreativität, Experimentieren und Imaginieren in solchen Räumen wechselseitig konstituieren. Urbane Möglichkeitsräume für eine nachhaltige Stadtentwicklung sind Räume des Imaginierens, Ausprobierens und kreativen Gestaltens. Die Integration imaginativer, experimenteller und kreativ-partizipativer Prozesse, die jeweils auf konkreten Erfahrungen basieren, in eine nachhaltige Stadtgestaltung erhöht ihre Relevanz für mögliche urbane Transformationen.

Die Organisationen und Initiativen, die in diesem Kapitel diskutiert werden, sind alle bestrebt, Räume und Prozesse zu initiieren, mithilfe derer die Kreativität der Teilnehmer*innen angeregt und eingesetzt werden kann. Sie orientieren sich mehr oder weniger spezifisch an den Herausforderungen der Nachhaltigkeit, die in offenen kreativen Prozessen mit Nicht-Dogmatismus abgestimmt werden müssen. Obwohl sie alle bestrebt sind, sowohl individuelle als auch kollektive Kreativität zu fördern, tun sie dies auf vielfältige Weise und mit unterschiedlichen Mitteln (einschließlich manchmal künstlerischer, neuer Medien und/oder kollektiv-partizipativer Formate). Sie befassen sich mit verschiedenen Formen der Kreativität: ideellen, prozessualen und/oder objekt- und herstellungsorientierten Formen der Kreativität. Nicht alle schaffen es, soziale Kreativität gleichermaßen zu fördern. Die Schwierigkeit, angemessene Räume und Zeiten sowohl für kollektive divergierende Prozesse als auch für kollektive konvergente Prozesse zu schaffen, ebenso wie die Bedeutung von Ressourcen und Personal für die Unterstützung der kreativen Fähigkeiten der Teilnehmer*innen, sollte nicht unterschätzt werden.

Kreative Unbestimmtheit, Irritationen und herausfordernde Erfahrungen erfordern auch räumliche und zeitliche Qualität, damit die Teilnehmer*in sich entfalten kann und um sie zu beeinflussen (statt sie abzuweisen oder zu oberflächlich zu integrieren), und um zu einem Entrepreneurship in Conventions beizutragen, indem unkonventionelle Experimente in Richtung veränderter gesellschaftlicher Konventionen mobilisiert werden. Die geschaffenen Möglichkeitsräume sind Experimentierräume, wenn sie Experimente zur Transformation des Alltags anregen und dabei über Bewusstseins- und/oder Protestfokussierung hinausgehen, sei es durch vage Ideen oder durch Prototypisierung und Testen bestimmter Dinge und Praktiken. Experimentieren entfaltet sich in den verschiedenen Projekten mehr oder weniger instrumentell, ergebnisoffen oder spontan. Dies bezieht sich (nicht überraschend) auf die unterschiedlichen Formen, Ebenen und Qualitäten der Kreativität, die dabei im Spiel sind: Spontane und ergebnisoffene Experimente beziehen sich auf prozessorientierte und weniger dogmatisch auf Nachhaltigkeit ausgerichtete Formen der Kreativität. Instrumentelle, auf Nachhaltigkeit ausgerichtete Formen der Kreativität, mit begrenzteren Ebenen der Kreativität, beziehen sich auf engere Experimentierräume, die sich auf das Testen von klar ausgeformten und relativ begrenzten Konzepten und Plänen konzentrieren.

Die in diesem Kapitel diskutierten Fälle, ihre Imaginären, ihre Experimente und ihre Kreativität sollten auch in einer weitergehenden Spannung zwischen zwei Ansätzen der Stadtentwicklung eingebracht werden, die weltweit beobachtet werden können:

Auf der einen Seite dominieren Mainstream-Diskurse und -Politiken immer noch eine Imaginäre der Kontrolle und begründen bestimmte planungsbasierte Ansätze zur Stadtentwicklung. Innerhalb dieses Ansatzes ist nachhaltige Stadtentwicklung ein konstruierter und reglementierter Fahrplan für eine bessere Zukunft. Städtische Resilienz wird als Widerstand und Rekonfiguration angesichts widriger Umgebungen verstanden. Die Begrenzungen und Grenzen von Objekten sind klar, ebenso wie die modernistischen Konzepte, welche sie in unseren Köpfen konstruieren. Komplexität wird quantitativ wahrgenommen, als etwas, das durch fortschrittliche Kybernetik beherrschbar ist, und die Zukunft liegt in erster Linie in »Smart Cities« und Big-Data-Algorithmen. Hier dominiert eine pessimistische Sicht auf die Menschen, die dahingehend betrachtet werden, dass ihr Eigeninteresse ihr Verhalten dominiert, und daher wird gesellschaftlichen Bottom-up-Bewegungen nicht zugetraut, dass sie eine Transformation zur Nachhaltigkeit herbeiführen, es sei denn, sie werden mit starker Hand geführt.

Auf der anderen Seite schlägt ein alternativer Diskurs verschiedene politische Richtungen vor, die von einem Imaginären der Ungewissheit und Unbestimmtheit geleitet werden und auf Emergenz basierende Ansätze zur Stadtentwicklung gründen. Innerhalb dieses Ansatzes ist nachhaltige Stadtentwicklung eine generative Entdeckungsreise zu wünschenswerten Zukünften. Urbane Resilienz wird als ein Balanceakt zwischen einsichtigem, sanftem Loslassen und dem Erforschen kreativer Reaktionsmöglichkeiten auf Krisen jenseits der Dichotomie von Widerstand versus Anpassung verstanden. Die Begrenzungen und Grenzen der Dinge (nicht »Objekte«; vgl. Ingold 2012) sind verschwommen und verändern sich (weil sie lebendig sind), ebenso wie die Konzepte, die wir in weitere metakonzeptuelle Geflechte einbetten, um die Qualitäten der quantitativen Komplexität auf unserem Planeten und in menschlichen Gesellschaften besser wahrzunehmen zu können. Komplexität wird als etwas Qualitatives wahrgenommen (Ambiguitäten, Ambivalenzen und Paradoxien involvierend; siehe Kagan 2011 für eine ausführliche Darlegung), dem man mit einem Tanz mit der Unsicherheit (welcher ein improvisierter Tanz ohne vorher festgelegte Choreografie ist) begegnet. Die Zukunft liegt in der gemeinsamen Praxis einer kunstvollen Nachhaltigkeit in (städtischen) Möglichkeitsräumen.

Allgemeiner gesprochen ist dies auch eine Spannung zwischen zwei Philosophien der nachhaltigen Entwicklung, wie sie explizit von Robinson (2015) aufgezeigt, sowie implizit von Lim (2012) vorgeschlagen wurden. Auf der einen Seite denken einige von uns, dass »wir die Geschichte kennen«, und da wir die Geschichte bereits kennen, müssen wir jetzt nur noch die Lösungen implementieren. Lim (2012) beschrieb kurz einige der Konsequenzen dieses Ansatzes, mit dem großartigen Scheitern mehrerer »utopischer Öko-Städte«in Asien, zum Beispiel in den letzten Jahren in der Volksrepublik China, wie William McDonoughs Ökodorf Huangbaiyu und ARUPs Dongtan Eco-City. Andererseits erkennen einige von uns, die um eine Ontologie und Erkenntnistheorie der qualitativen Komplexität wissen, dass »wir die Geschichte nicht kennen« – auch sollten wir jedem anderen Experten, der sich rühmt, die ganze Geschichte zu kennen, keinen Glauben schenken. Stattdessen, in unsicheren Zeiten, in einer komplexen Welt, die mit Konflikten behaftet ist und von der Gewalt derer geprägt ist, die vordefinierte Lösungen durchsetzen (sei es im Namen der Märkte oder im Namen der Nachhaltigkeit) und/oder offene Experimente unterdrücken, aus Angst vor wirklich qualitativer Komplexität und Unsicherheit, müssen wir gemeinsam mit vielen anderen lernen, diese Geschichte kontinuierlich neu zu schreiben.

Die kreativen und imaginativen Experimente und Erfahrungen kultureller Akteur*innen, wie sie in diesem Kapitel diskutiert werden, beziehen sich eher auf den auf Emergenz basierenden als auf den planungs- und kontrollbasierten Pol des hier skizzierten Spannungsfeldes, auch wenn es manchmal begrenzte und pragmatische Kooperationen mit dem vorherrschenden Ansatz der Stadtentwicklung geben mag (mit dem Risiko, die ideenreichen, kreativen und experimentellen Qualitäten solcher Initiativen zu zerstören). So oder so, diese kulturellen Organisationen und Individuen bieten eine kritische Handlungsfähigkeit für den unbegrenzten und unvollständigen Prozess des Ausbalancierens verschiedener Dimensionen und umreissen die Konturen potenziell nachhaltiger Zukünfte.

LITERATUR

Ahern, J., Cilliers, S. & Niemelä, J. (2014). The concept of ecosystem services in adaptive urban planning and design: A framework for supporting innovation. *Landscape and Urban Planning*, 125, 254–259.

Alexander, C. (2015). Ihme-Zentrum: Die Märchenburg von Hannover [Weblog-Eintrag]. Abgerufen von: https://www.zebrabutter.net/ihme-zentrum-die-maer chenburg-von-Hannover.html.

Bai, X., van der Leeuw, S., O'Brien, K., Berkhout, F., Biermann, F., Brondizio, E. S. & Syvitski, J. (2016). Plausible and desirable futures in the Anthropocene: A new research agenda. *Global Environmental Change*, 39, 351–362.

Batifoulier, P. (2001). *Théorie des Conventions*. Paris: Economica.

Biggart, N. W. & Beamish, T. D. (2003). The economic sociology of conventions: Habit, custom, practice and routine in market order. *Annual Review of Sociology*, 29.

Boltanski, L. & Thévenot, L. (1991). *De la justification: les économies de la grandeur*. Paris: Gallimard.

Castoriadis, C. (1975). *L'institution imaginaire de la société*. Paris: Seuil.

Csikszentmihalyi, M. (1996). *Creativity: Flow and the psychology of discovery and invention*. New York: Harper Collins.

Dieleman, H. (2008). Sustainability, art and reflexivity: Why artists and designers may become key change agents in sustainability. In S. Kagan & Kirchberg, V. (Hg.), *Sustainability: A new frontier for the arts and cultures* (S. 108–146). Frankfurt a. M.: VAS – Verlag für akademische Schriften.

Dieleman, H. (2012). Transdisciplinary artful doing in spaces of experimentation and imagination. *Transdisciplinary Journal of Engineering and Science*, 3, 44–57.

Gomez, P. Y. (1996). *Le gouvernement de l'entreprise: modèles économiques de l'entreprise et pratiques de gestion*. Paris: InterEditions.

Gödecken, I. (2017). *Kreativität und Nachhaltige Entwicklung – Eine Untersuchung der Zusammenhänge am Beispiel des Earth Forums*. Berlin: Cultura21.

Guilford, J. P. (1967). *The Nature of Human Intelligence*. New York: McGraw-Hill.

Harbord, J. (2016). Contingency, time and event. An archeological approach to the film festival. In M. de Valck, B. Kredell & S. Loist (Hg.). Film Festivals: History, theory, method, practice (S. 69–82). Abingdon: Routledge.

Herbrik, R. (2011). *Die Kommunikative Konstruktion Imaginärer Welten*. Wiesbaden: VS-Verlag.

Hopkins, R. (2008). *The transition Handbook: From oil dependency to local resilience*. White River Junction: VT: Chelsea Green Publishing.

Ingold, T. (2012). *Being Alive. Essays on Movement, Knowledge and Description*. London: Routledge.

Kagan, S. (2008). Art effectuating social change: Double entrepreneurship in conventions. In S. Kagan & V. Kirchberg (Hg.). *Sustainability: A new Frontier for the arts and cultures* (S. 147–193). Frankfurt a. M.: VAS – Verlag für akademische Schriften.

Kagan, S. (2011). *Art and sustainability. Connecting patterns for a culture of complexity*. Bielefeld: transcript.

Kagan, S. (2014). The practice of ecological art. *Plastik*, 4.

Kagan, S. (2015). Artistic research and climate science: Transdisciplinary learning and spaces of possibilities. *Journal of Science Communication*, 14 (1), C07.1–C07.8.

Kagan, S. (2017). Artful Sustainability: Queer-Convivialist Life-Art and the Artistic Turn in Sustainability Research. *Transdisciplinary Journal of Engineering & Science*, 8, 151–168.

Kagan, S. & Verstraete, K. (2011). *Sustainable creative Cities: The role of the arts in globalised urban contexts*. Singapore: Asia Europe Foundation.

Kagan, S., Hauerwaas, A., Holz, V. & Wedler, P. (2018). Culture in Sustainable Urban Development. Practices and Policies for Spaces of Possibility and Institutional Innovations. *City, Culture, and Society*, 13, 32–45.

Kant, I. (1970) [1781, 1787]. *Critique of Pure Reason*. London: Macmillan.

Kester, G. (2011). *The One and the Many: Contemporary collaborative art in a global context*. Durham: Duke University Press.

Lahire, B. (2003). From the habitus to an individual heritage of dispositions. Towards a sociology at the level of the individual. *Poetics*, 31, 5, 329–355.

Lahire, B. (2004). *La culture des individus: dissonances culturelles et distinction de soi*. Paris: La découverte.

Lefèbvre, H. (1968). *Le Droit à la Ville*. Paris: Anthropos.

Lefèbvre, H. (1991). *The Production of Space*. Oxford: Blackwell.

Lennon, K. (2015). *Imagination and the Imaginary*. London, New York: Routledge.

Lim, W. S. W. (2012). *Incomplete Urbanism: A critical urban strategy for emerging economies*. Singapore: World Scientific Publishing.

Lindner, C. & Meissner, M. (2016). Globalization, Garbage, and the Urban Environment. In: Lindner, C. & Meissner, M. (Hg.) (2015), *Global Garbage: Urban Imaginaries of Waste, Excess and Abandonment* (S. 1–13). London: Routledge,.

Marcuse, H. (1978). *The Aesthetic Dimension: Toward a Critique of Marxist Aesthetics*. Boston: Beacon Press.

Merleau-Ponty, M. (1964). *Le visible et l'invisible*. Paris: Gallimard.

Miles, M. (2014). *Eco-Aesthetics: Art, literature and architecture in a period of climate change*. London: Bloomsbury Academic.

Milliken, F. J., Bartel, C. A. & Kurtzberg, T. R. (2003). Diversity and Creativity in Work Groups: A Dynamic Perspective on the Affective and Cognitive Processes That Link Diversity and Performance. In: Nijstad, P. B. & Paulus, B. A. (Hg.), *Group creativity* (S. 32–62). Oxford: Oxford University Press.

Morin, E. (2008). *La Méthode*. Paris: Seuil.

Mouffe, C. (2013). *Agonistics: Thinking the World Politically*. New York: Verso.

Nemeth, C. J. & Nemeth-Brown, B. (2003). Better than Individuals? The Potential Benefits of Dissent and Diversity for Group Creativity. In: Nijstad, P. B. & Paulus, B. A. (Hg.), *Group creativity* (S. 63–84). Oxford: Oxford University Press.

Ogilvy, J. (1999). Reconstructing Genius. In: Purser, R. E. & Montuori, A. (Hg.), *Social Creativity* (Vol. 2) (S. 219–233). Cresskill (N. J.): Hampton Press.

Paulus, P. B. & Nijstad, B. A. (Hg.). (2003). *Group creativity*. Oxford: Oxford University Press.

Pink, S. (2007). Walking with video. *Visual Studies*, 22 (3), 240–252.

Pink, S. (2008) Mobilising Visual Ethnography: Making Routes, Making Place and Making Images. *Forum: Qualitative Social Research*, 9 (3).

Pink, S. (2012). *Situating Everyday Life. Practices and Places*. London: Sage.

Pink, S. (2015). *Doing Sensory Ethnography* (2. Aufl.). London: Sage.

Purser, R. E. & Montuori, A. (Hg.). (1999). *Social Creativity* (Vol. 2). Cresskill (N. J.): Hampton Press.

Ray, M. L. (1999). Social Creativity as a Heroic Path in World Crisis. In: Purser, R. E. & Montuori, A. (Hg.), *Social Creativity* (Vol. 2) (S. 293–312). Cresskill (N. J.): Hampton Press.

Reckwitz, A. (1995). *Die Erfindung der Kreativität. Zum Prozess gesellschaftlicher Ästhetisierung*. Berlin: Suhrkamp.

Reich, C. J. (2017). *Das Ihme-Zentrum – Ein Imaginärer Möglichkeitsraum*. Unveröffentlichte Bachelorarbeit, Leuphana Universität Lüneburg.

Robinson, J. (8. Mai 2015). Sustainability in an Imaginary World. Keynote Speech at: Culture(s) in Sustainable Future: theories policies, practices. International Conference, Helsinki [Videodatei]. Abgerufen von https://youtu.be/ezgoANS 2MFI?t=1m16s

Runco, M. A. & Jaeger, G. J. (2012). The standard definition of creativity. *Creativity Research Journal*, 24 (1), 92–96.

Sandri, O. J. (2013). Exploring the role and value of creativity in education for sustainability. *Environmental Education Research*, 19 (6), 765–778.

Sawyer, K. R. (2003). *Group Creativity. Music, theater, collaboration*. Mahwah: N. J.: L. Erlbaum Associates.

Schneidewind, U. & Scheck, H. (2013). Die Stadt als »Reallabor« Für Systeminnovationen. In J. Rückert-John (Hg.). *Soziale Innovation und Nachhaltigkeit: Perspektiven sozialen Wandels* (S. 229–248). Wiesbaden: Springer Fachmedien.

Senge, P. (1990). *The Fifth Discipline: The Art and Practice of the Learning Organization*. New York: Currency.

Sennett, R. (2012). *Together: The Rituals, Pleasures and Politics of Cooperation*. London: Penguin.

Sitrin, M. (2007). Ruptures in imagination: Horizontalism, autogestion and affective politics in Argentina. *Policy & Practice: A Development Education Review*, 5 (Autumn), 43–53.

Stables, K. (2009). Educating for environmental sustainability and educating for creativity: actively compatible or missed opportunities? *International Journal of Technology and Design Education*, 19, 199–219.

Steiner, G. (2014). Complex human & environment systems: New conceptual paradigms and transdisciplinary approaches. *Journal of Cleaner Production*, 68, 279–280.

Wallach, M. A. & Kogan, N. (1965). A new look at the creativity-intelligence distinction. *Journal of Personality, 33* (3), 348–369.

WBGU (Wissenschaftlicher Beirat für Globale Umweltveränderungen) (2011). *World in transition – a social contract for sustainability.* Berlin: WBGU.

Weintraub, L. (2012). *To life!: Eco art in pursuit of a sustainable planet.* Berkeley: University of California Press.

Weisenfeld, U. & Hauerwaas, A. (2018). Adopters build bridges: Changing the institutional logic for more sustainable cities. From action to workset to practice. *Research Policy, 47* (5), 911–9235.

Ziehl, M., Oßwald, S., Hasemann, O. & Schnier, D. (2012). *Second hand spaces – recycling sites undergoing urban transformation.* Berlin: Jovis Verlag.

Dorf Ricklingen

Ein Spaziergang

Julia Barthel

Wie ist es möglich, die zahllosen immateriellen und sozialen Bezugspunkte zu verstehen, durch die ein Mensch sich mit seinem Stadtviertel verbunden fühlt, ohne selbst über lange Zeit dort gelebt zu haben? Nun, in der ethnografischen Tradition gibt es eine Weise, sich einer fremden Lebenswelt zu nähern, indem man sich mit einer Bewohner*in dieser Welt auf einen Spaziergang begibt, der entlang ihrer täglichen Wege und zentralen Orte zu einem besseren Verständnis ihrer Realität führt. Alles, was mir die Karte über den Stadtteil Ricklingen in Hannover verraten konnte war, dass dieser Ort von vier wichtigen Grenzen umgeben ist: im Norden sind es Bahnschienen, die nach Hameln führen, im Osten die Feuchtgebiete rings um die Leine und den Maschsee, im Süden das Waldgebiet namens »Ricklinger Holz« und im Westen die Bundesstraße B3, die früher einmal zur Hauptverkehrsachse durch Hannover gehörte. Jede dieser Grenzen beeinflusst das Lebensgefühl in diesem Teil der Stadt und manche wurden auf die eine oder andere Weise zu einem Teil unseres Spaziergangs und der am Wegrand liegenden Erzählungen. Mein Wegbegleiter hatte nicht nur den größten Teil seines Lebens in Ricklingen verbracht, sondern dort auch als Sozialarbeiter gearbeitet und sich in Vereinen für die Menschen und das Leben vor Ort engagiert. Viele seiner Geschichten waren eng mit der Erfahrung verknüpft, in einem Hannover der Nachkriegszeit aufzuwachsen und das gesamte Quartier als eine Art Abenteuerspielplatz zu erleben. Von dem Moment an, wo wir in der kleinen Nebenstraße ankamen, in welcher er seine Kindheit verbracht hatte, wurde das ganze Umfeld zu einer Schatzkiste voller Erinnerungen, die überall in die Straßenlaternen, die Erde auf dem Nachbargrundstück und in jedem Hauseingang eingeschrieben waren. Gleich im Haus nebenan lebte und arbeitete der Hausarzt der Familie und wenige Schritte weiter gab es in den kleinen Läden entlang einer belebten Straße alle Waren des täglichen Bedarfs, wie Obst, Gemüse und Milch zu kaufen. Während wir in der Gegenwart diese Straße entlanggingen, konnten die Augen meines Begleiters unter den modernen Ladenfassaden immer noch die Geschäfte erkennen, wo er als Kind in der Nachkriegszeit eingekauft hatte. Im Vorbeilaufen deutete er auf ein Internetcafé, in dem man damals seine Milch noch selbst aus einem großen Behälter abzapfen und mit Kleingeld bezahlen konnte. Und mit diesem Milchladen nahm unsere Reise in die Vergangenheit Fahrt auf. Auch zu seiner alten Grundschule konnte man problemlos zu Fuß gehen und während er mich den alten Schulweg entlangführte, begann er mit jedem Schritt einen Teil der Vergangenheit heraufzubeschwören, bis ich meinte, das alte Quartier beinahe sehen zu können. Vor allem ging es um das, was fehlte, denn dort, wo heute zahlreiche neue Gebäude stehen, lag nach dem Krieg nur Geröll und so konnten die Schulkinder sozusagen querfeldein von ihrem Zuhause zur Schule laufen. Obwohl die Menschen auch Teil einer größeren Stadt waren, lebten sie doch in einer kleinen und eng verwobenen Gemeinschaft mit beinahe ländlichen Strukturen. Diese Vorstellung wurde immer stärker, während mein Begleiter und ich uns auf den alten Dorfkern von Ricklingen zubewegten.

Immer wieder stießen wir auf alte Höfe, die umgeben von Bäumen mitten in der Stadt auf sandigem Untergrund oder Kopfsteinpflaster dastanden und so gar nicht in zu dem urbanen Umfeld zu passen schienen. Schließlich fanden wir uns in der ländlichen Szenerie eines alten Dorfes wieder, das auf seltsame Weise in die Stadt Hannover eingebettet war. Ein traditionelles Wirtshaus namens »Tante Anna«, das noch heute von den Inhaber*innen geführt wird, beseitigte dann auch den letzten Zweifel an den dörflichen Ursprüngen dieses Ortes. Dieses Wirtshaus, in dem der lokale Schützenverein regelmäßig seine Treffen abhielt, war ein Inbegriff des sozialen Dorflebens und auf unserem Weg das Tor zu einer anderen Zeit. Mit dem Gesichtsausdruck und Auftreten einer Person, die gleich ein großes Geheimnis zu lüften hatte, führte mein Begleiter mich tiefer in den alten Dorfkern hinein, um mir etwas zu zeigen, das, wie er sagte, für die Gemeinde und Geschichte von Ricklingen von großer Bedeutung sei.

An diesem Sommertag beinahe in einer Gruppe von Bäumen verborgen, die leise im Wind raschelten, tauchte vor uns die Edelhofkapelle auf. Die denkmalgeschützte Kapelle aus dem 14. Jahrhundert ist nicht nur das älteste Gebäude im Stadtteil, sondern auch so etwas wie das historische Herz des Quartiers. Obwohl die Kapelle im romanischen Stil heute von Efeu überwuchert ist, zeugt sie noch immer davon, dass Ricklingen einst ein autonomes Dorf mit ganz eigener Versorgung und Struktur war. Erst in den 1920-er Jahren wurde es in die Stadt Hannover eingemeindet. Unser Weg führte uns weiter durch die verbliebenen Bauwerke und Pfade der alten Dorfstruktur und unterwegs fanden wir noch weitere Spuren der physischen Verbindung zu einer fernen Vergangenheit. Am Seiteneingang einer anderen Kapelle blieben wir stehen und mein Begleiter wies mich auf mehrere langgezogene Kerben rechts und links einer hölzernen Tür hin. Die Legende besagt, dass durchreisende Schwertkämpfer hier ihre Klingen schärften und auf ein gutes Gelingen in zukünftigen Schlachten hofften. Doch es waren nicht nur Spuren aus ferner Vergangenheit und persönliche Erinnerungen, die unseren Weg ausmachten, sondern auch die unmittelbare Nähe zur Natur. Dicht hinter dem alten Dorfkern erstreckt sich ein Naturschutzgebiet, ein großes, grünes Gebiet um den künstlich angelegten Maschsee. Das Wort »Masch« ist ein lokaler Ausdruck für eine Marsch oder ein Feuchtgebiet, und die Hannoveraner*innen nutzen jenen Ort gerne als Naherholungsgebiet. Diese natürliche Grenze im Osten des Stadtteils birgt jedoch auch ein gewisses Risiko für die Bewohner*innen, wenn die Wasser aus den Flüssen Ihme und Beeke mit einem Hochwasser in der Leine zusammenfließen. In der Vergangenheit wurde der Ort bei solchen Gelegenheiten mehrfach überflutet. Nach einer besonders heftigen Flut im Jahr 1946 wurde Ricklingen mit einem Deich geschützt, der bis heute eine erhabene Grenze des Viertels und einen wunderschönen Spazierweg bildet.

Das Vorgehen, sich die einer fremden Umgebung innewohnenden Aspekte, welche man nicht allein mit dem Auge wahrnehmen kann, durch einen Spaziergang und das Narrativ einer Bewohner*in oder Nutzer*in zu erschließen, ist aus Beispielen der sozialen und visuellen Anthropologie entlehnt und speist sich in diesem Fall insbesondere aus der Methode der »Sensory Ethnography« nach Sarah Pink (Walking with video, Pink, 2007). Dabei dient eine Videokamera dazu, das »Gehen mit« der ortskundigen Person zu dokumentieren, die erzählten und erlebten Eindrücke in einer Aufnahme zu bündeln, und sie möglicherweise einem breiteren Publikum zugänglich zu machen. Dem Laufen oder Gehen kommt dabei als universelle Tätigkeit, die man ohne viel Aufwand teilen kann, eine spezielle Bedeutung zu. Nicht allein das Gehen als bloße Fortbewegung steht im Fokus. Wesentlich ist der taktile, visuelle, multisensorische Kontakt zur Umgebung, bei dem das Riechen, Hören und Fühlen vom Untergrund bis zur Luft oder dem Wetter die forschende Person dazu bringt, sich unmittelbar auf das Umfeld einzustimmen. Im Prozess des gemeinsamen Gehens erweitert die Forschende jedoch ihre Sinneswahrnehmungen, indem sie sich auf die Gangart der anderen einlässt, den mit Wegen und Orten verbundenen Erzählungen lauscht, die mit der Landschaft oder bestimmten Gebäuden verknüpften Gefühle nachvollzieht und so beginnt, den Pfad durch die Augen der Bewohner*in zu sehen. Bei dieser Art von Spaziergang werden die eigenen Spekulationen über den jeweiligen Ort durch eine Fülle an Einsichten und Erfahrungen ersetzt, es kommt zu einem intersubjektiven Informationsaustausch, durch den der erkundete Weg ein anderer wird als einer, den man alleine beschreitet. Das Erkunden und Verstehen des unbekannten Ortes beginnt bei den Füßen, und nicht im abstrakten Denken. Besonders deutlich wurde diese Wirkung für mich, als wir den ländlichen Teil um den alten Dorfkern von Ricklingen betraten, der ganz wesentlich durch die sandigen Wege, das Kopfsteinpflaster und den unebenen Grund aus verschiedenen Elementen spürbar wurde. Zur gleichen Zeit trug das Rauschen der Bäume im Wind als vorherrschendes Geräusch und der Kontrast der grünen Blätter gegen den blauen Sommerhimmel zu dem Gefühl bei, sich auf dem Lande zu befinden. Diese selbst und gemeinsam erfahrenen, taktilen, akustischen und visuellen Eindrücke haben die Erkenntnis, dass dieser Stadtteil stellenweise einen ländlichen Charakter hat, stärker in meinem Bewusstsein verankert, als jede Karte oder Beschreibung es gekonnt hätte. In diesem starken, sensorischen Kontext erwies sich auch meine anfängliche Skepsis gegenüber der Kamera als unnötig. Eine Filmkamera auf diesen Spaziergang mitzunehmen widerstrebte mir eigentlich. Ich empfand sie nicht nur als sehr oberflächliches Medium, sondern befürchtete, sie könne als Fremdkörper zwischen mir und meinem Gesprächspartner stehen und stören. Tatsächlich fügte sich der Prozess des Filmens jedoch nahtlos in das sensorische Erleben unserer Tour ein. Die Kamera diente mir als Werkzeug, um immer wieder einen Schritt aus dem Dialog herauszutreten und einfach nur hinzuhören, während mein Begleiter die materiellen Strukturen des Viertel mit Erinnerungen, Bedeutungen und täglicher Lebenspraxis auflud und daraus auch für mich einen gelebten Ort machte.

LITERATUR

Pink, S. (2007). Walking with video, in: Visual Studies, Vol. 22, No. 3 (December).

Ricklingen, Bornum und Linden-Süd

Urbane Randzonen

Annette Grigoleit und Sacha Kagan

Das folgende Zwischenspiel schildert Erfahrungen, die wir gemeinsam mit Lena Greßmann während eines ganztägigen Transect Walks zwischen den Stadtteilen Oberricklingen, Bornum sowie Linden-Süd gemacht haben. Dabei konzentrieren wir uns insbesondere auf die Randzonen und die Sphären des Übergangs[1].

Auf unserem Weg von der U-Bahnstation Wettbergen betreten wir ein großes Schrebergartengebiet in Oberricklingen. Die unzähligen Parzellen sind gepflegt, mit Zäunen voneinander abgegrenzt und an diesem sommerlichen Morgen in der Mitte der Woche nahezu menschenleer. Besonders fällt uns ein Honigverkauf in den Blick. Mit Verlassen der Gärten säumen sich an der Straße kleine Einfamilienhäuser mit vielen Freiräumen und Mehrfamilienhäuser für den sozialen Wohnungsbau. Auf einem nahegelegenen Platz, der Fußgänger*innen vorbehalten ist, bieten sich verschiedene Konsum- und soziale Begegnungsmöglichkeiten. Der russische Supermarkt könnte auf ein interkulturelles Quartier verweisen. In der Mitte des Platzes, der nach dem Maler und Bildhauer Eberhard Eggers benannt ist, steht eine Skulptur, die die Szenerie eines Puppentheaters darstellt. Dann bewegen wir uns wiederum durch reine Wohngebiete, die zu dieser Tageszeit menschenleer sind. Hier wechseln sich teilweise renovierte Doppelhaushälften, kleine Einfamilienhäuser und die Blockbebauung von Mehrfamilienhäusern des Spar- und Bauvereins mit Neubauten ab. Dabei fällt uns eine relative große, unbebaute und mit Gras bewachsene Fläche auf, die durch einen hohen Maschendrahtzaun vom Gehweg abgegrenzt ist, was eine Nutzung als Freiraum weder vorsieht noch zulässt. Zurück auf einer größeren Straße (Wallensteinstraße) reihen sich genossenschaftliche Doppelhaushälften an Mehrfamilienhäuser in verschiedenen Größen und privaten, staatlichen oder gemeinschaftlichen Besitzverhältnissen. Öffentliche Verkehrsmittel fahren an uns vorbei. Die Fuß- und Fahrradwege werden breiter. Wir treffen auf öffentliche Räume, die vor allem durch kommerziell genutzte Orte, wie Geschäfte und Dienstleistungsangebote, aber auch durch die tauschbasierten Angebote eines Bücherschranks charakterisiert und sozial belebter sind. Der Platz auf der gegenüberliegenden Straßenseite wird regelmäßig als Wochenmarkt genutzt. In einer Nebenstraße fällt uns ein Wohnviertel der gehobenen Mittelklasse auf, für das Abgrenzungen zwischen privatem und öffentlichem Besitz ebenso typisch sind wie ein makellos glatter und sauberer Straßenbelag. Das Zusammenspiel erinnert uns an eine kleine Dorfstraße, wobei wir uns die Nutzung als (belebte) Spielstraße und mögliche Verbindungen mit den benachbarten Bewohner*innen der Mehrfamilienhäuser für sozialen Wohnungsbau als weniger selbstverständlich vorstellen können.

Längere Zeit folgen wir der Göttinger Chaussee. Unsere bisherigen Eindrücke von den suburbanen Sphären des Stadtteils Oberricklingen und von Gebieten, die ausschließlich dem Wohnen, dem Konsum oder dem sozialen Leben vorbehalten sind, finden ihre Fortsetzung und Ergänzung mit diversen Unternehmen und Institutionen. Die Straße ist gesäumt vom Telefunken-Firmengebäude, von Behörden, wie der Niedersächsischen Landesbehörde für Straßenbau und Verkehr und dem Landesamt für Statistik Niedersachsen, einem Industrie- und Gewerbepark mit der Leichtmetall-Aluminium Gießerei Hannover GmbH, von der Firma »Alcoa Europe Extrusions and End Products«, einem weltweit agierenden US-amerikanischen Aluminiumhersteller, von einer mehrgeschossigen Mehrfamilienhausbebauung mit dunklen Backsteinfassaden oder mit energiegedämmten, renovierten Fassaden und nicht zuletzt von Konsum-Angeboten wie Tankstellen, Waschstraßen, Supermärkten, kleinen Einkaufspassagen und Bäckereien. Die automobile Orientierung der Straße wird auch durch Übergänge von ein- zu mehrspurigen Teilen deutlich. Zugleich sind Spuren einer jüngsten Verbreiterung des Geh- und Radwegs sichtbar.

Am Horizont deutet sich das Ende der Göttinger Chaussee an. Ein altes Backsteingebäude an der Ecke Schlorumpfsweg zieht unsere Aufmerksamkeit auf sich. Im Untergeschoss befindet sich ein Fitnessstudio, an einer der Hauswände hängt ein Werbeplakat für die Vermittlung von Gewerbeflächen und eine Tafel verweist auf die Freie Akademie der bildenden Kunst[2]. In der ersten Etage werden die Galerieräume gerade neu bespielt und wir begegnen einem der Begründer*innen der Akademie. In dem Haus finden sich Bereiche der Kunst, Arbeit und des Lebens verwoben und unterscheiden sich von der Atmosphäre in den Straßen, denen wir zuvor gefolgt sind.

Zurück auf der Straße entdecken wir eine Vielfalt weiterer Nutzungen in den sich anschließenden Gebäuden und Hallen, die zu einem älteren, größeren Industrie- und Gewerbegebiet gehören, das einen Bestandteil des Grenzgebiets zwischen Ricklingen, Bornum und Linden-Süd bildet. Dabei fallen uns die Musikschule Dreiklang[3], die »Kart-o-Mania-Kartbahn«, das große Areal der Firma »Heiner Container Miet- und Vertriebs Gmbh« und das villenartige Gebäude des Unternehmens thyssenkrupp-Schulte auf, in dem sich das Kompetenzcenter Hannover für »die Anarbeitung von NE-Metallen (Aluminium, Kupfer, Messing)« befindet[4]. In der Fortsetzung des Industrie- und Gewerbegebiets im Stadtteil Bornum[5] reihen sich verschiedene Betriebe aneinander, deren inhaltliche Ausrichtung sich in verschiedener Nähe und Weite zum nicht weit entfernten Großmarkt der Stadt Hannover bewegt[6]. Die industrielle Produktionsstätte der Brotfabrik Harry GmbH[7] ist uns besonders präsent, nicht nur was ihre Ausmaße und die einfache Wellblechverkleidung anbelangt. Diese ist ein Beispiel dafür, dass die alten massiven Bauten und deren Backsteinfassaden ausgedient haben und potenzielle Möglichkeiten der Neunutzung zunichte gemacht werden. Die Abschlussleisten, Türen und Fensterrahmen heben sich in einem kräftigen Rot vom silbergrauen Wellblech ab, womit die Verbindung zur Farbenwelt des Firmen-Logos hergestellt wird. Die Vorderseite des Gebäudes ermöglicht uns Einblicke in große Gebäudeöffnungen zur Anliefe-

rung von Inhaltsstoffen, die wir in überdimensionierten Abpackungsgrößen beobachten, sowie zum Abtransport von fertigen Produkten. Dabei umhüllt uns ein
Geruch, der mit großer Intensität den lebensmittelchemischen Geruch industriell
gefertigter und für die Haltbarkeit und das Verpackungsmaterial präparierter Auf-
backbrötchen in einer unvorstellbaren Menge präsent macht, und zugleich Hygie-
nevorschriften und die Entfremdung vom Wachsen pflanzlicher Rohstoffe, hand-
werklicher Verarbeitung und vom direkten, lokalen Verkauf aufruft. Der Geruch
begleitet uns eine Weile und vermischt sich mit den Abgasen und dem Lärm der
vorbeifahrenden Autos an einer belebten Verkehrsader.

In der Nähe des Firmengeländes von thyssenkrupp-Schulte und auf der formalen Grenze zwischen den Stadtteilen Ricklingen und Bornum[8] ist uns insbesondere ein Bordell aufgefallen, das sich – umgeben von einem hohen Maschendrahtzaun – auf einem großen Areal befindet. Eine Folie aus Plastik sorgt für weiteren
Sichtschutz. Hinter einer unbebauten Fläche, die als Gewerbegrundstück zur Ver-
pachtung beworben wird, befindet sich eine alte Villa[9], an die sich neuere Nebenge-
bäude anschließen. Gut sichtbar bewirbt ein Schild am Dach eines Nebengebäudes
die »FKK Villa« mit dem Zusatz »Saunaclub«. Eine Fahne mit der gleichen Werbung weht auf dem Dach der Villa; die Fenster im oberen Bereich sind vollständig
mit roter Folie beklebt. Der Parkplatz ist gefüllt. Die Lage am Ende einer Straße
in der Mitte eines Gewerbegebiets (ohne nennenswertes öffentliches Leben) und
umgeben von zentralen Verkehrsadern, schaffen Anonymität, die von dem vielschichtigen Plastik-Sichtschutz auf die Spitze getrieben wird.

Typisch für unsere Passage durch das Gewerbegebiet ist die Erfahrung, dass
wir die Dominanz der automobilen Verkehrsteilnehmenden auch in der Abwesenheit weiterer Fußgänger*innen und vereinzelter Fahrradfahrer*innen deutlich ge-
spürt haben. Für die Wechsel der Straßenseiten war immer wieder Aufmerksamkeit erforderlich, da nicht wenige Autofahrer*innen die Straßen in hohem Tempo
als eine Art West-Ost-Verbindung nutzen, um zu den wichtigen Verkehrsadern zu
gelangen. Der Wechsel der Straßenseiten war für uns auf der zweispurigen Ein-
und Ausfahrtstraße (Bornumer Straße) gar nicht mehr möglich, da diese durch
einen begrünten Mittelstreifen getrennt und die Geh- und Fahrradwege durch Leit-
planken von der Straße abgegrenzt sind. Eine durchgezogene weiße Linie separiert
den Weg in einen vergleichsweise schmaleren Pfad für Fahrradfahrer*innen. Wir
können uns kaum vorstellen, dass diese Passage einen Platz im alltäglichen Wege-
system von Fußgänger*innen hat. Wir begegnen auch hier nur einzelnen Fahrradfahrer*innen. Die Straße ist ausschließlich dem Verkehrsstrom vorbehalten, der
eine Dichte ohne Begegnung erzeugt.

Die Straße führt über eine Brücke, die eine Verbindung zwischen Bornum und
Linden-Süd herstellt. Auffallend ist der starke und dichte Baum- und Strauchbe-
wuchs zu beiden Seiten der Straße. Vereinzelt finden sich gewaltige Werbetafeln in
großer Sichthöhe und -weite, d. h. insbesondere an der Perspektive der Autofahren-
den orientiert. Dabei wird nicht untypisch für eine solche Ein- und Ausfahrtstraße
ein Bordell beworben. Es handelt sich jedoch nicht um das nahe gelegene Bordell
im Gewerbegebiet, sondern um die »Agentur Stern« in der Oststadt.

Die Spannweite der Brücke, welche die große Gleisanlage der Güterumgehungs-
bahn Hannover[10] umfasst, sowie die Ausblicke auf die Anlage machen die materiell
physische Grenzziehung, die durch diese Infrastruktur zwischen den Stadtteilen
hergestellt wird, in ihrer unmittelbaren Unüberwindbarkeit besonders wahrnehm-

bar. Zwei weitere Brücken ermöglichen die Überwindung dieser zentralen Grenze auch zwischen Ricklingen und Linden (Ricklinger Straße und Westschnellweg).

Auf der anderen Seite der Brücke findet das suburbane Gewerbegebiet[11] seine Fortsetzung, bevor wir urbane Sphären Linden-Süds erreichen. Das Erlebnis, die breite Gleisanlage zu überqueren und zugleich nahezu ausschließlich von Automobilität umgeben zu sein, hat für uns aus der gehenden Perspektive die Dominanz der Infrastrukturen, die zugleich im Sinne Richard Sennetts und in seiner Anknüpfung an Steven Gould eine große begrenzende »Randzone« zwischen zwei Stadtteilen herstellt und markiert, in ihrer Monotonie und Unüberschreitbarkeit spürbar werden lassen (Gould, zitiert nach Sennett, 2013, S. 3). Es gibt keine kleinen Passagen, die alltägliche Verbindungen zwischen den Stadtteilen herstellen und unmittelbare Begegnungsmöglichkeiten schaffen. Die Gestaltung der großen Straße erfüllt ausschließlich die Funktion eines maßgeblich automobilen Verkehrsstroms von A nach B und der Überschreitung der »Randzone« und reiht sich ein in die Zerstückelung des urbanen Lebensraums in isolierte »Zonen für Arbeit, Handel, Familie und Öffentlichkeit« (Sennett, 2013, S. 3). Die strikt eindimensionale Nutzung des suburbanen Gewerbegebiets wird durch einzelne ungewöhnliche, alternative urbane Orte, wie das Bordell, die Musikschule und die Kunstakademie, aufgebrochen. Auch die eindimensionale Nutzung und die Begrenzungen zwischen privaten und öffentlichen Sphären menschenleerer Straßenräume in den suburbanen Wohngebieten Ricklingens werden durch kleine Zonen der Verbindung zwischen Handel, Konsum und sozialem Leben aufgebrochen. Im Sinne Richard Sennetts (2013, S. 3 f.) entstehen kleine »Randzonen« mit offenen »Grenzen« und »Membranen«, die Möglichkeiten eines urbanen Lebens über den Austausch zwischen dicht beieinander lebenden Bewohner*innen mit verschiedenen sozialen und kulturellen Hintergründen, über unangepasste, widersprüchliche moralische Ordnungen und über ein Ineinanderfließen von Sphären des Lebens und Arbeitens vorstellbar werden lassen. Diese urbanen Möglichkeiten spiegeln sich auch darin, dass beständige Bausubstanzen renoviert und mit neuem, heterogenem Leben gefüllt werden. In dem gewerblichen Randgebiet haben Fußgänger*innen zwar einen geregelten Platz im Straßenraum, allerdings keinen, der zur (spontanen) Aneignung für ein lebhaftes, öffentliches Leben auf der Straße einladen würde.

ANMERKUNGEN

1 | Während dieses Transect Walks haben wir die Stadt Hannover am 24. August 2016 entlang einer Linie durchquert, die vom südwestlichen Stadtrand im Stadtteil Wettbergen ihren Ausgangspunkt nimmt, und über den Stadtbezirk Ricklingen sowie die Stadtteile Bornum, Linden-Süd, Linden-Mitte, Linden-Nord, Nordstadt, Vahrenwald-List bis nach Nord-Ost, d. h. bis nach Vahrenheide, Sahlkamp und Bothfeld reicht. Unser Anfangspunkt war die Haltestelle »Wettbergen«, die Endhaltestelle der U-Bahn-Linie 3 im Süden Hannovers ist. Diesen Transect Walk haben wir in zwei Teile geteilt, wobei dieser Erfahrungsraum zum ersten Teil gehört. Endpunkt dieses ersten Teils war Linden-Nord. An der Haltestelle Hannover-Glocksee sind wir in die U-Bahn gestiegen, um zurück zum Hauptbahnhof zu gelangen. Unsere Eindrücke haben wir mit einem GPS-Tracking, per Videokamera, mit einem Audio-Aufnahmegerät und einem Fotoapparat ›dokumentiert‹. Dabei haben wir uns insbesondere auf (un)gewöhnliche Interaktionssituationen zwischen Menschen und Umgebung, unser Gehen, auf (un)gewöhnliche Geräusche und Geräuschquellen, (Un)Möglichkeitsräume eines urbanen Alltags, charakteristische Besonderheiten von Stadtteilen, sowie Übergänge, Grenzen und Grenzgebiete in und zwischen Stadtteilen, sowie das Grün in der Stadt fokussiert.

2 | »Die abk-hannover ist die einzige Ausbildungsstätte in Deutschland, die die innovative und zukunftsorientierte Kombination von Freier Malerei & Grafik, Comic | Manga, Animation | Trickfilm in Vollzeitausbildungen (3 in Einem) und berufsbegleitend Freie Malerei & Grafik und nach Bedarf Comic an Wochenenden anbietet. [...] 2003 gegründet von Erdogan Bulut und Sonja Bieker, wurde die ›abk-hannover‹ Freie Akademie der Bildenden Kunst‹ bereits 2006 und für ihre weiterführenden Ausbildungen 2010 als Ergänzungsschulen staatlich anerkannt.« Siehe http://akademiederbildendenkunst.de/die-akademie/, Zugriff am 20.05.2018.

3 | Die private Musikschule wirbt mit einem alternativen Konzept für Musikunterricht, das sich u. a. an persönlichen Neigungen, stilistischer Vielfalt, Einzel- und Gruppenunterricht orientiert und Möglichkeiten eines regelmäßigen Zusammenspiels in Workshops offeriert. Siehe http://3-klang.de/, Zugriff am 20.05.2018.

4 | Siehe https://www.thyssenkrupp-schulte.de/de/anarbeitung/anarbeitungszentren/kompetenzcenter-hannover.html, Zugriff am 22.05.2018.

5 | Siehe https://de.wikipedia.org/wiki/Bornum_(Hannover), Zugriff am 21.05.2018.

6 | Damit ist z. B. das Angebot von Dienstleistungen in Form von Einkaufskonzepten für Blumengroßhändler*innen des Unternehmens »Fleura Metz« gemeint (siehe http://www.fleurametz.com/de-DE/, Zugriff am 21.05.2018). Die Firma »Meyer Menü« bietet ein Event-Catering an und vertreibt über einen Lieferservice frisch gekochte Mittagessen für unterschiedlichste Adressat*innen und Kontexte (siehe https://www.meyer-menue.de/, Zugriff am 10.07.2018. Überregionale und globale Logistikunternehmen, wie die Kunzendorf-Spedition GmbH und Kühne und Nagel AG & Co, sind hier ebenso angesiedelt wie eine Tankstelle und eine Filiale der Handelskette Kaufland.

7 | Die Brotfabrik von Harry GmbH ist »aus der 1929 übernommenen *Hannoverschen Brotfabrik AG, kurz Habag«* entstanden (siehe https://de.wikipedia.org/wiki/Ricklingen_(Stadtbezirk), Zugriff am 10.07.2018).

8 | Der Tönniesberg markiert die Grenze zwischen den Stadtteilen Bornum und Ricklingen, siehe https://de.wikipedia.org/wiki/T%C3%B6nniesberg_(Hannover) und https://de.wikipedia.org/wiki/Bornum_(Hannover), Zugriff am 20.05.2018.

9 | Die Villa ist Bestandteil der Liste der Baudenkmäler in Ricklingen – über den Entstehungskontext und vormalige Nutzungsweisen finden sich keine Hinweise, siehe https://de.wikipedia.org/wiki/Liste_der_Baudenkmale_in_Ricklingen_(Stadtbezirk)#cite_note-NLD1985-1, Zugriff am 20.05.2018.

10 | https://de.wikipedia.org/wiki/Ricklingen_(Stadtbezirk)#Ricklingen, Zugriff am 21.05.2018.

11 | In diesem Zusammenhang sind die historischen und neueren Gebäude auf dem ehemaligen Hanomag-Gelände zu nennen, das als Symbol für die Bedeutung der Eisengießerei und Verarbeitung in Hannover sowie für alte Industriearchitektur gilt (siehe https://de.wikipedia.org/wiki/Hanomag-Gel%C3%A4nde, Zugriff am 21.05.2018). Unzählige großformatige Baumaschinen und -fahrzeuge, die auf einem Teil des Geländes stehen, werden von der Firma Komatsu-Hanomag GmbH noch heute produziert (siehe https://de.wikipedia.org/wiki/Linden-Limmer#Linden-S%C3%BCd und https://de.wikipedia.org/wiki/Hanomag-Gel%C3%A4nde, Zugriff am 21.05.2018). Darüber hinaus ist von der Straße aus der Baumarkt Hornbach zu erkennen, der ein Beispiel für die Nachnutzung des Werksgeländes ist, das nach dem Konkurs der Hanomag mehrere Jahre brach lag und nun von verschiedenen Einzelhandels-Betrieben genutzt wird (Siehe https://de.wikipedia.org/wiki/Linden-Limmer#Linden-S%C3%BCd und https://de.wikipedia.org/wiki/Hanomag-Gel%C3%A4nde, Zugriff am 21.05.2018).

LITERATUR

Sennett, R. (23. März 2013). *Open City*. Festrede anlässlich der Eröffnung des Präsentationsjahres der Internationalen Bauausstellung Hamburg. Abgerufen am 13. Juli 2018 von https://www.iba-hamburg.de/fileadmin/Die_IBA-Story/IBA meetsIBA-Vortrag_Sennett_IBAmeetsIBA.pdf

Kapitel 5

Ein Möglichkeitsraum imaginativer nachhaltiger städtischer Zukünfte

Das kreative Beteiligungswerkzeug »Linden Fiction 2050«

Annette Grigoleit und Verena Holz

unter Mitarbeit von Julia Barthel und Lena Greßmann

1. EINLEITUNG

Im Sommer 2015 lud das Kulturzentrum Faust Bewohner*innen des Stadtteils Hannover-Linden dazu ein, im Format einer Kurzgeschichte Wünsche und positive Utopien für ein zukunftsfähiges Zusammenleben im Stadtteil im Jahr 2050 zu entwerfen und diese zu veröffentlichen. Das Projekt »Linden Fiction 2050« wurde von den Projektverantwortlichen im Sinne von SozioKultur-Ansätzen (Sievers 2015) entwickelt. Dabei ging es darum, differente Gruppen im Stadtteil und auch Bewohner*innen anzusprechen, die sich bislang nicht in politischen Gruppen o. ä. engagieren, und diese in Zeiten einer Renaissance utopischen Denkens, aber auch von Utopiearmut mit Mitteln des kreativen Schreibens zu ermutigen, positive utopische Entwürfe über das Zusammenleben zu entwickeln und sich mit der Veröffentlichung in die Diskussionen um die Stadtteilgestaltung einzubringen.

Mit unserer Auswahl von »Linden Fiction 2050« für eine Einzelfallstudie knüpfen wir an wichtige Diskussionsstränge in der Nachhaltigkeitsforschung an: Einer von ihnen betont die fundamentale Bedeutung imaginativer und kreativer Fähigkeiten für herausfordernde Suchprozesse und Entwürfe wünschenswerter nachhaltigerer Entwicklungspfade, die bislang in einer kleinen Forscher*innencommunity fokussiert wird (Kagan 2019b: 1; ebd. 2016: 2). Mit dem Aufruf von »Linden Fiction« eröffnet sich ein Spektrum von Möglichkeiten, alternative utopische Entwürfe mit Bezug zum Stadtteil, aber ohne konkrete Umsetzungserfordernis in einem stadtplanerischen Kontext, offen zu denken. Die Visionen können Kritik am (nicht-nachhaltigen) Bestehenden mit dessen Überschreitung und Entwürfen besserer, alternativer Welten und ihrer Konkretion verbinden. Hiermit schließt »Linden Fiction« auch an die Aktualität emanzipatorischer Verständnisse von Utopie als politische Denkform und eines politischen utopischen Handelns an (Neupert-Doppler 2017; Do Mar Castro Varela 2007; Wright 2017), das auch in verschiedenen Zusammenhängen von Kunst und Stadtprojekten (Bulk 2017, Bazak et al. 2015; Park Fiction

2016) und Protestbewegungen mit Bezug auf Lefèbvres Aufruf »Recht auf Stadt« (Lèfebvre 1968/2016) praktiziert wird (Holm 2011). Darin zeigt sich das Bemühen, über sprachliche und nicht-sprachliche kreative Modi, das utopische Denken und Wollen des Unmöglichen zu befördern und z. B. im Sinne des Rechts auf ein urbanes differenzielles Leben alternative Weisen der Stadtentwicklung zu erfinden und zu realisieren (Lefèbvre 2016). Vor diesem Hintergrund eröffnet sich mit »Linden Fiction« ein Möglichkeitsraum, der unmittelbar bei den Individuen bzw. Stadtbewohner*innen und ihren subjektiven Bedürfnissen nach einem zukunftsfähigen Zusammenleben ansetzt und zugleich offen für ihre Ängste, dystopische Kritik und Utopiekritik ist. Die Ermutigung, ihre Bedürfnisse zu artikulieren und zu veröffentlichen, bzw. sich in die Gestaltung der Gegenwart und Zukunft ihrer Umgebung einzubringen, die Einbindung neuer und heterogener Stadtbewohner*innengruppen durch Partizipation an kreativen Prozessen, lässt sich als eine zentrale Voraussetzung für urbane Transformationen verstehen (Kagan et al. 2018: 35f.; WGBU 2016a).

Insofern rücken auch das Beteiligungswerkzeug und dessen mögliches transformatives Potenzial in den Blick. Der Wissenschaftliche Beirat der Bundesregierung Globale Umweltveränderungen (WGBU) sieht die »Ermöglichung der gleichberechtigten Nutzung und Fortentwicklung der Stadt durch ihre Bürgerinnen« als eine der drei Qualitäten des Siedlungswesens und zugleich als »urbane Grund- und Zielwerte« (WGBU 2016b: 7), die dem normativen Kompass für eine nachhaltige Transformation der Städtegesellschaften zugrunde gelegt werden. In Bezug auf Teilhabe müssten universelle »Mindeststandards für substanzielle, politische und ökonomische Teilhabe« sichergestellt werden, um allen Menschen »Zugang zu den Grundlagen menschlicher Sicherheit und Entwicklung« zu eröffnen und sie dazu zu befähigen, »ihre individuellen und gemeinschaftlichen Lebensentwürfe zu entfalten und umzusetzen« (ebd. 15). Mit der zunehmenden Initiierung partizipativer Aktivitäten in Städten in Bezug auf nachhaltige Planung wächst die Einbeziehung von kulturellen und künstlerischen Akteur*innen. Auch Grundsatzpapiere (UBA 2016; UNESCO 2016), Forscher*innen (Kagan et al. 2018; Bramley et al. 2010) und öffentliche Verwaltung (Senatsverwaltung Berlin 2018) empfehlen, den Fokus auf kulturelle Beteiligungs-Aktivitäten zu legen. Insofern werden wir uns mit der Frage nach den verschiedenen Wirksamkeiten des partizipatorischen kulturellen Engagements von »Linden Fiction 2050« aus der Perspektive der Mitwirkenden nähern und diese im Hinblick auf das transformative Potenzial und spezifische Voraussetzungen für ihren Erfolg untersuchen.

In unserer Einzelfallstudie zu »Linden Fiction 2050« geht es uns darum, die verschiedenen Bedeutungskontexte, thematischen Orientierungen, Wissensvorräte und -formen und institutionellen Mechanismen, welche Bezugsrahmen für die verschiedenen Erfahrungshorizonte der Mitwirkenden und für die Bedeutungsgenerierungen auf der Ebene der Kurzgeschichten bilden, zu verstehen. Auch aus forschungspragmatischen Gründen haben wir kein triangulierendes Forschungsdesign gewählt. Vielmehr haben wir verschiedene Facetten des Projekts aus zwei Blickwinkeln beleuchtet.

Damit sind *erstens* die verschiedenen Umgangsweisen der Autor*innen mit der Aufgabenstellung in ihren visionären Entwürfen gemeint. Unsere Studie eröffnet Perspektiven darauf, welche alltäglichen Relevanzen utopische und utopiekritische Denkfiguren heute haben (Neupert-Doppler 2017: 11). Dabei gehen wir in Rekurs auf Herbrik und Kagan davon aus, dass jedes nachhaltigkeitsbezogene und visionäre Denken, Sprechen und Handeln auf imaginative Fähigkeiten zur Überschreitung der bestehenden Ordnung angewiesen ist. Dieser Fähigkeiten bedarf es, um Kritik an bestehenden (nicht-nachhaltigen) Lebensweisen und ihrem globalen, lokalen Gewordensein üben, sowie alternative Entwürfe eines (nachhaltigen) Zusammenlebens entwickeln zu können, wobei in unterschiedlicher Weise auf gegebene (dominante) oder neu entstehende Formen des sozialen Imaginären Bezug genommen wird (Herbrik 2016/2013/2011; Kagan 2019b: 3; ebd. 2016: 2). Das soziale Imaginäre verstehen wir im Hinblick auf Kagans Rezeption von Castoriadis als »Fundament sozialer Institutionen, da sie in sich kohärente und einheitliche Bedeutungs-Netze etablieren, die bestimmte Sichtweisen, Logiken und organisatorische Formen in einer Gesellschaft legitimieren« (Castoriadis 1975, zitiert nach Kagan 2019a: 76*). Wie treten die visionären Entwürfe und Bezugnahmen auf das soziale Imaginäre in ein Zusammenspiel mit Themen einer zukunftsfähigen Gestaltung eines Stadtteils in Hannover und der narrativen Konstruktion des städtischen Raums? Inwiefern scheinen verschiedene Ansätze auf, das Unmögliche zu denken und zu erreichen oder z. B. warnende Schreckbilder negativer gesellschaftlicher Entwicklungen der eigenen Zeit und ihrer antizipierten Folgen für die Zukunft zu zeichnen? (Neupert-Doppler 2017; Soeffner 1974). Den verschiedenen Umgangsweisen der Autor*innen hinsichtlich der Aufgabenstellung nähern wir uns analytisch auf der Ebene der Kurzgeschichten.

Damit sind *zweitens* die Möglichkeiten und Wirksamkeiten des Beteiligungswerkzeugs gemeint, die wir aus fokussierten Interviews mit verschiedenen Mitwirkenden rekonstruieren. Inwiefern können solche kreativen Beteiligungsformate förderlich sein, diverse und bislang unbeteiligte Stadtbewohner*innen dahingehend zu ermutigen, ihre Entwürfe in einem geschützten Raum zu artikulieren und in einem öffentlichen (Text)Raum zur Diskussion zu stellen?

Mit unserer vertieften Einzelfallstudie möchten wir ein dichteres Wissen im Hinblick auf die Frage generieren, inwiefern das Beteiligungswerkszeug und die visionären Entwürfe an einer nachhaltigen Transformation der Stadt mitwirken. Zugleich tragen wir mit unserem methodischen und analytischen Werkzeug dazu bei, Impulse für die Analyse ähnlicher Projekte im künstlerisch-kreativen Bereich zu einer visionären Stadtteilgestaltung zu setzen.

In diesem Beitrag wenden wir uns ausschließlich dem kreativen Beteiligungswerkzeug von »Linden Fiction 2050«[1] zu. Ehe wir den theoretisch-begrifflichen Rahmen, die zentralen Forschungsfragen und Analysedimensionen, das Forschungsdesign sowie die Analyseergebnisse vorstellen und diskutieren, möchten wir einen Überblick über den Ablauf von »Linden Fiction« voranstellen.

---

1 | Wir hoffen, zeitnah gemeinsam mit Ute Finkeldei und Volker Kirchberg in einem weiteren Rahmen Ergebnisse der Narrationsanalysen der visionären Entwürfe der Autor*innen und ihrer spezifischen Umgangsweise mit der Aufgabenstellung zu veröffentlichen.

2. DAS PROJEKT »LINDEN FICTION 2050« AM KULTURZENTRUM FAUST

Abbildung 1: Figur für Linden Fiction 2050

Die Figur (Abb. 1) leuchtet im Original in einem außerirdischen Grün und war Bestandteil des Aufrufs und Flyers von »Linden Fiction 2050«. Von Mai bis September 2015 waren Stadtbewohner*innen vom Kulturzentrum Faust eingeladen, eine fiktionale Kurzgeschichte zu schreiben. Der Aufruf in Form eines Flyers beinhaltete die Aufgabe, visionäre Wünsche und positive Utopien über ein Zusammenleben im Stadtteil im Jahr 2050 zu entwerfen. Die auf dem Flyer abgebildete, futuristisch anmutende Figur und weitere bildliche Elemente, wie ein weit geöffnetes Auge, sorgten auch für visuelle Inspiration. Folgende Fragen bildeten mögliche Orientierungspunkte: Wie sollen Gruppen mit verschiedenen Weltsichten und Lebensweisen sowie mit differenten sozialen und kulturellen Hintergründen zusammenleben? Wie sieht ein klimafreundlicher Stadtteil im Jahr 2050 aus? Wie ist der Verkehr organisiert? Wie werden Bildung und Kinderbetreuung funktionieren? Wie sehen das Ihme-Zentrum und die Limmerstraße der Zukunft aus, d. h. implizit, wie sollen dieser kontrovers diskutierte urbane Gebäudekomplex und der urbane Straßenraum transformiert und gestaltet werden? (Faust 2015b)

In Bezug auf die Einbindung in das Konzept »Soziokultur« (Sievers 2015) bestand das zentrale Anliegen des Projektverantwortlichen Jörg Djuren (Sozialpsychologe und Publizist) darin, eine große Vielfalt an Stadtbewohner*innen zu ermutigen, ihre Ideen zur Zukunft ihres Stadtteils einzureichen und zu veröffentlichen. Mit dem Aufruf war die Absicht verbunden, im Hinblick auf Alter, Geschlecht, Bildung und sozialen sowie kulturellen Hintergrund unterschiedliche Gruppen anzusprechen. Dafür wurden verschiedene Kommunikationskanäle und -modi gewählt. Plakate, Flyer und Postkarten in deutscher Sprache kamen an verschiedenen Orten zum Einsatz. Persönliche Kontakte wurden ebenso genutzt wie die Netzwerkstrukturen des Kulturzentrums Faust. (JD: 6)

Die Teilnahmebedingungen wurden auf dem Flyer (Faust 2015b) und der Projekthomepage auf Deutsch publiziert (Faust 2018b). Am Projekt konnten sich alle Menschen beteiligen, die in Linden wohnen und/oder arbeiten – als Einzelautor*innen oder auch als Gruppe. Von der Teilnahme ausgeschlossen wurden professionelle Autor*innen sowie Texte, die sich gegen ein tolerantes Zusammenleben wenden (Faust 2015b). Um die Mitwirkenden beim Schreiben zu unterstützen, wurden zwei Schreibwerkstätten von Kooperationspartner*innen angeboten. Eine der Werkstätten wurde von Parisa Hussein-Nejad[2] geleitet, die aus dem Bereich der interkulturellen Theaterarbeit stammt. Von Mai bis September 2015 haben 28 Stadt-

---

2 | Parisa Hussein-Nejad ist Kulturwissenschaftlerin, Theatermacherin und Geschäftsführerin des Vereins Internationaler Kultureller Jugend Austausch e. V. (IKJA e. V.).

bewohner*innen Lindens ihre Kurzgeschichten eingereicht, welche dann auf der Projekthomepage unter einer Creative Commons-Lizenz publiziert und über auch über Social Media-Kanäle wie Facebook zur Diskussion gestellt wurden (Faust 2015c). Einige Autor*innen haben von der Möglichkeit Gebrauch gemacht, ihre Kurzgeschichten unter einem Pseudonym zu veröffentlichen.

Die Kurzgeschichten umfassen unterschiedliche Wünsche über das zukünftige Gleichgewicht zwischen Mensch und Natur, was z. B. in der kollektiven Produktion gemeinsamer Nahrungsmittel in Urban Gardening-Projekten, in einer grünen Mobilität, alternativen Verkehrsinfrastrukturen und nachhaltigem Energie- und Ressourcenverbrauch seinen Ausdruck findet. Darüber hinaus befassen sich die Autor*innen mit solidarischen Arbeitsformen und einem postkapitalistischen solidarischen ökonomischen System. Ebenso betonen sie eine kulturell offene und vielfältige Gesellschaft mit empathischer Anerkennung und einem barrierefreien Zusammenleben. Die Abschaffung von Körper- und Leistungsstandards ist ein weiterer Aspekt. Urbane Begegnungsräume wie bestimmte Straßen, Märkte und verschiedene Bezugspunkte lokaler Identifikation und Ortsbindung finden ebenso Erwähnung wie die Potenziale von Künstler*innen für eine Stadtgestaltung. Einige Autor*innen befürworten eine Transformation des Bildungssystems und Ideen wie das bedingungslose Grundeinkommen. In den positiv utopischen (nachhaltigen) Entwürfen werden einzelne Themen oder mehrere Themen im Zusammenspiel thematisiert. Dabei variieren die theoretische und alltagsweltlich praktische Einbindung, die auch in Bezug auf gelebte städtische Utopien illustriert werden: so werden beispielsweise das »PlatzProjekt« und Urban Gardening-Projekte im Sinne der Transition Town-Movement in Hannover-Linden genannt, welche für die kollektive Aneignung von Brachflächen und Freiräumen stehen (Bulk 2017; Neupert-Doppler 2017; Holm 2011). Dabei ist auch zu beobachten, dass in den positiven utopischen Entwürfen verschiedene Schwerpunkte zwischen der kritischen Negation des Bestehenden, der Produktion eines utopischen Wunschbildes und Möglichkeiten und politischen Aktivitäten der Konkretion gesetzt werden, wobei letztere seltener thematisiert werden. Nichtsdestotrotz blickt ein großer Teil der Autor*innen sorgenvoll und mit dystopischen Schreckbildern und Warnungen vor den Folgen gegenwärtiger (nicht-nachhaltiger) Entwicklungen in die Zukunft. Sie artikulieren ihre Kritik an bestehenden (neoliberalen, kapitalistischen) Ordnungen und haben Angst vor Armut, vor dem Altern, vor Krankheiten und vor dem Sterben, vor einem Mangel an Solidarität und vor Diskriminierung, vor einem Verlust eines guten Lebens, vor begrenztem Wohnraum, vor monotoner Architektur, vor der Monotonie eines prekären Arbeitstages, vor moralischen Vereinnahmungen und körpernormierenden Übermächtigkeiten, vor dem zunehmenden Fortschritt der (Bio- und Medizin-)Technologie und vor Kontrollregimen in verschiedenen gesellschaftlichen Bereichen. Was die narrative Form anbelangt, so wird das Format der Kurzgeschichte in verschiedenerlei Hinsicht genutzt und u. a. mit der fiktiven Textform des Briefes und einer Art filmischen Drehbuchs, verbunden.[3]

Dieser kursorische Einblick in die Vielfalt der visionären Entwürfe der Autor*innen führt uns nun zurück in die Beschreibung des weiteren Projektprozesses. Eine

---

3 | Hiermit möchten wir dazu einladen, den freien Zugang auf der Projektwebseite zu nutzen, um sich ein Bild von der Vielfalt der visionären Entwürfe zu machen. (siehe www.kulturzentrum-faust.de/files/buch_linden_fiction_2050.pdf, Zugriff am 13.09.2018)

Jury, die mit Ute Finkeldei (Literaturwissenschaftlerin, Texterin, Übersetzerin und Lektorin), Parisa Hussein-Nejad (Kulturwissenschaftlerin, interkulturelle Jugendtheaterarbeit) und Shari Böhnke (Praktikantin am Kulturzentrum Faust) besetzt war, wählte 20 Geschichten aus dem eingereichten Korpus aus. Diese Textauswahl wurde von Ute Finkeldei professionell lektoriert. Die Lektorin lud die Autor*innen zu Gesprächen ein, um die Ergebnisse des Lektorats gemeinsam zu diskutieren. Die Texte wurden dann in Form einer gedruckten Buchpublikation veröffentlicht (Faust e. V. 2015), die in einer Auflage von 1000 Exemplaren erschien und bis vor kurzem in Buchläden des Stadtteils erworben werden konnte. Das Buch ist als Print nach wie vor direkt über Faust, oder als E-Book im Online-Buchhandel, sowie im open access-Format auf der Projekthomepage erhältlich (Faust 2015e). Die Buchvorstellung fand Mitte Dezember 2015 in der »Warenannahme«, einem Veranstaltungsraum des Kulturzentrums Faust, statt und bildete zugleich den Abschlusspunkt für das Projekt, welches Anfang April 2015 begonnen hatte. Bei der Buchvorstellung wurde eine öffentliche Lesung mit einer anschließenden Diskussion über das Buch und über Möglichkeiten verbunden, positiv auf die Zukunftsgestaltung des Stadtteils einzuwirken. Autor*innen, Projektverantwortliche, eingeladene Gäste der Autor*innen sowie Repräsentant*innen aus der Stadtverwaltung wirkten an der Veranstaltung mit (Faust 2015d).

Zentrale in den Kurzgeschichten benannte Problemstellungen sind in einen großen stadtweiten Beteiligungsprozess eingeflossen, der zuvor von der Stadtregierung Hannovers initiiert worden war und über mehrere Monate im Jahr 2015 durchgeführt wurde. An dem als »Mein Hannover 2030« bezeichneten Stadtdialog beteiligten sich rund 17.000 Menschen in ca. 200 Präsenzveranstaltungen sowie ca. 10.000 Nutzer*innen in einem Online-Format (LHH 2016a: 13). Auf Basis dieses Dialogs wurde im Anschluss von der Stadtverwaltung ein Stadtentwicklungskonzept entworfen und durch einen Ratsbeschluss legitimiert (ebd. 5). Darüber hinaus wurde das Projekt »Linden Fiction« auch in die Diskussionen im Kontext des Wissenschaftsjahres 2015 »Zukunftsstadt« eingebracht (siehe BMBF 2015b). Das Wissenschaftsjahr ist eine Initiative des Bundesministeriums für Bildung und Forschung, die auf verschiedene Handlungsfelder nachhaltiger Entwicklung abzielt und den Austausch zwischen Wissenschaft und Öffentlichkeit befördert (BMBF 2015a).

Die nachstehende Abbildung verdeutlicht die verschiedenen Facetten des Projektprozesses:

Abbildung 2: Überblick über den Prozess von »Linden Fiction 2050«, Kulturzentrum Faust, Hannover- Linden

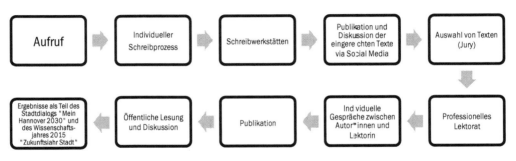

Gefördert wurde das Projekt »Linden Fiction 2050« zu einem erheblichen Teil von der LAG Soziokultur, dem Niedersächsischen Ministerium für Kunst und Kultur und der LindenLimmerStiftung, einer im Stadtteil ansässigen Stiftung. Kooperationspartner*innen waren das Agenda 21- und Nachhaltigkeitsbüro der Stadt Hannover, der Bildungsverein, die LAG Soziokultur und das Projekt »Welt-in-Hannover. de« (Faust e. V. 2015). Diese sind Teil eines Netzes von Kooperationspartner*innen, das städtische Institutionen, stadtteilbezogene Institutionen, Initiativen, Stiftungen und nicht zuletzt einige der 30 Vereine und Gruppen »aus den Bereichen Migration, Kunst, Kultur und Politik, Soziales und Freizeit« umfasst, die ebenfalls auf dem Faustgelände agieren (Welt-in-Hannover 2018; Faust 2018d).

3. HEURISTISCHER RAHMEN

Jüngste wissenschaftliche und politische Debatten konzentrieren sich zunehmend auf Städte als Knotenpunkte für eine nachhaltige Zukunftsgestaltung. Nicht nur, weil am Ende dieses Jahrhunderts 75 % der Menschheit in städtischen Ballungsräumen leben werden, werden jene als zukunftsrelevante Räume diskutiert, sondern auch, weil sie Spielräume für Partizipation und Mobilisierung eröffnen. Städte beherbergen Zentren politischer Macht und bringen kulturelle und soziale Innovationen hervor (WGBU 2016a). Kulturelle Institutionen wurden seither als Inspirationsquelle für die politische Führung geschätzt, wenngleich der Schulterschluss von Kultur und Politik in den Verdacht der Instrumentalisierung gerät. In Hinsicht auf die Gestaltung einer nachhaltigen Zukunft verliert das Paradigma, welches zwei getrennte Bereiche der Kultur und Politik mit klar definierten Verantwortlichkeiten vorsieht, jedoch langsam an Bedeutung.

Im Folgenden werden wir den Einfluss von kulturell partizipativem Engagement, das zur Gestaltung nachhaltiger urbaner Zukünfte beiträgt, in den Blick nehmen. Am Beispiel des Beteiligungswerkzeugs von »Linden Fiction 2050« soll das transformative Potenzial solcher Projekte und die spezifischen Bedingungen für ihr Gelingen im Feld alternativer Stadtentwicklung beleuchtet werden. Für die Analyse haben wir einen begrifflichen Bezugsrahmen entwickelt, der es erlaubt, verschiedene Grade, Ziele und Voraussetzungen für die Implementierung kultureller Beteiligungsformate zu verstehen, die eine nachhaltige Transformation von Stadtgesellschaften zum Ziel haben. Mit diesem Forschungsfokus möchten wir zu den jüngsten Debatten um eine nachhaltige Stadtentwicklung beitragen, die sich mit der Rolle von kulturellen Praxen für die Gestaltung nachhaltiger Zukünfte beschäftigen.

Im Folgenden haben wir die Vorannahmen für unsere Analyse in einem heuristischen Rahmen expliziert, der zentrale theoretische Begriffe und Konzepte, d.h. Partizipation und Kunst, die Dimensionen einer nachhaltigen Stadtentwicklung und Transdisziplinarität sowie einen Übersetzungsbegriff der verstehenden Soziologie in ein Zusammenspiel bringt. Dabei adressieren wir Themen und Problemstellungen über die auch im Rahmen von Stadtplanung, Stadtsoziologie, Sozialpädagogik und DIY-Kultur debattiert wird. Mithilfe dieses begrifflichen Bezugsrahmens fokussieren wir die Potenziale und Herausforderungen des Beteiligungswerkzeugs von »Linden Fiction 2050« aus der Perspektive der verschiedenen Mitwirkenden an dem Projekt.

3.1 Partizipation und Kunst (Recht auf Stadt)

Gegenwärtige Diskussionen um Partizipation stimmen in dem Punkt überein, dass Stadtbewohner*innen die Möglichkeit haben sollten, an kommunalen Entscheidungsprozessen teilzuhaben. Diese umfassen z. B. die Gestaltung öffentlicher Räume, strukturelle Planungsprozesse oder den Bau von Stadtvierteln (Selle 2013: 59; Riessen van & Knopp 2015: 201 ff.). Da Partizipationsaktivitäten oft im Verdacht stehen, unter dem Deckmantel der Demokratisierung gegenwärtige Machtverhältnisse zu stabilisieren, wurden verschiedene Ansätze entwickelt, um den Grad der Partizipation zu bestimmen (vgl. Arnstein 1969; IDE 1981: 56; Alcántara et al. 2016).

Allerdings ist zu berücksichtigen, dass sich inzwischen der Schwerpunkt des Partizipationsdiskurses im Bereich der Governance von einer einst emanzipatorischen Intention, wie etwa im Rahmen der Agenda 21-Bewegung noch befürwortet, auf eine Partizipation »von oben« verlagert hat. Die im Projekt »Linden Fiction 2050« relevante Beteiligung am Stadtdialog »Mein Hannover 2030« ist ein Beispiel für eine solche Einbindung durch Mitwirkung (Heinrichs & Kuhn & Newig 2011) von an sich nicht entscheidungsbefugten zivilgesellschaftlichen Akteur*innen, Gruppen und Organisationen durch lokale politische Entscheidungsträger*innen. In jüngerer Zeit nutzen Letztere Partizipation sowohl als Mittel zur Sicherung öffentlicher Akzeptanz als auch als Möglichkeit, Entscheidungsprozesse zu öffnen (Smith 2003; Kastens & Newig 2007; Kastens & Newig 2008) und (lokales) Wissen und Perspektiven einer Vielzahl von Akteur*innen einzubeziehen (Berkes & Folke 2002; Pellizzoni 2003; Koontz 2006). Inzwischen zielt Partizipation mehr auf die Entwicklung der inhaltlichen Substanz von Entscheidungen, sowie auf die Verbesserung der Wirksamkeit in Bezug auf gesetzte Ziele, gegenüber der reinen Förderung von Transparenz ab (Beierle und Cayford 2002: 5).

Anders als klassische Partizipationsvorhaben, die ziel- und umsetzungsorientiert sind, ist das hier diskutierte Projekt »Linden Fiction« unkonventionell lokal fokussiert und ergebnisoffen. Im Sinne der Soziokultur orientiert es sich an der Leitlinie, bislang an politischen Aktivitäten Unbeteiligte, bzw. heterogene Gruppen von Stadtbewohner*innen, ermächtigend in Bezug auf die (visionäre) Gestaltung ihres Stadtteillebens zu beteiligen. Dabei liegt den Soziokultur-Projekten ein Kunstverständnis zugrunde, das die »Schranken zwischen professioneller Kunst und selbstorganisiertem künstlerischen Schaffen erfolgreich« durchbricht, ohne Soziokultur als »Gegenbegriff zu Kunst und Ästhetik« zu verstehen (Sievers 2015: 25 f.). Vielmehr wird damit die Aufforderung verbunden, »deren Bedeutung als Medium für Kommunikation, Reflektion und Partizipation ernst zu nehmen« (Sievers, zitiert nach Sievers 2015: 26). Insofern verstehen sich auch soziokulturelle Zentren wie das Kulturzentrum Faust »(zumindest in Teilen) als Kultur- und Kunstlabore« (ebd.).

Das Verständnis von Partizipation ist in vielen Kunstprojekten darauf ausgerichtet, die imaginative und aneignende Gestaltung von »Räumen der Repräsentation« im Sinne Lefèbvres (1968) zu fördern (siehe Kap. 4 in diesem Band). Dabei gehen wir ganz allgemein von Kagans Verständnis von Imagination »as a creative process of individual and social (de/re-)construction of reality« aus (Kagan 2019a: 76). Imagination sei nach Merleau-Ponty im Sinne einer Sensibilität gegenüber der möglichen Gestalt der eigenen Umgebung, bzw. als eine »imaginary texture of the

real«, zu verstehen (Merleau-Ponty 1964, zitiert nach Kagan 2019a: 76*). Mit solchen Kunstprojekten können im Sinne von Marcuses Verständnis der »*subversiven
Imagination*« teilweise verschüttete subjektive Bedürfnisse und Wünsche vor dem
Hintergrund der Kritik an der bestehenden Ordnung sowie an Entfremdungs-
prozessen expliziert (Kagan 2008, zitiert nach Kagan 2019b: 14) und imaginative Fähigkeiten re-aktiviert und an Lefèbvres Forderung nach einem »Recht auf
Stadt« angeschlossen werden. »Such artists can indeed bring perspectives that
help participants critically reflect on, experiment with, and link everyday lives and
societal development paths« (Kagan 2011, zitiert nach Kagan et al. 2018: 35). Die
mitwirkenden Stadtbewohner*innen werden dabei zu einem aktiven Teil der gelebten »Räume der Repräsentation« (Lefèbvre 1968), die von allen angeeignet und
subjektiv bedarfsorientiert gestaltet werden. Dabei können sich urbane Träume
und Utopien wie auch Widerstände gegen die vorherrschende Raumordnung realisieren (Schmid 2010: 208). Die Forderung nach gesellschaftlicher Teilhabe an der
Stadtgesellschaft und ihren Ressourcen bezieht sich hier auf die physische Form
und die mit ihr in Wechselwirkung stehenden sozialen Verhältnisse und Praktiken. Sie beschränkt sich nicht nur auf die konkrete Nutzung, sondern umfasst
auch den Zugang zu den politischen Debatten für künftige Entwicklungspfade
(Holm 2011: 1).

3.2 Dimensionen einer nachhaltigen Stadtentwicklung

Städte sind Zentren der Entscheidungsfindung für eine globale Transformation im
21. Jahrhundert. Daher wurde eine Reihe politischer Fahrpläne in Gang gesetzt,
welche die Synergien zwischen lokaler Stadtentwicklung und reorganisierten weltweiten politischen Prozessen betonen. Die meisten dieser Masterpläne lenken die
Aufmerksamkeit auf die neuen globalen Wirtschaftsnetzwerke und folgen einem
neoliberalen und neoimperialistischen Paradigma von Kapitalakkumulation und
Enteignung, insbesondere in den Städten (Harvey 2005). Kulturelle Aktivitäten
spielen in diesen Prozessen oft eine Rolle. Damit geht der Auftrag einher, Bilder,
Erzählungen der städtischen Gemeinschaft und Kultur zu produzieren. Bestimmte Vorstellungen von nachhaltiger Stadtentwicklung (Revi & Rosenzweig 2013;
Teron 2015; Agenda 21 für Kultur 2018) stellen einen alternativen Entwurf zum
aufgezeigten Phänomen des neoliberalen Urbanismus (Smith 1984; Harvey 2001;
Peck et al. 2009; Fainstein 2010; Theodore et al. 2012) dar, der von den sogenannten Global Cities als Kontrollzentren der globalen Industrie und Kapitalmärkte
genährt wird (Sassen 2001). Unserer empirischen Forschung liegt ein Ansatz von
nachhaltiger Stadtentwicklung zugrunde, der lokale Bewegungen fördert und die
Bedeutung von inklusiven ermächtigenden Prozessen betont. Dieser Ansatz wurde vom WBGU entwickelt und zeichnet sich durch einen stringenten normativen
Rahmen aus, welcher auf dem Erhalt natürlicher Lebensgrundlagen, der Idee sozialer Gerechtigkeit, kultureller und politischer Partizipation und dem Begriff der
Vielfalt bzw. der Eigenart basiert (WBGU 2016a/b). Außerdem gründet das Konzept u. a. auf den Zielen für nachhaltige Entwicklung (Sustainable Development
Goals [SDG's]) und wird als Beitrag zum UN-Habitat-Programm betrachtet. Dementsprechend haben wir die folgenden Kategorien einer nachhaltigen Stadtentwicklung (USD) zur Analyse der fallspezifischen Themen angewendet: (1) Beitrag
zu den nachhaltigkeitsrelevanten Handlungsfeldern (Dekarbonisierung, Energie

und Verringerung des Klimawandels, Mobilität und Verkehr, städtische Form, Anpassung an den Klimawandel, Verringerung von Armut und sozioökonomischen
Disparitäten, städtische Bodennutzung, städtische Gesundheit), (2) Polyzentrische
Verantwortungsarchitektur (Gewährung des Rechts auf Selbstverwaltung bei der
Gestaltung lokaler Angelegenheiten, Förderung von Bottom-up-Entscheidungs-
findungs- und Planungsprozessen, Verteilung der Entscheidungsbefugnisse nach
dem Subsidiaritätsprinzip, Zusicherung der Finanzierung, Stärkung der institutionellen und personellen Kapazität, Aufbau von effektiven Planungsstrukturen, Berücksichtigung der Rolle von Stadtgesellschaften bei der Beeinflussung des Trans-
formationsprozesses), (3) Normativer Rahmen (Aufrechterhaltung natürlicher
Lebensgrundlagen, Gewährleistung von Inklusion und Teilhabe, Förderung von
[kultureller und sozialer] Vielfalt, Förderung von Eigenart, Stärkung kultureller
Praktiken, Beitrag zur sozialen Gerechtigkeit). Diese Kategorien wurden zum Teil
aus dem »Gesellschaftsvertrag für die urbane Transformation« des WBGU (2016a)
extrahiert und um Kategorien aus unserer eigenen Forschung ergänzt (z. B. Kagan
et al. 2018).

3.3 Transdisziplinarität

Auch wenn das Projekt »Linden Fiction 2050« keine gemeinsam initiierten Kooperationen zwischen Kulturschaffenden und Stadtverwaltung (etwa unter gemeinsamer Träger*innenschaft) beinhaltet, können wir sie als Austausch zwischen verschiedenen Akteur*innen und feldspezifischen Arbeitsweisen konzeptualisieren.
Empirischen Zugriff auf derartige Austauschbeziehungen erhalten wir über entsprechende Reflexionen unserer Interviewpartner*innen. Insofern beziehen wir
uns auf verschiedene Modelle und Begrifflichkeiten aus der Transdisziplinaritäts-
forschung hinsichtlich der Organisation von Zusammenarbeit und Wissensinte-
gration, um die Interaktion und Kommunikation zwischen Kulturschaffenden und
politischen Entscheidungsträgern verstehen zu können. In diesem Kontext setzen
sich die Akteur*innen, anders als im Kontext klassischer transdisziplinärer Projekte, aus den Bereichen Kultur, Politik und Anwohner*innenschaft zusammen.
Modelle transdisziplinärer Forschung adressieren die Formulierung gemeinsamer
und jeweils eigener Ziele und Produkte, sowie den Austausch über zentrale Begrifflichkeiten, Methoden und Rollen der jeweiligen Kooperationspartner*innen
(Rossini 2009; Scholz et al. 2009; Bergmann et al. 2010; Jahn et al. 2012). Eine
zentrale Herausforderung solcher Interaktionen von Akteur*innen verschiedener
Felder besteht in der Koordination und Integration unterschiedlicher Wissensbe-
stände. Gleichzeitig beschreiben sie verschiedene Hürden und Schwierigkeiten,
die während der Interaktion und Kooperation auftreten. Lang et al. (2012) haben
in einem Literatur-Review überblicksartig zentrale Herausforderungen für transdisziplinäre Kooperationen dargestellt, die sich auch auf den Austausch zwischen
Kulturschaffenden, beteiligten Bürger*innen sowie Stadtverwaltung und Politik
anwenden lassen. Folgende Aspekte lassen sich für den hier fokussierten Projektkontext beschreiben: (1) Fehlendes Problembewusstsein und unzureichendes
»problem framing« (Trutnevyte et al. 2011; Dunn et al. 2011; Ng'ang'a et al. 2009),
(2) unausgewogene »problem ownership« (Krütli et al. 2010; Gatzweiler 2005), (3)
ungenügende Legitimität der beteiligten Akteur*innen (Scholz et al. 2009; Keller
2011; Tavener-Smith 2012), (4) widersprüchliche methodische Standards (Wiek et

al. 2010; Talwar et al. 2011), (5) mangelnde Integration (Jahn 2008; Bergmann et al. 2010; Walz et al. 2012), (6) hohe Schwellen, unangemessene Rollen und fehlende Fähigkeiten für Partizipation/Interaktion (Zajikovà & Marten 2007; Wiek et al. 2012) und (7) Konflikte in Bezug auf unterschiedliche Interpretation der Ergebnisse (Trutnevyte et al. 2011).

Es ist davon auszugehen, dass die Akteur*innen des Kultursektors und die der städtischen Verwaltungung im Projektzusammenhang von »Linden Fiction« unterschiedliche Sprachen sprechen, die verschiedene begriffliche Verständnisse, beispielsweise von Partizipation, Wünschen und Visionen für die Zukunft und von Stadtentwicklung implizieren. Um einen begrifflichen Zugang zu den Reflexionen über den kommunikativen Austausch zu finden, beziehen wir uns auf einen intrakulturellen Übersetzungsbegriff aus der verstehenden Soziologie (Srubar 2002; 2009). Damit gehen wir davon aus, dass am Anfang eines solchen Austauschs Fremdheit steht. »Solche Situationen werden sozial handhabbar gemacht durch Strategien der Übersetzung [...]. Zu den Grundannahmen dieser Forschung gehört die Überlegung, [...] dass fremde Sinnwelten nur im (reflexiv-selektiven) Vergleich mit vertrauten Sinnelementen in ein heterogenes Drittes überführt werden (›Nostrifizierung‹). [...] Der Grad der Reflexivität trennt »die [...] nostrifizierenden Übersetzungsakte von einem schlichten Ego- bzw. Ethnozentrismus« (Srubar 2002/2009, zitiert nach Behnke & Grigoleit 2015: 70). Im »Akt der reflexiven Nostrifizierung« wird ein Umgang »mit dem Fremden innerhalb des Eigenen ermöglicht« (Srubar 2002: 342). Gleichwohl sind Nostrifizierungen nicht grundlegend in den Generalverdacht der Inadäquatheit der Übersetzung zu stellen. Vielmehr sind je nach reflexivem Erfahrungswissen übersetzende Bewegungen zwischen Offenheit und asymmetrisierender, stereotypisierender Verschlossenheit vorstellbar, die ein unterschiedliches Vermögen implizieren, sich auf Fremdes einzulassen, Differenzen zu erkennen und anzuerkennen sowie Möglichkeiten des Nichtwissens, Missverstehens, der Konfliktsituationen und der Unübersetzbarkeit zuzulassen. (vgl. Behnke & Grigoleit 2012: 12 ff.).

4. FORSCHUNGSDESIGN

4.1 Analysedimensionen

Die folgende Tabelle gibt Aufschluss über vier zentrale Analysedimensionen, welche wir aus unseren theoretischen Vorüberlegungen als heuristischen Bezugsrahmen entwickelt haben. In den Analysen der Interviews entfalten wir retrospektiv die vielschichtigen Voraussetzungen der verschiedenen Mitwirkenden und deren Erfahrungen mit der Konzeption und Durchführung sowie den spezifischen Rahmenbedingungen und Wirksamkeiten des Projekts »Linden Fiction 2050«. Letztere werden im Hinblick auf die transformativen Potenziale und Herausforderungen solcher transdisziplinären Projekte analysiert. Dazu zählen wir den Einflussbereich, die Einbindung (bislang unbeteiligter und heterogener) Mitwirkender, die Generierung von transformationsrelevantem Wissen, transparente und demokratische Entscheidungsprozesse, Langzeiteffekte und Kontinuität, und nicht zuletzt die Sensibilität für Themen und Wirksamkeiten nachhaltiger Stadtentwicklung. Dabei beziehen wir uns auf die grundlegenden Begriffe im Rahmen des normativen Konzepts zur nachhaltigen Transformation der Städte (WGBU 2016a), auf unsere weitere Forschung im Rahmen des Projekts Stadt als Möglichkeitsraum (Kagan et al. 2018) sowie auf weitere Termini, die wir in unserem Theorieteil eingeführt haben.

Es ist wichtig zu erwähnen, dass wir im Rahmen dieses Beitrags aus forschungspragmatischen Gründen nur einzelne Aspekte der jeweiligen Analysedimensionen aufgreifen können, die wir im (folgenden) Ergebnisteil jeweils explizit machen. Das Analyseinstrument (Kategorienset) kann auch als Anregung für weitere Forschungsdesigns und für die qualitativ-empirische Auseinandersetzung mit Partizipationsverfahren und Kooperationszusammenhängen in Kultur- und Stadtprojekten verstanden werden.

Tabelle 1: Analyseinstrument

Partizipation	**Organisatorischer Rahmen:**
	Voraussetzungen, Rahmenbedingungen (Förderung und Kooperationspartner*innen), Barrieren in Bezug auf die Konzeption und Durchführung
	Wege der Ansprache
	Schwellen für die Partizipation (autonomer, offener Gebrauch von Angeboten für die adressierten Gruppen, wie z.B. niedrigschwellige Orte und Öffnungszeiten, Zeitpläne für Treffen)
	Transparenz, Partizipation aller eingebundener Mitwirkenden in die Entwicklung des Projektprozesses
	Werkzeuge und Instrumente zur Partizipation:
	Welche kreativen Werkzeuge zur Beförderung von Imagination und Kreativität werden verwendet?
	Grad zwischen Bottom-up- und Top-down-Partizipation
	Rolle der Visionen im Sinne der Projektentwicklung/Projektinhalte
	Zielsetzungen der Partizipation:
	(1) Stärkung von Emanzipation und Empowerment (Gleichheit, Partizipation, Herausforderung bestehender Institutionen)
	(2) Zuwachs an Legitimation (demokratische Entscheidungsfindung, Transparenz und Kontrolle, vorgelagerter Rechtsschutz, öffentliche Akzeptanz)
	(3) Wirksamkeit (bessere Entscheidungsfindung durch lokales Wissen, erhöhte Akzeptanz und Identifikation mit dem Projekt und seinen Auswirkungen, Lösung von Konflikten, Nutzung gemeinsamer Potenziale/Synergieeffekte)
	Involvierte Akteur*innen:
	Struktur der Mitwirkenden (z.B. Alter, Geschlecht, Bildung, professioneller und soziokultureller Hintergrund, bislang nicht eingebundene Personen)
	Angemessene, adressat*innenorientierte, differenzierte Ansprache

Partizipation	Vorerfahrungen und Vorwissen (z.B. politisches Engagement, kreative Erfahrungen, Beziehungen zum städtischen Umfeld, Fähigkeiten zur Imagination und zu einem visionären (utopischen) Denken und Handeln
	Motive für die Partizipation
	(In)adäquate Rollen zur Partizipation, zur Interaktion (z.B. Vermittler*innen, Broker etc.)
	Beförderung von Fähigkeiten für Partizipation und Interaktion (z.B. rhetorische Fähigkeiten, Kooperationsfähigkeit) → professionelle Unterstützung und thematische Workshops
	Individuelle Ermächtigung, soziale und kollektive Wirksamkeit:
	Problem ownership
	Beförderung personeller Fähigkeiten
	Erfahrungen von Selbstwirksamkeit
	Möglichkeiten zur Einflussnahme auf die eigenen Lebensbedingungen
	Beziehung zwischen Gruppenprozessen und individuellen Ideen, Meinungen
	Beförderung von Handlungsweisen und -optionen
	Erweiterung des »Rechts auf Stadt«: Möglichkeiten zur Analyse und Entscheidung für Angebote/Vorschläge zum öffentlichen Raum (was ist neu, kann genutzt werden, kann verändert werden?) (Lefèbvre)
	Sozialer, politischer und medialer Einfluss
	Kollektive Aktivitäten (Wirksamkeit) aller eingebundener Personen
Domäneübergreifende Interaktion, Kooperation und Transdisziplinarität	**Domäneübergreifende Interaktionen:**
	Gemeinsames Problembewusstsein, problem framing, problem ownership
	Legitimität, Subjektpositionen, Rollen der beteiligten Akteur*innen
	(Konflikte in Bezug auf) angewandte Begriffe, Methoden, Werkzeuge und ihre Logiken
	Integration von Wissensbeständen sowie unterschiedlicher Interpretationen der Ergebnisse
	Fähigkeiten zur Partizipation/Interaktion
	Schwellen, Hürden
	Domäneübergreifende Kooperationen:
	Inwieweit sind die Kooperationen mit Akteur*innen der öffentlichen Verwaltung Teil des Projektprozesses?
	Dialektische vs. dialogische Prozesse (Sennett 2012) (Konsensorientierung vs. Verständnis und Toleranz von Konflikten und Unterschieden)
	Emergenz-Orientierung vs. (Problem)Lösungs-Orientierung
	Generierung von Begegnungen und kommunikativem Austausch
	Bekanntschaft mit potenziellen Partner*innen und Schlüsselfiguren (van Riessen and Knopp 2015: 213) – Netzwerkarbeit

| Domäneüber-greifende Interaktion, Kooperation und Transdis-ziplinarität | Wie entsteht ein kommunikativer Austausch über die Beteiligungsinstrumente und Projektresultate (z.B. über die entwickelten Visionen?)

Wie kann die Gemeinde weiter mit den Ergebnissen arbeiten?

Integration des Wissens:

Formen des Wissens (knowledge = k.)

Integration lokalen Wissens, Nähe zu konkreten Problemen (Flohé 2015: 18)

(1) Orientation k., (2) system k., (3) transformation k. (siehe Becker 2002, zitiert nach Jahn et al. 2012), contested k., scientific k., new k. (Jahn et al., 2012)

Traditional k., artistic k. (Goehler 2012)

(1) Experiential k. (face-to-face-Begegnungen mit einer Person, einem Ort oder einem Ding; Wissen durch Empathie und Resonanz, tiefes Wissen, fast unmöglich in Worte zu fassen), (2) Presentational k. (entwickelt sich aus experiential k., bietet erste Ausdrucksformen durch Erzählungen, Zeichnung, Skulptur, Bewegung und Tanz und greift auf ästhetische Bilder zurück, (3) Propositional k. (bezieht sich auf Konzepte und Ideen) (4) Practical k. (Handlungswissen) (Heron 1992, 1996)

Qualitäten der Integration von Wissen

Übersetzung im Akt der reflexiven Nostrifizierung:

Umgang mit dem Fremden innerhalb des Eigenen (Nostrifizierung): Inwiefern sind Grade der Reflexivität und des reflexiven Erfahrungswissens in den Übersetzungen zu unterscheiden, in Bezug auf Offenheit und asymmetrisierende, stereotypisierende Verschlossenheit, die (An) Erkennung von Differenzen und die Zulassung von Möglichkeiten des Nichtwissens, Missverstehens und der Unübersetzbarkeit |
| Nachhaltige Stadtentwick-lung | **Adressierte Themen** (Beiträge zu nachhaltigkeitsrelevanten Handlungs-feldern):

Dekarbonisierung, Energie und Eindämmung des Klimawandels

Mobilität und Transport

Städtische Form

Anpassung an den Klimawandel

Reduzierung von Armut und sozioökonomischen Disparitäten

Städtische Bodennutzung

Städtische Gesundheit

Polyzentrische Verantwortungsarchitektur:

Gewährung des Rechts auf Selbstregierung bei der Gestaltung lokaler Angelegenheiten (politische Teilhabe)

Förderung von Bottom-up-Entscheidungs- und Planungsprozessen

Verteilung der Entscheidungsbefugnisse nach dem Subsidiaritätsprinzip:

Zusicherung der Finanzierung

Stärkung institutioneller und persönlicher Kapazitäten

Etablierung effektiver Planungsstrukturen |

Nachhaltige Stadtentwicklung	Berücksichtigung der Rolle von Stadtgesellschaften für die Beeinflussung von Transformationsprozessen
	Normativer Rahmen:
	Schutz der natürlichen Lebensgrundlagen
	Gewährleistung von Inklusion und Teilhabe
	Förderung (kultureller, sozialer) Diversität sowie der Eigenständigkeit der Stadtbevölkerung (normative Eigenart) bei der Herstellung von Lebensqualität (Mitformung, Aneignung urbaner Räume; Gestaltungsautonomie)
	Ermutigung zur Idiosynkrasie
	Stärkung kultureller Praktiken
	Beitrag zur sozialen Gerechtigkeit

Transformatives Potenzial:

Einflussbereich

Einbindung heterogener und bislang nicht eingebundener Gruppen von Stadtbewohner*innen

Generierung transformativen Wissens

Grad der Partizipation (u.a. transparente und demokratische Entscheidungsprozesse, Ziele der Partizipation, Wirksamkeit)

Langzeiteffekt

Kontinuität

Übertragbarkeit und Generalisierung von Ergebnissen

Sensibilität für Themen und Wirksamkeiten nachhaltiger Stadtentwicklung

4.2 Methodischer Bezugsrahmen

Im Rahmen unserer Einzelfallstudie »Linden Fiction 2050« führten wir mit zwölf Mitwirkenden des Projekts und mit zwei Vertreter*innen der öffentlichen Verwaltung fokussierte Interviews in Einzel- und Gruppenform (Przyborski und Wohlrab-Sahr 2014a: 132 ff.), teilweise gemeinsam mit Ute Finkeldei (Jurymitglied/Lektorin), durch. Darin wurden subjektive Erfahrungen mit den verschiedenen Facetten des Projektprozesses beschrieben und reflektiert. Die Gesprächsdauer bewegte sich zwischen eineinhalb und zweieinhalb Stunden. Alle Gespräche wurden mit einem digitalen Aufnahmegerät aufgezeichnet[4]. Eine qualitative strukturierende Inhaltsanalyse (Kuckartz 2014) des archivierten und transkribierten Interviewmaterials (Rosenthal 2015: 100), die wir mithilfe der Software ATLAS.ti durchführten, ermöglicht Einblicke in die komplexen Wirksamkeiten, Bedingungen und Herausforderungen des Projekts »Linden Fiction 2050«. Dabei stellen wir die Erfahrungen der Befragten im Hinblick auf die jeweilige Heterogenität oder Besonderheiten dar und verdichten analytisch interpretative Spuren und semantische Kontextualisierungen. Zugleich möchten wir betonen, dass unsere Ergebnisse nicht auf einer systematischen Typenbildung (Kelle und Kluge 1999) basieren. Bei der Auswahl der

---

4 | Aufgrund eines technischen Problems haben wir eines der Interviews nicht aufzeichnen können. Für dieses Gespräch liegt uns ein Gedächtnisprotokoll vor.

Interviewpartner*innen haben wir versucht, die »Vielfalt der Konstellationen in einem Untersuchungsfeld« zu erfassen (Przyborski/Wohlrab-Sahr 2014b: 127). Aus pragmatischen Gründen und aufgrund des beschränkten Feldzugangs gründet unsere Auswahl in dem Ansatz der selektiven Fallsauwahl (selective sampling) im Sinne von Glaser und Strauss (Kelle und Kluge 1999). Entlang feldrelevanter Kriterien haben wir die Auswahl in Bezug auf verschiedene Rollen und Verantwortlichkeiten, welche die beteiligten Akteur*innen im Partizipationsprozess hatten, und die mit der Beteiligung erreichte Repräsentativität in Bezug auf Migrationshintergrund und Geschlecht (Faust 2015d: 1) differenziert. Dabei haben wir mit acht Teilnehmer*innen (Autor*innen), drei Projektverantwortlichen/-Mitarbeitenden (Jury, Schreibwerkstatt und Lektorat), einer Kooperationspartner*in und zwei Vertreter*innen der öffentlichen Verwaltung gesprochen.

5. Ergebnisse

Bei der Verschriftlichung der Ergebnisse orientieren wir uns an den verschiedenen Kategorien, die wir in Bezug auf das transformative Potenzial des Projekts formuliert haben. Dieses fokussieren wir im Hinblick auf den Einflussbereich (5.1), die Einbindung heterogener und unbeteiligter Gruppen von Stadtbewohner*innen (5.2), den Grad der Partizipation (5.3) und die Generierung transformativen Wissens (5.4). In den jeweiligen Abschnitten werden wir die jeweiligen Kategorien im Zusammenspiel weiterer Kategorien betrachten, die ebenfalls Bestandteil unseres Analyserasters sind und uns dabei halfen, die Analyseergebnisse einzuordnen. Zu Beginn jedes Teilkapitels werden wir das jeweils für die Daten relevante Zusammenspiel entsprechend explizieren. Die Ergebnisse der Interviewanalysen haben wir anonymisiert. Für die nicht-anonymisierten Ausnahmen liegt uns das Placet der jeweiligen Interviewpartner*innen vor.

5.1 Einflussbereich

Unter unserem Blick auf den Einflussbereich von »Linden Fiction 2050« fassen wir die soziokulturelle Struktur der Mitwirkenden und Projektmitarbeitenden, Rahmenbedingungen in Bezug auf Förderung und Kooperationen, auch mit Stadtverwaltung und -politik, sowie weitere soziale und mediale Aspekte des Einflussbereichs zusammen.

Unter den 28 Stadtteilbewohner*innen, die eine Kurzgeschichte eingereicht haben, befanden sich zwei Autor*innengruppen und 26 Einzelautor*innen. Davon waren 14 weiblich und 12 männlich, 12 Teilnehmer*innen hatten einen sogenannten Migrationshintergrund und die Spannweite des Alters bewegt sich zwischen 16 und 70 Jahren. Damit wurde laut der Projektinitiator*innen eine gewünschte »Repräsentativität für den Stadtteil Linden«, insbesondere hinsichtlich Geschlecht und Migrationshintergrund erreicht. (Faust 2015d: 1) Unter den Autor*innen befanden sich Schüler*innen der Helene-Lange-Schule, eines Gymnasiums in Linden, Berufstätige und Rentner*innen, wobei fast alle über einen hohen Bildungsabschluss verfügen. In verantwortlicher und mitarbeitender Position haben 5 Personen, alle mit akademischem Abschluss und mit Erfahrungen in der Soziokulturarbeit, am Projekt mitgearbeitet. Ihre Aufgaben bestanden in der Durchführung von Schreibwerkstätten, der Arbeit in der Jury zur Auswahl der Geschichten, im Lektorat und in der Planung, Koordination und Durchführung des Projekts.

Das Projekt wurde vom Niedersächsischen Ministerium für Wissenschaft und Kultur im Rahmen eines Förderantrags bei der Landesarbeitsgemeinschaft (LAG) Soziokultur, von der LindenLimmerStiftung, einer im Stadtteil ansässigen, gemeinnützigen Bürger*innenstiftung, sowie vom Agenda 21- und Nachhaltigkeitsbüro gefördert. Kooperationspartner*innen waren die LAG Soziokultur, die Initiative Welt in Hannover, das Agenda 21- und Nachhaltigkeitsbüro als Teil der Stadtverwaltung, der Bildungsverein und eine Lehrerin der Helene-Lange-Schule (Faust e. V. 2015: 5). Darüber hinaus wurden verschiedene Akteur*innen (ca. 110 Personen) der Stadtverwaltung auf Bezirks- und Stadtebene über das Projekt informiert. Sie umfassten den Bezirksbürgermeister, die Umwelt- und Wirtschaftsdezernentin und die Vorsitzende des Haushaltsausschusses, alle Mitglieder des Rats der Stadt Hannover und alle Mitglieder des Bezirksrats Linden-Limmer. 40 Personen, insbesondere Autor*innen und Begleitung aus ihrem Umfeld und Repräsentant*innen aus der Stadtverwaltung nahmen am 14. Dezember 2015 an der Buchpräsentation und Diskussion in der Warenannahme im Kulturzentrum Faust teil. Weitere 40 Personen nahmen im gleichen lokalen Setting am 23. April 2018 an dem transdisziplinären Workshop »Linden Fiction Revisited« teil, der in Kooperation zwischen den Projektverantwortlichen von »Linden Fiction« mit dem Forschungsprojekt »Stadt als Möglichkeitsraum« realisiert wurde (vgl. Finkeldei in diesem Band). Zu den Workshop-Teilnehmer*innen zählten Bewohner*innen, Autor*innen, Lehrer*innen, Kulturschaffende, Jugendliche, eine Gruppe von Tänzer*innen (IKJA e. V.[5]) und Wissenschaftler*innen aus dem Projektkontext »Stadt als Möglichkeitsraum«. Da die beteiligten Schüler*innen ihre Kurzgeschichten im Rahmen einer Projektwoche an der Helene-Lange-Schule zum Thema »900 Jahre Linden« geschrieben hatten, fand ein Gedankenaustausch dazu auch abseits der offiziellen Veranstaltungen für »Linden Fiction 2050« im Projektkurs statt. Darüber hinaus haben die Schüler*innen ihre Kurzgeschichten am 20.07.2015 während der Präsentation der gesamten Ergebnisse der Projektwoche öffentlich auf dem Lindener Marktplatz[6] vorgetragen. (A: 14)

Das gedruckte Buch erschien in einer Auflage von 1000 Exemplaren, wurde an alle Ratsmitglieder und Bezirksratsmitglieder verteilt, im lokalen- und Online-Buchhandel vertrieben und ist als E-Book-Version sowie als PDF der gedruckten Version frei auf der Projekt-Webseite erhältlich. Neben mehreren Ratsmitgliedern artikulierten insbesondere die Vorsitzende des Haushaltsausschusses und die Umwelt- und Wirtschaftsdezernentin ihr besonderes Interesse an dem Buch, so der Projektverantwortliche (JD: 8 f.). Insgesamt kamen mindestens 400 Personen direkt mit dem Projekt und den entwickelten Ideen der Teilnehmer*innen in Kontakt und darüber hinaus eine unbestimmbare Anzahl an Leser*innen sowie an Zuhörer*innen bei der Lesung im städtischen Raum.

Zu einem sehr frühen Zeitpunkt im Projektprozess wurden die bereits eingereichten zehn Kurzgeschichten und neun Interviews mit weiteren Teilnehmer*innen, welche zu diesem Zeitpunkt noch an ihren Kurzgeschichten arbeiteten (LHH

---

5 | Siehe www.ikja.eu/, Zugriff am 14.09.2018.
6 | Siehe https://www.900jahrelinden.de/3712/schulfest-der-helene-lange-schule/, Zugriff am 12.09.2018.

2015a), in Zusammenarbeit mit dem Agenda 21- und Nachhaltigkeitsbüro der Stadt ausgewertet. Die Resultate wurden in dem dafür vorgesehenen Format eines Ergebnisprotokolls[7] in den öffentlichen Stadtdialog »Mein Hannover 2030« eingereicht (LHH 2015a). Der stadtweite Partizipationsprozess war vom Oberbürgermeister und der Stadtverwaltung initiiert worden und fand von Januar bis Juni 2015 statt (LHH 2016a: 13). In einer tabellarischen Matrix wurden alle von den Hannoveraner*innen eingereichten Veranstaltungsprotokolle von einer »verwaltungsinternen, dezernatsübergreifenden Gruppe« zu 1.413 Beiträgen zusammengefasst und ausgewertet (LHH 2015b: 3). Damit wurden fast 85 % der Vorschläge berücksichtigt[8]. In der Matrix ist das Protokoll i. R. des Projekts »Linden Fiction« unter der Veranstaltungsnummer 96 mit acht Beiträgen (mit den Beitragsnummern 1152–1559) vertreten (ebd. 117). Zwei der acht Beiträge finden mit der Begründung rechtlicher Erwägungen und finanzieller Rahmenbedingungen keine Berücksichtigung[9]. Die Matrix ist Grundlage für das Stadtentwicklungskonzept »Mein Hannover 2030«, das im Februar 2016 veröffentlicht (LHH 2016a) und im Juni 2016 vom Rat der Stadt beschlossen wurde (LHH 2016b). Das Konzept wird als Orientierungsrahmen für das »planerische und politische Handeln der kommenden Jahre« verstanden (LHH 2016a: 4) Die daraus nach und nach entstehenden konkreten Projekte und Maßnahmen werden öffentlich vorgestellt, vom Rat diskutiert und beschlossen. Sie werden jährlich in einem »Arbeitsprogramm« und alle drei Jahre in einem »Stadtentwicklungsbericht« präsentiert, um Transparenz und Kontinuität zu gewährleisten (LHH 2016c) (vgl. Kap. 6 in diesem Band).

Darüber hinaus wurde »Linden Fiction 2050« auch in die Diskussionen des »Wissenschaftsjahr 2015 – Zukunftsstadt« eingebracht, das vom Bundesministerium für Bildung und Forschung zu verschiedenen nachhaltigen Handlungsfel-

---

7 | Das Protokoll beinhaltet Angaben zum Titel der Veranstaltung, eine räumliche, zeitliche sowie soziale Kontextualisierung in Bezug auf Veranstalter*in und Anzahl der Teilnehmer*innen. Der Ergebnisteil sollte Informationen zum Thema und der Fragestellung der Veranstaltung, zu den angewandten Methoden und Ergebnissen in Bezug auf »Ideen«, »offene Fragen«, einen erzielten Konsens oder »Konflikte« beinhalten und wird ausschließlich in deutscher Sprache angenommen (LHH 2015a).

8 | 174 Beiträge (LHH 2016a: 16) wurden nicht berücksichtigt, was in der Matrix erläutert wird. Für die Nicht-Berücksichtigung werden folgende Begründungen genannt: weil sie gegen »rechtliche Erwägungen«, gegen »technische Sachverhalte«, gegen »finanzielle Rahmenbedingungen« sprechen, weil der »erwartbare Nutzen nicht im angemessenen Verhältnis zum Aufwand steht« und nicht zuletzt »weil der Beitrag von der LH Hannover nicht beeinflusst werden kann« (LLH 2015b: 3).

9 | Unter der Beitragsnummer 1155 findet sich folgender Beitragsinhalt: »Der Autoverkehr (Benzin) wird weitgehend aus dem Stadtteil verbannt (Parkhäuser Randbereiche)« und folgende Begründung für die Nicht-Berücksichtigung, »Beitrag wird nicht berücksichtigt, weil rechtliche Erwägungen gegen eine Berücksichtigung sprechen« (LHH 2015b: 117). Unter der Beitragsnummer 1157 findet sich folgender Beitragsinhalt: »Die Grünbereiche im Stadtteil werden erweitert und durch die Nutzung technischer Innovationen attraktiver gestaltet. Die Erweiterung der Grünflächen geht einher mit dem Ausbau ihrer Infrastruktur.« und folgende Begründung für die Nicht-Berücksichtigung, »Beitrag wird nicht berücksichtigt, weil finanzielle Rahmenbedingungen gegen eine Berücksichtigung sprechen« (ebd).

dern[10] initiiert wurde (BMBF 2015a). »Linden Fiction 2050« ist mit Einträgen, d. h. mit dem Aufruf zur Beteiligung und mit der Einladung zur Buchpräsentation, sowie dem Buch in PDF-Format, auf der Website »Zukunftsstadt« vertreten (BMBF 2015b/c).

»Linden Fiction 2050« wurde nicht von der Stadtverwaltung initiiert oder in Auftrag gegeben, sondern von Kulturschaffenden in der Kulturinstitution Faust ins Leben gerufen und im Zuge der Durchführung an größer angelegte Prozesse im Bereich visionärer nachhaltiger Stadtentwicklung auf städtischer und nationaler Ebene angebunden.

5.2 Einbindung heterogener und unbeteiligter Gruppen von Stadtbewohner*innen

Im Hinblick auf die Einbindung heterogener und unbeteiligter Gruppen von Stadtbewohner*innen analysieren wir die Interviewinhalte unter folgenden Aspekten und Fragen: Welche kreativen Werkzeuge kommen zum Einsatz, welche adressat*innenorientierten Wege der Ansprache wurden gewählt, wie ist der Struktur der Mitwirkenden, welche Motive und Schwellen für die Partizipation und welche Vorerfahrungen und Vorwissen werden genannt?

Von Mai bis September 2015 waren die Bewohner*innen des Stadtteils Linden, die dort ihren Wohn- oder Arbeitsplatz haben und postalisch über eine Adresse erreichbar sind, dazu eingeladen, ihre persönlichen Wünsche, Ideen und (individuellen konkreten) positiven Utopien für das Zusammenleben im Stadtteil im Jahr 2050 in Form einer fiktionalen Kurzgeschichte niederzuschreiben und sich mit den Veröffentlichungen an den Diskussionen über die Zukunft des Stadtteils zu beteiligen (Faust 2015b). Die Grundidee für das kreative Beteiligungswerkzeug liegt im Erfahrungswissen in der soziokulturellen Stadtteilentwicklungsarbeit sowie in persönlichen Erfahrungen des Projektinitiators und -leiters begründet. Damit sind sowohl Erfahrungen im Schreiben wissenschaftlicher und literarischer Texte und in der eigeninitiativen Publikation von Texten bzw. Büchern als auch die Wahrnehmung eines Mangels an positiven utopischen Gesellschaftsentwürfen gemeint, den er im Rahmen eigener politischer Aktivitäten »innerhalb der Linken« bereits seit längerer Zeit beobachtet (JD: 3). Darüber hinaus knüpft die Projektidee unmittelbar an das vorige Projekt »Wunschproduktion – Der Stadtteil seid Ihr!« an, welches der Wissenschaftsladen in Kooperation mit dem Kulturzentrum Faust im Jahr 2014 durchgeführt hat (Wissenschaftsladen 2013). In der »Wunschproduktion« sollten Stadtteilutopien bzw. Wünsche zum gegenwärtigen und zukünftigen Zusammenleben produziert und gesammelt werden (Wissenschaftsladen 2013)[11] Mit dem Projekt »Linden Fiction 2050« sollte eine Leerstelle der »Wunschproduktion« gefüllt werden, indem den Teilnehmenden ermöglicht wird, nicht nur stich-

---

10 | Es geht beispielsweise um sichere Energie, um klimaangepasstes Bauen, um Wohnen, Arbeiten, Freizeit, Kultur, Bildung, Mobilität etc. (BMBF 2015a).

11 | Auf einem Platz in Linden-Nord (Am Küchengarten) wurde für zwei Monate ein Überseecontainer aufgestellt. In offenen Workshops sollten die Bewohner*innen im Austausch mit Lindener Initiativen und Gruppen dahingehend animiert werden, eigene »Visionen des Zusammenlebens im Stadtteil in Gegenwart und Zukunft zu äußern und sie in die Diskussion einzubringen« (Wissenschaftsladen 2013).

punktartig, sondern in umfassender Art und Weise Wünsche und Kritik zu artikulieren (Faust 2015a) und dergestalt (für die Leser*innen) eine Vielfalt an Visionen langfristig in einem Buch zur Diskussion zu stellen (JD 15: 30).

Entsprechend der grundlegenden Projektidee, »möglichst viele Lindener*innen mit ganz unterschiedlichen Hintergründen zu erreichen und von ihnen zu erfahren, wie sie sich in Zukunft das Leben im Stadtteil vorstellen« (Faust 2015b) und damit die Diskussion über die Zukunft des Stadtteils mit möglichst vielen Menschen im Stadtteil zu führen[12], wurde der Aufruf bzw. das Beteiligungswerkzeug niedrigschwellig gestaltet: Die Autor*innen wurden auf dem Flyer persönlich mit der Frage angesprochen: »Wie wollen Sie im Jahr 2050 in Linden leben? Was wünschen Sie sich?« (Faust 2015b). Dabei konnten sie sich an verschiedenen Themen orientieren, die mit Aspekten des sozialen, ökologischen Zusammenlebens im Stadtteil Linden verbunden sind. Aufgerufen werden Visionen für einzelne besonders wichtige Lokalitäten wie die Limmerstraße und das Ihme-Zentrum, aber auch in Bezug auf allgemeine Fragen des Zusammenlebens von Gruppen mit unterschiedlichen Lebensweisen, auf die Gestaltung eines lebenswerten Alltags, auf Einkaufsmöglichkeiten, auf soziale Fragen von Bildung, Kinderbetreuung und eines selbstbestimmten Lebens im Alter und mit Behinderungen und nicht zuletzt auf Fragen von Klimaschutz und Mobilität. Damit wird eine Bandbreite an Themen genannt, die alle den gleichen Stellenwert haben und vielschichtige Anknüpfungspunkte, auch zu Fragen sozialer Gerechtigkeit, zu Wohnungspolitik (über das benannte Ihme-Zentrum), zu Inklusion, Vielfalt und zu Möglichkeiten von Stadtteilgestaltung (durch Stadtteilbewohner*innen) bieten. Nicht zuletzt konnten die Autor*innen frei ein »persönliches Thema« für Visionen des Stadtteillebens im Jahr 2050 wählen (Faust 2015b). Damit wurden gute Voraussetzungen für die Ansprache einer heterogenen Gruppe an Mitwirkenden geschaffen (Brocchi, 2018: 97), die von den Autor*innen entsprechend unterschiedlich genutzt wurden. Auf den Begriff und die Themenfelder von Nachhaltigkeit wird nicht explizit Bezug genommen, damit konnten möglicherweise Vorbehalte gegenüber dem typischen Duktus des Normativen oder vielleicht auch Missionarischen umgangen werden (Brocchi, zitiert nach Brocchi 2018: 70; Brocchi 2018: 91).

Darüber hinaus war es für die potenziellen Autor*innen möglich, die Geschichten als Gruppe bzw. Initiative im Stadtteil oder als Einzelautor*in zu verfassen und unter einem Pseudonym zu veröffentlichen (Faust 2015b; Teilnahmebedingungen). Auch wurde darauf hingewiesen, dass das literarische Können explizit kein Ausscheidungskriterium für die Jury bei der Auswahl der Erzählungen für die Buchpublikation sei. Professionelle Autor*innen waren von der Teilnahme ausgeschlossen. (Faust 2015b; Teilnahmebedingungen) Die Kurzgeschichten sollten als Datei eingereicht und eine maximale Länge von zehn DIN A4-Seiten haben, wobei sie auch auch kürzer sein konnten. Ferner wurden für Menschen, »die sich unsicher fühlen oder Unterstützung möchten« bzw. »die sich in der deutschen Sprache nicht sicher fühlen«, zwei Schreibwerkstätten und persönliche Betreuung angeboten (Faust 2015b). Die Schreibwerkstatt, die sich insbesondere auch an Menschen mit sprachlichen Hemmnissen richtete, wurde unter Leitung von Parisa Hussein-Nejad, der Begründerin einer interkulturellen Selbstorganisation für Theaterarbeit

---

12 | Die Teilnahmebedingungen waren während der gesamten Projektlaufzeit auf der entsprechenden Projektwebseite zugänglich.

mit Jugendlichen (IKJA e. V.) durchgeführt. In einer zweiten Schreibwerkstatt, die mit einer Science Fiction-Autorin geplant war, sollte über einen Kurs im Bildungsverein, einer lokalen, unabhängigen und gemeinnützigen Institution für die Erwachsenenbildung[13], das klassische studentische und sonstige Bildungsbürger*innentum Lindens adressiert werden, welches sich im Hinblick auf Techniken des (zukunftsorientierten) literarischen Schreibens unsicher fühlte. Diese Schreibwerkstatt kam kurzfristig nicht zustande und ein Ersatzangebot konnte mangels Nachfrage nicht stattfinden. Der Projektverantwortliche sprach daher Menschen aus dem Poetry-Slam-Bereich im Faustumfeld an und konnte Patrick Büttner alias Stoffl für die zweite Schreibwerkstatt gewinnen. (JD: 3 f.)

Die Teilnahmebedingungen, der Projektablauf und die unterstützenden Begleitangebote wurden während der Projektlaufzeit im Rahmen des Flyers sowie ausführlich auf der Projekt-Homepage veröffentlicht (Teilnahmebedingungen; Faust 2015b). Mit Teilnahme und der Einreichung der Erzählung stimmten die Mitwirkenden der Veröffentlichung unter der Creative Commons Lizenz CC BY SA zu. Die eingereichten Texte wurden auf der Projektseite veröffentlicht. Für die Buchpublikation wurden 20 Texte von einer Jury nach expliziten Kriterien ausgewählt[14]. Dabei war eine Ergänzung mittels eines Publikumsvotums über eine Diskussionsplattform vorgesehen. Das professionelle Lektorat der Textauswahl lag in den Händen von Ute Finkeldei, beinhaltete eine Autor*innenberatung sowie ein ausführliches Lektoratsgespräch, und war Voraussetzung für die Veröffentlichung der jeweiligen Geschichte im Rahmen des Buches.

Entsprechend der Zielsetzung, möglichst heterogene Stadtbewohner*innen für eine Mitwirkung zu gewinnen, waren die Wege der Ansprache unterschiedlich gestaltet. Über einen Zeitraum von mehreren Monaten wurden im Sommer 2015 eine Vielzahl an Postern sowie 6000 Flyer und Postkarten (sämtlich in deutscher Sprache) an prominenten Lokalitäten präsent gemacht und bei Festen im Stadtteil sowie auf dem Lindener Markt persönlich verteilt. Darüber hinaus wurde der Aufruf in der lokalen Presse, über Social Media-Kanäle und Netzwerke des Kulturzentrums Faust (in Bereichen migrantischer Selbstorganisationen, ökologischen Stadtumbaus und im Kontext Stadtteilgeschichte/-entwicklung) publik gemacht. Die Projektverantwortlichen schrieben zudem alle Schulen im Stadtteil an (JD: 6 u. 36). Über die sogenannte externe Werbung (Flyer/Plakate/Internet) konnten 13 Teilnehmer*innen, über die persönliche Ansprache des Projektleiters vier Teilnehmende sowie über die beiden Schreibwerkstätten 11 Teilnehmende motiviert werden (Faust 2015d).

Für die Motivation zur Teilnahme durch eine persönliche Ansprache war die Schreibwerkstatt von Parisa Hussein-Nejad besonders wichtig und erfolgreich, wobei die zweite Schreibwerkstatt aufgrund von Kurzfristigkeit und Kommunikationsproblemen schwierigere Rahmenbedingungen hatte. (JD: 3 f.) Der Projektlei-

---

13 | Siehe https://www.bildungsverein.de/informationen/wir_ueber_uns, Zugriff am 25.08. 2018.

14 | Die Auswahlkriterien orientieren sich an einem möglichst breiten Querschnitt der Lindener Bevölkerung und an der inhaltlichen Relevanz des gewählten Themas für die Diskussion im Stadtteil. Bei Verstoß gegen ein tolerantes Zusammenleben behält sich die Jury vor, den Text von der Teilnahme auszuschließen (Teilnahmebedingungen), was jedoch nicht erforderlich wurde.

ter hatte bereits in einem anderen Projekt »Antirassistische Massenzeitung« mit Parisa Hussein-Nejad zusammengearbeitet und schätzt ihre interkulturelle Theaterarbeit, ihre Fähigkeit, Menschen anzusprechen und zu motivieren und nicht zuletzt ihre langjährige lokale Verankerung sehr, aufgrund derer sie über eine Vielzahl persönlicher Kontakte zu vielfältigen Personengruppen und entsprechende Glaubwürdigkeit verfügt, um direkt weitere Personenkreise zur Mitwirkung zu bewegen (JD: 4 f.).

Als Gründe für ihre Teilnahme nannten die von uns befragten Autor*innen unterschiedliche Motive. Dazu gehörten die positive Verbundenheit mit ihrem Stadtteil und die nun vorhandene Gelegenheit, Wünsche, Ideen und positive Utopien in Bezug auf einzelne Orte und/oder auch zu abstrakten Themen und Fragen des Zusammenlebens zu formulieren. Diese bewegten die Autor*innen teilweise bereits längere Zeit im privaten und professionellen Kontext, waren durch ein lebensgeschichtlich wichtiges Ereignis ausgelöst, oder durch die alltägliche Erfahrung von Lärmbelästigung motiviert worden. Aufgrund der thematischen Offenheit des Stimulus fanden die Teilnehmer*innen einen Raum, um ihren Wünschen und Ideen Ausdruck zu verleihen. »Also der Titel lässt einem ja ganz schön viel Freiraum. Es ist ja eigentlich nur Linden und eine Jahreszahl« (D: 4). Beispielsweise gehe es einer Autor*in darum, Menschen mit sozialberuflicher Arbeit sichtbarer zu machen und zur Anerkennung ihrer Arbeit beizutragen, deren Sinn nicht darin bestehe, viel Geld zu verdienen, die anstrengend sei, viel innere Kraft verlange und an der Basis geschehe (E: 20 ff.).

Die Impulssetzung, eine positive Utopie zu entwickeln, weckte allgemeine Neugier. Der Entwurf dystopischer Zukunftsbilder seitens einiger Autor*innen, ist für eine Autor*in verstehbar und zugleich aufgrund der »Handlungsunfähigkeit« und vor dem Hintergrund grundlegender gesellschaftlicher Veränderungen für sie keine Option (E: 88 u. 17). Der Impuls knüpfte auch konkret an politisches Engagement für Linden und an Erfahrungswissen dahingehend an, positive Utopien in Workshops zu entwickeln, aufzuschreiben und sich selbst die Frage nach der Konkretion der Wünsche zu stellen (I: 7). Die Mitwirkung war ebenfalls dadurch motiviert, eine Projektarbeit zu unterstützen, die von Mitwirkenden lebt und damit auch Legitimität gegenüber den Förderer*innen erhält (I: 7 u. 41). Eine weitere Autor*in verbindet mit der Aufgabenstellung ein wichtiges Anliegen, darüber nachzudenken, wie man sich in den eigenen Stadtteil einbringen kann, auch wenn aufgrund vieler sozialer Verpflichtungen keine Zeit dafür vorhanden sei (E: 16 f.). »Und zumindest versuche ich, über Themen zu schreiben und damit was zu erreichen« (ebd. 17). Von »Linden Fiction« fühlte sich die Autor*in besonders angezogen, da sie diese Motivation mit Erfahrungen im literarischen Schreiben verbinden konnte (ebd.).

Darüber hinaus wirkte die Möglichkeit, die Ideen autonom zu Hause, über einen längeren Zeitraum hinweg, zu beliebigen Zeitpunkten zu entwickeln und niederzuschreiben ebenfalls positiv auf die Teilnehmer*innen. Als weitere Argumente für die Teilnahme wurden die Leidenschaft zu schreiben an sich, schreibende Erfahrungen in verschiedenen Genres und professionellen und privaten Kontexten und Formaten sowie die Neugier, das literarische Format erstmalig auszuprobieren, genannt. Attraktiv wirkte auch die Aussicht darauf, die eigenen Gedanken in Form einer Buchpublikation der lokalen und darüber hinausgehenden Öffentlichkeit zugänglich zu machen, ohne dabei zwangsläufig als Person in

Erscheinung treten zu müssen. Eine Autor*in pointierte die Möglichkeit, die Geschichten als Kommunikationsmedium so zu verstehen, dass Verbindungen zwischen unbekannten Personen mit unzähligen Interpretationen geschaffen werden:

> »Es ist ja schön, wenn man weiß, dass so eine Geschichte, dieses Buch, Personen haben, die ich überhaupt nicht kenne. Und das steht dann einfach in deren Schrank und die lesen das. [...] Ich finde, allgemein in Kunst ist das so, ist das die schöne Sache, dass jeder Interpretationsfreiraum hat. Und im Endeffekt dann im Kopf von anderen die Geschichte vielleicht sogar weitererzählt wird. Und dann immer wieder anders« (D: 10).

Wie bereits angeklungen, konnten viele Teilnehmer*innen Verbindungslinien zwischen dem Projektaufruf und sozialen oder kreativen Tätigkeiten, die sie im Privaten oder beruflich durchgeführt haben, entdecken. Damit wenden wir uns vorhandenen Fähigkeiten und Vorerfahrungen zu, von denen die Autor*innen berichteten. Auffällig ist, dass alle Autor*innen über hohe Bildungsabschlüsse (mindestens Abitur und meistens Hochschulabschlüsse) verfügen. Viele hatten im Vorfeld Zugang zu Science Fiction-Literatur, dystopischen Romanen und auch Filmen sowie zu gelebten urbanen Utopien wie Transition Town Movement gehabt, die sie teilweise auch unmittelbar im Hinblick auf ihre inhaltlichen Ideen und gewählten Formate für ihre Erzählungen inspirierten. Diese genannten Formen verstehen wir als Beispiele für »propositional« und »practical knowlegde« (Heron 1992; 1996). Darüber hinaus verfügen alle Autor*innen über Schreiberfahrungen im Kontext von Blogs, fachlichen, non-fiktionalen, biografischen und dokumentarischen Publikationen und (außer)schulischen Kontexten (presentational knowledge). Die sich hier andeutenden Wissensformen werden durch ein »experiential knowledge« ergänzt, das die Fähigkeit zur ästhetischen Wahrnehmung und emotionalen Bindung in Bezug auf den Stadtteil aufruft und welches eng mit historischem, kritischem und visionärem Denken verbunden wird (Heron 1992; 1996). In dem Zusammenhang thematisieren die Autor*innen Erfahrungen mit weiteren kreativen Ausdrucksmöglichkeiten, wie z. B. mit künstlerischen Gestaltungsweisen (mit/ohne Bezug auf die Stadt [C/D/J]) oder mit gehenden Streifzügen, wobei die Erkundung und ästhetisch-emotionale Annäherung an den städtischen Raum ihren Ausdruck in der Fotografie findet. Dabei geraten abstrakte Texturen des urbanen Raums, wie atmosphärische Eindrücke der Nachbarschaft, ebenso in den Blick wie das Neue und Unbekannte in der Stadt. (K) Erwähnen möchten wir auch den alltäglichen Zugang zur Natur in der Stadt, den eine Autor*in auf ihrem Arbeitsweg durch die Eilenriede suchte, einem Stadtwaldgebiet in Hannover, um sich dort zu entspannen und dem »Zauber« der Natur hinzugeben. Vor diesem Hintergrund betont die Autor*in auch die Bedeutung von Grünflächen in ihrer Nachbarschaft und befürchtet, dass diese zukünftig an Raum und Bedeutung verlieren. (K)

Alle Autor*innen zeichnet eine emotionale und lebensweltliche Bindung zu Linden und Hannover aus, die sie auch durch das zwischenzeitliche Leben in anderen Großstädten in Nähe-Distanz-Relationen rücken und lebensphasenspezifisch kontextualisieren (J: 3; E: 55). Die emotionale Bindung äußert sich ebenfalls im wiederholten Aufsuchen ikonischer und urbaner Orte, wie der zu allen Tageszeiten lebendigen Limmerstraße, des Peter-Fechter-Ufers, des Ihme-Zentrums als ungelebtem Traum eines Wohnortes (E), oder der Faust, wo Flohmarkt und Biergarten Begegnung auf Augenhöhe und Gespräche ermöglichen, in denen Arbeit außen vor bleibt (E: 50). Auch die Mitwirkung an jährlichen Festivitäten, wie dem Scilla-Blütenfest auf dem Lindener Berg, dem Fährmannsfest oder an Festen in der Nachbarschaft (K) finden Erwähnung. Eine Autor*in hebt Linden als einen niedrigschwelligen Begegnungsort hervor: Linden sei ein Ort, »in dem sich alle [...] BEGEGNEN und irgendwann auch zwangsläufig ins Gespräch kommen«, eine Örtlichkeit mit viel Kultur, »die gelebt wird und nicht Kultur auf einem hochgestochenen Niveau, wo nur geredet wird« (E:. 56). Es sei für alle ein guter Ort, wenn man etwas einbringen und verschiedene Kunst ausprobieren wolle – auch für Profis. Die Hemmschwelle sei niedrig, man könne sich auch ohne bestimmte Ausbildung beteiligen. (E: 57) Die folgende Autor*in gibt einen Einblick in widersprüchliche Momente zwischen urbanem Leben in Linden mit seiner Heterogenität sowie ausschließenden lokalen Identitätsbildungen:

»an Linden als Stadtteil ... finde ich immer noch [...] also es ist wirklich der Versuch, leben und leben lassen. So also dieses ziemlich wild durcheinander [...] es ist eben hier in Linden nicht ganz so segregiert« (I: 43). Es »gibt ganz viele Begegnungsmöglichkeiten. [...] Ich sage nicht, dass diese Kreise viel miteinander zu tun haben, geschweige denn, sich immer vertragen. [...] Es findet viel mehr auf der Straße statt« (I: 44). »Manchmal nervt es mich auch. Wir Lindener. Also ich werde nämlich kein Lindener mehr werden bei manchen Leuten hier in Linden.« (I: 45 f.)

Die Grundidee, unterschiedliche und bislang unbeteiligte Stadtbewohner*innen für eine Mitwirkung an Linden Fiction zu gewinnen, konnte erfolgreich umgesetzt werden: In Bezug auf die soziokulturelle Vielfalt wurden Schüler*innen, Rentner*innen, Berufstätige erreicht, wobei wie bereits dargestellt die »Repräsentativität für den Stadtteil« insbesondere in Bezug auf Geschlecht und den sogenannten Migrationshintergrund erreicht wurde (Faust 2015d: 1). Wie aus der Befragung der Teilnehmer*innen hervorging, hat der Aufruf darüber hinaus größtenteils Anwohner*innen motiviert, die vorher keine Erfahrungen mit der aktiven Mitarbeit in politischen Gruppen, Initiativen und Institutionen gehabt haben (L: 36). Viele der Autoren*innen nahmen sich im Vorfeld des Projekts eher als ausschließlich private Personen wahr, deren Meinung für die Öffentlichkeit in politisch institutionellen Kontexten nicht relevant zu sein schien. Diese Wahrnehmung einer geringen politischen Selbstwirksamkeit in solchen Kontexten trifft auf eine kritische Haltung gegenüber institutionalisierten Verfahren der Bürger*innenbeteiligung, sowie auf politische Standpunkte in Bezug auf Fragen der Entwicklung des Stadtviertels. Mehrere Autor*innen betonten, dass sie keine stadt(teil)politischen Veranstaltungen mit konventionellen Beteiligungsformen besuchten, auch mit der Begründung, man könne nichts ausrichten, bzw. werde nicht gehört. (K, E, B) Die kritische Distanz sei, so eine der Projektorganisator*innen, auch vor dem Hintergrund eines oftmaligen Aufeinandertreffens differenter kommunikativer Fähigkeiten und Rollen als professionelle Politiker*innen und Interessierte verstehbar, die eine Begegnung auf Augenhöhe erschwerten (L: 39). Der politische Standpunkt einer Autor*in äußert sich in einer distanzierten Beobachtungsperspektive auf aktuelle städtebauliche Entwicklungen, welche von der Politik geplant und entschieden werden. Die Distanz wandelt sich unmittelbar in eine empörte Protesthaltung, als sie uns von den bereits beschlossenen Plänen erzählt, in der Limmerstraße, einer sehr belebten Verweil- und Einkaufsstraße, Hochbahnsteige für eine Straßenbahnlinie

zu bauen (K). Politische Haltungen finden auch in einem Gewerkschaftsengage-
ment ihren Ausdruck, aber z. B. nicht in der Mitwirkung an Demonstrationen auf
der Straße (ebd.). Eine weitere Autor*in nutzt bereits auch aufgrund ihrer knappen
Zeit alternative Wege, um »über Themen zu schreiben und damit//was//zu erreichen« und sich einzumischen (E: 17).

Die befragten Autor*innen sind weniger erfahren in der Partizipation an verschiedentlich institutionalisierten politischen Entscheidungsverfahren und an
vergleichbaren kulturellen Projekten. Bis auf wenige Ausnahmen war es das erste
Mal, dass sie mit einer literarischen Kurzgeschichte an die Öffentlichkeit traten
(Faust 2015d: 1) und sich in die Diskussionen im Stadtteil einbrachten. Auf unterschiedlichen Ebenen (Projektseite, Facebook, Blog) wurden die Texte im Stadtteil
und darüber hinaus zur Diskussion gestellt (ebd.: 2). Die Diskussionsplattform
habe als solche nicht funktioniert, denn es hätte praktisch keine Reaktionen auf die
präsentierten Texte gegeben. Die Projektorganisator*innen haben daraus die Einsicht gewonnen, dass es allgemein betrachtet sehr voraussetzungsreich sei, interaktive Diskussionsplattformen zu etablieren, doch dass die dafür erforderlichen
personellen Kapazitäten nicht vorhanden waren. (B: 6 f.)

An die Textauswahl knüpfte das professionelle Lektorat in Verbindung mit ausführlichen Lektoratsgesprächen mit allen Autor*innen an. Der Projektleiter hatte
Ute Finkeldei, die er aus politischen und privaten Zusammenhängen schon sehr
lange kennt, mit dem professionellen Lektorat betraut, da er ihre kontextsensible
Professionalität und ihre vielschichtige lokale Einbindung sehr schätzt (JD: 3). Was
die Gestaltung des Lektorats und des Gesprächs anbelangt, so hatte die Lektorin
ebenso wie die Verantwortlichen der Schreibwerkstätten freie Hand (ebd. 4). Im
Zuge des Lektorats und der Veröffentlichung der Kurzgeschichten hatte die Ur-
heber*innenschaft der Autor*innen absolute Priorität (UF: 20). Unter dem Titel
»Linden Fiction 2050«. 20 utopische Kurzgeschichten zur Zukunft des Zusammenlebens im Stadtteil« wurde das Buch nicht von dem Projektleiter, sondern
vom Faust e. V. herausgegeben und enthält ein Verzeichnis der Autor*innen (Faust
e. V. 2015: 163 f.). In einer öffentlichen Veranstaltung zur Buchpräsentation, die am
14. Dezember 2015 in der Warenannahme im Kulturzentrum Faust stattfand, wurde eine Auswahl der Texte durch einige Autor*innen und durch Ute Finkeldei vorgetragen. In dem Zusammenhang hebt eine der Projektorganisator*innen noch-
mals den Mut der Schüler*innen hervor, ihre Erzählungen bereits zuvor während
der Abschlussfeier der Projektwoche auf dem Lindener Markt und darüber hinaus
bei einem Stadtteilfest öffentlich vorgetragen zu haben (L: 9 f.). Im Anschluss an
die Lesung in der Faust fand eine Diskussion mit Verantwortlichen aus der Kommunalpolitik statt, zudem gab es reichlich Raum für den Austausch über die im
Rahmen der Geschichten verfassten Ideen.

Auf die Wirksamkeiten der verschiedenen Facetten des kreativen Beteiligungswerkzeugs und der Begleitangebote werden wir im folgenden Teilkapitel dieses
Beitrags zu sprechen kommen, doch zuvor wenden wir uns möglichen Schwellen
oder Schwierigkeiten der Teilnahme zu. In Bezug auf den inhaltlichen Fokus auf
positive Utopien lag entsprechend der Wahrnehmung der Projektorganisator*innen die häufigste Begründung für eine Nicht-Teilnahme bzw. für die Verfassung
dystopischer Visionen darin, dass den Stadtbewohner*innen anscheinend keine
positiven Utopien einfallen (Djuren 2015: 165; L: 11). Das Erschreckende daran sei,
dass sich vor allem junge Lindener*innen Zukunft nur noch als »weitere Negativ-

entwicklung« vorstellen könnten (Djuren 2015: 165) und eher ältere Leute deutlich positivere Utopien geschrieben hätten und sich damit eine generationelle Umkehr vollzöge (L: 11). Diese beobachtete Verschiebung bestätigt sich in der Selbstwahrnehmung einer der befragten Schüler*innen:

> »Und das war einfach erschreckend, inwieweit bei jedem das ins Negative ging. Also, so, wie man meinte, dass [...] sich alles zum Guten wendet, sondern es ging einfach bei allen wirklich immer weiter ins Negative bis zur Apokalypse oder sagen wir einfach mal bis zum Weltuntergang. [...] das ist mein Eindruck. Dass wir halt viel zu kritisieren haben. Wir wissen immer was wir nicht wollen, aber was wir wollen, dafür tun wir nichts.« (D: 15)

Darüber hinaus wurde von einer weiteren Autor*in berichtet, dass sich die Mitglieder in einer bereits bestehenden Schreibgruppe von der positiven Aufgabenstellung, die als »Kuschel-Thema« wahrgenommen wurde, abgeschreckt fühlten und lieber eine Dystopie schreiben wollten. Dies kontextualisiert sie auch mit der Zugehörigkeit zu einer jüngeren Generation, die es uncool findet, über ein positives Thema zu schreiben (E: 17 u. 20).

Auch wurde von den Organisator*innen berichtet, dass sich die ca. 100 politisch aktiven Gruppen, Initiativen und Vereine im Stadtteil bis auf zwei Ausnahmen nicht beteiligten, auch diejenigen nicht, die zu Zukunftsfragen arbeiten (Faust 2015d: 1). Mögliche Gründe werden darin gesehen, dass vielmehr eine dystopische Kritik auf Basis theoretisch komplexer Ansätze praktiziert werde und dass das literarische Format abschrecke. Ältere Personen aus diesen Gruppen könnten sich im Vergleich zu jüngeren Menschen weniger auf einen konkreten Ausschnitt fokussieren, ohne über Gegenargumente nachzudenken und sich damit vom Handeln abzuhalten (B: 17). Darüber hinaus lässt sich mutmaßen, inwiefern auch in allgemeinen kritischen (gegenutopischen) Vorbehalten gegenüber positiven Utopien, z. B. in der möglichen Gleichsetzung mit totalitären Systemen, ein Grund für eine Nichtbeteiligung liegen könnte.

Eine weitere Hürde, von der eine Autor*in in Bezug auf die Mitglieder ihrer Schreibgruppe berichtet, hätte auch in der Angst vor eigenen Defiziten hinsichtlich des literarischen Formats bestanden, die bei der Lektüre einer der ersten auf der Projektwebsite bereits veröffentlichten Erzählungen entstanden sei. Die Person habe daraus eine Wettbewerbssituation gemacht, was die Autor*in mehrfach zu entkräften versucht habe. (E: 12 f.)

Das Hochsetzen von Ansprüchen kann immer eine Ausrede dafür sein, nicht mitzumachen. Darin vermutet der Projektleiter einen Grund für die geringere Beteiligung von Personen mittleren Alters. In dieser Lebensphase könnten immer auch der Zeitaspekt und verschiedene Einbindungen in Beruf, Familie etc. eine Rolle spielen, wobei er zu bedenken gibt, dass es wegen Arbeitsteilzeit auch immer mehr Leute gäbe, die weniger arbeiteten. (JD: 31 u. 37) Anhand der Zusammensetzung der Teilnehmer*innenschaft wurde sichtbar, dass sich politische Gruppen, Personen mittleren Alters (zwischen 30 und 60 Jahren), Menschen ohne klassischen Bildungshintergrund, ältere Personen und Personen aus dem studentischen und »klassischen« Bildungsbürger*innentum weniger von dem Format angesprochen fühlten (Faust 2015d: 1 f.). Vielmehr, so der Projektleiter, repräsentierten die Migrant*innen das Bildungsbürger*innentum im Stadtteil (JD: 5). Beispielsweise im Zusammenhang mit der Schreibwerkstatt von Parisa Hussein-Nejad sei deutlich geworden, dass die Literaturbegeisterung besonders groß sei (Faust 2015d: 2). Trotz der Unterstützungsangebote durch Schreibwerkstätten sei keine Vielfalt im Hinblick auf die Bildungshintergründe erreicht worden. (ebd.) In diesem Zusammenhang, so vermuten die Projektorganisator*innen, stellt das Schreiben einer literarischen Geschichte vermutlich die schwierigste Hürde dar (B: 5).

In Bezug auf die mangelnde Beteiligung älterer Personen, die auch eine der Autor*innen vor dem Hintergrund des geschichtlichen Wissens sehr verwundert (K), vermutet der Projektleiter, dass vielleicht das literarische Format für ältere Menschen, die eher dokumentarisches Schreiben praktizieren, und der eher übliche Fokus auf Rückblicke und stadtteilgeschichtliche Themen nicht ansprechend gewirkt habe (JD 15: 30; Faust 2015d: 1). Möglicherweise, so nehmen wir ergänzend an, könnte für ältere und weitere nicht PC-affine und -vertraute Menschen eine Hürde dadurch entstanden sein, dass die Texte im Dateiformat eingereicht werden mussten.

Insofern lässt sich auch schlussfolgern, dass die Teilnahme an einem Projekt wie »Linden Fiction 2050« auch voraussetzungsreich ist, zumal mit der Anforderung literarischen Schreibens und mit dem Konzept der Utopie operiert wurde, welches als vergleichsweise komplex charakterisiert werden kann.

5.3 Grad der Partizipation des Beteiligungswerkzeugs

Den Grad der Partizipation machen wir in unseren Analysen der Interviews an drei Aspekten fest, erstens am Grad einer transparenten und demokratischen Entscheidungsfindung, zweitens an der Mitgestaltung des Projektprozesses und drittens an der (ermächtigenden) Wirksamkeit auf individueller, sozialer und kollektiver Ebene, die wir zu den verschiedenen Facetten des Beteiligungswerkzeugs und der Begleitangebote von »Linden Fiction 2050« in Bezug setzen. Dabei kommen aus unserem Analyseraster auch weitere Fragen und Begriffe zum Tragen, nämlich Formen des Wissens, die Förderung normativer Eigenart und die Ziele der Partizipation.

Was die individuelle Ermächtigung betrifft, wurden die Autor*innen durch im Projekt gemachte Selbstwirksamkeitserfahrungen gestärkt, insbesondere durch die Wertschätzung auf verschiedenen Ebenen: durch die Beratung, das Lektorat, die Schreibwerkstatt, die Anerkennung im sozialen Umfeld, die öffentliche Anerkennung während der Lesung im Stadtteilkulturzentrum sowie durch die Tatsache, dass »ihr« Buch in Lindener Buchhandlungen erhältlich und damit der (Lindener) Öffentlichkeit zugänglich gemacht wurde. In Bezug auf die Wertschätzung und Erhöhung des Zutrauens in die eigenen schreibenden Fähigkeiten erzielte das professionelle Lektorat durch Ute Finkeldei und das Lektoratsgespräch, d.h. die gemeinsame mehrmalige Arbeit am Text, bei allen Teilnehmer*innen sehr wirkungsvolle Ergebnisse.

»Das habe ich noch nie erlebt, dass jemand sich mit meinem Text, [...] so auseinandersetzt und auch mit mir diskutiert. [...] toll, weil [...] da war noch richtig zu spüren, was das für eine andere Wertschätzung ist, wenn jemand sich richtig mit so einem Text auseinandersetzt. [...] Das habe ich auch sehr wahrgenommen. Und es hat mich stolzer auf meinen Text gemacht als ich es vorher war. [...] das man da noch mal so eine Rückmeldung von jemandem kriegt, der sich professionell mit Texten auseinandersetzt, das war schon irgendwie toll.« (I: 8)

Mit der besonders engagierten und professionellen Wertschätzung der Lektorin konnte das (verlorene) Zutrauen in vorhandene Schreibfähigkeiten und die Begeisterung für das Schreiben (auch in anderen Kontexten) und zudem für die Neuentdeckung der literarischen Form befördert werden. Beispielsweise hat sich eine Autor*in besonders inspiriert durch die Lektoratsgespräche und aufgrund ihrer insgesamt bestätigenden Projekterfahrung, Zutrauen dafür gewonnen, mit dem journalistischen Schreiben neue berufliche Pfade einzuschlagen. »//Sich//nach innen zu outen sozusagen zu sagen, ja ich schreibe schon, ok, ich traue mich jetzt, ich schreibe. Und dann nochmal nach draußen zu gehen und HA ich//SCHREIBE//« (E: 18 f.). Sie bewarb sich erfolgreich auf ein journalistisches Stipendium, was ihr wiederum ein Praktikum bei einer überregionalen großen Tageszeitung ermöglichte.

Ute Finkeldeis engagierte und kontextsensible Gestaltung des Lektorats und der Lektoratsgespräche war immer ganz klar an der Beförderung der Autor*innen in ihrer Autor*innenschaft orientiert. Da es bei diesem Projekt von höchster Relevanz war, ein niedrigschwelliges Angebot zu machen und es ebenso signifikant war, die Literat*innen nicht stilistisch zu verfälschen, wurde ein scheinbar recht umständliches Lektoratsformat gewählt: Anders als bei klassischen Lektoraten üblich, gab es nicht nur ein isoliertes Lektorat mit nachfolgender Lektoratsbesprechung, sondern ein Vorlektorat, welches sich fast ausschließlich auf orthografische Korrekturen beschränkte, und eine anschließende Autor*innenberatung, in deren Rahmen Ute Finkeldei Vorschläge machte. Diese hatten vor allem die Funktion, die Intention der jeweiligen Autor*in klarer zum Ausdruck zu bringen und so treffend wie möglich zu gestalten. Die vereinbarten Änderungen wurden seitens der Lektorin eingearbeitet und der modifizierte Text den Autor*innen per E-Mail zur Verfügung gestellt. Den Abschluss bildete das Lektoratsgespräch selbst, wo die Gelegenheit bestand, besagte Änderungen noch einmal gemeinsam kritisch zu betrachten und die Geschichte zu finalisieren. An dieser Stelle ist es für potenzielle ähnliche Projekte wichtig zu erwähnen, dass ein solches Procedere ca. hundert Prozent zeitintensiver ist als konventionelle Lektorate. Bei den Lektoratsgesprächen, die in der warmen, inspirierenden Atmosphäre ihres Büros stattfanden, sei das Formale immer der Einstieg gewesen, um dann über das Stück, die Idee und die Motivation ins Gespräch zu kommen. (UF: 20) Im folgenden Zitat beschreibt sie, welche besondere Wirksamkeit die Zusammenarbeit mit den Autor*innen für sie hatte:

»Du hast wirklich so viele unterschiedliche Menschen. [...] Die Motivation war bei keinem gleich, [...] das ist für mich das schönste, auch, dass die Leute so vertrauensvoll waren. Nicht nur das Literarische, das ist ja mein Job, sondern einfach auch darüber hinaus, dass sie ihre Geschichte erzählt haben. [...], sie haben sich alle geöffnet und dafür muss ich den Autorinnen und Autoren danken. [...]. Aber es war für alle eine Überwindung, über ihre Geschichte und vor allem über sich selbst zu reden. Das war schon [...] sehr nah. Und es gab immer [...] auch diese Dankbarkeit und Freude [...] Ich bin da sehr belohnt worden.« (UF 31 f.)

Die individuelle Wirksamkeit der angebotenen Schreibwerkstätten für die Teilnehmenden können wir ausschließlich aus der Perspektive der Projektorganisator*innen darstellen, da keine unserer Interviewpartner*innen daran mitgewirkt hat. Dabei beziehen wir uns auf die Schreibwerkstatt, die zur Unterstützung von Autor*innen angeboten wurde, welche sich in der deutschen Sprache nicht sicher fühlten (Faust 2015b), und in der die verantwortliche Kulturschaffende viele Menschen zum Schreiben motivieren konnte (JD: 4). Die Voraussetzungen der Mitwirkenden waren unterschiedlich, was die Erfahrungen mit dem Schreiben auf Deutsch, mit dem literarischen Schreiben und was die Erfahrungen mit dem Schreiben in anderen Kontexten anbelangt (N: 24 u. 29 f.). Die Mitwirkenden ohne Schreiberfahrungen waren viel gehemmter ihren Text abzugeben als diejenigen, welche bereits in anderen Kontexten geschrieben und dafür Bestätigung erhalten hatten (ebd. 27). Für die Ermutigung insbesondere derjenigen, die große Hemmungen hatten, wurden zu Beginn des Schreibtrainings der Aufgabenstimulus und die möglichen thematischen Bezugspunkte von »Linden Fiction« ausgeblendet, um einen freien Einstieg zu ermöglichen (ebd. 27 f.). Bei den zweimaligen Treffen kamen verschiedene Schreibmethoden zum Einsatz. Dabei wurde z. B. auch mit einem Ansatz gearbeitet, der eine gemeinsame Schreiberfahrung ermöglicht (ebd. 31). Es wurde ein Zettel herumgegeben, der beschrieben, umgedreht und weitergereicht wurde, wobei jeweils nur der letzte Satz gelesen und ein Satz hinzugeschrieben werden durfte. Schlusspunkt bildete die gemeinsame Lektüre (ebd.). Darüber hinaus wurde das individuelle Schreiben von Texten im Umfang von ein bis eineinhalb Seiten stimuliert, die dann jeweils laut vorgelesen wurden, was ebenso wie die Feedbackrunde eine wichtige Erfahrung war, um Zutrauen in die eigenen Schreibfähigkeiten zu entwickeln oder zu vertiefen (ebd. 30). In den Feedbackrunden auch zu dem »Linden Fiction«-Text waren spontane, emotionale positive Resonanzen auf die gelesenen Texte besonders unterstützend. Damit ging der wichtige Effekt einher, dass jede etwas anderes gut fand und die meisten dadurch ein vielschichtig gutes Feedback bekamen. Nicht zuletzt wurde den Mitwirkenden auch bewusst, dass es eine Vielfalt subjektiver Wahrnehmungen gibt, die auf dem persönlichen Geschmack beruhen und aufgrund derer die jeweiligen Geschichten nicht als gut oder schlecht einzustufen sind (ebd. 29).

Auch wenn die von der Kunstlehrerin der Helene-Lange-Schule für ihren Kurs im Rahmen der Projektwoche entwickelte Annäherung an die Aufgabenstellung von »Linden Fiction« unabhängig davon stattfand, möchten wir die individuellen Wirksamkeiten aus der Perspektive der befragten Schüler*innen illustrieren. Die Lehrerin hatte zunächst den Projektaufruf von »Linden Fiction« nicht erwähnt und den Schüler*innen verschiedene kreative Annäherungen an den städtischen Raum Lindens vorgeschlagen. Sie konnten den städtischen Raum mit allen Sinnen und auch auf emotionale Weise erkunden. Sie wurden gebeten, »ihr« Linden fotografisch zu untersuchen oder auch andere Darstellungsmodi zu probieren. In einem weiteren Schritt konnten die Schüler*innen dann jeweils für sich an einem Ort, den sie mögen, eine Beobachter*innenrolle einnehmen und ihre gegenwärtige Beobachtung der physisch-materiellen städtischen Umgebung und eines Menschen mit der Imagination der Veränderungen in der Zukunft verbinden. (A: 9 ff.; D: 4)

Die Gestaltung der Aufgabenstellung, der konstruktive Austausch im Projektkurs über die Erzählungen, sowie darüber hinaus unter den Autor*innen, haben ermutigende Effekte in Bezug auf das Schreiben mit sich gebracht. Das nicht-wertende Feedback (C: 7) und ebenso das grundlegende Interesse an den jeweiligen Schreiberfahrungen waren hier wichtige Erfahrungen (D: 5), genau wie die Möglichkeit, die Vielfalt der gewählten erzählenden Ansatzpunkte und der differenten Beobachtungs- und Wahrnehmungsweisen zu spüren (ebd. 3 u. 7). Darüber hinaus thematisieren die befragten Schüler*innen weitere wichtige neue (imaginative) Lernerfahrungen, die in der Möglichkeit bestehen, sich in das Leben eines anderen Menschens hineinzuversetzen (C: 3) und in Linden »mal Dinge aus einer anderen Perspektive wahrzunehmen« (D: 4). Diese Distanznahme zum alltäglichen Wahrnehmen der vertrauten Umgebung und auch zur gewöhnlichen schreibenden Fokussetzung auf das eigene Leben eröffnet auch einen Vorstellungsraum für die Frage, wie diese Umgebung in der Zukunft gestaltet sein wird.

»Weil, man geht zur Schule immer denselben Weg und wenn man einmal nur anders abbiegt, dann sieht man schon andere Dinge oder wenn man nur einmal kurz stehen bleibt [...] und dann fallen einem so Details auf, die an sich schon immer da waren, aber die einem gar nicht aufgefallen sind, weil man selbstverständlich dran vorbei geht. Und ich denke, das fließt dann auch in die Geschichten ein, wenn man sich solche Details anschaut und darüber nachdenkt, wie so etwas in der Zukunft sein wird.« (Ebd.)

In Gesprächen unter den Autor*innen wurde auch die Schwierigkeit thematisiert, sich die Überschreitung der Gegenwart um eine »große Zeitspanne« (ebd.) von 35 Jahren unabhängig vom und in Bezug auf den eigenen Lebenshorizont vorstellen zu können[15](C: 13). Damit verbunden war auch die distanzierte Auseinandersetzung mit vertrauten Konventionen der eigenen Generation, dystopisch und pessimistisch über die Zukunft nachzudenken, welche utopische Wünsche für eine bessere Welt unmöglich werden lassen:

»Weil, man sieht irgendwie oft, [...] dass unsere Generation, [...] ziemlich negativ, also eher in Richtung Dystopie denkt. Finde ich, also, merke ich auch an mir selber, dass, wir wollen halt viel verändern, aber wir sind diejenigen, die es im Endeffekt gar nicht so sehr tun. Obwohl wir eigentlich viel Kraft haben dazu, aber unser eigenes Denken hält uns auf. Auf der einen Seite denke ich mir, klar soll alles besser werden, und wir haben an sich auch die Möglichkeiten, alles besser zu machen. Aber auf der anderen Seite denkt man sich nur so, es wird eh alles irgendwie den Bach runtergehen (lachend). Und genau dieses Denken hält dann einen auch auf. Aber irgendwie kann man sich selbst nicht davor schützen, so irgendwie anzufangen zu denken.« (D: 13 f.)

Insofern ist es auch plausibel, warum sich in ihren Erzählungen kein Vorstellungsraum für die politisch aktivierende Frage eröffnet, wie die Umgebung bzw. das Leben des beobachteten Menschen in einer besseren Zukunft sein soll. Nicht zuletzt hat ihnen dieser imaginative Ansatz ermöglicht, Ideen für Geschichten zu entwickeln und verdeutlicht, »dass man mit so kleinen Mitteln, die an sich gar nichts [...] beanspruchen, viel schaffen kann« (ebd. 7). Mit diesem kreativen Modus wurden verschiedene imaginative, reflexive Fähigkeiten der Schüler*innen befördert, sich zu sich selbst und zu vertrauten Wahrnehmungsweisen des Umfelds in Distanz zu setzen, sich auf neue Wahrnehmungsweisen einzulassen (experiential knowledge,

---

15 | Eine weitere Autor*in thematisiert auch die Schwierigkeit, bei einem kleiner werdenden lebenszeitlichen Horizont Ideen für die Zukunft des Stadtteils zu entwickeln, welche die Person selbst nicht mehr erleben wird. (K) In dem Zusammenhang deuten sich Modi beim Überschreiten des Bestehenden an, die stark von dem eigenen Lebenshorizont und der eigenen Lebenssituation gerahmt sind.

vgl. Heron 1992), um das Bestehende überschreiten zu können, zugleich die dystopischen Konventionen zu reflektieren und nicht zuletzt einen Ausdrucksmodus über das Schreiben einer Geschichte zu finden (presentational knowledge, vgl. Heron 1992).

Kommen wir zurück zu »Linden Fiction 2050« und zu der Frage, inwiefern die Buchveröffentlichung und die Buchpräsentation individuelle Selbstwirksamkeitserfahrungen ermöglicht hat. Mehrere Autor*innen artikulieren ihren Stolz, einen Text in einem Buch publiziert haben, gespiegelt über die Anerkennung ihres engsten sozialen Umfelds. Die öffentliche Lesung bei der Buchpräsentation und weniger die Diskussion wurde von einigen befragten Autor*innen in unseren Gesprächen thematisiert. Dazu ist anzumerken, dass der eingeladene Stadtteilpolitiker aus Krankheitsgründen kurzfristig absagen musste und neben einem Repräsentanten aus der Verwaltung v. a. die Autor*innengruppe, teilweise auch mit ihrem jeweiligen sozialen Umfeld, präsent war. Eine Autor*in thematisiert, wie das sinnliche Hörerlebnis beim Vorlesen der Erzählungen durch die Autor*innen und die Lektorin eine Vielfalt an Ideen für sie geöffnet habe, denen sie zuvor mit Vorbehalten gegenüber den Fokussetzungen auf persönliche Themen statt auf Stadtplanung und gesellschaftliche Fragen von Klimaschutz begegnet war. (K) Eine weitere Autor*in artikuliert ihre Selbstwirksamkeitserfahrung über die soziale Anerkennung und das Gehörtwerden ihrer Ideen.

»Ja, das war schon eine sehr schöne Erfahrung und NATÜRLICH darüber hinaus war es auch eine tolle Anerkennung//so//und Bestätigung, dass man ÜBER seinen Stadtteil schreibt und [...] dass man nicht EGAL ist. Dass//man//zumindest im kleinen Kreis, in seinem Stadtteil, in seinem Freundeskreis oder Bekanntenkreis, einen kleinen Unterschied//machen// kann.« (E: 14)

Das Heraustreten aus dem privaten in den öffentlichen Raum führte, wie in den Interviews deutlich wurde, zu einer Reflexion der eigenen Rolle hinsichtlich des »In-seinem-Stadtteil-Agierens« (auch über die potenzielle Mitwirkung an weiteren ähnlichen Projekten) sowie zu einer Ermutigung, das Schreiben als Artikulationspraxis für ihre politische Agitation fortzusetzen: »Also in kleinen Schritten hat es sehr viel bewegt, finde ich. Bei mir definitiv.//Es war//eine kleine Bestätigung, dranzubleiben und auf vielen Ebenen weiterzumachen. [...] Auf der Ebene des In-seinem-Stadtteil-Agierens. [...] Auf der Ebene des Schreibens UND nach draußen damit gehen« (E: 18 f.). Eine Autor*in verleiht ihrer politischen Agitation Ausdruck, indem sie zentrale Ideen und Momente der eigenen Vision als eine persönliche Handlungsorientierung für das gegenwärtige und künftige Handeln im Stadtteil versteht (I: 9). Eine weitere Autor*in versteht die zentrale Idee ihrer Erzählung nicht in einem »missionarischen Sinne«, sondern als Impulssetzung für ihr Umfeld, über Möglichkeiten einer Umsetzung zu diskutieren, sich eigene Gedanken zu machen und individuell Verantwortung zu übernehmen (E: 27).

In unseren Gesprächen wurde deutlich, dass wir von einem hohen Maß an Identifikation vieler Autor*innen mit dem Projekt sprechen können, das auf den Erfahrungen des Lektorats(gesprächs), der Buchpublikation und -präsentation, auf dem gewählten Thema und der Wahrnehmung der Möglichkeit fußt, damit Einfluss auf das Problem nehmen und im Stadtteil Gehör finden zu können. Dabei war es den Autor*innen möglich, sich über einen längeren Zeitraum von 5 Monaten tiefergehend mit Möglichkeiten der literarischen Artikulation eines inhaltlichen Problems zu befassen. Und zugleich oblag einzig ihnen die Möglichkeit, im Rahmen der vorgeschlagenen Themenbreite oder davon unabhängig spezifische Probleme zu benennen und dafür die Autor*innenschaft zu übernehmen. Der Schwerpunkt der Projektaktivitäten lag auf der Ermöglichung unterschiedlicher Selbstwirksamkeitserfahrungen als Voraussetzung zur Förderung einer individuellen Ermächtigung zur politischen Agitation im Stadtteil. Mit dem kreativen Beteiligungswerkzeug und den Begleitangeboten hat sich das Projekt aus der Perspektive der Mitwirkenden als höchst wirksam herausgestellt, womit nicht nur kurzfristige, sondern auch langfristige Wirkungen gemeint sind.

Ein kontinuierlicher kommunikativer Austausch, Formen der Vertrauensbildung zwischen den Mitwirkenden in Richtung einer kollektiven Ermächtigung, z. B. in Bezug auf die Gestaltung von Erzählungen bzw. die Konkretion der Ideen, war zu keinem Zeitpunkt des Projekts vorgesehen, so der Projektverantwortliche (JD: 15). Vor dem Hintergrund seiner langjährigen Erfahrung mit der Konzeption, Beantragung und Durchführung politischer Stadtteilprojekte kontextualisiert er die Schwerpunktsetzung auf die Beförderung individueller Wirksamkeitserfahrungen nicht nur mit der Schwierigkeit, bei einer freiwilligen Mitarbeit längere Zeithorizonte anzusetzen. Dies habe oft nicht funktioniert. Bei »Linden Fiction« wäre gut gewesen, dass »die Leute was Konkretes machen und das dann einreichen« (ebd 13). Eine längere Zusammenarbeit funktioniere zumeist nur mit Gruppen, »die sich selbst gebildet haben, die dann das Umfeld mitbringen und [in die] man andere dann mit einbringen kann« (ebd.).

Mehrere Autor*innen berichteten uns davon, dass sie sich während der Buchpräsentation mit weiteren Autor*innen über ihre Erzählungen ausgetauscht hätten. Die Begegnung mit der Vielfalt der Erzählungen durch die Lesung einiger Autor*innen und der Lektorin, sowie die Möglichkeit, mit den weiteren Autor*innen in Austausch zu treten, sei ein »sehr schöner Abschluss« für das Projekt gewesen (E: 16). Dabei sprechen die Autor*innen immer wieder in der Wir-Form und stellen auch auf dieser sozialen Ebene identifikatorische Bezüge zu ihrer Mitwirkung an dem Projekt her. Aus dem Austausch ist bei den meisten der befragten Autor*innen der Wunsch entstanden, diesen zu vertiefen und über die Fortsetzung des Projekts nachzudenken, wie z. B. in Form einer kollektiven Gestaltung einer Erzählung, die auf der gemeinsamen Auswahl eines der in den Erzählungen präsenten Themen basiert (K) oder in Gestalt konkreter Ideen für ein Fortsetzungsprojekt als kontinuierlicher Projektreihe (I: 65 ff.). In keinem der Interviews wurde uns jedoch davon berichtet, dass die Autor*innen einen kontinuierlichen bzw. kollektiven Austausch oder auch eine Mitwirkung an der Planung der Projektaktivitäten, wie z. B. der Buchpräsentation, vermisst hätten, was vielleicht der politischen Selbsteinschätzung und den eher fehlenden Partizipationserfahrungen geschuldet ist.

Möglichkeiten einer mittel- und langfristigen sozialen, politischen Wirksamkeit der entstandenen individuellen Imaginations- und Artikulationsräume wurde von den Projektverantwortlichen über die Veröffentlichung des Buches, über den Versand der Bücher an die Stadtpolitiker*innen, die Beteiligung am Stadtdialog »Mein Hannover 2030«, sowie am »Wissenschaftsjahr 2015 – Zukunftsstadt« gesucht. Die literarischen Texte und Visionen wurden mit einer Buchpublikation langfristig öffentlich gemacht. Das Buch könne auch Anregungen für die Stadtentwicklung enthalten, so der Projektleiter, die im Vergleich zu Sachtexten und Ergebnispräsentationen nicht schnell veralteten (Faust 2015a: 4). Nach dem Versand der Bücher wurde von einigen Stadt(teil)politiker*innen explizites Interesse an dem Buch geäußert (Faust 2015d: 1; JD: 8), »aber zur Diskussion ist ja dann niemand von denen gekommen«, so der Projektverantwortliche (ebd.: 1). Eine der Autor*innen betont, dass sie an dem Projekt sehr schätze, dass es nun ein Buch gäbe, welches visionär über Linden nachdächte. Das sei im Vergleich zu typischen Rückblenden und Bestandsaufnahmen eine neue Art, über Stadtviertel nachzudenken. (K) Das Buch ist nach wie vor als PDF über die Projektseite und die Webseite Wissenschaftsjahr »Zukunftsstadt« (BMBF 2015c) kostenlos zugänglich und auch als E-Book digital erhältlich. Damit ist die Publikation für lokale und überregionale Leser*innen niedrigschwellig und auf verschiedenen Kanälen zugänglich, wobei sich die Veröffentlichung auf der Website »Zukunftsstadt« zeitlich stark verzögerte, so der Projektverantwortliche. (JD: 12)

Was die Einbindung des Projekts in einen stadtpolitischen und stadtweiten Kontext bzw. in den Stadtdialog »Mein Hannover 2030« anbelangt, bzw. dass Ideen aus »Linden Fiction 2050« in den öffentlichen Bürger*innendialog eingeflossen waren, erfuhren die Teilnehmer*innen erst im Nachhinein während der öffentlichen Lesung. Wie sich in unseren Interviews herausstellte, wussten die meisten Beteiligten nichts über das städtische Partizipationsprogramm im Allgemeinen und/oder über die Mitwirkung von »Linden Fiction« im Besonderen. Ein Grund für die fehlende Kommunikation gegenüber den Autor*innen kann darin liegen, dass sich die Projektzeiträume überlagerten. Die Auswertungsphase des städtischen Bürger*innendialogs lag vor Ablauf der Frist zur Einreichung der Geschichten, sodass zu diesem Zeitpunkt nicht alle Autor*innen bekannt waren. Aus dieser Überlagerung der Projekte ergibt sich möglicherweise auch die fehlende Beteiligung der Autor*innen am Prozess der Ergebnisauswertung und der Überführung dieser in den Stadtdialog. Diese kann auch einen weiteren Grund haben, den eine der Autor*innen thematisiert: Die Offenheit des Stimulus, nach Wünschen und positiven Utopien für das künftige Zusammenleben in Linden zu fragen, ohne dabei die Möglichkeit einer konkreten Umsetzung bzw. Einbindung der Ergebnisse in ein politisches Stadtentwicklungskonzept zu thematisieren, wäre wichtig gewesen, um sich darauf einzulassen und den Gedanken freien Lauf zu lassen, ohne eine Schere im Kopf zu haben (I: 41f.).

In unseren Gesprächen mit den Autor*innen wurde die Nicht-Information über die Beteiligung »Linden Fictions« am Stadtdialog, sowie die Tatsache, dass die Bücher autonom an Mitglieder des Rats der Stadt Hannover und des Bezirksrats versandt wurden, nicht kritisiert, sondern begrüßt. Positive Resonanz fand damit die Erweiterung des öffentlichen Kreises um eine politische Stadtöffentlichkeit, die nicht nur mit dem Gehörtwerden, sondern auch mit dem Impuls der Konkretisierung der eigenen Ideen assoziiert wurde (E: 34). Die Initiierung eines solchen stadtdialogischen Prozesses durch den Oberbürgermeister wird von einer Autor*in besonders begrüßt. Für die Stadtbewohner*innen (»von der Straße«) sei damit ein Möglichkeitsraum entstanden, visionäre Ideen vorzutragen und in die Stadtentwicklung bzw. Stadt- und Kommunalpolitik einzubringen. Für die Verwaltung habe der Oberbürgermeister mit dem Beteiligungsprozess einen Möglichkeitsraum geschaffen, über Ressortgrenzen hinaus zu denken. Dabei stelle sich die Frage, inwiefern die Verwaltung in der Lage sei, diese Ideen in neuen Denkweisen zu verfolgen und sich zu eigen zu machen, und welche Ideen zum Ende der Amtszeit des Oberbürgermeisters verwirklicht sein würden (I: 36 f.).

Vor dem Hintergrund unserer Ausführungen zu den verschiedenen Erfahrungen der Wirksamkeit des Projekts möchten wir uns abschließend dem Grad der Partizipation des gewählten Beteiligungswerkzeugs sowie den Modi der Entscheidungsfindung und Rollen im Projektprozess zuwenden. Mit der Offenlegung der Teilnahmebedingungen und Auswahlkriterien, sowie durch den direkten Kontakt zu den Projektmitarbeiter*innen, wurden die Rollen und die Modi der Entscheidungsfindung transparent gestaltet. Dabei gab es eine klare Rollenaufteilung zwischen den Autor*innen, der ihnen zugeschriebenen »Problem ownership« und ihrer Übernahme der Autor*innenschaft, sowie den Projektorganisator*innen, welche für die Koordination, Formen des Austauschs und die Beförderung der Schreibfähigkeiten verantwortlich waren. Ein Verlassen der zugeordneten Rollen, z. B. für kollektive kreative Prozesse und die Mitgestaltung des Projektprozesses, war ebenso wie ein Verlassen der Räume und Handlungsorte nicht vorgesehen. Darüber hinaus konnte ein weitreichenderer Austausch mit Akteur*innen der Stadtverwaltung und -politik nicht stattfinden. Was die Rollen der Projektmitarbeitenden anbelangt, so ist insbesondere die Fähigkeit des Projektleiters hervorzuheben, längerfristig mit Personen zusammenzuarbeiten und diese insbesondere auch vor dem Hintergrund einander ergänzender Fähigkeiten und Ressourcen auszuwählen und dabei Projektverantwortung auf verschiedenen Schultern zu verteilen. Beispielsweise könne er gut das Konzept entwickeln und u. a. durch die Beantragung von Mitteln und durch die Koordination für die Rahmenbedingungen sorgen. Für die Motivation zur Mitwirkung und den regelmäßigen Austausch sowie die Beförderung der Schreibfähigkeiten war die Unterstützung durch Ute Finkeldei und Parisa Hussein-Nejad elementar. (JD: 3 ff.) In dem Zusammenhang wurde z. B. auch die Doppelrolle von Ute Finkeldei als Jurymitglied und Lektorin der ausgewählten Erzählungen reflektiert, welche aufgrund der Chronologie des Projektprozesses als sinnvoll eingeschätzt wurde und sich als unproblematisch erwies (UF: 32).

Mit dem Beteiligungswerkzeug, das in dem Konzept der »Soziokultur« gründet, wurde eine Vielzahl bislang unbeteiligter Personen angesprochen und in die soziale Verantwortung für die Gestaltung des Stadtteillebens eingebunden. Die Stadtbewohner*innen wurden als Expert*innen des städtischen Alltagslebens wahrgenommen. Mit kreativen Praktiken wurde ihnen die Artikulation ihrer Wünsche, Ideen und Träume im Hinblick auf eine bessere Welt für das zukünftige Zusammenleben im Stadtteil ermöglicht. (Dallmann 2015: 9 ff.) Zugleich wurden sie ermutigt, ihre eigene Rolle und Gestaltungsmöglichkeiten im Stadtteil, sowie die Vielfalt alternativer Ansätze wahrzunehmen und über Möglichkeiten eines kontinuierlichen aktiven Engagements nachzudenken.

Der normative Kompass, den der Wissenschaftliche Beirat der Bundesregierung Globale Umweltveränderungen (WGBU) zur Orientierung für eine nachhaltige Transformation der Städte formuliert hat (WGBU 2016a: 159), lässt das Beteiligungswerkzeug von »Linden Fiction« in Bezug auf die Beförderung der »normativen Eigenart« des Stadtteils verstehbar werden. Auf einer normativen Ebene wird mit dem Begriff in Anknüpfung an Lefèbvres (2016) Forderung von »Recht auf Stadt« die Teilnahme an dem dynamischen Prozess urbanen Lebens bezeichnet (WGBU 2016a: 154 f.). Denn für die Gestaltung lebenswerter Räume und urbaner Lebensqualität sei es zentral, wie das »Recht auf Stadt« verteilt sei, d. h., ob und wie sich

Menschen ihre Umgebung aneignen und sich ihr zugehörig fühlen könnten (ebd. 155). Insofern sei für die Stadtentwicklung die Anerkennung von Gestaltungsautonomie und damit die Mitformung und Aneignung urbaner Räume durch die Bewohner*innen (einzeln oder kollektiv) ebenso zu garantieren, wie die Anerkennung von Differenz und Vielfalt kultureller Ausdrucksformen (ebd.). Dies setzt u. a. voraus, dass »Menschen in den räumlichen Strukturen Selbstwirksamkeit entfalten« sowie »Ortsidentität« und »soziale Kohäsion« entwickeln und »soziale Kreativitätspotenziale« gestärkt werden (ebd. 157 f.).

Mit den verschiedentlichen Ansätzen des Beteiligungswerkzeugs von »Linden Fiction 2050« ist den Stadtbewohner*innen eine Bühne gegeben worden, die keine institutionalisierte Bühne mögen oder keine entsprechende Erfahrung haben, Menschen, die in vielen Bereichen unterrepräsentiert sind und die sich nicht an konventionellen Partizipationsverfahren beteiligen, aber politisch interessiert sind und mit ihren Ideen erstmals Gehör finden konnten. Dabei war es wichtig, viel Luft und einen geschützten Raum für die Entfaltung der eigenen Ideen zu haben, die auch Bezug nehmen auf abstrakte Ideen zum Zusammenleben, auf die Imagination von Praktiken der Nutzung physisch-materieller Räume als vielfältig genutzte Lebensräume, und nicht zuletzt auf ihre Ortsbindung. Über die Erfahrungen der Schreibwerkstätten und des Lektoratsgesprächs sowie der Veröffentlichung konnten sie sich mit ihren Ideen und Erzählungen auf eine öffentliche Stadt(teil)bühne wagen, auf der sie gleichzeitig die Hauptakteur*innen waren und wo sie ihr Interesse an der Vielfalt von Ideen und an kollektiven Gestaltungsprozessen spüren konnten. Insofern bietet das Beteiligungswerkzeug mit der Schwerpunktsetzung auf Erfahrungen individueller Wirksamkeit als Voraussetzung für gesellschaftliche Gestaltungsmöglichkeiten ein großes Potenzial für Anschlüsse, über die wir auch im folgenden Teilkapitel und im Fazit nachdenken.

5.4 Generierung transformativen Wissens

In diesem Teilkapitel thematisieren wir unter dem Aspekt der Generierung transformativen Wissens (Becker 2002, zitiert in Jahn et al. 2012) Aspekte transdisziplinären Wissens und darüber hinaus domäneübergreifende Interaktions- und Kooperationsmöglichkeiten, die Sensibilität für Themen und Wirksamkeiten einer nachhaltigen Stadtentwicklung und die organisatorischen Rahmenbedingungen des Projekts »Linden Fiction 2050«.

Hinsichtlich der visionären, lokalen und thematischen Orientierungspunkte im Aufruf, aber auch der verhandelten Themen in den Geschichten (Mobilität, Diversität, urban form/nachhaltige Stadtplanung, Partizipation, Grünflächen, Bildung und Inklusion, Ressourcenschutz, Versorgung und Ernährung, Organisation von Arbeit, alternative Wirtschaftsformen) und der Auseinandersetzung mit nicht-nachhaltigen Entwicklungen, wie z. B. mit Angst vor Armut, Übertechnisierung und Körpernormierung, ermöglichte das Projekt eine weitreichende und auch tiefergehende Beschäftigung mit Aufgaben einer nachhaltigen Stadtentwicklung und grundlegenden Fragen für die Gestaltung des gegenwärtigen und künftigen Zusammenlebens im Stadtteil. Zugleich könnte der Zusammenhang zwischen einem guten Zusammenleben und dem Erhalt natürlicher Ressourcen stärker thematisiert werden. Damit verbunden sind zudem kulturelle Praktiken auch der (Wieder) Annäherung an eine achtsame Wahrnehmung der mehr-als-menschlichen Welt

(Abram 2012), die einen Erhalt natürlicher Ressourcen auch in lokalen Zusammenhängen voraussetzt.

Die Analyse des Beteiligungswerkzeugs von Linden Fiction 2050 hat gezeigt, dass dort eine Vielfalt an Wissensformen ineinander greift, welche in ihrer Synergie als transformatives Wissen bezeichnet werden können. Insbesondere in den kreativen Prozessen kommt ein mehrdimensionales Gestaltungswissen der Teilnehmer*innen zum Ausdruck, welches auch an vielfältige Vorerfahrungen und Vorwissen anknüpft, bzw. diese überschreitet. (vgl. Kap. 5.2 in diesem Beitrag) Das Gestaltungswissen wird auf der Seite der Projektinitiator*innen durch offene Stimuli und den Einsatz kreativer Methoden angeregt, was wiederum impliziert, die Teilnehmenden bei der Ausübung kreativer Praktiken und in ihrer Imaginationsfähigkeit zu unterstützen, ohne diese dabei in ihren Ausdrucksmöglichkeiten zu lenken bzw. einzuschränken. Literarisches Schreiben ohne zeitliche, räumliche und inhaltliche Beschränkungen garantiert Offenheit und Emergenz, und das Format der Kurzgeschichte eine Form der kondensierten Ausführlichkeit (Seiler 2009). Das hier aufgerufene Utopieverständnis bewegt sich frei von einem politisch institutionalisierten Umsetzungs- und Planungsduktus und eröffnet im Sinne einer politischen Denk- und Handlungsform die Möglichkeit, Wünsche, Träume und Ängste offen zu artikulieren und sich auch darauf zu fokussieren (Neupert-Doppler 2017). Der inhaltliche Stimulus ruft individuelle Ideen für die Gestaltung eines zukünftigen lokalen Umfeldes und Zusammenlebens auf und verbindet diese mit konkreten und abstrakteren thematischen Orientierungspunkten, die aber bis auf den Lokalbezug auch ignoriert werden können.

In solchen kreativen Prozessen ist die Ermöglichung von Emergenz von entscheidender Bedeutung, die letztlich zu Momenten der Serendipität führen kann (Merton & Barber 2004) – zu einem zufällig generierten Wissen, das auf einer besonderen »Offenheit und Unvoreingenommenheit« und auf einer Weisheit im Sinne des Gefühls der »Stimmigkeit einer Situation« basiert (Kagan 2012: 45 f.). Zugleich bedeutet «Serendipity« auch „von verschiedenen, scheinbar voneinander getrennten Kontexten« (ebd. 46) sowie von »all jenem Unerwartetem« lernen zu können, »das in unserem Scheitern, aber auch in der Tiefe unserer Intuition verborgen liegt« (ebd. 45). Schließlich ermöglicht die Anwendung kreativer Praktiken wie in »Linden Fiction 2050« die Beförderung eines »experiential knowledge« und eines »presentational knowledge« (Heron 1992), d. h. der Fähigkeit, eigene, teilweise vorsprachliche und nicht-sprachliche Erfahrungen in der Begegnung mit den Umwelten im Format kreativer Praktiken wie dem Schreiben auszudrücken. In seiner Organisation orientierte sich das Projekt am Prinzip einer polyzentrischen Verantwortungsarchitektur und strebt die Gewährung des Rechts der Selbstregierung bei der Gestaltung lokaler Angelegenheiten an. Was die normative Orientierung des Projekts »Linden Fiction 2050« betrifft, so wurde bei der Durchführung darauf Wert gelegt, eine diverse Teilnehmer*innenschaft zu erreichen, zum Teil durch inklusive Angebote wie den Schreibwerkstätten. Auch wurde die Förderung von Idiosynkrasie, die Stärkung kreativer Praktiken und imaginativer Fähigkeiten berücksichtigt, sowie über die Adressierung und breite Themenwahl ein Beitrag zur sozialen Gerechtigkeit geleistet.

Eine Herausforderung besteht hinsichtlich der pragmatischen Weiterverwendung des auf diese Weise generierten (lokalspezifischen) Wissens bzw. der individuellen Visionen der Autor*innen im Kontext politischer Entscheidungsprozesse,

wie im Rahmen der Beteiligung am Stadtdialog »Mein Hannover 2030«. Damit ist
die Übersetzung des Wissens »von der Straße« in die Feldlogik der Stadtverwaltung
und -politik gemeint. In einem ersten Schritt wurden die Inhalte der ergebnisoffenen Kurzgeschichten von dem Projektverantwortlichen in Zusammenarbeit mit
einer Mitarbeiter*in aus dem Agenda 21- und Nachhaltigkeitsbüro in das bereits
beschriebene Format eines Protokolls übersetzt, wobei uns bezüglich der Zusammenarbeit nichts Näheres bekannt ist. (vgl. Kap. 5.1 in diesem Beitrag) Dabei fällt
auf, dass die Zusammenfassung der Ergebnisse teilweise in ganzen Sätzen, teilweise stichpunktartig formuliert und nach verschiedenen Themenschwerpunkten
gegliedert ist. Hier finden die Orientierungspunkte des Aufrufs von »Linden Fiction« (Ihme-Zentrum, Zusammenleben, Verkehr, Schule) Verwendung, wobei einzelne Aspekte abstrakter formuliert werden, wie soziale Interaktion, Sozialstruktur
und Inklusion. Darüber hinaus bilden auch »Grünflächen« einen Themenschwer-
punkt, der kein expliziter Bestandteil des Aufrufs war. Ängste und Befürchtungen
haben in stichpunktartiger, kondensierter Form einzig unter dem Themenschwer-
punkt »Zusammenleben, Sozialstruktur und soziale Interaktion« einen Raum,
wie in der Formulierung »Befürchtet wird eine Vereinheitlichung und Reduktion
der Vielfalt im Stadtteil durch Mietsteigerungen und Bevölkerungsentwicklung«
(LHH, 2015a: 1). Es fällt auf, dass sich nüchtern-sachliche Aussagesätze mit appell-
haften Forderungen und mit einer problemlösungsorientierten Logik verbinden.
»Der derzeitige Zustand des Ihme-Zentrums wird als Problem angesehen. Lösungen werden vor allem darin gesehen, das Zentrum für die Stadtteilbevölkerung in
der derzeitigen Struktur zu einem attraktiven Ort umzugestalten« (ebd. 2).

Für die Entwicklung des Stadtentwicklungskonzepts »Mein Hannover 2030«
wurden von einer ressortübergreifenden Gruppe der Stadtverwaltung in einem
nächsten Schritt alle Protokollinhalte jeweils in projektspezifische Beiträge übersetzt. Diese Übersetzung wird in der bereits erwähnten, publizierten tabellarischen Matrix nachvollziehbar gemacht (LHH 2015b; vgl. Kap. 5.1 in diesem Band).
Alle Themen, die in dem Protokoll von »Linden Fiction« genannt sind (LHH 2015a)
wurden mit Ausnahme des Themas »Ihme-Zentrum« ausschnitthaft als Beiträge in
die Matrix aufgenommen (LHH 2015b: 117). Über das Ankreuzsymbol findet jeweils
eine Zuordnung der Beiträge zu den fünf Handlungsfeldern und Querschnittsthemen sowie eine Einordnung als Strategie, Ziel oder als Maßnahme, Projekt oder
Raum statt. In drei weiteren Spalten wird der jeweilige Beitrag in Bezug auf den
Aspekt der »Prüfung als realisierbar« mit einem kurzen Kommentar versehen, und
durch eine Zuordnung zu ja/nein-Aussagen in Bezug auf Konfliktpunkte und eine
Abwägung bewertet (ebd.). Dabei wird nicht deutlich, inwiefern es sich um Konfliktpunkte handelt, die im Veranstaltungsprotokoll dokumentiert sind, oder um
Konfliktpotenziale bei der Realisierung, wozu auch auch die Zuordnung zu einem
Status der Abwägung passen würde. (ebd.) Die aus dem Protokoll in einen Beitrag
mit der Nummer 1155 übersetzte Forderung »Der Autoverkehr (Benzin) wird weitgehend aus dem Stadtteil verbannt (Parkhäuser, Randbereiche)«, konnte im Zuge
der Prüfung auf Realisierbarkeit nicht berücksichtigt werden, was mit »rechtlichen
Erwägungen« begründet wird (ebd.). Die angesprochenen Befürchtungen tauchen
gar nicht mehr auf. Darüber hinaus wurden die insgesamt über 1.800 im Stadtdialog identifizierten Beiträge vom Oberbürgermeister und einem Mitarbeiter im Bereich Grundsatzangelegenheiten zu zehn Themenschwerpunkten kondensiert (vgl.
LHH 2016c; O: 27). Das »Arbeitsprogramm«, welches nach dem Ratsbeschluss des

Stadtentwicklungskonzepts erarbeitet wurde, beinhaltet gegenwärtig 43 Vorhaben aus allen Bereichen der Stadtentwicklung, die bezirksbezogen und gesamtstädtisch fokussiert sind[16]. Davon beziehen sich zwei Vorhaben auf den Stadtbezirk Linden-Limmer. Interessanterweise ist eines davon dem Ihme-Zentrum gewidmet. Die Zielsetzungen des Vorhabens »Perspektive Ihme-Zentrum« fokussieren Aspekte wie einen »qualitätsvollen, bezahlbaren, inklusiven und barrierefreien Wohnraum für alle Nachfragegruppen«, »gut funktionierende und versorgte Quartiere, die vom konstruktiven Dialog aller Akteur*innen vor Ort gestärkt werden«[17]. Aspekte aus dem Protokoll von »Linden Fiction«, welche die Umgestaltung zu einem attraktiven Ort für die Stadtteilbevölkerung, z. B. durch die Integration (jugend)kultureller Angebote und städtischer Gartenkulturen (LHH 2015a: 2) thematisieren, tauchen hier nicht auf und sind auch nicht als Beiträge in die Matrix transferiert worden (LHH 2015b: 117). In den aufgelisteten gesamtstädtischen Vorhaben lassen sich auch Beispiele dafür finden, dass einzelne Beitragsaspekte aus dem Protokoll von »Linden Fiction« Erwähnung finden, wie z. B. im Rahmen des Vorhabens »Soziale und inklusive Quartiersentwicklung«[18].

Die grundlegende Zielsetzung des Partizipationsverfahrens von »Mein Hannover 2030« verstehen wir im Sinne der Verbesserung von politischen Entscheidungsprozessen durch lokales Wissen der Stadtbewohner*innen. Dabei ist der Umgang mit Wissen im Prozess der Entwicklung und Umsetzung eines Stadtentwicklungsprozess durch eine Top-down-Partizipation charakterisierbar. Die Weitergabe von Wissen der Stadtbewohner*innen hat auch im Zuge des Projekts »Linden Fiction« stattgefunden, doch der Prozess der Übersetzung fand nur in eine Richtung bzw. nur unter Beteiligung der Stadtverwaltung statt. Der Projektleiter sieht darin ein »Kompatibilitätsproblem«: Die Stadtentwicklung agiere entlang konkreter »Handlungskriterien«. Die Geschichten [seien] »nicht so konkret, sondern sie haben etwas anderes, sie haben eine Stimmung« (JD: 9). »Die Kurzgeschichten thematisierten […] vor allem emotionale Hoffnungen und Ängste« und bringen Themen zur Sprache, die im städtischen Diskurs »sonst nur marginal vorkommen« (Faust 2015d: 3). Zugleich beinhalten sie komplexe Konzepte (wie die Idee einer Sinnbank), die ebenfalls erst im literarischen Format ihren Ausdruck finden (ebd.).

In der Vorgabe des Protokollformats, das zugleich die einzige Form für die Ergebnispräsentation von Ergebnissen (und nicht von Diskussionsverläufen und Projektprozessen) darstellt, sowie in der Umwandlung der ergebnisorientierten Protokollinhalte in die hoch formalisierten Tabellen einer Matrix (JD: 11), die aus pragmatischen Gründen für viele Veranstaltungen per se nachvollziehbar sind (JD: 9), spiegeln sich nicht nur eine fehlende Übersetzungskunst des lokalspezifischen Wissens und dessen spezifischer Weisen der Erzeugung (wie z. B. das literarische Format)

---

16 | Siehe https://www.hannover.de/Service/Presse-Medien/Landeshauptstadt-Hannover/Meldungsarchiv-f%C3%BCr-das-Jahr-2017/OB-Schostok-stellt-Arbeitsprogramm-vor, Zugriff am 13.09.2018.

17 | Siehe https://www.hannover.de/Leben-in-der-Region-Hannover/Politik/B%C3%BCrgerbeteiligung-Engagement/Mein-Hannover-2030/Das-Arbeitsprogramm/Perspektive-Ihme-Zentrum, Zugriff am 13.09.2018.

18 | Siehe https://www.hannover.de/Leben-in-der-Region-Hannover/Politik/B%C3%BCrgerbeteiligung-Engagement/Mein-Hannover-2030/Das-Arbeitsprogramm/Soziale-und-inklusive-Quartiersentwicklung, Zugriff am 13.09.2018.

wieder. Das zeigt auch eine eher subsumtive und wenig reflexiv nostrifizierende Übersetzung der Protokollinhalte und Veranstaltungsergebnisse in vertraute und bereits im Vorfeld benannte Schemata und in einen Sprachduktus der Verwaltung und Stadtpolitik. Zentrale Dimensionen der Geschichten, die Ängste vor Alter und Krankheit, vor Armut und Erfahrungen mit sozialer Kälte darstellen, sowie komplexe konzeptionelle Entwürfe, wie z. B. einer Sinnbank oder eines Urban Gardening-Projekts auf dem Westschnellweg (Faust e. V. 2015), bleiben auf der Strecke. Der besondere Blick auf die Stadtbewohner*innen und ihr Interesse an den Fragen *wie lebe ich und wie will ich leben*, so der Projektleiter, sowie an ihren Vorstellungen und Bedarfen, haben wenig bis keinen Raum (JD: 12). Deutlich wird letztlich auch, wie hier zwei sehr unterschiedliche Verständnisse von utopischer Vision aufeinandertreffen. »Linden Fiction« betont die individuell ermächtigende Wunschproduktion, die Offenheit für Emergenz unabhängig von einem Konkretisierungsappell und -rahmen. »Mein Hannover 2030« basiert auf einem Verständnis von Visionen, das ganz deutlich den Schwerpunkt auf planende Zielorientierung und Umsetzbarkeit, und nicht auf das visionäre Denken und die Wünschbarkeit im Sinne Wrights (2017) legt. Es heisst im Stadtentwicklungskonzept: »Jedes Konzept ist so gut wie seine Umsetzung« (LHH 2016a: 76) und diese Grundhaltung wird auch in einem Interview mit zwei Mitarbeiter*innen aus dem Bereich Grundsatzangelegenheiten deutlich:

»Also schon vor Beginn des Prozesses war ja klar, dass es nicht nur ein schönes Papier sein soll, [...], sondern dass das Ganze auf Umsetzung basieren muss, damit die Bürgerinnen und Bürger auch sehen, dass nicht nur Strategie und Ziele definiert worden sind, sondern was ist der wirkliche Output [...] Der Rat hat einerseits das Stadtentwicklungskonzept bewilligt und gleichzeitig die Verwaltung beauftragt, das Ganze umzusetzen. Und eine Maßnahme davon ist eben das Arbeitsprogramm, und in dem sind jetzt erstmal [...] dreiundvierzig Projekte [...] zusammengefasst, die eben zur Umsetzung und auch zum Erreichen der Ziele von Hannover 2030 dienen sollen.« (P: 27)

Zugleich geht es bei der Umsetzung des beteiligungsorientierten Stadtentwicklungskonzepts in »Arbeitsprogramme« auch darum, öffentliche Akzeptanz durch die Bürger*innen dafür zu erhalten – denn die freie Phase des Stadtdialogs, in der alle »von der Straße«, wie eine der befragten Autor*innen sagte, ermuntert wurden, sich zu beteiligen, wurde in der medialen Öffentlichkeit auch im Sinne eines Bruchs mit den Konventionen einer Top-down-Planung kritisiert, so unsere Gesprächspartner*innen aus dem Bereich Grundsatzangelegenheiten (P/O: 14). Darüber hinaus ist die Einladung zur Beteiligung möglichst breiter Kreise der Stadtbevölkerung auch im Zusammenhang mit der Reform der Stadtverwaltung zu sehen, die zugleich das sechste Handlungsfeld des Stadtentwicklungskonzepts ausmacht (LHH 2016a: 70 ff.). In der Reform geht es insbesondere darum, zukünftige Aufgaben auch im Rahmen des Stadtentwicklungskonzepts besser umzusetzen, dezernatsübergreifend zu Querschnittsthemen zusammenzuarbeiten und dialogische Strukturen nach innen und außen zu schaffen (ebd.; Kirchberg 2017: 7). Die Beteiligung der Bevölkerung soll nicht nur die Planungshoheit und Autonomie der Dezernate einschränken, sondern auch bisherige und partiell intransparente Einwirkungen von mächtigen Gestalter*innen auf die Stadtplanung begrenzen (ebd. 12). Zugleich eröffnet die Reform Spielräume für differenziertere Übersetzungsprozesse der Bedarfe und Ideen der Stadtbewohner*innen, sowie für neue Formen der Begegnung und des kooperativen Austauschs, wenngleich zu vermuten ist, dass dies eine voraussetzungsvolle, komplexe und langwierige Aufgabe sein wird. Die Widerstände der Verwaltung, z. B. auch im Hinblick auf die dezernatsübergreifende Zusammenarbeit in den Projektgruppen der Stadtentwicklung, fanden ebenfalls in dem gewählten räumlichen Rahmen für eine verwaltungsinterne Zukunftswerkstatt ihren sinnfälligen Ausdruck, die am Beginn des gesamten Stadtentwicklungsprozesses stand:

»Also hat man versucht, in [...] den Ort gleich zu wählen. Also ein Ort, der gut geht, und gleichzeitig hatten wir eine Moderatorin, die der Verwaltung unbekannt war, die [...] eine ganz andere Gestaltung hat und wir [...] saßen also [...] in einer Konferenzatmosphäre mit Tischhussen und wollten Zukunftsplanung machen [...]. Denn das war irgendwie ein Schlüsselerlebnis für alle, es geht so nicht weiter. Es passt nicht, passt nicht mehr, wir müssen es anders machen.« (O: 11)

Die kritische Haltung des Projektinitiators gegenüber einer langfristigen Wirksamkeit des fiktionalen, visionären Artikulationsraums von »Linden Fiction« im Kontext des Stadtdialogs basiert zugleich auf einer Vermittlerrolle zwischen den Bereichen »Kultur« und »Stadtpolitik«, in der er auch während der Diskussion im Rahmen der Buchpräsentation agierte. Dabei bezieht er sich auf ein breites Übersetzungswissen (Orientierungswissen), das es ihm ermöglicht, im Sinne eines hohen differenzierenden Grades reflexiver Nostrifizierung zu kommunizieren, sich zwischen dem kulturellen und dem politischen Feld zu bewegen und auf differente Feldlogiken einzulassen. Er erwähnt beispielsweise die mehrmonatige für die Kunsthalle des Faust Kulturzentrums sehr hilfreiche Zusammenarbeit mit einer Mitarbeiter*in der Stadt, die dafür freigestellt und gefördert wurde. Dabei betont er, dass sich eine starke Verwaltungslogik und offene Haltung nicht ausschlössen. In dem Zusammenhang habe er auch mitbekommen, dass der Oberbürgermeister Bürger*innenbeteiligung wolle und die Verwaltung Schwierigkeiten damit habe, da sich ihr Handeln im Rahmen von unzähligen rechtlichen Bestimmungen bewege (JD: 11). Und er sehe auch, dass die Mitarbeiter*innen des Agenda 21- und Nachhaltigkeitsbüros positive Veränderungen wollten, teilweise einen aktivistischen Hintergrund hätten und zugleich, wie ebenfalls bei der Diskussion zu beobachten, in ihren (formalen) Handlungs- und Übersetzungslogiken agierten (ebd. 9 f.). Vor diesem Hintergrund hat der Projektleiter auch das Vermögen, sich transversal, d. h. bereichsübergreifend über seine kulturelle Netzwerke hinausgehend und stadtweit zu vernetzen. (Kagan et al. 2018: 35 f.)

Eine weitere Frage besteht nun auch hinsichtlich der Möglichkeiten einer langfristigen Weiterverwendung des auf diese Weise generierten Wissens in der Projektarbeit am Kulturzentrum Faust. Eine explizite Überführung des generierten Wissens in die folgende Projektarbeit, wie z. B. auch im Format einer Projektreihe, findet nicht statt. Vielmehr folgt die Projektarbeit am Kulturzentrum Faust einer grundsätzlichen Orientierung, die der Projektleiter von »Linden Fiction« folgendermaßen charakterisiert: »Faust macht viele kleine Projekte, [...] die eine kleine Wirkung haben, die alle sich irgendwie ergänzen [...] wenn sie beendet sind, sind sie in gewissem Sinne auch beendet, aber die Leute, die dort teilgenommen haben, denke ich, nehmen das mit« (JD: 1). »Viele kleine Projekte sind letztlich die, die die

Stimmung verändern« (ebd. 2). Ganz ähnlich äußert sich eine Autor*in: Sie gehe davon aus, die größte Entwicklung bei den Menschen passiere dadurch, »dass die Geschichten, die sie selbst geschrieben hätten, was mit ihnen gemacht haben« (E: 31f.). Im Sinne eines konstruktivistischen Weltbildes, nach dem sich »alles beeinflusst und ständig verändert« (ebd. 32f.), müsse man Vertrauen haben, »dass sich DARÜBER was in der Stadt//verändert.//« (ebd. 32). Die Zitate machen deutlich, dass die kleinen Projekte in ihrem thematischen Zusammenhang insbesondere das Potenzial haben, bei den Individuen anzusetzen und durch ihre (kontinuierliche) Vielzahl die »Stimmung« im Stadtteil im positiven Sinne zu verändern. Und zugleich, so der Projektleiter, sei eine Wirkung dieser politischen Projekte immer sehr langfristig zu sehen und nicht direkt in Form eines Ergebnisses sichtbar, das am Ende entstünde. Dass der Stadtteil Linden gegenwärtig gut funktioniere, was auch der Eindruck vieler Autor*innen gewesen sei, basiere auch auf vielen kleinen Projekt-Anstrengungen des Kulturzentrums Faust (JD: 2).

Was die inhaltliche Orientierung der Projektarbeit am Kulturzentrum Faust anbelangt, so liegt dieser ein Verständnis von partizipativer Stadtteilgestaltung zugrunde, die von allen gemacht wird (ebd. 24; Wissenschaftsladen 2013)[19]. Dabei besteht die Rolle der Faust als soziokulturelles Zentrum[20] darin, als »Initiator von Diskussionen im Stadtteil über die Zukunft des Stadtteils und über Möglichkeiten der Verbesserung der Partizipation« der Bürger*innen an der Stadtteilgestaltung mitzuwirken (Welt-in-Hannover 2018). So sollen diverse und bislang unbeteiligte Gruppen von Stadtbewohner*innen mit kreativen Impulsen »ermächtigt« werden, Erfahrungen von individueller »Selbstwirksamkeit« zu machen und sich für ästhetische und alltagsbezogene Möglichkeiten einer aktiven und verantwortungsvollen Gestaltung ihres Stadtteils zu öffnen[21]. Einige Projekte finden in Zusammen-

---

19 | Eine explizite Anknüpfung an den Aufruf und die Bewegung »Recht auf Stadt« im Sinne Henri Lefèbvres wurde unter dem Dach eines Arbeitskreises »Stadt(teil)wandel« realisiert. Im Jahr 2011 haben sich Einzelpersonen und Gruppen, wie das Kulturzentrum Faust, der Wissenschaftsladen, die Kampagne Ahoi, das FAU-Hannover in Kooperation mit politischen Stiftungen, der Transition Town-Bewegung und dem Stadtbezirksrat Linden-Limmer zusammengeschlossen (AK Stadt[teil]wandel 2012a; 2015). Die Auseinandersetzung mit möglichen Anzeichen für eine Gentrifizierung Lindens wurde im Sommer 2012 im Rahmen einer Veranstaltungsreihe und eines Tagesworkshops mit der Frage verbunden, »Wie wollen wir eigentlich im Stadtteil zusammenleben?« (AK Stadt[teil]wandel 2012a und 2012b).
20 | Das Kulturzentrum ist Mitglied der Bundesvereinigung soziokultureller Zentren e. V. (Soziokultur 2009). Das Kulturzentrum fungiert als »Schnittpunkt der soziokulturellen Vernetzung im Stadtteil« (Welt-in-Hannover 2018). Dieser basiere auf der intensiven Zusammenarbeit mit Vereinen aus dem Migrationsbereich, wie mit dem Verein Kargah und mit dem MISO-Netzwerk Hannover, einem Zusammenschluss von ca. 30 migrantischen Selbstorganisationen, auf der Projektarbeit zur partizipativen Stadtteilgestaltung und auf der Verknüpfung der Soziokultur mit Entwicklungen der modernen Kunst auch über die Arbeit der Kunsthalle Faust und mit stadtteilgeschichtlicher Arbeit, wie z. B. im Rahmen des Netzwerks Archive Limmer-Limmer e. V. (ebd.).
21 | Das Kulturzentrum Faust wurde 1991 gegründet und ist aus einer Bürger*inneninitiative hervorgegangen, die sich für die Umnutzung des stillgelegten Fabrikgebäudes einer Bettfedernfabrik in ein soziokulturelles Zentrum eingesetzt hat (Faust 2018d). Die vielseitige Infrastruktur »für Kunst, Kultur, Bildung und Soziales« (Faust 2018c) basiert auf einem

arbeit mit Künstler*innen aus verschiedenen Sparten statt Die Projektarbeit ist immer auch Grundlage für künftige Projekte, wie z. B. für das Projekt »Texturen des Zusammenlebens« (Faust 2018a) oder knüpft an vorherige Projekte wie die bereits erwähnte »Wunschproduktion« an (Wissenschaftsladen 2013). Es findet kein konkreter Wissenstransfer zwischen den Projekten statt. Ausgangspunkt ist die partizipative Stadtteilgestaltung. Die Projekte werden dann um einzelne Aspekte, wie bei »Linden Fiction« die Möglichkeit einer ausführlichen Wunschproduktion, ergänzt. Oder es werden unterschiedliche Schwerpunkte gesetzt und Möglichkeiten eröffnet, ein Thema zu vertiefen (wie das Projekt »Draußen und Drinnen« zu Innen- und Außenansichten auf das Ihme-Zentrum), sich mit politischen Gruppen zu vernetzen, konkreter über einzelne Probleme und Umsetzungsmöglichkeiten nachzudenken, und aktiv zu werden. Dabei können auch verschiedene zeitliche Orientierungen eingenommen[22] oder einzelne Gruppen im Stadtteil adressiert werden. Die Laufzeiten umfassen zumeist einige Monate bis zu einem Jahr oder sind verstetigt, wie z. B. das Projekt Netzwerk Archive Linden-Limmer (Faust 2018a/b).

Die Projektarbeit wird oftmals von der LAG Soziokultur gefördert (JD15: 36). Die Projektförderung ist durch eine Beständigkeit charakterisierbar, die sich in kleinen Projektvolumina, die immer auch aus Eigenmitteln ko-finanziert werden, und einem Netz von Förderer*innen (z. B. auch die Stadt Hannover, die Klosterkammer, lokale Stiftungen, die Sparkassen-Stiftung und viele Stiftungen, die letztlich Bundes- und Landesmittel umverteilen) wiederspiegeln (JD: 22). Für spezifische Projekte werden von dem Projektverantwortlichen auch immer wieder neue Töpfe erschlossen und Mischfinanzierungen angestrebt, um eine gewisse Unabhängigkeit zu wahren (ebd.). Dabei sei die Förderung kleiner Projekte mit nicht unmittelbar wahrnehmbarem Output durch Bund und Land sehr zu begrüßen und ein richtiger Ansatzpunkt, so der Projektleiter (JD: 2). Zugleich wird hier indirekt auch eine För-

---

Wechselspiel zwischen Projektarbeit, den verschiedenen ansässigen Vereinen und Gruppen mit ihrer interkulturellen und interdisziplinären Arbeit, Aktivitäten in der Veranstaltungshalle der Warenannahme, der 60er-Jahre Halle, dem Mephisto und der Kunsthalle, einem Biergarten und einem Café und nicht zuletzt mit den verschiedenen kleinen Gewerbebetrieben (ebd.). Die Faust versteht sich »weit mehr als ein Ort für Veranstaltungen« (Faust 2018d). Hier werden neuen »Arbeits- und Lebensformen Raum und Möglichkeiten« eröffnet und eine »aktive Auseinandersetzung mit gesellschaftlichen Fragestellungen« geführt (ebd.). »Ziel ist es dabei auch, ein guter Ort für Menschen zu sein, die anderswo kaum eigene Perspektiven entwickeln können und quer zu gesellschaftlichen Erfordernissen stehen« (ebd.). Insofern agieren auf dem Faust-Gelände »unterschiedlichste Menschen, Initiativen, Vereine und Gewerbetreibende« mit verschiedenen Arbeitsformen und Arbeitsinhalten. »Über 30 Vereine und Organisationen nutzen Raum und Möglichkeiten des Kulturzentrums Faust zur Selbstorganisation und Entfaltung eigenständiger und vor allem ehrenamtlich betriebener Arbeit« (ebd.). Gemeinsamer Bezugspunkt sind die Ursprungsideen der Initiative »Fabrikumnutzung im Stadtteil« als Anfangspunkt für das heutige Kulturzentrum, das als gemeinnütziger Verein agiert und einen Begegnungsort »für Menschen verschiedener Generationen und Kulturen« schafft (ebd.).

22 | In diesem Kontext ist die vielschichtige stadtteilgeschichtliche Arbeit in verschiedenen kontinuierlichen oder befristeten Projektzusammenhängen zu erwähnen, wie das Projekt »Netzwerk Archive Linden-Limmer e. V.«, das Internet-Projekt »Lebensraum Linden« sowie das »Archiv zur Demokratiegeschichte« und das Projekt »Collagen zur Demokratiegeschichte« (Faust 2018a/b).

derpraxis aufgerufen, die legitimatorischen Erfordernissen mit sichtbaren Outputs obliegt. In der Beständigkeit, den überschaubaren Antragsvolumen und der Art des Fördernetzes scheint eine gewisse Unabhängigkeit von solchen Förderlogiken auf, wobei die ökonomischen Grenzen, und vielleicht auch eine oftmals reklamierte Innovationsnotwendigkeit, weniger Spielraum z. B. für Projektreihen oder auch für ein Zusammenspiel verschiedener kreativer Werkzeuge und Begleitangebote, sowie auch für kollektive Gestaltungsprozesse und politische Kooperationen bzw. Vernetzung lässt. Zu erwähnen sind auch prekäre Arbeitsbedingungen, die auf der Notwendigkeit kontinuierlicher und paralleler Antragstellungen, überraschenden (Nicht-)Genehmigungen sowie auf der kurzfristigen Kompensation gekürzter Antragssummen basieren, welche die einkalkulierte Summe weit überschreitet. Das trägt zu einer Unterfinanzierung der Projekte und der Arbeitskräfte bei (JD: 35 u. 44), womit auf einer strukturellen Ebene ein außergewöhnliches Engagement ohne adäquate Bezahlung billigend in Kauf genommen wird (Reither 2008).

Zugleich ist die Projektarbeit eingebunden in ein beständiges Netz vielschichtiger Kooperationspartner*innen, das städtische und stadtteilbezogene Institutionen, Initiativen, Stiftungen und nicht zuletzt einige der über 30 unterschiedlichen Vereine und Gruppen, die ebenfalls auf dem Faust Gelände agieren, beinhaltet. Die Kontinuität der Projektarbeit am Kulturzentrum Faust fußt nicht zuletzt auf einer Zusammenarbeit mit den weiteren Projektmitarbeiter*innen und -Verantwortlichen für die Begleitangebote, die an vorige Projekte, wie z. B. an das Projekt einer antirassistischen Massenzeitung (IKJA e. V. 2016) anknüpft, bzw. ihre Fortsetzung findet, wie z. B. in den Projekten »Archiv zur Demokratiegeschichte« und »Texturen des Zusammenlebens« (Faust 2018a). Dabei ergänzen sich die Fähigkeiten, die Projektverantwortung wird verteilt und bei der Gestaltung besteht freie Hand. Die Kommunikation ist informell.

Die kontinuierliche oder situative Mitwirkung an der Projektarbeit des Kulturzentrums Faust mit den unterschiedlichen Schwerpunktsetzungen eröffnet den Stadtteilbewohner*innen Möglichkeiten, die individuellen Selbstwirksamkeitserfahrungen zu vertiefen, neue kreative Werkzeuge zur Beförderung von Gestaltungsideen kennenzulernen und sich auf kollektive Gestaltungsprozesse einzulassen. Darüber hinaus könnten diese ggfs. Erfahrungen der Mitsteuerung eines Projekts machen, das generierte Wissen transferieren und an exemplarischen Konkretisierungen mitarbeiten, sich mit politischen Gruppen und Initiativen im Stadtteil und auf dem Faustgelände vernetzen und nicht zuletzt auch immer wieder eigene Wege suchen, sich aktiv in die Stadtteilgestaltung einzubringen und damit auch das eigene Umfeld zu inspirieren. Dabei könnten die Möglichkeiten des Austauschs unter den Autor*innen intensiviert und die Kreise im Stadtteil weiter gezogen werden, denn das Interesse der Autor*innen an der Frage *Wie lebe ich in der Stadt und wie will ich leben?* und an einem Austausch untereinander war während der Buchpräsentation offensichtlich. Zugleich trifft das Interesse der Autor*innen auf eine allgemeine Haltung im Stadtteil, »sich austauschen, auch über ›was wollen die anderen eigentlich, was sind deren Lebensvorstellungen‹« (JD: 13). Insofern wäre es sinnvoll, immer wieder Plattformen zu nutzen, um die Diskussion im Stadtteil in Bezug auf das Format und die Visionen zu befördern, wenngleich auch hier die gewählten und vorhandenen Rahmenbedingungen für die Projektarbeit vermutlich limitierend wirken.

Was die soziale, politische Ermächtigung und das Heraustreten aus dem Privaten ins Öffentliche betrifft, so könnte die Projektarbeit stärker genutzt werden, um die bislang an politischen Prozessen unbeteiligte Teilnehmer*innenschaft über weitere Möglichkeiten der politischen Einflussnahme auf die Stadtgestaltung zu informieren. Von daher könnten Aspekte politischer Bildung selbstverständlicher Teil des Begleitprogramms sein. Insbesondere vor dem Hintergrund, dass die Autor*innen von »Linden Fiction« sich keine Gedanken darüber gemacht haben, ob ihre Texte von Stadtpolitiker*innen gelesen werden, bzw. in tatsächliche Entscheidungsprozesse einfließen, wäre ein direktes Zusammentreffen bzw. ein Austausch mit Lokalpolitiker*innen möglicherweise hilfreich gewesen. Ein Zusammentreffen kam wie bereits erwähnt am Tag der Lesung nicht zustande. Hier könnte sicherlich die Selbstwirksamkeit der Teilnehmenden durch ein Heraustreten aus ihrer Rolle als Privatperson und das Gehörtwerden als öffentliche Personen, bzw. durch einen Rollenwechsel in der Kommunikationssituation, befördert werden.

6. Fazit

Wir haben uns zu Beginn unserer Studie gefragt, welches transformative Potenzial für nachhaltige Entwicklung der kulturellen, künstlerischen Initiative von »Linden Fiction 2050« innewohnt und welcher Voraussetzungen es bedarf, damit dieses Potenzial entfaltet werden kann. Wir haben dafür ein Projekt in den Blick genommen, das prototypisch für kreative Konzepte in der Kulturlandschaft steht, heterogene Gruppen und am aktiven politischen Stadtteilleben Unbeteiligte zu ermächtigen, nach ihren Bedarfen visionäre und transformatorische Ideen für urbane Räume im Sinne einer nachhaltigen Entwicklung zu entwickeln.

Dabei haben wir das kreative Beteiligungswerkzeug aus verschiedenen Blickwinkeln beleuchtet: Das Projekt gründet im Konzept der Soziokultur, welches eine autonome, visionäre Wunschproduktion befördert und eine Vielfalt an Personen mit ihren Wünschen und Ideen für eine bessere Welt des Zusammenlebens, die sie in literarischer Form entfalten, anspricht und einbindet (Dallmann 2015: 9). Die Stadtbewohner*innen werden als Expert*innen des Alltagslebens wahrgenommen. Insofern stand die Autor*innenschaft der Teilnehmer*innen im Vordergrund (ebd. 11) und wurde auch durch das Lektorat befördert. Damit verbunden ist die vollkommene Übertragung der Definitionsmacht der Probleme und Fragen (»problem ownership«) bzw. der (freien) Auswahl der Themen und visionären Ansatzpunkte auf die Autor*innen, was in einem hohen Maß der Identifikation mit dem Projekt wirksam und entsprechend artikuliert wurde. Dies wurde auch unterstützt durch ein hohes Maß an Autonomie während des Schreibprozesses und impliziert eine Form der Projektleitung, die in hoch demokratischen Strukturen organisiert ist und die Verantwortung – wenn möglich – auf andere Mitarbeitende und Projektteilnehmer*innen überträgt. In dem Zusammenhang ist auch die Voraussetzung zu erwähnen, dass der Projektverantwortliche vielschichtige Wissensformen, wie propositionales Wissen, politisches Orientierungswissen, einen aktivistischen Gestus und die Fähigkeit zu transversalen Netzwerkbildungen vereint. Dies wird ergänzt durch die Offenheit, eigene Limitationen durch die Einbeziehung weiterer Expert*innen zu ergänzen, sowie durch das Vermögen, sich in verschiedenen Feldern kommunikativ zu bewegen und jeweilige Feldlogiken in ihrer Differenz zu erkennen und zu akzeptieren.

»Linden Fiction« zeichnet sich durch eine spezifische Form der Wirksamkeit und Ermächtigung der Bewohner*innen aus und entfaltet ein hohes Maß an Potenzial auf einer individuellen Ebene, das darin besteht, mit den eigenen idiosynkratischen Ideen Gehör zu finden und dafür aktiviert zu werden, einen Beitrag zur urbanen Gesellschaft zu leisten, und nicht zuletzt in einer starken Identifikation mit dem Produkt. »Linden Fiction« ermöglichte die offene Artikulation von Themen, die speziell mit der Nachbarschaft in Linden und verschiedenen (soziokulturellen, ökologischen) Fragen eines zukunftsorientierten Zusammenlebens verbunden sind, ohne den politisch institutionellen Fragen der Konkretisierung, Umsetzbarkeit und Planbarkeit ausgesetzt zu sein. Durch den Einsatz verschiedener kreativer Methoden konnten Unbeteiligte eingebunden und auch ihr politisches Verständnis und Möglichkeiten der politischen Einflussnahme durch das erweiterte »presentational knowledge« (Heron 1992) vergrößert werden. Zugleich wurden auch bereits vorhandene Schreibfähigkeiten bestärkt, was mit der Ermutigung einhergeht, diese zur Artikulation der politischen Agitation im Stadtteil und darüber hinaus zu nutzen.

Für die Generierung transformativen Wissens im Sinne einer nachhaltigen Stadtentwicklung akzentuiert »Linden Fiction« im Hinblick auf die grundlegende Frage nach den Herausforderungen des Erhalts natürlicher Lebensgrundlagen insbesondere die Bedeutsamkeit eines guten Zusammenlebens und von Ortsbindung, Zugang zum Raum und einer Selbstwahrnehmung als mitgestaltendender Akteur*in im Stadtteil. Das Projekt ist kleiner und kurzfristig konzipiert, hat ein geringes Fördervolum, eine eher lokale (stadtteilbezogene und stadtweite) und überregionale als eine internationale Reichweite und ist auch weniger der Gefahr verschiedener Arten der Instrumentalisierung z. B. durch Förderer*innen ausgesetzt, bzw. weist es eine gewisse Unabhängigkeit von Förderlogiken und hohen Fördervolumen auf, allerdings nicht von prekären Arbeitssituationen. Zugleich ist damit auch die Projektlaufzeit, der Einsatz von unterschiedlichen (non-)narrativen kreativen Instrumenten, von verschiedenen Mitarbeitenden und Multiplikator*innen zur breiteren Ansprache und Einbindung einer größeren Diversität und Anzahl an Stadtbewohner*innen begrenzter, was auch die Auseinandersetzung mit Schwellen bei der Ansprache einschließt.

Die Anlage und inhaltliche Ausrichtung der Projektarbeit am Kulturzentrum Faust ermöglicht vielschichtige Anknüpfungspunkte für die Mitwirkenden von »Linden Fiction«, auch in künftigen Projekten alternative Beteiligungswerkzeuge kennenzulernen, Erfahrungen kollektiver Gestaltungsprozesse (auch im Hinblick auf exemplarische Konkretisierungen) und der Mitgestaltung eines Projekts zu machen, stärker mit politischen Gruppen im Stadtteil und mit der Stadt(teil)politik in Austausch zu treten und sich vielleicht noch dezidierter mit Theorie und (wünschender und konkretisierender) Praxis utopischer Denkformen und politischen Wegen der Entscheidungsfindung zu befassen. Das Projekt zeigt weniger ein hohes politisches Aktivierungspotenzial, weil es nicht als intensiver Kampf um die Nutzung eines ganz bestimmten Ortes und als Teil einer bestehenden Protestkultur stattgefunden hat. Der grundlegende Ansatzpunkt und die Stärke des Projekts liegt in der individuellen Ermächtigung und Ermutigung bislang unbeteiligter und vielfältiger Stadtbewohner*innen, autonom ihre utopischen Wünsche und mögliche Wege der Konkretion sowie ihre dystopischen Visionen für das künftige Stadtteilleben zu entfalten und zu veröffentlichen. Die Selbstwirksamkeitserfahrungen, wel-

che die Autor*innen darüber hinaus auf den verschiedenen Ebenen im Projektprozess (Schreibwerkstatt, Lektorat, Buchpräsentation) gemacht haben, eröffnen
neue Perspektiven auf Möglichkeiten der Selbstentfaltung, »der inneren Buntheit«
(Brocchi 2018: 92), auf die präsente Vielfalt weiterer Autor*innenperspektiven und
der aktiven Mitgestaltung des gegenwärtigen und zukünftigen Stadtteillebens im
Sinne der normativen Eigenart (WGBU 2016a: 153 ff.). Dabei knüpfen diese auch
an die Identifikation mit dem Stadtteil sowie an vorhandene politische Standpunkte und kritische Beobachtungen an, die bislang als nicht gehört wahrgenommen
wurden. Es ist davon auszugehen, dass die ermächtigenden Erfahrungen auch in
das persönliche Umfeld ausstrahlen und aktivierend wirken können, und langfristige, oftmals nicht eindeutig sichtbare Wirkungen im Stadtteil zeigt, welche
z. B. über Veränderungen der Stimmungslagen spürbar werden. Insofern war die
thematische Breite und Offenheit der Aufgabenstellung, die Unabhängigkeit von
Umsetzungs- und Konkretisierungsappellen und auch das nicht überfordernde
Angebot an Austausch- und Begegnungssituation ausgewogen. Damit konnte für
das Interesse der Mitwirkenden an sozialen und kollektiven Anknüpfungspunkten
sowie für die weitere Förderung des politischen Aktivierungspotenzials Raum geschaffen werden, das als grundlegende Voraussetzung für eine (politische) Teilhabe an Bottom-up- und kollaborativen Entscheidungs- und Planungsprozessen als
Teil einer polyzentrischen Stadtteilentwicklung (WGBU 2016a: 147 f.) und für die
kollektive Möglichkeit der Aneignung von Raum unter Anerkennung vielfältiger
Entwürfe (normative kollektive Eigenart) in den Blick rückt (ebd. 155).

Da der Stimulus, eine positive Utopie zu schreiben, sich als durchaus voraus-
setzungsvoll erwiesen hat, möchten wir ausblickhaft Anregungen für eine Art Uto-
piewerkstatt formulieren, welche die bisherige Projektarbeit an der Faust ergänzen
und die in Orientierung an den Rahmenbedingungen in Folgeprojekten zum Einsatz kommen könnten. Die Ermutigung zu einem positiven utopischen Denken
setzt auch eine vielschichtige Annäherung an (in alltäglichen Konventionen veran-
kerte) utopiekritische Vorbehalte, pessimistische Stimmungen und Ängste voraus,
die in den visionären Entwürfen vieler Autor*innen aufscheinen. Damit verbunden
sind Aspekte einer kritischen Utopiereflexion in Bezug auf mögliche Folgen visionärer Entwürfe. Für eine Auseinandersetzung mit (historischen) politischen, wissenschaftlichen und gelebten (künstlerischen) Formen utopischer Entwürfe (mit
Bezug auf Stadt), sowie auch mit literarischen und weiteren Referenzen, wäre eine
Balance zwischen Theorie und Praxis auch im Hinblick auf Beispiele für Konkretisierungen von utopischen Wünschen vorstellbar. In dem Zusammenhang könnte
ebenfalls die Auseinandersetzung mit ökologischen Fragen, wie Klimaschutz, Kli-
maanpassung und Erhalt natürlicher Lebensgrundlagen auch im Hinblick auf die
Wahrnehmung entfremdeter Relationen zur mehr-als-menschlichen Welt im städtischen Raum angeregt werden. Dabei sollte auch die Herausforderung ein Thema
sein, das Bestehende zu kritisieren und das kritisierte Bestehende weitreichend
und entlang vertrauter und unvertrauter Modi zu überschreiten (Herbrik 2014),
um eine bessere Alternative zu entwerfen, und sich dabei auf ein Wechselspiel zwischen der visionären Gestaltung des eigenen Lebenswegs mit gesellschaftlichen
Transformationen einzulassen (Kagan 2019a; Brocchi 2018; Neupert-Doppler 2017).
Solche Formate müssten sich an dem (vielschichtigen) Vorwissen der Mitwirkenden orientieren, offen für gemeinsame Gestaltungsweisen auch an verschiedenen
lokalen Bezugspunkten (Brocchi 2018: 69 u. 96) und für vielfältige (non)narrati-

ve kreative Modi sein, welche die Autonomie der Mitwirkenden nicht einschränken, sondern wie bei »Linden Fiction« befördern. Damit könnten sich im Sinne
der Recht auf Stadt-Bewegung (Lefèbvre 2016) die praktische Umsetzung eines
utopischen Entwurfs für einen Aspekt des urbanen Lebens im Stadtteil verbinden,
die in Allianz mit bestehenden Initiativen und/oder Institutionen gestaltet werden
kann (Brocchi 2018: 89). Darüber hinaus wären politische Bildungsangebote zu
Entscheidungsstrukturen und -prozessen eine sinnvolle Ergänzung. Alternativ
wäre anzuregen, dass mündliche utopische Entwürfe (Do Mar Castro Varela 2007)
bzw. Angebote einer weitreichenden Übersetzung mehrsprachiger Entwürfe (die
vereinzelt von den Projektorganisator*innen ermöglicht wurden, siehe Protokoll
[LHH 2015a; UF]), das Beteiligungswerkzeug ergänzen und sprachliche Hürden,
Hürden des literarischen Schreibens oder auch des PC-Formats abbauen. Bei der
Ansprache von Stadtteilbewohner*innen könnten unterschiedliche Lebenslagen,
mögliche (zeitliche) Intensitäten des Engagements (Brocchi 2018: 66) und sozio-
politische Partizipationsmöglichkeiten differenzierter in den Blick genommen werden (Do Mar Castro Varela 2007: 75), um diese in geeignete Modi der Ansprache
sowie Beteiligungsformate zu übersetzen und ggfs. Multiplikator*innen dafür zu
finden (Brocchi 2018: 96 f.).

Mit der Mitwirkung an dem Stadtdialog »Mein Hannover 2030« wurde von
den Projektverantwortlichen der Versuch unternommen, das generierte Wissen
in ein stadtweites Stadtentwicklungskonzept einzubringen und damit eine langfristige politische (institutionelle) Wirksamkeit zu befördern. Aufgrund subsumti-
ver stadtplanerischer Übersetzungslogiken und divergierender Verständnisse von
einer utopischen Vision, die von der Stadtverwaltung angewandt wurden, blieb von
den artikulierten Visionen und den komplexen Themen und Stimmungslagen, die
in der literarischen Form entfaltet wurden, wenig übrig. Die Stadtverwaltung der
Stadt Hannover übersetzt und kategorisiert die literarisch artikulierten Wünsche
ergebnis- und planungsorientiert in Ziele und entsprechende Handlungsfelder,
womit (auch legitimatorisch begründet) deren Umsetzbarkeit in den Vordergrund
tritt. Zugleich ist die als Top-down-Beteiligung der Stadtbewohner*innen anmutende Form auch im größeren Zusammenhang einer Verwaltungsreform zu sehen, die nicht nur auf dem grundlegenden Interesse der Oberbürgermeisters an
der institutionalisierten Einbeziehung lokalen Wissens von Stadtbewohner*innen
in (bessere) politische Entscheidungen basiert. Vielmehr soll die Verwaltung durch
die dezernatsübergreifende Arbeit an Themen sowie die Beförderung dialogischer
Strukturen nach innen und außen für solche komplexen Übersetzungsprozesse
zwischen unterschiedlichen Feldlogiken weitreichender qualifiziert werden. Insofern soll der unmittelbare Zugang zu den subjektiven Bedürfnisse und zum All-
tagswissen der Bewohner*innen einen neuen Stellenwert erhalten, der auch in Widerspruch zu den bisherigen Logiken der Stadtplanung treten mag. (Brocchi 2018:
20 f.) Damit eröffnen sich weitere Ansatzpunkte für eine polyzentrische Verantwortungsarchitektur bei der Stadtentwicklung, die beispielsweise die Gewährung
des Rechts auf Selbstregierung bei der Gestaltung lokaler Angelegenheiten, Bot-
tom-up-Entscheidungs- und Planungsprozesse und die Verteilung von Entschei-
dungsbefugnissen nach dem Subsidiaritätsprinzip befördert.

Abschließend lässt sich die Frage stellen, was die politischen institutionalisierten Beteiligungsverfahren von kulturellen, kreativen Beteiligungswerkzeugen lernen können, bzw. was wichtige Voraussetzungen und Ansatzpunkte für Prozesse

von Wissenstransfer, Austausch und Zusammenarbeit sein könnten. Von der individuellen Wunschproduktion lässt sich beispielsweise in Bezug auf die notwendige
Breite und Offenheit bei der Themenstellung, auf Räume für Mehrdeutigkeiten
und Stimmungslagen, auf die Voraussetzung geschützter Räume und den Einsatz
kreativer Stimuli lernen, welche kritische imaginative Akte im Hinblick auf verschüttete Bedarfe und das Überschreiten des kritisierten Bestehenden befördern.
In diesem Zusammenhang möchten wir auch die Bedeutung von Schlüsselfiguren
(in der Stadtverwaltung und im kulturellen Feld) betonen, die ein hohes Maß an
reflexiver Nostrifizierung in die Übersetzung verschiedener Feldlogiken, das Vermögen der Distanznahme zur vertrauten Feldlogik und nicht zuletzt transversale
Vernetzungen mitbringen. Diese hätten für den Übersetzungsprozess der Veranstaltungsergebnisse der Stadtbewohner*innen im Rahmen des Stadtdialogs sehr
hilfreich sein können, bzw. wären sie eine wichtige Unterstützung und Voraussetzung für die Einübung alternativer Praktiken des Übersetzens und Kooperierens.
Darüber hinaus benötigt eine kulturelle Projektarbeit, die auf einem hohen Maß
an freiwilligem Engagement fußt, stabile strukturelle Rahmenbedingungen, wie
sie von der Institution des Kulturzentrums Faust in vielerlei Hinsicht hergestellt
werden, und die von städtischer Seite in Bezug auf Fragen der Ressourcensicher-
heit eine weitreichendere Ergänzung finden könnte.

Nicht zuletzt möchten wir uns dem wichtigen Aspekt des materiell-physischen
Raumes und seiner Gestaltung für einen unmittelbaren kommunikativen Austausch und die Beförderung visionären Denkens zuwenden (Brocchi 2018: 17). So
garantiert das Kulturzentrum Faust als lebendiger, niedrigschwelliger Begegnungsort und als Träger von Soziokultur-Projekten die Möglichkeit, dort kontinuierlich
an ähnlichen Projekten teilzunehmen. Die Projektarbeit ist eingebunden in eine
vernetzte Vielfalt an Aktivitäten, Bühnen, Ateliers, Werkstätten, Betrieben und Vereinen, die sich auch in dem offenen und gewachsenen baulichen Gewebe des Fa-
brikgeländes widerspiegelt, das 6.300 Quadratmeter umfasst (Faust 2018c/d). Das
Gewebe wird von verschiedenen alten Gebäuden, einer verwebenden Begrünung,
offenstehenden Türen, großen Fenstern und vielschichtigen Möglichkeiten des
Verweilens, Begegnens, und kulturellen und sozialen Lebens gebildet – und nicht
zuletzt von vielschichtigen Spuren der Improvisation und der Patina verschiedenen
Gebrauchs. Die einladende Offenheit setzt sich zum Leineufer hin fort. Die Faust
ist umgeben von Grünflächen, welche besonders im Sommer von unterschiedlichen Gruppen belebt sind. Die Offenheit und die heterotopischen Qualitäten des
Kulturzentrums, die in Anknüpfung an Sennett (2013: 3 f.) und Foucault (1993) als
ein niedrigschwelliger Ort der eigenständigen und kollektiven Gestaltungsprozesse und der Erfindung widerständiger Konventionen und Lebensweisen verstehbar
sind, könnte verstärkt auch für die Begegnung zwischen unterschiedlichen Mitwirkenden, Gruppen, Stadtverwaltung und Politik genutzt werden. Dabei könnte
das Verlassen individueller (kommunikativer) Rollen, z. B. in der Begegnung zwischen Politiker*innen und Stadtbewohner*innen, durch nicht-formalisierte räumliche Situationen befördert werden. Das Heraustreten aus vertrauten Räumen und
Rollen und somit das Aufbrechen handlungsleitender Feldlogiken könnte stärker
unterstützt werden, um die politische Wirksamkeit zu erhöhen und Kooperationen
sowie (kollektive) Gestaltungsprozesse der Zukünfte des Stadtteils und der Stadt
verschiedentlich gestalten zu können.

DANK

Die Arbeit an unserer Studie und an diesem Beitrag ist aus unterschiedlichsten Perspektiven ermöglicht, inspiriert, genährt und mitgetragen worden: Dabei möchten wir ganz besonders Jörg Djuren dafür danken, dass wir die Studie durchführen durften und dass wir jederzeit vielschichtige Unterstützung beim Feldzugang, bei der Durchführung der Studie und des Workshops Linden Fiction Revisited erhalten haben (siehe Finkeldei in diesem Band). Ute Finkeldei danken wir herzlichst für die Ermöglichung des Feldzugangs, für ihre außergewöhnliche, ehrenamtliche Unterstützung im Rahmen einer reichen, schönen Zusammenarbeit bei der Vorbereitung und Durchführung einiger Interviews in der ästhetisch offenen Atmosphäre ihres Gemeinschaftsbüros, im Kontext des Workshops und ihres Lektorats zu unserem Beitrag. Unseren Interviewpartner*innen danken wir sehr herzlich für ihre spontane und vielschichtige Auskunftsfreudigkeit, ihre Ideen, wie es mit Linden Fiction weitergehen könnte, sowie nicht zuletzt für schöne Begegnungen, für ihre Zeit, und für die Unterstützung unserer Arbeit. Unser besonderer Dank gilt Julia Barthel und Lena Gressmann für ihr außergewöhnliches Engagement und für eine tiefgründige, bewegte Zusammenarbeit bei der Sequenzanalyse eines Einzelfalls, bei der Verschriftlichung der Ergebnisse, bei der Vorstellung eines Werkstattberichts im Rahmen einer internationalen Konferenz, bei der Codierung und Vorauswertung einiger Interviewdaten und nicht zuletzt bei der Durchführung des Workshops Linden Fiction Revisited. Darüber hinaus danken wir sehr herzlich Charlotte Laube und Franziska Schuster für eine inspirierende und leichtfüßige Zusammenarbeit im Rahmen der Vorbereitung und Durchführung des Workshops Linden Fiction Revisited und Parisa Hussein-Nejad dafür, die Zusammenarbeit mit IKJA e. V. ermöglicht zu haben. Nicht zuletzt gilt unser inniger Dank Julia Böcker, Antoniya Hauerwaas, Regine Herbrik, Sünje von Helldorff, Sacha Kagan, Volker Kirchberg, Ulrike Köhler, Ute Stoltenberg, Ursula Weisenfeld und Insa Winkler für fachliche Unterstützung, Kritik, Inspiration und Ermutigung. Die Verantwortung für diesen Text liegt jedoch alleine bei uns.

LITERATUR

*Übersetzt durch die Autor*innen.

Agenda 21 for culture (2018). Culture in sustainable cities. Learning with Culture 21: Actions. Abgerufen von www.agenda21culture.net/our-cities/pilot-cities, Zugriff am 13.09.2018.

AK Stadt(teil)wandel (2012a). Homepage. Abgerufen von https://stadtwandel.word press.com/about/, Zugriff am 13.09.2018.

AK Stadt(teil)wandel (2012b). Workshop und Veranstaltungsreihe. Abgerufen von https://stadtwandel.wordpress.com/, Zugriff am 13.09.2018.

Alcántara, S., Bach, N., Kuhn, R. & Ullrich, P. (2016). Demokratietheorie und Partizipationspraxis. Bürgergesellschaft und Demokratie. Wiesbaden: Springer VS.

Arnstein, S. R. (1969). »A Ladder of Citizen Participation«, in: Journal of the American Institute of Planners 35 (4), S. 216–224.

Bazak, I. et al. (2015). Plätze. Dächer. Leute. Wege.: Die Stadt als utopische Bühne, Bielefeld: transcript.

Behnke, C. & Grigoleit, A. (2015). »Zu künstlerischen ›Produktionslogiken‹ im Projekt raumsichten zwischen Übersetzungsvorgängen, Autonomie und lokaler Spezifik«/»Over artiestieke ›creatielogica‹ in het project raumsichten versus dialogen, autonomie en lokale specifieke kenmerken«. in: Jansen et al. (Hg./Uitg.), kunstwegen raumsichten Kunst und Planung: Skulpturenprojekte im deutsch-niederländischen Vechtal/Kunst en planning: sculpturenprojecten in het Duits-Nederlandse Verchtdal, S. 64–75.

Behnke, C. & Grigoleit, A., (2012). Evaluationsbericht zum Kunstprojekt »raumsichten« (unveröffentlichter Evaluationsbericht), Leuphana Universität Lüneburg, S. 55.

Beierle, T. C. & Cayford, J. (2002). »Democracy in Practice. Public Participation«, in: Environmental Decisions, Washington, DC: Ressources for the Future.

Bergmann, M., Jahn, T., Knobloch, T., Krohn, W., Pohl, C. & Schramm, E. (2010). Methoden transdisziplinärer Forschung: Ein Überblick mit Anwendungsbeispielen. Frankfurt a. M.: Campus Verlag.

Berkes, F. & Folke, C. (2002). »Back to the Future. Ecosystem Dynamics and Local Knowledge«, in: Gunderson, L. H. & Holling, S. (Hg.). Panarchy. Understanding Transformations in Human and Natural Systems, Washington, Covelo, London: Island Press, S. 121–146.

Bramley, G., Brown, C., Dempsey, N., Power, S. & Watkins, D. (2010). »Social acceptability.«, in: Jenks, M. & Jones, M. (Hg.), Dimensions of the sustainable city (2), Future City, Dordrecht: Springer, S. 105–128.

Brocchi, D. (2018). Große Transformation im Quartier. Zur partizipationsorientierten Quartiersentwicklung, in: FGW Forschungsinstitut für gesellschaftliche Weiterentwicklung e. V. (Hg.), FGW-Studien Integrierende Stadtentwicklung (06), Düsseldorf.

Bulk, J. (2017). Neue Orte der Utopie. Zur Produktion von Möglichkeitsräumen bei zeitgenössischen Künstlergruppen, Bielefeld: transcript.

Bundesministerium für Bildung und Forschung (BMBF) (2015a). Alle Themen. Abgerufen von https://www.wissenschaftsjahr-zukunftsstadt.de/alle-themen.html, Zugriff am 13.09.2018.

Bundesministerium für Bildung und Forschung (BMBF) (2015b). Linden Fiction Aufruf. Abgerufen von https://www.wettbewerb-zukunftsstadt.de/veranstaltungen/detail/linden_fiction_2050_kurzgeschichten_gesucht.html, Zugriff am 13.09.2018.

Bundesministerium für Bildung und Forschung (BMBF) (2015c). Utopien zur Stadtteilentwicklung. Abgerufen von https://www.wettbewerb-zukunftsstadt.de/veranstaltungen/detail/linden_fiction_2050_utopien_zur_stadtteilentwicklung.html, Zugriff am 13.09.2018.

Castoriadis, C. (1975). L'institution imaginaire de la société. Paris: Seuil.

Dallmann, G. (2015). »Selbstverständnis der Soziokultur: Grundprinzipien soziokultureller Arbeit«, in: Stiftung Niedersachsen (Hg.), Handbuch Soziokultur, Band 1 »Theorie«, Hannover: Steppat Druck GmbH, S. 9–12.

Djuren, J. (2015). »Nachwort«, in Faust e. V. (Hg.), Linden Fiction 2050. 20 utopische Kurzgeschichten zur Zukunft des Zusammenlebens im Stadtteil. Hannover: Druckwerkstatt, S. 165–166.

Do Mar Castro Varela, M. (2007). Unzeitgemäße Utopien. Migrantinnen zwischen Selbsterfindung und gelehrter Hoffnung, Bielefeld: transcript.

Dunn, C. E., Le Mare, A. & Makungu, C. (2011). »Malaria risk behaviours, socio-cultural practices and rural livelihoods in southern Tanzania: implications for bednet usage«, in: Soc Sci Med 72 (3), S. 408–417.

Fainstein, S. (2010). The Just City, Ithaca, NY: Cornell University Press.

Faust e. V. (2018a). Aktuelle Projekte. Abgerufen von www.kulturzentrum-faust.de/projekte/aktuelle-projekte.html, Zugriff am 13.07.2018.

Faust e. V. (2018b). Faust Archiv Projektarbeit. Abgerufen von www.kulturzentrum-faust.de/projekte/archiv.html, Zugriff am 13.07.2018.

Faust e. V. (2018c). Projektseite Linden Fiction 2050. Abgerufen von www.kulturzentrum-faust.de/projekte/archiv/linden-fiction-2050.html, Zugriff am 16.06.2018.

Faust e. V. (2018d). Faust: Wir über uns. Abgerufen von www.kulturzentrum-faust.de/ueber-uns.html, Zugriff am 13.07.2018.

Faust e. V. (2015a). Unveröffentlichter Antrag zu dem Projekt Linden Fiction 2050, S. 5.

Faust e. V. (2015b). Infoflyer zu dem Projekt Linden Fiction 2050. Abgerufen von www.900jahrelinden.de/wp-content/uploads/2015/06/lindenfiction2050.pdf, Zugriff am 05.07.2018.

Faust e. V. (2015c). Alle eingereichten Kurzgeschichten »Linden Fiction 2050«. Abgerufen von www.kulturzentrum-faust.de/files/alle-eingereichten-kurzgeschichten-lindenfiction2050.pdf, Zugriff am 14.09.2018.

Faust e. V. (2015d). Unveröffentlichter Abschlussbericht zu dem Projekt Linden Fiction 2050, S. 3.

Faust e. V. (2015e). Buchpublikation »Linden Fiction 2050«. Abgerufen von www.kulturzentrum-faust.de/files/buch_linden_fiction_2050.pdf, Zugriff am 14.09.2018.

Faust e. V. (2015). Linden Fiction 2050. 20 utopische Kurzgeschichten zur Zukunft des Zusammenlebens im Stadtteil. Hannover: Druckwerkstatt Hannover.

Flohé, A. (2015). » Stadt selber machen! Protest, Bewegung und DIY-Urbanismus«, in: Schmitz, L. (Hg.), Artivismus. Kunst und Aktion im Alltag der Stadt. Bielefeld: transcript, S. 17–20.

Foucault, M. (1993). »Andere Räume«, in: Barck, K. et al. (Hg.), Aisthesis: Wahrnehmung heute oder Perspektiven einer anderen Ästhetik; Essais, Leipzig: Reclam, S. 34–46.

Gatzweiler, F. W. (2005). »Institutionalising biodiversity conservation – the case of Ethiopian coffee forests.«, in: Conserv Soc 3 (1), S. 201–223.

Goehler, A. (2012). Konzeptgedanken zur Errichtung eines Fonds Ästhetik und Nachhaltigkeit, in: Heinrich Böll Stiftung Schriftenreihe Zu Bildung Und Kultur. Abgerufen von http://d-nb.info/1020419148/04.

Harvey, D. (2005). A Brief History of Neoliberalism, New York: Oxford University Press.

Harvey, D. (2001). Spaces of Capital, Towards a Critical Geography, New York: Routledge.

Heinrichs, H., Kuhn, K. & Newig, J. (2011). Nachhaltige Gesellschaft, Wiesbaden: VS Verlag für Sozialwissenschaften.

Herbrik, R. (2016). »Auf der Suche nach dem sozialen Imaginären der ›Nachhaltigkeit‹«, in: Raab, J. & Keller, R. (Hg.), Wissensforschung – Forschungswissen: Beiträge zum 1. Sektionskongress Wissenssoziologie, Weinheim/Basel: Beltz Juventa, S. 555–561.

Herbrik, R. (2014). »Erwartungen an Anderswelten – Umgänge mit Transzenden-
zen«, in: Bellebaum, A./Hettlage, R. (Hg.), Unser Alltag ist voll von Gesellschaft, Wiesbaden: Springer Fachmedien, S. 259–283.

Herbrik, R. (2013). »Das Imaginäre in der (Wissens-)Soziologie und seine kommunikative Konstruktion in der empirischen Praxis«, in: Keller, R. et al. (Hg.), Kommunikativer Konstruktivismus, Wiesbaden: Springer Fachmedien, S. 295–315.

Herbrik, R. (2011). Die kommunikative Konstruktion imaginärer Welten, Wiesbaden: VS-Verlag.

Heron, J. (1992). Feeling and Personhood: Psychology in another Key, London: Sage.

Heron, J. (1996). Co-operative Inquiry: Research into the Human Condition, London: Sage.

Holm, A. (2011). Das Recht auf die Stadt, in: Blätter für deutsche und internationale Politik 8/2011, S. 89–97, Abgerufen von https://www.blaetter.de/download/
pdf/24708, Zugriff am 6.7.2018.

IKJA e. V. (2016). Antirassistische Massenzeitung. Abgerufen von www.ikja.eu/wp-
content/uploads/2016/07/fremde_sind_immer_die_anderen.pdf, Zugriff am
14.09.2018.

International Research Group (IDE) (1981). »Industrial Democracy in Europe. Dif-
ferences and Similarities Across Countries and Hierarchies«, in: Organization
Studies,Volume: 2 (issue 2), Sage Journals, S. 113–129.

Jahn, T. (2008). »Transdisziplinarität in der Forschungspraxis«, in: Bergmann,
M. & Schramm, E. (Hg.), Transdisziplinäre Forschung. Integrative Forschungs-
prozesse verstehen und bewerten, Frankfurt a. M.: Campus Verlag, S. 21–37.

Jahn, T., Bergmann, M. & Keil, F. (2012). »Transdisciplinarity, Between main-
streaming and marginalization«, in: Ecological Economics, 79 (0), S. 1–10.

Kagan, S. (2019a). »Ihm-agining sustainability: urban imaginaries in spaces of possibility«, in: Lindner, C. & Meissner, M. (Hg.), Routledge Companion to Urban
Imaginaries, London: Routledge, S. 76–89.

Kagan, S. (2019b). »Proving the world more Imaginary? Four Approaches to Imagi-
ning Sustainability in Sustainability Research«, in: Herbrik, R. & Schlechtrie-
men, T. (Hg.), Einsatzpunkte und Spielräume des sozialen Imaginären in der
Soziologie (Sonderheft), Österreichische Zeitschrift für Soziologie, S. 35.

Kagan, S. (2016). »Critical Imagination and Urban Spaces of Possibility«, Presen-
tation at the Conference »Imaginaries of Sustainability, Critical Imagination
and Urban Spaces of Possibility« at Panel I, NTU CCA Ideas Fest 2016–2017,
Singapore, 25.11.2016.

Kagan, S. (2012). Auf dem Weg zu einem globalen (Umwelt-)Bewusstseinswandel.
Über transformative Kunst und eine geistige Kultur der Nachhaltigkeit, in:
Heinrich-Böll-Stiftung (Hg.), Heinrich Böll Stiftung Schriften zur Ökologie,
Band 20.

Kagan, S., Hauerwaas, A., Holz V. & Wedler, P. (2018). »Culture in sustainable urban development: Practices and policies for spaces of possibility and institutional innovations«, in: City, Culture and Society 13, S. 32–45.

Kastens, B. & Newig, J. (2007). »The Water Framework Directive and Agricultural
Nitrate Pollution. Will Great Expectations in Brussels be Dashed in Lower Sax-
ony?«, in: European Environment 17, S. 231–246.

Kastens, B. & Newig, J. (2008). »Will participation foster the successful implementation of the WFD? The case of agricultural groundwater protection in North-West Germany«, in: Local Environment 13 (1), S. 27–41.

Kelle, U. & Kluge, S. (1999). Vom Einzelfall zum Typus. Fallvergleich und Fallkontrastierung in der qualitativen Sozialforschung, Opladen: Leske+Budrich.

Keller, R. (2011). Diskursforschung. Eine Einführung für SozialwissenschaftlerInnen, Wiesbaden: VS Verlag für Sozialwissenschaften/Springer Fachmedien Wiesbaden.

Kirchberg, V. (2017). Unveröffentlichtes internes Arbeitspapier zum Projekt Stadt als Möglichkeitsraum.

Koontz, T. M. (2006). »Collaboration for sustainability? A framework for analyzing Government impacts in collaborative-environmental management«, in: Sustainability: Science, Practice & Policy 2 (1), S. 15–24.

Krütli, P., Flüeler, T., Stauffacher, M., Wiek, A. & Scholz, R. W. (2010). Technical safety vs. public involvement? A case study on the unrealized project for the disposal of nuclear waste at Wellenberg (Switzerland), in: Journal of Integrative Environmental Sciences 7 (3), S. 229–244.

Kuckartz, U. (2014). Qualitative Inhaltsanalyse: Methoden, Praxis, Computerunterstützung, Weinheim: Beltz Juventa.

Lang, D., Wiek, A., Bergmann, M., Stauffacher, M., Martens, P., Moll, P., Swilling, M. & Thomas, C. (2012). »Transdisciplinary research in sustainability science, practice, principles, and challenges«, in: Sustainability Science, 7 (1), S. 25–43.

Lefebvre, H. (2016). Das Recht auf Stadt, Hamburg: Nautilus Flugschrift. Edition Nautilus.

Lefebvre, H. (1968). Le Droit à la ville. Paris: Anthropos.

Landeshauptstadt Hannover (LHH) (2016a). Stadtentwicklungskonzept »Mein Hannover 2030«. Abgerufen von https://www.hannover.de/content/download/579921/13343957/file/LHH_Broschuere_Stadtentwicklungskonzept_2016_web.pdf, Zugriff am 13.09.2018.

Landeshauptstadt Hannover (LHH) (2016b). Die Ergebnisse des Stadtdialogs »Mein Hannover 2030«. Abgerufen von https://www.hannover.de/Leben-in-der-Region-Hannover/Politik/B%C3%BCrgerbeteiligung-Engagement/Mein-Hannover-2030/Die-Ergebnisse/Gr%C3%BCnes-Licht-f%C3%BCr-%22Mein-Hannover-2030%22, Zugriff am 13.09.2018.

Landeshauptstadt Hannover (LHH) (2016c). 10 Schwerpunkte für »Mein Hannover 2030«. Abgerufen von https://www.hannover.de/content/download/579943/13344410/file/Mein+Hannover+2030+-+Zehn+Schwerpunkte.pdf, Zugriff am 13.09.2018.

Landeshauptstadt Hannover (LHH) (2015a). Protokoll »Linden Fiction 2050« i. R. des Stadtdialogs »Mein Hannover 2030«. Abgerufen von https://www.hannover.de/content/download/558769/12835381/file/15-134+Protokoll-LindenFiction 2050-Juli.pdf, Zugriff am 13.09.2018.

Landeshauptstadt Hannover (LHH) (2015b). Die Matrix. Abgerufen von https://www.hannover.de/content/download/569691/13068186/file/Die_Matrix_2030_Final+Fz.pdf, Zugriff am 13.09.2018.

Merton, R. K. & Barber, E. (2004). The Travels and Adventures of Serendipity, A Study in Sociological Semantics and the Sociology of Science. Princeton: Princeton University Press.

Neupert-Doppler, A. (2017). Utopie. Vom Roman zur Denkfigur, Stuttgart: Schmetterling Verlag.

Ng'ang'a, P. N., Jayasinghe, G., Kimani, V., Shililu, J., Kabutha, C. & Kabuage, L. (2009). Bed net use and associated factors in a rice farming community in: Central Kenya. In: Malaria Journal 8: 64, doi:10.1186/1475-2875-8-64.

Park Fiction (2016). Kollektive Wunschproduktion und das Recht auf Stadt. Abgerufen von http://park-fiction.net/kollektive-wunschproduktion/, Zugriff am 16.06.2018.

Peck, J., Theodore, N. & Brenner, N. (2009).»Neoliberal Urbanism: Models, Moments, Mutations.«, in: SAIS Review of International Affairs, vol. 29 no. 1, S. 49–66. Project MUSE, doi:10.1353/sais.0.0028.

Pellizzoni, L. (2003).»Uncertainty and Participatory Democracy«, in: Environmental Values 12 (2), S. 195–224.

Przyborski, A. & Wohlrab-Sahr, M. (2014a). Qualitative Sozialforschung. Ein Arbeitsbuch., München: Oldenbourg Verlag.

Przyborski, A. & Wohlrab-Sahr, M. (2014b).»Forschungsdesigns für die qualitative Sozialforschung«, in: Baur, N. et al. (Hg.), Handbuch Methoden der empirischen Sozialforschung, Wiesbaden: Springer VS, S. 117–133.

Reither, S. (2008).»Selbstmanagement im Kulturbetrieb Kulturunternehmer zwischen Unabhängigkeit und Prekariat«, in: Lewinski-Reuter, V. &/Lüddemann, S. (Hg.), Kulturmanagement der Zukunft. Perspektiven aus Theorie und Praxis, Wiesbaden: VS Verlag für Sozialwissenschaften, S. 164–181.

Revi, A. & Rosenzweig, C. (2013). The Urban Opportunity, Enabling Transformative and Sustainable Development. Background Research Paper for the High-Level Panel of Eminent Persons on the Post-2015 Development Agenda, New York: Sustainable Development Solutions Network Thematic Group on Sustainable Cities.

Riessen van, A. & Knopp R (2015).»Partizipation von unten? Möglichkeiten und Grenzen von Beteiligungsverfahren im Kontext von sozialraumbezogener Arbeit«, in: Knabe, J. et al. (Hg.), Städtische Quartiere gestalten. Kommunale Herausforderungen und Chancen im transformierten Wohlfahrtsstaat, Bielefeld: transcript, S. 201–222.

Rosenthal, G. (2015). Interpretative Sozialforschung. Eine Einführung, 5. Auflage, Weinheim, Basel: Beltz Juvena.

Rossini, M. (2009).»Was ist das Problem? Problemstrukturierung in der inter- und transdisziplinären Forschung. Technikfolgenabschätzung«, in: Theorie und Praxis 18 (1), S. 117–119.

Sassen, S. (2001). The global city, New York, London, Tokyo, Princeton: Princeton University Press. 2d ed.

Schmid, C. (2010). Stadt, Raum und Gesellschaft: Henri Lefebvre und die Theorie der Produktion des Raumes, Stuttgart: Steiner.

Scholz, R. W., Spörri, A. & Lang, D. J. (2009).»Problem structuring for transitions: the case of Swiss waste management«, in: Futures 41, S. 171–181.

Seiler, S. (2009). Kurzgeschichte, in: Lamping, D. (Hg.), Handbuch der literarischen Gattungen, Stuttgart: Alfred Kröner Verlag, S. 452–460.

Selle, K. (2013). Über Bürgerbeteiligung hinaus. Stadtentwicklung als Gemeinschaftsaufgabe? Analysen und Konzepte, Detmold: Rohn.

Senatsverwaltung Berlin (2018). Kulturelle Bildung in Berlin. Aufgerufen von https://www.berlin.de/sen/kultur/kulturpolitik/kulturelle-teilhabe/kulturelle-bildung/artikel.32023.php, Zugriff am 14.09.2018.

Sennett, R. (23. März 2013). »*Open City*.« Festrede anlässlich der Eröffnung des Präsentationsjahres der Internationalen Bauausstellung Hamburg. Abgerufen von https://www.iba-hamburg.de/fileadmin/Die_IBA-Story/IBAmeetsIBA-Vortrag_Sennett_IBAmeetsIBA.pdf, Zugriff am 14.09.2018.

Sennett, R. (2012). Zusammenarbeit: Was unsere Gesellschaft zusammenhält, Frankfurt a. M., dtv.

Sievers, N. (2015). Soziokultur: Standortbestimmung und Perspektiven, in: Stiftung Niedersachsen (Hg.). Handbuch Soziokultur, Band 1 »Theorie«, Hannover: Steppat Druck GmbH, S. 13–19.

Smith, N. (1984). Uneven Development, Nature, Capital and the Production of Space. Basil Blackwell.

Smith, G. (2003). Deliberative Democracy and the Environment, London.

Soeffner, H.-G. (1974). Der geplante Mythos. Untersuchungen zur Struktur und Wirkungsbedingungen der Utopie. Hamburg: Helmut Buske Verlag.

Soziokultur (2009), Bundesvereinigung soziokultureller Zentren. Abgerufen von www.soziokultur.de/bsz/node/255?ort=Hannover, Zugriff am 13.07.2018.

Srubar, I. (2002). »Strukturen des Übersetzens und interkultureller Vergleich«, in: Renn, J. et al. (Hg.), Übersetzung als Medium des Kulturverstehens und sozialer Integration, Frankfurt a. M./New York: Campus, S. 323–345.

Srubar, I. (2009). Kultur und Semantik, Wiesbaden: VS-Verlag, S. 129–153.

Talwar, S., Wiek, A. & Robinson, J. (2011). »User engagement in sustainability research«, in: Sci Public Policy 38, S. 379–390.

Tavener-Smith, L. (2012). »Informal settlements in Stellenbosch«, in: Swilling M, Sebitosi B, (Hg.), Sustainable Stellenbosch. Opening Dialogues, Stellenbosch, South Africa: Sun Media, S. 68–83.

Teron, L. (2015). »A Language of (In)Justice: Expanding the Sustainability Planning Lexicon«, in: Environmental Justice, 8 (6), S. 221–226.

Theodore, N., Peck, J. & Brenner, N. (2012). »Neoliberal Urbanism: Cities and the Rule of Markets«, in: Bridge, G. & Watson, S. (Hg.), The New Blackwell Companion to the City, doi:10.1002/9781444395105.ch2

Trutnevyte, E., Stauffacher, M. & Scholz, R. W. (2011). »Supporting energy initiatives in small communities by linking visions with energy scenarios and multi-criteria assessment«, in: Energy Policy 39, S. 7884–7895.

Umweltbundesamt (UBA) (2016). Schwerpunkte 2016. Jahrespublikation des Umweltbundesamtes. Abgerufen von https://www.umweltbundesamt.de/publikationen/schwerpunkte-2016, Zugriff am 20.06.2018.

UNESCO (2016). UNESCO Creative Cities Network Monitoring Report. Abgerufen von https://en.unesco.org/creative-cities/sites/creative-cities/files/Nagoya_unesco_report_20161130_link.pdf, Zugriff am 20.06.2018.

Walz, A., Braendle, J. M., Lang, D. J., Brand, F., Briner, S., Elkin, C. & Schmatz, D. R. (2014). »Experience from downscaling IPCC-SRES scenarios to specific national-level focus scenarios for ecosystem service management«, in: Technological Forecasting and Social Change, 86, S. 21–32. https://doi.org/10.1016/j.techfore.2013.08.014.

Welt-in-Hannover (2018). Kulturzentrum Faust e. V., Abgerufen von http://welt-in-hannover.de/index.php?article_id=319&clang=0, Zugriff am 13.09.2018.

Wiek, A.,Farioli, F., Fukushi, K. & Yarime, M. (2012). »Sustainability science: bridging the gap between science and society«, in: Sustainability Science, 7 (1). http://doi.org/10.1007/s11625-011-0154-0.

Wissenschaftlicher Beirat der Bundesregierung Globale Umweltveränderungen (WGBU) (2016a). Der Umzug der Menschheit. Die transformative Kraft der Städte (Gutachten). Abgerufen von https://www.wbgu de/fileadmin/user_up load/wbgu.de/templates/dateien/veroeffentlichungen/hauptgutachten/hg20 16/wbgu_hg2016.pdf, Zugriff am 13.09.2018.

Wissenschaftlicher Beirat der Bundesregierung Globale Umweltveränderungen (WGBU) (2016b). Der Umzug der Menschheit. Die transformative Kraft der Städte (Zusammenfassung). Abgerufen von https://www.wbgu.de/fileadmin/user_ upload/wbgu.de/templates/dateien/veroeffentlichungen/hauptgutachten/hg20 16/wbgu_hg2016.pdf, Zugriff am 20.06.2018.

Wissenschaftsladen (2013). Projekt Wunschroduktion. Abgerufen von www.wissen schaftsladen-hannover.de/projekte/7-wunschproduktion, Zugriff am 20.06.2018.

Wright, E. O. (2010). Envisioning Real Utopias, London, New York: Verso.

Zajíkovà, Z. & Martens, P. (2007). »A participatory approach in regional sustainable development of the Slovak Republic: a case study of the Spiš region«, in: International Journal of Environment and Sustainable Development, 6 (3), S. 310–322.

Reflexion 1

Linden Fiction Revisited

Nothing ever happens unless there is a dream

Ute Finkeldei

Gleich zu Beginn dieses Textes möchte ich darauf hinweisen, dass es sich hier nicht um eine wissenschaftliche Abhandlung, nicht um eine empirische Untersuchung von Aspekten der *Stadt als Möglichkeitsraum* handelt. Er ist vielmehr die subjektive Reflexion eines Einzelaspektes, namentlich des Projekts Linden Fiction 2050, der sich die Freiheit des assoziativen Denkens und Schreibens nimmt und damit zu einer weiterführenden Betrachtung und Analyse einlädt.

Dass eine Stadt ein Raum der Möglichkeiten ist, steht für mich außer Zweifel – warum sollte ein Ort des (Zusammen)lebens frei von Optionen und Chancen sein? Die Frage ist eher, wie sich Einzelne und Gruppen diesen Raum nehmen, ihn besetzen, ihn mit eigenen Ideen und Wünschen füllen und für sich und andere transformieren können. Dabei ist meines Erachtens das *Wünschen* das Alpha – nicht notwendigerweise das Omega – politischen und gesellschaftlichen Handelns. Ohne das Ersinnen einer Utopie, wie auch immer sie beschaffen sein möge, werden potenziell daraus folgende Überlegungen zu Machbarkeit oder Umsetzbarkeit[1] niemals stattfinden können.

EIN BLICK ZURÜCK IN DIE ZUKUNFT: *LINDEN FICTION 2050*

Das partizipative, soziokulturelle Projekt lud Menschen, die im hannoverschen Stadtteil Linden wohnen und/oder arbeiten, dazu ein, ihre Utopien im Hinblick auf ein Linden der Zukunft niederzuschreiben, einzureichen und der Öffentlichkeit zugänglich zu machen[2]. Neben meiner Aufgabe als Mitglied der Jury oblag es

---

1 | Die Utopietheorie von Erik Olin Wright behandelt Volker Kirchberg ausführlich unter Kapitel 6 im vorliegenden Band mit seinem Beitrag *Reale Utopien – Möglichkeitsräume für eine nachhaltige Stadtentwicklung?*

2 | Meine Kolleginnen von der Leuphana Universität Lüneburg gehen in Kapitel 5 mit ihrem Beitrag *Möglichkeitsräume zur Imagination nachhaltiger städtischer Zukünfte: Das Projekt Linden Fiction 2050* näher auf die Rahmenbedingungen des Projekts ein, daher beschränke ich mich hier auf das Wesentlichste.

mir, die Autor*innen zu beraten und ihre Texte in Absprache zu lektorieren. An dieser Stelle sei angemerkt, dass professionelle Autor*innen von der Teilnahme ausgeschlossen waren und viele der Teilnehmer*innen hier zum ersten Mal als Schriftsteller*innen tätig wurden.

Schon bei der Auswahl der eingereichten Texte (wobei anzumerken ist, dass es sich bei den Autor*innen hinsichtlich Alter, Geschlecht, Herkunft und [beruf-licher] Tätigkeit um eine ausgesprochen heterogene Gruppe handelte) wurde deut-lich, dass es sich bei einem Großteil der Geschichten keinesfalls um Utopien, son-dern vielmehr um Dystopien bzw. Gegenutopien handelte, deren Ausblick auf das imaginiert Kommende von Zweifel und Sorge geprägt war – und vorherrschend von Angst. Angst vor Übertechnisierung, vor Überwachung und maßgeblich vor sozia-ler Kälte und Vereinzelung in einer zukünftigen Gesellschaft. Ich erinnere mich noch deutlich unseres Erstaunens darüber, dass ein Aufruf zur Utopienbildung eine völlig andere Richtung nahm, als ursprünglich intendiert und antizipiert, und der Überlegungen dahingehend, ob das Projekt aufgrund der veränderten Vorzei-chen an dieser Stelle als gescheitert zu betrachten sei. Einigen Autor*innen war sehr deutlich bewusst, dass sie sich jenseits der ursprünglichen »Aufgabenstel-lung« bewegten, ein Teilnehmer, den ich anrief, um ihm mitzuteilen, dass seine Geschichte ausgewählt worden sei, war darüber sehr verwundert und sagte: »Das hätte ich jetzt nicht gedacht. Utopie geht anders.«[3]

Die Beratung der Autor*innen gestaltete sich aufgrund der veränderten Vor-zeichen ganz maßgeblich. Ursprünglich war sie ausschließlich dazu gedacht, eine stilistische Hilfestellung zu geben, um sicherzustellen, dass der jeweilige Text für potenzielle Leser*innen gut verständlich und die Aussage der Autor*in klar um-rissen und erkennbar sein würde. Doch die Gespräche gingen weit darüber hinaus, da ich mir die Freiheit nahm, zu fragen, welche Motivation es für die spezifische Geschichte gegeben hatte und auch ganz konkret, warum sie einen derart negati-ven Blick auf die Zukunft nahm. Dieweil es mir natürlich nicht gestattet ist, die Inhalte der sehr persönlichen und vertraulichen Gespräche wiederzugeben, lässt sich feststellen, dass es sich bei den Geschichten in der Regel nicht einfach um Fik-tionen handelt, deren dystopische Aspekte dazu dienen, einen Spannungsbogen zu erzeugen, oder bewusst vor negativen (Weiter)entwicklungen warnen. Sie sind zu einem großen Teil Ausdruck von Angst und Ohnmacht – einer Ohnmacht, die ihre Wurzeln ganz eindeutig im Hier und Jetzt hat. Abgesehen davon, dass mich das Vertrauen der Autor*innen und die Tatsache, dass mir viele von ihnen einen so tiefgreifenden Einblick in die jeweilige Biografie gewährten, nachhaltig berührt und bereichert hat, wurde eines ganz deutlich: Die wenigen positiven Fiktionen, die wirklichen Utopien, stammten fast ausnahmslos von Menschen, welche sich zur Zeit des Schreibens in irgendeiner Form politisch betätigten und in einem ent-sprechenden Netzwerk verortet waren.

Den Abschluss des Projektes bildete die Präsentation des gedruckten Sammel-bandes, welcher sämtliche ausgewählte Geschichten enthielt und neben Lesungen auch Diskussionen über mögliche Transformationen der (Stadt[teil-])Gesellschaft umfasste. Unter den Gästen der Veranstaltung waren auch Mitarbeiterinnen der

---

3 | Sämtliche Zitate von Teilnehmer*innen am Projekt *Linden Fiction 2050* und am Work-shop *Linden Fiction Revisited*, von dem noch die Rede sein wird, sind Gedächtnisprotokollen oder Mitschriften entnommen.

Forschungsgruppe *Stadt als Möglichkeitsraum* (im Folgenden *SAM*) der Leuphana Universität Lüneburg, wodurch ein erster Kontakt entstand. Dieweil das Projekt *Linden Fiction 2050* (im Folgenden *LF 2050*) als Erfolg zu bezeichnen ist, und die Autor*innen äußerst engagiert und zu Recht sehr stolz auf die Tatsache waren, greif- bzw. lesbarer Teil eines solchen Projekts gewesen zu sein, folgte auf die Abschlussveranstaltung eine klare Antiklimax. Zwar hatten die Autor*innen hier den Wunsch nach weiterem Austausch untereinander geäußert und bei der Diskussion wurden der Bedarf nach und die Sinnhaftigkeit von Folgeprojekten deutlich, aber dieser Wunsch scheiterte nicht zuletzt aufgrund individueller alltäglicher Einbindung und an der Tatsache, dass solche Projekte über Drittmittel finanziert werden und eines erheblichen Vorabaufwands in Form von Funding bedürfen.

LINDEN FICTION REVISITED: DAS KONZEPT

Dass es schließlich doch eine Fortsetzung, oder besser gesagt: einen Anschluss an das Projekt *LF 2050* geben sollte, ist der Forschungsgruppe *SAM*, an der Leuphana Universität Lüneburg angesiedelt, zu verdanken. Ihre wissenschaftliche Analyse beinhaltete unter anderem fokussierte Interviews der Autor*innen, an welchen ich partiell teilnehmen und mitwirken durfte[4].

Schon zu Beginn der Kooperation stand fest, dass jenseits der vorliegenden Dokumentation eine wie auch immer geartete Präsentation der wissenschaftlichen Ergebnisse stattfinden sollte, deren genauere Planung maßgeblich im Herbst 2017 begann. Unter dem Titel *Linden Fiction Revisited* (im Folgenden *LFR*) – der zum einen die Rückkehr zum Ursprungsprojekt und zum anderen dessen Weiterentwicklung und Neubewertung in Aussicht stellte – wurde ein Workshop entworfen, welcher folgende Programmpunkte umfasste:

- Lesung der Geschichte *Aurelia (LF 2050)*
- Begrüßung, Erläuterung des Programms und der verwendeten Dokumentationsweisen
- Vorstellung von *LF 2050*
- Lesung von Auszügen der Geschichte *935 Jahre Linden (LF 2050)*
- Präsentation der *SAM*-Studie und diesbezügliche Feedbackrunde
- Als Interludien: Lesung der Geschichte *Delaila (LF 2050)* und Lesung von Auszügen der Geschichte *Ein unmoralischer Ort (LF 2050)*
- Vorstellung der Initiative *Unter einem Dach*
- Tänzerische und theatralische Interpretation der *LF 2050*-Geschichte *Natascha*[5]

---

4 | Die Tatsache, dass diese Interviews zum Teil in bereits von den Autor*innengesprächen her bekannten Räumlichkeiten (genauer gesagt: in unserem Büro in Hannover-Linden) stattfinden konnten, und mit mir eine in gewissem Maße vertraute Person anwesend war, machte es für manche der Befragten ganz offensichtlich leichter, sich den Fragen des Interviews zu öffnen und so vielschichtig wie kritisch von ihren Projekterfahrungen zu berichten.

5 | Diese erfolgte durch IKJA, Internationaler Kultureller Jugend Austausch e. V.

- Vier verschiedene World Cafés[6]
- Abschließende Diskussionsrunde und Ausblick

Zum Workshop wurde mit einem selbst erstellten Flyer eingeladen, welcher auf dem Titel das Heizkraftwerk Linden in futuristisch anmutenden Farben abbildet. Aufgrund seiner drei in den Himmel weisenden, dampfenden Schlote wird es in der Regel als *die drei warmen Brüder* bezeichnet und ist ein weithin sichtbares und häufig auf T-Shirts und ähnlichem vermarktetes Wahrzeichen Lindens.

Zuvor war konsensuell beschlossen worden, die Veranstaltung nicht mit einer breiten Öffentlichkeit durchzuführen, sondern mit konkret ausgewählten Teilnehmer*innen. Dabei ging es uns um die Planbarkeit des zeitlich ohnehin sehr beschränkten Workshops, aber vor allem auch darum, Menschen in Austausch zu bringen, welche diesen gewöhnlich nicht suchen, mit besonderem Fokus auf jugendliche/junge Stadtteilbewohner*innen.

Neben den Autor*innen von *LF 2050* wurden Lehrende verschiedener Schulen, Akteur*innen aus den Bereichen Stadtentwicklung, Kunst und Kultur und der Migrant*innenselbstorganisation, Vertreter*innen aus der Stadt-, Kultur- und Bildungspolitik sowie weitere Mitglieder des IKJA e. V.-Teams eingeladen. Als Veranstaltungsort wählten wir (wie schon für die Präsentation von *LF 2050*) die Warenannahme des Kulturzentrums Faust, welche über einen separaten Bühnenraum verfügt. Die spontane positive Resonanz auf die Einladung war erfreulich; obschon einige der jüngeren Autor*innen, die mittlerweile nicht mehr in Hannover leben, bedauerlicherweise nicht teilnehmen konnten[7]. Aus dem Bereich der Stadt- und Kulturpolitik gab es kein Feedback, was wohl zum Teil daran lag, dass einige Einladungen ihre Adressat*innen zu spät für eine Zusage erreichten. Aus diesem Grund verjüngte sich die Zusammensetzung der *LFR*-Teilnehmenden zusehends, was uns zu dem Entschluss führte, die inhaltliche Schwerpunktsetzung der World Cafés dem veränderten Publikum anzupassen, sodass diese in der Endfassung wie folgt geplant waren:

Tisch 1: Welche gesellschaftlichen Sichtweisen auf Utopien gibt es?

Was sind Vorbehalte gegenüber utopischem Denken? (Spinnerei, totalitäre Utopien) Warum sind Dystopien so beliebt? (Lust am Untergang, systemische Übermacht, Normierung der Subjekte, Delegation von politischer Verantwortung) Wofür werden Utopien gebraucht? Welche Rolle spielt utopisches Denken im Alltag? Was inspiriert beim Nachdenken über die Zukunft? (Inhalte aus Literatur/Film, Methoden/Formate, künstlerische Projekte?) Warum hat utopisches Denken im Alltag so wenig Raum?

---

6 | Falls das Konzept des World Cafés nicht bekannt sein sollte, gibt dieses Buch einen guten Überblick: Brown, J.& Isaacs, D.: Das World Café. Kreative Zukunftsgestaltung in Organisationen und Gesellschaft, Carl-Auer Verlag, 2007.

7 | Für eine der Autor*innen war *LF 2050* ein echter Wendepunkt. Sie entschloss sich, bestärkt von diesem Projekt, ein einjähriges Sabbatical einzulegen und ihre schriftstellerischen bzw. journalistischen Fähigkeiten durch Praktika bei mehreren Zeitungen weiterzuentwickeln.

Tisch 2: Wie könnte es mit *Linden Fiction 2050* weitergehen?
Auswahl von anonymisierten Zitaten aus den Interviews (Schreib-/Utopiewerk-
statt, alternative künstlerische praktische Ansätze, stadtteilübergreifend, kollektive
Kreativität, Verstetigung)

**Tisch 3: Wie können utopische Entwürfe und Ergebnisse
von Wunschproduktionen in politische Entscheidungsprozesse
eingebracht werden?**
Wie können unterschiedliche Logiken politischer Institutionen und politischer
Gruppen/Bewegungen übersetzt werden? Was setzt das voraus?

**Tisch 4: Wie könnte/müsste utopisches Denken, Bewusstsein und
kritisches Imaginationsvermögen im Alltag befördert werden?**
Welche Formate würden dies ermöglichen? Wie könnten insbesondere Kinder und
Jugendliche angesprochen werden? Was wären geeignete Formate der Ansprache
und alternative kreative Methoden für individuelle und kollektive Gestaltungsprozesse? Wie können diese an Vorerfahrungen der Mitwirkenden anknüpfen? Was
wären geeignete Räume? Welche zeitlichen, räumlichen, ökonomischen und personellen Rahmenbedingungen setzt dies voraus?

Die World Café-Inhalte sind an dieser Stelle bewusst in einer Form wiedergegeben,
die ganz offensichtlich nicht in Stein gemeißelt ist: Es war allgemeiner Konsens,
dass die vier Moderatorinnen keinesfalls ein starres Programm vorgeben sollten,
sondern dass größtmögliche Offenheit gegenüber den Diskutierenden und deren
Gedanken und Ideen gewährleistet sein und ausreichend Spielraum für Improvisation vorhanden sein müsse. Dergestalt sind hier keine stringenten Abläufe, sondern Stichpunkte, Anregungen und potenzielle Fragen zu finden.

LINDEN FICTION REVISITED: DER WORKSHOP

Um den Teilnehmer*innen einen ebenso passenden wie willkommen heißenden
Rahmen bieten zu können, herrschte am Tage der Veranstaltung reges Treiben
seitens der Organisator*innen: Den Räumlichkeiten wurde mit einer Vielzahl von
Schwarzweiß-Fotografien des Ihme-Zentrums, die aus dem Projekt *Draußen und
Drinnen* stammen,[8] zusätzliche Atmosphäre verliehen. Außerdem wurden Tisch-
gruppen für die World Cafés vorbereitet und ein Finger Food-Buffet angerichtet,
wobei die Mitglieder von IKJA uns spontan tatkräftig unterstützten. Exemplare des
LF 2050-Bandes waren auf einem Büchertisch gegen eine freiwillige Spende erhältlich. Zuvor hatten die Veranstalter*innen beschlossen, den Buch-Erlös an das
IKJA-Team weiterzuleiten.
    Der Verlauf des Workshops und die Resonanz der Teilnehmer*innen übertra-
fen unsere Erwartungen bei weitem. Die gleichzeitig tiefgreifende und doch all-

---

8 | 2016 führte das Kulturzentrum Faust in Zusammenarbeit mit dem Fotografen Simon
Slipek das Fotoprojekt *Draußen und Drinnen* zum Ihme-Zentrum durch. Mehr als 60 Stadtteilbewohner*innen fotografierten mit Einwegkameras Fotostrecken vom Ihme-Zentrum, die
zum Teil im Rahmen einer Ausstellung präsentiert wurden.

gemein verständliche Präsentation der Forschungsergebnisse (was insbesondere dem eher jungen und größtenteils wissenschaftlich nicht geschulten Publikum entgegenkam) im Zusammenspiel mit literarischen und künstlerischen Annäherungen an *LF 2050* bildete einen ebenso fundierten wie inspirativen Ausgangspunkt für weitere Diskussionen.

An dieser Stelle möchte ich noch einmal ausdrücklich auf die tragende Rolle des IKJA-Teams hinweisen, welches die Zuschauer*innen mit der eurhythmischen und tänzerischen Interpretation der *LF 2050*-Geschichte *Natascha* rückhaltlos begeisterte[9]. Auch die wichtige Rolle der hannoverschen Kulturschaffenden Iyabo Kaczmarek soll hier gesondert Erwähnung finden: Die Mitgründerin der Initiative *Unter einem Dach*[10] berichtete von ihrer Arbeit als Geschäftsführerin dieses Vereins und von der unabdingbaren Notwendigkeit für ihre und ähnliche Strukturen, sich mit anderen Gruppen zu vernetzen und Kooperationspartner*innen zu finden, um breitere und von der Öffentlichkeit getragene gesellschaftliche Transformationen in Bezug auf ein inklusives und vielfältiges Zusammenleben bewirken zu können. Ihr Beitrag löste eine lebhafte und facettenreiche Diskussion um mögliche Kooperationen und Perspektiven aus.

Die durchweg positive Resonanz der Teilnehmer*innen und angeregte Gespräche in der Pause (welche sich entsprechend zeitlich mehr als verdoppelte) hatten zur Folge, dass der ursprüngliche Zeitplan massiv überschritten wurde. Schweren Herzens mussten wir uns als Veranstalter*innen entscheiden, ob wir die World Cafés wie geplant durchführen und damit riskieren sollten, dass die Gäste im Anschluss gehen würden, oder ob die Cafés zugunsten der Abschlussdiskussion entfallen sollten. Wir wählten letztere Option, wobei wir versuchten, die Fragen der World Cafés zumindest teilweise in die Diskussion einzubringen. Allerdings sollte sich sehr schnell zeigen, dass das sehr lebhafte und auch kontroverse Gruppengespräch in ausgesprochen autonomen Bahnen verlief, die Themen größtenteils selbstbestimmt gewählt wurden, und die gesamte Diskussion somit lediglich einer sehr punktuellen Moderation bedurfte.

Es ist hier leider nicht möglich, die immerhin fast zwei Stunden andauernde Diskussion vollständig wiederzugeben. Daher werde ich mich an dieser Stelle auf die Zitierung ausgewählter Wortbeiträge und deren grobe thematische Einordnung, sowie auf eine kurze Zusammenfassung von Ergebnissen beschränken:

Gleich eingangs wurde stark kritisiert, dass niemand vom Bezirksrat oder anderen offiziellen Stellen anwesend war. Trotz des Hinweises auf die vollen Terminkalender von Politiker*innen beharrte die Teilnehmerin, dass es nichts Wertvolleres gäbe, als wenn in einem Stadtteil Mitbewohner*innen etwas Kreatives, Produktives herstellten und damit in die Öffentlichkeit gingen. Das sei Politik und habe die Politiker*innen anzugehen. Dem wurde entgegengestellt, dass die Präsenz so

---

9 | Noch am selben Abend entstand die Überlegung, das Theaterstück im Rahmen eines weiteren Mini-Projekts zu verfilmen und einer breiteren Öffentlichkeit zugänglich zu machen, ein Plan, der hoffentlich spätestens im kommenden Jahr verwirklicht werden wird.

10 | Die Initiative leistet einen nachhaltigen Beitrag zur Integration durch das Angebot von Berufsorientierungspraktika im Handwerk (Holz, Metall, Schneiderhandwerk), durch Sprachförderung und durch die individuelle Vermittlung in Aus- und Weiterbildung und in Arbeit. Weitere Informationen und Kontakt unter https://unter-einem-dach.org.

vieler junger Menschen von viel größerer Relevanz sei, da jene maßgeblich an der Entwicklung möglicher Zukünfte beteiligt sein würden.

Im Aufgriff der Themen des ersten World Cafés wurde die Frage gestellt, warum Utopien so wenig Aufmerksamkeit erhielten und als etwas Unreales abgewertet würden. Warum die Zahl der Dystopien in der Literatur und in Form von Filmen so massiv zugenommen habe und diese scheinbar deutlich beliebter seien als Utopien. Wie es möglich wäre, insbesondere junge Menschen zu erreichen und ihnen zu vermitteln, dass es sich lohne, Träume dahingehend zu haben, wie ihres und das gesellschaftliche Leben aussehen könnte. An diesem Punkt wurde deutlich, dass die Definition der Begriffe »Utopie« bzw. »Dystopie« im Kreis der Diskutierenden keine einheitliche war[11]: »Vielleicht kann ich mich auch von diesem Gegenüberstellen von Utopie und Dystopie ein bisschen lösen, weil beide machen Ähnliches. Sie gucken sich die Gegenwart an und kritisieren die Gegenwart, sagen, was mich an der Gegenwart stört – egal, ob ich nun das, was ich lieber hätte, projiziere und darstelle, was ja auch beinhaltet, was mich gerade stört, oder das, was mich stört, auf ne überspitzte Form bringe.« Die Diskussion kam zu dem Ergebnis, dass dies richtig sei und zudem des einen Utopie die Dystopie einer anderen sein könne.

Als ein Grund für Utopieverdrossenheit wurde Hoffnungslosigkeit genannt:

»... wenn man Jugendliche fragt, was hältst Du von der Politik, was willst Du wählen, was willst Du machen, dann hört man schnell die Hoffnungslosigkeit an den Antworten, ich kann doch eh nichts machen; das wird doch eh von den Menschen entschieden, die am Hebel sitzen und wir haben nicht so viel Anteil daran. Ich glaube, dass viele Wünsche und Träume von Jugendlichen und den Menschen generell auch innerhalb von fünf bis zehn Jahren nicht erfüllt werden. Dann verfallen die sofort in die Situation, ich gebe es auf und werde nicht mehr weiterdenken, sondern die funktionieren einfach nur noch und machen das, was sie immer schon gemacht haben und denken nicht mehr über Wünsche und Träume nach, die sie haben. Es ist nicht verwunderlich, dass so wenige Jugendlichen aus Linden hier sitzen, da sie nicht mehr die Hoffnung haben zu sagen: ich setze mich dafür ein, dass irgendwann meine Träume umgesetzt werden; sie geben schnell auf, weil Umsetzung sehr schwer fällt und lange dauert.«

Dem wurde klar entgegengehalten:

»Möchte widersprechen! Wir machen auch ehrenamtliche Arbeit mit n' paar Jugendlichen und wir wissen, dass auch kleine Schritte etwas bewirken können und es macht auch Spaß, kleine Erfolge zu haben. Ich bin selbst Azubi und frage Leute ›bist Du zufrieden mit Deinem Leben?‹ Die Leute sagen oft, wir können nichts ändern, und ich entgegne, das stimmt nicht. Es sind immer kleine Schritte möglich, z. B. ein Arbeitstag weniger, der im Rahmen von Gewerkschaftsarbeit erreicht werden könnte. Uns gehts besser und wir haben was erreicht. Das sehen viele nicht als Erfolg an. Aber wenn man das kleine step by step wieder hinkriegen könnte, dann schafft man das auch wieder, dass sich Jugendliche wieder engagieren. Das Problem ist, dass jeder denkt, ich muss das jetzt erreichen. Das stimmt nicht. Wenn wir es jetzt schaffen, einen kleinen Teil dazu beizutragen und die nächste Generation schafft es

---

11 | Wie sich zeigte, wäre der Versuch einer soziolinguistischen Untersuchung der beiden Begrifflichkeiten eine ebenso notwendige wie zielführende Aufgabe, die einem möglichen Folgeprojekt vorbehalten bleiben soll.

dann vielleicht ganz. Ich habe 'ne Idealvorstellung, wie ich mir das wünsche, aber ich sehe es nicht so, dass ich es alles selbst erreichen muss, sondern ich muss probieren, die Leute dazu zu bewegen, mit mir diesen Weg zu gehen. Vielleicht hat es dann die nächste oder die darauffolgende Generation geschafft. Dann habe ich was dazu beigetragen und ich war ein Teil der Bewegung. Das wäre schön, denn dann hat man sein Leben wenigstens sinnvoll genutzt. Es gehört auch dazu, dass die Entwicklung ein Stück rückwärts geht, aber wir müssen es schaffen, diese Bewegung weiterhin in der richtigen Richtung zu halten. Dieses Denken müssen wir Jugendlichen vermitteln.«

Darüber hinaus wurde kritisiert, dass die Gesellschaft bereits (teil)verwirklichte Utopien und Transformationen nicht ausreichend als Erfolge und Anlass zu weiterem Wandel anerkennte (obwohl diese ja deutlich machten, dass sich Ziele und Ideen durchaus umsetzen ließen), und dennoch weiterhin pessimistisch von Unmöglichkeiten spräche:

»Dieses ›das wirst Du nie erreichen‹! Ich kann es nur für mich sagen, ich lebe jetzt in einer Lebenssituation, die ich mir vor 25 Jahren nicht hätte vorstellen können. Das ist einfach, weil vor 25 Jahren, da war halt ganz klar, Du wirst als schwuler Mann in dieser Gesellschaft immer diskriminiert. Ja, Pustekuchen! Ich gehöre jetzt zu den Privilegierten. Jetzt muss ich mir langsam angewöhnen, also ja, ich kann nun wirklich nicht mehr behaupten, dass ich 'ne Randgruppe bin. So. Und wenn man mir das vor 25 Jahren gesagt hätte, hätte ich das nie erwartet. Also deswegen ist es dieser Satz: ›Das wirst Du nie erreichen‹, den ich jetzt gerne Mal ausnahmsweise auf den Müllhaufen der Geschichte schmeißen würde.«

Zudem fanden sich Hinweise darauf, dass eine Ermächtigung zum Handeln durchaus auch zur Folge haben kann, dass Utopien umgesetzt werden, die man sich persönlich gar nicht wünscht:

»Auf der einen Seite kann ich versuchen, Menschen dahingehend zu beeinflussen, dass sie sich vorstellen können, ihre eigenen Wünsche, Ziele, Utopien zu formulieren und zu versuchen umzusetzen. Ich muss halt akzeptieren, wenn ich Leute ermächtige zum Handeln, zum Denken, dann kann es sein, dass Leute dann Utopien gesellschaftlicher oder anderer Art entwickeln, die einem dann widersprechen.«

Das für uns erstaunlichste Ergebnis der Diskussion stellte allerdings mit Abstand die Tatsache dar, dass insbesondere die jüngeren Teilnehmer*innen klar darin übereinstimmten, dass transformative Gesellschaftsprozesse notwendig und langwierig seien, und dass sie (auf einer mikrosozialen Ebene) in Form von Netzwerken beginnen müssten:

»... die Arbeit, die ihr hier macht, ist wertvoll, auch wenn dieses Jahr nicht und nächstes Jahr vielleicht nicht und übernächstes Jahr vielleicht noch nicht, das, was ihr Euch wünscht, umgesetzt wird.«
»Ich fänd es einfach sinnvoll, wenn ich erreiche, dass Leute sich mehr einbringen, Menschen überhaupt auf die Idee kommen, so, wenn ich das erreichen kann, Strukturen dafür schaffen. Das ist schon ne ganze Menge.«
»... ein Mensch ist ein soziales Wesen. Ein Mensch kann sich nie alleine ändern. Menschen können sich immer nur miteinander ändern. Nie alleine.«

LINDEN FICTION REVISITED: DAS FAZIT

Auch wenn im Rahmen des Workshops keine Folgeprojekte geplant oder Erfolgs-
rezepte erstellt werden konnten, ist mein Resümee ein ausgesprochen positives. Es
wurde deutlich, dass ein Bedarf nach Transformation, nach Handeln, nach Realen Utopien besteht. Dabei war im Kreis der Teilnehmer*innen deutlich weniger
Resignation und Defätismus zu beobachten war, als ursprünglich antizipiert. Im
Gegenteil, die Möglichkeit des potenziellen Nichtfunktionierens einer Utopieum-
setzung wurde zwar wahrgenommen, aber nicht als Scheitern per se begriffen,
sondern als etwas »das mich stärker macht« und dem mit »aufstehen, weiterma-
chen« begegnet werden sollte.

Utopie und die Lust am Träumen wurden als notwendig und legitim wahrgenommen, als etwas, das sich lohnt, unabhängig davon, ob im Endeffekt alle Vorhaben
umgesetzt werden können. Das Ersinnen von Möglichkeiten wurde als Empowerment begriffen und das Wünschen als grundlegender Teil der gesellschaftlichen
Transformation: »Aber der Wunsch beseelt halt total. Das merkt man ja. Und wenn
man davon ergriffen ist, denke ich, ist trotzdem auch eine Wirksamkeit da.« »Ohne
Träume, ohne Utopien, ohne Vorstellung davon, was ich mir wirklich wünsche,
was ich gerne für mich und andere umsetzen würde, was bleibt denn da noch?
Man braucht doch die Freude am Denken, am gemeinsamen Planen, auch in einer
kleinen Gruppe, man ist doch glücklich, wenn man etwas erreicht!«

Auch wenn ich Gefahr laufe, mich an dieser Stelle zu wiederholen: Eine solche
Fülle an Ideen, an der Lust zur Utopie, an Gesellschaftsanalyse und am klaren
Willen, selbstbestimmte Zukünfte zu ersinnen und zu leben, lag jenseits der Vorstellungskraft sämtlicher Organisator*innen. Ein für das Fazit geplantes Plädoyer
hinsichtlich der Relevanz positiven utopischen Denkens könnte nun eigentlich entfallen, da dieses bereits von den Teilnehmer*innen gehalten wurde. Auch die Ansicht, dass Wandel und Transformation nur in der Gemeinschaft, in Netzwerken,
möglich sind, und dass diese auf einem mikrosozialen Level angestoßen werden
müssen, war ein zentrales (nicht von den Veranstalter*innen induziertes!) Thema.
Dystopisches Gedankengut wurde als Folge von Resignation, Desinteresse, Bequemlichkeit und Kurzsichtigkeit interpretiert, als Konsequenz von Vereinzelung.

Vor dem Hintergrund eines solch motivierten Publikums nimmt die Tatsache,
dass für *LF 2050* hauptsächlich Texte mit hoch pessimistischem Inhalt eingereicht
wurden, zuerst einmal wunder. Doch auch hier lässt sich konstatieren, dass die
Gruppe der Teilnehmenden an *LFR* zwar in sich ausgesprochen heterogen war,
dass sich alle Anwesenden jedoch in irgendeiner Form politisch betätigen und Teil
eines Zusammenhangs sind, eines wie auch immer gearteten Netzwerks. Somit
scheint sich die Vermutung zu bestätigen, dass Gemeinschaft ausschlaggebend ist
für das persönliche Empowerment, für die Entwicklung alternativer Möglichkeiten
und den Glauben daran, dass ein »gutes Leben« nicht Schicksal ist, sondern maßgeblich von der Entwicklung und Verwirklichung eigener/gemeinsamer Ideen für
eben dieses Leben abhängt.

Um so wichtiger ist es, Menschen (im Rahmen der Stadtentwicklung) in Netzwerke zu integrieren, sie dahingehend zu ermächtigen, ihre Wünsche/Utopien als
legitim zu betrachten, und sie bei dem Versuch zu unterstützen, diese zumindest
bis zu einem gewissen Grad umzusetzen. Und das so früh wie möglich, eine Teilnehmerin schlug im Hinblick auf die Förderung utopischen Denkens vor: »Es

muss darum gehen, über verschiedene kreative Zugänge vom Kindesalter an einen Umgang mit dystopischem und utopischem Denken und der Vielschichtigkeit von Möglichkeiten zu finden und das Nachdenken darüber zu befördern: Wie kann ich meine Zukunft und die Zukunft meines Stadtteils gestalten, und dies als Zusammenspiel sehen?«

Abschließend kann zweifelsfrei behauptet werden, dass es sich bei *Linden Fiction 2050* und dessen Aufarbeitung und Einordnung im Rahmen von *Linden Fiction Revisited* eindeutig um ein Projekt handelt, welches eine Teilhabe an der Stadtentwicklung bietet und Möglichkeitsräume auch und insbesondere für jene Menschen eröffnet, die sich bislang nicht als Akteur*innen des Wandels begreifen, und welche eher für sich als in der Gruppe denken und handeln. Projekte wie *LF 2050* bieten niedrigschwellige Partizipationsangebote, geben einer heterogenen Zielgruppe die Chance, Ideen und Bedürfnisse im Hinblick auf ihre Lebensräume zu entwickeln und zu äußern, und ermächtigen damit zur Utopieschöpfung. Darüber hinaus sind die Erkenntnisse und Ergebnisse dieses Projekts von großer Bedeutung im Hinblick auf die nachhaltige Entwicklung anderer Städte und die Vorhaben anderer Beteiligungsprojekte.

LINDEN FICTION REVISITED: DIE KOOPERATION

Wie bereits zu Beginn dieser Reflexion betont wurde, handelt es sich hierbei um einen Text, der neben der Beschreibung des Projekts *LFR* als Teil des Forschungsprojekts *Stadt als Möglichkeitsraum* in assoziativer Weise persönliche Beobachtungen, Erfahrungen und durchaus subjektive Schlussfolgerungen abbildet, welche sich selbstverständlich auch auf die transdisziplinäre Zusammenarbeit im Rahmen von *LFR* erstrecken.

Der langfristige Zeitraum, in dem das Projekt realisiert wurde, gab allen Beteiligten die Möglichkeit, sich mit den Denkweisen der anderen auseinanderzusetzen und eine gemeinsame, konstruktive Stoßrichtung zu finden. Der wissenschaftliche ebenso wie der persönliche Austausch führte zu einem gleichermaßen fruchtbaren wie achtsamen Diskurs und zu einer ganz außergewöhnlichen Bereicherung auf intellektueller, projektplanerischer und auch privater Ebene. Es ist durchaus angebracht zu behaupten, dass sich also ein Netzwerk bildete, welches übrigens nichts lieber täte, als weit über das aktuelle Projekt hinaus transdisziplinär zusammenzuarbeiten, gemeinsam weitere wissenschaftliche, partizipative und nachhaltigkeitsorientierte Vorhaben zu ersinnen und dabei auf den Erkenntnissen des vorliegenden Projekts aufzubauen.

In der Regel scheitern solche wertvollen Ansätze nicht am mangelnden Engagement der Beteiligten, sondern schlichtweg an der Tatsache, dass zu geringe bis keine Mittel zur Verfügung stehen. Die Beantragung von Drittmitteln, Förderungen, Zuschüssen, kurz: das Funding, erfordert nicht unerheblichen, dafür aber häufig unbezahlten Aufwand, fundierte Sachkenntnis und (zumindest meiner Meinung nach) gute Nerven. Obwohl die Forderung nach transdisziplinären Projekten und Wissenstransfer von einer Vielzahl öffentlicher (Bildungs)Institutionen lautstark geäußert und entsprechend angelegte Projekt als signifikant erklärt werden, ist die Bereitschaft zur diesbezüglich notwendigen Mittelvergabe hingegen eher verhalten.

Das schmale Budget für *LFR* stellte die (universitätsexternen) Mitarbeiter*innen vor einige Probleme, beziehungsweise vor die Entscheidung, in bester Idealist*innenmanier (die Sache will's!) unentgeltlich am Projekt mitzuwirken oder sich aus der Kooperation auszuklinken.[12] Die Tatsache, dass für einen Workshop, der mehrere Stunden dauern sollte, nicht einmal der kleinste Drittmittelbetrag für Getränke und einen Imbiss aufgewendet werden durfte, ist als schlichtweg realitätsfern zu bezeichnen. Um den Gästen, die größtenteils direkt nach ihrem Feierabend zum Workshop eilten, eine kleine Erfrischung, bzw. Stärkung anbieten zu können, wurde das Fingerfood für das Buffet von den Veranstalter*innen privat, teils zu Hause, teils vor Ort, mit Unterstützung seitens der IKJA-Aktivist*innen zubereitet, was sicherlich zu einer Art von positivem Gruppenerleben führte – wenn man einmal den ohnehin schon recht großen Zeitdruck, den erheblichen Transportaufwand und nicht zuletzt die Tatsache, dass wir die gesamte Bewirtung aus eigener Tasche bezahlen mussten, außer acht lässt.

Wie dem auch sei – wenn eine Reflexion es wert wäre, jemandem gewidmet zu werden, stünden unter dem *dedicated to* die Namen meiner ebenso visionären wie liebenswerten Kolleg*innen und Mitstreiter*innen: *Julia Barthel, Annette Grigoleit, Verena Holz, Volker Kirchberg, Franziska Schuster, Charlotte Laube,* die uns bei der Planung des Workshops unermüdlich zur Seite stand und die IKJA-Aufführung initiierte und leitete, und nicht zuletzt auch *Parisa Hussein-Nejad,* die Geschäftsführerin von IKJA. Sie alle sind für mich der lebende Beweis für den Titel dieses Beitrags: *Nothing ever happens unless there is a dream.*

---

12 | Argumente wie »gutes Geld für gute Arbeit« zu bemühen, führt das Selbstverständnis all jener ad absurdum, deren Priorität nicht darin besteht, möglichst viel Geld anzuhäufen, und die den Wert ihrer Arbeit nicht an Geld bemessen sehen wollen. Dennoch besteht für das Gros der Menschen die Notwendigkeit, sich zu finanzieren, indem sie einen erheblichen Teil ihrer Lebenszeit feilbieten. Natürlich steht es uns frei, die restliche Zeit (nach Abzug familiärer/sozialer Zeitaufwände) z. B. als Akteur*innen im Rahmen nachhaltiger Projekte zu verbringen oder uns konsequent zugunsten gesellschaftlich relevanter Tätigkeiten in nicht oder nur marginal entlohnte, oft zeitlich befristete Arbeitsverhältnisse zu begeben, welche kaum den Lebensunterhalt abdecken und keine sei es auch noch so geringe Altersvorsorge umfassen. Dass aktives und zeitaufwändiges gesellschaftliches Engagement nur durch Selbstausbeutung und unter dem Damoklesschwert des Prekariats möglich sein soll, steht für mich in eindeutigem Widerspruch zu jeglichem Nachhaltigkeitsgedanken.

Lösungsproduktion für komplexe Probleme

Transdisziplinäre Informationssammlung als Basis
einer nachhaltigen Disruption

Constantin Alexander

Alles Leben ist Problemlösen. Der Titel des 1994 erschienenen Buchs von Karl Popper fasst das Leitbild der nachhaltigen Entwicklung passend zusammen. Mit der Ergänzung, dass es aufgrund der Komplexität und Dynamiken der menschlichen Entwicklung so scheint, als gäbe es keine »leichten« Probleme mehr. Die großen Herausforderungen unserer Zeit wie Globalisierung, Digitalisierung, Ressourcenschwund, Klima- oder demografischer Wandel materialisieren sich in Form von komplexen Problemen. Die namensgebende Komplexität wird durch unzählige Faktoren, Interdependenzen und schwer kontrollierbare Dynamiken geschaffen. In der Regel betreffen sie zahlreiche ökologisch, sozial und ökonomisch messbare Ebenen. Der Umgang mit Informationen und Daten bildet das Fundament für nachhaltige Entwicklung: Quantifizierung, Analyse und Interpretation von Stoffkreisläufen, Informationsflüssen, Einflussfaktoren und die Abfrage von Stakeholdern beeinflussen das Design, die Durchführung und den Erfolg eines innovativen Umgangs sowie die Lösungsproduktion. Im Gegensatz zu eindimensionalen Problemen bedarf es bei komplexen Fragestellungen einer seriellen Produktion von Lösungen für unterschiedliche Aspekte und eines gesteigerten Bewusstseins für die Konnektivität vermeintlich unabhängiger Faktoren, um mit der Behandlung nichts zu »verschlimmbessern«. Doch wie lassen sich komplexe Probleme adäquat, multidimensional und lösungsorientiert quantifizieren, ohne dass die Daten im Moment der Veröffentlichung bereits veraltet sind und die Masse an Informationen abschreckt?

Im Kontext der deutschen Siedlungs-, Raum- und Infrastrukturentwicklung ist es bis zum Sommer 2018 zwar noch nicht zu einer ganzheitlichen Quantifizierung von komplexen Problemen gekommen, doch lässt sich mit großer Bestimmtheit feststellen: Nicht-resiliente Quartiere sind prädestiniert als komplexe Probleme. Resilienz bezieht sich dabei auf die Widerstandsfähigkeit gegenüber negativen Entwicklungen wie Naturkatastrophen, Strukturwandel, Markt- oder Staatsversagen. Dies entspricht auch der Klassifizierung der nachhaltigen Handlungsräume durch die UN-Nachhaltigkeitsentwicklungsziele oder Sustainable Development

Goals (SDG). (UN, 2015) Der Entwurf und die Anwendung von Lösungen im urbanen Umfeld kommen einer Innovationsentwicklung in einem sogenannten *Brownfield-Markt* gleich. Brownfield bezieht sich dabei laut Hargadon auf die existierende (Infra-)Struktur politischer, prozessualer und juristischer Rahmenbedingungen sowie mitunter auf Pfadabhängigkeiten. (Hargadon, 2015: 55 ff.) Aufgrund der vorhandenen Rahmenbedingungen eignen sich daher qualitative Interviews als Einstieg in die Quantifizierung komplexer Probleme, insbesondere solcher im urbanen Umfeld. Wie Dollereder und Kirchberg am Beispiel des hannoverschen Bezirks Linden nachgewiesen haben, sind es die formellen und informellen Netzwerke, die eine nachhaltig orientierte Stadtteilentwicklung begünstigen. (Dollereder; Kirchberg, 2016) Mithilfe der betroffenen Stakeholder eines solchen Netzwerks lässt sich eine wesentliche Ebene der Quantifizierung eines komplexen Problems bewerkstelligen.

Die Forschungsarbeit »Das Ihme-Zentrum – ein neues Wahrzeichen für Hannover« entspricht exemplarisch einem komplexen Problem in einem Brownfield-Markt (Alexander, 2018). Das Quartier ist ein Symbol für Markt- und Staatsversagen mit einer mehrdimensionalen Dysfunktionalität. Für die Quantifizierung der unterschiedlichen Problemaspekte nutzte der Autor vorhandene Netzwerkstrukturen, um qualitative Interviews mit unterschiedlichen Stakeholdern rund um das Quartier Ihme-Zentrum im Bezirk Hannover-Linden durchzuführen. Ab Sommer 2014 wurde dazu eine teilnehmende Beobachtung vor Ort durchgeführt – der Autor zog dafür selbst in eine der Mietwohnungen in dem Quartier und führte Dutzende von Interviews durch: mit Bewohnerinnen und Bewohnern ebenso wie mit Expertinnen und Experten aus den Teilbereichen Architektur, Stadtentwicklung, Bauingenieurwesen, Recht, Wirtschaft sowie Kultur und Kreativwirtschaft. Im Sinne einer pragmatisch angelegten Transdisziplinarität wurden den Stakeholdern im Open-Innovation-Verfahren Fragen zu den Qualitäten des Quartiers gestellt sowie zu Visionen für eine bessere (nachhaltigere) Zukunft. Es entstand ein analoger Algorithmus mit dem konkreten Ziel, für jedes Teilproblem konkrete Lösungsansätze zu erarbeiten. Im Gegensatz zur damals vorherrschenden Meinung, das Ihme-Zentrum sei durch seinen Leerstand von mehr als 100.000 Quadratmetern und aufgrund der ineffizienten Eigentümerstruktur ein gescheitertes Quartier, übernahm der Autor dabei intuitiv den Ansatz des »Stadt als Möglichkeitsraum«-Projekts. Die Interviews wurden für eine Verbreitung auf einem eigens für das Projekt angelegten Blog veröffentlicht und über Social Media diffundiert. Diese Mischung aus qualitativer Wesentlichkeitsanalyse und zielgruppenorientierter Kommunikationskampagne hatte mehrere Ziele: Einerseits sollte so die oben erwähnte und zum Teil begründete Stigmatisierung des Quartiers durch ein Image-Reframing aufgehoben werden. Andererseits stellten die Interviews einen Einstieg in die Lösungsproduktion für die Teilaspekte des komplexen Problems dar. Um Widerstände und zynische Reaktionen auf diesen Prozess zu umgehen, wurden die Stakeholder von Anfang an involviert, wie es Hauschildt und Salomo empfehlen, um Innovationen nachhaltig und langfristig anzulegen. (Hauschildt und Salomo, 2011: 118 ff.)

Die Verbindung zwischen der Perspektive der Betroffenen – Bewohnende ebenso wie Nutzende der Gewerbeflächen vor Ort – und den Impulsen der Expertinnen und Experten führte innerhalb kürzester Zeit zu einem Fundament für weitere, disruptive Innovationsansätze. Im Zuge dessen entstand zum Jahreswechsel

2015/2016 zuerst ein informeller, transdisziplinärer Gesprächskreis und – durch die Initiative des Autors – mit der Gründung des Vereins *Zukunftswerkstatt Ihme-Zentrum* im April 2016 eine Institutionalisierung dieser transdisziplinären Lösungsproduktion. In der ersten Jahreshälfte 2018 kuratierte der Autor auf Basis dieses Verfahrens eine Event-Reihe im Sinne des transdisziplinären Open-Innovation-Ansatzes, gefördert durch das Kulturbüro der Landeshauptstadt Hannover: Das Narrativ von »#ihmezentrum2025« dockte dabei an den Plan Hannovers an, im Jahr 2025 Europäische Kulturhauptstadt zu werden. Dazu wurde in verschiedenen Formaten und in transdisziplinären Teams gearbeitet. Das Ergebnis: zahlreiche konkrete Innovationsansätze, Konzepte zur Verbesserung der Lebensqualität im Quartier sowie zur effektiven und effizienten Steigerung der Ressourcenallokation und zum nachhaltigen Umbau der technischen Infrastruktur vor Ort. Aus dem Problemviertel wurde dank des »Stadt als Möglichkeitsraum«-Ansatzes ein Reallabor für urbane Interventionen und Innovationsforschung.

Konkret wurde dies bei einer gemeinsamen Veranstaltung des Vereins Zukunftswerkstatt mit der Forschungsgruppe von »Stadt als Möglichkeitsraum« im April 2018. Die Identifikation von acht (potenziellen) Möglichkeitsräumen in Hannover schuf zuvor eine geeignete wissenschaftlich-kognitive Basis für strategische Überlegungen zur Entwicklung des Ihme-Zentrums, da das Quartier von den Forschenden als einer der Möglichkeitsräume definiert wurde. Möglichkeitsräume wurden dabei durch die Forschenden als Freiräume, Intentional Communities, Experimentierräume oder Heterotopien bezeichnet. Es sind physische, aber auch soziale und mentale Räume, in denen gewünschte Zukunftsentwicklungen für die Stadt angedacht und/oder angelegt werden. Sie erlauben verschiedene Grade der Entfaltung und können dabei offen und geschlossen sein: offen, weil sie im Austausch mit der Gesellschaft stehen, geschlossen, weil sie einen geschützten Raum um den experimentellen Prozess bilden können. Wie Volker Kirchberg betonte, sind Möglichkeitsräume vor allem Orte der utopischen Praxis, insbesondere »Räume der Hoffnung« (nach David Harvey) oder »Reale Utopien« (nach Erik Olin Wright). Aufgrund seines Potenzials, des professionellen bürgerschaftlichen Engagements, des Umfelds sowie des Bewusstseins verschiedener Stakeholdergruppen in Hannover, bewerteten die Forschenden das Ihme-Zentrum als gutes Beispiel für einen Möglichkeitsraum – allein der Leerstand von mehr als 100.000 Quadratmeter zeuge davon. Dank dieser wissenschaftlichen Vorarbeit wurden bei dem Termin von weiteren Expertinnen und Experten sowie mit Bewohnenden des Ihme-Zentrums in einem offenen Workshop konkrete Handlungsansätze und Möglichkeiten für Entwicklungsimpulse diskutiert und aufgezeigt. Wie oben erwähnt waren die Ergebnisse des SAM-Projekts und die vorarbeitenden Analysen des Autors weitestgehend kongruent, ohne dass in den vorangehenden Jahren eine inhaltliche Abstimmung stattfand. Für das Vorhaben, das Ihme-Zentrum nachhaltig zu revitalisieren, ist es ein gutes Zeichen, wenn Menschen aus unterschiedlichen Perspektiven auf ein komplexes Problem blicken und zu den gleichen Schlüssen kommen. So sah Kirchberg vor allem die Größe des Quartiers als wesentlich spannendes Merkmal für eine »Reale Utopie« und damit für eine Modellhaftigkeit mit überregionaler oder vielleicht sogar internationaler Ausstrahlung, sollte das Vorhaben der Revitalisierung gelingen.

Dieses Argument macht sich der Autor mit seinen Kolleginnen und Kollegen aus der Vereinsarbeitsgruppe Planung/Architektur um den Architekten Gerd Runge zunutze: Auf Basis der Erkenntnisse aus der »#ihmezentrum2025«-Reihe und der Forschungsergebnisse des »Stadt als Möglichkeitsraum«-Projekts arbeitet die Gruppe derzeit an einem Konzept, in dem das Ihme-Zentrum eine konkrete, wirtschaftlich sinnvolle und kommunikativ-verwertbare Form annimmt: als nachhaltige Sonderwirtschaftszone. Die aktuelle Diskussion um Sonderwirtschaftszonen wird zuweilen auf eine kommunale Verwaltungsform reduziert, wie sie in asiatischen und speziell chinesischen Hafen- und Fabrikstädten angewandt wurde, um ein gewaltiges Wirtschaftswachstum mit experimentellen Rahmenbedingungen bezüglich ordnungspolitischer, juristischer, ökologischer und sozialer Limitationen und Leitbilder zu erzeugen. Der Erfolg von Kommunen wie Hongkong, Shenzhen oder Shanghai-Pudong ist deutlich, dort wurden innerhalb weniger Jahrzehnte aus dörflichen Strukturen wolkenkratzergeprägte Metropolen mit hoher Wertschöpfung, Unternehmen mit erfolgreichen und innovativen Produkten und Dienstleistungen und modernen Wohnanlagen für viele Millionen von Menschen. In Nordamerika und Europa gibt es ähnliche Ansätze in Form der Business Improvement Districts. Auch hier geht es darum, dass privatwirtschaftliche Akteurinnen und Akteure in Absprache oder Kooperation mit kommunalen und staatlichen Institutionen gezielt die Verbesserung urbaner Strukturen und Räume vorantreiben. In Deutschland gibt es in nahezu allen Bundesländern entsprechende gesetzliche Grundlagen, nur in Niedersachsen nicht. Der Ansatz der Zukunftswerkstatt liegt in der nachhaltigen und kreativen Entwicklung des Brownfields Ihme-Zentrum unter dem Dach einer transdisziplinär besetzten Agentur, bei der sämtliche Stakeholdergruppen in einem offenen und konstruktiven Dialog die Revitalisierung entwickeln. Zu den Zielbereichen gehört der nachhaltige Umbau der technischen Infrastruktur, also Wasser-, Strom- und Telekommunikationsleitungen sowie der Umbau des Viertels in ein Plus-Energie-Quartier und die Versorgung von im Keller parkenden E-Mobilen mit Strom. Des Weiteren eine nach dem Open-IT-Konzept gegliederte Quantifizierung sämtlicher Stoffkreisläufe im Quartier und damit der Umbau des Ihme-Zentrums in eine Smart City. Und außerdem die Umformung des weitestgehend leerstehenden Gewerbebereichs in einen – im Idealfall genossenschaftlich organisierten – Gewerbereich mit Möglichkeiten für Handwerker, produzierendes Gewerbe, Logistik und Gastronomie. Das ursprüngliche »Stadt in der Stadt«-Konzept des Ihme-Zentrums würde so nach nachhaltigen Kriterien modernisiert werden. Für das Projekt ist es förderlich, dass die Landeshauptstadt Hannover die Bewerbung als Europäische Kulturhauptstadt 2025 plant und dafür Inhalte sucht. Die Vorarbeit des Autors bei dem Projekt wurde bereits in die Bewerbung implementiert. Die Entwicklung einer nachhaltigen Sonderwirtschaftszone mit ihrem innovativen, wertschöpfenden Charakter würde dem Ganzen ein Narrativ geben, bei dem die Kulturtechnik des Reparierens in den Mittelpunkt gerückt und den üblichen Inszenierungen über neugebaute Kultur-Leuchttürme entgegenwirken würde. Aus der Ruine würde so bis 2025 das Zentrum der Kulturhauptstadtfeierlichkeiten und würde Touristinnen und Touristen aus der ganzen Welt anlocken, die sich am Beispiel des Ihme-Zentrums anschauen, wie eine nachhaltige und kreative Entwicklung gelingt.

LITERATUR

Dollereder, L. & Kirchberg, V. (2016). Kooperation und Diversität von Netzwerken. Forum Wohnen und Stadtentwicklung, Ausgabe 3/2016. Hannover: Bundesverband für Wohnen und Stadtentwicklung.

Hargadon, A. (2015). Sustainable Innovation. Stanford University Press.

Hauschildt, J. & Salomo, S. (2011). Innovationsmanagement. Verlag Franz Vahlen.

Tillack, H.-M. (4. April 2018). Führende Immobilien-Unternehmen verstoßen offensichtlich gegen neues Transparenz- und Geldwäschegesetz. Hamburg: Der Stern. https://www.stern.de/politik/deutschland/immobilien--fuehrende-firmen-verstossen-offenbar-gegen-neues-transparenz--und-geldwaeschegesetz-7925594.html. Zuletzt aufgerufen am 18. Juni 2018.

United Nations (2015). Sustainable Development Goals. New York City: UN Online. https://sustainabledevelopment.un.org/sdgs. Zuletzt aufgerufen am 20. Juni 2018.

Kapitel 6

Reale Utopien

Möglichkeitsräume für eine nachhaltige Stadtentwicklung?

Volker Kirchberg

Das Projekt »Stadt als Möglichkeitsraum« fragt nach der Wirksamkeit urbaner Räume für eine nachhaltige Entwicklung. Unser Fallbeispiel dafür ist die Landeshauptstadt Hannover. Welche Räume, d. h. Möglichkeitsräume, bietet diese Stadt, in denen Akteur*innen konkrete Impulse für eine nachhaltige Stadtentwicklung entwickeln können? Welche Möglichkeitsräume haben diese Akteur*innen in einem integrativen Such-, Lern- und Gestaltungsprozess geschaffen? Welche Art nachhaltiger Stadtentwicklung wird in diesen Möglichkeitsräumen durch welche Akteur*innen vorangetrieben?

Es wird nicht die Aufgabe dieses Textes sein, diese Fragen in allen Details für alle bestehenden Möglichkeitsräume und alle Akteur*innen zu beantworten. Vielmehr werden acht unterschiedliche Beispiele von Möglichkeitsräumen herangezogen, also ungefähr ein Zehntel der Projekte einer nachhaltigen Stadtentwicklung in Hannover[1]. Diese Möglichkeitsräume tragen in verschiedener Weise zur Konzeptionierung und Realisierung nachhaltiger Stadtentwicklung bei, wobei uns insbesondere die Spannweite der Definition von »Möglichkeit« zwischen Wunsch und Pragmatismus interessiert. Als theoretische Grundlage wird deshalb auch ein spezifisches zeitgenössisches Utopie-Konzept herangezogen: Möglichkeitsräume werden hier als »Reale Utopien« im Sinne von Erik Olin Wright (2017) verstanden. Er hat in der Tradition der Utopie als Konkretion von Möglichkeiten eine Typologie des Utopieverständnisses zwischen Wünschbarkeit und Umsetzbarkeit erarbeitet, die wir empirisch anhand ausgewählter Möglichkeitsräume in Hannover überprüft haben. Deshalb soll zunächst sein theoretisches Fundament eines Möglichkeitsraumes als Reale Utopie erläutert werden.

1. Theoretische Basis: Utopische Visionen als Wegweiser

Seit mehr als 500 Jahren beeinflussen Utopien unsere kollektiven und individuellen Einstellungen und unser Verhalten. 1516 brachte Thomas Morus (1478–1535) diesen Begriff auf, indem er eine imaginierte Insel beschrieb, mit einem scheinbar

---

1 | Siehe dazu das Kapitel 3 zur Netzwerkanalyse in diesem Band.

idyllisch-friedlichen Regierungssystem, in dem eine basisdemokratische öffentliche Teilhabe an Regierungsentscheidungen, der gemeinsame Besitz von Gütern und Ländereien, die Gleichberechtigung der Frauen und religiöse Toleranz herrschen. Diese Idylle war allerdings weniger eine Wunschvorstellung, sondern vielmehr eine beißende Satire auf die in allen Punkten gegensätzliche Herrschaft von Heinrich VIII. von England. Morus' Schrift wurde bis weit in das 19. Jahrhundert hinein lediglich als Beispiel der literarischen Gattung des Utopieromans verstanden, und nicht als sozialwissenschaftliches Konzept (Neupert-Doppler 2015). Erst später haben Sozialphilosoph*innen Morus' Werk als Grundlage utopischer Konzepte ernst genommen (Touraine 2000).

Das 20. Jahrhundert war das Jahrhundert der Ideen unbegrenzter Möglichkeiten und hoffnungsvoller Utopien, die als gesellschaftspolitisch motivierend verstanden wurden. In »Ideologie und Utopie« (Mannheim 2015) hat Karl Mannheim (1893–1947) das revolutionäre Potenzial der utopischen Imagination hervorgehoben, da Utopien den unterdrückten Massen als Inspiration für den Klassenkampf gegen die dominierende Klasse dienen würden. Dagegen wirkten Ideologien, die der herrschenden Klasse helfen würden, das ungerechte soziale System aufrecht zu halten, durch die Betonung einer vermeintlich besseren Vergangenheit, die bewahrt werden müsse. Diese Ideologie sei dabei totalitär, weil sie sich alternativer Imaginationen verweigerte und diese als irrational bewertete. Utopie sei unvereinbar mit Ideologie, denn erstere hinterfragte letztere kritisch.

Mit dem Magnus Opus Ernst Blochs, »Das Prinzip Hoffnung« (1985), wird die Utopie endgültig aus dem Bereich der literarischen Imagination in die politisch fordernde Sphäre des Rechtes auf eine bessere Zukunft verrückt, und als konkrete Möglichkeit manifestiert, die sich nicht in Träumen erschöpft. Bloch begann schon vor dem Zweiten Weltkrieg im amerikanischen Exil damit, das Buch zu schreiben, es wurde 1954 und 1959 in der DDR veröffentlicht. Er erläutert zunächst, dass die Tagträume eines besseren Lebens sich vor allem in der Literatur, in den bildenden und darstellenden Künsten, im Tanz, in Märchen, Legenden, Architektur, Medizin, Sport, im Zirkus und in der Religion ausdrückten. Um diese utopischen Träume allerdings nicht im Traumreich einzuschließen, sondern sie als Ansporn für eine bessere Zukunft zu verstehen, müssten sie in eine deutliche Gesellschaftskritik an der bestehenden Ausbeutung und Entfremdung, an Einsamkeit und Anonymität in der industriellen Gesellschaft münden. Die Beschäftigung mit der Utopie werde allein durch die Kritik am Bestehenden gerechtfertigt; utopische Vorstellungen zögen ihre konkreten Schlüsse für eine humanistische Welt unmittelbar aus der Kritik an der kapitalistischen Welt. Die utopische Imagination speise also die Hoffnung auf ein besseres Leben, Utopien würden als objektiv machbare Möglichkeiten verstanden (Thompson 2016) und hätten somit die Macht, den gesellschaftlichen Wandel voranzutreiben.[2] Insbesondere die Beschreibung von (utopischen) Alternativen aus der objektiv-materialistischen Kritik am bestehenden kapitalistischen

---

2 | Bloch hat seine konkrete Utopie des »Noch nicht« sehr klar im letzten Absatz seines Buches »Das Prinzip Hoffnung« formuliert: »Hat [der Mensch] das Seine ohne Entäußerung und Entfremdung in realer Demokratie begründet, so entsteht in der Welt etwas, das allen in die Kindheit scheint und worin noch niemand war: Heimat.« (Bloch 1985: 1628) »Heimat« bedeutet hierbei die gelungene Vermittlung von Subjekt und Objekt, d. h. die Naturalisierung des Menschen und die Humanisierung der Natur. Heimat ist die Utopie einer menschen- und natur-

System heraus macht Bloch Hoffnung auf eine bessere Zukunft. Hier finden sich schon die wichtigsten Säulen der Theorie der Realen Utopie bei Wright (2017) wieder. Insbesondere Blochs Herleitung konkreter Utopien aus einem Vier-Schichten-modell, von einer träumerischen Wunschutopie zu einer konkreten Utopie (Bloch 1985: 258–288), ist hier erhellend.

Die erste Schicht sind *traumhafte Wünsche*, die auch unlogische Wünsche und formal Unmögliches einschließen. Hier muss also eine weitere Auswahl zur Konkretisierung getroffen werden. Die zweite Schicht bilden daraufhin die *formal-logischen Hoffnungen*. Diese sind uns aber nicht immer bewusst. Die Grenzen unserer Imagination führen zu einer weiteren Auswahl, der dritten Schicht des *sachlich-objektiv Möglichen*, das zwar machbar wäre, aber trotzdem nicht realisiert wird, da es für die Realisierung Menschen mit Fähigkeiten zur Umsetzung geben müsste (aktives Vermögen), die sich in einem fördernden Kontext materieller Bedingungen bewegen (passive Möglichkeit). Da beides nicht unbedingt der Fall sein muss, führt eine weitere Filterung zur vierten Schicht des *objektiv-realen Möglichen*. Dies ist eine Teilmenge des sachlich-objektiv Möglichen unter den existierenden gesellschaftlichen Verhältnissen, weil der materialistische Kontext, insbesondere die Machtverhältnisse der politischen Ökonomie, limitierend wirkt.

Diese sozialphilosophischen Überlegungen zur Bedeutung von Utopien haben in den letzten Jahrzehnten des vergangenen Jahrhunderts aber an Strahlkraft verloren, utopische Ideen waren im Zeitalter des vermeintlichen Pragmatismus regelrecht verpönt.[3]

Erst nach dem Bankenzusammenbruch von 2008 gibt es eine, zumindest in den anglo-amerikanischen Sozialwissenschaften, erneuerte Faszination für kritische Utopiekonzepte. Beispielhaft für diese Wende soll der amerikanische Arbeits- und Organisationssoziologe Michael Buroway (2016) zitiert werden:

»Ich denke, dass es sehr wichtig ist, über alternative Welten nachzudenken. Nach 2008 dachten ja einige Leute, dass es zu einer Restrukturierung des Kapitalismus kommen würde. Aber nein, die Welle der Marktorientierung, die in den 1970er-Jahren begann, hielt zum größten Teil an. Die Krise wurde ausgenutzt, damit sich das Finanzkapital konsolidierte, nicht, damit es seine Macht unterminiere... Deshalb, unter diesen Umständen, scheint es sehr wichtig zu sein, alternative Vorstellungen zu dem, was ist, zu entwickeln, denn die heutige kapitalistische Welt hat eine beispiellose Fähigkeit, uns glauben zu machen, dass es nicht anders weitergehen kann als bisher.«[4]

---

gerechten Gesellschaft in einer positiven Wechselbeziehung zum Fremden. Es ist nicht etwa ein reaktionärer Begriff, sondern in seiner Offenheit der Kern von »guten Möglichkeiten«.

3 | Insbesondere nach dem Ende des Staatssozialismus hatte die konservative Utopiekritik einen deutlichen Aufschwung. Die totalitären Regime des 20. Jahrhunderts wurden jetzt als Folge messianischer Utopiebewegungen verstanden. Jede Veränderung des Status Quo, und das Streben danach, birgt die Gefahr des Entstehens totalitärer Regime in sich, wobei der Antiutopismus mit einem Antiintellektualismus einhergeht (vgl. Neupert-Doppler 2015: 146–152). Erinnert sei in diesem Zusammenhang auch an den Ausspruch des ehemaligen Bundeskanzlers Helmut Schmidt, der meinte: »Wer Visionen hat, der soll zum Arzt gehen«, eine Bemerkung Schmidts über Willy Brandts Visionen im Bundestagswahlkampf 1980 (dem »Spiegel« entnommen, siehe https://de.wikiquote.org/wiki/Helmut_Schmidt).

4 | Übersetzung aus dem Englischen durch den Autor.

In der Tradition von Mannheim und Bloch bedarf es also zunächst immer einer kritischen Diagnose der übermächtigen Bedingungen des zeitgenössischen Kapitalismus, um systematisch über Reale Utopien nachzudenken. Erik Olin Wright geht genauso vor, um seine Theorie der Realen Utopie auszuarbeiten. Eines der Endergebnisse seiner über 20-jährigen Forschung ist das Buch »Reale Utopien – Wege aus dem Kapitalismus« (Wright 2017), welches die Entwicklung einer aufklärerisch-emanzipativen Alternative zum gegenwärtigen Kapitalismus mit der Herleitung des Konzeptes der Realen Utopien verbindet.[5] Er verankert seine Kritik am Kapitalismus unmittelbar mit dem Studium von Alternativen, um aufzuzeigen, dass eine bessere Welt möglich wäre. Diese Alternativen bezeichnet er als Reale Utopien.

Im Zentrum eines gesellschaftlichen Wandels sieht Wright dabei die gegenseitige Kontrolle von Markt, Staat und Zivilgesellschaft. Radikal-demokratische, egalitäre und emanzipative Visionen können in dreierlei Weise zur sozialen Ermächtigung der Menschen beitragen: Nicht mehr allein die Wirtschaft (in einem mächtigen kapitalistischen System), sondern kontrollierend und ausgleichend zusätzlich auch Staat und Zivilgesellschaft teilen sich die Herrschaft über die gerechte Verteilung von Ressourcen, Gütern und Dienstleistungen (Wright 2017: 182–184). Jede dieser drei »gesellschaftlichen Ermächtigungen« illustriert Wright mit Beispielen realisierter Utopien. Eine Reale Utopie einer staatlich-zivilgesellschaftlichen Ermächtigung ist die direkte Demokratie (Wright 2017: 198–202, 227–242),[6] Reale Utopien einer zivilgesellschaftlichen Ermächtigung sind Sozialwirtschaft (Wright 2017: 209–214, 275–305) und bedingungsloses Grundeinkommen (Wright 2017: 305–313),[7] und Reale Utopien einer kontrollierten wirtschaftlichen Ermächtigung sind Sozialer Kapitalismus (Wright 2017: 313–322) und Partizipative Wirtschaft (Wright 2017: 352–366).[8]

---

5 | Er führt dazu elf Kritikpunkte auf: 1) Der Kapitalismus bewahrt Formen menschlichen Leidens. 2) Der Kapitalismus blockiert die Verbreitung von Bedingungen menschlichen Gedeihens. 3) Der Kapitalismus bewahrt Defizite individueller Freiheit und Autonomie. 4) Der Kapitalismus bricht liberale Gleichheitsprinzipien sozialer Gerechtigkeit. 5) Der Kapitalismus ist in vielerlei Hinsicht ineffizient. 6) Der Kapitalismus ist schädlich für die Umwelt. 7) Der Kapitalismus bevorzugt systematisch eine Konsumideologie. 8) Die kapitalistische Kommerzialisierung von allem schwächt allgemein anerkannte Werte. 9) In einer Welt von Nationenstaaten schürt der Kapitalismus Militarismus und Imperialismus. 10) Der Kapitalismus zerfrisst Gemeinschaften. 11) Der Kapitalismus begrenzt Demokratie. (Wright 2017: 82 f.)

6 | In einer direkten Demokratie sind die Bürger*innen unmittelbar an Entscheidungen der Regierung beteiligt. Ein konkretes Beispiel sind »ermächtigte partizipative Regierungstätigkeiten« (EPRs) also Nachbarschaftsräte, Einflussnahmen von Betroffenen auf ökologische Entscheidungen und partizipatorische Haushaltsplanungen. (Wright 2017: 227-242)

7 | Die Sozialwirtschaft verteilt Ressourcen gerecht und demokratisch, wobei die Produktion von Gütern und Dienstleistungen zivilgesellschaftlich kontrolliert wird. Wrights Beispiele sind das sozialökonomische Modell Quebecs, mit dem ein umfassend marktfernes System die Fürsorge für Kinder und ältere Menschen organisiert, sowie das bedingungslose Grundeinkommen. (Wright 2017: 289-299, 305-313)

8 | Wrights Beispiele für den Sozialen Kapitalismus sind gewerkschaftlich verwaltete und überbetriebliche Arbeitnehmer*innenaktienfonds und die marktfreie, partizipative und demokratische Wirtschaft (Parecon), in der u. a. die Entlohnung sich nach Aufwand und Bedürfnissen richtet. (Wright 2017: 317-328, 351-366)

Diese Triade aus wechselseitigen Relationen zwischen Markt, Staat und Zivilgesellschaft wird in der Abbildung 1 verdeutlicht; eine gerechtere Verteilung von Ressourcen hängt von der neutralisierenden Beeinflussung der Mächte der Wirtschaft, der Zivilgesellschaft und des Staates ab. In der heutigen Marktökonomie wird es dem Markt überlassen, die Allokation vorzunehmen (Vektor 3), und kaum dem Staat (Vektor 2). Wright fordert hier eine stärkere Einflussnahme durch zivilgesellschaftliche Regularien (Vektor 1). Dies wäre nur möglich, wenn die Zivilgesellschaft stärkere Kontrolle über den Markt hätte (Vektor 6) und auch der Staat wieder stärker kontrollierend und regulierend in den Markt eingriffe (Vektor 5). Zudem sollte die Zivilgesellschaft kontrollierenden Einfluss auf den Staat haben (Vektor 4).

Abbildung 1: Relationen im Drei-Sektoren-Modell sozialer Bevollmächtigung (Wright 2017: 197)

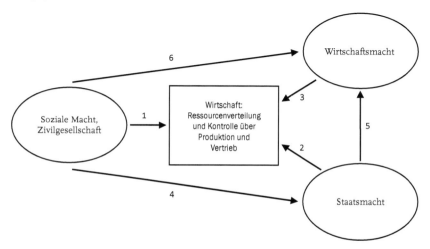

Dieses Drei-Sektoren-Modell ist nicht durch eine revolutionäre Transformation erreichbar, sondern durch ein Aushandeln gesellschaftlicher Herrschaften. Eine bessere Welt könne nicht durch Direktiven von oben entstehen. Vielmehr könne sie nur durch ein schrittweises Ausprobieren, durch Experimente in Nischen der Gesellschaft und durch das Ausweisen und Verbessern von Problem- und Bruchstellen des kapitalistischen Systems entstehen. Planen, Umsetzen, Scheitern und abermaliges Ausprobieren sind dabei Schritte hin zu Realen Utopien.

Dabei sollte allerdings die Utopie nicht in einer Nische bzw. in Bruchstellen verharren, sondern darüber hinauswirken, um eine allgemeine gesellschaftliche Transformation voranzutreiben (Wright 2017: 375–485). Grundsätzlich wird dabei jede gesellschaftliche Transformation von drei Fragen begleitet (Wright 2017: 63): Erstens, was wollen wir (Wünschbarkeit), zweitens, was ist machbar (Machbarkeit) und drittens, was ist davon angesichts der real existierenden gesellschaftlichen Barrieren im Kapitalismus umsetzbar (Umsetzbarkeit)[9]. Hier gibt es große, von Wright

---

9 | Im amerikanischen Original verwendet Wright die Begriffe »desirability«, »viability« und »achievability«. Die deutsche Übersetzung von 2017 verwendet dafür die Begriffe »Wünschbarkeit«, »Gangbarkeit« und »Erreichbarkeit«. Diese Übersetzungen mögen zwar wörtliche

nicht erwähnte Ähnlichkeiten zu dem oben vorgestellten Vier-Schichtenmodell Blochs (1985). Blochs traumhafte Wünsche und das formal-logisch Zulässige entspricht Wrights Ebene der erwünschten Alternativen. Blochs sachlich-objektives Mögliche entspricht Wrights Ebene der machbaren Alternativen und Blochs objektiv-reales Mögliche entspricht Wrights Ebene der umsetzbaren Alternativen[10]. Der Unterschied zwischen einem visionären Traum und einer Konkreten oder Realen Utopie ist der Schritt vom alleinigen, im Extremfall träumerischen, Wünschen hin zur systematischen Umsetzung, die gesellschaftstransformierend sein kann (Abbildung 2).

Abbildung 2: Drei Schritte zur Realisierung von Realen Utopien (Wright 2017: 63)

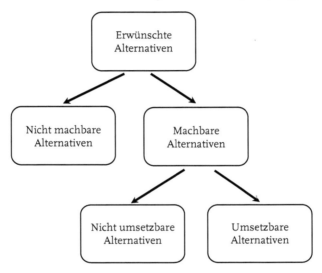

2. EMPIRISCHE ÜBERPRÜFUNG: WÜNSCHBARKEIT, MACHBARKEIT, UMSETZBARKEIT

Der folgende Hauptteil dieses Kapitels ist die empirische Überprüfung des Konzeptes der Realen Utopie nach den drei Ebenen »Wünschbarkeit«, »Machbarkeit« und »Umsetzbarkeit«. Dafür wurden acht soziokulturelle und kreativ-künstlerische Projekte in Hannover anhand der Kriterien »geografisches Einzugsgebiet« (Stadtteil, Stadt, Region Hannover), »Bürokratisierungsgrad« (Organisationskomplexität, Regeln etabliert oder informell, Hierarchien flach oder steil) und »inhaltliche Ausrichtung« (sozial, politisch, kulturell) ausgewählt. Gewünscht war eine Balance

---

Synonyme sein, aufgrund der Erläuterungen von Wright im Text bevorzugen wir aber die Worte »Wünschbarkeit«, »Machbarkeit« und »Umsetzbarkeit«.

10 | Eine ähnliche Typologie hat auch der amerikanische Futurist Arthur E. Shostak (2003: 3) sieben Jahre vor Wright mit drei Ebenen und Fragen formuliert: 1. Traumebene, d. h., was suchen wir jenseits der Gegenwart? 2. Detailebene, d. h., was ist machbar angesichts pragmatischer Nüchternheit? 3. Determinationsebene, d. h., das Ziel ist kontingent in Bewegung und kann nicht immer vollständig erreicht werden.

zwischen den jeweiligen Ausprägungen. In der Tat haben drei Projekte den Stadtteil, drei die Stadt und zwei die Region Hannover als Einzugsgebiet. Drei Projekte
haben einen niedrigen Bürokratisierungsgrad, drei haben einen hohen Bürokratisierungsgrad und gehören zur Zivilgesellschaft, und drei haben einen hohen Bürokratisierungsgrad und gehören zum Staat. Drei Projekte sind in erster Linie sozial
ausgerichtet, drei politisch und zwei kulturell.[11]

Tabelle 1: Begründung der Auswahl der untersuchten Projekte in Hannover

Projekt/Fallstudie	Einzugsgebiet	Bürokratisierungs-grad	Inhaltliche Aus-richtung
1. PLATZprojekt	Stadtteil	niedrig/Zivilgesell-schaft	sozial/wirtschaft-lich
2. VEN Eine-Welt-Initiative	Region Hannover	niedrig/Zivilgesell-schaft	politisch/wirt-schaftlich
3. Internationale StadtteilGärten	Stadt Hannover	hoch/Zivilgesellschaft	sozial/kulturell
4. WOGE Nordstadt	Stadtteil	hoch/Zivilgesellschaft	sozial/wirtschaft-lich
5. Historisches Mu-seum Hannover	Stadt Hannover	hoch/Staat	kulturell
6. Staatstheater Hannover	Region Hannover	hoch/Staat	kulturell
7. Ihme-Zentrum	Stadtteil	niedrig/Zivilgesell-schaft	politisch/sozial
8. Mein Hannover 2030	Stadt Hannover	hoch/Staat	politisch

Die empirische Analyse dieser Projekte als Reale Utopien ist Teil des Forschungsprojektes »Stadt als Möglichkeitsraum«, das die Relevanz von Projekten, Initiativen
und Institutionen für eine nachhaltige Stadtentwicklung in der niedersächsischen
Landeshauptstadt Hannover zwischen 2015 und 2018 untersuchte. Der Fokus dieses Projektes lag auf der Erforschung sozialer, politischer und kultureller Merk-

---

11 | Sicherlich lässt sich an der Auswahl Kritik üben. So werden Kenner der hannoverschen
nachhaltigen Stadtentwicklung manche wichtigen Spieler vermissen (u. a. Transition Town
Hannover, Agenda 21- und Nachhaltigkeitsbüro Hannover, Bauteilbörse Hannover), und andere hier untersuchte Akteur*innen als nicht so wichtig erachten. Es werden auch keine Fallstudien aus dem Sektor des alternativen Wirtschaftens behandelt (siehe dazu das zweite
Kapitel von Antoniya Hauerwaas und Ursula Weisenfeld in diesem Band). Nach Kelle und
Kluge (2010: 43–47) muss in der qualitativen Sozialforschung die Stichprobenauswahl aber
von der Fallkontrastierung geleitet werden. Mit der hier vorgenommenen Auswahl versuche
ich, eine entsprechende Breite der ausgewählten Fälle zu erreichen, die sich durch Kontraste (lokale/regionale Einzugsgebiete, niedrige/hohe Bürokratisierung, soziale/politische/
kulturelle Ausrichtung) auszeichnen. Dabei wird zusätzlich angenommen, dass diese Fälle
sich auch hinsichtlich ihrer Orientierung bezüglich Realer Utopien unterscheiden, was dem
Fallauswahlverfahren des »theoretical sampling« entspricht. (Kelle und Kluge 2010: 47–49)

male, die nachhaltige Entwicklungen in der Stadt fördern. Deshalb haben wir als interdisziplinäre Forschungsgruppe solche Orte und Initiativen – Möglichkeitsräume – in der Stadt erforscht, die Stellen einer Initialisierung für die nachhaltige Stadtentwicklung sein könnten. In diesem Sinne ist die empirische Überprüfung dieser Realen Utopien eine Analyse dieser Orte und Initiativen als Katalysatoren nachhaltiger Stadtentwicklung.

Es folgt ein Abschnitt zur Erhebungs- und Auswertungsmethode. Die acht Projekte in Hannover wurden ausgewählt, weil angenommen wurde, dass ihre geografischen Einflussgebiete, ihre inhaltlichen Ausrichtungen und der Grad der organisationalen Komplexität auf Einstellungen und Verhaltensweisen bezüglich Realer Utopien einwirken. Alle Projekte wurden zwischen dem Frühjahr 2016 und dem Frühjahr 2018 untersucht, d.h. besucht, ihre Broschüren und Webseiten gelesen, und befragt. Als zentral für die hier dargelegte Auswertung haben sich dabei die Interviews erwiesen. Masterstudent*innen meiner Seminare haben kenntnisreiche und exekutive Repräsentant*innen bzw. Expert*innen folgender Projekte und Organisationen interviewt: Platzprojekt (der Experte war ein Aktivist der ersten Stunde), VEN Eine-Welt-Initiative (Projektkoordinator Niedersachsen), Internationale StadtteilGärten (Geschäftsführer), Wohnungsbaugenossenschaft WOGE Nordstadt (Vorstandsmitglied), Historisches Museum Hannover (Leiter Bildung und Kommunikation), Staatstheater Hannover (Leiterin Theaterpädagogik, Dramaturgin, Hausregisseur), Zukunftswerkstatt Ihme-Zentrum (Vereinsvorsitzender) und Stadtentwicklungskonzept »Mein Hannover 2030« (Bereichsleitung Grundsatzangelegenheiten, Büro Oberbürgermeister). Die Repräsentant*innen der ersten sechs Projekte wurden unter der Supervision des Autors von Studierenden im Masterstudiengang »Kulturwissenschaften – Culture, Arts and Media« im Juni und Juli 2016 interviewt. Die weiteren vier Expert*innen wurden durch den Autor und weitere Mitarbeiter*innen des Forschungsprojektes zwischen März und Juli 2017 befragt.

Die Interviewer*innen nutzten einen halbstrukturierten Leitfaden (siehe Anhang) nach den Vorgaben von Gläser und Laudel (2010). Folgende acht Hauptthemen wurden angesprochen: 1) Bezüge des Projekts zu real-utopischen Wünschen und Praktiken (Bedeutung von Wünschbarkeit, Machbarkeit und Umsetzbarkeit), 2) experimentelle und heterotopische Merkmale im Projekt, 3) Inklusion bzw. Exklusivität des Projektes, 4) geografisches Einzugsgebiet, 5) Diskursstil, 6) institutionelle und regulatorische Strukturen und Praktiken, 7) Teilhabe bei Entscheidungen, Lernbereitschaft und Flexibilität und 8) Kulturen der Nachhaltigkeit. Diese acht Hauptthemen waren die ersten acht, deduktiv abgeleiteten Kodes (Gesprächsthemen) in der folgenden Analyse der transkribierten Interviews. Zudem wurden im Sinne der Grounded Theory (Strübing 2014) während der Textanalyse noch neue Kodes im Rahmen der Kategorienbildung und -revision definiert.

Die Analyse der transkribierten Texte wurde dann als systematische Inhaltsanalyse durchgeführt. Hierbei wurden, deduktiv geleitet aber auch induktiv unterstützt, in einem iterativen Prozess inhaltliche Kategorien über die Auswahl relevanter Texte gebildet, die dann über die Anzahl ihrer Nennungen (quantitativ) und in ihren einzelnen Bedeutungen (qualitativ) gewertet wurden. Der Prozess der Kategorienbildung (Zusammenfassung, Explikation, Strukturierung) resultiert in einem Kategoriensystem aus Kodeleitfaden bzw. Kodeliste, der dann für die Analyse der Fälle verwendet wird (Mayring 2014: 53–59). Diese systematische Inhaltsanalyse von acht Dokumenten (acht Fälle) wurde mit dem CAQDAS-Softwarepro-gramm ATLAS.ti durchgeführt (Friese 2014). Im Folgenden werden die Ergebnisse dieser systematischen Inhaltsanalyse vorgestellt. Dabei wird aus Gründen des Ver-ständnisses nicht mehr von Kategorien oder Kodes gesprochen (obwohl dies die exakten termini technici sind), sondern von »Gesprächsthemen« oder »Themen«, denn um solche handelt es sich bei der Explikation der Kodes. Viele der relevanten inhaltstragenden Textstellen (Zitate) werden zur verdeutlichenden Erklärung der Gesprächsthemen (Kodes) auf den folgenden Seiten vorgestellt.

2.1 Platzprojekt

Das Platzprojekt kann wohl am besten als Sammlung teilweise skurriler kreativer Experimente am Rande des hannoverschen Stadtteils Linden beschrieben werden, wo seit 2014 Räume für Ideen zur Verfügung stehen, »die unter normalen Bedin-gungen nicht in der Stadt umsetzbar wären« (www.platzprojekt.de/platzprojekt/). Man kann auch von Start-Ups sprechen, die in der konventionellen, häufig digita-le Projekte bevorzugenden Start-Up-Szene keine Chance hätten. Das Projekt be-steht zurzeit aus ca. 25 Projekten auf einem etwa 10.000 Quadratmeter großen Platz in umgebauten (d.h. mit Türen und Fenstern versehenen) Containern. Lo-kalisiert in einem zumeist leeren Gewerbegebiet und entsprechend preiswert (es wurde zunächst als Projekt der »Experimentellen Stadtentwicklung« des Bundes-ministeriums für Wohnungs- und Städtebau, und dann durch die Landeshaupt-stadt Hannover gefördert), dient es als basisdemokratisch-partizipatorischer Mög-lichkeitsraum für hauptsächlich jüngere Menschen zwischen 20 und 40 Jahren, die mit ihren Ideen nie oder kaum in normalen Start-Up-Coworking Spaces mit restriktiveren finanziellen und regulatorischen Bedingungen untergekommen wä-ren (Pratt 2015). Alle Beteiligten sind aktiv in der Platzweiterentwicklung involviert, die als flexible, zeitlich wie strategisch unbestimmte Entwicklung ohne festes Ziel zu verstehen ist. Projekte vor Ort sind unter anderem eine »Fahrradmanufaktur«, die ungewöhnliche Spezialräder anfertigt, eine »Massage-Box«, in der man Massa-gen anbieten, lernen, üben und genießen kann, ein Skateboard-Park (der Beginn des Projektes), das »Kleider Kabinett« als Leihbibliothek für Kleidung, in der man modisch-ausgefallene Teile leihen statt kaufen kann, ein »Nähplatz«, in dem nach eigenen Entwürfen und Kundenwünschen Kleidung angefertigt wird, der »Platz-garten« als urbaner Gemeinschaftsgarten und der »Stuhlbauworkshop« als inte-grationsförderndes Projekt, wo gemeinsam einfache Design-Holzstühle angefer-tigt werden. Grundsätzlich wird Wert darauf gelegt, nicht nur zu konsumieren, sondern in den handwerklich orientierten Projekten zugleich das entsprechende Handwerk erlernen zu können.

Im Interview mit dem Repräsentanten des Platzprojekts wurde der Zusammen-arbeit mit der Stadtverwaltung und Stadtpolitik viel Raum gegeben, zumeist mit Lob an die städtischen Stellen.

»Also für Hannover sind wir der Hammer. [...] Die wollen auch eine junge, kreative Szene ha-ben. Und da kommen wir ihnen natürlich sehr entgegen. Es ist in Hannover gerade eine gute Stimmung, um solche Sachen zu starten, man rennt da einfach gerade offene Türen ein. [...]

Hier ist diese Gruppe von kreativen Menschen einfach ein bisschen geringer [als in Berlin], deswegen sind die Hürden in Hannover sehr gering für so etwas.« (#00:52:57#[12])

Im Platzprojekt werden sehr häufig und offen Wünsche diskutiert; das folgende Zitat zeigt dies auf der individuellen Ebene:

Wenn ich komplett entscheiden könnte, dann würde ich nur irgendwelche Projekte umsetzen mit Freunden zusammen, die mir Spaß machen. [...] Meine Traumutopie wäre wirklich, wir kriegen das Gelände da vorne auch noch und bauen uns alle unsere experimentellen, coolen Containerhäuser oder andere Sachen. Hier arbeiten und da vorne wohnen und Freizeitprogramm. Das wäre so der Traum. Wenn ich das ein bisschen anpasse, wird es jetzt wahrscheinlich so laufen, dass ich mir eine halbe Stelle suche und [...] dass ich da ein bisschen arbeite und den Rest Skateboard fahre und mit meiner Familie Zeit verbringe, hier in meinem selbstgebauten, coolen Haus lebe. #00:29:50#

Dagegen wird der Umsetzbarkeit eine deutlich geringere Rolle zugebilligt, da eine Realisierbarkeit als selbstverständlich gilt. Die tägliche Arbeit wird hoch pragmatisch angegangen, um nicht zu viel Zeit und Energie mit der Diskussion über das Umsetzen zu verlieren.

»Es gibt hier eine Struktur, die heißt ›Do-ocracy‹. Das ist explizit nicht basisdemokratisch, sondern ›Do-ocracy‹ kann man ein bisschen so mit Machertum übersetzen. Wer Bock hat, Verantwortung zu übernehmen, entscheidet wie irgendetwas gemacht wird. Viele Sachen werden gar nicht im Plenum diskutiert, sondern Leute setzen es einfach um. [...] Wir haben gesagt, es ist wichtiger, dass es im Projekt vorwärtsgeht, als dass alle immer mit irgendeiner Entscheidung einverstanden sein müssen. Wozu sollte man irgendwas mit 50 Leuten diskutieren und besprechen, wenn es nur drei Leute gibt, die das umsetzen?« #00:35:12#

Die Reaktion auf unsere Frage nach dem Verständnis von Nachhaltigkeit war zunächst ablehnend, begleitet von einer Distanzierung vom Begriff; im späteren Verlauf der Antwort wird deutlich, dass der Befragte Nachhaltigkeit vor allem ökologisch versteht.

»Also erstmal ist nachhaltig natürlich ein sehr und ewig überstrapaziertes Wort, was mit überhaupt keinem Inhalt gefüllt ist, jeder versteht irgendwie etwas anderes. Aber was bedeutet eigentlich nachhaltig? Für mich ist nachhaltig irgendwie so Ressourcen schonen und halt nicht so eine Verschwendungsgesellschaft, wo jeder für sich alles irgendwie machen muss. Also theoretisch kann man das ja auf ganz viele Bereiche übertragen. Das geht los bei Gemeinschaftsgärten, bei Car-Sharing, bei kostenlosen, öffentlichen Verkehrsmitteln, und das kann um ganz viele Aspekte erweitert werden.« #00:39:02-9#

2.2 VEN One-World Network

Der »Verband Entwicklungspolitik Niedersachsen« (VEN) wurde 1991 als unabhängiges Netzwerk der »Non-Governmental Organisations« (NGOs) Niedersachsens

---

12 | Die Zahlen zwischen den Hashtags (#) indizieren den Zeitstempel im Interview. Dieses Zitat ist also nach 0 Stunden, 52 Minuten und 57 Sekunden beendet worden.

gegründet, welche die öffentliche und politische Aufmerksamkeit auf die globale nachhaltige Entwicklung lenken wollen. Im ganzen Bundesland Niedersachsen tätig, koordiniert der VEN eine Reihe unterschiedlicher Projekte, sowohl in lokalen Kontexten als auch mit Partner-NGOs vor Ort im Globalen Süden. Der VEN versteht sich als Lobby-Organisation für nachhaltige Entwicklung, insbesondere für mehr globale Gerechtigkeit, Gleichheit und Diversität. Der VEN initiiert und fördert zurzeit fünf Projekte (www.ven-nds.de/projekte), unter anderem das Projekt Weltwunder, welches die siebzehn Nachhaltigkeitsziele der Vereinten Nationen (https://www.unric.org/de/component/content/article/27740) über Dialogveranstaltungen in Niedersachsen außerhalb der »Eine-Welt-Nische« bekannter machen will. Die Kritik am modernen Konzept der globalen Entwicklung als linearem Fortschritt hin zu einer vermeintlich besseren industrialisierten Welt steht dabei an erster Stelle, auch im Interview.

»Es geht hier weniger um das Wirtschaftswachstum im engeren Sinne, das gibt es ja eh schon nicht mehr. [...] Es geht um das Denken, was dahinter steht, um die Einstellung, die Haltung einer expansiven Moderne. Die immer weiter perpetuiert, dass wir eine Steigerung von materiellem Wachstum gleichsetzen mit einer Steigerung des individuellen Wohlstands und der damit verbundenen Dynamik der Rohstoffausbeutung, der Nutzung von billiger Arbeitskraft, der Verschwendung von Materialien, der Umwandlung von Land, des Raubes von Land.« #00:17:25#

Ganz im Sinne Wrights wird die starke Kritik am bestehenden globalen Weltsystem in eine daraus abgeleitete Wünschbarkeit übersetzt:

»Mein größter Wunsch, meine größte persönliche Utopie für Hannover wäre, dass Hannover bis 2040 komplett CO_2-frei ist. Das wäre ein Signal, wo man an allen möglichen Rädchen drehen muss. Und wo man dann auch zeigen könnte, was für ein Gewinn das auch für die Menschen ist. [...] Wir dürfen aber nicht das, was wir an CO_2 doch noch brauchen, für diesen Wohlstand, exportieren! [...] Wir haben ja keine rauchenden Schornsteine mehr, man kann ja fast wieder im Rhein schwimmen. Aber das bringt nichts, wenn der ganze Scheiß in China die Luft verpestet und der Landraub in Afrika passiert und das Palmöl in Indonesien produziert wird. Diese beiden Seiten der Medaille müssen zusammen gesehen werden, das ist eigentlich mein größter Wunsch.« #00:58:48#

Während die Wünsche Handeln und Einstellung bestimmen, sind Mach- und Umsetzbarkeit unwichtiger; sie machen nur die Hälfte der Gesprächsthemen Wünschbarkeit und Kritik aus. Machbarkeit wird vor allem über Misserfolge erfahren und zeigt die Grenzen auf, zum Beispiel eine Transformation der Gesellschaft außerhalb der grünen Nische zu verwirklichen.

»Gepflegtes Scheitern, aufstehen, besser scheitern, also klar, so geht's ja. Beispielsweise hatten wir in Hildesheim eine Weihnachtsbastelwerkstatt in einem ›Problemstadtteil‹ [...] Wir sind im Kern ein kleines Team, das nur lokalen Partnern Impulse geben kann und versucht, Akteure zusammenzubringen. Zum Beispiel die Leute von Transition Town wissen dann viel besser, wie sie in ihrer Stadt Wirkung haben können. [...] Also, das hätte keinen Sinn gemacht, dass ich mich jetzt darum bemühe, so eine ganze Stadt umzuwandeln. Das machen die dann vor Ort. Aber den Impuls zu geben, bis zu einem gewissen Grad, das ist so unsere Aufgabe.« #00:56:32#

Nachhaltigkeit wurde vom VEN eindeutig entlang der Ziele der Vereinten Nationen definiert.

»Wir haben einen Arbeitskreis ins Leben gerufen zu den Sustainable Development Goals, die sind ja von den Vereinten Nationen beschlossen worden, quasi ein neues Framing für unsere ganzen Ideen. Wenn man sich diese Ziele mal anguckt, brauchen wir wirklich einen tiefgreifenden Wandel. Armut bis 2030 nicht nur zu reduzieren, nein, sondern abzuschaffen, und innerhalb der planetarischen Grenzen zu wirtschaften, einer der Haupt-Leitsätze in unserer Arbeit und mittlerweile ein SDG, ein Nachhaltigkeits-Entwicklungsziel. [...] Diese SDGs haben ja schon ihre Wirkung, vor allen Dingen deshalb, weil sie bestätigen, was immer schon unser Credo als VEN ist. Wir wollen nicht mehr Entwicklungshilfe, sondern wir wollen, dass sich hier was ändert, weil wir hier die globale Verantwortung haben durch unseren Lebensstil und durch unsere Konsummuster. Und die SDGs sind jetzt zum ersten Mal ein so globales Dokument, das sagt, auch der globale Norden muss sich ändern. Es reicht nicht, nur irgendwie mit dem Finger auf die armen Länder im Süden zeigen, mehr Entwicklungshilfe oder bessere Entwicklungszusammenarbeit, sondern hier einfach weniger nehmen, anders konsumieren, anders wirtschaften. Und das ist halt unser Wahlspruch, deshalb helfen uns diese Nachhaltigkeitsziele.« #00:51:39#

2.3 Internationale StadtteilGärten Hannover e. V.

Die Startidee für dieses Projekt kam von einem Angestellten der städtischen Verwaltung, der von den vielen ähnlichen Gartenprojekten in Kuba angetan war. Der für sechs Gartenprojekte in ganz Hannover verantwortliche Verein der Internationalen StadtteilGärten Hannover regt in erster Linie Stadtteilbewohner*innen vernachlässigter Stadtteile und Migrant*innen dazu an, in Kleingartenanlagen zu gärtnern. Die Kleingärten sind Eigentum der Stadt, werden aber von den mehr als 60 registrierten Mitgliedern genutzt. Auf der Webseite des Vereins heißt es dazu: »Interkulturelle Gemeinschaftsgärten sind ein niedrigschwelliges Integrationsangebot, bei dem das sympathische Umfeld eines Gartens Raum für kulturellen Austausch bietet« (www.isghannover.de). Die sechs Gärten sind häufig auf brachliegenden Flächen und zweimal auf den Dächern von Tiefgaragen der Massenwohnungsbau-Anlagen errichtet worden. Die drei wichtigsten Gärten sind im Stadtteil Sahlkamp zu finden (www.isghannover.de/gartenkarte-hannover/), der laut dem Armutsbericht der Landeshauptstadt Hannover einer der ärmsten Stadtteile und sozialer Brennpunkt ist (LHH 2017).

Eine unabhängige Finanzierung des Vereins ist aufgrund der Mitgliederstruktur nicht möglich, die Landeshauptstadt Hannover hilft hier umfangreich. Die Organisation liegt vor allem in den Händen einer Person, des Geschäftsführers. Mit ihm wurde auch das Interview durchgeführt. Das wichtigste Thema in diesem Gespräch war die Herausforderung, Menschen am gesellschaftlichen Rand dazu anzustiften, einen gemeinsamen und vielfältigen Möglichkeitsraum zu schaffen.

»Hannover wollte hier im Sahlkamp verwirklichen, dass den Menschen, die hier wohnen, die Möglichkeit gegeben wird, sich erstens selbst zu verwirklichen, zweitens Biogemüse, gesundes Gemüse, zu haben mit wenigen finanziellen Mitteln, und dass man drittens auch den Menschen die Möglichkeit gibt, das, was sie zu viel angepflanzt haben, dann auf dem Wochenmarkt zu veräußern. Das war der Grundgedanke. Dazu natürlich noch das interkulturelle Gärtnern: Im Sahlkamp sind viele Nationalitäten, Kulturen, Kulturkreise versammelt, ... und das interkulturelle Gärtnern ist anerkannt als Kontaktmöglichkeit, als verbindendes Element, als Raum der Begegnung. Aus Gemeinwesen-Sicht ist das natürlich das vorrangige Ziel, dass man den Menschen aus verschiedenen Kulturbereichen die Möglichkeit bietet, sich zu vernetzen, Freundschaften aufzubauen. Es gibt einen Spruch in der Szene in Deutschland, einen Buchtitel: ›Wurzeln schlagen in der Fremde.‹ Das trifft es eigentlich ganz gut.« (#00:02:43#)

Die Vision eines interkulturellen Engagements durch die StadtteilGärten wurde fast vollständig erfüllt.

»Die Vorstellung, die Vision der StadtteilGärten wurde 2006 im Herbst mit einer Anwohnerinitiative gemeinsam mit einem städtischen Mitarbeiter erarbeitet, Man hat sich überlegt, was man hier im Sahlkamp machen kann [...] Es wurde bis auf diese Sache mit dem Verkauf des überbleibenden Gemüses alles verwirklicht.« (#00:04:17#)

Weil also nach Ansicht des Geschäftsführers fast alles verwirklicht wurde, spielen Wünsche keine Rolle mehr, bzw. können sie zurückgestellt werden; es dreht sich alles um die Umsetzbarkeit. Insbesondere werden im Gespräch dabei Alltagsprobleme, die rudimentäre personelle Ausstattung, zu geringe finanzielle Möglichkeiten und die nicht ausreichende Unterstützung aus Politik und Verwaltung beklagt.

»Ja, wir wollen uns noch vergrößern, nicht im nächsten Jahr, aber in den nächsten Jahren. Weil aus vielen Stadtteilen die Nachfrage kommt, habe ich gesagt, liebe Stadt Hannover, wenn ihr so eine große Nachfrage habt, dann müsst ihr uns aber auch die Personalmittel zur Verfügung stellen, damit wir wachsen können. Anders geht es nicht. Es ist halt so, irgendwann ist sonst die Kapazitätsgrenze erreicht. #00:12:22# [...] Wir müssen sehr auf unser Budget achten, versuchen aber, mit diesem geringen Budget so viel wie möglich an Qualität herauszuholen, damit es auch lange hält. Zum Beispiel, wenn es ans Upcycling oder Recycling geht. Wir möchten zum Beispiel keine Schranktüren aus der Wohnung hier haben, weil der Lack in den Boden diffundiert. Und deswegen werden wir peu á peu die ganzen Schranktüren durch ordentliches Nadelholz ersetzen. #00:46:31# [...] Von der Politik wünsche ich mir etwas mehr Mut, dass Projekte unterstützt werden, von denen man nicht unbedingt weiß, wie gehen sie aus. Und ich wünsche mir auch etwas mehr Mut von der Stadtverwaltung; dass man zum Beispiel Flächen freigibt, auf denen die Bürgerinnen und Bürger, abgesehen von unseren Mitgliedern, die Möglichkeit haben, sich zu entfalten.« #00:51:56#

Der Experte der Internationalen StadtteilGärten distanziert sich zunächst deutlich vom Nachhaltigkeitsbegriff, aber in einer ganz speziellen Einengung.

»Ich mag den Begriff ›Nachhaltigkeit‹ nicht und nutze ihn auch praktisch nicht mehr, ich schwinge um auf den Begriff ›ganzheitlich‹. #00:42:47-8# Ich plädiere dafür, dass wir in allen Bereichen unseres Lebens wieder mehr zum ganzheitlichen Leben übergehen, weil Ganzheitlichkeit weit über Nachhaltigkeit hinausgeht. [...] Wir können nicht unbedingt ökonomisch nachhaltig sein, weil wir gemeinwesenorientiert sind, Gemeinwesenarbeit und Ökonomie kollidiert oftmals so ein bisschen. Wir wollen so viel wie möglich Menschen an unseren Angeboten teilhaben lassen.« #00:44:06#

Im Laufe des Gespräches wird der Nachhaltigkeitsbegriff in seiner ökologischen, kulturell-kommunikativen und langlebigen Konnotation dann doch vehement vertreten.

»Ökologisch sind wir nachhaltig, klar, das ist natürlich eine Aufwertung von Brachflächen, Biodiversität ist natürlich ein ganz großes Thema. Jetzt haben wir 15 verschiedene Sorten an Minze. Also der ökologische Aspekt der Nachhaltigkeit wirkt langfristig. #00:44:56-5# Und wir verbreiten Nachhaltigkeitsinformationen an unsere Mitglieder, und wir bieten die Möglichkeit, dass sich Leute treffen, dass sich Kulturen kennenlernen. Das ist nachhaltig. #00:10:07-6# Wir sind kein Projekt, wir sind nachhaltig als Institution. Alle sprechen über das Gartenprojekt – Stopp! (Lachen) – wir sind kein Projekt, wir sind eine Institution, uns werdet ihr nicht mehr los. Deswegen müssen wir alles so weit wie möglich so machen, dass es sich lange hält... Schon beim Materialeinkauf fängt es an, dass man nachhaltig denkt.« #00:46:28-8#

2.4 Wohnungsbaugenossenschaft WOGE Nordstadt

Die Wohnungsbaugenossenschaft WOGE Nordstadt wurde im April 1988 gegründet, nachdem der Stadtteil Nordstadt zum Sanierungsgebiet erklärt wurde. Dezidiertes Ziel der WOGE war im Rahmen des Stadterneuerungsverfahren eine weitere Vernachlässigung der Wohngebäude aus der Wilhelminischen Zeit zu verhindern, bei gleichzeitiger Beibehaltung preiswerten Wohnraums. Die WOGE sollte und soll dabei auch Barriere gegen die Spekulation durch Sanierung sein. Zur Förderung eigener Sanierungsmaßnahmen erhält sie öffentliche Zuschussmittel, um damit die Mietpreisentwicklung vom Wohnungsmarkt abzukoppeln. Mit Unterstützung der Stadt wurden fünf modernisierungsbedürftige Häuser erworben und in Selbsthilfe und mit Genossenschaftsanteilen preiswert modernisiert, weitere fünf Häuser wurden mit Hilfe des städtischen Interventionsfonds erworben und instand gesetzt, vier Neubauprojekte wurden bis Mitte der 1990er-Jahre nach dem damaligen Förderprogramm des sozialen Wohnungsbaus über Genossenschaftsanteile und Selbsthilfe relativ preiswert umgesetzt, und sieben weitere, schon sanierte Häuser wurden der Stadt Hannover im Rahmen der Reprivatisierungsverpflichtung des städtischen Sanierungsträgers abgekauft, wobei es auch hier Kaufzuschüsse von der Stadt gab. Im Zentrum der Arbeit steht neben einer engen Zusammenarbeit mit der Landeshauptstadt Hannover die gemeinschaftliche Selbsthilfe. Sie muss allerdings gut vorbereitet sein, mit einer engen Ablaufplanung und genauen Kompetenzzuweisungen, die Gruppenprozesse während der Planungs- und Bauphasen müssen berücksichtigt werden und die bauhandwerklichen Laien müssen als Selbsthelfer*innen vorbereitet und angeleitet werden. Dafür erhält man preiswerteren Wohnraum als auf dem privaten Wohnungsmarkt und es gibt eine höhere Identifizierung mit Haus und Nachbar*innen (www.woge-nordstadt.de). Projekte gegen die Spekulation mit innerstädtischem Wohnraum haben sich überall in deutschen Großstädten etabliert, viele ähnliche Wohnungsbaugenossenschaften werden seit den 1990er-Jahren gegründet und sorgen dafür, Wohnraum aus der gewinnmaximierenden Marktlogik herauszunehmen (Kuhnert und Leps 2017). Dabei engagiert sich die WOGE Nordstadt auf drei Wegen für eine nachhaltige Stadtentwicklung: Erstens stellt die WOGE sozialwirtschaftliche über marktökonomische Ziele. Die Identifikation der Bewohner*innen mit Wohngemeinschaft, Haus und Stadtteil, die Errichtung von Hausgemeinschaften mit diversen Lebensstilen und in diversen Lebensabschnitten, und die Unterstützung von Bevölkerungsgruppen, die auf dem normalen Wohnungsmarkt keine Chance haben, stehen im Vordergrund der Arbeit. Zweitens möchte die WOGE für alle Bevölkerungsgruppen ein Wohnen und Leben der kurzen Entfernungen schaffen, womit eine Kfz-Nutzung unnötig wird. Zudem fordert die WOGE, dass Wärmedämmung üblich wird, leere Häuser belegt und Dachgeschosse ausgebaut werden und die Bauleitplanung in diesem Sinn angepasst wird. Drittens fordert die WOGE politisch eine eindeutig sozialwirtschaftlich orientierte Stadtentwicklung, mit der alte Gebäude gleichzeitig instandgesetzt, geschützt und preiswert vermietet werden können. Dazu bedarf es alternativer Finanzierungsmöglichkeiten, wie gemeinschaftlicher Selbsthilfe, genossenschaftlicher Förderung und der Stärkung eines sozial orientierten, öffentlich geförderten Wohnungsbaus mit starker genossenschaftlicher Beteiligung. Das sozialwirtschaftliche Engagement der kollektiven Mitarbeit an einer besseren und nachhaltigen Stadt und die Identifikation der Bewohner*innen standen auch im Gespräch mit einer Person des genossenschaftlichen Vorstands im Mittelpunkt.

»Wir haben eben die Selbsthilfeprojekte, für die wir die leeren und sanierungsbedürftigen Häuser erworben haben. Dafür brauchen wir wirklich eine Gruppe und wir haben dann gefragt, wer hat Lust und Interesse, da mitzumachen. Und Menschen haben gesagt, das finde ich gut in so einer Gemeinschaft und ich habe Lust auf diese Selbsthilfe, ich kann mir das vorstellen. Das ist ja auch eine ganz schöne Anforderung, aber nachdem wir so aufgerufen haben, sind die Leute zu uns gekommen. [...] Aber für diese Selbsthilfeprojekte ist es klar, da braucht man natürlich besondere Leute, die das auch wirklich wollen und die dann auch in so einer Gemeinschaft zueinander passen, das war dann immer auch so ein Gruppenfindungsprozess.« #00:19:06#

Die Vision eines stärkeres sozialen statt eines ausschließlich wirtschaftlichen Engagements wird aber nur beiläufig erwähnt, da eine umfassende Realisierung als kaum möglich eingeschätzt wird.

»Da ist natürlich der Wunsch, dass es dadurch gelingt, sich auch für den Stadtteil zu engagieren. [...] Für die WOGE Initiative [...] wünschen wir uns, dass das noch mehr wäre, aus der Bewohnerschaft, also für die WOGE als Ganzes; das ist was, was bisher noch nicht so gelungen ist.« #00:26:26#

Seit über 30 Jahren ist die WOGE Nordstadt e. G. mit sozialwirtschaftlichem Erfolg in der hannoverschen Nordstadt tätig, wenn man sich den Umfang des modernisierten, neu errichteten und preiswerten Wohnraums ansieht. Trotzdem haben langjährige Lobbyarbeit, der Kampf um Zuschüsse und die Regularien der Stadtentwicklung ihre Wirkung gezeigt: Nicht nur ist das Alltagsgeschäft Routine, auch Visionen werden nicht (mehr) formuliert, zum Beispiel als Wünsche nach radikaleren Häuser- und Wohnungskonzepten außerhalb der staatlichen Förderrichtlinien bis hin zu Forderungen an einen entkapitalisierten Wohnungsmarkt.[13] Im

---

13 | Entsprechende Forderungen findet man in der politisch progressivsten Initiative für einen neuen Wohnungsmarkt, dem Mietshäuser Syndikat, zu dem die WOGE Nordstadt nicht gehört. Hier wird in Hausprojekte investiert, die dadurch auch dem kapitalistischen Woh-

Gegensatz zum Platzprojekt oder zum VEN Netzwerk verbringen die Mitglieder der WOGE Nordstadt nicht viel Zeit damit, alternative Visionen zu diskutieren, da sie zu sehr mit der Umsetzung pragmatischer Ziele beschäftigt sind. Im Interview wird die Kategorie der Umsetzbarkeit somit auch doppelt so häufig wie die Kategorie der Wünschbarkeit besprochen. Finanzierungsfragen und anderer Rahmenbedingungen dominieren das Denken und Handeln.

»Erstmal hatte die WOGE am Anfang etwas mehr als 50 Fördermitglieder. Jeder hatte damals 1.000 DM eingezahlt und davon [...] sollte jetzt ein erstes Haus erworben werden. Das war ja jetzt noch nicht viel Geld, aber das ist die Idee der WOGE, dass eben das mangelnde Eigenkapital durch Selbsthilfe beim Bauen ersetzt wird. [...] Es ist trotzdem noch immer nicht so, dass wir alles verwirklichen können, ...wir sind eben immer auf öffentliche Förderung angewiesen, wir haben kein eigenes oder nicht genug eigenes Kapital, als das wir aus uns heraus solche Projekte finanzieren könnten. Das heißt aber auch, dass die Förderkonditionen stimmen müssen. #00:11:12# Ich würde nicht sagen, dass wir unsere Visionen zurückschrauben. Aber wir sind eben einfach eine realpolitische Initiative, muss man vielleicht so sagen. Wir im Vorstand kennen die Rahmenbedingungen und versuchen unter diesen Rahmenbedingungen das Beste daraus zu machen.« #00:13:39#

Die WOGE Nordstadt e. G. kennt das Drei-Säulen-Modell der Nachhaltigkeit und meint, alle drei Komponenten erfolgreich zu verfolgen.

»Nachhaltigkeit verstehe ich eben als Begriff, der sich aus den drei Komponenten Ökonomie, Ökologie, und Soziales zusammensetzt. Insofern vereint die WOGE diese drei Ziele ganz gut, obwohl, in ihrer alltäglichen Praxis engagieren wir uns vor allem sozial für den Stadtteil. Aber wir versuchen, das mit einer wirtschaftlichen Komponente zusammen zu denken, indem wir eben tatsächlich langfristig stabile Mieten schaffen und ein eigenes alternatives kleines Wirtschaftsunternehmen aufgebaut haben. Und Ökologie ist für uns auch ein Punkt, weil wir mit der Nordstadt einen innerstädtischen Wohnstandort stärken. Aus stadtentwicklungspolitischen Gründen hat das ja eine ökologische Komponente, nämlich eine Stadt der kurzen Wege, die Leute wohnen und leben an einem Ort. Und wir engagieren uns auch zum Beispiel auch dafür, unsere Häuser energetisch in einen guten Zustand zu versetzen, damit wir weniger Energie verbrauchen. Insofern ist dieses Dreieck der Nachhaltigkeit aus Ökonomie, Ökologie und Sozialem ganz gut bei uns positioniert.« #00:54:46#

2.5 Historisches Museum Hannover

Zwei der als Reale Utopien untersuchten Möglichkeitsräume sind Institutionen der Hochkultur, das Historische Museum Hannover und das Staatstheater Hannover. Bestimmte Abteilungen dieser beiden großen hannoverschen Kulturhäuser setzen sich gemeinsam für eine nachhaltige Stadtentwicklung ein, so auf dem Ballhof-Marktplatz-Spektakel 2016, das viele Akteur*innen der nachhaltigen Stadtentwicklung auf diesem Platz zusammenführte (www.altstadt-hannover.de/ballhof-markt platz-spektakel).

---

nungsmarkt entzogen werden (Rost 2012). Es gibt im Stadtteil Linden ein Wohnprojekt, das dem Mietshäuser Syndikat angehört, die Stadtteilleben GmbH (siehe www.stadtteilleben. org/). Dieses Projekt wollte sich allerdings nicht von uns befragen lassen.

Als Stadtmuseum sammelt, bewahrt, erforscht und vermittelt das Historische Museum Hannover die Geschichte der Stadt vom 13. Jahrhundert bis in die Gegenwart. Das Museum befindet sich in einer wenig einladenden Architektur aus den 1960er-Jahren, und zum Zeitpunkt der Befragung galten die Ausstellungen unter den Mitarbeitern auch nicht mehr als zeitgemäß; 2019 soll aber eine neue Dauerausstellung eröffnet werden. Der interviewte Leiter der Öffentlichkeitsarbeit, Museumspädagogik und Veranstaltungskonzeption entwickelt dafür ein Konzept, mit dem sich die Öffentlichkeit umfassender im Museum engagieren kann. Schwerpunkte seiner Arbeit sind dabei Öffentlichkeitskampagnen mit dem Wunsch, die Hannoveraner*innen mehr am Museum und seinen Planungen und Arbeiten teilhaben zu lassen.

Da das Museum eine städtische Einrichtung ist, muss es sich an die Regularien der Stadtverwaltung halten. Diese Richtlinien werden als einengend verstanden; vor allem die bürokratischen Barrieren stehen im Mittelpunkt des Gespräches über Visionen und ihre Umsetzbarkeit.

»Geld ist vielleicht gar nicht die alles entscheidende Problematik. Wir sind es gewohnt, und das ist ja auch gut so, teilweise sehr ›Do It Yourself‹-mäßig an Projekte ranzugehen. Das führt manchmal zu ein bisschen hemdsärmeligen Maßnahmen, da muss man kreative Lösungen für Probleme finden. Natürlich, klar spielt Geld eine Rolle, aber ich glaube, dass die Hauptressource, die es schwierig macht, die fehlende Manpower ist. #00:40:21# Und dann gibt es natürlich auch Schranken und Beschränkungen, die uns nicht gefallen. Weil die uns hindern, etwas, was immer bei Verwaltungsstrukturen mitspielt... Ich nenne Ihnen da ein Beispiel: Alle städtische Institutionen sind daran gebunden, ihren Internetauftritt in die Plattform Hannover.de einzubinden. So. Wir finden das ganz furchtbar. Weil wir da in einem Korsett agieren, das überhaupt nicht zu unseren Bedürfnissen passt. Aber wir haben überhaupt keine Gestaltungsfreiheit. Gleichzeitig wollen wir ... für die Leute attraktiv erscheinen. Dieser Internetauftritt, den wir haben, und die Möglichkeiten, die uns damit gegeben sind, entsprechen total diesem Image einer zurückgebliebenen und verstaubten Institution. Wir bestätigen dort ein falsches Image!« #00:59:30#

Insbesondere dieses Eingebundensein in ein begrenztes und begrenzendes Arbeitsumfeld macht es dem kreativ denkenden Leiter dieser Museumsabteilung schwer, über den Alltag hinaus Wünsche und Visionen für das Museum überhaupt anzudenken.

»Es fällt mir schwer, eine Utopie zu beschreiben... Da muss ich Ihnen jetzt gestehen, dass ich so gefangen bin in dem täglichen Nachdenken darüber, realistisch Ziele zu erreichen, dass ich darüber hinaus, ehrlich gesagt, schwer eine Vision beschreiben kann. Ich bin so zufrieden (lacht) mit diesem Status, dass ich Ihnen gar nicht sagen könnte, was ich eigentlich darüber hinaus will. (#00:17:27#) Und es gibt ja tatsächlich auch so eine professionelle Deformation; man hat so gewisse Denkstrukturen in dieser Institution, aus denen man gar nicht austreten kann. Wenn man sich irgendwie mit Museumsgeschichte und so weiter beschäftigt, würde es mir sehr schwer fallen, sehr radikal aus dieser Denkstruktur Museum auszubrechen.« (#00:20:31#)

Sein reflektiertes Bewusstsein dieser Begrenztheit des Denkens und Handelns in seiner und für seine Einrichtung macht es ihm aber auch möglich, spielerisch aus dem Korsett der bürokratischen Prozesse auszubrechen und Aussagen zur Wünschbarkeit zu imaginieren.

»Mein Traum von diesem Museum und von der Rolle dieses Museums in der Stadt ist, dass wir der Ort sind, virtuell und real, der Diskurse über die Entität dieser Stadt zusammenführt. Also, wir sind sozusagen eine Agentur, die Leuten dabei hilft, Antworten auf diese Fragen zu finden: ›Was hat diese Stadt für eine Identität? Was für einen Charakter hat diese Stadt und was hat das mit mir und meiner Lebenswelt zu tun?‹ (#00:11:59-0#) Also, wenn ich natürlich sage, wir sind in jedem Wohnzimmer und mitten in der Stadt, dann ist das natürlich schon irgendwie utopisch. Das wird nie passieren. Aber warum eigentlich nicht?« (#00:13:24#)

In einer Traumvision, in der er Utopie alltagssprachlich als »frei von jeglichen Bedingungen« definiert, würde er zudem die Museumsfunktion der Teilhabe über die des Bewahrens stellen.

»Wenn ich jetzt wirklich mal sagen sollte, was utopisch ist, frei von jeglichen Bedingungen, dann wär's ein Knaller: Die Besucher dürften sich in die ›goldene Kutsche‹, das teuerste Ausstellungsobjekt, setzen! Weiß ich ganz genau, das ist einer der größten Wünsche von 80 Prozent der Besucher – die würden sich da gerne mal reinsetzen.« (#00:20:42#)

Als Mitarbeiter des Museums und städtischer Verwaltungsangestellter muss er sich aber sofort von dieser Besucher*innen- und eigenen Fantasie distanzieren, selbst disziplinieren und die höhere Bedeutung einer fehlenden Umsetzbarkeit betonen.

»Ich würde es natürlich nie formulieren, weil ich als Museumsprofi sofort restauratorische Bedenken hätte – ›Schutz des Kulturguts‹ und so – völlig berechtigt. [...] Naja, wenn wir jetzt bei diesem Beispiel der goldenen Kutsche und dem Reinsetzen bleiben, das ist ja jetzt das Beispiel für sozusagen eine spinnerte Vision [...] Und sobald ich jemandem erlaube, sich da reinzusetzen, widerspreche ich der Aufgabe des Bewahrens.« (#00:21:22#)

Dieser Widerspruch zwischen Teilhabe und Bewahrung ist der Widerspruch zwischen Wünschbarkeit und Umsetzbarkeit, wie Wright ihn beschreibt. Diese Paradoxie zwischen Einstellung und Verhalten wird vom Experten auch kritisch erkannt, denn seine genuine Aufgabe ist die Optimierung der Besuchererfahrung, nicht des Bewahrens. Trotzdem muss er sich entsprechend der Museumshierarchie der Museumsfunktion des Bewahrens unterordnen. Diese Spannung wird auch in einer von ihm gewünschten stärkeren Teilhabe von Besucher*innen bei der Neuplanung der Dauerausstellung deutlich, die aber nicht im Interesse der Kurator*innen ist:

»Es gibt einen Grundkonsens darüber, dass die Neugestaltung eine Chance für ein neues Profil des Museums ist. ... Der Weg dahin ist aber eher ein Streiten über konkrete Maßnahmen. Da habe ich eine Veranstaltung vor, ein ›World Café‹, aber diese partizipative Methode bringt für mich [d. h. den Kuratoren] nichts, das will ich nicht. [...] Die Vorstellungen darüber, wie weit man mit Beteiligung gehen kann, die schwanken sehr.« #00:50:22#

Das multidimensionale Konzept der Nachhaltigkeit wird vom Vertreter des Museums allein als Konstanz der Besucherbindung verstanden, wobei er eingesteht, dass er und das Museum sich viel zu wenig mit Nachhaltigkeitszielen oder -ideen beschäftigt.

»Nachhaltigkeit ist eine andere Frage, also ob die immer wieder kommen, oder so, da habe ich eine sehr spezielle Sichtweise auf Museen und Nachhaltigkeit. Mir wird ganz oft diese Frage gestellt, ist das denn nachhaltig im Sinne, dass sich die Leute an dieses Museum binden? Das ist ganz schwer zu beantworten. Schaffen wir mit Ausstellungen Verbindungen? Wir schaffen eher Bindungen über unseren Freundeskreis, mit sehr klassischen Mitteln. #00:32:22# Wenn ich... mit Leuten in Kontakt komme, die sonst nie den Weg zu uns gefunden hätten, dann ist es möglicherweise schon nachhaltig, wenn ich in deren Vorstellungswelt und deren Bewusstsein irgendwie drin bin. #01:06:02# Da muss ich sagen, dass ich mich tatsächlich viel zu wenig mit dem Nachhaltigkeitsbegriff beschäftigt habe, weil er in meinem Arbeitsalltag gar nicht eine so große Rolle spielt wie er es eigentlich müsste, denn alles, was wir tun, muss nachhaltig sein. Aber ich setze da einfach viel voraus, ohne das selbst zu hinterfragen.« #01:13:57#

2.6 Niedersächsisches Staatstheater Hannover

Die zweite untersuchte hochkulturelle Institution ist das Niedersächsische Staatstheater. Es kann als eines der erfolgreichsten Schauspieltheater Deutschlands bezeichnet werden, mit sieben Bühnen für Schauspiel, Junges Theater, Oper, Ballett und anderen Bereichen der darstellenden Künste. Die Hauptbühne wurde 1992 für 620 Zuschauer eröffnet, kleinere Bühnen sind Ballhof Eins, Ballhof Zwei, das Cumberlandsche Theater und die Cumberlandsche Galerie. Das Theater legt großen Wert auf die Vermittlung der Kultur an eine breitere Öffentlichkeit; es hat eine volle Stelle für Theaterpädagogik, wobei diese Stelle eng mit der Dramaturgie zusammenarbeitet. Folglich wurde das Interview nicht nur mit der Direktorin der Theaterpädagogik (eine der Initiator*innen des Ballhof-Marktplatz-Spektakels), sondern auch mit dem Hausregisseur und der Dramaturgin der Cumberlandschen Bühne gemeinsam durchgeführt, was auf eine gute Zusammenarbeit von Theaterproduktion und Theatervermittlung hinweist.

Im Interview sind Elemente der Wünschbarkeit ein zentrales Thema. Für diese drei Theatermenschen – allesamt interessiert und vertraut mit Experimentaltheater – ist utopisches Denken essentiell für ihr kreatives Arbeiten und für den Sinn der Kommunikation mit dem Publikum. Themen der Wünschbarkeit sind weitaus wichtiger als Themen der Umsetzbarkeit. Den drei Expert*innen ist es wichtig, dem Publikum utopische Ideen zu vermitteln.

»Welche Vision kann man für Theater entwickeln? Eigentlich ist Theater ein Spielplatz und ein Think Tank für die Stadt, wo man mit nicht-vorgeschriebenen Mitteln spielerisch Zukunft ausprobiert. Das ist der Ort für spielerisches Denken, für Visionsarbeit!« (#00:02:53#)

Wünschbarkeit ist dabei die gemeinsame transgressive Erfahrung.

»600 Leute sitzen drei Stunden lang zusammen und setzen sich irgendwie einer nicht alltäglichen und zwecklosen Zustandserfahrung aus, das hat natürlich irgendwie ein gewisses utopisches Potenzial! Die Kirche wäre sozusagen vielleicht noch so ein Ort, wo sowas Ähnliches passiert. #00:08:32# Diese Orte sind grundsätzlich welche, die die Erfahrung des Anderen ermöglichen sollten. Sag' ich mal. Ich glaube immer weniger, dass es um dieses ›Als Ob‹ des Durchspielens geht. Wie in der Kirche geht es ja auch nicht darum, sich immer wieder die gleiche Geschichte da vorne anzugucken, die kennt man ja. Sondern es geht eigentlich um das kollektive Erleben beim Zuschauen, das über das Verstehen des Abgebildeten hinausgeht. Darin liegt, glaube ich, das Utopische. Das ist natürlich wahnsinnig schwer zu erreichen. Es sei denn, man hätte jetzt immer den festen Ritus wie in der Kirche, an den man sich halten könnte.« #00:41:46.[14]

Das heterotopische Anderssein der Erfahrungsgemeinschaft (Foucault 1993) bedeutet auch den heterochronischen Ausschluss der Alltagszwänge.

»Wenn man vom Heterotopie-Konzept ausgeht, hat für mich das Theater eigentlich immer ein utopisches Potenzial. Das ist eigentlich der Ort, an dem so vieles möglich ist, was ansonsten eigentlich nicht möglich ist. Die Menschen, die sonst so sehr unter ihrem ökonomischen Paradigma und dem Effizienz-Gebot ihres Alltags leiden, wir natürlich als Macher auch, das ist sozusagen die Größe, also, die könnte man vielleicht ein bisschen befreien. Dass man eigentlich die Möglichkeit hat, einen Ort zu haben, der spiegelt, befreit und andere Regeln möglich macht und andere Formen des Miteinanders sichtbar macht. Der mir auch irgendwie Menschen anders zeigt, als durch rein ökonomische Zusammenhänge, wie ich ihnen sonst im Alltag begegne.« #00:05:06#

Dabei ist das Theater nicht nur ein heterotopischer Ort der Möglichkeiten, sondern auch eine wichtige Methode, utopisches Denken zu studieren, um dystopische Entwicklungen zu verhindern.

»Die utopische Vision wäre immer die Antwort nach der Frage einer Gemeinschaft. Warum aber überhaupt diese Frage nach einer Gemeinschaft? Also, ich habe ja so dieses Gefühl, dass eigentlich diese Gesellschaft nichts anderes zusammenhält, als das jeder für irgendjemanden arbeitet. Und wenn man dies wegnehmen würde, würde der reine Individual-Egoismus übrig bleiben und dies wäre die Verwirklichung einer dystopischen Gesellschaft oder einer dystopischen Gemeinschaft, wie ...der Aufbruch ins 20. Jahrhundert, die Technologie, die Industrialisierung, die im KZ und im Gulag endete. Und das ist so das, was ich im Theater als utopische Forschung interessant finde.« #00:06:13#

Diese enge Beziehung des utopischen Diskurses und der Theaterpraxis ist aber nicht nur für den philosophisch gebildeten Hausregisseur interessant. Auf die Frage, wie ein Theater unter den existierenden politisch-finanziellen Bedingungen seinen hohen utopischen Anspruch halten kann, antwortete die Theaterpädagogin mit der Autonomie der Machbarkeit, d. h. mit der Resilienz guter Theaterarbeit auch ohne umfassende staatliche Förderung.

»Ich war in Afrika und habe in Malawi Theater geguckt, wo es absolut ohne Förderungsstrukturen und weitab von bürgerlichen Strukturen besteht, also eine Urform von Theater mit absolutem Kommunal-Charakter. Wir wollen einen Brunnen bauen und jetzt gibt's deshalb das Stück zum Brunnen. Das ist so unglaublich. Diese dramatischen Strukturen sind bei uns

---

14 | Das deutsche Schauspieltheater kann nach Hilger (1985) in drei Kategorien unterteilt werden: Theater als Bildung, Theater als gemeinschaftlicher Erfahrungsraum und Theater als politische Aufklärung (Hilger 1985). Der Hausregisseur versteht im Interview das Theater also eindeutig als gemeinschaftlichen Erfahrungsraum. In seiner Heterotopie und Heterochronie (Foucault 1993) könnte er aber auch die beiden anderen Funktionen Hilgers übernehmen.

absolut alle noch da, sind wiedererkennbar. Sie sind nur in Stein gegossen worden und daher nicht mehr vital und nicht mehr so spontan zugänglich. Theaterspielen in Afrika ist generell ohne Bühnenbild und ohne Häuser. Das heißt: Theater findet jetzt, hier, sofort statt. So was halt.« #00:11:25#

Die Utopie des gemeinschaftlichen Theatererlebens und entsprechende Visionen und Wünsche an das zeitgenössische Theater sind zentrale Themen des Gesprächs. Obwohl allen drei Theaterprofessionellen die Limitierung des Alltags bewusst ist, übernimmt diese dennoch nicht ihr Denken. Insbesondere die Barrieren zu geringer finanzieller Förderung, die Gefahr politischer Interventionen und die ökonomische Utilitarisierung des Lebens und damit auch des Theaters werden sehr häufig als Barrieren der Machbarkeit des Wünschbaren genannt.

»Also klar, die Grenzen des Machbaren werden durch Finanzen, Fördermittel, Zeit, auch Möglichkeiten des Scheiterns, es sind ja natürlich alles Versuche, bestimmt. #00:29:05# [...] Wenn man aus der Institution heraus denkt, dann sollte man den Druck von Zuschauerzahlen, Auslastung oder so weiter hinterfragen, wofür macht man das dann? #00:10:05# Der Einfluss der Politik geht über den Kulturbegriff, welchen Kulturbegriff die Politik anlegt. Je konservativer der Politiker, desto konservativer der Kulturbegriff. Der hat dann wirklich bloß im Sinn, machen Sie Kunst auf der Bühne! Als wir hier das Wendland-Projekt machten, also ein Reenactment der Wendland-Proteste, der Republik Wendland, da gab's dann Anfragen von der CDU, dürfen die denn das mit unseren Steuergeldern? Das ist doch politisch. Also, solche Sachen sind relativ klar. Und da hat man so Ausschreibungen für so was wie ›Kultur macht stark‹, die quasi indirekt rassistisch ist, weil wir nur mit sozial schwachen Gruppen arbeiten dürfen, und die damit stigmatisiert werden.« #00:32:43#

Die Umsetzung utopischer Ideen im Theater wird dabei nicht nur verhindert, die Interviewten sehen auch die Gefahr, dass gesellschaftlich akzeptierte Utopien allein auf eine Technisierung und Ökonomisierung der Zukunft reduziert werden.

»Momentan ist die Technologie so stark, natürlich verbunden mit der Ökonomie, dass auch die ganzen Utopien immer über ökonomische Projekte kommen, seien dies die Sharing-Economy oder sowas ähnliches. Früher hat man einfach seinem Nachbarn die Bohrmaschine geliehen, jetzt macht man das sozusagen global mit einer App, aber die App muss natürlich auch schon wieder Geld verdienen. Das utopisch Andere ist dagegen immer der Versuch, auszubrechen aus so einer Struktur, die sich diesen ökonomischen Zwängen unterwerfen muss.« #00:38:54#

Als eine der wichtigsten Hochkultureinrichtungen des Bundeslandes Niedersachsen hat das Staatstheater eine große politische Bedeutung; 1852 als Königliches Hoftheater gegründet, ist es seit Anbeginn eingebunden in die Macht- und Elitestrukturen der Stadt und des Landes; es ist hoch bürokratisch organisiert und steht unter der Beobachtung der politischen Repräsentant*innen. Trotzdem, oder gerade deswegen, stagniert es nicht als Theater, sondern bleibt experimentell und utopisch, zumindest in seinem Sektor der künstlerischen Kreativität. Von den Kreativen in ihrem Utopie-Diskurs ignoriert, gibt es aber auch einen Organisationssektor der Verwaltung, der relativ separat von der künstlerischen Leitung agiert.[15] Das Theater als utopischer Möglichkeitsraum verbleibt in der kreativen Ecke (zu der auch die Theaterpädagogik gehört), Grenzen der Umsetzung des Wünschbaren und Machbaren werden hausintern jedoch von Seiten des Managements gezogen. Dieser letzte Sektor sorgt dafür, dass das Theater im Kapitalismus funktionieren kann, indem die jährlichen Zuschüsse (und im geringeren Maße auch die Eigeneinnahmen) nach vorgegebenen Schlüsseln verteilt werden. Der Sektor der Kreativität kann dann innerhalb dieser Rahmenbedingungen systemaffirmierend das Theater neu erfinden, durch utopisches Denken und Aufführen in den Nischen und Freiräumen des Theaters, in denen Subversion und Provokation erlaubt ist. Beide Sektoren sind aber voneinander abhängig, und die Grenze zwischen beiden ist durchlässiger, als es die kreativen Theatermacher*innen wünschen mögen.

Das Thema Nachhaltigkeit wird positiv und intensiv im Gespräch angesprochen. Insbesondere geht es um die hohe Kompetenz des Theaters bei der Vermittlung einer Kultur der Nachhaltigkeit (Stichworte: »gutes Leben«, »Entwicklung von Visionen«, »moralische Werte«).

»Schönerweise wird die Frage des ›guten Lebens‹ auch in der Nachhaltigkeitsszene diskutiert, das haben wir als Workshop mit in unserem Repertoire, ich habe jetzt neulich eine Klasse mit dem Unterrichtsfach ›Zeit für uns‹ gehabt. Die kamen zu uns, um Rhetorik-Workshops als Prüfungsvorbereitung zu nehmen. Find' ich echt gut. #00:32:03# Und über ›Mein Hannover 2030‹ konnten wir in die Stadt hineinwirken! Ich hatte die große Freude, an dieser nachhaltigen Stadtentwicklung mitzuwirken... Da waren 10.000 Leuten in der Stadtverwaltung ..., das war ziemlich cool, weil wir theatrale Methoden der Visionsentwicklung für Inszenierungen haben, die eigentlich Tools sind, die man auch außerhalb des Theaters ebenso gut nutzen kann. #00:42:14# [...] Läuft Ihre Frage auf Wertsetzung hinaus, auf die Nachhaltigkeit der Werte, die man anstrebt? Ich bin ja Pädagoge, also ich kann das relativ easy beantworten. Das ist eben genau die Frage: Was für Werte werden vermittelt? Wir haben jetzt streckenweise so Laienprojekte von Künstlern gehabt, wo man lauter egomanische Monster hat, die sich dann wie die Säue benommen haben, und glaubten, jetzt Karriere machen zu müssen... Sondern, es geht natürlich um Fair Play, um die Akzeptanz im Ensemble, um die Frage: Inwieweit ist das jetzt ein kurzes Strohfeuer der Idee oder ist das eine Idee, über die es sich lohnt, länger nachzudenken, in Richtung ›Sinnstiftung‹. #00:50:56-5# Das ist eigentlich eine Form von einem utopischen Gemeinschaftsgedanken, der erlebbar gemacht wird... also, das hat ja so ein bisschen was vom Theater als moralische Anstalt, die Geschichten, die man hier erzählt, können natürlich auch beeinflussen, wie das Narrativ des eigenen Lebens dann vielleicht einen anderen Wert bekommt.« #00:54:28#

Die positive Grundeinstellung zur Vermittlung einer Kultur der Nachhaltigkeit schlägt sich auch in den engen Kooperationen mit dem Agenda 21- und Nachhaltigkeitsbüro der Landeshauptstadt Hannover und mit dem Institut für Nachhaltigkeitsforschung in Potsdam nieder.

---

15 | Es gibt in diesem Theater, wie mittlerweile üblich in großen hochkulturellen Einrichtungen, eine Doppelspitze, zum einen die künstlerische Leitung mit dem Intendanten und zum anderen die Verwaltungsdirektion mit dem kaufmännischen Direktor.

»Zum Thema Nachhaltigkeit, rein praktisch ist einer unserer wichtigsten Kooperationspartner bei der Gestaltung unserer internationalen Festivals das Agenda 21-Büro. Mit denen haben wir letztes Jahr auch bei dem Marktplatz-Spektakel zusammengearbeitet. Es gibt da ein paar Leute an der Schnittstelle von Agenda 21 und Kulturbüro zur Zusammenarbeit von ›Kultur und Nachhaltigkeit‹ … wir haben uns für Preise gemeinsam beworben, wir arbeiten zusammen bei der Antragstellung, denn es gibt bei der Agenda 21 auch eine Sparte ›Kultur‹. Das Festival hieß ›FairCulture‹. Wir lassen uns vom Institut für Nachhaltigkeitsforschung in Potsdam zertifizieren, dort arbeiten wir mit der Sparte ›Kultur‹ zusammen. Bei der Auswertung des Ballhof-Marktplatz-Spektakels haben wir uns von der Kulturabteilung dieses Instituts beraten lassen.« #00:19:35-0#

Die Verpflichtung der Theaterorganisation, im Sinne einer Nachhaltigkeit festgesetzten Regularien zu folgen, um sich entsprechend zu zertifizieren, wird allerdings kritisch beurteilt. Dabei wird nicht die Idee an sich, sondern der bürokratische Aufwand und die fehlende Machbarkeit beanstandet.

»Ich habe vor zehn Jahren versucht, uns als nachhaltiges Theater zertifizieren zu lassen. Jeder rät davon ab, es zu tun, weil die Maßgabe, wonach man sich als nachhaltig zertifiziert, hanebüchen ist. …Nach den vom Nachhaltigkeitsrat vorgegebenen Kriterien, dem Dreiklang von Ökonomie, Ökologie und Sozialem, haben wir im Staatstheater Hannover enorme Möglichkeiten, wir haben Energiesparpläne, wir haben fortschrittliche Sozialverträge, wir haben eine Ökoprofitzertifizierung innerhalb der Stadt, wir recyceln unsere Bühnenbilder und so weiter. Aber die Maßgabe für Nachhaltigkeit in Veranstaltungsformaten geht dann so weit, dass man Gäste nicht einfliegen lassen darf, dann wird's hanebüchen, weil dann die Machbarkeit nicht mehr gegeben ist und man sich so Fesseln anlegt, sodass man nicht mehr wirklich arbeiten kann.« #00:31:03-3#

2.7 Zukunftswerkstatt Ihme-Zentrum

Das Ihme-Zentrum ist ein gewaltiger urbaner Verdichtungsbau, der 1975 auf einem der größten zusammenhängenden Betonfundamente Europas errichtet wurde. Hier gibt es auf 59.000 qm 860 Wohnungen, die meisten davon Eigentumswohnungen, und zusätzlich 450 Studierendenappartements auf 8.000 qm. Insgesamt sind es ungefähr 2.400 Personen, die hier zentrumsnah am Ihme-Kanal wohnen. Im Hybridstil zwischen Brutalismus der 60er-Jahre und Postmoderne der 70er-Jahre zeichnet sich die Architektur des ca. 600 Meter langen und zwischen 80 und 200 Meter breiten Baus durch eine terrassenartige Staffelung der Wohnkomplexe samt einem 19 Stockwerke hohen Wohnturm und weiteren fünf Büro- und Wohntürmen aus. Zwei von ihnen werden von der Stadtverwaltung und den Stadtwerken für ca. 1.000 Arbeitsplätze angemietet. Für den Spaziergänger am auffälligsten und zurzeit wohl auch am abschreckendsten sind aber die 60.000 m² ehemaliger Verkaufsflächen im fußläufigen Bereich des Erdgeschosses und der ersten beiden Geschosse (»Arkaden«), die heute, inklusive Parkhaus-, Wege- und Versorgungsflächen fast vollständig brachliegen (LHH 2014). Diese ehemaligen Einzelhandelsflächen sind heute offene und ungenutzte Rohbauflächen. Dieser Zustand ist den umfangreichen Abbrucharbeiten des ehemaligen Besitzers geschuldet, der amerikanischen Carlyle Group, in den Jahren 2007/08. Die damals geplante Neugestaltung dieser Flächen für den Einzelhandel wurde aufgrund von Konkursen deutscher Gesellschaften der Carlyle Group nicht weiterverfolgt; 2009 kam es deshalb zu einem Baustopp und zudem wurde das Parkhaus aus Sicherheitsgründen gesperrt (LHH 2014: 6). Eine Neuplanung dieser mehrgeschossigen Flächen wird darüber hinaus durch die ausgesprochen komplizierte Eigentümerstruktur erschwert.[16]

Das Augenmerk der Zukunftswerkstatt Ihme-Zentrum, die sich, wie der Name schon sagt, auf die zukünftigen Potenziale des Zentrums konzentriert, ist nun eine fantasievolle und stadtteilgerechte sozial, ökonomisch und kulturell nachhaltige Wiedernutzung dieser Brachfläche von 100.000 qm. Sie sieht darin kein unüberwindbares Problem, sondern einen explizit mit viel Fantasie und Verve gestaltbaren Möglichkeitsraum. Zurzeit hat die Zukunftswerkstatt 86 Mitglieder, die »nachhaltige und kreative Transformation begünstigen und den Austausch zwischen den Bewohnern, dem Großeigentümer Intown, den Kleineigentümern sowie der Stadt und der Stadtgesellschaft verbessern« wollen. Seit Mai 2017 hat der Verein 230 qm auf der zweiten Geschossebene angemietet, selbst saniert und »ein Nachbarschafts- und Kulturzentrum daraus gemacht. Seitdem blüht dort das Vereinsleben, finden Ausstellungen, Konzerte, Lesungen, Diskussionsrunden und vieles mehr statt« (beide Zitate aus der Selbstdarstellung der »Zukunftswerkstatt Ihme-Zentrum e. V.«, siehe www.ihmezentrum.info/verein/). Um diese Idee des Ihme-Zentrums als Möglichkeitsraum noch näher zu beleuchten, wurde im Mai 2017 der Vorsitzende der Zukunftswerkstatt Ihme-Zentrum e. V. interviewt.

Die vom Interviewpartner am häufigsten ausgeführten Themen sind »Kreativität«, »Kritik«, »Wünschbarkeit«, »Ort« und »Barrieren«. Entsprechend des Mottos der Zukunftswerkstatt, das Ihme-Zentrum nicht als Problem, sondern als Chance zu verstehen, wird das Thema der Kreativität mehrfach positiv herausgestellt.

»Wir wollen aus dem Ihme-Zentrum ein Wahrzeichen für eine nachhaltige und kreative Stadt machen. [...] die Touristen oder die Neu-Zuzügler kommen dann her, um sich anzuschauen, wie ist es uns allen hier gelungen ist, aus diesem Kaputten etwas Neues zu machen. #00:02:11# Hol' die Leute her, die die konkrete Aufgabe haben, hier etwas zu verbessern. Dann werden sich nach und nach die Ideen dieser Leute verbreiten. Hier, im Ihme-Zentrum, gibt's einen Möglichkeitsraum, wo man anfangen kann, mitzugestalten.« #01:09:25#

Die Fähigkeit zum divergenten Denken als Grundlage des kreativen Handelns hängt eng mit dem zweithäufigsten Thema des Gesprächs zusammen, der Kritik an den Ursachen des maroden Zustands der unteren Ebenen des Ihme-Zentrums, der auch als Indikator für den Zustand der Gesellschaft verstanden wird.

»Vom Ursprung her ist das Ihme-Zentrum ja so eine Art Public Private Partnership, mit sehr vielen Eigentumsanteilen, die dann verteilt wurden auf die einzelnen Eigentümer, nach ›Mehr Demokratie wagen‹. Im Grunde genommen war das eine Privatisierung der Stadtentwicklung.

---

16 | Es gibt fünf unabhängige große IZH (Ihme-Zentrum Hannover)-Verwaltungsgesellschaften, de facto Eigentümer*innengesellschaften, nämlich »Ihme-Bürohaus« (v. a. gemietet von der Stadtverwaltung), »Wohnungsgesellschaft« (für 174 Wohnungen), »OHW Management« (ein weiterer Büroturm, v. a. mit der Stadtverwaltung als Mieterin), »Ihme-Parkhaus« und »Ihme-Arkaden«. Dazu kommt eine zusätzliche Gemeinschaftsstruktur von Wohnungseigentümer*innen, die es sehr schwierig macht, einen solch großen Komplex »langfristig pragmatisch und wirtschaftlich nachhaltig bewirtschaften zu können« (LHH 2014: 10).

Die Leute wurden sich aber nicht einig, das scheiterte kolossal. [...] Das Ihme-Zentrum ist nun ein Symbol für Staats- und Marktversagen. #00:13:35# Wie der Gesetzgeber mit dem Ihme-Zentrum umgeht, das ist so ein bisschen diffus. Die Politik hätte hier eine Verantwortung, die sie bislang nicht übernimmt. Ich glaube, die Komplexität ist ein Hinderungsgrund für Menschen, die nur vier oder fünf Jahre in ihren Ämtern sind. Dies ist aber ein Projekt, das realistisch zehn, fünfzehn Jahre dauert. [...] Das ist nicht unbedingt was Attraktives, da gibt es sehr wenig Motivation auf der politischen Seite, sich da wirklich reinzuhängen. Gleichzeitig gibt es eine klare Intransparenz der Stadtverwaltung in Bezug auf den Umgang mit dem Großeigentümer.« #00:25:49#

Die Wünschbarkeit, Wrights wichtigste Kategorie der Verwirklichung Realer Utopien, ist ursächlich mit der eben ausgeführten Kritik verbunden.

»Mein großer Traum beim Ihme-Zentrum ist, dass aus dieser gescheiterten Utopie des vergangenen Jahrhunderts ein neues Wahrzeichen gemacht wird. #00:02:11# Es braucht aus meiner Sicht einer anderen demokratischen Institution, ... einer Form der Teilhabe, zum Beispiel genossenschaftliche Systeme, um das hier zu bewirtschaften. Daraus kann man natürlich eine Utopie machen, nicht ein großes Unternehmen für die Rendite, sondern etwas, das so viel Menschen wie möglich ernährt, das als Gemeinwohlökonomie bezeichnet wird. Das finde ich total spannend, das hier zu denken. #00:13:22# Das ist ja etwas, wo ich wieder hin möchte, dass man sagt, okay, wir haben supergroße Probleme, aber im Grunde genommen gibt es eine Lösung für alles, was wir gerade hier in unserer Gesellschaft erleben. Warum wird nicht experimentiert? Das ist etwas, wofür wir Visionen brauchen.« #00:19:47#

Dabei versucht die Zukunftswerkstatt Ihme-Zentrum, nicht im nebulösen Wünschenswerten zu verbleiben, sondern sie hat machbare Visionen.

»Da gibt es riesengroße multifunktionale Komplexe im asiatischen Raum und im Barbican, mit einer Zugverbindung. Natürlich funktioniert das! Dies hier ist ein Subzentrum und dazu gehört eine infrastrukturelle Anbindung, auch Überlegungen wie eine Straßenbahnstation, die hinten sowieso verändert werden muss. Wie kann man das umgestalten, sodass Linden und das Ihme-Zentrum besser zusammengebracht werden? #01:01:07# Eine Artist Residency, ich würde mir wünschen, dass das hier weitergetragen wird. Dass man Leute aus der ganzen Welt herholt für drei, vier Monate und in Wohnungen hier unterbringt. Deren Aufgabe ist es, hier etwas zu verbessern, zum Beispiel einen Turm anzumalen, im Holzbereich etwas zu machen oder mitzuhelfen, Solarzellen oben draufzubauen. Nicht nur Künstler, sondern auch Ingenieure und Architekten. #01:08:29# Ja, wir haben Ideen für eine positive Transformation. Hannover soll 2025 Europäische Kulturhauptstadt werden, und warum eigentlich nicht genau hier; das Ihme-Zentrum kann das Zentrum sein.« #01:13:13#

Das Ihme-Zentrum ist nach Aussage des interviewten Experten ein Ort in Hannover, der als Vorbild und Identifikationsmoment für Hannover wichtig ist.

»In jedem Stadtteil ... brauchst du solche Orte ... Das hier wird nicht vom freien Himmel begrenzt, hier geht es eher darum, quasi alte Fabriketagen neu zu besetzen, anzueignen. #00:09:51# Es gibt den Begriff der Raumaneignung; man sagt, dass man sich einen Raum einfach nimmt. #00:17:28# Wenn ich das Gefühl habe, es ist eine Stadt, in der Menschen wie ich mit Ideen einen Ort haben, einen Austausch finden und man mich machen lässt, was ich machen darf, sowohl von der Wirtschaft aber auch von der Politik, dann ist das total super, hier alt zu werden! #00:22:38# Alle Menschen sind hier absichtlich reingezogen, entweder damals oder heute. Und, die meisten sagen, weil es barrierefrei ist, oder der Bau an sich sie fasziniert.« #01:03:30#

Die Betonung des Wünschbaren steht nicht im Widerspruch zu den vielen Hindernissen der Umsetzung gesellschaftlicher Visionen. Im Gegenteil, das Bewusstsein, Barrieren wahrzunehmen, ist notwendig für das Nachdenken über die Umsetzbarkeit des Wünschbaren. Deshalb sind Barrieren ein wichtiges Thema des Gesprächs.

»Die Politik verhindert. Muss man einfach sagen. #00:22:38# Es ist eine wundervolle Stadt, die mit angezogener Handbremse regiert wird. #00:26:20# Bürgerbeteiligung wurde von der Stadt abgelehnt, als wir es gefordert haben. [...] Dazu hat der Oberbürgermeister vor Zeugen gesagt, das wäre eine Machtfrage. Da hat er uns einfach abgebügelt, damit wir merken, dass wir nicht alles machen dürfen... Wir haben unsere Kooperation angeboten und keine Antwort bekommen. #00:32:19# Und der Großeigentümer, da gab es inzwischen eine Umbenennung und die Gerüchteküche sagt, dass es nun ein ganz anderer Mensch ist. Aber das sind so Firmengeflechte, da kannst du nicht durchblicken, mit einer Bank auf Zypern, die Geschäftsführerin ist da auch noch eingesetzt. #00:37:38# Es gibt in der Psychologie diesen Begriff des depressiven Handelshemmnisses, bei dem Menschen in einer Art depressiver Untätigkeit verharren, weil sie vielleicht nicht wissen, wie oder ob es einen Ausweg gibt. ... die einzelne Person denkt: okay, ich kann gar nichts ausrichten.« #00:44:22#

Die Thematik der Nachhaltigkeit wird im Gespräch mehrfach angesprochen, zunächst einmal in der ökologischen Dimension der Eigenproduktion erneuerbarer Energie.

»Und mein Traum bezieht sich auch darauf, hier diesen Nachhaltigkeitsaspekt eines Plus-Energie-Quartiers drin zu haben. Oben auf den ganzen Dächern sind Solarzellen, es gibt hier Mini-Windkraftanlagen, Dachgärten, Turbinen im Wasser, also eine eigene Energieerzeugung mit Stoffkreisläufen als positives Beispiel für eine nachhaltige Revitalisierung.« #00:03:35#

Die Vermittlung der Nachhaltigkeit steht aber im Vordergrund des »Experiment Ihme-Zentrum«.

»Wie gehen wir mit den Herausforderungen um, wie gelingt uns ein konstruktives Miteinander? Dafür bedürfen wir einer nachhaltigen Disruption, d. h., wie können wir es schaffen, nicht-nachhaltige Muster und Prozesse abzubrechen und nachhaltige, kreative Alternativen einzuführen? Und ich glaube schon, dass das hier möglich ist. #01:05:04# Es wird eben nicht mehr vorwiegend als Ruine wahrgenommen, sondern als spannender Ort, den man entwickeln kann. Das ist kulturelle Nachhaltigkeit. Das Mem hat sich durchgesetzt, das Ihme Zentrum ist ein Möglichkeitsraum.« #01:17:07#

2.8 Mein Hannover 2030

Das Stadtentwicklungskonzept »Mein Hannover 2030« (LHH 2016a) ist im Vergleich zu den bisher vorgestellten sieben Projekten in mehrfacher Hinsicht ein Sonderfall. Erstens behandelt es die Zukunft des gesamten Gebietes der Landeshauptstadt Hannover, nicht einzelner Orte oder Stadtteile. Zweitens ist es im Drei-Sektoren-Modell dem Staat zuzuordnen und steht in unmittelbarer Verantwortung des Oberbürgermeisters.[17] Drittens handelt es sich um ein Konzept, das bisher in erster Linie in Plänen und nicht in Umsetzungen resultiert. Trotzdem gehört es in diese Liste von »Realen Utopien«, denn es »schafft einen mit Ideen, Wünschen und Interessen der Einwohnerinnen und Einwohner abgestimmten Orientierungsrahmen für das planerische und politische Handeln der kommenden Jahre«, so der Oberbürgermeister in der Einleitung zum Stadtentwicklungskonzept (LHH 2016a: 4).

Die Teilhabe der hannoverschen Bevölkerung an der zukünftigen Stadtentwicklung ist dabei ein zentrales Anliegen des Projektes.

»›Mein Hannover 2030‹ ist künftig Grundlage und Rahmen für die Stadtpolitik Hannovers. Die daraus nach und nach entstehenden konkreten Projekte und Maßnahmen werden jeweils öffentlich vorgestellt und vom Rat beraten und beschlossen. Um dieses transparent und kontinuierlich zu gewährleisten, schlägt die Stadtspitze jährliche Arbeitsprogramme und alle drei Jahre einen Stadtentwicklungsbericht vor.« (LHH 2016b)

Die Analyse dieses Falles berücksichtigt nun nicht nur das Interview mit Expert*innen dieser städtischen Kampagne, sondern mehr als in den anderen Fällen zudem eine Dokumentenanalyse der Broschüren und Webseiten zum Stadtentwicklungskonzept »Mein Hannover 2030«. In diesem Konzeptbericht sind von der Politik fünf spezifische Handlungsfelder und fünf Querschnittsthemen festgelegt worden, die das Denken und das Handeln der Stadt für die Zukunft prägen sollen (LHH 2016a: 10). Es gibt also mindestens fünf mal fünf = 25 Themenbereiche, denen sich die Stadtentwicklung Hannovers zuwenden muss; Tabelle 2 stellt sie in den Kombinationen von Handlungsfeldern (Spalten) und Querschnittsthemen (Zeilen) vor.

Umfassend und in jedes andere Handlungsfeld eingreifend gibt es noch ein sechstes Handlungsfeld, die zukünftige Ausrichtung der Stadtverwaltung auf die Realisierung des Stadtentwicklungskonzepts: Die Stadtverwaltung muss im Sinne postbürokratischer Strukturen (Jaffee 2001) umgebaut werden, um flexibler, zielgerichteter, querschnittsthemenorientierter, mitarbeiter*innenattraktiver und dialogischer nach innen und außen zu sein. Insbesondere werden transparentere Informations- und effektivere Dialogkulturen nach innen (zwischen den Fachbereichen) und nach außen (mit den Einwohner*innen) angestrebt. Es soll mehr aufgabenbezogene Funktionsteams quer zu den Ressorts geben, in denen eine weniger Top-down-regulierte Führungskultur entsteht, die Werte und Kompetenzen

---

17 | Dabei legt es aber Wert auf die Teilhabe zivilgesellschaftlicher Akteur*innen, so bei der 2015 stattgefundenen Ideensammlung für die Zukunft der Hannoverschen Stadtentwicklung mit dem Titel »Stadtdialog«. Der Stadtdialog begann Ende 2014 mit vier großen Auftaktveranstaltungen. Dazu setzten »Ende Oktober 2014 und im Januar 2015 noch einmal Expert*innen Akzente«, d. h. Rahmungen des Dialogs durch Fachleute (LHH 2016a: 12). Von Januar bis Juni 2015 fanden fast 200 Veranstaltungen mit 17.000 Teilnehmenden und ein Online-Dialog mit über 10.000 Nutzer*innen statt (LHH 2016: 13). Dieser Sammlungsprozess von Ideen resultierte in einer umfassenden Matrix aus 1.413 Einträgen von Bürger*innen zu ihren Wünschen, Zielen, Strategien und Maßnahmen als Grundlage des Stadtentwicklungskonzeptes (LHH 2016: 16).

Tabelle 2: Vorgegebene Handlungsfelder und Querschnittsthemen des Stadtentwicklungskonzeptes »Mein Hannover 2030« (eigene Darstellung nach LHH 2016a)

	Hand-lungsfeld	1. Wirtschaft, Arbeit, Wissenschaft, Umwelt	2. Bildung, Kultur, Kreativität	3. Wohnen, Versorgen, Mobilität, Baukultur	4. Inklusion, Integration, Teilhabe	5. Finanzen
Handlungsfelder	Leitfrage	Wie wollen wir wachsen? (Schlüsselfrage der Stadtentwicklung)	Wie schaffen wir gute Bildung und lebendige Kultur?	Wie machen wir Hannover zu einem Zuhause für viele?	Wie stärken wir selbstständiges Leben und gesellschaftliche Teilhabe?	Was wollen und was können wir uns leisten?
Querschnittsthemen	Demografisches Wachstum	Flächenmanagement, Entschärfung von Nutzungskonkurrenzen, neue Wachstumsräume	Bildung trotz Einwanderungsdynamik	Wohnungsbau, Dezentralisierung	Integration und Inklusion, Etablieren der Willkommenskultur	Investition in Wachstum, v. a. Bildung, Infrastruktursanierung
	Gesellschaftlicher Wandel, Wertewandel	Digitalisierung und Stärkung digitaler, wissensbasierter Dienstleistungen	Lückenlose Betreuungs- und Bildungskette	Quartiersentwicklung, neue Kommunikationspunkte in den Stadtteilen	Einwanderungsstadt: Anerkennung von Diversität, Chancengleichheit	Neuverschuldung trotz Haushaltskonsolidierung kein Tabu
	Innovation	Mobilitätsplanung, Erhalt der Wirtschaftsstruktur bei Ausbau der Innovationskompetenzen	Weiterentwicklung des Kulturprofils, Kulturhauptstadt	Mehr aktive Nachbarschaft	Anpassung der Institutionen an die Bedürfnisse aller Menschen	Stadteigene Strategien zur Vorfinanzierung (Fremdfinanzierung)
	Nachhaltigkeit	Nachhaltiges Wirtschaften, Masterplan für den Klimaschutz, Grün in der Stadt, atmosphärische Wertschöpfung	Zukunftsverträgliches Wachstum u. a. durch Kreativwirtschaft	Steigerung des Quartiersbewusstseins	Nachhaltige Integration durch inklusive Bildung, Kultur und Freizeit; Existenzgründerberatung	Nachhaltige Finanzpolitik lebt nicht von der Substanz und auf Kosten folgender Generationen
	Neue Kooperationsformen	Neue Kooperation von Stadtverwaltung, Hochschulen, fachspezifischen Netzwerken	Neue Kooperation von Kultur und Kreativwirtschaft	Neue Kooperation von Stadt und Wohnungswirtschaft	Diskriminierungsfreie Inklusion, Teilhabe und Ehrenamt	Strategische Steuerung durch Ziele, Aufgabenkritik, Finanzkontrolle

6. Handlungsfeld: »Stadtverwaltung 2030«

Tabelle 3: Ziele ausgewählter Teil-Handlungsfelder zum Stadtentwicklungskonzept »Mein Hannover 2030« (eigene Darstellung nach LHH 2016a)

	Wirtschaft	Wohnen & Bauen	Kultur	Umwelt	Nachhaltigkeit
Ziele	Standortstärkung für Wirtschaft, Wissenschaft, Messe, Tourismus, Veranstaltungen	Qualitätsvolle und bezahlbare Wohnungen für alle Nachfrager	Vielfältige Kultur im Quartier, »Häuser für Ideen«	Hohe Freiraumqualität unter Erhalt des kulturellen Gartenerbes	Förderung der nachhaltigen (Stadt-)Entwicklung
	Willkommenskultur für Unternehmen	Gut funktionierende und versorgte Quartiere im Dialog mit lokalen Akteuren	Selbstorganisierte, professionalisierte, bürgernahe Kulturnetzwerke	Instandsetzung der Grünanlagen für vielfältige Nutzungen	Stärkung von nachhaltigem Konsum und nachhaltigen Lebensstilen
	Nachhaltiges Wirtschaften	Höhere Qualität des Stadtbildes und der Baukultur durch bessere Diskussionskultur in der Stadtgesellschaft	»Kultur mit allen« = ein selbstbewusster Kulturdialog »mit allen«, Mäzenatentum und Ehrenamt	Selbstbestimmung der Nutzung wohnortnaher Grünflächen	Stärkung der globalen Partnerschaft für die globalen Nachhaltigkeitsziele (SDGs der Vereinten Nationen)
Strategien	Wirtschaftsförderung, Wirtschaftsflächen entwickeln	Wachsender Wohnungsneubau und Erhalt des Wohnungsbestandes, Betonung des preiswerten Wohnens	Kulturelle Infrastruktur mit Öffnung zum Quartier	Grün- und Freiflächen langfristig sichern	Bildung für nachhaltige Entwicklung fördern in Verwaltung, Bildungseinrichtungen und Stadtteilkultur
	Clusterförderung ausgesuchter Schwerpunktbranchen	Mehr urbane Qualität im öffentlichen Raum, Steigerung der Ortsidentität und Planungskultur	Diverse kulturelle Leuchttürme »strahlen lassen«	Mehr Engagement für Biodiversität	Bürgerschaftliche Teilhabe und Mitgestaltung bei der nachhaltigen Entwicklung ermöglichen
	Erreichbarkeit der Wirtschaftsstandorte fördern	Verbesserung stadtbildprägender Räume unter Nachhaltigkeits- und Klimaschutzkriterien	Kulturelle Teilhabe durch neue Beteiligungsarten stärken, Kunst- und Kulturschaffende fördern	Klimaneutrale Stadt	Nachhaltige Lebensweisen in den Mittelpunkt rücken, Vernetzung und Austausch fördern
	Arbeit und Beschäftigung fördern	Rückgewinnung öffentlicher Aufgabenträgerschaft, Verwaltungsqualifizierung im Dialog mit Stadtgesellschaft	Aufbau einer Plattform »Weltmusikstadt«, »City of Music« ausbauen	Luft, Boden, Wasser schützen -Klimaanpassung	Global denken – lokal handeln hinsichtlich SDGs, nachhaltiges Management etablieren

schätzt. Insgesamt wird eine flexiblere Verwaltung gefordert (LHH 2016a: 70–75). Tabelle 3 stellt Teilziele und Teilstrategien ausgewählter Handlungsfelder vor.

Das Stadtentwicklungskonzept legt dabei seinen Schwerpunkt eindeutig auf Umsetzbarkeit, nicht auf Wünschbarkeit, bzw. visionäres Denken. Es heißt dort wörtlich »*Jedes Konzept ist so gut wie seine Umsetzung.*« (LHH 2016a: 76). Dieser Satz zeigt, dass Wünsche gegenüber Umsetzungen dann als sekundär angesehen werden, wenn sie als nicht machbar gelten.[18]

Der »Stadtdialog«, als eine der Erstellung des Stadtentwicklungskonzeptes vorgeschaltete partizipative Stufe, resultierte in einer Matrix aller Ideen der partizipierenden Hannoveraner*innen (LHH 2015), welche die Grundlage des Stadtentwicklungskonzeptes darstellt. Die meisten Beiträge des Stadtdialogs wurden zu den Handlungsfeldern »Inklusion, Integration und Teilhabe«, »Wohnen, Versorgen, Mobilität und Baukultur«, »Bildung und Kultur« und »Wirtschaft, Arbeit, Wissenschaft und Umwelt« erstellt (LHH 2015: 2). Interessant für diese Analyse ist die Häufigkeit von Einträgen im Vergleich zur Häufigkeit von Zielen, also zu Wünschen. Insgesamt wurden 1.120 Umsetzungen, aber nur 235 Wünsche bzw. Ziele genannt (LHH 2015: 137), auf eine Zielvision kommen fast fünf Umsetzungen. Das Denken der an diesem Dialog beteiligten Hannoveraner*innen scheint von der Umsetzbarkeit, nicht von der Wünschbarkeit gekennzeichnet, die Imagination für die zukünftige Stadt scheint wenig ausgeprägt zu sein.[19] Die wichtigste Evaluationsseite zur Umsetzung der Ziele des Stadtdialogs ist nun die Webseite »Mein Hannover 2030 – Arbeitsprogramm« (LHH 2018), auf der die Vorhaben dokumentiert werden, die konkret bearbeitet, also umgesetzt werden: Insgesamt sind im Frühjahr 2018 bisher nur 44 Vorhaben in Bearbeitung, von »Perspektiven für das Ihme-Zentrum« (im Mai 2017 aktualisiert) über das Vorhaben »Kulturhauptstadt 2025« (im Oktober 2017 aktualisiert) bis hin zum Freiraumentwicklungskonzept »Stadtgrün 2030« (im März 2018 aktualisiert).

---

18 | 174 Beiträge wurden im Stadtdialog nicht berücksichtigt, weil sie gegen »*rechtliche Erwägungen, technische Sachverhalte oder finanzielle Rahmenbedingungen sprechen oder bei denen der erwartete Nutzen nicht im angemessenen Verhältnis zum Aufwand steht.*« (LHH 2016a: 16) Diese Ausschlusskriterien werden in der Online-Veröffentlichung zu »Die Ergebnisse des Stadtdialogs – Matrix« (LHH 2015) weiter erläutert.

19 | Hier sei ein Caveat angeführt: Die Annahme, dass die beteiligten Hannoveraner*innen eher an Umsetzungen als an Visionen interessiert scheinen, resultiert aus der Analyse der Matrix des Stadtdialogs. Diese Matrix ist aber eine Übersetzung der Ideen der beteiligten Hannoveraner*innen durch die Stadtverwaltung. Diese Übertragung und insbesondere die Einpassung der Ideen in Matrixkategorien kann aber nie ohne Verzerrungen von Bedeutungen geschehen. Man könnte also das durch die Kommune vorgenommene Anpassen der Ideen an das Matrixmuster auch als Verschiebung von Bedeutungen von der Wünschbarkeits- auf die Umsetzbarkeitsebene deuten. Somit wären mögliche Visionen der Bewohner*innen im Sinne einer Stadtplanung »von oben« zu reinen Umsetzungen »reduziert« worden. Ob man hier gleich kritisch von »Scheinbeteiligungen« der Bevölkerung an der Stadtplanung sprechen kann, sei dahingestellt; dieser Vorwurf wurde jedoch im Rahmen des transdisziplinären Workshops zu den Realen Utopien in der Zukunftswerkstatt Ihme-Zentrum am 21. April 2018 durch die Beteiligten formuliert. (www.haz.de/Hannover/Aus-der-Stadt/Uebersicht/Hannover-Workshop-debattiert-ueber-Wuensche-und-Realitaeten-im-Ihmezentrum).

Obwohl in diesem Fall viel Wert auf die Dokumentenanalyse gelegt wurde, ist auch aus Gründen der Vergleichbarkeit ein Experteninterview durchgeführt worden, und zwar mit dem Leiter des Geschäftsbereiches Grundsatzangelegenheiten im Büro des Oberbürgermeisters der Landeshauptstadt Hannover, der im Auftrag des Oberbürgermeisters die Prozesssteuerung des Arbeitsprogramms »Mein Hannover 2030« übernommen hat. Der Experte konzentrierte sich im Gespräch auf die vier Themen »Stadtverwaltung«, »Stadtentwicklung«, »Umsetzbarkeit« und »Partizipation«. Das Thema Stadtverwaltung war keinen der anderen interviewten Experten*innen wichtig. Der Experte versteht seine leitende Rolle im Bereich Grundsatzangelegenheiten als Katalysator insbesondere für die Erneuerung der Stadtverwaltung im Einklang mit der Rahmung des Projektes »Mein Hannover 2030«.

»Die Rahmenbedingungen waren, dass [2013] ein neuer Oberbürgermeister sein Amt antrat, der in seiner Vorphase des Wahlkampfes selber auch schon mal eine Zukunftswerkstatt mit der Perspektive 2030 gemacht hat. Dieser Oberbürgermeister ist keiner gewesen, der direkt aus der Verwaltung kam und dort auch keine Historie hatte, ganz anders als unser beständiges Hannover mit vielen Jahren der Herren Schmalstieg und Weil. [...] Unser Blick auf die Verwaltung ist erstmal der Blick auf die Entwicklung des Menschen. Das ist natürlich schwierig für Stadtbauräte und für Menschen, die von der Stadtplanung kommen. #00:22:17# Der normale Innovationszyklus der Verwaltung der Stadt Hannover bei Großprojekten lag so zwischen drei und vier Jahren, aber jetzt kam einer, der hat gesagt, wir machen es morgen und wir gucken uns nicht nur die Räume, sondern wir gucken uns alles an. ... Das zeigte sich sehr schön in einer Führungskräftekonferenz ganz zu Beginn dieses Prozesses, ... wir wollten da was ganz anderes, wir wollten eine Zukunftswerkstatt machen. ... Je mehr Berater ich um mich und den Oberbürgermeister rum hatte, umso mehr wurde gesagt, früher haben sie das aber immer so gemacht, da guckt man mehr drauf und wir können nicht alles sofort verändern. ... Das war irgendwie ein Schlüsselerlebnis für alle, es geht so nicht weiter. ... Es passte nicht mehr, wir müssen es anders machen. Es war eben allen Beteiligten klar, das war das letzte Mal, dass wir hier so sitzen. #00:25:47# Ganz am Anfang des Prozesses haben wir uns zu zweit an einen runden Tisch gesetzt und dann hat er [der Oberbürgermeister] dieses Bild gezeichnet, das bei ihm im Kopf war, das Entwicklungskonzept 2030, als langfristiges Konzept hinführend auf Visionen und wieder rückführend auf die mittelfristige Agenda-Planung und dann wieder zurück auf die Arbeitsprogramme. #00:27:57# Wenn die Stadt reagieren muss, wenn es Krisen gibt und wenn Krisenkommunikation notwendig ist, dann ist das immer gemünzt auf Mittelfrist- und Kurzfristplanung. [Langfristig muss...] man aber eigentlich planen, wo man sich Sachen offenhalten und Strukturen auch anpassen kann.« #00:28:40#

Widerstände aus den Fachdezernaten wurden schon früh im Büro des Oberbürgermeisters antizipiert und die Kunst des Ausgleichs in einem Dreiklang aus Beteiligungsprozessen, Fachexpert*innen und Prozessverantwortung geübt.

»Der andere Teil betrifft die Philosophie des ›Wer macht hier eigentlich was?‹. Erste Irritationen entstanden, denn der Oberbürgermeister ist ja nicht Städtebauer und macht trotzdem einen Stadtentwicklungsprozess. Und wer bin eigentlich ich und warum mache ich das eigentlich und nicht die Bauverwaltung? Und Beteiligung soll irgendwie auch noch ganz großgeschrieben werden, und machen wir da nicht schon genug? #00:30:10# Ich bin nicht der Fachexperte, ich habe hohes Vertrauen in die Fachlichkeit und das teile ich mit dem Oberbürgermeister. Das Zweite ist aber, dass die Fachabteilungen in der Frage, wie kommen wir zu unseren Ergebnissen und welche Thematiken sind eigentlich relevant, aus dem Beteiligungskonzept schöpfen müssen. [...] Wenn man sowas Breites plant, dann muss es am Ende zusammenkommen und dafür braucht man Kollegen, die sowas oft tun und die haben uns als Gesamtverwaltung extrem gut getan. ... Das heißt, es gibt einen Dreiklang [aus Beteiligungsprozessen, Fachexperten] und natürlich Prozessverantwortung. Die muss darauf achten, dass natürlich genau das passiert, was passieren soll, dass nämlich die Menschen sehen, wie dieser Stadtentwicklungsdialog jetzt läuft.« #00:32:50#

Die Komplexität der Partizipation einer dialogischen Stadtentwicklung forderte dabei nicht nur die Dezernatsverwaltungen heraus, auch die lokalen Medien kritisierten, dass die Konventionen einer Top-down-Planung gebrochen wurden. Letztendlich fiel es auch dem Oberbürgermeister schwer, nicht zu entscheiden, sondern die partizipativen Beiträge der städtischen Öffentlichkeit und der Verwaltung mehr zu moderieren als zu steuern.

»Und eine der Fragen, die ich gemeinsam mit dem Oberbürgermeister wohl wahrscheinlich am meisten aushalten musste, ist natürlich, was das noch mit Zukunftsplanung zu tun hat und wie man es gesellschaftlich entwickelt und divers plant. [...] Das ist dein Konzept und das kannst du gerne so machen, wie es dasteht, aber es gibt da auch eine ganz andere Idee und die machen das anders, das kann man irgendwie nicht gut zusammenfügen, das wird schwierig. Wenn etwas derart komplex ist, dann können sie es natürlich schwerer erklären; sie haben aber eine Presse oder eine Öffentlichkeit, die gerne Dinge schnell, unkompliziert und einfach aufschreiben möchte. Dies ist dagegen ein Diversitätsprodukt, wo sie natürlich alles haben können. #00:33:39# Der Oberbürgermeister hat da eher eine prozessgestaltende als eine inhaltliche Rolle gehabt. Das muss echt richtig finster gewesen sein, weil er es aushalten musste, sich nicht so zu positionieren und nicht zu sagen, das ist das Topthema, und das ist die Vorstellung, die ich davon habe. ... Er hat es ausgehalten und aus meiner Sicht war es richtig, in diesem Fall, so wie es die Philosophie dieses Beteiligungsprozesses war, war dies richtig.« #00:35:06#

Wie schon weiter oben geschrieben, lautet der zentrale Satz im Stadtentwicklungskonzept »Mein Hannover 2030«: »Jedes Konzept ist so gut wie seine Umsetzung« (LHH 2016a: 76). So überrascht es nicht, dass auch im Gespräch mit dem Verantwortlichen die Umsetzbarkeit das dritthäufigste Thema war, denn es ist und bleibt für Politik und Öffentlichkeitskommunikation das essentielle Kriterium des Erfolgs dieses Konzeptes.

»Wir haben ein Stadtentwicklungskonzept, das inhaltlich sehr in die Breite geht und nicht nur räumlich plant. ... Ergebnis des Stadtdialogs ist eben kein Darstellprojekt, das vielleicht nie umgesetzt wird ... Diese zehn Schwerpunktthemen sind im Prinzip der Versuch gewesen, tatsächlich auch einmal zu sagen, was so ein Stück weit umsetzbare Quintessenz ist. Das ist in der Politik und in der Öffentlichkeitskommunikation auch wichtig, ... weil sie nachher sonst nicht mit dem Arbeitsprogramm als solchem agieren können. #01:04:41# Das soll nicht nur ein schönes Papier sein, was wir Ihnen dann in gedruckter Form mitgeben können, sondern das Ganze muss ... auf Umsetzung basiert sein, damit die Bürgerinnen und Bürger auch sehen, dass nicht nur Strategie und Ziele definiert wurden, sondern der wirkliche Output. ... Eine Maßnahme davon ist das Arbeitsprogramm mit den jetzt erstmal dreiundvierzig Projekten, die zur Umsetzung der Ziele von ›Hannover 2030‹ dienen sollen. #01:06:47# Der Transparenz- und Beteiligungsgedanke sollte auch in der Umsetzung weiter fortgeführt werden.« #01:09:38#

Nach Meinung des Experten ist die zentrale Innovation der Stadtverwaltung der Dreiklang aus Beteiligung breiter Kreise der Bevölkerung, dem Zuarbeiten der Fachexpert*innen aus den Dezernaten und der Prozessverantwortung beim Oberbürgermeister. Der Experte sieht aber auch, dass jede dieser drei Säulen Herausforderungen mit sich bringt. Erstens schränkt eine Beteiligung der Bevölkerung nicht nur die Planungshoheit und Autonomie der Dezernate ein, sondern behindert auch intransparentes Einwirken mächtiger städtischer Akteur*innen »von außen« auf die Stadtplanung. Zweitens fordern die Projektgruppen der Stadtentwicklung verstärkt Kompetenzen von Expert*innen aus den Fachbereichen dezernatsübergreifend ein, was zum Teil gegen den Widerstand der bisher allein und selbstreferenziell entscheidenden Dezernate durchgesetzt werden muss. Drittens ist es die Aufgabe des Prozessverantwortlichen, also des interviewten Experten, eine Verknüpfung von Querschnittsthemen und Handlungsfeldern moderierend zu gewährleisten. Dies ist angesichts der etablierten Ämterstruktur schwierig, denn um Planungsziele partizipativ erreichen zu können, ist der Eingriff in divergierende Planungshoheiten der Ämter notwendig und zudem müssen konträre Vorstellungen der partizipierenden Bevölkerung in Einklang gebracht werden.

Ohne die drei Ebenen der Realen Utopie von Wünschbarkeit zu Umsetzbarkeit zu kennen, rekurriert der Experte des Stadtentwicklungskonzeptes unbewusst auf sie, wenn er die chronologische Hierarchie der Planungsebenen betont. Für ihn muss Planung immer drei Zeitebenen im Auge haben: Langfristige Zukunftsvorstellungen sind hierbei umfassende Visionen eines partizipativ-dialogischen Stadtentwicklungskonzepts, das bei der Formulierung nicht umgehend Wert auf sofortige Realisierung legen muss – dies ähnelt Wrights Ebene der »wünschbaren Alternative«. Zweitens muss eine mittelfristige Agenda-Planung mit der Verwaltung und Bürger*innen entwickelt werden, die in einem übersehbaren Zeitraum durch Anpassungen von Kontextbedingungen realisiert werden kann – dies ähnelt Wrights Ebene der »machbaren Alternativen«. Und drittens muss es konkrete kurz- bis mittelfristige Arbeitsprogramme bzw. Aufgabenformulierungen für die dezernatsübergreifenden Arbeitsgruppen geben, die dafür sorgen, dass das Machbare umsetzbar wird – dies ähnelt Wrights Ebene der »umsetzbaren Alternativen«.

Stadtentwicklung ist für den Experten grundsätzlich nachhaltige Stadtentwicklung. Das Konzept basiert auf dezernatsübergreifenden Querschnittsthemen, dabei wurde insbesondere auf das Querschnittsthema Nachhaltigkeit Wert gelegt.

»Es gab wenige Sachen, die vorher tatsächlich entschieden wurden, welche Handlungsfelder gibt es, und was sind die Querschnittsthemen. #00:57:24-0# Das wurde auf der oberen Führungsebene, Oberbürgermeister, Dezernenten plus Fachbereichsleitung, entschieden, natürlich nach einem Jahr der politischen Absegnung. Finanzen und Nachhaltigkeit wurden quasi an der Stelle gleich diskutiert, warum kriegen Finanzen ihr eigenes Feld, ist das nicht auch ein Querschnittsthema, weil alles unter Finanzierungsvorbehalt steht? Und warum wird

Nachhaltigkeit nicht ein eigenes Handlungsfeld? Weil das aus unserer Sicht zu kurz gegriffen hätte; wir hatten schon das Feld Umwelt, also hatten wir da einen Nachhaltigkeitsbegriff, der war quasi ökologisch aufgestellt. Der Anspruch war aber, nein, ihr müsst euch in allen Feldern mit Nachhaltigkeit beschäftigen. Wir haben mit der kleinen Matrix versucht, aus dem versäulten Modell rauszukommen. Das war der Anspruch, aber wir haben sechs Dezernate plus einen Geschäftsbereich für fünf Handlungsfelder und fünf Querschnittsthemen #00:59:03#. Die Moderation war es dann, die immer wieder sagt, was hat das denn mit dem Thema Nachhaltigkeit zu tun... Die Grundidee war genau zu sagen, ihr müsst euch alle damit beschäftigen.« #01:00:00#

3. FAZIT: REALE UTOPIEN FÜR EINE NACHHALTIGE STADTENTWICKLUNG

Zu Beginn dieses Kapitels wurde gefragt, welche Möglichkeitsräume die Stadt bietet, um Impulse für eine nachhaltige Stadtentwicklung zu geben. Möglichkeitsräume werden als Reale Utopien im Sinne von Wright (2017) verstanden. In einem Auswahlprozess wurden acht Projekte aus Hannover als Fallstudien vorgestellt, die auf unterschiedliche Weise Möglichkeitsräume, also Reale Utopien zwischen Vision und Pragmatismus schaffen, welche jede in ihrer Weise Aspekte nachhaltiger Stadtentwicklung verfolgen.

Die Analyse der acht Fälle mit Mitteln der qualitativen Inhaltsanalyse zeigt im Vergleich auf, dass die Projekte entweder zu ambitionierten Versionen utopischer Wunschproduktion oder zu pragmatischen Versionen anti-utopischer Gegenwartsbewältigung neigen. In einigen wenigen Fällen gibt es auch eine Hybridisierung, d.h. eine organisationsinterne Teilung in Bereiche, die entweder Themen der Wünschbarkeit oder Themen der Umsetzbarkeit betonen. In jedem Fall tragen aber alle Projekte, bewusst oder unbewusst, zu Aspekten einer nachhaltigen Entwicklung in der Stadt bei. Ein Ergebnis ist somit die Bestätigung der Unterscheidung von Wrights wünschenswerten und umsetzbaren Alternativen, oder, um Blochs Unterscheidung heranzuziehen, die Aufteilung in traumhafte und formal-logische Wünsche (das Wünschenswerte) oder objektiv-reale Möglichkeiten (das Umsetzbare). Die Zwischenposition des Machbaren (oder des Sachlich-Objektiven) wird in den Gesprächen unter die umsetzbare Zielvorstellung summiert.

Eine genaue Zuordnung der Fälle zu visionären versus pragmatischen Projekten ist angesichts der geringen Fallzahl schwierig. Allerdings haben die befragten Expert*innen unaufgefordert (es wurden die gleichen Fragen gestellt, siehe den halbstrukturierten Interviewleitfaden im Anhang) das Thema der Möglichkeit oder Utopie zumeist entweder nach einem visionären oder nach einem pragmatischen Interesse ausgewählt. Die folgende Tabelle zeigt im Vergleich die Bedeutung der deduktiv vorgegebenen Gesprächsthemen (Kodes) Wünschbarkeit und Umsetzbarkeit, sowie das jeweils wichtigste Gesprächsthema (Kode) im Interview.

Tabelle 4: Ein Vergleich der acht Projekte – Überprüfung der »Realen Utopien« nach Häufigkeit der Gesprächsthemen Wünschbarkeit, Umsetzbarkeit und des häufigsten Gesprächsthemas[20]

Bedeutung des Themas im Gespräch (Häufigkeitsrang)	Rang Gesprächsthema »Wünschbarkeit«	Rang Gesprächsthema »Umsetzbarkeit«	Häufigstes Gesprächsthema (1. Rang)
VEN Eine-Welt-Verband	2. (6,8 %)	9. (4,2 %)	Kritik (7,0 %)
Platzprojekt	2. (5,6 %)	13. (3,2 %)	Stadt Hannover (6,0 %)
Zukunftswerkstatt Ihme-Zentrum	3. (5,0 %)	21. (2,4 %)	Kreativität (6,2 %)
Historisches Museum Hannover	5. (5,6 %)	11. (3,3 %)	Barrieren (7,2 %)
Staatstheater Hannover	9. (3,8 %)	16. (2,7 %)	Barrieren (6,4 %)
WOGE Nordstadt e. G.	18. (2,4 %)	6. (5,4 %)	Engagement (9,6 %)
Mein Hannover 2030	10. (3,3 %)	3. (10,5 %)	Stadtverwaltung (14,4 %)
Internationale StadtteilGärten	23. (1,5 %)	2. (6,0 %)	Barrieren (6,7 %)

Die Projekte sind in Tabelle 5 entsprechend der Rangreihung des Gesprächsthemas Wünschbarkeit geordnet, sodass man auf einen Blick erkennt, welche Projekte im Hinblick auf ihre Utopie-Orientierung in Richtung Wünschbarkeit und welche in Richtung Umsetzbarkeit tendieren. Die ersten Projekte nennen deutlich häufiger Themen der Wünschbarkeit, die letzten Projekte der Tabelle verstärkt Themen der Umsetzbarkeit. Der VEN, das Platzprojekt und die Zukunftswerkstatt Ihme-Zentrum haben umfangreich, detailliert und mit Emphase über ihre Wünsche und Visionen für das Projekt gesprochen. Die WOGE Nordstadt e. G., Mein Hannover 2030 und die Internationalen StadtteilGärten präferierten hingegen deutlich häufiger das Gespräch über Fragen der Umsetzbarkeit. Die beiden Kultureinrichtungen befinden sich zwischen diesen Polen, wobei sie tendenziell eher Wünsche als Umsetzungen präferieren.

Diese Gegensätze zwischen Wunsch und Wirklichkeit gehen aber nicht in Gegnerschaft über, keiner der Befragten kritisiert die Wunschproduktion der einen als Wolkenkuckucksheim oder die Betonung der Umsetzbarkeit der anderen als antiutopischen Gegenwartspragmatismus. Fast alle Befragten, mit Ausnahme der städtischen »Mein Hannover 2030«-Kampagne, sehen ihre Arbeit aber durch Barrieren belastet – dieser Kode ist über alle Interviews hinweg der häufigste. Dabei differiert das Verständnis von Barrieren: Der VEN beklagt jahrzehntelange Gewohnheiten, die es den meisten Bewohner*innen schwermachen, Mobilitätsroutinen, wie die

---

20 | Die Prozentzahlen in Tabelle 5 sind die Anteile der Nennungen eines Kodes an allen Nennungen der wichtigsten 35 Gesprächsthemen. Insgesamt wurden 84 Kodes erstellt, die in allen Fällen selten erwähnten Kodes werden hier aber aus Gründen der Übersichtlichkeit vernachlässigt. Zum Beispiel beziehen sich 6,8 Prozent der Gesprächsthemen des Experten des VEN auf das Thema (Kode) »Wünschbarkeit«. Die Auszählung, welche im Anhang abgedruckt ist, wurde mittels der Code-Dokument-Prozedur in ATLAS.ti vorgenommen.

Nutzung des eigenen Pkws, zu ändern. Das Platzprojekt nennt als zentrale Barrieren (einer Mitarbeit im Projekt) Alltagsprobleme und -verpflichtungen am Arbeitsplatz, in der Ausbildung und in der Familie. Die Zukunftswerkstatt Ihme-Zentrum bezeichnet die Komplexität der Aufgaben einer nachhaltigen Stadtentwicklung vor Ort als Barriere, weil sich zum einen die Bewohner*innen nicht umfassend in die Materie einarbeiten können, und weil es zum anderen die Politiker*innen in ihrem Denken und Handeln in kurzfristigen Legislaturperioden als wenig nützlich ansehen, die langfristige Entwicklung zu begleiten. Der Experte des Historischen Museums spricht von einer persönlichen »*déformation professionnelle*« seiner Arbeit, bei der ihm die Bewältigung von Alltagsproblemen im Beruf nicht ausreichend Raum lässt, über den Tellerrand umsetzbarer Strategien hinaus Visionen zu entwickeln. Weiter beklagt er Vorgaben der Stadtverwaltung, insbesondere die Notwendigkeit, die stadteigene Webseite und deren ungenügendes Layout nutzen zu müssen. Das Staatstheater Hannover versteht die Politik als potenzielle Barriere, wenn sie sich mit einem konservativen Grundtenor in die inhaltliche Gestaltung des Theaters einmischt. Die WOGE Nordstadt nennt ebenfalls politische Maßgaben als eine wichtige Barriere, nämlich die Verpflichtung der Stadt, öffentliche Grundstücke an den Meistbietenden verkaufen zu müssen, was der sozialen Aufgabe der Stadt widerspricht, preiswerten Raum zu fördern. Die Internationalen StadtteilGärten nennen ebenfalls die Überforderungen des Alltags als Barriere für stärkeres Engagement der Mitglieder, sowie die manchmal engen Richtlinien der Stadtverwaltung, welche die Kreativität des Gestaltens vor Ort behindern können. Ganz anders stellt sich das Stadtentwicklungskonzept »Mein Hannover 2030« dar, hier spielen Barrieren bei der Umsetzung des Konzeptes keine Rolle. Der politische Kontext seiner Verwaltungsreform macht es für den interviewten Experten auch nicht probat, Hindernisse seiner als erfolgreich dargestellten Arbeit aufzulisten.

Wie lässt sich dieser Ausschluss von Wünschbarkeit und Umsetzbarkeit erklären? Es stellt sich heraus, dass die Komplexität der Organisationsform, d. h. vor allem der Bürokratisierungsgrad, ein entscheidender Faktor ist. Projekte mit einer gering formalisierten Institutionalisierung wie der VEN, das Platzprojekt oder die Zukunftswerkstatt Ihme-Zentrum, sprechen umfassend über ihre Visionen für ihr Projekt und für die Gesellschaft. So wird beim VEN bewusst von alltäglichen Umsetzungsdetails abstrahiert und ein CO_2-freies Hannover in einer global gerechten Welt gefordert. Dabei begreift der Verband dies nicht als Fantasie, sondern als einen realen Wunsch, der auch von den Vereinten Nationen gefordert wird. Das Platzprojekt kommuniziert durch sein Handeln die »Traumutopie« eines gemeinsamen und ausgeglichenen Lebens-Arbeits-Freizeit-Gleichgewichtes, das aus seiner Nische auf die gesamte Stadt ausstrahlen sollte. Und die Zukunftswerkstatt Ihme-Zentrum wünscht sich mit der Erneuerung der leerstehenden Geschossflächen eine neue soziale und gemeinwirtschaftliche Nutzung des Baus außerhalb der kapitalistischen Marktlogik des Renditedenkens globaler Investor*innen. Keiner dieser Wünsche kann in das Reich der Traumutopie abgeschoben werden, denn sie können im Sinne Blochs als sachlich-objektiv Mögliches, im Sinne Wrights als Machbares bewertet werden. Natürlich ist diesen Projekten dabei bewusst, dass die Umsetzung angesichts objektiv-realer Bedingungen (Bloch) zwar nicht unmöglich, aber schwierig ist.

Auf der anderen Seite, am Ende der Tabelle 5, stehen jene Projekte, die Themen der Umsetzbarkeit bevorzugen. Ein hoher Grad an Institutionalisierung (d. h. formale Bürokratisierung und Hierarchisierung) ist natürlich in der (wahl-)politisch beeinflussten Stadtverwaltung zu finden, die über das Büro des Oberbürgermeisters verantwortlich ist für die Kampagne »Mein Hannover 2030« und das daraus resultierende Stadtentwicklungskonzept. Eine deutliche Mächtigkeit der Verwaltung finden wir auch in der WOGE Nordstadt und im Verein der Internationalen StadtteilGärten, die zum einen (WOGE) seit 1988 Förderrichtlinien und Städtebaupolitik im Detail kennen und nutzen müssen, um in den wenigen Lücken einer nicht-marktorientierten Stadtentwicklung preiswerten Wohnraum erstellen zu können, und die zum anderen (StadtteilGärten) eine deutliche Trennlinie zwischen Verwaltung und Gartenarbeit ziehen (»*Deswegen bin ich da, damit die Gärtnerfamilien den finanziellen Aspekt unserer Gärten so weit wie möglich aus dem Kopf kriegen.*« Interview StadtteilGärten, #00:44:56#). Eine konstante Zusammenarbeit mit städtischen Förderstellen zur Finanzierung der Projektziele, und die Formalisierung der Arbeit (beide Faktoren bedingen sich[21]), führt weg von Fragen der Wünschbarkeit hin zu Fragen der Umsetzbarkeit.

Die Betonung von Visionen in wenig institutionalisierten Initiativen und von Umsetzungen in stark institutionalisierten Organisationen wird aber hinsichtlich der beiden Kulturstätten (in der Mitte der Tabelle 5) etwas weniger plausibel. Das Historische Museum und das Staatstheater sind hoch formalisierte Organisationen mit einer komplexen bürokratischen Struktur, doch wird das Thema der Wünschbarkeit hier sehr häufig angesprochen, weitaus häufiger als das Thema der Umsetzbarkeit; die Interviewten befürworten den Diskurs über das Utopische. Ein zweigleisiger institutioneller Kontext ist hier von Bedeutung: Nur nach einer mehrfachen Ermunterung verbalisiert der Mitarbeiter des Museums seine utopischen Visionen, inklusive einer Fantasie über die Fühlungnahme der »Golden Kutsche« durch die Besucher*innen. Diese individuelle Wunschvision wird aber sofort zurückgenommen, da die institutionellen Regeln sie verbieten. Die utopischen Wunschvorstellungen der kreativen Mitarbeiter*innen des Staatstheaters stehen ebenfalls in einem komplexen Verhältnis zur Institution, denn sie sind deren Artikulationen, und nicht die der Theaterverwaltung.

Die Tendenz eines Projektes zu einer utopischen Wunschvorstellung oder zur pragmatischen Umsetzung kann mittels Peterson und Anands (2004) Sechs-Facetten-Modell der Kulturproduktion erklärt werden, das drei Organisationsstrukturen in Kultureinrichtungen unterscheidet. Die erste Organisationsstruktur ist die bürokratische (im Original bureaucratic) Form mit einer »scharf umrissenen Trennung der Kulturarbeit und des vielschichtigen Autoritätssystems, das dem Fortbestehen der Organisation verpflichtet ist« (Übersetzung durch den Autor, ibid. 316). Diese Organisationsstruktur ist in der städtischen Kampagne »Mein Hannover 2030«, in der WOGE Nordstadt, im Geschichtsmuseum und in der Garteninitiative zu finden. Die zweite Organisationsstruktur ist die liberale (im Original entrepreneurial) Form mit »weder einer scharf umrissenen Trennung der Kulturarbeit, noch einer vielschichtigen Hierarchie« (Übersetzung durch den Autor, ibid. 316). Diese Organisationsstruktur haben sowohl das Platzprojekt als auch der VEN. Und die dritte Organisationsform ist die gemischte (im Original variegated) Form, welche »die Vorteile der potenziellen Flexibilität einer unbürokratischen Form verbindet, ohne

---

21 | Im Sinne der Theorie des Neo-Institutionalismus kann man hier von einer zwanghaften und einer normativen Isomorphie sprechen (DiMaggio und Powell 1983).

die Auflösung einer zentralen Kontrollinstanz« (Übersetzung durch den Autor, ibid. 316). Kreative Leistungen werden hier im übertragenden und wörtlichen Sinne weit weg von der Verwaltung und ihren Richtlinien durchgeführt; sie können sich entfalten und Visionen entwickeln, ohne durch Bedenken der Umsetzbarkeit gehindert zu werden. Diese Mischform findet man vor allem im Staatstheater, in der die Kreativen separiert von Verwaltung und Management ihre Utopien formulieren und – nicht nur auf der Bühne – realisieren können.

Das Pendeln zwischen logisch-möglichem Wunsch und objektiv-realer Wirklichkeit macht die Stärke genau dieser Möglichkeitsräume aus, denn ein Festhalten an einer der Seiten würde das Potenzial als Reale Utopie schwächen. Die Wirkung des Möglichkeitsraums, sich für eine nachhaltige Stadtentwicklung einzusetzen, hängt von der Berücksichtigung beider Pole gleichermaßen ab. Es ist somit zu vermuten, dass eine überwiegend bürokratische Organisationsform, wie sie die WOGE Nordstadt oder das Historische Museum ausmacht, nicht viel für eine nachhaltige Stadtentwicklung im Sinne einer innovativen Transformation bewirkt, auch wenn es innerhalb der Organisation immer einzelne Personen mit einer entsprechenden Intention geben kann. Die rein liberale Organisationsform des Platzprojektes, der Zukunftswerkstatt Ihme-Zentrum und des VEN präferiert dagegen deutlich eine kritikbasierte Wunschproduktion. Die Umsetzung wird hier zwar akzeptiert, aber in der Praxis der Akteur*innen eher als sekundär angesehen. Am sinnvollsten und effektivsten scheint die Mischform zu sein, in welcher der Kreativbereich der Organisation die Generierung innovativer und auch unkonventioneller Ideen fördert, während der Verwaltungsbereich die Kreativseite von systemischen Belastungen freihält und die Umsetzung in mach- und ausführbare Schritte übersetzt.

Wenn die Stärke eines Projektes als Möglichkeitsraum für eine nachhaltige Stadtentwicklung auf der Organisationsform beruht, dann sollte sich dies auch in dem Verständnis von Nachhaltigkeit in der Stadtentwicklung widerspiegeln. Das Platzprojekt kritisiert das Wort Nachhaltigkeit zunächst als überstrapaziert und definiert es dann recht allgemein ökologisch als ressourcenschonend und als neue Mobilitätskonzepte durchsetzend. Der VEN hat dazu ein komplexes theoretisches Wissen und legitimiert seine Aktivitäten umfassend und detailliert über die globalen Nachhaltigkeitsziele der Vereinten Nationen. Die StadtteilGärten distanzieren sich vom Nachhaltigkeitsbegriff, nutzen ihn dann aber doch, allerdings nur in der reduzierten Form der ökonomischen Nachhaltigkeit, die sich in der Macht sozialwirtschaftlicher und gemeinwesenorientierter Belange ausdrückt. Die WOGE Nordstadt kennt das Drei-Säulen-Modell einer ökonomischen, ökologischen und sozialen Nachhaltigkeit und kann die eigene Arbeit auch entsprechend dieser Säulen deklinieren, ohne dieses Konzept allerdings zu einem tragenden Ziel zu machen. Das Historische Museum Hannover gibt offen seine Unwissenheit gegenüber dem Konzept zu und versteht es, wenn überhaupt, ausschließlich als »beständige« Besucherbindung. Die theoretisch umfassendste und komplexeste Vorstellung von Nachhaltigkeit hat das Staatstheater Hannover, das nicht nur die vierte und übergeordnete Dimension einer Kultur der Nachhaltigkeit und deren Vermittlung kennt und detailliert ausführen kann, sondern zudem über umfassende Erfahrungen in der Kooperation mit dem Agenda 21- und Nachhaltigkeitsbüro Hannover und dem Institut für Nachhaltigkeitsforschung Potsdam sowie in der Nachhaltigkeitszertifizierung der eigenen Organisation verfügt. Die Zukunftswerkstatt Ihme-Zentrum hat ebenfalls eine multidimensionale Vorstellung von Nachhaltigkeit (in der Stadt), zunächst einmal in der ökologischen Dimension der Eigenproduktion erneuerbarer Energie, dann aber auch als Kultur der Nachhaltigkeit, als Vermittlung der Realen Utopie eines umgestaltbaren Ihme-Zentrums als Symbol für die realisierte Möglichkeit einer umfassenden nachhaltigen Stadtentwicklung. Der Repräsentant von »Mein Hannover 2030« hat ebenfalls eine komplexe Vorstellung von Nachhaltigkeit, wenn er sie auch nicht als einzelnes Handlungsfeld im Stadtentwicklungskonzept, sondern als alles umfassendes Querschnittsthema ausweist, und sie dabei aus der Ecke des Säulen-Modells herausholt. Sowohl die Nachhaltigkeitsziele der Vereinten Nationen wie die Bildung für eine nachhaltige Entwicklung stehen dabei Pate.

Am umfassendsten ist das Verständnis von Nachhaltigkeit also bei der gemischten Organisationsform des Staatstheaters, aber auch bei dem bürokratisch organisierten städtischen Konzept »Mein Hannover 2030«. Die liberal organisierten Initiativen VEN und die Zukunftswerkstatt Ihme-Zentrum haben ebenfalls komplexe Visionen zu den globalen Zielen einer multidimensionalen Nachhaltigkeit und zur Vermittlung einer Kultur der Nachhaltigkeit. Weitaus weniger umfassend ist hingegen das Verständnis von Nachhaltigkeit bei den bürokratisch geformten Organisationen WOGE Nordstadt, StadtteilGärten und Historisches Museum, aber auch bei der liberalen Organisationsform des Platzprojektes. Organisationsform und Mächtigkeit als Möglichkeitsraum einer nachhaltigen Stadtentwicklung gehen also scheinbar nicht Hand in Hand. Vielleicht lässt sich dies aber weniger aus den Postulaten und Antworten im Interview, sondern vielmehr aus den Tätigkeitsportfolios erklären. Es scheint, dass die Komplexität der gewünschten und langfristig geplanten Nachhaltigkeitsziele mit dem Abstraktionsgrad der Organisationsziele zunimmt, dies gilt zum Beispiel für das Planungskonzept der Stadtentwicklung, aber auch für den VEN und die Zukunftswerkstatt, die sich vor allem der Vermittlung von Nachhaltigkeitsgedanken und -normen verschrieben haben. Sobald das Aktionsspektrum konkreter und lokaler wird, nehmen die Komplexität und die tiefergehende Beschäftigung mit einer nachhaltigen (Stadt-)Entwicklung ab. Deshalb folgt nun zum Schluss ein Plädoyer für eine hybride Organisations-, Denk- und Arbeitsform: Die Realisierung utopischer Ideen bedarf sowohl organisatorischer Ressourcen im Kreativbereich zur Entwicklung wünschbarer Alternativen, als auch im Managementbereich zur Entwicklung umsetzbarer Alternativen. Beide Ebenen dürfen nicht gegeneinander ausgespielt werden, sondern sollten gemeinsam, wenn auch im Arbeitsalltag voneinander getrennt, Einsatz finden, um die Vorteile der ungebundenen Wunschproduktion mit den Vorteilen der dann folgenden Machbarkeits- und Umsetzungsinstanzen zu kombinieren.

DANKSAGUNG

Ich möchte insbesondere meinen ausdrücklichen Dank an meine Mitarbeiterin Julia Barthel für ihre kompetente Mithilfe bei der systematischen Inhaltsanalyse der Interviews mittels ATLAS.ti ausdrücken. Zudem möchte ich die intensiven Master-Seminare zu den Realen Utopien im Rahmen des Moduls »Discourses in Creativity and Sustainability of Cultural Organizations« in den Sommersemestern 2015 und 2016, und die Mithilfe der Studierenden bei der Erhebung der Interviewdaten im Frühjahr und Sommer 2016 nicht unerwähnt lassen.

ANHANG

1. Halbstrukturierter Leitfaden für die Expert*inneninterviews

---

Eingangsfragen nach Wünschen und Träumen:

- Bitte trauen Sie sich, doch einmal das Wünschenswerte Ihrer Initiative zu beschreiben. Spielen Visionen eine Rolle? Was würden Sie sich für Ihre Initiative erträumen, wenn alles möglich wäre?
- Was können Sie sich davon als machbar vorstellen, wenn die Bedingungen hier besser wären, als sie sind? Gibt es vielleicht Vorbilder, auf die Sie sich hier beziehen könnten?
- Wie reagiert die Öffentlichkeit oder die Politik auf Sie? Wo müssen Sie von Ihren Visionen bei der Realisierung Abstriche machen? Was sind die Grenzen?

Fragen nach dem Anderssein:

- In Ihren Darstellungen beschreiben Sie ja Ihre Ziele, und Ihre Wege dahin. Was wäre daran alternativ oder visionär? Unterscheidet es sich von der gängigen Praxis?
- Wo denken Sie anders? Was machen Sie anders?
- Spielt der Ort, an dem Sie hier arbeiten und leben, eine wichtige Rolle in ihrem Anderssein?
- Schafft Ihre Initiative Räume des Experimentierens, in denen man auch mal scheitern kann, ohne dafür zahlen zu müssen?

Fragen nach den Grenzen des Handelns:

- Haben Sie schon Pläne oder Vorstellungen für die Zeit nach Ihrer Förderung (wenn Sie gefördert werden)?
- Wie werden Sie mit Ihrer Initiative in Zukunft überleben bzw. wachsen können?
- Verstehen Sie Ihre Initiative als hilfreich für diese Straße, diesen Stadtteil, für Hannover, oder darüber hinaus?
- Kann jede/r mitmachen, wie er/sie will? Gibt es Regeln bei der Aufnahme und beim Mitmachen in der Initiative?
- Kann man auch nur kurze Zeit mitmachen, z. B. für ein Fest?
- Welche Öffentlichkeit sprechen Sie an? Wie? Oder vermeiden Sie eine zu breite Ansprache?

Fragen zum wechselseitigen Einfluss von Initiative und Ort:

- Möchte Ihre Initiative den Ort oder Stadtraum verändern, in dem sie wirkt? Kann sie dies? Wie?
- Wenn wir von Utopien und Wünschen sprechen über Dinge, die verändert werden müssten – was wären diese Wünsche hier für diesen Ort?
- Wollen Sie diese Straße, den Stadtteil, die Stadt oder, darüber hinaus das Land verändern?

Fragen nach Inhalt und Intensität der Kritik an bestehenden Verhältnissen:

- Was kritisiert die Initiative an den gegenwärtigen Verhältnissen (hier, bzw. darüber hinaus)?
- Gibt es da unterschiedliche Meinungen in der Initiative?
- Gibt es Widerstand von außen? Erzeugt Kritik Gegenkritik?

Fragen nach den Zwängen der Pragmatik und Institutionalisierung:

- Wie finanzieren Sie sich?
- Wie verläuft die Zusammenarbeit mit den Förderern? Müssen Sie sich anpassen?
- Geraten Sie manchmal an die Grenzen der Leistungsfähigkeit?
- Wie und durch wen würden Sie optimal gefördert werden? Was würden Sie sich da wünschen?
- Wie ist das Verhältnis zur Kommunalpolitik?

Fragen nach dem Demokratie- und Partizipationsverständnis:

- Können Sie uns einen Eindruck der Zusammensetzung Ihrer Initiativen geben?
- Wo kommen Sie her (Wohnort)?
- Sind Sie eine relativ feste Gruppe mit ständigen Teilnehmern oder variieren die Teilnehmer? Muss man sich anmelden?
- Wer plant, entwickelt und organisiert die nächsten Veranstaltungen bzw. Schritte?
- Wie wird die Teilnahme organisiert, gibt es klare Aufgabenverteilungen oder Anweisungen?

Fragen nach der Realisierbarkeit oder Utopie von Nachhaltigkeit:

- (Falls wir das Thema der Nachhaltigkeit als Ziel noch nicht angesprochen haben:) Spielt Nachhaltigkeit in Teilen oder als Ganzes eine Rolle für Ihre Initiative? Wie wichtig sind Ihnen Ziele der Nachhaltigkeit?
- Was verstehen Sie unter Nachhaltigkeit?
- Sind Ihnen mögliche Ziele der nachhaltigen Stadtentwicklung bekannt?
- Sind diese Ziele für Sie eher utopische Visionen oder realistische Orientierungspunkte Ihres Handelns?
- Unter »Kulturen der Nachhaltigkeit« kann man vieles verstehen. Was verstehen Sie darunter?
- Gemeinhin versteht man darunter die Förderung von Offenheit und Toleranz, Gleichheit und Gerechtigkeit, Empathie und Freiheit, um nur einige Werte zu nennen. Wären dies auch die Merkmale, die Sie am ehesten mit dem Begriff »Nachhaltigkeit« in Verbindung bringen?

2. Kode-Dokumenten-Tabelle (Häufigkeit der 35 wichtigsten Kodes, nach Fällen getrennt)

	WOGE Nordstadt	WOGE%	VEN	VEN%	PLATZprojekt	PLATZ%	Staatstheater	Staatstheater%	Historisches Museum	Historisches Museum%	Ihme Zentrum	Ihme Zentrum%	Stadtteilgärten	Stadtteilgärten%	Mein Hannover	Mein Hannover%	Summe	Summe%
Barrieren	11	6,6	24	6,2	11	5,1	42	6,4	26	7,2	21	4,2	9	6,7	4	2,6	148	5,8
Kritik	5	3,0	27	7,0	6	2,8	33	5,0	13	3,6	29	5,8	4	3,0	3	2,0	120	4,7
Wünschbarkeit	4	2,4	26	6,8	12	5,6	25	3,8	20	5,6	25	5,0	2	1,5	5	3,3	119	4,6
Partizipation	6	3,6	7	1,8	5	2,3	31	4,7	20	5,6	13	2,6	6	4,5	14	9,2	102	4,0
Umsetzbarkeit	9	5,4	16	4,2	7	3,2	18	2,7	12	3,3	12	2,4	8	6,0	16	10,5	97	3,8
Stadt Hannover	5	3,0	2	0,5	13	6,0	25	3,8	26	7,2	16	3,2	7	5,2	2	1,3	96	3,7
Kreativität	5	3,0	7	1,8	7	3,2	23	3,5	11	3,1	31	6,2	5	3,7	6	3,9	95	3,7
Kooperation	8	4,8	15	3,9	8	3,7	32	4,9	4	1,1	15	3,0	2	1,5	4	2,6	88	3,4
Zielgruppe	3	1,8	5	1,3	8	3,7	35	5,3	15	4,2	11	2,2	5	3,7	1	0,7	83	3,2
Möglichkeitsraum	4	2,4	3	0,8	9	4,2	29	4,4	10	2,8	15	3,0	9	6,7	3	2,0	82	3,2
Nachhaltigkeit	5	3,0	15	3,9	3	1,4	25	3,8	5	1,4	13	2,6	5	3,7	9	5,9	80	3,1
Gängige Praxis	2	1,2	20	5,2	6	2,8	15	2,3	15	4,2	15	3,0	2	1,5	1	0,7	76	3,0
Machbarkeit	3	1,8	15	3,9	4	1,9	20	3,0	9	2,5	13	2,6	2	1,5	9	5,9	75	2,9
Werte	9	5,4	9	2,3	8	3,7	25	3,8	5	1,4	12	2,4	4	3,0	2	1,3	74	2,9
Anderssein	3	1,8	11	2,9	8	3,7	23	3,5	10	2,8	12	2,4	3	2,2	2	1,3	72	2,8

	WOGE Nordstadt	WOGE%	VEN	VEN%	PLATZprojekt	PLATZ%	Staatstheater	Staatstheater%	Historisches Museum	Historisches Museum%	Ihme Zentrum	Ihme Zentrum%	StadtteilGärten	StadtteilGärten%	Mein Hannover	Mein Hannover%	Summe	Summe%
Organisationsstruktur	3	1,8	17	4,4	6	2,8	20	3,0	14	3,9	8	1,6	3	2,2	0	0,0	71	2,8
konkrete Aktion	0	0,0	11	2,9	2	0,9	25	3,8	21	5,8	8	1,6	1	0,7	1	0,7	69	2,7
Kommunikation	1	0,6	11	2,9	5	2,3	11	1,7	19	5,3	11	2,2	2	1,5	6	3,9	66	2,6
sozialer Wandel	3	1,8	23	6,0	4	1,9	13	2,0	11	3,1	7	1,4	2	1,5	3	2,0	66	2,6
Offenheit	0	0,0	6	1,6	5	2,3	17	2,6	10	2,8	21	4,2	5	3,7	2	1,3	66	2,6
Engagement	16	9,6	14	3,6	6	2,8	12	1,8	8	2,2	6	1,2	1	0,7	1	0,7	64	2,5
Politik	3	1,8	20	5,2	4	1,9	9	1,4	0	0,0	15	3,0	3	2,2	7	4,6	61	2,4
Ort	2	1,2	6	1,6	6	2,8	13	2,0	6	1,7	24	4,8	3	2,2	1	0,7	61	2,4
Gemeinschaft	11	6,6	10	2,6	8	3,7	15	2,3	1	0,3	7	1,4	8	6,0	0	0,0	60	2,3
Bedingungen	4	2,4	11	2,9	4	1,9	18	2,7	10	2,8	5	1,0	5	3,7	1	0,7	58	2,3
Förderung	6	3,6	4	1,0	10	4,6	14	2,1	3	0,8	15	3,0	6	4,5	0	0,0	58	2,3
Finanzierung	10	6,0	4	1,0	11	5,1	8	1,2	4	1,1	11	2,2	6	4,5	3	2,0	57	2,2
Experiment	2	1,2	7	1,8	8	3,7	13	2,0	8	2,2	14	2,8	1	0,7	2	1,3	55	2,1
Image	1	0,6	0	0,0	5	2,3	10	1,5	12	3,3	21	4,2	4	3,0	2	1,3	55	2,1

	WOGE Nord-stadt	WOGE%	VEN	VEN%	PLATZ-projekt	PLATZ%	Staats-thea-ter	Staats-thea-ter%	Histori-sches Museum	Histori-sches Mu-seum%	Ihme Zen-trum	Ihme Zen-trum%	Stadt-teilGär-ten	Stadt-teilGär-ten%	Mein Han-nover	Mein Hanno-ver%	Sum-me	Sum-me%
Bewoh-ner*in	12	7,2	4	1,0	4	1,9	10	1,5	10	2,8	12	2,4	2	1,5	1	0,7	55	2,1
Verantwor-tungsüber-nahme	6	3,6	10	2,6	4	1,9	15	2,3	5	1,4	11	2,2	4	3,0	0	0,0	55	2,1
Gesell-schaft	2	1,2	17	4,4	4	1,9	15	2,3	3	0,8	9	1,8	1	0,7	0	0,0	51	2,0
Stadtent-wicklung	2	1,2	1	0,3	0	0,0	3	0,5	3	0,8	22	4,4	0	0,0	18	11,8	49	1,9
Stadtver-waltung	1	0,6	0	0,0	0	0,0	4	0,6	4	1,1	11	2,2	3	2,2	22	14,4	45	1,8
Vernet-zung	0	0,0	7	1,8	5	2,3	13	2,0	6	1,7	8	1,6	1	0,7	2	1,3	42	1,6
Summe	167	100,0	385	100,0	216	100,0	659	100,0	359	100,0	499	100,0	134	100,0	153	100,0	2571	100,0

LITERATUR

Bloch, E. (1985). Werkausgabe: Band 5: Das Prinzip Hoffnung. Suhrkamp, Frankfurt a. M.

Burawoy, M. (2016). On Public Sociology. In Soziologie Magazin. http://burawoy. berkeley.edu/Biography/Interview.Sociologie%20Magazin.pdf, 2016.

DiMaggio, P. & Powell, W. W. (1983). The iron cage revisited. Collective rationality and institutional isomorphism in organizational fields. American Sociological Review 48 (2): 147–160.

Foucault, M. (1993). Andere Räume, in Barck, K. u. a. (Hg.) Aisthesis: Wahrnehmung heute oder Perspektiven einer anderen Ästhetik; Essais. Reclam. S. 34–46.

Friese, S. (2014). Qualitative data analysis with ATLAS. ti. Sage.

Gläser, J. & Laudel, G. (2010). Experteninterviews und qualitative Inhaltsanalyse. Springer-Verlag.

Hilger, H. (1985). Marketing für öffentliche Theaterbetriebe. Lang.

Jaffee, D. (2001). Organization Theory. Tension and Change. McGraw-Hill: New York.

Kagan, S., Hauerwaas, A., Holz, V./& Wedler, P. (2018). Culture in sustainable urban development: practices and policies for spaces of possibility and institutional innovations. City, Culture and Society, 13, 32–45.

Kelle, U. & Kluge, S. (2010). Vom Einzelfall zum Typus. Fallvergleich und Fallkontrastierung in der qualitativen Sozialforschung. Wiesbaden: Springer VS Verlag für Sozialwissenschaften.

Kirchberg, V. (2011). Zur gesellschaftlichen Legitimität von Museen: Stephen E. Weils Beitrag zur Debatte, in: Gemmeke, C. & Nentwig, F. (Hg.), Die Stadt und ihr Gedächtnis. Zur Zukunft der Stadtmuseen. transcript, S. 27–44.

Kuhnert, J. & Leps, O. (2017). Neue Wohnungsgemeinnützigkeit: Wege zu langfristig preiswertem und zukunftsgerechtem Wohnraum. Springer VS Verlag für Sozialwissenschaften.

LHH (Landeshauptstadt Hannover) (2014). Ihme-Zentrum Sachstandsbericht. Landeshauptstadt Hannover. https://e-government.hannover-stadt.de/lhhSIMwebdd. nsf/1C5C2DFFA4C3D5E7C1257FC5002001F0/$FILE/1367-2016_Anlage1.pdf.

LHH (Landeshauptstadt Hannover) (2015). Die Ergebnisse des Stadtdialogs – Matrix. Alle Beiträge: gesammelt, gebündelt, ausgewertet. Landeshauptstadt Hannover. https://www.hannover.de/content/download/569691/13068186/file/Die_ Matrix_2030_Final+Fz.pdf

LHH (Landeshauptstadt Hannover) (2016a). Stadtentwicklungskonzept »Mein Hannover 2030«. Landeshauptstadt Hannover. https://www.hannover.de/content/ download/579921/13343957/file/LHH_Broschuere_Stadtentwicklungskonzept_ 2016_web.pdf [Zugriff 27.03.2018].

LHH (Landeshauptstadt Hannover) (2016b). »Mein Hannover 2030«: Konzept vorgelegt. Landeshauptstadt Hannover. https://www.hannover.de/Service/Presse-Medien/Landeshauptstadt-Hannover/Meldungsarchiv-für-das-Jahr-2016/»Mein-Hannover-2030«-Konzept-vorgelegt [Zugriff 27.03.2018].

LHH (Landeshauptstadt Hannover) (2017). Armut in Zahlen 2017. Situation, Entwicklung, Handlungsansätze. Landeshauptstadt Hannover. https://www.hanno ver.de/content/download/681971/16438431/file/2414-2017+-+Armut+in+Zahlen +2017.pdf.

LHH (Landeshauptstadt Hannover) (2018). Mein Hannover 2030: Das Arbeitsprogramm. Landeshauptstadt Hannover. https://www.hannover.de/Leben-in-der-Region-Hannover/Politik/Bürgerbeteiligung-Engagement/Mein-Hannover-2030/Das-Arbeitsprogramm.

Mannheim, K. (2015 [1929]). Ideologie und Utopie. Vittorio Klostermann Verlag.

Mayring, P. (2010). Qualitative Inhaltsanalyse. In: Handbuch qualitative Forschung in der Psychologie. VS Verlag für Sozialwissenschaften, S. 601–613.

Neupert-Doppler, A. (2015). Utopie. Vom Roman zur Denkfigur. Schmetterling Verlag: Stuttgart.

Peterson, R. A. & Anand, N. (2004). »The production of culture perspective.« Annual Review of Sociology 30: 311–334.

Pratt, A. C. (2015). Do Economists Make Innovation; Do Artists Make Creativity? The Case for an Alternative Perspective on Innovation and Creativity. Journal of Business Anthropology 4 (2): 235–244.

Rost, S. (2012). Das Mietshäuser Syndikat, in: Helfrich, S.,/Heinrich-Böll-Stiftung (Hg.). Commons. Für eine neue Politik jenseits von Markt und Staat, transcript, S. 285–287.

Shostak, A. B. (2003) (Hg.). Viable utopian visions: shaping a better world. ME Sharpe.

Strübing, J. (2014). Was ist Grounded Theory?, in: Dslb., Grounded Theory. Springer VS Verlag für Sozialwissenschaften, 2014. S. 9–35.

Thompson, P. (2016). What is Concrete about Ernst Block's ›Concrete Utopia‹?, in: Utopia: Social Theory and the Future: 33: 43–56.

Touraine, A. (2000). Society as utopia, in: Schaer, R,/Claeys, G. & Sargent, L. T. (Hg.), Utopia: the search for the ideal society in the western world. New York Public Library, S. 18–29.

Wright, E. O. (2017 [2010]). Reale Utopien. Wege aus dem Kapitalismus. Suhrkamp.

Linden-Nord

Sacha Kagan und Annette Grigoleit

Das folgende Zwischenspiel ist eine imaginative Synthese verschiedener Walks (Transect Walks, Walks with Video und Soundscape-Walks) in Linden-Nord[1].

Wir biegen vom Peter-Fechter-Ufer nach links in Richtung Glocksee-Areal ab und gelangen auf einen Innenhof, der hufeisenförmig aus Backsteingebäuden gebildet wird. Uns begleitet das Geräusch von Skateboarder*innen in einer Halfpipe. Eine Gruppe von Mitarbeiter*innen sitzt an einem Biertisch, eine Frau aus der Gruppe spricht uns an. Eine von uns berichtet kurz von unserem Forschungsprojekt und wir erfahren weiteres über die Räumlichkeiten. Zu dem Komplex gehören noch das Theater an der Glocksee, die Bauteilbörse, eine Turnhalle, 20 bis 30 Proberäume unter dem Innenhof, eine KITA, eine Hausaufgabenbetreuung und ein BMX-Gelände. Die Frau berichtet auch von der Historie der Glocksee, die als Ersatzraum für Besetzungen der 1970er Jahre diente, im Zuge dessen sei auch das UJZ Kornstraße entstanden. Der Innenhof wirkt nicht nur aufgrund der vielschichtigen Nutzungsweisen offen und lebendig, sondern auch durch seine einladende Form, die verschiedenfarbige Gestalt der Wände und das gewachsene Grün. Wandlungen scheinen sich selbstverständlich mit dem Bestehenden zu verbinden und neue Schichtungen zu bilden. Auf einer Außenseite des Gebäudes kommen immer wieder Graffitis hinzu.

Die Grünflächen am Peter-Fechter-Ufer tragen deutliche Züge des Geplanten und wirken zugleich wie ein Belebungsraum für die gegenüberliegende Anlage des Ihme-Zentrums und die menschenleere Uferseite mit vielen Möglichkeiten zur alltäglichen Nutzung und Freiräumen der Gestaltung, insbesondere auch im Hinblick auf den Übergang zur Glocksee. In der Nachmittagszeit eines frühsommerlichen Tages erleben wir das Ufer als einen belebten Ort mit vielen Jugendlichen, die Musik hören und sich sonnen, in der Nähe der Mauern, welche wie mäandernde Bänder in die Wiesenflächen eingezogen sind. Die betonierten Wege sind in geraden Linien angelegt, aber mit Unterbrechungen, Kreuzungspunkten und Richtungswechseln. Auffällig sind auch die konventionellen Holzparkbänke, die keinerlei Sitzplatztrennung aufweisen und somit auch zum Liegen geeignet sind. Diese Art von Bänken ist etwa in Hamburg nicht mehr üblich, um dergestalt das Übernachten auf den Sitzmöglichkeiten zu unterbinden und beispielsweise Obdachlose fernzuhalten und in Folge zu vertreiben. Am Ihmeufer ermöglicht eine gepflasterte Fläche den unmittelbaren Einstieg in die Ihme. Auf der gegenüberliegenden

Seite ankert ein Boot, das vor der Kulisse des Ihme-Zentrums einen Aufmerksamkeitspunkt bildet. Wir können deutlich die Vogelstimmen hören, welche alle paar Minuten von der Geräuschkulisse einer vorbeifahrenden Straßenbahn überlagert werden. Das Hintergrundrauschen der motorisierten Fahrzeuge ist zuweilen so leise, dass wir (was in Hannover ungewöhnlich ist) in der Lage sind, leise Naturgeräusche wie das Summen von Insekten und das Rauschen des sanften Windes vernehmen konnten.

Vor uns erstreckt sich ein weitläufiger, massiver Beton-Gebäudekomplex aus unterschiedlichen Fassadenabschnitten, Farbelementen und Höhenvarianzen wie eine Felswand über der Ihme. Die immensen Ausmaße sind auf den ersten Blick nicht einsehbar. Die Anordnung der einzelnen kantigen, linearen Prinzipien folgenden Teile des Gebäudekomplexes vollzieht die leicht kurvige Form des Flussufers nach. Der Bau stammt vermutlich aus den 1970er Jahren. Wir vermuten eine klassische multifunktionale, autofreundliche Anlage mit Parkhaus, Nahversorgung und anderen Einrichtungen für die Bewohner*innen, wie sie zu jener Zeit üblich waren. Schon von weitem ist eine jahrelange Vernachlässigung des Ensembles zu erkennen. Die begrünten Terrassen am Peter-Fechter-Ufer wirken dagegen neu und gepflegt. Wir überqueren die Fußgänger*innenbrücke, passieren den dunklen, beengten Durchgangsweg durch das Ihme-Zentrum, hören gurrende Tauben, und werden von einigen Fahrradfahrer*innen überholt.

Sobald wir den dunklen Gang verlassen, treffen wir auf eine stark befahrene Straße und einen Verkehrsknotenpunkt, wo Menschenstimmen mit den Geräuschen von Autos, LKW und Bussen konkurrieren und der Anfang der Limmerstraße schon in Sichtweite ist. Die Limmerstraße zieht sich mit diversen Einkaufsmöglichkeiten und gastronomischen Einrichtungen wie eine Lebensader durch Linden-Nord. Bei einem ersten Besuch stellten wir bereits fest, dass hier entgegen unserer Erwartungen nicht nur Läden und Einrichtungen zu erkennen sind, die als erste Gentrifizierungsindikatoren ausgemacht werden können, wie z. B. ein denn's Biomarkt, ein Weinladen, Street-Kitchen, neue Coffeeshops und Geschäfte für Design-(Kinder)Bekleidung und -Inneneinrichtung. Darüber hinaus finden sich ebenfalls Geschäfte, die sich auch an einkommensschwächere und internationale Bevölkerungsgruppen richten und lebhaft frequentiert werden, wie z. B. Läden und Imbisse mit türkischer, italienischer und arabischer Orientierung. So ist die Limmerstraße ein Mix aus neuen und alteingesessenen Einrichtungen und Läden, wie Friseursalons, Blumenläden, Kiosken, Elektrogeschäften, Antiquariaten, Comicshops und nicht zuletzt dem Apollokino.

Die Gebäude sehen dank diverser Graffitis und Urban Art älter, ›dreckiger‹ und lebhafter aus als in Hannover Mitte, und passen gut zu dem lebendigen und vielfältigen Publikum, das die Straße belebt, wo sich jung und alt, lokal und international, arm und vornehm, szenig und trendig, Businessanzüge und Freizeitkleidung vermischen. Fußgänger*innen, Autos und Fahrräder bewegen sich chaotisch aneinander vorbei, und die Radfahrer*innen rasen tagsüber aggressiv durch die Menschenmenge.

Während zweier »Walking with Video«-Spaziergänge begleiteten uns vegane Aktivist*innen durch die Limmerstraße und Seitenstraßen, auf denen sich eine hohe und wachsende Konzentration veganer Angebote findet, welche die sehr aktive vegane Community Lindens unterstützen.

In Linden-Nord gehen wir dann von einem veganen Ort zum anderen, zu kleinen veganen Supermärkten wie »Nature's Food«, veganen Restaurants, veganen Wohnzimmer-Cafés wie »Das Ladencafé Linden-Nord«, Bäckereien wie »Doppelkorn« und sogar zu veganen multikulturellen Fast Food-Läden, d. h. zu den veganen Burgern von »Burgernah« bis zu den vielen fernöstlichen Snacks von »Bei Yildrim's« und »Falafel Sultan« und nicht zuletzt zu Second-Hand-Modegeschäften wie »Frau Schröder«, wobei wir auf unserem Weg mehrere Sticker mit veganer Urban Art auf Laternenpfosten und Straßenschildern bemerken.

Während unserer Feldaufenthalte, z. B. bei Interviewterminen, haben wir das Leben auf dieser stets belebten und betriebsamen Limmerstraße auch gemeinsam mit unseren Praxispartner*innen zu verschiedenen Tageszeiten genossen. Damit verbinden wir Möglichkeiten des Hin- und Herschlenderns und spontanen Wechselns der Straßenseiten, die elastische Verkehrssituation, die vielen Cafés und gastronomischen Angebote, Sitzmöglichkeiten vor Geschäften und das Verweilen im Stehen ohne Konsumnotwendigkeiten, Sphären der Lebendigkeit und Leichtigkeit, Präsenz und Begegnungsmöglichkeiten unterschiedlicher Stadtbewohner*innen, das »limmern« als abendliche Kiez-Geselligkeit und die Begegnung mit einer Performance-Group auf dem Gehweg, die sinnfällig Werbung für das nächste Theaterstück machte.

Ganz am Ende der Limmerstraße liegt das Freizeitheim Linden und dahinter befindet sich in einer Grünfläche, die direkt an den Westschnellweg grenzt, der Pagalino, der Palettengarten Linden-Nord. Wir laufen auf das Gartengelände zu, eine Gruppe von drei Männern und einer Frau verweilt dort auf einer Sitzgruppe. Eine Schautafel vor einem kleinen Bauwagen informiert über diverse Veranstaltungen wie auch über die Verhaltensregeln des Gartens. Wir laufen über die Grünfläche, die Holzhochbeete sind zu Kreisen angeordnet und mit den Namen der Besitzer*innen beschriftet, zwischendrin befinden sich vereinzelt Sitzgelegenheiten, teils selbstgebaut, Paletten und ähnliches. Vor allem scheint dort Gemüse angebaut zu werden, einige Beete wirken auch verwaist.

Zurückgekehrt zur Limmerstraße lassen wir diese hinter uns und bewegen uns in nordöstlicher Richtung. Wir kommen in eine ruhigere, grünere Wohngegend mit viel weniger Menschen auf der Straße, weniger Autoverkehr, nach und nach weniger Graffitis und vergleichsweise ›saubereren‹ und langweiligen Gebäuden. Vorgärten lassen das Gefühl bürgerlicher Mittelschichtverhältnisse entstehen, ganz im Gegensatz zum Rest des Viertels. Am Ufer der Ihme-Leine-Mündung begegnen uns viele Sporttreibende und es fühlt sich so an, als ob wir die Hektik der Stadt dank der entspannenden Geräusche des Wassers hinter uns gelassen haben.

Ein erster Blick auf die Adresstafel des Kulturzentrums Faust gibt Auskunft über die Vielzahl und Bandbreite der dort ansässigen Vereine, Initiativen und Einrichtungen. Unter anderem sind dort der Wissenschaftsladen, die Tagesgruppe Löwenzahn, das Kurdenkomitee, Kargah e. V. oder das Radio Flora untergebracht. Durch die beschrankte Hofeinfahrt gelangen wir auf das Gelände, gehen an einer Metallwerkstatt und der 60er-Jahre-Halle für Kunst vorbei, auf der linken Seite des Hofes sind nebst anderem eine Tangoschule, das Ingenieurbüro Energiekontor Hannover und eine Tischlerei angesiedelt. Auch über Grünpflanzen, die mit den Backsteingebäuden verwachsen sind, sowie über offen stehende Türen wird das gewachsene und offene Gefüge von unterschiedlichen Initiativen und Einrichtungen spürbar, welches zugleich auch von und mit Veränderungen lebt. An einem

Fenster lehnt ein Schild mit der Aufschrift »Keine Kippen in die Blumen, fühlende Blumen«. Fahrräder sind an verschiedenen Punkten locker an die Wände gelehnt und nicht in starren Gefügen angeschlossen.

Am Ende des Innenhofes, der auf die Leine trifft, ist der Biergarten Gretchen gelegen, wo wir eine Pause machen. Das Publikum ist ebenfalls sehr heterogen, zwei studentisch wirkende Gäste (Mitte 20), ein Paar (Mitte 30), eine männliche Dreiergruppe (um die 50), eine größere Gruppe unterschiedlichen Alters mit Kleinkind. Im Gang zur Toilette befindet sich ein sogenannter »Kunstautomat«, an dem man gegen ein kleines Entgelt Kunst ziehen kann. Während unseres Aufenthalts werden an der Biergartenmauer professionelle Fotoaufnahmen eines Models gemacht.

Wir gehen weiter entlang der Leine. Als wir über die Dornröschenbrücke kommen, welche die Leine in Richtung Nordstadt überquert, passieren wir kleine Gruppen auf der Brücke, gesellig zusammensitzend und miteinander entspannend. Der Blick auf das Wasser, auf Wassersportaktivitäten, auf das benachbarte Faustgelände und auf das Grün rundherum lädt uns zum Verweilen und Genießen der entspannten Atmosphäre ein. Paradoxerweise mischen sich Geräusche laut zwitschernder Vögel und zuweilen des Windes in den Bäumen mit dem eher lauten und beständig mechanischen Summton der Autos, die in der Nähe und zumeist versteckt hinter Bäumen auf einer Hochstraße (Westschnellweg) in unmittelbarer Nähe auf der Nordstadt-Seite kreisen. Uns wird gesagt, dass die Brücke nicht nur ein Durchgangspunkt für viele Wanderer*innen und Radfahrer*innen ist und als beliebter Ort zum Sitzen und Sonnenbaden einlädt, sondern dass hier auch eine traditionelle »Gemüseschlacht« stattfindet, mit welcher die halb-ernsthaften Rivalitäten und Spannungen zwischen den benachbarten Stadtvierteln Linden und Nordstadt ausgetragen werden.

Aber wohin auch immer wir uns in Linden bewegten, wurden wir uns, wenn wir darauf achteten (und insbesondere beim Anhören der Audio-Feldaufnahmen), eines lauten Hintergrundgeräusches bewusst. Dieses war allgegenwärtig und ließ nur selten einen Klangraum für detailliertere und subtilere Geräusche, und wurde oft von dem unterschwelligen Gefühl einer gleichzeitig vertrauten und betäubenden Monotonie begleitet. In den von Fußgänger*innen und oft kommerziell genutzten Bereichen war es das Stimmengewirr scheinbar unendlich vieler Gespräche, welches dieses dominante Hintergrundgeräusch ausmachte. In fast allen anderen Bereichen herrschte das breitbandige, gleichbleibende Geräusch motorisierter Fahrzeuge vor, welches in Grüngebieten oftmals eine Ergänzung im lauten, mit dem Verkehrslärm konkurrierenden Zwitschern der Vögel fand. Wann immer der Autoverkehr nachließ, nahmen wir wahr, dass die Klanglandschaft alsbald vom Lärm der Züge und Straßenbahnen überlagert wurde. Die einzigen Geräusche, die aus dieser starren Form hervorbrechen konnten, waren zumeist das laut kreischende Geräusch von Sirenen und weinenden Kindern und andere laute Klänge in hoher Tonlage, wie Lachen oder Kirchenglocken.

ANMERKUNGEN

1 | Für dieses Zwischenspiel haben wir auch auf verschiedene Notizen von Patricia Wedler, Volker Kirchberg, Lena Greßmann und Schulamith Pieper zurückgegriffen.

Ein Spaziergang durch Hannover-Mitte

Sacha Kagan

Dieses letzte Zwischenspiel verknüpft, vermischt und verwischt mehrere Erfahrungen der Spaziergänge durch Hannover-Mitte, das etliche Transect Walks, Videowalks und wiederholte ethnografische Beobachtungen (inklusive einiger teilnehmender Beobachtungen) durch mich, Kolleg*innen und Student*innen in diesem hyperzentralen Stadtteil von Hannover umfasst.

Ankunft in Hannover: Wieder und wieder ist das der erste Eindruck von Hannover, wenn wir mit dem Zug anreisen: Wir kommen am Hauptbahnhof an, der in sich ein großes Geschäftszentrum bildet, und diese Einkaufszone setzt sich draußen in beiden Richtungen mit kommerziellen Fußgängerzonen fort (in Richtung Kröpcke ebenso wie in Gegenrichtung des Lister Platzes), umgeben von großen Indoor-Geschäftszentren. Wir sehen und erkennen die üblichen standardisierten Geschäfte und Marken und die geschäftigen Scharen von Käufer*innen, an Einkaufsmeilen in jedem beliebigen anderen Stadtzentrum eines Industrielandes erinnernd.

Für einige Besucher*innen mag sich dieser erste Eindruck vielleicht nie wirklich ändern, und so ist es nicht verwunderlich, dass Hannover-Mitte keine lebhaften Erinnerungen hinterlässt, sondern eher die an eine unauffällige, langweilige Umgebung, geprägt von einer von betondominierten, faden Nachkriegsarchitektur. Als regelmäßiger Besucher, der wiederkehrend an diesen Geschäftsstraßen vorbeiging, nahm ich sie anfangs lediglich als einen Übergangsraum wahr, als Fläche, die es auf dem Weg zu »authentischeren« Teilen Hannovers zu durchqueren galt. Aber fast jedes Mal, wenn ich diese Straßen passierte, genoss ich es, die bunte Masse von Konsument*innen, Berufstätigen und Passant*innen wahrzunehmen, die bunten Luftballons, die immer derselbe Mann unabänderlich auf den Straßen feilbietet, die Leute, die in einigen Cafés relaxen, und die wenigen Punks, Obdachlosen und andere »weniger ordentliche« Nutzer*innen dieser ansonsten als »Straßen ohne Eigenschaften« anmutenden Wege. Für wild wucherndes pflanzliches Leben lässt die perfekte Straßenpflasterung allerdings keinen Raum.

Mehrmals kam ich am »Kröpcke« vorbei, einer Kreuzung aus mehreren Fußgängerzonen, deren Mittelpunkt eine ikonische Uhr bildet, die »Kröpcke-Uhr«, welche nicht nur Mini-Kunstausstellungen beherbergt, sondern vor allem eine Art Gravitationszentrum ist, umgeben von gebannten Satelliten, wie das eingefrorene kleine Modell einer Asteroidenwolke rings um einen festen Planetenkern: Die Kröpcke-Uhr wird von Einheimischen und Besucher*innen als Treffpunkt inmitten dieser größten Fußgängerzone Hannovers genutzt. Ich bemerkte oft, dass nur eine kleine Minderheit von ihnen der Uhr (und der Kunst, die sie ausstellt) oder den vielen anderen Menschen, die ebenfalls auf jemanden warteten, auch nur die geringste Aufmerksamkeit schenkte. Diese Szenerie ist auf der einen Seite von Menschen gesäumt, die an den Tischen und Stühlen des Cafés (welche einen Teil des öffentlichen Platzes einnehmen) sitzen, und von U-Bahn-Aufgängen. Auf allen anderen Seiten wird sie von den vielen anderen umgeben, die sich in unterschiedlich schnellem Tempo vorbei bewegen, ob Tourist*innen, Shopper*innen, Berufstätige oder Durchreisende. Menschen, entspannt dasitzend, (un)geduldig auf ein Date wartend, scheinbar in innere Gedanken versunken, oder (seltener) auf den künstlerischen Inhalt der Kröpcke-Uhr blickend, vermischen sich an einem Ort, der immer noch von seiner kommerzialisierten Umgebung dominiert wird.

Oft kam ich auch am »Steintor« vorbei, einem großen öffentlichen Platz und Drehkreuz verschiedenster Art: Von der großen Fußgängerzone kommend, gelangte ich immer wieder an diesen halbkreisförmigen Platz, wo viele Menschen und Dinge zueinanderfinden, oder die meiste Zeit nur schnell nebeneinander her fließen: Lotrecht zum Strom von Fußgänger*innen und Fahrrädern sind U-Bahn-Aufgänge und eine stark von Autos befahrene Straße. Doch vor diesem senkrechten Bruch öffnet der Steintorplatz seinen halbkreisförmigen Raum wie die Bühne eines Amphitheaters (allerdings eine ohne separaten Sitzplatz für das Publikum). Jedes Mal, wenn ich am Steintor vorbeiging, machte ich mir Gedanken über die möglichen Nutzungsweisen dieses expliziten und wirksamen öffentlichen zentralen Raums ... (und, wie weiter unten zu lesen ist, habe ich bald mehr über einige der tatsächlichen Nutzungsweisen herausgefunden). In der Zwischenzeit konnte ich eine typische, sehr urbane interkulturelle und inter-subkulturelle Vielfalt an Geschäften und Aktivitäten rund um diesen Platz bemerken, nämlich: Fast Food-Restaurants mit den größten US-amerikanischen Burger-Marken, mehrere türkische und deutsche Restaurants und Bäckereien und Hannovers Rotlichtviertel mit mehreren Sex-Clubs und Sex-Kinos. Auf der anderen Straßenseite ein zeitgenössisches Kunstmuseum zwischen einem Elektronikladen und spezialisierten Lifestyle-Boutiquen (ob für Skates, Drohnen oder Shishas) und dem schönen historischen Gebäude der Hannoverschen Allgemeinen Zeitung (und, vom Steintor aus erkennbar, ein Stück die Straße hinunter ein glänzendes modernes Gebäude von Frank Gehry). Diese Vielfalt vermittelte mir immer wieder ein lebendigeres Stadtgefühl als die standardisierten Geschäftsstraßen zwischen Steintor und Hauptbahnhof. *Jetzt* war ich in der Stadt angekommen.

Eine weitere Begegnungsstätte, die ich in Hannover-Mitte bemerkte, wird von vielen Einheimischen (die in der Nähe arbeiten oder wohnen) genutzt: der sehr gedrängte Innenraum der »Markthalle«, nicht weit von Hannovers winziger rekonstruierter »Altstadt« (auch in Mitte befindlich) entfernt. Die Markthalle ist ein Gastronomiebereich, in dem sich eine Menge kleiner Restaurants, Bäckereien und Essensstände einquartiert haben. Hier konnte ich viele Stammgäste sehen, die zum Mittagessen kamen und in diesem Raum Kontakte knüpften. Die Gegend Mitte präsentierte sich generell in einem unvermittelten Nebeneinander von Wohnen, Geschäften und Innenstadt.

Während einer unserer Transect Walks sahen wir vor dem Neuen Rathaus klassischerweise viele geparkte Fahrräder, Autos und Motorräder. Leute in Anzügen gingen vorbei. Auf dem konstruiert wirkenden Platz vor dem Rathaus (Trammplatz) waren keine Menschen am Springbrunnen, auf den Stufen oder den Steinbänken zu sehen. An der südlichen Grenze von Mitte nahmen wir den Maschpark wahr, wo picknickende oder vielleicht einfach nur in ihrer Pause verweilende Menschen auf dem Rasen saßen oder lagen. Einmal gerieten im Park zwei Menschen in das Blickfeld unseres Transect-Walk-Teams, welche mit einem verschmitzten Lächeln aus dem Gebüsch hervorkamen und nahezu unbemerkt wieder mit ihrer Umgebung verschmolzen. Ein anderes Mal wurde ich Zeuge einer seltsam surrealen Ansammlung vieler Jugendlicher im Maschpark ... es war der Global Launch von »Pokemon Go«, anlässlich dessen die Handys ihre Besitzer*innen an diesen Ort geführt hatten. Ich erkannte eine Hybridität zwischen körperlicher Halb-Abwesenheit (dem Fokus auf das Gerät geschuldet) und geistiger Halb-Anwesenheit (aufgrund der »augmented reality« virtueller Figuren, die den Maschpark eroberten und die Spieler*innen dazu aufforderten, sie zu »fangen«). Die Szene war zugleich lebendig und irreal, spannend zu erleben, und warf viele Fragen für mich auf.

Einige Räume in Mitte, insbesondere Steintor und Kröpcke, werden von Gruppen mit spezifischen Zielen auch als Möglichkeiten besetzt und genutzt: Es ist genau hier, wo so viele Menschen aus verschiedenen Teilen Hannovers und Menschen von außerhalb aufeinandertreffen und manchmal auch zusammenkommen. Hier kann man auf den Straßen einen großen Querschnitt der hannoverschen Gesellschaft finden und hoffen, sie erreichen zu können. Dies ist eine Chance für politische Gruppen, deren Demonstrationen oft beispielsweise den Raum am Steintor besetzen (einmal stieß ich auf eine große Protestdemonstration gegen ein internationales Freihandelsabkommen). Es ist aber auch eine Chance für kulturelle und künstlerische Gruppen wie KdW und Tante Trottoir, die immer wieder in diesem zentralen Bereich intervenierten und die wir auch im Rahmen von »Videowalks« begleiten konnten. Ob Lena Kussmann, Jonas Vietzke oder Joy Lohmann – diese Künstler*innen gehen so vor, dass sie sowohl die Sinneswahrnehmung auf einige bunte und malerische Details der Orte fokussieren als auch selbst in diesen Räumen mit Aktionen und Installationen intervenieren, und damit neue Lesarten, neue kollektive Erfahrungen und neue Bedeutungen des Raumes eröffnen – zum Beispiel am Kröpcke[1]: Mit Lena, und wie die »Tanten« es schon früher gemacht hatten, konnten wir inmitten der Menschenmenge in der Fußgängerzone extrem langsam gehen, und uns dann unsichtbar fühlen; übersehen, eingehüllt und verschluckt von den Speed-Walking-Konsument*innen, während sich gleichzeitig die eigene Wahrnehmungsfähigkeit für viele kleine Details entfaltete und geschärft wurde. Als wir Lena zuhörten (wie sie an einem kleinen Tisch Tee tranken, darauf wartend, dass sich Passant*innen spontan auf den freien Stuhl zu ihnen setzen würden), und Joy (wie sie ein Bett am Kröpcke aufstellten und sich hineinlegten, mitten am Tag, inmitten der Menschenmenge), konnten wir uns vorstellen, wie Kröpcke als Ort zeitweilig zu einem echten Ort der Begegnung mit anderen werden könnte – ein potenzielles Placemaking für diesen Raum, der sonst als mögliches Gemeingut und »Third Space«[2] spürbar ist, aber dennoch unverwirklicht bleibt. Ein anderes Mal erlebte ich das am Kröpcke, als das Kulturbüro der Stadt die Künstlerin Mansha Friedrich dazu einlud, ihren rosafarbenen flauschigen »Love Tree« (Liebesbaum) neben der Kröpcke-Uhr zu installieren, was einen ganzen Tag lang Auslöser für viele Begegnungen und Gespräche mit Passant*innen war.

Im Gegensatz dazu sind einige andere Räume und Orte von Hannover-Mitte, wie die Markthalle, bereits etablierte Orte der Begegnung (in der Regel eher für konventionelle und Mainstream-Begegnungen), die scheinbar keinen Raum für alternative kulturelle Nutzungen lassen (oder zumindest würden sie eine größere Herausforderung für Künstler*innen darstellen, die versuchten, dort zu intervenieren). Die Markthalle vermittelte mir bei wiederholten Besuchen eine deutlich traditionellere, kleinbürgerliche Atmosphäre, ohne Anklänge der sozial-ökologischen alternativen Lebensstile, wie sie an anderer Stelle in diesem Buch zu finden sind und wie ich sie beispielsweise im Film *Hanother* dargestellt habe. Hier (und allgemein in den kommerziellen Räumen von Mitte) muss man wirklich sorgfältig suchen, um einige sozial-ökologische, nachhaltigkeitsgetriebene Geschäfte und Organisationen zu finden. Sie sind in diesem Stadtteil viel seltener vertreten als insbesondere in »Linden« und der »Calenberger Neustadt«. Eine der wenigen möglichen Ausnahmen, über die ich im Zentrum von Mitte stolperte, war der »Fair-Kauf« -Shop, der in starkem Kontrast zu einem gegenüberliegenden großen Primark steht.

ANMERKUNGEN

1 | Eine kurze Beschreibung von Tante Trottoirs Interventionen am Steintor findet sich im vierten Kapitel dieses Bandes.

2 | »Third Space« ist ein Raum echter Interaktion mit der Differenz, wie von Ray Oldenburg in seinem gleichnamigen Buch diskutiert.

Abschluss

Kapitel 7

Perspektiven der nachhaltigen Stadtentwicklung

Übereinstimmungen, Diskordanzen und Empfehlungen

Volker Kirchberg und Sacha Kagan

In diesem Band haben wir uns gemeinsam aus unterschiedlichen disziplinären Perspektiven mit der nachhaltigen Stadtentwicklung befasst und dazu künstlerisch-kreative und sozial-ökonomische Projekte und Initiativen, aber auch größere Einrichtungen zum Beispiel der Stadtverwaltung erforscht. Dabei wurde deutlich, dass sich hier eine Vielzahl von Akteur*innen einer nachhaltigen Stadtentwicklung zu diversen Themen bei Heranziehung heterogener Wertorientierungen unter unterschiedlichsten Rahmenbedingungen in der Gegenwart und für die Zukunft zuwenden. Die Spannweite der Aktivitäten reicht von der Abkehr eines wachstumsorientierten Wirtschaftens über die Schaffung und Verfestigung von Netzwerken und Kooperationen, der Stärkung von Partizipation und Bürgerbeteiligung, der Vermittlung von Werten und ethischen Handlungsweisen bis hin zur Realisierung ökologischer, sozialer, kultureller und alternativ-ökonomischer Zielvorstellungen. Hannover erweist sich als ein Ort mit einer sehr aktiven und vielfältigen Projektlandschaft mit der Forderung nach und der Realisierung von urbaner Nachhaltigkeit.

Nicht wenige Akteur*innen gehören dabei der vereinten Governance-Ebene aus Stadt und Zivilgesellschaft an; kommunale Stellen der Stadtverwaltung agieren so zum Beispiel häufig als Schnittstellen zivilgesellschaftlicher Netzwerke. Unter den Akteur*innen konnten wir »institutionelle Entrepreneure« oder »Entrepreneure von Konventionen« identifizieren: Diese verändern vorherrschende Regeln und Konventionen dergestalt, dass die Akteur*innen der nachhaltigen Stadtentwicklung nicht nur in Nischen aktiv sind, sondern Strukturen und Prozesse der Stadt als Ganzes nachhaltiger gestalten können. Die meisten Akteur*innen verbleiben jedoch in kleinen Nischen und agieren, wenn überhaupt, nur aus diesen in die Stadt hinein, versuchen also – nicht immer erfolgreich – »Bottom up« auf die strukturelle »Textur der Stadt« einzuwirken.

Trotzdem sind diese Nischen ungeachtet ihrer geringen Reichweite wichtig, denn nur dort können im Experimentieren, im Scheitern und im nochmal Ausprobieren fantasievolle Ideen, neue Technologien und kulturell-kreative Praktiken entdeckt, getestet und weiterentwickelt, und durch den bewussten Bruch routinierter Konventionen Innovation realisiert werden. In diesen spezifischen städtischen Möglichkeitsräumen gibt es schützende Bedingungen des Zusammenlebens und Verhaltens, die es in der gesamten Stadt so (noch) nicht gibt. Möglichkeitsräume schaffen erst eine Umwelt für Serendipität, die eine essentielle Bedingung für das Entwickeln von Innovationen, in diesem Fall für eine nachhaltige Stadtentwicklung, ist.

Viele dieser Bottom-up-Prozesse in den Möglichkeitsräumen werden in der weiteren Stadt nicht wahrgenommen und sind somit nicht wirksam für eine nachhaltige gesellschaftliche Transformation der Stadt als Ganzes. Manche dieser Prozesse zur Förderung von Serendipität und einer sozial-kulturell einfallsreichen Kreativität werden zudem vor ihrer Bewährung mangels Ressourcen vorzeitig beendet, was dazu führt, dass zahlreiche Initiativen und Projektideen längerfristig wirkungslos bleiben. Für ein besseres Verständnis dieser Verläufe und ihrer Hindernisse befassten wir uns deshalb mit der Fähigkeit zur Imagination der Zukunft auf der Mikro-Ebene (Individuen), auf der organisationalen Meso-Ebene (Projekte, Initiativen, Organisationen) und auf der systemischen Makro-Ebene der Stadtgesellschaft. Institutionelle Rahmenbedingungen, Strukturen und Mechanismen auf Mikro-, Meso- und Makro-Ebene verhindern oder fördern die Entwicklung von Einstellungen, Werten und Verhaltensweisen und die Permeabilität dieser Orientierungen und Handlungen zwischen jenen Ebenen.

Zur Analyse dieser Mechanismen in und zwischen den Ebenen suchten wir Eigenschaften von solchen Möglichkeitsräumen, die als zentrale Hebelmechanismen (»leverage points«) für eine nachhaltige Stadtentwicklung gelten können. Kleine Änderungen an diesen ›leverage points‹ können große Veränderungen im System bewirken (Meadows 1999). Für die Transformation hin zu mehr Nachhaltigkeit in der Stadt bedarf es zum einen der Intention des Systems (d. h. entsprechende Einstellungen und Zielvorstellungen) und zum anderen des Designs eines Systems (d. h. Institutionen, welche die Spielregeln des Miteinanders, des Planens und des Formens festlegen) (Abson et al. 2016). In Kombination können Intention und Design bewirken, dass sich das sozioökonomische System in Richtung Nachhaltigkeit verändert. Kreative Imaginationen und kleinteilige Innovationen können die vorherrschende institutionelle Logik bezüglich der Ziele und Umsetzungen einer nachhaltigen Stadtentwicklung verändern, wenn sie von den mächtigen Akteur*innen auf der gesamtstädtischen Ebene wahrgenommen, akzeptiert, verbreitet und letztendlich zu regelmäßigen Praktiken gemacht werden.

Insbesondere künstlerische und kreative Praktiken, die in Möglichkeitsräumen der kleinen Nischen entwickelt werden, haben dabei das Potenzial, vorhandene Einstellungen (Mindsets) und Verhaltensweisen (Worksets) zu verändern. Da sie wegen ihrer Affinität zur Imagination eine besondere Rolle für die gesamtstädtische Etablierung von Ideen spielen, sollten sie durch die Akteur*innen der regierenden und kontrollierenden Regime-Ebene der Stadt unterstützt werden, die in ihren Schlüsselstellungen eine verantwortungsvolle Rolle als Makler*innen, Vermittler*innen und Katalysator*innen haben.

Grundsätzlich bedarf es also zum einen urbaner politischer Bedingungen, welche viele Möglichkeitsräume als Inkubationsräume der Imagination und des Experimentierens für nachhaltige Stadtentwicklungen erlauben, und zum anderen bedarf es Schlüsselmechanismen, welche die umfassende Implementation von Nischen-Ideen und künstlerisch-kreativen Projekten als städtische Praktiken fördern, damit es zu übergreifenden Transformationen der Stadtgesellschaft kommen kann. Die Frage, die wir uns stellen, ist, warum dies im Moment noch zu selten funktioniert. Zur Beantwortung bedarf es einer detaillierten Analyse der Erfolge und Misserfolge in der Kommunikation, der Beratung, der Förderung, der Netzwerke und der Kooperation der existenten Akteur*innen nachhaltiger Stadtentwicklung zwischen Entwicklung und Umsetzung.

Diese Aufgabe unserer Arbeit ist zwar interdisziplinär definiert, für die Arbeitsschritte der einzelnen Teilbereiche wurden aber die disziplinären Kompetenzen der Mitwirkenden genutzt. So sind die in diesem Band zusammengestellten Kapitel aus sozial-, kultur- und wirtschaftswissenschaftlichen Perspektiven entstanden. Wie ergänzen sich nun diese Perspektiven, wo gibt es Übereinstimmungen, wo Diskordanzen?

1. ÜBERLAGERNDE PERSPEKTIVEN DER INSTITUTION

Grundsätzlich gliedert sich dieser Sammelband in zwei große Teile, den Teil »Institution« und den Teil »Imagination«. Nach der Einführung behandeln die ersten zwei Kapitel des Sammelbandes konkrete Akteur*innen in Hannover und die institutionellen Faktoren des lokalen Agierens in einer nachhaltigen und für eine nachhaltige Stadtentwicklung. In diesen Texten stehen sich vor allem Faktoren der »Bottom-up«-Ermächtigung (agency) und der »Top-down«-Strukturierung (structure) gegenüber. Wie können welche Akteur*innen einer nachhaltigen Stadtentwicklung ihre Ideen durchsetzen? Wird die Entwicklung von Wünschen, Ideen und Zielen und die Umsetzung von Strategien und des Machbaren gebremst oder verhindert durch hegemoniale Akteur*innen und strukturelle Mächte, die prioritär eine Logik der Nicht-Nachhaltigkeit verfolgen? Wie sieht diese Logik aus? Warum ist diese Logik der nicht-nachhaltigen Stadtentwicklung noch immer mächtiger als die Logik der nachhaltigen Stadtentwicklung? Unter welchen Bedingungen, mit welchen Faktoren und welchen Instrumenten können Akteur*innen einer nachhaltigen Stadtentwicklung diese dominante Logik der Nicht-Nachhaltigkeit schwächen, und neue Logiken, Regeln, Einstellungen und Praktiken im größeren Rahmen umsetzen? Wie können sie über ihre nischenartigen Möglichkeitsräume hinaus Macht zur Diskursgestaltung in der gesamten Stadtgesellschaft erhalten, sodass sie mittel- bis langfristig eine gesamtgesellschaftliche Transformation zugunsten einer nachhaltigen Stadtentwicklung umsetzen können?

Im ersten Kapitel des Teils »Institutionen« mit dem Titel »Schlüsselfiguren, Innovationen und Mechanismen des Wandels« gehen Antoniya Hauerwaas und Ursula Weisenfeld der Frage nach, ob und wie Innovationen eine Transition zu mehr Nachhaltigkeit bewirken können. Akteur*innen des Wandels sind eingebettet in Institutionen, das sind die formellen und informellen Regeln, die einen Handlungsrahmen geben. Ein solcher Handlungsrahmen ist zum Beispiel die am Shareholder-Value orientierte Marktlogik, die ökonomische Ziele erreichen will – im Gegensatz zu einer an Nachhaltigkeit orientierten Logik, welche soziale und ökologische Ziele in den Blick nimmt. Um eine Transformation der Gesellschaft zu ermöglichen, sind Regeln, die das bisherige nicht-nachhaltige Handeln unterstützen oder sogar logisch erscheinen lassen, zu überwinden. Gerade diese Überwindung stellt ein Paradoxon dar: Wie können Regeln überwunden werden, wenn diese Regeln handlungsleitend sind? Akteur*innen, welche die herrschende institutionelle Logik infrage stellen (also ein entsprechendes Mindset haben) und sich um die Einführung neuer Spielregeln bemühen (d. h., entsprechende Innovationen hervorbringen), werden als ›institutionelle Entrepreneure‹ bezeichnet: Sie setzen ihr nachhaltigkeitsorientiertes Mindset um, wenn sie ihre Ideen und Visionen realisieren, ihre Ideen also zu Taten werden lassen (›Workset‹). Es bedarf aber der Adoption durch weitere Akteur*innen und schließlich der Diffusion in der Stadt, um eine Institutionalisierung neuer Regeln (›Praxis‹) und damit die Transformation zu erreichen.

In Hannover sind zahlreiche Akteur*innen mit einem an Nachhaltigkeit orientierten Mindset aktiv. Sie engagieren sich in verschiedenen Initiativen mit hohem persönlichen Einsatz. Die Akteur*innen kennen sich untereinander, sind aber nicht systematisch miteinander vernetzt. Verwaltungsstellen und -akteur*innen unterstützen an verschiedenen Stellen Veranstaltungen oder auch Initiativen. Allerdings bleiben zahlreiche Implementierungen auf der Stufe des ›Workset‹ und werden nicht zu einer umfassenden Nachhaltigkeitspraxis in der Stadt.

So zeigt das Beispiel der Gemeinwohlökonomie als Alternative zur derzeitigen wachstumsorientierten Ökonomie, dass zwar einige frühe Adoptor*innen dieses alternative Regelwerk annehmen und sogar weitere Adoptor*innen beeinflussen, dass aber der Verbreitung dieser alternativen Logik die herrschende (Markt-)Logik entgegensteht: Institutionelle Entrepreneure sehen sich ›Sachzwängen‹ (eigener Lebensunterhalt) und Legitimitätsgrenzen (Akzeptanz bei Unternehmen) gegenüber, spätere Adoptor*innen haben (noch) nicht das entsprechende Mindset. Die Diffusion einer neuen institutionellen Logik braucht breite Unterstützung durch Politik und Kommunalverwaltung, Medien und lokale Unternehmen. Letztendlich ist hierfür auch eine Bildung für nachhaltige Entwicklung notwendig, um die in vielen Bildungseinrichtungen vorherrschende Marktlogik kritisch zu reflektieren und Alternativen entwickeln zu können.

Das zweite Kapitel zum Teil »Institution« vertieft den Gedanken der Vernetzung und der Kooperation. In »Macht und Potenzial – eine explorative Netzwerkanalyse der Akteur*innen nachhaltiger Stadtentwicklung« fragen Volker Kirchberg und Robert Peper, ob und wie Vernetzung als institutioneller Faktor lokalen Akteur*innen das Handeln für eine nachhaltige Stadtentwicklung erleichtern kann. Auch hier gibt es Bedingungen, die den Change Agents (institutionelle Entrepreneure und Adoptor*innen) der nachhaltigen Stadtentwicklung helfen oder sie bremsen. Die Frage in diesem Kapitel lautet, ob jene Akteur*innen einer nachhaltigen Stadtentwicklung ihre Ideen durch verstärkte Vernetzung und Kooperation besser durchsetzen können, und welchen Grad diese Vernetzung auch angesichts mächtigerer Spieler*innen und Logiken bisher angenommen hat. Nach der Netzwerktheorie kann man annehmen, dass Akteur*innen an Schnittstellen von Netzwerken so viel Einfluss haben können, dass sie die Bedingungen für eine nachhaltige Stadtentwicklung beeinflussen. In der Tat haben insbesondere kommunale Verwaltungsstellen solche wichtigen Positionen; die Akteur*innen der nachhaltigen Stadtentwicklung sind mächtiger und stärker vernetzt, wenn sie solche formal-bürokratischen Organisationen sind. Ob diese formal institutionalisierten Akteur*innen ihre Macht nun für oder gegen eine nachhaltige Stadtentwicklung einsetzen, ist allerdings nicht allein durch die Schnittstellenposition zu erklären. Obwohl andere (nicht-staatliche) Akteur*innen dieses Netzwerkes der nachhaltigen Stadtentwicklung weitaus informeller organisiert und schwächer vernetzt sind, können sie jedoch dann Einfluss auf die Schnittstellen nehmen, wenn es Übereinstimmung über die Werte (Mindset) zwischen allen Akteur*innen gibt. Diese Orientierung wären gemeinsame Ziele und Umsetzungsstrategien einer nachhaltigen Stadtentwicklung, die von allen, den mächtigen und den weniger mächtigen Akteur*innen gleichermaßen, nicht nur vertreten werden, sondern die die Grundlage ihrer kollektiven Identität ausmachen. Eine gemeinsame Identität kann nach White (2012) eine monopolistische Machtausübung der wenigen mächtigen Akteur*innen im Netzwerk verhindern; vielmehr werden diese ihre Macht an den Schnittstellen der Netzwerke solidarisch für alle Netzwerkakteur*innen im Sinne der nachhaltigen Stadtentwicklung einsetzen.

Zentrale Verwaltungseinrichtungen werden von den Akteur*innen deshalb zu wichtigen Schnittstellen gemacht, weil sie Ressourcen wie Wissen oder Gelder vergeben und darüber entscheidungsbefugt sind. Allerdings sollte man vorsichtig sein, von nur einem Netzwerk der nachhaltigen Stadtentwicklung zu sprechen; meistens gibt es mehrere Teilnetzwerke, die weit gestreut und unterschiedlich dicht sind. Zudem sind diese einzelnen Teilnetzwerke in ihren Themen hinsichtlich einer nachhaltigen Stadtentwicklung sehr unterschiedlich; die Akteur*innen und ihre Communities zerbrechen in zahlreiche periphere Kleinstnetzwerke und isolierte, kaum oder gar nicht vernetzte Akteur*innen. Die zentralen Schnittstellen zwischen diesen Netzwerken, die versuchen, alle Akteur*innen zusammenzuhalten, sind zwei kommunale Akteur*innen, welche die Grenzen einzelner Communities überschreiten: das Agenda 21- und Nachhaltigkeitsbüro und die städtische Stadtentwicklungskampagne »Mein Hannover 2030«. Nur über sie konnte sich im Untersuchungszeitraum 2015 bis 2017 ein stärker von Bildungs- und ökologischen Projekten geprägtes Teilnetzwerk mit einem eher von Kultur und Stadtteilarbeit geprägten Teilnetzwerk vernetzen und als Einheit agieren.

Vernetzung und Kooperation werden hier simultan genutzt; beide Begriffe meinen institutionelle Strukturen, die ein Aushandeln der Akteur*innen nachhaltiger Stadtentwicklung im dialogischen Sinne Sennetts (2012) fördern. Nachhaltige Stadtentwicklung ist ein sozialer Prozess, Strategien und Ziele werden durch Kooperation und Kommunikation unter den Beteiligten gefunden. Die dialogische Auswahl der Strategien und Ziele basiert auf der Prämisse, dass es unter den Akteur*innen ein »public trust«, d.h. ein nicht-privates Vertrauen mit gegenseitiger Solidarität (Sennett 1998), und einen »public conduct« (Blokland 2016, 2017), d.h. eine allgemein akzeptierte Betonung von Gleichberechtigung und Machtausgleich, gibt. Sympathie und Vertrauen, gegenseitige Beratung und Solidarität bestimmen den persönlichen Umgang. Der konstruktive Dialog, ohne machtvolle Mechanismen wie die Betonung der Ressourcenabhängigkeit oder die Dominanz einzelner wird ermöglicht, weil alle Teilnehmer*innen des Netzwerkes eine feste und doch informelle Kultur mit moralischen Wertvorstellungen haben (Giuffre 2013). Dieser Code des Vertrauens, des »public conducts« und der »Identität« verhindert den Machtmissbrauch. Ein Code der Gemeinsamkeit, der aus dem Austausch von Wissen, Solidarität, Unterstützung und der Fähigkeit zum offenen Verhandeln, zum aufmerksamen Zuhören, zum Dialog und zur Kontinuität von Kooperationen besteht, setzt Energien frei, die dann nicht für den Erhalt der eigenen Macht, sondern für die Entwicklung von Innovationen mit dem Ziel einer multidimensionalen nachhaltigen Stadtentwicklung eingesetzt werden.

Zusammenfassend für den Teil »Institution« lässt sich, um das Vokabular von Hauerwaas und Weisenfeld zu verwenden, eine Wirkungskette vom institutionellen Entrepreneur über die Adoptor*in zur späteren Anwender*in der routinemäßigen Praxis eines neuen Regelwerks der Nachhaltigkeit erkennen. Dabei sind aber auch andere Begriffe möglich: Statt vom »institutionellen Entrepreneur« zu sprechen, der seine Innovationen aus den Nischen heraus auf die Regimeebene der gesamten stadtgesellschaftlichen Makro-Ebene übertragen kann, spricht Kagan in diesem Buch vom »Entrepreneur der Konventionen«, der seine Kreativität im Nischenfeld ausprobiert und im Erfolgsfalle auf die organisatorische Meso-Ebene der Projekte und Initiativen überträgt.[1] Ähnlich, wenn auch nicht völlig übereinstimmend, sprechen Kirchberg und Peper statt von Adoptor*innen von Brokern, die als Schnittstellen im Netzwerk ähnliche wichtige Vermittler- und kommunikative Funktionen ausüben können wie Adoptor*innen. Statt von »Nischen« der Entwicklung neuer Regeln (Mindset) wird auch von »Möglichkeitsräumen« mentaler Art gesprochen: Im Gegensatz zu den Nischen kann man letztere auch auf der Regime-Ebene der Stadt lokalisieren, ein Beispiel ist das Agenda 21- und Nachhaltigkeitsbüro. In diesem Sinne sind Möglichkeitsräume geschützte Experimentierräume auf allen Ebenen, in denen man mit den Regeln der Serendipität kreativ und häufig spielerisch neue Institutionen entwickeln und zur Anwendung (Workset) bringen kann. Solidarische, auf Vertrauen basierende Kooperationen in vernetzten Räumen können die Umsetzung von am Anfang noch kleinen Ideen in umfassende Praktiken ermöglichen. Dies kann wiederum dazu führen, dass neue allgemein anerkannte Konventionen als Regelwerke eine neue Praxis umfassender nachhaltiger Verhaltensweisen und Einstellungen festigen.

2. Überlagernde Perspektiven der Imagination

Imagination ist ein zentraler Begriff für die Entwicklung und die Realisierung urbaner Nachhaltigkeit, denn mit ihr werden nicht nur alternative nachhaltige Zukünfte überhaupt entworfen; sie erweitert auch die Vorstellung darüber, was gewünscht werden kann, was machbar ist, und wie dieses Machbare neu und anders umgesetzt werden könnte.

Das einleitende Kapitel zum zweiten Teil »Imagination«, »kreativ-kulturelle und künstlerische Praktiken für städtische Möglichkeitsräume« von Sacha Kagan, thematisiert Imagination als Basis kultureller und künstlerischer Praktiken zur Vermittlung und zum Probieren urbaner Nachhaltigkeit. Das Fundament ist dabei eine Kreativität, die gleichermaßen aus individuellen, kollektiven und sozialen Merkmalen entsteht. Die Quellen von Kreativität und kulturellen und künstlerischen Praktiken können in physischen, sozialen und mentalen städtischen Möglichkeitsräumen lokalisiert werden, die erst durch Imagination und die Entfaltung des Imaginären zu solchen Orten gemacht werden. Das Imaginäre ist dabei zu-

---

1 | Das Wort »Entrepreneurship« wird hier nicht mit dem Wort »Unternehmertum« über- bzw. gleichgesetzt, da Entrepreneure der Institutionen weitaus mehr sind als (nur) Unternehmer*innen des Marktes. Zudem wird der Begriff des institutionellen Entrepreneurs hier auch unterschieden von dem in der Kreativwirtschaft mittlerweile geläufigen Begriff des kulturellen Entrepreneurs. Dabei handelt es sich vielmehr um eine Erneuerer*in im engeren Feld der Kultur(institutionen) und der postindustriellen Kreativwirtschaft (Lange 2007, Hausmann/Heinze 2016, Gehman/Soubliere 2017).

gleich ortsgebunden und orts-gestaltend (»place-making«); Experimentieren und Imaginieren bedingen sich dort wechselseitig. Die Integration imaginativer, experimenteller und kreativ-partizipativer Prozesse, welche jeweils auf konkreten Erfahrungen basieren, erhöhen ihre Relevanz für urbane Transformationen hin zu einer nachhaltigen Stadt.

Ein weiteres Kapitel dieses Teils des Bandes, »Reale Utopien – Möglichkeitsräume für eine nachhaltige Stadtentwicklung?« von Volker Kirchberg, stellt die Spannweite der Definition von Möglichkeit zwischen visionären Wünschen und pragmatischem Umsetzen vor. Kirchberg bezieht sich hier in erster Linie auf Erik Olin Wrights (2017) aufsehenerregende Veröffentlichung zu »Realen Utopien«. Sein Kapitel beschreibt, ob und wie die Akteur*innen der nachhaltigen Stadtentwicklung Hannovers ihre Zielvorstellungen zwischen ambitionierten Versionen utopischer Wunschproduktion und ergebnisorientierten Lösungen anti-utopischer Gegenwartsbewältigung lokalisieren. Die Fallstudien dieses Kapitel demonstrieren dadurch auch die Bedeutung von Möglichkeitsräumen als »Räumen der Wünschbarkeit«, in denen soziale kreative Prozesse florieren können und wo mit alternativem Handeln experimentiert werden kann. Die Fallstudien zeigen auf, wie nicht selten die institutionelle Limitierung dieser »Räume der Wünschbarkeit« das utopische Potenzial der Bestrebungen der Akteur*innen reduziert bzw. verhindert, indem es das utopische Denken aus dem Bewusstsein der Akteur*innen verbannt. Um Wünschbarkeit als relevanten Faktor des Zivilisationsprozesses der nachhaltigen Entwicklung verwenden zu können, müssen die Akteur*innen ihre alternativen Imaginationen mit der Fähigkeit zur Kritik an der aktuellen Gesellschaft verknüpfen. Hier nutzt Kirchberg Ernst Blochs (1959) wichtige Einsichten zur »konkreten Utopie« in dessen Werk »Das Prinzip Hoffnung«. In der Tat bestätigen die Fallstudien in Hannover unterschiedliche Grade gesellschaftskritischen Bewusstseins; zumeist gibt es ein noch relativ wenig ausgebildetes kritisches Verständnis der sozialen, ökologischen, ökonomischen und kulturellen Dimensionen der Stadtentwicklung im Spätkapitalismus, statt eines Wissens über diese Dimensionen als mögliche gesellschaftstransformierende Faktoren, welche die Grundlagen für Reale oder konkrete Utopien sein müssen. Viele Akteur*innen in diesem Kapitel haben Schwierigkeiten, nicht nur die hohe Komplexität nicht-nachhaltiger Entwicklungen in der spätkapitalistischen Stadt zu begreifen, sondern auch, eine Umkehr dieser Entwicklung mit dem entsprechenden Wissen argumentativ zu fordern und anzugehen. Diese Grenzen kritischen Verstehens beeinflussen deutlich den Umfang und die Qualität der Imagination von Nachhaltigkeit, wie auch Kagan es in seinem Kapitel zu den kreativ-kulturellen und künstlerischen Praktiken für städtische Möglichkeitsräume darstellt.

Wenn man die beiden Kapitel zu den kreativ-kulturellen und künstlerischen Praktiken und zu den Realen Utopien zusammen liest, dann wird deutlich, dass der Umfang und die Qualität des Wünschens an eine bessere Zukunft, aber auch der Umfang und die Qualität des Umsetzens, von einer Kombination kritischer, imaginativer und sozial-kreativer Prozesse abhängt. Diese zwei Kapitel des Bandes verdeutlichen, dass Imaginationen von Nachhaltigkeit zwischen eher distanzierter »utopischer Forschung« (so der interviewte Theaterregisseur im Kapitel zu den Realen Utopien) und vorbildgebender »präfigurativer Politik« (Sitrin 2012) changieren. Die erste Imagination ist ein Förderfaktor der Wünschbarkeit, während die zweite Imagination ein Vorstellungsprozess ist, der Denken (Mindset) und Handeln

(Workset) integriert, um den Schritt der Umsetzbarkeit zu ermöglichen. Die Frage der Umsetzbarkeit bewegt sich zwischen einer Limitierung des Alltags und einer Alltagskreativität, die den Alltag ganz neu beleuchten kann. Während manche Akteur*innen und Projekte sich durch den Alltag limitieren lassen (z. B. WOGE, ISG und Geschichtsmuseum in Kirchbergs Kapitel), finden andere Akteur*innen und Projekte gerade im Alltag einen Brunnen der Alternativ-Möglichkeiten (z. B. KdW und Tante Trottoir in Kagans Kapitel). Alltagskreativität wird da entfesselt, wo künstlerische Prozesse (siehe Kagans Kapitel) und sanktionsfreies Experimentieren (siehe Kirchbergs Kapitel zu den Realen Utopien) in Gang gesetzt werden können.

Imagination spielt mit ihrem Beitrag zu einem emergenten Imaginären urbaner Nachhaltigkeit eine wichtige Rolle; nicht nur bei die Wünschbarkeit alternativer Zukünfte, sondern auch bei der Vorstellung darüber, was überhaupt umsetzbar ist, und wie dieses neu und anders möglich sein könnte. Nicht nur Gesellschaftskritik, sondern Ver-Rücktheit hilft hier, neue Wege möglicher nachhaltiger Entwicklungen zu finden. Erik Olin Wright verfolgt in seinen Realen Utopien eine lineare Kausalkette von Wünschbarkeit über Machbarkeit zur Umsetzbarkeit. Was bei ihm fehlt ist aber die Möglichkeit zur Rückkopplung: Der Erfolg einer Umsetzung kann nämlich die Imagination weiterer, umfassenderer Wünsche stimulieren. Diese Imagination, die aus dem Erfolg des Umsetzbaren gespeist wird, fördert experimentelles Tun. Die Erfahrung der Erfüllung eigentlich utopischen Wünschens fördert weiteres unkonventionell-experimentelles Handeln, zunächst in Möglichkeitsräumen und dann in weiteren Umsetzungen in breiteren Kontexten. Somit lässt sich im Idealfall ein sich selbst verstärkender Zyklus der Erschaffung und Wiedererschaffung Realer Utopien aufbauen. Im Gegensatz dazu sehen wir aber häufig das Gegenteil, die Förderung konventioneller und unkreativer Wiederholungen und Routinen, die aus der Erwartung des Scheiterns beim Ausbruch aus dem Bekannten gespeist werden; ein Ausbruch wird gar nicht erst ausprobiert, und so wird die Kausalität von Wünschbarkeit, Machbarkeit und Umsetzbarkeit zu einem Teufelskreis der Verengung des utopischen Horizonts.

Diese Erkenntnisse bestätigen die Forderungen einer radikalen Imagination bei Herbert Marcuse (1970) und Cornelius Castoriadis (1997), sowie die Wichtigkeit einer kritisch-objektiven Gesellschaftstheorie als Grundlage konkreter Utopien, wie sie Ernst Bloch (1959) betont. Eine entsprechende Kultur der qualitativen Komplexität verficht auch Kagan (2011) mit seiner Betonung der Wichtigkeit umfassender und vielseitiger Kritik, des Mutes zur Verarbeitung komplexer Vorgänge und der Imagination experimenteller und unkonventioneller präfigurativer Politik.

Die Förderung einer radikalen Imagination und einer entsprechenden präfigurativen Politik erweist sich, wie oben angedeutet, im örtlichen Alltag als schwierig. Das Kulturzentrum Faust hat sich dieser Aufgabe trotzdem mit dem Schreibprojekt »Linden Fiction 2050« gewidmet. Grigoleit und Holz stellen in ihrem Kapitel dazu dar, wie mittels dieses Projekts radikale Imaginationen für die Förderung des Bewusstseins einer nachhaltigen Stadtteilentwicklung geschaffen werden können. Die Bedeutung der Natur in der Stadt, des guten Zusammenlebens in der Nachbarschaft, der Wiederaneignung urbaner Räume, der Identifikation mit dem Wohnort und die Selbstwahrnehmung als heute die Stadt mitgestaltende Akteur*in waren Ziele dieser Imaginationsarbeit. Anders als bei den anderen in diesem Band vorgestellten Arbeiten liegt der Schwerpunkt ihres Beitrags auf der Untersuchung der individuellen Ermächtigung und Ermutigung bislang an der Stadtplanung und

-entwicklung unbeteiligter Stadtbewohner*innen. Die unkonventionelle Freiheit zur kreativen Ausschmückung utopischer Wünsche und dystopischer Befürchtungen kann und soll Kritik am heutigen Stadtteilleben losgelöst von Planungsvorgaben entfalten. Diese Selbstwirksamkeitserfahrung beim Schreiben eröffnet Möglichkeiten einer Selbstentfaltung, die im besten Fall zur Aktivierung einer Partizipation an der nachhaltigen Stadtentwicklung führt.

Solche experimentelle und unkonventionelle Praxis kann sich unter den herrschenden Bedingungen allerdings nicht ohne den Schutz geschlossener Räume (Heterotopien) und Zeiten (Heterochronien) entwickeln. Heute sind Alltagszwänge nur in diesen Nischen ausschließbar und die Möglichkeit des Widerstandes gegen eine komplette Integration in die Mainstream-Gesellschaft nur dort gegeben. Aber aufgrund ihres Nischendaseins können diese Möglichkeitsräume keine Wirkung auf eine gesamtgesellschaftliche Transformation haben, es sei denn, es gäbe Schloss und Schlüssel zu einer offenen Zeit in einem offenen Raum. Möglichkeitsräume brauchen also sowohl die oben genannten Schutzmechanismen der Heterotopien und Heterochronien wie auch Qualitäten der darüber hinaus gehenden Räume und Zeiten, die wir als Ökotopien und Synchronien bezeichnen. Erstere sind Verbindungen und Vernetzungen zu den umgebenden, benachbarten städtischen Räumen und dann weiter zu den sozioökonomischen, politischen und kulturellen Räumen der gesamten Stadtgesellschaft (»urban fabric« oder »städtische Textur«), mit denen diese Räume auch (re-)definiert werden können (»place-making«). Zweitere sind längere Zeitperioden, in denen die Tätigkeiten und Innovationen dieser Möglichkeitsräume Widerhall im urbanen Rhythmus und ihren transversalen Zeitwellen finden. Ein Detail in dieser Widersprüchlichkeit ist auch die unterschiedliche Bedeutung von »Entrepreneuren der Konventionen« (wie sie Kagan in seinem Kapitel darstellt) und »institutionellen Entrepreneuren« (wie sie Hauerwaas und Weisenfeld in ihrem Kapitel darstellen).

Es bedarf somit einer konstruktiven Spannung zwischen Hetero- und Ökotopien (bzw. Hetero-und Synchronien), um den Sprung aus dem Nischendasein in die umgebende Welt zu ermöglichen. Eine solche Spannung ist aber unmöglich, wenn die (Organisations-)Strukturen der Akteur*innen zu starr, formalisiert und/oder zu kompliziert sind, wie Kirchbergs empirische Ergebnisse zeigen. Die hier vorgefundenen Akteur*innen können die Schwierigkeit, Entrepreneure von Konventionen oder institutionelle Entrepreneure zu werden, nur dann überwinden, wenn sie darüber hinaus nicht noch erfolgreich anti-utopische Ängste in ihren häufig sehr formalisierten Arbeitsbereichen bekämpfen müssen. Dabei meint er allerdings, dass Akteur*innen in einer Hybridform aus informellen und formellen Organisationsanteilen einen Weg aus dieser Barriere weisen; ein Beispiel dafür sind das Staatstheater und andere große Kultureinrichtungen, die in einen künstlerischen und einen administrativen Flügel geteilt werden. Ob dies allerdings wirklich ein Weg aus der Limitierung auf rein pragmatische und kleine Umsetzungen sein könnte, ist fraglich. Die »kreative Abteilung« mag insbesondere bei solchen Einrichtungen der Kulturproduktion artifizielle utopische Blasen oder Reservate schaffen, welche über ihr künstlerisches Nischendasein hinaus aber keine Wirkung haben. Kagans Kapitel wirft hingegen einen ethnographischen Blick auf die künstlerisch-kulturellen Praktiken, die eingebettet sind in städtische Alltagsszenen und Alltagsräume. Seine Untersuchung insbesondere des KdW-Netzwerks und des »Off-«Theaters in Hannover entwirft eine experimentelle und gering formalisierte kulturell-kreative Aufführungspraxis, die mit ihrer Entrepreneurship der Konventionen deutlich aus den Enklaven der Kulturinstitutionen heraustritt.[2] Die kreativen Kräfte in den Hochkulturstätten wie dem Staatstheater erweisen sich als sehr kompetent beim Diskurs zu Utopien – allerdings ist fraglich, ob dieses Wissen wirklich über den Diskurs hinaus in transformatische (Alltags-)Praktiken umgewandelt wird. Die Frage nach der Relation organisationaler Strukturen und dem transformativen Potenzial dieser Organisationen können wir hier nicht definitiv beantworten.

Die zentrale Bedeutung heterotopischer Orte – und die Anerkennung dieser Bedeutung durch die nächste höhere (Governance-)Ebene – betonen auch Annette Grigoleit und Verena Holz in ihrem Kapitel zu »Linden Fiction 2050«. Dieses Projekt wurde initiiert, durchgeführt und präsentiert in der Lindener FAUST, ein typisches »alternatives« Kulturzentrum, das als ein »Dritter Ort« (Oldenburg 2001) gut für die Gestaltung kreativer Prozesse und widerständiger Konventionen fungieren kann, weil es im Schnittbereich von Öffentlichkeit und Privatheit ohne Schwellen und ausgrenzende Symbole der Macht für die Begegnung zwischen unterschiedlichen Mitwirkenden, Gruppen, Stadtverwaltung und Politik genutzt werden kann.

3. MEIN HANNOVER 2030 – EIN BEISPIEL FÜR NACHHALTIGKEITS-TRANSFORMATION?

Die Idee einer Transformation der Stadtentwicklung unter dem Paradigma der Nachhaltigkeit kann auch anhand der Kampagne »Mein Hannover 2030« beleuchtet werden. Mehrere Kapitel bzw. disziplinäre Perspektiven dieses Bandes beschäftigen sich mit jenem Projekt der Bürgerbeteiligung bei der zukünftigen Entwicklung Hannovers. Hauerwaas und Weisenfeld erkennen in der Rolle der Landeshauptstadt Hannover eine Vorreiter- und Vorbildfunktion in Bezug auf die Beteiligungsorientierung und verstehen das große Engagement der Verwaltung in dieser Frage als soziale Innovation, auch wenn die Ergebnisse so zusammengefasst werden, dass viele Bürger*Innen-Gruppen sich darin relativ wenig wiederfinden können.

Zu diesem Ergebnis kommen auch Grigoleit und Holz bei ihrer Analyse des Schreibprojekts »Linden Fiction 2050«. Zwar berücksichtigte die Landeshauptstadt Hannover die Wünsche der Teilnehmer*innen von »Linden Fiction« auf einer oberflächlichen Ebene, sie übersetzt und kategorisiert die literarisch artikulierten Wünsche aber in technisch-formalisierte Zielformulierungen und entsprechende Handlungsfelder. Die bürokratische Logik des stadtplanerischen Prozesses erlaubt keine Berücksichtigung der unterschiedlichen Stimmungslagen, die in den literarischen Schriften des Schreibprojekts entfaltet wurden.

---

2 | Eine Eingrenzung der Hochkultur in rein formale Organisationsstrukturen, in denen Reservate der Kreativität und des Experimentierens nur aus Produktionsgründen erlaubt sind, mag das Argument überbeanspruchen. So darf man das Staatstheater nicht auf seine großen Bühnen reduzieren; vielmehr wird in der Kulturvermittlung und über eine Reihe kleiner Bühnen auch an unüblichen Orten das Experimentieren mit Utopien ausprobiert und kommuniziert; das vom Staatstheater und dem Historischen Museum Hannover 2016 initiierte »Ballhof-Marktplatz-Spektakel« zeigt zudem, dass diese etablierten Kulturstätten aktiv die Nähe zu den experimentellen kleinen Künstlergruppen suchen und auch gefunden haben.

Kirchberg und Pepers Netzwerkanalyse stellt fest, dass das Projekt »Mein Hannover 2030« eine sehr zentrale Position im Netzwerk der nachhaltigen Stadtentwicklung Hannovers hat. »Mein Hannover 2030« zeigt erstens einen hohen Indegree-Wert auf, d. h. viele Nachfragen von anderen, zweitens eine wichtige Brokerposition mit höchsten Zentralitätswerten, d. h. sehr kurzen Pfaddistanzen zu allen anderen Akteur*innen des Netzwerks, und drittens eine herausragende Rolle im Teilnetzwerk der städtischen Verwaltung, über die sich die Teilnetzwerke der Bildungs- und ökologischen Projekte sowie der Kultur- und Stadtteilarbeitsprojekte vernetzen. Dieses quantitative Ergebnis wird durch Kagans qualitative Studie künstlerischer Initiativen bestätigt. Durch viele dieser Projekte zieht sich die Zusammenarbeit mit »Mein Hannover 2030«, sei es das KdW-Stadtforum, das Stadtlabor des Wissenschaftsladens oder Aktivitäten des Faust-Kulturzentrums wie das Schreibprojekt »Linden Fiction 2050«.

Aber diese zentrale Netzwerkposition macht »Mein Hannover 2030« nicht zu einem Entrepreneur der Konventionen, geschweige denn zu einem umfassend innovativen Adoptor: Kirchbergs Analyse der Realen Utopien zwischen visionärer Wünschbarkeit und pragmatischer Umsetzbarkeit stellt diese Kampagne deutlich auf die Seite der Projekte, die Umsetzbarkeit auf Kosten des visionären Experimentierens bevorzugen. Ein hoher Grad an formaler Bürokratisierung und Hierarchisierung bewirkt eine geringe Bereitschaft zur Auseinandersetzung mit visionären Wünschen, weil die Umsetzbarkeit von Visionen in diesem strukturellen Umfeld *per se* bezweifelt wird. Dabei kann man den Repräsentant*innen von »Mein Hannover 2030« nicht vorwerfen, keine komplexe Vorstellung von Nachhaltigkeit zu haben, im Gegenteil; doch aus (wahl-)politischen Gründen muss die Kurz- bis Mittelfristigkeit der Umsetzung Vorzug haben. Fragen der Umsetzung machbarer Einzelschritte haben Vorrang vor Fragen des Innovativen, der Kreativität und des Visionären.

Auch wenn die Kampagne »Mein Hannover 2030« nach außen also als konventionell und wenig mutig erscheint, so hat sie doch eine innovative Kraft, die nach innen wirkt, und sie kann, allerdings nur in dieser Thematik, deshalb als »Möglichkeitsraum« bezeichnet werden: Die Arbeitsvorgänge der Verwaltung wurden teilweise fachbereichsübergreifend revidiert, Aufgabenbereiche wurden inhaltlich und nicht abteilungsrelevant an Funktionsteams verteilt und insgesamt vertrat das dem Oberbürgermeister direkt untergeordnete Team die Forderung nach einer flexibleren Verwaltung (Kagan et al. 2018).

Kritisch sei dazu anzumerken, dass diese flexibleren Arbeitszusammenhänge das Regime des Spätkapitalismus mit neo-liberalen Freiheiten zuungunsten der Beschäftigten stärken (Sennett 1998). Die Flexibilisierung der Verwaltung im Rahmen von »Mein Hannover 2030« kann demnach nicht unbedingt als Förderung bürgernaher Partizipation an der Stadtpolitik Hannovers verstanden werden. Trotz dieser Kritik lässt sich auch sagen, dass Hannover mit dieser Kampagne im Vergleich zu anderen deutschen Großstädten Neuland betreten hat. Hauerwaas und Weisenfelds Ergebnis, dass Hannover hier Vorbildfunktion in Bezug auf Beteiligungsorientierung hat, ist deshalb nicht völlig von der Hand zu weisen, weil andere Städte, zum Beispiel Hamburg, nicht einmal Ansätze eines solchen Programmes zeigen und Kooperationen mit Künstler*innen auf Augenhöhe grundsätzlich eine Absage erteilen (vgl. Kirchberg und Kagan 2013).

4. HANDLUNGSEMPFEHLUNGEN

Im Aufruf des niedersächsischen Ministeriums für Wissenschaft und Kultur zum Programm »Wissenschaft für nachhaltige Entwicklung« heißt es dezidiert, dass »ein Beitrag zur Lösung gesellschaftlich bedeutsamer Problemstellungen entwickelt wird«[3]. Auch deshalb möchten wir diesen Band mit einer Reihe von Handlungsempfehlungen in diesem Sinne abschließen.

Die Kapitel zum Teil »Institution« behandeln vor allem die Akteur*innen und strukturelle Faktoren, welche diesen Akteur*innen einer nachhaltigen Stadtentwicklung zugutekommen oder schaden können. Im Kapitel zu »Schlüsselfiguren, Innovationen und Mechanismen des Wandels« von Hauerwaas und Weisenfeld wird die Bedeutung zentraler Schlüsselfiguren zwischen den Ebenen der Nischen und der städtischen Regime-Ebene (Gesellschaft, Wirtschaft, Verwaltung, Politik) als sehr hoch bewertet. Entsprechend der Multi-Level-Perspektive von Frank Geels (2002), welche das Durchsetzen nachhaltigkeitsorientierter Innovationen von der Durchlässigkeit der etablierten Regime (»oben«) für alternative Nischen (»unten«) abhängig macht, sind diese Schlüsselfiguren von zentraler Bedeutung für die Einführung einer neuen Logik, hier der urbanen Nachhaltigkeit, und der Zurückdrängung einer alten Logik, hier des marktorientierten Wachstums. Diese Change Agents werden in ihren Anstrengungen in Hannover aber noch nicht ausreichend von der Mehrheit der Stadt wahrgenommen und anerkannt. Ihre Ideen zur Veränderung würden nicht in die allgemein akzeptierten Praktiken der Stadt übergehen. Zwar tauschen Nischen-Akteur*innen Know-how, Wissen und Erfahrungen untereinander aus u. a. eine fehlende Professionalisierung, eine fehlende Kontinuität der Aktivitäten, Unterfinanzierung und nicht dauerhafte Netzwerke verhindern jedoch eine Diffusion auf die nächsthöhere Ebene. Ob es zu stärkeren Vernetzungen zwischen den Nischen- und Regime-Ebenen kommt, hängt zum einen von der »Landscape« ab, d. h. von gesellschaftlichen Trends wie Globalisierung, Individualisierung, Klimawandel oder einem umfassenden Wertewandel mit einer entsprechenden politischen Mobilisierung, die Zweifel über die Regeln der Regime-Ebene säen. Zum anderen können die Change Agents sich selber durch gegenseitige Unterstützung und dialogische Kooperation mit gutwilligen und unterstützenden Akteur*innen der Regime-Ebene helfen. Die Vernetzung zwischen Nischen-Akteur*innen und lokalen Adoptor*innen auf der Regime-Ebene bedarf sowohl unterstützender »Top-down«-Strukturen (wie helfende gesetzliche Regulierung, immaterielle und materielle Förderung, Nachfragen, Offenheit und Akzeptanz auf den Landscape-Ebenen des Landes, des Bundes und der EU-Ebene) als auch der Bereitschaft der »Bottom-up«-Akteur*innen zum Know-how- und Wissenstransfer, zur langfristigen Kooperation (auch mit bislang unbekannten Partner*innen oder Regime-Akteur*innen), sowie zur weiteren Vermittlung eines Bewusstsein und eines Sinns urbaner Nachhaltigkeitstransformationen in die gesamte Stadtgesellschaft hinein. Darüber hinaus wären gut angelegte und professioneller organisierte Aktionen der Nischenakteur*innen, welche ein breiteres Publikum ansprechen und über die bereits Überzeugten hinausgehen (»preaching

---

3 | www.mwk.niedersachsen.de/startseite/themen/forschung/forschungsfoerderung_durch_mwk/neue_ausschreibungen_und_laufende_programme/wissenschaft_und_nachhaltige_entwicklung/wissenschaft-fuer-nachhaltige-entwicklung--118898.html

to the converted«-Phänomen) ein richtiges Medium, um einen größeren Teil der Gesellschaft in Hannover zu erreichen und so für die Transformation der Regime beizutragen. Entsprechende sympathisierende Top-down-Mechanismen wären unserer Meinung nach beispielsweise die Förderung alternativ-ökonomischer und nachhaltigkeitsorientierter Projekte.

Die Netzwerkanalyse zu den Akteur*innen der nachhaltigen Stadtentwicklung Hannovers von Kirchberg und Peper stellt fest, dass die kommunalen Verwaltungsstellen die mächtigsten Positionen im lokalen Netzwerk der nachhaltigen Stadtentwicklung innehaben. Der Grad der bürokratischen Institutionalisierung wirkt sich positiv auf die Mächtigkeit in diesem Netzwerk aus. Initiativen sind grundsätzlich schwächer vernetzt, wenn sie flexibel als temporäre Projekte und als informell organisierte Initiativen arbeiten. Daraus lässt sich allerdings nicht die Handlungsempfehlung für diese Akteur*innen der Nischen ziehen, ein »Parallelnetzwerk« ohne die bürokratisierten kommunalen Akteur*innen zu erschaffen. Vielmehr sollte – ganz im Sinne der Empfehlungen von Hauerwaas und Weisenfeld – die Netzwerkstruktur nicht in staatliche und nicht-staatliche (d. h. zivilgesellschaftliche) Teile dividiert werden, sondern eine Zustimmung aller vernetzten Akteur*innen zu den gemeinsamen Zielen einer nachhaltigen Stadtentwicklung erreicht bzw. dialogisch aufgebaut werden. So ließe sich entsprechend White (2012) eine gemeinschaftliche Identität aller Netzwerkmitglieder schaffen, die eine monopolistische Machtausübung durch gemeinschaftlich vereinbarte Regeln und Wertvorstellungen verhindern kann.

Aus Kagans Kapitel zu den kreativ-kulturellen und künstlerischen Praktiken schälen sich weitere Handlungsempfehlungen heraus, die eine transversale Stadtpolitik der nachhaltigen Entwicklung fordern. Dies ist eine Politik, die quer zu den traditionellen Politikfeldern und Fachbereichen liegt. Eine erste Handlungsempfehlung ist dabei die weitaus umfassendere Finanzierung einer Stadtpolitik der Nachhaltigkeit als bisher, da diese zurzeit mit sehr wenigen Mitteln nur in Randgebieten der Stadtpolitik realisiert werden. In Hannover gibt es zwar, wie dargestellt, einige sehr aktive städtische Akteur*innen, sie arbeiten jedoch mit sehr limitierten Ressourcen an den Grenzen ihrer Leistungsfähigkeit. Somit muss eine zentrale Handlungsempfehlung an diese Stadt lauten, mit umfassender politischer Unterstützung auf der gesamten Regime-Ebene die Potenziale der Möglichkeitsräume zu erkennen und diese Kapazitäten zu fördern, damit sie aus ihren sozialen und lokalen Nischen heraus wirken können.

Eine Stadtpolitik der Nachhaltigkeit bedeutet auch die Stärkung von Resilienz durch Vielfalt. Es gibt in der Stadtpolitik keine einzige übergreifende Lösung; eine simplifizierende Mainstream-Politik monopolistischer Planungsziele muss durch die vielseitige Emergenz multipler Ansätze ersetzt werden. Eine Top-down-Planung der Stadtentwicklung, die dem einfachen Imaginären der Kontrolle verhaftet ist, muss durch eine Vielzahl unterschiedlicher und ortsabhängiger Planungen und Umsetzungen ersetzt werden, welche sich kreativ an die Standorte anpassen. Diese diversifizierte Kreativität sollte möglichst viele Experimente zur Transformation des Alltags anregen.

Eine politische Unterstützung darf dabei nicht allein in den Händen der Kulturpolitik bleiben, sondern muss andere Politiksparten mit einschließen. Traditionell macht es sich die Kulturpolitik schwer, transversale und transdisziplinäre Politik zu betreiben. So werden aus ihr heraus zwar Forderungen von transversaler

Relevanz für die Unterstützung nachhaltiger Entwicklungen formuliert, diese verlassen aber selten das in sich abgeschlossene System der Kunstautonomie, weil damit das Monopol der örtlichen Hochkultur angetastet werden würde. Ein zweiter Grund der Verschiebung der Verantwortung von der Kulturpolitik auf eine höhere Politikebene ist die bisherige Legitimation der Kulturförderung aus einer funktionalistischen Instrumentalisierung von Kunst und Kultur für ökonomische Zwecke, wie sie sich in den Metaphern der »kreativen Klasse« und der »kreativen Stadt« wiederfinden. Und drittens können künstlerisch-kulturelle Aktionen in der Politik transversal und transdisziplinär nur dann relevant sein, wenn sie aus ihrem engen Kunstsystem in andere Politikfelder eindringen können, dort wahr- und ernstgenommen und nicht als alleiniges »Problem« der Kulturpolitik zurückgewiesen werden.

Die Empfehlung, eine transversale Stadtpolitik einer nachhaltigen Stadtentwicklung mit künstlerisch-kulturellen Initiativen durchzuführen, beruht auch darauf, dass nur über diese Initiativen eine höhere Sensibilität für Nachhaltigkeitsfragen innerhalb der weiteren Bevölkerung Hannovers geweckt werden kann. Hannovers Agenda 21- und Nachhaltigkeitsbüro hat hier in den letzten Jahren gemeinsam mit örtlichen Aktivist*innen Pionierarbeit geleistet, dies muss anerkannt und ausgebaut werden.[4] Zum einen dürfen Nachhaltigkeit und alle damit verbundenen Themen, Aktivitäten und Kooperationen nicht allein dem Agenda 21- und Nachhaltigkeitsbüro zugeschrieben werden, sondern sie müssen als Querschnittsaufgabe verstanden und auch von weiteren Dezernaten verstärkt mitgetragen werden. Zum anderen muss das Agenda 21- und Nachhaltigkeitsbüro, das bereits jetzt an seine finanziellen und personellen Kapazitätsgrenzen stößt, dauerhaft durch mehr Ressourcen und eine breitere Aufgabenverteilung in einer transversalen Verwaltung unterstützt werden. Die Schaffung und Steigerung der Sensibilität für Nachhaltigkeitsfragen unter der allgemeinen Bevölkerung muss die kulturelle Dimension noch aus einem anderen Grunde betonen: Die Vermittlung von Nachhaltigkeitsgedanken sowohl in der agonalen (Meireis 2019) als auch in der integrativen Arena (Holz and Stoltenberg 2011) muss mit passivem Widerstand vor allem im städtischen Umfeld rechnen, in dem diesen Gedanken bisher keine Priorität gegeben wurde. In diesem Vermittlungs- und Lernprozess finden Interessenskonflikte statt, die erkannt und berücksichtigt werden müssen. Gerade künstlerisch-kulturelle Aktivitäten können hierbei eingesetzt werden, um ein Gleichgewicht zwischen dialogischen und dialektischen Prozessen des Zusammen-Sprechens und -Handelns zu finden (Sennett 2012).

---

4 | Ähnliche Vorbilder kann man auch in anderen Städten finden, wie zum Beispiel das »Embedded Artist«-Projekt der Künstlerin Frances Whitehead für die Stadt Chicago (Whitehead 2015). Hier wurden umfassend ausgebildete inter- und transdisziplinäre Künstler*innen, die eben nicht nur in künstlerischen Disziplinen erfahren waren, über mehrere Jahre als transversale Change Agents in den Teilen der Stadtverwaltung eingesetzt, die nicht-kulturelle Aufgaben übernimmt. Ihnen wurde erlaubt, neue Experimente hinsichtlicher politischer Regeln mit den Beamt*innen dieser Abteilungen auszuprobieren. Kunst wurde dadurch mehr als ein spezialisiertes Systemfeld in einer modernen Gesellschaft, es wurde zu einer generellen Art des Arbeitens, »art as a verb« (Kagan 2012), mit dem die soziale Kreativität dieser Staatsangestellten aufgeschlossen und ermuntert wurde.

Hindernisse werden dabei nicht durch minimale Verschiebungen im sozial Imaginären und in der sozialen Praxis bewältigt; vielmehr bedarf es einer weitaus radikaleren Imagination, einer Imagination, für welche kreative Prozesse aus den Künsten Pate stehen können. Die Stadtpolitik muss dabei als Mediator*in tätig sein und einen konstruktiven Dialog zwischen den radikalen Imaginationen und dem häufig konservativen Imaginären des Mainstreams aufbauen. Weder eine agonistische Streitpolitik (Mouffe 2014) noch eine auf völliger Übereinstimmung basierende Politikorientierung sind hier ausreichend, sondern Dialog und Dialektik müssen eine komplexe, manchmal widersprüchliche, aber immer komplementäre Dynamik entwickeln. Weder sollen politische Gegensätze negiert werden, noch sollen sie konfrontativ erstarren. Dies ist weder eine »entweder/oder«- noch eine »und/und«-Frage, sondern eine »und/oder/darüber-hinaus«-Frage zwischen Kompromiss und Konsens.

Aus der Analyse des Schreibprojekts »Linden Fiction 2050« haben Grigoleit und Holz Handlungsempfehlungen formuliert, welche die Produktion einer radikalen Imagination durch die Beförderung von Utopiefähigkeit und utopischem Bewusstsein voranbringt. Hierbei stellen sie die Frage, ob und wie der Aufruf zu einem utopisch visionären Denken mit den kreativen Mitteln des Schreibens, wie in der Initiative »Linden Fiction 2050«, bewerkstelligt werden kann, und ob und wie das utopisch visionäre Denken zu einem tieferen Interesse an der Beteiligung an der Stadtplanung führen kann. Eine wichtige Empfehlung für den Erfolg einer solchen künstlerisch-kreativen Initiative ist der offene Stimulus, der sich fern einer politischen Umsetzungslogik bewegt. Er sollte zudem offenlassen, ob der Prozess der Imagination sich erstens auf den Stadtteil bzw. das lokale Umfeld oder darüber hinaus bezieht, und sich zweitens mit einem allgemeinen Thema oder einer konkreten Debatte befassen kann. Die Initiative sollte es zudem offen halten, ob visionäre Wünsche oder Zukunftsängste beschrieben werden. Die Fallstudie zeigt, dass Stadtteilbewohner*innen sowohl utopische wie anti-utopische Gedanken zur Zukunft formulieren können, wenn diese von alltagsweltlicher Relevanz in der Jetztzeit sind. Um die Imagination zu stärken und Ideen über die zukünftige Entwicklung des Wohn- und Lebensortes zu erweitern, empfehlen Grigoleit und Holz die Förderung spezieller Möglichkeitsräume, d. h. alternativer politischer Begegnungsorte mit kreativen Kommunikationsformaten, in denen Stadtbewohner*innen in ihrem Alltag ihren Ausdruck finden und einen Austausch dazu untereinander sowie mit Stadt(teil)politiker*innen erreichen können.

Die Förderung von Utopiefähigkeit und utopischem Bewusstsein für eine nachhaltige Stadtentwicklung durch das Schreiben verlangt, dass die Autor*innen das Denken über das hier und jetzt Bestehende hinaus überschreiten können. Wenn der Zeithorizont auf eine kurzen Zukunftszeitraum von nur einem bis fünf Jahre gelegt würde, dann verbliebe die Autor*in im vertrauten und etablierten Bewusstseinsraum und dächte nur an pragmatisch-machbare Problemlösungen. Die hier untersuchte Initiative gab hingegen den weiten Zeitraum von 35 Jahren vor (2015 zu 2050) und eröffnet somit in ihrer Weite ein Überschreiten des Bestehenden und die Möglichkeit, eine bessere Welt un-determiniert von, aber im Bewusstsein der der aktuellen Realität zu entwerfen; das Ziel ist ein transversales Bewusstsein. Dies ist nur erreichbar, wenn man erlaubt, das Unmögliche zu denken und auch Unvertrautes im eigenen Denken zuzulassen.

Die Autorinnen des Kapitels zu »Linden Fiction 2050« empfehlen hierbei die Einrichtung von Utopiewerkstätten als Möglichkeitsräumen, in denen Utopiefähigkeit und utopisches Bewusstsein gefördert werden. Diese Utopieräume sind Orte des informellen, unkonventionellen und nicht-sanktionierten Austausches unterschiedlicher Konstellationen von Akteur*innen. Der Abstand zur konventionellen und vertrauten Ordnung (z. B. ungewöhnliche Sitzordnungen und Nutzungen) erleichtert das Nachdenken und Kommunizieren über utopische Visionen. In diesen Einrichtungen kann zur Geschichte, zur Kritik und zur Nützlichkeit von Utopie reflektiert werden und damit in einem sozial-kreativen Prozess gemeinsam zum Nachdenken über die Zukunft der Stadt und des Stadtteils und zu heute schon gelebten Realen Utopien angeregt werden. Gleichzeitig können die Teilnehmer*innen in diesen Utopiewerkstätten kritische und subversive Imaginationen entwickeln, mit denen sie sich den lokalen Raum nicht erst in Zukunft, sondern schon heute aneignen könnten.

Das Denken über Utopien als Wünsche oder Dystopien als Ängste kann auf der individuellen Ebene über die Wahrnehmung des städtischen Umfelds und die Achtsamkeit diesem gegenüber sowie der eigenen subjektiven Bedürfnisse (für den Lebensweg und am Lebensort) befördert werden. Es kann aber auch auf der gesellschaftlichen Ebene die Befähigung zur kollektiven Aneignung des Lebens und des Lebensortes, zur Partizipation bei der Stadtplanung, zur Kritik an heutigen herrschaftsstabilisierenden Strukturen, zum Nachdenken über transformative Wege und zur stadtteilübergreifenden Kooperation und Solidarität stärken. Generell kann aus der Analyse des Schreibprojektes »Linden Fiction 2050« heraus empfohlen werden, dass die künstlerisch-kreativen Tätigkeiten enger mit Praktiken der politischen Bildung verbunden werden sollten. Das Nachdenken, Schreiben und Sprechen über Utopien kann und soll das Bewusstsein im Hinblick auf die Fähigkeit erweitern, an Entscheidungsprozessen und der demokratischen Willensbildung vor Ort mitzuwirken. Die Reflexion über visionäre Ideen (oder auch über die Angst vor der Zukunft) kann unmittelbar in das Nachdenken über Machbarkeit und Umsetzbarkeit und das Mitwirken an Entscheidungen des öffentlichen Lebens übergehen. Mit der Integration von Utopieverständnis und politischer Bildung kann also der Beteiligungsprozess zwischen Bewohner*innen und Stadtverwaltung gefördert werden.

Auch im letzten Kapitel dieses Teils des Bandes ergeben sich Handlungsempfehlungen aus der Frage der Utopie in Möglichkeitsräumen der nachhaltigen Stadtentwicklung. Kirchberg rekurriert auf Wrights (2017) Konzept der Realen Utopie und auf Blochs (1959) Konzept der Konkreten Utopie, wenn er acht Fallbeispiele in Hannover auf ihre visionären Potenziale und ihre Bereitschaft zur utopischen Wunschproduktion überprüft. Alle untersuchten Projekte tragen zu einer nachhaltigen Entwicklung in der Stadt bei, sehen ihre Arbeit aber durchweg von Barrieren belastet. Interessant ist dabei, dass zwar häufig der von der Stadt finanzierte Rahmen des Projektes als zu eng angesehen wird, andere Hindernisse aber mindestens genauso wichtig sind: Dies sind erstens die *Zwänge des Alltags*, welche Zeit und Energie für alternative Aktivitäten und Aufklärungen fressen, zweitens *Politiker*innen*, die eigennützig nur in kurzfristigen Legislaturperioden denken und eine Politik, die sich mit einem konservativ-nicht-nachhaltigen Grundtenor in inhaltliche Gestaltungen einmischt, drittens *Vorgaben und Richtlinien* der Stadtverwaltung, die in ihrer bürokratischen Beengtheit keinen Raum für neue Handlungen lassen und des Rechts, das nicht nachvollziehbare Grenzen der Legalität eines nachhaltiges Handelns (zum Beispiel in der Wohnungspolitik) setzt, und viertens *Routinen der Bevölkerung*, die gedankenlos nicht-nachhaltige Verhaltensmuster beibehalten (zum Beispiel die selbstverständliche Nutzung des eigenen Pkw oder von Langstreckenflügen). Entsprechende Handlungsempfehlungen lassen sich nun aus diesen Hindernissen ableiten, wie eine stärkere Finanzierung der Projekte, eine höhere Toleranz und weniger Kontrolle durch die Politik, eine Entbürokratisierung von Vorgaben, Richtlinien und auch rechtlichen Bestimmungen und – wohl die schwierigste Empfehlung – eine Revidierung nicht-nachhaltiger Routinen in der breiten Bevölkerung (was ja Ziel der meisten in diesem Band dargestellten Projekte ist).

Offensichtlich, und dies entspricht den Handlungsempfehlungen der vorangehenden Autor*innen dieses Bandes, hängt die Bereitschaft zum Handeln für eine nachhaltige Stadtentwicklung von einer Debürokratisierung von Organisationen auf der Regime-Ebene ab (und der Einführung entsprechend strukturierter Möglichkeitsräume als Adoptor*innen auf dieser Ebene), da sich ansonsten die Mitglieder dieser Organisationen der Nischen-Ebene mit ihren eigenen innovativen Ideen und ihrer Sensibilität für Vorschläge nicht genügend Gehör verschaffen können. Die bisher starke Formalisierung dieser staatlichen Institutionen fördert keine kritische Wunschproduktion zur Erneuerung der Gesellschaft hin auf eine umfassende Nachhaltigkeit. Zum Abschluss wird in diesem Kapitel deshalb ein Plädoyer für eine hybride Organisations-, Denk- und Arbeitsstruktur abgegeben, die insbesondere in den mächtigen Kommunalstellen nottäte. Die Realisierung utopischer Ideen bedarf also sowohl der Ressourcen im Kreativbereich zur Entwicklung wünschbarer Alternativen wie im Managementbereich zur Entwicklung umsetzbarer Alternativen. Beide Ebenen dürfen nicht gegeneinander ausgespielt werden, sondern sollten gemeinsam Einsatz für die Entwicklung von Visionen und die Umsetzung von Ideen finden.

Die in diesem Band ans Licht gebrachten Spannungsbögen, urbanen Strukturen und Prozesse sowie Beziehungen zwischen Nischen und Regimen, Ver-Rücktheit und Routine, Imagination und Innovation, Imaginärem und Institution, Serendipität und Strategie, Kreativität und Kritik, utopischer Forschung und präfigurativer Politik und individuellen, kollektiven und systemischen Zukunftsvorstellungen sind in ihrer Komplexität noch weiter zu studieren. Aber schon jetzt sollte das Wissen über sie genutzt werden, um eine tiefergehende Mobilisierung von Akteur*innen auf allen Ebenen zu ermöglichen. Nur so kann die vielseits gewünschte und proklamierte »große Transformation« der nachhaltigen Entwicklung überhaupt eine Chance bekommen, ihren transformativen Anspruch zu verwirklichen.

LITERATUR

Abson, D. J., Fischer, J., Leventon, J., Newig, J., Schomerus, T., Vilsmaier, U., von Wehrden, Abernethy, P., Yves, C. D., Jager, N. W. & Lang, D. J. (2017). Leverage points for sustainability transformation. Ambio, 46 (1), 30–39.

Bloch, E. (1959). Das Prinzip Hoffnung. Frankfurt a. M.: Suhrkamp.

Blokland, T. (2016). Networked urbanism: social capital in the city. Routledge.

Blokland, T. (2017). Community as Urban Practice. John Wiley & Sons.

Castoriadis, C. (1997). The imaginary institution of society. MIT Press.

Geels, F. W. (2002). Technological transitions as evolutionary reconfiguration processes: a multi-level perspective and a case-study. Research policy, 31(8–9), 1257–1274.

Gehman, J. & Soubliere, J.-F. (2017). Cultural entrepreneurship: from making culture to cultural making. Innovation, 19 (1), 61–73.

Giuffre, K. (2013). Communities and networks: using social network analysis to rethink urban and community studies. John Wiley & Sons.

Hausmann, A. & Heinze, A. (2016). Entrepreneurship in the cultural and creative industries: insights from an emergent field. Artivate: A Journal of Entrepreneurship in the Arts, 5 (2), 7–22.

Holz, V. & Stoltenberg, U. (2011). Mit dem kulturellen Blick auf dem Weg zu einer nachhaltigen Entwicklung. In G. Sorgo (Hg.). Die Unsichtbare Dimension. Bildung für nachhaltige Entwicklung im kulturellen Prozess. Wien: Forum Umweltbildung im Umweltdachverband, S. 15–34.

Kagan, S. (2011). Art and sustainability. Connecting Patterns for a Culture of Complexity. transcript.

Kagan, S. (2012). Toward global (environ)mental Change: Transformative art and cultures of sustainability. Heinrich Böll Stiftung.

Kagan, S., Hauerwaas, A., Holz, V. & Wedler, P. (2018). Culture in sustainable urban development: Practices and policies for spaces of possibility and institutional innovations. City, Culture and Society, 13 (1): 32–45.

Kirchberg, V. & Kagan, S. (2013). The roles of artists in the emergence of creative sustainable cities: Theoretical clues and empirical illustrations. City, Culture and Society, 4 (3): 137–152.

Lange, B. (2007). Die Räume der Kreativszenen: Culturepreneurs und ihre Orte in Berlin. transcript.

Marcuse, H. (1970). Der eindimensionale Mensch: Studien zur Ideologie der fortgeschrittenen Industriegesellschaft. Luchterhand.

Meadows, D. (1999). Leverage Points. Places to Intervene in a System. The Donella Meadows Project Academy for Systems Change. http://donellameadows.org/archives/leverage-points-places-to-intervene-in-a-system/

Meireis, T. (2019). Sustainable development and the concept of culture – an ethical view. In: Meireis, M./Rippl, G. (Hg.), Cultural Sustainability: Perspectives from the humanities and social sciences. Routledge, S. 47–59.

Mouffe, C. (2014). Agonistik: die Welt politisch denken. Suhrkamp.

Oldenburg, R. (Hg.) (2001). Celebrating the third place: Inspiring stories about the great good places at the heart of our communities. Da Capo Press.

Sennett, R. (1998). Der flexible Mensch. Die Kultur des neuen Kapitalismus. Berlin Verlag.

Sennett, R. (2012). Zusammenarbeit: was unsere Gesellschaft zusammenhält. Hanser.

Sitrin, M. A. (2012). Everyday revolutions: Horizontalism and autonomy in Argentina. Zed Books.

White, H. C. (2012). Identity and control. Princeton University Press.

Whitehead, F. (2015). The Embedded Artist: double agent. ARTetal Studio. http://franceswhitehead.com/content/2-how-we-think/embedded-artist-as-double-agent_final_logo.pdf (last accessed: 29.08.2018).

Wright, E. O. (2017). Reale Utopien: Wege aus dem Kapitalismus. Suhrkamp Verlag.

Kurzbiografien der Autorinnen und Autoren

Constantin Alexander, M. A., ist Politikwissenschaftler und Nachhaltigkeitsberater. Er hat in Hannover, Lyon, Istanbul, Leipzig und Lüneburg Politik, Amerikanistik, Journalistik und Nachhaltigkeitsmanagement studiert. Für seine Arbeit im Ihme-Zentrum wurde er u. a. mit dem Preis für gemeinwohlorientierten Journalismus von Netzwerk Recherche ausgezeichnet und zweimal für den Deutschen Lokalen Nachhaltigkeitspreis nominiert.

Julia Barthel, BA, studierte Kulturwissenschaften in Lüneburg mit den Schwerpunkten Kultur und Stadt (Prof. Kirchberg) und Kulturen der Nachhaltigkeit (Dr. Kagan). Nach ihrem Bachelorabschluss zur Partizipation in der Stadtteilentwicklung arbeitete sie bis 2018 als WHK für das Projekt Stadt als Möglichkeitsraum. Im WS 2018/19 beginnt sie ihr Masterstudium in Urbanistik an der Bauhaus-Universität Weimar.

Ute Finkeldei studierte Anglistik, Germanistik und Politologie an der Universität Hannover und war dort im Anschluss als wissenschaftliche Mitarbeiterin in der Erwachsenenbildung tätig. Seit 2006 ist sie Texterin, Übersetzerin und Lektorin bei *das orange rauschen* in Hannover. Einer ihrer inhaltlichen Schwerpunkte ist die Mitwirkung an soziokulturellen und transdisziplinären Projekten, häufig in Kooperation mit dem Kulturzentrum Faust.

Annette Grigoleit, Dipl.-Soz., war im Projekt Stadt als Möglichkeitsraum zuerst an der Fakultät Kulturwissenschaften und dann an der Fakultät Nachhaltigkeit der Leuphana Universität als wissenschaftliche Mitarbeiterin beschäftigt. Davor Forschungs- und Lehrtätigkeit in den Bereichen postkoloniale Museumssoziologie, Kunst im öffentlichen Raum und Kulturen der Nachhaltigkeit an den Universitäten in Lüneburg, Erlangen-Nürnberg und Würzburg.

Antoniya Hauerwaas (Dr. rer. pol.) ist wissenschaftliche Mitarbeiterin am Institut für Management und Organisation, Leuphana Universität Lüneburg. Ihre Lehr- und Forschungsbereiche umfassen Innovation Management, Systemic Innovations and System change, Mechanismen und Institutionen des Wandels sowie Nachhaltigkeitsinnovationen.

Verena Holz (Dr. rer. soc.) war bis 2016 wissenschaftliche Mitarbeiterin am Lehrstuhl für Nachhaltigkeitsforschung der Fakultät Nachhaltigkeit der Leuphana Universität und hat auch darüber hinaus am Projekt Stadt als Möglichkeitsraum weiter mitgearbeitet. Forschungs- und Arbeitsschwerpunkte sind kulturwissenschaftliche Fragestellungen im Kontext von Nachhaltigkeitsforschung, nachhaltige Stadtentwicklung und die Rolle von Kulturakteur*innen und -Institutionen sowie die kulturelle Dimension einer Bildung für nachhaltige Entwicklung.

Sacha Kagan (Dr. phil.) war wissenschaftlicher Mitarbeiter am Institut für Soziologie und Kulturorganisation der Fakultät Kulturwissenschaften der Leuphana Universität Lüneburg. Er hat umfangreich zum Themenbereich Kunst und Nachhaltigkeit publiziert.

Volker Kirchberg (Dr. phil.) ist Professor für die Soziologie der Künste am Institut für Soziologie und Kulturorganisation an der Leuphana Universität Lüneburg. Er lehrt und forscht im Schnittbereich von Stadt- und Kultursoziologie unter Heranziehung organisations- und nachhaltigkeitswissenschaftlicher Expertise.

Robert Peper (Dr. phil) ist Postdoktorand am Institut für Kultur- und Medienmanagement der Hochschule für Musik und Theater Hamburg. Von 2006 bis 2015 studierte und promovierte er an der Fakultät Kulturwissenschaften der Leuphana Universität Lüneburg. Er agiert zudem als freiberuflicher Netzwerkanalyst.

Ursula Weisenfeld (Dr. rer. pol.) ist Professorin für Innovation Management am Institut für Management und Organisation an der Leuphana Universität Lüneburg. Ihre Arbeitsschwerpunkte sind Innovation Management, Technology Management und Institutional Entrepreneurship für Nachhaltigkeit.

Soziologie

Sighard Neckel, Natalia Besedovsky, Moritz Boddenberg,
Martina Hasenfratz, Sarah Miriam Pritz, Timo Wiegand
Die Gesellschaft der Nachhaltigkeit
Umrisse eines Forschungsprogramms

Januar 2018, 150 S., kart.
14,99 € (DE), 978-3-8376-4194-3
E-Book kostenlos erhältlich als Open-Access-Publikation
PDF: ISBN 978-3-8394-4194-7
EPUB: ISBN 978-3-7328-4194-3

Sabine Hark, Paula-Irene Villa
Unterscheiden und herrschen
Ein Essay zu den ambivalenten Verflechtungen
von Rassismus, Sexismus und Feminismus
in der Gegenwart

2017, 176 S., kart.
19,99 € (DE), 978-3-8376-3653-6
E-Book
PDF: 17,99 € (DE), ISBN 978-3-8394-3653-0
EPUB: 17,99 € (DE), ISBN 978-3-7328-3653-6

Anna Henkel (Hg.)
10 Minuten Soziologie: Materialität

Juni 2018, 122 S., kart.
15,99 € (DE), 978-3-8376-4073-1
E-Book: 13,99 € (DE), ISBN 978-3-8394-4073-5

**Leseproben, weitere Informationen und Bestellmöglichkeiten
finden Sie unter www.transcript-verlag.de**

Soziologie

Robert Seyfert, Jonathan Roberge (Hg.)
Algorithmuskulturen
Über die rechnerische Konstruktion der Wirklichkeit

2017, 242 S., kart., Abb.
29,99 € (DE), 978-3-8376-3800-4
E-Book kostenlos erhältlich als Open-Access-Publikation
PDF: ISBN 978-3-8394-3800-8
EPUB: ISBN 978-3-7328-3800-4

Andreas Reckwitz
Kreativität und soziale Praxis
Studien zur Sozial- und Gesellschaftstheorie

2016, 314 S., kart.
29,99 € (DE), 978-3-8376-3345-0
E-Book: 26,99 € (DE), ISBN 978-3-8394-3345-4

Ilker Ataç, Gerda Heck, Sabine Hess, Zeynep Kasli,
Philipp Ratfisch, Cavidan Soykan, Bediz Yilmaz (eds.)
movements. Journal for Critical Migration
and Border Regime Studies
Vol. 3, Issue 2/2017:
Turkey's Changing Migration Regime
and its Global and Regional Dynamics

2017, 230 p., pb.
24,99 € (DE), 978-3-8376-3719-9